新编公共行政与公共管理学系列教材

当代中国公共政策
Contemporary Public Policies in China

马德普 霍海燕 高卫星 杜孝珍 ／主编

图书在版编目(CIP)数据

当代中国公共政策/马德普等主编. —北京:北京大学出版社,2017.11
(新编公共行政与公共管理学系列教材)
ISBN 978-7-301-28772-9

Ⅰ.①当… Ⅱ.①马… Ⅲ.①公共政策—中国—高等学校—教材 Ⅳ.①D601

中国版本图书馆 CIP 数据核字(2017)第 226791 号

书　　　名	当代中国公共政策 DANGDAI ZHONGGUO GONGGONG ZHENGCE
著作责任者	马德普　霍海燕　高卫星　杜孝珍　主编
责任编辑	董郑芳(dzfpku@163.com)
标准书号	ISBN 978-7-301-28772-9
出版发行	北京大学出版社
地　　　址	北京市海淀区成府路 205 号　100871
网　　　址	http://www.pup.cn
微信公众号	ss_book
新浪微博	@北京大学出版社　　@未名社科-北大图书
电子信箱	ss@pup.pku.edu.cn
电　　　话	邮购部 62752015　发行部 62750672　编辑部 62753121
印　刷　者	北京鑫海金澳胶印有限公司
经　销　者	新华书店
	730 毫米×980 毫米　16 开本　29.5 印张　499 千字 2017 年 11 月第 1 版　2017 年 11 月第 1 次印刷
定　　　价	59.00 元

未经许可，不得以任何方式复制或抄袭本书之部分或全部内容。
版权所有，侵权必究
举报电话: 010-62752024　电子信箱: fd@pup.pku.edu.cn
图书如有印装质量问题，请与出版部联系，电话: 010-62756370

导　论

当代中国公共政策是一门研究中华人民共和国成立以来尤其是改革开放以来中国公共政策发展变化基本情况的科学。它既要客观描述各种公共政策的历史变化和当前状况，又要揭示各种政策发展变化的社会历史背景和原因，目的是从国家治理的角度为人们认识中华人民共和国成立以来的历史提供一个独特的视角，并通过了解各项政策的得失，为提高国家治理能力、改进公共政策、促进国家健康发展提供借鉴。

政策是任何存在管理活动的组织中，管理者为组织选定的目标和为实现目标而制定的规范、引导组织成员行为的准则和措施。公共政策是一国政府为处理社会问题、实现一定的公共目标而制定的规范、引导社会成员行为的准则和措施。公共政策的制定者包括执政党、立法机关、行政机关和司法机关；公共政策的表现形式是上述主体制定的各种各样的规范性文件，如法律、法令、规章、制度、决议、计划、规划、条例、命令、路线、方针等等。一个国家的兴衰成败既与国家的基本制度密切相关，也与国家的具体政策密切相关。

中华人民共和国的成立，中国基本政治制度的奠定，开启了中国现代化事业的艰难历程。在这个历程中，既有成功，也有挫折，而这一切在很大程度上都取决于我们是否制定了正确的公共政策。应该说，改革开放之前的三十年，由于我们对社会主义与现代化的内涵和规律还缺乏足够的认识，因此在公共政策的制定上走了不少的弯路,尤其是"大跃进"和"文化大革命"时期的政策制定出了较大的问题,以至于给国民经济和现代化建设事业带来了巨大的损失。改革开放以来,在我国的基本政治制度框架没有发生大的变化的情况下,由于我们对社会主义现代化建设的规律有了更加深入的认识,并在此基础上能够适应情况的发展变化及时制定正确的公共政策,所以才使我国的现代化建设取得了举世瞩目的成就。由此看来,只要基本的政治制度相对合理和稳定,剩下的关键因素就是能否制定合理的公共政策。

一国的公共政策是否正确合理,最根本的是看它能否有效解决社会面临的各种问题,满足人民不断增长的需要,促进社会可持续地发展。但是,社会是不断发展的,社会所处的内外环境也是不断变化的,从而公共政策所要解决的问题以及人民的各种需要也是发展变化的,因此,公共政策相对于基本制度来说具有更大的灵活性和变动性,其合理性也一定是因时因地而异的。此时此地合理的公共政策,在另外的时空环境中就可能显得不那么合理,反之亦然。这一点就决定了,我们理解公共政策的意义,评价公共政策的合理性,都必须从具体的历史环境出发,看其面临的具体问题是什么,解决问题的条件有哪些,实施的后果怎么样。只有从这种历史的角度看待公共政策,我们才能够对它做出正确的理解和评价。

公共政策涉及社会生活的方方面面,关系社会的各种利益,因此,它涉及的领域非常广泛。在日益复杂的现代社会,随着人与人之间分工与合作的不断深化,人们的相互依赖在不断增强,从而使公共领域不断扩大,公共利益所涉及的范围也在不断扩展。只要和公共利益相关的问题,就都可能成为公共政策涉足的对象。即使学术界在政府职能问题上存在着"大政府"和"小政府"之争,各国政府的实际职能也存在一定的差异,但它们制定的公共政策涉及的领域都相当广泛。中国政府是后发展中国家所需要的强政府的一个典型,它承担的职能较一般国家相对要多一些,因此它制定的公共政策所涉及的领域也相对较广。然而,由于字数的限制,加上人力有限,本书只能就一些主要政策做一些介绍。这些政策包括:基本路线与战略方针、财政政策、金融政策、农业政策、产业政策、贸易政策、环境政策、卫生政策、社会保障政策、民族宗教政策、外交政策、教育政策、科技政策和文化政策。其中的基本路线与战略方针也被称为总政策或大政策。了解这些政策的来龙去脉,有助于理解当下的政策;总结这些政策的得失,有助于为今后的政策制定提供借鉴。

作为一本教材，本书主要服务于大学中政治学与行政学专业、行政管理专业、公共管理专业、公共政策专业的本科生和公共管理类的硕士研究生学习中国公共政策的需要，目的是让他们了解中国各种主要公共政策的发展变化，理解政策的基本精神，把握政策的基本原则，提高自己的政策水平，以便为今后的政策研究和管理实践，奠定坚实的基础。

目 录

第一章 基本路线与战略方针 / 1
    第一节 建国后三十年中国共产党基本路线的演变 / 1
    第二节 十一届三中全会后新的基本路线的形成和确立 / 4
    第三节 十一届三中全会后的发展战略与战略方针 / 12
    第四节 中共十六大以来党的战略思想的发展 / 25

第二章 财政政策 / 38
    第一节 改革开放前财政政策的历史回顾 / 38
    第二节 改革开放以来财政政策的运作轨迹与政策变革 / 43
    第三节 改革开放以来财政政策的分项调整 / 58

第三章 金融政策 / 71
    第一节 十一届三中全会前的金融政策回顾 / 71
    第二节 改革开放后金融政策的发展 / 84
    第三节 当前金融政策的主要内容 / 92

第四章 农业政策 / 105
    第一节 十一届三中全会前的农业政策回顾 / 105
    第二节 改革开放后农业政策的历史发展 / 116
    第三节 农业政策的主要内容 / 128

第五章 产业政策 / 139

第一节 产业政策概述 / 139
第二节 产业政策的历史回顾 / 144
第三节 改革开放以来的产业政策 / 148

第六章 贸易政策 / 169

第一节 改革开放前贸易政策概述 / 169
第二节 改革开放后国内贸易政策的变化 / 174
第三节 1978—2001年外贸政策的变革 / 185
第四节 加入世界贸易组织后外贸政策的变革 / 196

第七章 环境政策 / 208

第一节 改革开放前的环境保护状况 / 208
第二节 改革开放后环境政策的历史发展 / 209
第三节 环境保护制度 / 218
第四节 环境保护的一些具体政策 / 226

第八章 卫生政策 / 237

第一节 改革开放前卫生政策的回顾 / 237
第二节 医疗卫生体制改革 / 239
第三节 医疗卫生机构运行机制的改革 / 250
第四节 医疗保险政策及其改革 / 257

第九章 社会保障政策 / 266

第一节 改革开放前的社会保障政策 / 266
第二节 改革开放以来社会保险政策的改革与调整 / 282
第三节 改革开放以来社会救助政策的改革与调整 / 290
第四节 社会优抚安置政策的改革与调整 / 301

第十章 民族宗教政策 / 307

第一节 十一届三中全会前的民族宗教政策 / 307
第二节 改革开放后民族宗教政策的发展变化 / 312
第三节 民族区域自治政策和民族团结政策 / 330

第十一章 外交政策 / 334

第一节 十一届三中全会前的外交政策回顾 / 334

第二节　改革开放初期外交政策的重大调整　／342
　　第三节　对外政策的新发展　／346

第十二章　教育政策　／362
　　第一节　改革开放前教育政策回顾　／362
　　第二节　改革开放后教育政策的历史演变　／371
　　第三节　改革开放以来教育政策的主要内容　／381

第十三章　科技政策　／399
　　第一节　改革开放前科技政策回顾　／399
　　第二节　改革开放后科技政策的历史演变　／403
　　第三节　新时期科技政策的主要内容　／412

第十四章　文化政策　／429
　　第一节　建国后至改革开放前文化政策回顾　／429
　　第二节　改革开放后文化政策的发展　／434
　　第三节　中共十六大至中共十七大期间的文化政策　／444
　　第四节　中共十八大以来的文化政策　／456

后　记　／461

第一章 基本路线与战略方针

基本路线是中国共产党在社会发展的不同阶段,根据面临的社会主要矛盾和肩负的历史使命所制定的党的工作的总目标、总任务、总方针和总原则等。它是事关全局的一种战略布局,是指导具体工作的总纲和制定具体方针政策的基本依据。发展战略是在党的基本路线的指导下,根据社会发展的需要而制定的国家战略目标、基本任务和指导方针。二者都属于公共政策中的"大政策"或"根本政策"的范畴。执政党能否正确地认识不同历史阶段的社会性质和主要矛盾,能否明确党所肩负的历史使命,是能否制定正确路线的基本前提;而执政党基本路线的正确与否又直接关系到国家发展战略的制定是否合理。

第一节 建国后三十年中国共产党基本路线的演变

中华人民共和国成立以后,中国共产党在确立什么样的基本路线问题上,曾进行过不少的争论和艰难的探索,其中走了不少的弯路,也形成了不少的经验和教训。

早在夺取全国政权前夕,毛泽东就对建国以后党的工作的中心任务是什么作了认真的思考和明确的回答。1949年3月5日,他在中共七届二中全会上宣布,党的工作重心要由乡村转移到城市,这一转移意味着党的中心任务要从武装夺取政权转到掌握全国政权领导生产建设上来。他指出："从我们接管城市的第一天起，我们的眼睛就要向着这个城市的生产事业的恢复和发展。务须避免盲目地乱抓乱碰，把中心任务忘记了，以至于占领一个城市好几个月，生产建设的工作还没有上轨道，甚至许多工业陷于停顿状态，引起工人失业，工人生活降低，不满意共产党。这种状态是完全不能容许的。"他还说："城市中其他的工作，例如党的组织工作，政权机关的工作，工会的工作，其他各种民众团体的工作，文化教育方面的工作，肃反工作，通讯社报纸广播电台的工作，都是围绕着生产建设这一个中心工作并为这个中心工作服务的。"①不过，应该承认，当时毛泽东强调生产建设这个中心任务，主要还是从巩固新生的人民政权这个角度来讲的。正是巩固新生政权这一客观要求，加上毛泽东对阶级斗争形势的错误判断，才最终导致后来在路线问题上背离生产建设这一中心任务的全局性错误。

建国以后，面对着国际国内斗争的复杂形势，以及建设和巩固新生政权的艰巨任务，毛泽东和党中央仍然牢牢地抓住经济建设这个中心工作不放手，从而在很短的时间内就使受到战争严重摧残的国民经济得到了恢复。到1952年，我国工农业主要产品的产量就超过了建国前的最高水平。

随着国民经济的迅速恢复，毛泽东又紧接着提出了党在过渡时期的总路线。他指出："从中华人民共和国成立，到社会主义改造基本完成，这是一个过渡时期。党在这个过渡时期的总路线和总任务，是要在一个相当长的时期内，基本上实现国家工业化和对农业、手工业、资本主义工商业的社会主义改造。"②很明显，这条总路线实际上规定了两项党的工作的总任务，一项就是工业化，另一项就是生产关系领域里的社会主义改造。按照毛泽东的最初设想，社会主义改造是"一个相当长的时期"，而且明确规定这个时期内要"基本上实现国家工业化"。然而，在后来的实际工作中，并没有按照这个最初的设想去办，而是仅用了三年多的时间就基本上完成了社会主义改造，并且也没有能够使社会主义改造和工业化同步进行。生产资料所有制社会主义改造相对于工业化发展速度的超前进行，实际上为以后"左"的错误埋下了种子。

1956年生产资料所有制的社会主义改造基本完成，标志着我国进入了社会主义的历史阶段。在这个新的历史阶段中，党的工作的中心任务和总的目标是什么，毛泽东和党中央都对此作了探讨，并在党的八大上提出了一条新的路线。

---

① 《毛泽东选集》第四卷，人民出版社1991年版，第1428页。
② 《建国以来重要文献选编》第四册，中央文献出版社1993年版，第348页。

八大的政治报告指出:"现在,革命的暴风雨时期已经过去了,新的生产关系已经建立起来,斗争的任务已经变为保护社会生产力的顺利发展。"八大的决议中,还分析了从民主革命到社会主义革命过程中我国国内主要矛盾的变化,指出新的历史时期的主要矛盾已经不再是工人阶级和资产阶级的矛盾,而是人民对于建立先进的工业国的要求同落后的农业国的现实之间的矛盾,是人民对于经济文化迅速发展的需要同当前经济文化不能满足人民需要的状况之间的矛盾。因此,"党和全国人民的当前的主要任务,就是要集中力量来解决这个矛盾,把我国尽快地从落后的农业国变为先进的工业国"。八大所提出的这个主要目标和任务,后来的党的文献都称之为"八大路线"。实践证明,党的八大对社会主要矛盾的分析和确定的主要任务都是正确的。遗憾的是,从1957年"反右"以后,党的指导思想就发生了转变,"左"的倾向日渐严重,致使八大的路线没能得到贯彻落实。

党的指导思想的"左"倾化发展,与毛泽东对1957年少数右派分子的进攻估计得过于严重有关,而这种估计又与1956年的波、匈事件相联系。这些事件使毛泽东重新开始考虑阶级斗争问题,并开始强调要进行政治上、思想上的社会主义革命。此后,一个接一个的政治运动就逐渐成为各个时期的中心任务。尽管1958年党的八大二次会议提出了"鼓足干劲、力争上游,多快好省地建设社会主义"的总路线,但这次会议改变了八大对社会主要矛盾的判断,重新把两个阶级、两条道路的斗争作为社会的主要矛盾来看待。这种"左"的倾向,不仅导致了1958年"大跃进"中不按客观经济规律办事,搞高指标、瞎指挥、浮夸风和"共产风"的严重错误,而且还逐渐发展成为以后的"以阶级斗争为纲"的所谓"党在整个社会主义时期的基本路线"。

从1957年到1962年这一段时期,可以看作是党在经济建设和阶级斗争这两个方面哪个应是重点的问题上摇摆不定的时期。然而,从1962年起,毛泽东对阶级斗争就强调得越来越多,经济建设越来越被放在次要地位。在这一年党的全会上,毛泽东提出,在由资本主义过渡到共产主义的整个历史时期里,都存在着无产阶级和资产阶级的斗争,存在着社会主义和资本主义两条道路的斗争,并要求全党对这个问题要年年讲、月月讲。到1963年9月中央制定的《关于农村社会主义教育运动中一些具体政策的规定(草案)》中,就明确地提出了运动要"以阶级斗争为纲"的方针。"文化大革命"就是这种"以阶级斗争为纲"方针的必然产物,也是把这一方针推到极端的表现。

"文化大革命"是毛泽亲自发动和领导的一场政治运动,他的主要论点是:一大批资产阶级的代表人物、反革命的修正主义分子,已经混进党里、政府里、军队里和文化领域的各界里,相当大的一个多数的单位的领导权已经不在马克思主义者和人民群众手里。党内走资本主义道路的当权派在中央形成了一个资产阶级司令部,它有一条修正主义的政治路线和组织路线,在各省、市、自治区和中央各部门都有代理人。过去的各种斗争都不能解决问题,只有实行"文化大革命",公开地、全面地、自下而上地发动广大群众来揭发上述的黑暗面,才能把被走资派篡夺的权力重新夺回来。这实质上是一个阶级推翻一个阶级的政治大革命,以后还要进行多次。毛泽东的这些论点主要表现在作为"文化大革命"纲领性文件的《五·一六通知》和党的九大的政治报告中,从而形成了所谓无产阶级专政下继续革命的理论和路线。毛泽东反对的所谓修正主义路线实际上是指1960年以后党根据中国的实际情况调整和鼓励发展经济的一些政策措施。这些措施以及主张发展生产的观点,都被"四人帮"作为"走资本主义道路"和"唯生产力论"来批判。他们"宁要社会主义的草,不要资本主义的苗",把抓经济建设视为罪过,从而全面否定了八大提出的集中力量发展经济的路线。结果,"文化大革命"推行的"无产阶级专政下继续革命"的路线,使中国陷入了全面的内乱,并把国民经济推到了崩溃的边缘,给我国的社会主义事业造成了极大的危害。这期间,于1975年主持中央日常工作的邓小平曾试图把党的工作重心扭转到经济建设上来,但由于"左"的路线占主导地位,不久邓小平再次被打倒。不过,邓小平这次与"左"的路线的斗争,为后来党的十一届三中全会实现工作重心的转移创造了条件。

第二节 十一届三中全会后新的基本路线的形成和确立

一、十一届三中全会的转折与邓小平对四项基本原则的阐述

1978年12月召开的中共十一届三中全会,是我国社会主义建设史上的一个伟大的转折点。全会以邓小平提出的"解放思想,实事求是"的思想路线为指导,宣布结束全国范围的大规模的揭批林彪、"四人帮"的群众运动,把全党工作的着重点和全国人民的注意力转移到社会主义现代化建设上来。这实际上意味着共产党放弃了以前的"以阶级斗争为纲"的路线,重新把经济建设上升为党的中心任务。同时,会议公报还指出:"实现四个现代化,要求大幅度地提高生产力,也就必然要求多方面地改变同生产力发展不适应的生产关系和上层建筑,改变一切不适应的管理方式、活动方式和思想方式";会议要求:要改革权力过于集中的经济管理体制,下放权力,让地方和工农业企业在国家统一计划的指导下有更多的经营管理自主权;要着手大力精简各级经济行政机构,把它们的大部分职权转交给企业性的专业公司或联合公司;要认真解决党政企不分、以党代政、以政代企的现象,实行分级分工分人负责,加强管理机构和管理人员的权限和责任。会议认为,保障人民民主,必须加强社会主义法制,使民主制度化、法律化,使这种制度和法律具有稳定性、连续性和极大的权威,做到有法可依,有法必依,执法必严,违法必究。会议还要求在自力更生的基础上积极发展同世界各国平等互利的经济合作,努力采用世界先进技术和先进设备,并大力加强实现现代化所必需的科学和教育工作。十一届三中全会的这些精神,不仅把党的工作重心转移到了现代化建设上来,而且还初步描绘了改革开放的蓝图,从而形成了党在新时期新的基本路线的雏形。

十一届三中全会不久,也即1979年3月30日,邓小平在党的理论工作务虚会上,针对社会上出现的反对共产党、否定无产阶级专政的言论和一些闹事活动,发表了《坚持四项基本原则》的重要讲话,指出社会主义现代化建设是今后相当长一个历史时期的主要任务,是我们当前最大的政治,因为它代表着人民的最大的利益、最根本的利益。但是,搞现代化要适合中国的国情,要走一条中国式的现代化道路。中国式的现代化,在思想政治上的特点就是必须坚持四项基本原则,即必须坚持社会主义道路,必须坚持无产阶级专政,必须坚持共产党的领导,必须坚持马列主义、毛泽东思想。他认为,这四项基本原则是实现四个现代化的根本前提。

关于坚持社会主义道路的问题,邓小平批驳了一些人散布的所谓社会主义不如资本主义的言论,指出只有社会主义才能救中国,这是中国人民在从五四运动到现在六十年来的切身体验中得出的不可动摇的历史结论,中国离开社会主义就必然退回到半封建半殖民地;至于社会主义中国在经济、技术、文化等方面现在还不如发达的资本主义国家这一事实,并不是社会主义制度造成的,而是解放前的历史造成的,是帝国主义封建主义造成的;解放后我们尽管犯过一些错误,但我们还是在三十年间取得了旧中国几百年、几千年没有取得过的进步。社会主义之所以有优越性,是因为社会主义是以公有制为基础,生产是为了最大限度地满足人民的物质、文化需要,而不是为了剥削,从而能形成共同的社会理想和道德标准。资本主义无论如何摆脱不了剥削和掠夺,不能避免各种极端严重的犯罪、堕落和绝望。

关于坚持无产阶级专政,邓小平指出,无产阶级专政对于人民来说就是社会主义民主,没有民主就没有社会主义,也没社会主义现代化。但是发展社会主义民主,绝不是不对敌视社会主义的势力实行无产阶级专政。没有无产阶级专政,我们就不可能保卫从而也不可能建设社会主义。

关于坚持共产党的领导,邓小平指出,没有共产党的领导就不可能有社会主义革命,不可能有无产阶级专政,不可能有社会主义建设。在中国,离开了中国共产党的领导,谁来组织社会主义的经济、政治、军事和文化?谁来组织中国的四个现代化?取消党的领导只能导致无政府主义,导致社会主义事业的瓦解和覆灭。

关于坚持马列主义、毛泽东思想,邓小平指出,正是马列主义的普遍真理与中国革命实践相结合而产生的毛泽东思想,才使约占人类四分之一的中国人民找到了正确的革命道路,解放了全中国,基本上完成了社会主义改造。这不但根本改变了中国的命运,也改变了世界的形势。毛泽东同志也犯有错误,但这些错误无法同他对人民的不朽贡献相比拟。另外,我们坚持的和要当作行动指南的是马列主义、毛泽东思想的基本原理,而不是个别的论断,作为个别的论断,都不免有这样那样的失误,但这些都不属于马列主义、毛泽东思想的基本原理所构成的科学体系。

邓小平强调,这四项基本原则的任何一项都不能动摇。否则就动摇了整个社会主义事业,整个现代化建设事业。他特别指出,如果离开四项基本原则,抽象地空谈民主,那就必然会造成极端民主化和无政府主义的严重泛滥,造成安定团结的政治局面的彻底破坏,造成四个现代化的彻底失败。那样,我们同林彪、"四人帮"的十年斗争就等于白费,中国就将重新陷于混乱、分裂、倒退和黑暗,中国人民就将失去一切希望。邓小平对四项基本原则在现代化建设中的重要地位的阐述,是对十一届三中全会初步形成的新的基本路线的重大补充。后来,他针对中央领导中忽视四项基本原则的倾向和社会上反对四项基本原则的种种错误言论,一再强调坚持四项基本原则在中国社会主义现代化过程中的重要性。在他看来,坚持四项基本原则,不仅是维护安定团结和政治稳定的需要,而且是使中国的现代化沿着社会主义方向前进的需要。没有稳定的政治环境,就不可能进行现代化建设,而没有社会主义的方向,即使国家发展起来,也是两极分化,广大劳动人民不能得到现代化的好处,大量的人仍然摆脱不了贫穷。邓小平的这些思想,构成了后来正式形成的党在社会主义初级阶段的基本路线的重要内容。

二、改革开放的推进与改革开放方针的确立

中共十一届三中全会以后,中国共产党根据初步形成的基本路线,不仅集中力量狠抓经济建设,而且开始着手各方面的改革。经济方面的改革首先从农村开始,而农村的改革首先是安徽省凤阳县的农民自发搞起来的。1979年2月,该县小岗村的18户农民悄悄聚在一起订立了把生产队土地划分到户、包干经营的秘密协议。结果,在大灾之年,他们的土地不仅没有减产,反而获得了二十多年来的第一次大丰收。在当时人们的思想还不够解放的情况下,这种做法遭到了许多非议,引起了不小的争论。1980年,邓小平公开表态,支持这个改革,从而打开了我国农村改革的大门。从此,以家庭联产承包责任制为主要形式的农村改革在中国大地上迅速展开。同年8月,邓小平在中央政治局扩大会议上还发表了《党和国家领导制度的改革》的重要讲话,开始了我国政治体制改革的伟大进程。在讲话中,邓小平深刻地指出:"我们过去发生的各种错误,固然与某些领导人的思想、作风有关,但是组织制度、工作制度方面的问题更重要。这些方面的制度好可以使坏人无法任意横行,制度不好可以使好人无法充分做好事,甚至会走向反面。……不是说个人没有责任,而是说领导制度、组织制度问题更带有根本性、全局性、稳定性和长期性。这种制度问题,关系到党和国家是否改变颜色,必须引起全党的高度重视。"①他列举的现行制度的主要弊端有:官僚主义现象、权力过分集中现象、家长制现象、干部领导职务终身制现象和形形色色的特权现象。他指出,只有改革现行制度中的这些弊端,人民才会信任党和社会主义,我们的事业才有无限的希望。邓小平的这个讲话不仅成了指导我国政治体制改革的纲领性文件,而且还丰富了党的新基本路线中关于改革的内容。

1981年6月,中共十一届六中全会召开,会议通过的《关于建国以来党的若干历史问题的决议》对党在新时期的总任务、总目标作了进一步的表述,即"中国共产党在新的历史时期的奋斗目标,就是要把我们的国家,逐步建设成为具有现代农业、现代工业、现代国防和现代科学技术的,具有高度民主和高度文明的

---

① 《邓小平文选(1975—1982年)》,人民出版社1983年版,第293页。

社会主义强国"。这一表述基本上接近了十三大正式概括的基本路线中关于总目标的表述。1982年中共十二大不仅重申了这一总目标,而且还增加了"自力更生,艰苦奋斗"的内容。更重要的是,十二大在强调继续坚定不移地贯彻执行改革方针的同时,还明确地提出了对外开放的方针,指出:"实行对外开放,按照平等互利的原则扩大对外经济技术交流,是我国坚定不移的方针。"这一方针的确立,实际上是从战略的高度,进一步肯定了1979年以来我国试办特区和引进外资等一系列对外开放的做法和政策。另外,十二大还确定了到本世纪末实现工农业年总产值翻两番的宏伟目标,从而把经济建设的目标具体化了。十二大以后,我国进入了改革开放逐步全面铺开的现代化建设新阶段。

1984年10月,在农村改革的深入发展和沿海城市开放的推动下,中共十二届三中全会作出了《中共中央关于经济体制改革的决定》。该决定指出,我国的经济体制改革的目标和任务是发展社会主义商品经济,建立起具有中国特色的、充满生机和活力的社会主义经济体制,促进社会生产力发展;商品经济的充分发展是社会经济发展不可逾越的阶段,我国的社会主义经济是公有制基础上有计划的商品经济。这就为我国的全面经济改革提供了更深层次的理论依据。1985年3月,中共中央发布了《关于科学技术体制改革的决定》。同年5月,中共中央又发布了《关于教育体制改革的决定》。1986年9月,中共十二届六中全会又通过了《关于社会主义精神文明建设指导方针的决议》。1987年10月20日,十二届七中全会讨论并原则同意了《政治体制改革总体设想》,并决定将这个文件的主要内容写入党的十三大报告。至此,中国的经济、政治、文化等主要领域的改革全面展开,并都有了改革的指导性方针、目标和具体方案。

三、社会主义初级阶段基本路线的正式形成

在总结经济建设和改革开放取得的巨大成就和成功经验的基础上,1987年中共十三大确立了社会主义初级阶段理论,并正式提出了党在社会主义初级阶段的基本路线,即"领导和团结全国各族人民,以经济建设为中心,坚持四项基本原则,坚持改革开放,自力更生,艰苦奋斗,为把我国建设成为富强、民主、文明的社会主义现代化国家而奋斗"。这条路线第一次把我们的总目标简练地概括为"富强、民主、文明的社会主义现代化国家"。这表明,我们讲的社会主义现代化不再局限于经济方面的四个现代化,而是还正式把政治现代化和精神现代化的内容纳入到现代化的概念之中,这就使我们对目标的表述更加科学化了。

这一路线的立足点就是我国所处的社会主义初级阶段。关于初级阶段的认识是中国共产党对社会主义和中国国情认识的一个重大进步。早在中共十一届六中全会通过的《关于建国以来党的若干历史问题的决议》中，就首次提出了"我国的社会主义制度还是处在初级的阶段"的命题。后来，党的十二大报告，十二届三中全会制定的《中共中央关于经济体制改革的决定》，以及十二届六中全会通过的《关于社会主义精神文明建设指导方针的决议》等，都进一步明确了这一思想。第一次系统地展开论述社会主义初级阶段的问题，是在中共十三大的《沿着有中国特色的社会主义道路前进》的报告中。报告指出，我国社会主义的初级阶段，"是逐步摆脱贫穷、摆脱落后的阶段；是由农业人口占多数的手工劳动为基础的农业国，逐步变为非农产业人口占多数的现代化的工业国的阶段；是由自然经济半自然经济占很大比重，变为商品经济高度发达的阶段；是通过改革和探索，建立和发展充满活力的社会主义经济、政治、文化体制的阶段；是全民奋起，艰苦创业，实现中华民族伟大复兴的阶段"。这"五个阶段"是初级阶段的五项任务，它们是有机地统一在一起的。初级阶段的主要矛盾"是人民日益增长的物质文化需要同落后的社会生产之间的矛盾"。为解决这个主要矛盾，"就必须大力发展商品经济，提高劳动生产率，逐步实现工业、农业、国防和科学技术的现代化，并且为此而改革生产关系和上层建筑中不适应生产力发展的部分"。

后来，在党的十五大报告中，江泽民对社会主义初级阶段的性质和特点又作了进一步的概括。他指出："社会主义初级阶段，是逐步摆脱不发达状态，基本实现社会主义现代化的历史阶段；是由农业人口占很大比重、主要依靠手工劳动的农业国，逐步转变为非农业人口占多数、包含现代农业和现代服务业的工业化国家的历史阶段；是由自然经济半自然经济占很大比重，逐步转变为经济市场化程度较高的历史阶段；是由文盲半文盲人口占很大比重、科技教育文化落后，逐步转变为科技教育文化比较发达的历史阶段；是由贫困人口占很大比重、人民生活水平比较低，逐步转变为全体人民比较富裕的历史阶段；是由地区经济文化很不平衡，通过有先有后的发展，逐步缩小差距的历史阶段；是通过改革和探索，建立和完善比较成熟的充满活力的社会主义市场经济体制、社会主义民主政治体制和其他方面体制的历史阶段；是广大人民牢固树立建设有中国特色社会主义共同理想，自强不息，锐意进取，艰苦奋斗，勤俭建国，在建设物质文明的同时努力建设精神文明的历史阶段；是逐步缩小同世界先进水平的差距，在社会主义基础上实现中华民族伟大复兴的历史阶段。这样的历史进程,至少需要一百年时间。"①

社会主义初级阶段理论的确立表明了两层含义,一是我国社会已是社会主义社会,我们今后应继续坚持社会主义道路;二是我国的社会主义还处在初级阶段,我们的经济、文化等各方面还比较落后,因此制定政策应该从这种落后的实际出发,不能超越这个阶段搞"左"倾冒进。社会主义初级阶段的主要矛盾,是人民日益增长的物质文化需要同落后的社会生产力之间的矛盾,这就决定了我们的根本任务是集中力量发展社会生产力。

社会主义初级阶段的现实和主要矛盾,以及由此决定的总的目标和根本任务,要求我们必须坚持以经济建设为中心,坚持四项基本原则,坚持改革开放。这些被后来所概括的"一个中心""两个基本点",就是社会主义初级阶段党的基本路线的核心。其中"一个中心",体现着我们的根本任务或中心任务,四项基本原则是现代化建设的根本保证,改革开放作为我们的总方针是我们实现现代化目标的根本途径。而这一切所要实现的总目标,就是建设富强、民主、文明的社会主义现代化国家。这一目标包含了经济、政治、文化三个层面,其具体内容在江泽民的十五大报告中被进一步表述为:

> 建设有中国特色社会主义的经济,就是在社会主义条件下发展市场经济,不断解放和发展生产力。这就要坚持和完善社会主义公有制为主体、多种所有制经济共同发展的基本经济制度;坚持和完善社会主义市场经济体制,使市场在国家宏观调控下对资源配置起基础性作用;坚持和完善按劳分配为主体的多种分配方式,允许一部分地区一部分人先富起来,带动和帮助后富,逐步走向共同富裕;坚持和完善对外开放,积极参与国际经济合作和竞争。保证国民经济持续快速健康发展,人民共享经济繁荣成果。
>
> 建设有中国特色社会主义的政治,就是在中国共产党领导下,在人民当家做主的基础上,依法治国,发展社会主义民主政治。这就要坚持和完善工人阶级领导的、以工农联盟为基础的人民民主专政;坚持和完善人民代表大会制度和共产党领导的多党合作、政治协商制度以及民族区域自治制度;发展民主,健全法制,建设社会主义法治国家。实现社会安定,政府廉洁高效,

---

① 江泽民:《高举邓小平理论伟大旗帜,把建设有中国特色社会主义事业全面推向二十一世纪——在中国共产党第十五次全国代表大会上的报告(1997年9月12日)》。

全国各族人民团结和睦,生动活泼的政治局面。

建设有中国特色社会主义的文化,就是以马克思主义为指导,以培育有理想、有道德、有文化、有纪律的公民为目标,发展面向现代化、面向世界、面向未来的,民族的科学的大众的社会主义文化。这就要坚持用邓小平理论武装全党,教育人民;努力提高全民族的思想道德素质和教育科学文化水平;坚持为人民服务、为社会主义服务的方向和百花齐放、百家争鸣的方针,重在建设、繁荣学术和文艺。建设立足中国现实、继承历史文化优秀传统、吸取外国文化有益成果的社会主义精神文明。①

十三大提出的党在社会主义初级阶段的基本路线,是中国共产党自十一届三中全会实现工作重心转移以来,在理论上和实践上不断探索的一个结晶,是在邓小平建设有中国特色社会主义理论的基础上形成的。它的确立标志着中国共产党在对社会主义特别是中国社会主义发展规律的认识和对自身使命的认识上,已经走向成熟。就像新民主主义革命经历了许多曲折和失败才使我们摸清了革命的规律,制定了正确的路线,从而引导革命走向了胜利一样;我国的社会主义建设也是经历了许多挫折和失误才使我们认清了它的规律,并终于制定出了指导整个社会主义初级阶段现代化建设的正确路线。这条路线在形成阶段和形成之后的十年内的实践证明,它是符合中国国情的正确路线。在今后的一段历史时期内,我们能不能坚持这条路线,是我国现代化建设的目标能否实现的关键。正因为它具有如此重要的意义,所以,1992年2月,邓小平在视察南方的谈话中强调:"基本路线要管一百年,动摇不得。只有坚持这条路线,人民才会相信你,拥护你。"谁要改变这条路线,"老百姓不答应,谁就会被打倒"。他还把坚持基本路线一百年看作是长治久安的根本,看作是"真正关系到大局"的事情。江泽民在党的十四大报告中也明确指出:"十四年伟大实践的经验,集中到一点,就是要毫不动摇地坚持以建设有中国特色的社会主义理论为指导的党的基本路线。"正是在这一理论和党的基本路线的指引下,党的十四大正式把建立社会主义市场经济体制作为我国经济体制改革的目标,从而使我国的改革开放和现代化建设事业进入了一个新的发展阶段。十四大以来,我们不仅在以现代企业制度的建设为核心的经济体制改革方面取得了重大进展,而且在科技、教育、

---

① 江泽民:《高举邓小平理论伟大旗帜,把建设有中国特色社会主义事业全面推向二十一世纪——在中国共产党第十五次全国代表大会上的报告(1997年9月12日)》。

社会保障等方面的体制改革和精神文明建设方面也取得了重大的成就,整个社会呈现经济快速而平稳发展,社会不断全面进步的良好局面。这一切都再次说明,党的基本路线是指引我国现代化建设胜利前进的唯一正确的路线。

第三节 十一届三中全会后的发展战略与战略方针

十一届三中全会以来,我们不仅逐步形成了一条适用于整个社会主义初级阶段的基本路线,而且也形成了明确的发展战略和一系列的基本方针或称战略方针。

一、"三步走"发展战略

"三步走"发展战略,是十一届三中全会以后,中国共产党依据我国的基本国情,吸取国内建设的经验教训,借鉴国外的成功经验,制定的中国经济发展的宏伟蓝图。这一蓝图既是基本路线中"以经济建设为中心"的具体体现,又是现代化目标中"富强"目标的进一步具体化。

早在新中国建立初期,中国共产党就开始着手制定中国经济发展的战略目标。在1954年召开的第一届全国人民代表大会上,毛泽东就提出,要"准备在几个五年计划之内,将我们现在这样一个经济上文化上落后的国家,建设成为一个工业化的具有高度现代文明程度的伟大的国家"。周恩来总理在政府工作报告中也指出,"如果不建设起强大的现代化的工业、现代化的农业、现代化的交通运输业和现代化的国防,我们就不能摆脱落后和贫困,我们的革命目的就不能达到"。这实际上是初步提出了四个现代化的战略目标。在这期间,毛泽东关于发展战略的设想是:用三个五年计划即十五年左右的时间打个基础,然后再用七个五年计划,也即到2000年,把我国建设成为一个伟大的社会主义现代化强国。这一设想虽然带有急于求成的因素,但是应该说,如果我们按照经济规律办事,如果我们紧紧抓住这个目标不放松,那么,即使这个目标不能完全实现,起码目前也会达到比现在要高得多的水平。然而遗憾的是,当1957年我国的第一个五年计划顺利完成的时候,毛泽东和其他一些领导人就犯了过高估计人的主观能动性的错误,在经济建设上开始忽视经济规律,急躁冒进,盲目追求高速度、高指标,结果是欲速则不达,使国民经济陷入困境。更为严重的是,经济建设中的挫折引发了后来的政治冲突,使中国陷入了长达十年的政治内乱之中,严重干扰了现代化战略目标的实现。

十一届三中全会把党的工作重心转移到经济建设上来以后,以邓小平为首的党的领导集体就开始探索我国经济的发展战略问题。他们根据我国的国情和过去的经验教训,提出不仅要紧紧抓住经济建设这个中心,而且要认识到我国现代化建设任务的长期性和艰巨性,要避免再犯过去的急躁冒进的错误。在当时的许多会议上,邓小平和陈云等领导同志都多次强调,我国国家大、人口多、底子薄、基础差,经济发展目标不可能定得过高。后来,党中央逐渐认识到,在20世纪末不可能完成我国的现代化建设,实现这个任务的时间必须拉长,中间要分为几个阶段。

关于我国现代化发展阶段的设想,邓小平在1979年12月6日会见日本首相大平正芳时,首次提出了翻两番的目标和达到"小康"的理想。当大平正芳问到中国的现代化蓝图是如何构思的时候,邓小平略加思索后回答说:"我们要实现的四个现代化,是中国式的四个现代化,即使到了本世纪末,我们的四个现代化已经达到了某种目标,我们的国民平均收入也还是很低的。要达到第三世界中比较富裕一点的国家的水平,比如国民平均收入达到一千美金,我们也还得付出很大的努力才行。就算是达到那样的水平,同西方来比,也还是落后的。我只能说,中国也还是一个小康的状态。"①根据当时我国人均国民生产总值只有二百几十元美金的情况,邓小平推算说:"如果达到一千元,就要增加三倍。"这是邓小平第一次用统计指标量化我国的经济发展战略目标。在这里,他虽然没有明确使用"翻两番"的概念,但增加三倍实际上就是翻两番的意思。

1980年12月25日,在中央工作会议上的讲话中,邓小平正式提出:"经过二十年的时间,使我国现代化经济建设的发展达到小康水平,然后继续前进,逐步达到更高程度的现代化。"②1981年11月五届全国人大四次会议的政府工作报告确认了这一目标,指出"力争用二十年的时间使工农业总产值翻两番,使人民的消费达到小康水平"。1982年9月,党的十二大报告又把这一目标进一步具体化,提出"从1981年到本世纪末的二十年,我国经济建设总的奋斗目标是,在不断提高经济效益的前提下,力争使全国工农业的年总产值翻两番,即由1980年的7100亿元增加到2000年的28000亿元左右。实现了这个目标,人民的物质文化生活可以达到小康水平"。十二大报告还对经济发展做出了分两步

---

① 《邓小平关于建设有中国特色社会主义的论述专题摘编》,中央文献出版社1992年版,第225页。
② 《邓小平文选(1975—1982年)》,人民出版社1983年版,第315页。

走的战略部署,即到1990年为第一步,是打基础的阶段,实现工农业年总产值翻一番,解决人民的温饱问题;剩下的10年为起飞阶段,在新的基础上使工农业年总产值翻一番,人民生活达到小康水平。达到小康虽然是一个宏伟的目标,但党中央清醒地认识到,小康并不是现代化,实现小康只不过是现代化的"最低目标",真正达到基本实现现代化,还需要更长时间的努力和奋斗。于是,在确立了20世纪我国经济发展的战略目标以后,党中央和邓小平同志又开始对我国的经济发展前景进行跨世纪的思考。1984年4月18日,邓小平在会见外宾时说,同我们的大目标相比,这几年的发展仅仅是开始,达到小康水平以后,我们还要在下世纪30年到50年内,接近发达国家水平。同年10月6日,邓小平在一次谈话中对这一新的设想又作了进一步的表述。他说,我们的第一步是实现翻两番,需要20年,还有第二步,需要30年到50年,接近发达国家的水平。两步加起来,正好50年到70年。

在后来的多次谈话和讲话中,邓小平对21世纪我国经济发展目标的表述逐步清晰和完整。1987年4月16日,邓小平在会见香港特别行政区基本法起草委员会委员时的讲话中说道:"到本世纪末,中国人均国民生产总值将达到八百至一千美元,看来一千美元是有希望的。……那时人口是十二亿至十二亿五千万,国民生产总值就是一万至一万二千亿美元了。……那时候我们叫小康社会,是人民生活普遍提高的小康社会。更重要的是,有了这个基础,再过五十年,再翻两番,达到人均四千美元的水平,在世界上虽然还是在几十名以下,但是中国是个中等发达的国家了。那时,十五亿人口,国民生产总值就是六万亿美元,这是以一九八〇年美元与人民币的比价计算的,这个数字肯定是居世界前列的。"① 在这时,邓小平明确把下世纪中叶的经济发展目标量化为"人均四千美元"和"国民生产总值六万亿美元",发达程度定为"中等发达的国家"。这就既鼓舞人心,又在实际上比较稳妥。

这次讲话的半个月后,邓小平在会见外宾时,又进一步全面阐述了"三步走"的经济发展目标。他说:"我们原定的目标是,第一步在八十年代翻一番。以一九八〇年为基数,当时国民生产总值人均只有二百五十美元,翻一番,达到五百美元。第二步是到本世纪末,再翻一番,人均达到一千美元。实现这个目标意味着我们进入小康社会,把贫困的中国变成小康的中国。那时国民生产总值

---

① 《邓小平文选》第三卷,人民出版社1993年版,第215—216页。

超过一万亿美元,虽然人均数还很低,但是国家的力量有很大增加。我们制定的目标更重要的还是第三步,在下世纪用三十年到五十年再翻两番,大体上达到人均四千美元。做到这一步,中国就达到中等发达的水平。这是我们的雄心壮志。"①至此,"三步走"的发展战略思想正式形成。

1987年10月,中共十三大正式确认了邓小平关于经济发展"三步走"的战略构想。十三大报告指出:"党的十一届三中全会以后,我国经济建设的战略部署大体分三步走。第一步,实现国民生产总值比1980年翻一番,解决人民的温饱问题。这个任务已经基本实现。第二步,到本世纪末,使国民生产总值再增长一倍,人民生活达到小康水平。第三步,到下个世纪中叶,人均国民生产总值达到中等发达国家水平,人民生活比较富裕,基本实现现代化。"十三大报告对我国经济发展"三步走"战略构想的系统、准确的表述,标志着我国现代化建设70年发展战略的正式确立。

"三步走"的发展战略把生产力发展和人民生活水平的提高紧密地联系在一起,不仅揭示了我国现代化的根本目的,而且使全国人民有了明确的奋斗目标,对全国上下齐心协力搞现代化建设有着巨大的鼓舞作用。它克服了过去在发展目标上重速度轻效益、重国力增强轻人民生活水平提高的严重弊端,使我们在目标的认识和定位上更科学、更稳妥、更符合实际,也更符合人民的利益。在这个宏伟的战略目标的指引下,中国人民团结奋斗,使这些目标逐步得到现实。2000年10月11日发表的《中国共产党第十五届中央委员会第五次全体会议公报》明确宣布:"我们已经胜利实现了现代化建设的前两步战略目标,经济和社会全面发展,人民生活总体上达到了小康水平。这是中华民族发展史上一个新的里程碑。"在此基础上,会议认为,从新世纪开始,我国将进入全面建设小康社会,加快推进现代化的新的发展阶段。2002年中共十六大进一步提出,我们要在21世纪头二十年,集中力量,全面建设惠及十几亿人口的更高水平的小康社会。这是实现现代化建设第三步战略目标必经的承上启下的发展阶段,也是完善社会主义市场经济体制和扩大对外开放的关键阶段。经过这个阶段的建设,再继续奋斗几十年,到本世纪中叶基本实现现代化,把我国建成富强民主文明的社会主义国家。

中共十六大报告对全面建设小康社会的目标作了明确的表述:

---

① 《邓小平文选》第三卷,人民出版社1993年版,第226页。

（1）在优化结构和提高效益的基础上,国内生产总值到2020年力争比2000年翻两番,综合国力和国际竞争力明显增强。基本实现工业化,建成完善的社会主义市场经济体制和更具活力、更加开放的经济体系。城镇人口的比重较大幅度提高,工农差别、城乡差别和地区差别扩大的趋势逐步扭转。社会保障体系比较健全,社会就业比较充分,家庭财产普遍增加,人民过上更加富足的生活。

（2）社会主义民主更加完善,社会主义法制更加完备,依法治国基本方略得到全面落实,人民的政治、经济和文化权益得到切实尊重和保障。基层民主更加健全,社会秩序良好,人民安居乐业。

（3）全民族的思想道德素质、科学文化素质和健康素质明显提高,形成比较完善的现代国民教育体系、科技和文化创新体系、全民健身和医疗卫生体系。人民享有接受良好教育的机会,基本普及高中阶段教育,消除文盲。形成全民学习、终身学习的学习型社会,促进人的全面发展。

（4）可持续发展能力不断增强,生态环境得到改善,资源利用效率显著提高,促进人与自然的和谐,推动整个社会走上生产发展、生活富裕、生态良好的文明发展道路。

十六大提出的上述目标,是对"三步走"战略的进一步丰富和发展。在实现了第一步和第二步战略目标以后,它使我们对第三步战略目标的内容有了更深入的认识,对我们国家今后进一步发展的前景有了更坚定的信心。

二、"两手抓"战略方针

"两手抓"方针是改革开放以来邓小平的一贯思想,他曾多次强调和多方面论述"两手抓"的重要性和内容。江泽民在十四大报告中对"两手抓"方针作了全面概括,即"一手抓改革开放,一手抓打击犯罪;一手抓经济建设,一手抓民主法制;一手抓物质文明,一手抓精神文明"。这三个"两手抓"既互相联系,又有各自特定的内容。

1. 一手抓改革开放,一手抓打击犯罪

改革开放是推动我国经济和社会发展的根本途径,但改革开放过程中会涉及各种利益的调整,体制的改革也可能出现衔接上的漏洞,再加上西方腐朽东西的渗入,因而会有各种各样的犯罪分子破坏社会经济政治秩序,危害人民的利益,妨碍改革开放的进行。因此,在推进改革开放的同时,只有狠狠打击各种犯罪分子,才能保证改革开放顺利进行。

第一章　基本路线与战略方针

早在改革开放之初,邓小平就针对"文化大革命"的一些后遗症和社会上出现的一些不安宁因素,强调要坚持四项基本原则,包括坚持运用无产阶级专政的手段打击敌特分子、破坏社会主义秩序的刑事犯罪分子和各种经济犯罪分子,指出,"没有无产阶级专政,我们就不可能保卫从而也不可能建设社会主义"①。

到了20世纪80年代初,随着改革开放的逐步全面展开和经济的迅速发展,各种刑事案件和恶性案件大幅度增加,经济生活中的犯罪活动,如走私贩私、偷税漏税、行贿受贿、坑蒙拐骗、侵吞和盗窃国家和集体财产等,也愈演愈烈。针对这种情况,党中央、国务院于1982年春和1983年8月先后发出《关于打击经济领域中严重犯罪活动的决定》和《关于严厉打击刑事犯罪活动的决定》等,打击了犯罪分子的嚣张气焰。早在这场斗争的初期,即1982年4月,邓小平就明确提出:"我们要有两手,一手就是坚持对外开放和对内搞活经济的政策,一手就是坚决打击经济犯罪活动。没有打击经济犯罪活动这一手,不但对外开放政策肯定要失败,对内搞活经济的政策也肯定要失败。有了打击经济犯罪活动这一手,对外开放、对内搞活经济就可以沿着正确的方向走。"②中共十二大重申了邓小平提出的这一方针,并指出:"只注意后一手而怀疑前一手是错误的,只强调前一手而忽视后一手是危险的。"1983年7月邓小平在同公安部负责同志的谈话中指出:"解决刑事犯罪问题,是长期的斗争,需要从各方面做工作。现在是非常状态,必须依法从重从快集中打击,严才能治住。搞得不疼不痒,不得人心。我们说加强人民民主专政,这就是人民民主专政。要讲人道主义,我们保护最大多数人的安全,这就是最大的人道主义!"③根据邓小平的指示和党中央的部署,从1983年到1984年全国范围内开展了两次"严打"战役,查处了一大批案件,使社会治安有了一定的好转。后来,根据社会治安在不同时期的情况,我国政府又多次进行了严打斗争特别是专项斗争,从而有效地保障了改革开放和现代化建设的进行。

在打击犯罪的斗争中,邓小平特别强调打击经济犯罪的重要性。在1982年7月的军委座谈会上的讲话中,邓小平曾经把坚决打击经济领域的犯罪活动,作为坚持社会主义制度、搞好现代化建设的四个保证之一(其余三个保证是:体制改革、社会主义精神文明、党的建设)。他说:"我们必须坚持对外开放、对内搞

---

① 《邓小平文选(1975—1982年)》,人民出版社1983年版,第155页。
② 同上书,第359页。
③ 《邓小平文选》第三卷,人民出版社1993年版,第34页。

活经济这一手。但是为了保证这个政策在贯彻执行过程中能够真正有利于四化建设,能够不脱离社会主义方向,就必须同时还有另外一手,这就是打击经济犯罪活动。没有这一手,就没有制约。"①在这里,邓小平不仅是把打击经济犯罪分子作为保卫改革开放和现代化建设的保证,而且还是作为一种制约,以便使改革开放和现代化建设不脱离社会主义方向。这就把打击经济犯罪的意义提到了更高的层次来认识。这实际上说明,危害社会治安的刑事犯罪,一般来说并不能改变社会的性质,而经济犯罪活动如果严重的话,则有改变社会性质的危险。这是因为,经济犯罪是一种剥削活动,而社会主义的本质则是要消灭剥削;另外,经济犯罪大多与权力有关,或者说大多与官员中的腐败相联系,如果这种犯罪不能得到有效的打击,腐败现象肆意泛滥,那么国家的权力就有变质的危险。所以,打击经济犯罪和腐败现象与反对资产阶级自由化一样,都是我们在改革开放中坚持社会主义方向的重要保障,是保证我们国家不变质的重要手段。所以,邓小平在谈到第三代领导集体的当务之急时,强调的第二点就是要一手抓改革开放,一手抓惩治腐败,并指出,要实现我们的战略目标,"不惩治腐败,特别是党内的高层的腐败现象,确实有失败的危险"②。在1992年的南方谈话中,邓小平再次强调"一手抓改革开放,一手抓打击各种犯罪活动"时,特别列举了吸毒、嫖娼、经济犯罪等丑恶现象,并提出:"在整个改革开放过程中都要反对腐败。对干部和共产党员来说,廉政建设要作为大事来抓。"③

2. 一手抓经济建设,一手抓民主法制

党的基本路线表明,我国的现代化不仅是经济领域的现代化,而且还包括政治领域的现代化,即社会主义民主与法治的发展。所以,在我们改革的任务中,包括着政治体制改革的内容。

早在中共十一届三中全会召开前夕的中央工作会议上,邓小平就提出:"当前这个时期,特别需要强调民主。因为在过去一个相当长的时间内,民主集中制没有真正实行,离开民主讲集中,民主太少。"他还特别讲到发扬经济民主问题,讲到"要切实保障工人农民个人的民主权利,包括民主选举、民主管理和民主监督"。并指出:"为了保障人民民主,必须加强法制。必须使民主制度化、法律化,使这种制度和法律不因领导人的改变而改变,不因领导人的看法和注意力的

---

① 《邓小平文选(1975—1982年)》,人民出版社1983年版,第364页。
② 《邓小平文选》第三卷,人民出版社1993年版,第313页。
③ 同上书,第378、379页。

改变而改变。现在的问题是法律很不完备,很多法律还没有制定出来。往往把领导人说的话当做'法',不赞成领导人说的话就叫做'违法',领导人的话改变了,'法'也就跟着改变。"①1979年3月,邓小平在《坚持四项基本原则》的讲话中指出:"没有民主就没有社会主义,就没有社会主义的现代化。"②1980年,邓小平在《党和国家领导制度的改革》一文中又提出,要"切实改革并完善党和国家的制度,从制度上保证党和国家政治生活的民主化、经济管理的民主化、整个社会生活的民主化"。③ 1985年,他还提出,"就国内政策而言,最重大的有两条,一条是政治上发展民主,一条是经济上进行改革"④。后来,他还多次谈到民主的重要性,并指出社会主义民主不同于资本主义民主,在中国不能实行西方的所谓"三权分立"、多党竞选、两院制等,并且中国的民主要一步一步地前进,不能匆匆忙忙地搞,不能危害国家的稳定。

在邓小平看来,不仅民主建设需要法制化,而且打击犯罪活动也要依靠法制来解决。1986年1月,他在中央政治局常委会上的讲话中指出"所谓两手,即一手抓建设,一手法制。"抓法制就是为了对破坏分子进行专政。他说"经济建设这一手我们搞得相当有成绩,……但风气如果坏下去,经济搞成功又有什么意义?会在另一方面变质,反过来影响整个经济变质,发展下去会形成贪污、盗窃、贿赂横行的世界。所以,不能不讲四个坚持,不能不讲专政"⑤。同年8月,他又说道:"纠正不正之风、打击犯罪活动中属于法律范围的问题,要用法制来解决,由党直接管不合适。党要管党内纪律的问题,法律范围的问题应该由国家和政府管。……现在从党的工作来说,重点是端正党风,但从全局来说,是加强法制。"⑥1992年的南方谈话中,邓小平在谈到"一手抓改革开放,一手抓打击各种犯罪活动"时指出,打击犯罪、反腐败,"还是要靠法制,搞法制靠得住些"⑦。

邓小平把民主法制建设作为政治体制改革的主要内容,他说:"政治体制改革包括民主和法制。"⑧因此,一手抓经济建设,一手抓民主法制,实际上涉及的

---

① 《邓小平文选(1975—1982年)》,人民出版社1983年版,第134—136页。
② 同上书,第154页。
③ 同上书,第296页。
④ 《邓小平文选》第三卷,人民出版社1993年版,第116页。
⑤ 同上书,第154页。
⑥ 同上书,第163页。
⑦ 同上书,第379页。
⑧ 同上书,第244页。

就是经济基础和上层建筑的关系问题,或者说是经济体制改革和政治体制改革的关系问题。1986年6月,在中央政治局常委会上的讲话中,他指出:"政治体制改革同经济体制改革应该相互依赖,相互配合。只搞经济体制改革,不搞政治体制改革,经济体制改革也搞不通,因为首先遇到人的障碍。……从这个角度来讲,我们所有的改革最终能不能成功,还是决定于政治体制的改革。"①正是根据邓小平的这些思想,中国共产党在改革开放以来狠抓了民主法制建设,使我国在政治体制改革上取得了很大成就。我们的经济体制改革之所以能够顺利进行并取得举世瞩目的成绩,重要的原因之一就是我们坚持了"两手抓",坚持了政治体制的改革。

3. 一手抓物质文明,一手抓精神文明

两个文明一齐抓也是邓小平的一个很重要的战略思想,是改革开放以来中国共产党一贯坚持的一个战略方针。之所以在强调以经济建设为中心时,又要加强精神文明建设,根本的原因之一就是精神文明不仅是物质文明建设的一个重要条件,而且也是我们保持社会主义方向的一个重要保证。

早在改革开放之初,邓小平就指出:"我们要在建设高度物质文明的同时,提高全民族的科学文化水平,发展高尚的丰富多彩的文化生活,建设高度的社会主义精神文明。"②1980年12月,在中央工作会议上,邓小平再次强调:"我们要建设的社会主义国家,不但要有高度的物质文明,而且要有高度的精神文明。所谓精神文明,不但是指教育、科学、文化(这是完全必要的),而且是指共产主义的思想、理想、信念、道德、纪律,革命的立场和原则,人与人的同志式关系,等等。……没有这种精神文明,没有共产主义思想,没有共产主义道德,怎么能建设社会主义?"③

不过,在改革开放之始,由于许多工作千头万绪,加上人们急于把经济搞上去,所以一些领导对精神文明重视不够,抓得不够有力,精神文明建设不够理想。针对这种情况,邓小平在1985年9月召开的党的全国代表会议上指出:"不加强精神文明的建设,物质文明的建设也要受破坏,走弯路。"他还强调:"当前的精神文明建设,首先要着眼于党风和社会风气的根本好转。"④为了加强精神文明

---

① 《邓小平文选》第三卷,人民出版社1993年版,第164页。
② 《邓小平文选(1975—1982年)》,人民出版社1983年版,第180页。
③ 同上书,第326页。
④ 《邓小平文选》第三卷,第144页。

建设，1986年9月中共十二届六中全会通过了《中共中央关于社会主义精神文明建设指导方针的决议》。该文件指出："我国社会主义现代化建设的总体布局是：以经济建设为中心，坚定不移地进行政治体制改革，坚定不移地加强精神文明建设，并且使这几个方面互相配合，互相促进。""物质文明为精神文明的发展提供物质条件和实践经验，精神文明又为物质文明的发展提供精神动力和智力支持，为它的正确发展方向提供有力的思想保证。社会主义精神文明建设是关系社会主义兴衰成败的大事。"决议还把以马克思主义为指导的社会主义精神文明看作是社会主义社会的重要特征。这就不仅从现代化的角度强调了精神文明建设的战略地位，而且从社会主义本质的高度肯定了精神文明的意义，因为，"重要特征"必定是"本质"的外在表现。

为了进一步加强社会主义精神文明建设，1996年10月中共十四届六中全会又通过了《关于加强社会主义精神文明建设若干重要问题的决议》。该文件不仅再次重申了精神文明建设的战略地位，而且具体规定了这一建设的指导思想和奋斗目标。精神文明建设的总的指导思想是："必须以马克思列宁主义、毛泽东思想和邓小平建设有中国特色社会主义理论为指导，坚持党的基本路线和基本方针，加强思想道德建设，发展教育科学文化，以科学的理论武装人，以正确的舆论引导人，以高尚的精神塑造人，以优秀的作品鼓舞人，培育有理想、有道德、有文化、有纪律的社会主义公民，提高全民族的思想道德素质和科学文化素质，团结和动员各族人民把我国建设成为富强、民主、文明的社会主义现代化国家。"

《关于加强社会主义精神文明建设若干重要问题的决议》规定，今后十五年我国社会主义精神文明建设的主要目标是："在全民族牢固树立建设有中国特色社会主义的共同理想，牢固树立坚持党的基本路线不动摇的坚定信念；实现以思想道德修养、科学教育水平、民主法制观念为主要内容的公民素质的显著提高，实现以积极健康、丰富多彩、服务人民为主要要求的文化生活质量的显著提高，实现以社会风气、公共秩序、生活环境为主要标志的城乡文明程度的显著提高；在全国范围形成物质文明建设和精神文明建设协调发展的良好局面。"这些规定将对我国今后的精神文明建设起重大的推动作用。

总之，三个"两手抓"，既是实现富强、民主、文明的社会主义现代化目标的具体要求，也是坚持两个基本点的具体要求。我们坚持党的基本路线就要坚持"两手抓"的基本方针。只要我们紧紧抓住经济建设这个中心，同时，坚持"两手抓"的方针，我们的现代化目标就一定能够顺利实现。

三、可持续发展与科教兴国的战略方针

1. 可持续发展战略

可持续发展(Sustainable Development)是 20 世纪 80 年代提出的一个新概念。1987 年世界环境与发展委员会在《我们共同的未来》报告中第一次阐述了"可持续发展"的概念,得到了国际社会的广泛共识。1992 年 6 月联合国在巴西的里约热内卢召开环境与发展大会,全世界有 180 多个国家和地区,60 多个国际组织的代表参加了大会,其中 100 多位国家元首或政府首脑在大会上讲话。大会的突出成果是将可持续发展理论写进了大会宣言和行动议程,使可持续发展理论成为付诸实施的行动。大会通过的《关于环境与发展的里约宣言》指出:"为了实现可持续发展,环境保护工作应是发展进程的一个整体组成部分,不能脱离这一进程来考虑。"①"为了实现可持续的发展,使所有的人都享有较高的生活素质,各国应当减少和消除不能持续的生产和消费方式,并且推行适当的人口政策。"②

里约热内卢大会以后,我国的国家环保局立即组织力量,根据大会提出的新的环保概念,结合中国的实际情况,对我国今后环境与发展问题,提出了 10 条基本对策草案。该对策草案经过征求专家意见后,写入了外交部、国家环保局起草的《关于出席联合国环境与发展大会的情况及有关对策的报告》。中共中央和国务院批准了该报告,并于 1992 年 8 月 10 日向全国下发。该报告明确提出了实行可持续发展战略的政策。报告下发以后,全国先后有 24 个省(自治区、直辖市)根据本地的具体情况,制定了地方性的环境与发展对策。1994 年 3 月 25 日国务院常务会议讨论通过了《中国 21 世纪议程——中国 21 世纪人口、环境与发展白皮书》,进一步明确了中国可持续发展的战略与对策。1996 年 7 月,国务院办公厅转发的国家计委、国家科委《关于进一步推动实施〈中国 21 世纪议程〉的意见》中,明确把可持续发展作为我国现代化建设的一项重大战略方针。

所谓可持续发展,就是既要考虑当前发展的需要,又要考虑未来发展的需要,不以牺牲后代人的利益为代价来满足当代人的利益的发展;换句话说,可持续发展就是人口、经济、社会、资源和环境的协调发展,目的是既要发展经济,又

---

① 见《人民日报》1992 年 6 月 29 日。
② 同上。

要保护人类赖以生存的自然资源和环境,使我们的子孙后代能够永续发展和安居乐业。

可持续发展是当今国际社会普遍关注的重大问题。这个问题之所以引起世人的关注,主要是因为目前全球都面临着资源枯竭、生态环境破坏、人口爆炸等危机,这些危机如不克服,将会威胁到今后世界的发展和子孙后代的生存。走可持续发展的道路,也是我们国家现代化建设的必然选择。我国人口基数大,人均资源少,经济和技术水平较低,随着人口的增长和经济的发展,不少地区环境污染严重,生态环境恶化。因此,只有把控制人口、节约资源、保护环境放到重要位置上来,并使人口增长与社会生产力发展相适应,使经济建设和社会发展与人口、资源、环境相协调,实现良性循环,我们目前的发展势头才能保持下去,现代化的目标才能实现。

《中国21世纪议程》从我们国家的具体国情出发,提出了可持续发展的总体战略、对策和行动方案。我国的《"九五"计划和2010年远景目标纲要》中,把实施可持续发展战略与推进社会事业全面发展联系在一起,提出了"保持社会稳定,推动社会进步,积极促进社会公正、安全、文明、健康发展"的目标,要求搞好经济发展政策与社会发展政策的协调,实现可持续发展。在国家计委和国家科委《关于进一步推进实施〈中国21世纪议程〉的意见》中,又提出要通过促进经济体制和经济增长方式的根本转变来实施可持续发展战略。该文件指出:"在社会主义市场经济体制下,发挥市场对资源配置的基础性作用有益于提高资源利用效率,降低物质消耗,从而有助于保护资源和环境。同时,市场的自发性、盲目性也会在一定程度上阻碍经济与资源及环境的协调发展。"因此,要实现可持续发展,"既要充分发挥市场对资源配置的基础性作用,又要加强宏观调控"。文件还要求,促进形成有利于节约资源、降低消耗、增加效益、改善环境的企业经营机制,有利于自主创新的技术进步机制,有利于市场公平竞争、资源优化配置的经济运行机制,从而推动我国经济和社会向可持续发展模式转变。

2. 科教兴国战略

科教兴国战略是在中共中央、国务院1996年5月6日做出的《关于加速科学技术进步的决定》中正式提出的。该文件指出:从现在起到21世纪中叶,是实现我国现代化建设三步走战略目标的关键历史时期。这一时期,科学技术的迅猛发展,必将对经济、社会产生巨大的推动作用,也将给人类的生产、生活方式带来革命性的变化。科学技术实力已经成为决定国家综合国力强弱和国际地位高低的重要因素。要实现国民经济持续、快速、健康的发展,必须依靠科技进步解决好产业结构不合理、技术水平落后、劳动生产率低、经济增长质量不高等问题。面对国际经济、科技竞争的严峻挑战和人口多、底子薄、人均资源相对短缺的国情,加速国民经济增长从外延型向效益型的战略转变已迫在眉睫。实现这一战略转变必须依靠科技进步,大力解放和发展第一生产力,加速科技成果向现实生产力的转化,切实把经济建设转移到依靠科技进步和提高劳动者素质的轨道上来。基于以上理由,中共中央、国务院决定,坚定不移地实施科教兴国的战略。

根据《中共中央、国务院关于加速科学技术进步的决定》,所谓"科教兴国",是指全面落实科学技术是第一生产力的思想,坚持教育为本,把科技和教育摆在经济、社会发展的重要位置,增强国家的科技实力及向现实生产力转化的能力,提高全民族的科技文化素质,把经济建设转移到依靠科技进步和提高劳动者素质的轨道上来,加速实现国家的繁荣富强。

早在1977年,邓小平就指出,"我们国家要赶上世界先进水平,从何着手呢?我想,要从科学和教育着手"①。他后来多次强调科学和教育的重要性,并明确提出了"科学技术是第一生产力"的伟大论断。这些思想为科教兴国战略的提出奠定了基础。实施科教兴国战略,是全面落实科学技术是第一生产力思想的战略决策,是保证国民经济持续、快速、健康发展的根本措施,是实现社会主义现代化宏伟目标的必然抉择,是中华民族振兴的必由之路,也是十一届三中全会以来党的工作重点转移的进一步深化和向更高阶段的发展。

为实施科教兴国战略,《中共中央、国务院关于加速科学技术进步的决定》不仅要求深化科技体制改革,而且提出了我国科技工作的基本方针,即坚持科学技术是第一生产力的思想,经济建设必须依靠科学技术,科学技术工作必须面向经济建设,努力攀登科学技术高峰。

1995年5月26日,党中央国务院召开全国科学技术大会,动员全党全国人民投身于实施科教兴国战略的伟大事业。江泽民总书记和李鹏总理分别在大会上作了重要讲话。江泽民指出:"党中央、国务院决定在全国实施科教兴国战略,是总结历史经验和根据我国实际情况所作出的重大部署。没有强大的科技实力,就没有社会主义的现代化。"为了落实这一战略,江泽民提出要做好科技与经济的结合、近期目标与长远目标的结合、自主研究开发与引进国外先进技术

---

① 《邓小平文选(1975—1982年)》,人民出版社1983年版,第45页。

的结合、市场机制与客观管理的结合、自然科学与社会科学的结合。他指出,实施科教兴国战略,关键是人才,因此,加速培养优秀科技人才是一项十分紧迫的战略任务。李鹏在讲话中指出,要在全党、全国人民中牢固地树立起科教兴国的意识,大力加强科技工作,推动科技进步。这次全国科技大会的召开,对推动科教兴国战略的实施有着十分重要的意义。

可持续发展战略与科教兴国战略,是中共十四大以后为贯彻党在社会主义初级阶段的基本路线、实现三步走的战略目标而作出的重大战略部署。它们既是基本路线的进一步具体化,又是我国整个现代化建设战略部署的重要组成部分。它们的确立符合我国现代化建设的实际和客观要求,必将对我国的经济、社会发展起巨大的推动作用。

第四节 中共十六大以来党的战略思想的发展

一、中共十六大至十七大期间党的战略思想的发展

中共十六大以来,以胡锦涛为总书记的党中央,继承和发展党的三代中央领导集体关于发展的重要思想,提出了以科学发展观为核心,包括构建社会主义和谐社会、加强党的执政能力建设和先进性建设、建设创新型国家、建设社会主义新农村、树立社会主义荣辱观、走和平发展道路等一系列重大战略思想,进一步丰富了十一届三中全会以来党的基本路线方针和政策,为我国的现代化建设指出了更加明确的方向。

2003年10月召开的中共十六届三中全会正式提出了"科学发展观"这一重要战略思想,并把它的基本内涵概括为"坚持以人为本,树立全面、协调、可持续的发展观,促进经济社会和人的全面发展"。后来,在党和国家的一系列重要文件中,科学发展观的内容得到了进一步的丰富和发展。

科学发展观中讲的以人为本,就是要以实现人的全面发展为目标,从人民群众的根本利益出发谋发展、促发展,不断满足人民群众日益增长的物质文化需要,切实保障人民群众的经济、政治、文化权益,让发展成果惠及全体人民。全面发展,就是要以经济建设为中心,全面推进经济建设、政治建设、文化建设和社会建设,实现经济发展和社会全面进步。协调发展,就是要统筹城乡发展、统筹区域发展、统筹经济社会发展、统筹人与自然和谐发展、统筹国内发展和对外开放,推进生产力和生产关系、经济基础和上层建筑相协调,推进经济建设、政治建设、

文化建设、社会建设的各个环节、各个方面相协调。可持续发展,就是要促进人与自然的和谐,实现经济发展和人口、资源、环境相协调,坚持走生产发展、生活富裕、生态良好的文明发展道路,建设资源节约型、环境友好型社会,保证一代接一代地永续发展。

科学发展观,第一要义是发展,核心是以人为本,基本要求是全面协调可持续发展,根本方法是统筹兼顾。这几个方面相互联系、有机统一,其实质是实现经济社会又好又快地发展。

除了上述要求以外,科学发展观还应包括和平发展的要求。2005年12月,中国政府发表了《中国的和平发展道路》白皮书,阐述了中国和平发展的基本理念,即争取和平的国际环境发展自己,又以自身的发展促进世界和平;依靠自身力量和改革创新实现发展,同时坚持实行对外开放;顺应经济全球化发展趋势,努力实现与各国的互利共赢和共同发展;坚持和平、发展、合作,与各国共同致力于建设持久和平与共同繁荣的和谐世界。温家宝在《关于社会主义初级阶段的历史任务和我国对外政策的几个问题》一文中指出:"中国走和平发展道路,是由中国国情决定的,是由中国文化传统决定的,是由中国适应世界发展潮流决定的,归根到底,是由中国共产党领导的社会主义国家的性质决定的,由中国实现社会主义现代化的目标决定的。"[①]

"社会主义和谐社会"概念的首次完整提出,是中共十六届四中全会通过的《中共中央关于加强党的执政能力建设的决定》。该决定将构建社会主义和谐社会的能力列为中国共产党全面提高执政能力的五大能力之一。

2006年10月,中共十六届六中全会通过了《中共中央关于构建社会主义和谐社会若干重大问题的决定》(以下简称《决定》)。《决定》把构建社会主义和谐社会看作是全面贯彻落实科学发展观,是从中国特色社会主义事业总体布局和全面建设小康社会全局出发提出的重大战略任务。《决定》系统地论述了构建社会主义和谐社会的重要性和紧迫性,明确地提出了构建社会主义和谐社会的指导思想、目标任务和原则,并把"和谐"这个目标加进了基本路线所要实现的总目标中,使这一战略目标被重新表述为"建设富强民主文明和谐的社会主义现代化国家"。

"社会主义和谐社会"概念主要是针对我国在现代化建设过程中出现的一

---

① 《十六大以来重要文献选编(下)》,中央文献出版社2008年版,第909页。

些不和谐现象而提出的。《决定》指出,目前,我国社会总体上是和谐的。但是,也存在不少影响社会和谐的矛盾和问题,主要是:城乡、区域、经济社会发展很不平衡,人口资源环境压力加大;就业、社会保障、收入分配、教育、医疗、住房、安全生产、社会治安等方面关系群众切身利益的问题比较突出;体制机制尚不完善,民主法制还不健全;一些社会成员诚信缺失、道德失范,一些领导干部的素质、能力和作风与新形势新任务的要求还不适应;一些领域的腐败现象仍然比较严重;敌对势力的渗透破坏活动危及国家安全和社会稳定。[1]

针对这些不和谐现象,《决定》描述了社会主义和谐社会应有的六个基本特征,即民主法治、公平正义、诚信友爱、充满活力、安定有序、人与自然和谐相处。民主法治,就是社会主义民主得到充分发扬,依法治国基本方略得到切实落实,各方面积极因素得到广泛调动;公平正义,就是社会各方面的利益关系得到妥善协调,人民内部矛盾和其他社会矛盾得到正确处理,社会公平和正义得到切实维护和实现;诚信友爱,就是全社会互帮互助、诚实守信,全体人民平等友爱、融洽相处;充满活力,就是能够使一切有利于社会进步的创造愿望得到尊重,创造活动得到支持,创造才能得到发挥,创造成果得到肯定;安定有序,就是社会组织机制健全,社会管理完善,社会秩序良好,人民群众安居乐业,社会保持安定团结;人与自然和谐相处,就是生产发展,生活富裕,生态良好。《决定》把这看作是中国特色社会主义的本质属性,是国家富强、民族振兴、人民幸福的重要保证。

根据这六个基本特征,《决定》提出了到2020年为止在和谐社会建设中应实现的九大目标和任务:第一,社会主义民主法制更加完善,依法治国基本方略得到全面落实,人民的权益得到切实尊重和保障;第二,城乡、区域发展差距扩大的趋势逐步扭转,合理有序的收入分配格局基本形成,家庭财产普遍增加,人民过上更加富足的生活;第三,社会就业比较充分,覆盖城乡居民的社会保障体系基本建立;第四,基本公共服务体系更加完备,政府管理和服务水平有较大提高;第五,全民族的思想道德素质、科学文化素质和健康素质明显提高,良好道德风尚、和谐人际关系进一步形成;第六,全社会创造活力显著增强,创新型国家基本建成;第七,社会管理体系更加完善,社会秩序良好;第八,资源利用效率显著提高,生态环境明显好转;第九,实现全面建设惠及十几亿人口的更高水平的小康社会的目标,努力形成全体人民各尽其能、各得其所而又和谐相处的局面。

---

[1] 《十六大以来重要文献选编(下)》,中央文献出版社2008年版,第699页。

《决定》还提出了构建社会主义和谐社会要遵循的六个原则：

一是必须坚持以人为本。始终把最广大人民群众的根本利益作为党和国家一切工作的出发点和落脚点，实现好、维护好、发展好最广大人民群众的根本利益，不断满足人民群众日益增长的物质文化需要，做到发展为了人民、发展依靠人民、发展成果由人民共享，促进人的全面发展。

二是必须坚持科学发展。切实抓好发展这个党执政兴国的第一要务，统筹城乡发展，统筹区域发展，统筹经济社会发展，统筹人与自然和谐发展，统筹国内发展和对外开放，转变增长方式，提高发展质量，推进节约发展、清洁发展、安全发展，实现经济社会全面协调可持续发展。

三是必须坚持改革开放。坚持社会主义市场经济的改革方向，适应社会发展要求，推进经济体制、政治体制、文化体制、社会体制改革和创新，进一步扩大对外开放，提高改革决策的科学性、改革措施的协调性，建立健全充满活力、富有效率、更加开放的体制机制。

四是必须坚持民主法治。加强社会主义民主政治建设，发展社会主义民主，实施依法治国基本方略，建设社会主义法治国家，树立社会主义法治理念，增强全社会法律意识，推进国家经济、政治、文化、社会生活法制化、规范化，逐步形成社会公平保障体系，促进社会公平正义。

五是必须坚持正确处理改革、发展和稳定的关系。把改革的力度、发展的速度和社会可承受的程度统一起来，维护社会安定团结，以改革促进和谐、以发展巩固和谐、以稳定保障和谐，确保人民安居乐业、社会安定有序、国家长治久安。

六是必须坚持在党的领导下全社会共同建设。坚持科学执政、民主执政、依法执政，发挥党的领导核心作用，维护人民群众的主体地位，团结一切可以团结的力量，调动一切积极因素，形成促进和谐人人有责、和谐社会人人共享的生动局面。①

科学发展观和构建社会主义和谐社会，是十一届三中全会以来党的战略思想的重要发展。它反映了广大人民群众的共同愿望，对于推进我国社会主义现代化建设事业的健康发展，保证国家的长治久安，具有十分重要的意义。

2007年6月25日，胡锦涛总书记在中央党校省部级干部进修班发表重要讲话指出：解放思想，是党的思想路线的本质要求，是我们应对前进道路上各种新

---

① 《十六大以来重要文献选编（下）》，中央文献出版社2008年版，第652页。

情况新问题、不断开创事业新局面的一大法宝,必须坚定不移地加以坚持。改革开放,是解放和发展社会生产力、不断创新充满活力的体制机制的必然要求,是发展中国特色社会主义的强大动力,必须坚定不移地加以推进。科学发展,社会和谐,是发展中国特色社会主义的基本要求,是实现经济社会又好又快发展的内在需要,必须坚定不移地加以落实。全面建设小康社会,是我们党和国家到2020年的奋斗目标,是全国各族人民根本利益所在,必须坚定不移地为之奋斗。做到这四个坚定不移,对保持党和国家事业顺利发展的大局至关重要。① 这段话突显了科学发展观和构建社会主义和谐社会的战略思想在整个党的路线方针政策中的重要地位。

二、中共十七大至十八大期间党的战略思想的发展

中共十七大之后的五年,我国现代化建设面临严峻的挑战。2008年,四川汶川地震、甘肃舟曲特大泥石流等自然灾害发生(据统计,2008—2012年,中国因灾害直接损失达2.5万亿元)。同年,美国的次贷危机迅速波及全球,引起了世界经济结构的重新调整,也使得我国改革开放的外部经济环境日趋复杂。面对严峻的国际国内环境,以胡锦涛为总书记的党中央总揽全局,科学决策,团结带领全国各族人民不仅成功应对了国际金融危机的冲击,而且进一步丰富了国家发展的战略思想。

1."三个一"与"四个坚定不移"

"三个一"是指"一条道路""一个理论体系"以及由二者共同构成的"一面旗帜"。2007年10月15日,中共十七大提出:"改革开放以来我们取得一切成绩和进步的根本原因,归结起来就是开辟了中国特色社会主义道路,形成了中国特色社会主义理论体系。高举中国特色社会主义伟大旗帜,最根本的就是要坚持这条道路和这个理论体系。"②这是中国共产党历史上第一次完整地提出高举中国特色社会主义伟大旗帜,并将其载入党章。其重要意义体现在:

一是首次对改革开放新时期形成的正确道路进行了科学界定,明确阐述了中国特色社会主义道路的科学内涵,并强调在当代中国,坚持中国特色社会主义道路,就是真正坚持社会主义。尽管十三大报告就宣告中国共产党已开始找到

---

① http://news.xinhuanet.com/politics/2007-06/25/content_6290208.htm。
② 《十七大以来重要文献选编(上)》,中央文献出版社2009年版,第69页。

一条建设有中国特色的社会主义道路,但对这条道路的科学内涵和完整表述,则是由党的十七大首次提出来的。这就表明,时至今日,在更多地认识和把握规律的基础上,中国共产党对于什么是中国特色社会主义、怎样建设中国特色社会主义的认识已经大大深化了。二是首次对改革开放新时期的理论创新成果进行了科学总结,明确提出了中国特色社会主义理论体系,并强调在当代中国,坚持中国特色社会主义理论体系,就是真正坚持马克思主义。三是首次明确提出了高举中国特色社会主义伟大旗帜,最根本的就是要坚持中国特色社会主义道路和中国特色社会主义理论体系,并强调这是改革开放以来我们取得一切成绩和进步的根本原因。这"一条道路""一个理论体系"以及由二者共同构成的"一面旗帜",鲜明地回答了党在新时期指导思想的理论基础以及我们的发展道路和奋斗目标,标志着中国特色社会主义理论与实践的进一步成熟,体现了中国共产党基本路线的坚定性和一贯性。

与此同时,党的十七大报告还把"三个一"同"四个坚定不移",即坚定不移地坚持解放思想,坚定不移地推进改革开放,坚定不移地落实科学发展和社会和谐,坚定不移地为全面建设小康社会而奋斗统一起来,共同纳入十七大报告的主题。"三个一"同"四个坚定不移"紧密相关:只有始终坚持"三个一","四个坚定不移"才能保持正确方向;只有全面做到"四个坚定不移",才能真正坚持和发展中国特色社会主义。其中,解放思想是发展中国特色社会主义的一大法宝;改革开放是强大动力;科学发展、社会和谐是基本要求;全面建设小康社会是党和国家到2020年的奋斗目标,是全国各族人民的根本利益所在。如同党在改革开放之初提出"四项基本原则"一样,"四个坚定不移"是在新的时代条件下坚持和发展中国特色社会主义的"四大法宝"。

2. 全面阐述科学发展观的科学内涵和根本要求

2007年10月,中国共产党第十七次全国代表大会上,以胡锦涛为总书记的党中央把改革开放以来形成的一系列理论成果概括为中国特色社会主义理论体系,并指出科学发展观是中国特色社会主义理论体系的最新理论成果。大会通过《关于〈中国共产党章程(修正案)〉的决议》,将科学发展观写入党章。

十七大报告主要围绕贯彻落实科学发展观这一主题,进一步回答了"实现什么样的发展、怎样发展、为谁发展"的问题,指出科学发展观是对党的三代领导集体关于发展的重要思想的继承和发展,是马克思主义关于发展的世界观和方法论的集中体现,是同马克思列宁主义、毛泽东思想、邓小平理论和"三个代表"重要思想既一脉相承又与时俱进的科学理论,是发展中国特色社会主义必须坚持和贯彻的重大战略思想,对科学发展观的历史地位进行明确定位。科学发展观的科学内涵包括:第一要义是发展,核心是以人为本,基本要求是全面协调可持续,根本方法是统筹兼顾。贯彻科学发展观需要做到四个方面的根本要求:一是要求始终坚持一个中心、两个基本点的基本路线,把它贯穿于、统一于发展中国特色社会主义的伟大实践;二是要求积极构建社会主义和谐社会,以发展促进和谐,以和谐保证发展;三是要求继续深化改革开放,把改革创新精神贯穿于贯彻科学发展观的各个环节;四是要求切实加强和改进党的建设,使党的工作和党的建设更加符合科学发展观的要求。

十七大报告首次在党的代表大会上对科学发展观做了系统全面的论述,它标志着中国共产党对当代中国发展问题的认识已经达到了一个新水平,标志着科学发展观的理论体系已经初步形成。这一理论上的新创造,对于我们把握发展规律、破解发展难题,努力实现科学发展、和谐发展、和平发展具有长远的指导意义。

3. 提出实现全面建设小康社会奋斗目标的新要求

"小康社会"是由邓小平在 20 世纪 70 年代末 80 年代初规划中国经济社会发展蓝图时提出的战略构想。随着中国特色社会主义建设事业的深入,其内涵和意义不断地得到丰富和发展。在 20 世纪末基本实现"小康"的情况下,中共十六大报告明确提出了"全面建设小康社会";十七大报告根据我国经济社会发展实际和新的阶段性特征,提出了更具明确政策导向、更加针对发展难题、更好顺应人民意愿的新要求。

十七大报告指出:我们已经朝着十六大确立的全面建设小康社会的目标迈出了坚实步伐,今后要继续努力奋斗,确保到 2020 年实现全面建成小康社会的奋斗目标。到目标实现之时,我们这个历史悠久的文明古国和发展中社会主义大国,将成为工业化基本实现、综合国力显著增强、国内市场总体规模位居世界前列的国家,成为人民富裕程度普遍提高、生活质量明显改善、生态环境良好的国家,成为人民享有更加充分民主权利、具有更高文明素质和精神追求的国家,成为各方面制度更加完善、社会更加充满活力而又安定团结的国家,成为对外更加开放、更加具有亲和力、为人类文明做出更大贡献的国家。

总体来看,十七大报告在对小康社会奋斗目标上提出的新要求,既是对十六大报告中有关理论的继承,又是对它的展开、补充和深化,构成了一个较为完整的小康社会的目标体系,为全党全国人民更全面地建设小康社会进一步明确了目标和方向。

4. 进一步深化了对中国特色社会主义事业总体布局的认识

科学发展观与和谐社会的理念提出之后,我国将以改善民生为重点的社会建设提上重要日程。2006年中共十七大在以往"三位一体"的基础上提出了四位一体总体布局,即政治建设、经济建设、文化建设和社会建设,并将这一总体布局写入党的章程。十七大以来,中国共产党在谋划中国特色社会主义经济、政治、文化、社会建设的战略部署中也提出了许多新思想、新论断。具体体现在以下四个方面:

在经济建设方面,提出以转变经济发展方式为主题,促进经济又好又快发展。这一发展理念是中共十七大首次提出的。2010年2月,在国际金融危机爆发的背景下,胡锦涛同志又明确指出:"国际金融危机对我国经济的冲击表面上是对经济增长速度的冲击,实质上是对经济发展方式的冲击。"①同年10月,中共十七届五中全会通过的《中共中央关于制定国民经济和社会发展第十二个五年规划的建议》明确提出要加快转变经济发展方式,并将其作为科学发展的主线,进行了新的定位,使转变经济发展方式上升到关系科学发展全局的重大战略思想。它把经济结构战略性调整作为加快转变经济发展方式的主攻方向,把科技进步和创新作为加快转变经济发展方式的重要支撑,把保障和改善民生作为加快转变经济发展方式的根本出发点和落脚点,把建设资源节约型、环境友好型社会作为加快转变经济发展方式的重要着力点,把改革开放作为加快转变经济发展方式的强大动力。②

在政治方面,提出以坚持和完善中国特色社会主义政治制度为核心,坚定不移发展社会主义民主政治。十七大以来,胡锦涛同志在讲话中多次强调,政治发展道路是否正确,对一个国家的盛衰兴亡具有决定性意义。在这个问题上,核心的问题不是政治体制要不要改,而是朝着什么方向改。对此,胡锦涛同志明确指出:"我们发展社会主义民主政治,需要借鉴人类政治文明的有益成果,但绝不照搬西方政治制度模式,绝不放弃我国社会主义政治制度的根本。我们一定要从发展中国特色社会主义的全局出发,始终坚持党的领导、人民当家做主、依法

---

① 《十七大以来重要文献选编(中)》,中央文献出版社2011年版,第526页。
② 赵宏:《党的十七大以来中国特色社会主义的新发展》,《中国特色社会主义研究》2012年第5期。

治国的有机统一,积极推进社会主义民主政治建设,使中国特色社会主义政治发展道路越走越宽广。"①十七大以来政治体制改革的战略布局是:以推进政府行政管理体制改革为主线,进一步完善和巩固中国特色社会主义政治制度。2008年中共十七届二中全会审议通过《关于深化行政管理体制改革的意见》和《国务院机构改革方案》,明确提出到2020年建立起比较完善的中国特色社会主义行政管理体制这一目标,这在我国行政管理体制改革的历史上还是第一次。②

在文化方面,提出以提高国家文化软实力为指向,推动文化大发展大繁荣。随着改革开放的不断推进,我国的综合国力也日益提升,但文化建设状况既与我国国际地位不相适应,也与我国五千年文明积淀的丰厚文化资源不相适应。因此,十七大针对文化建设状况,首次将"提高文化软实力"作为一个战略任务提出来。2011年10月召开的十七届六中全会更是将"文化命题"作为会议的主题,全会审议通过《中共中央关于深化文化体制改革推动社会主义文化大发展大繁荣若干重大问题的决定》,明确提出文化改革发展的指导思想、重要方针、目标任务和政策举措,强调以社会主义核心价值体系引领文化建设,培养高度的文化自觉和文化自信,坚持中国特色社会主义文化发展道路,努力建设社会主义文化强国。③

在社会建设方面,提出以改善民生为重点,走向"民富国强"。这也是十七大以来围绕贯彻落实科学发展观所要解决的一个根本性的核心问题,即"为谁发展"的问题。达到"国强"与"民富"的协调发展成为十七大以来创新发展思路的首要目标。2010年10月,中共十七届五中全会审议通过《中共中央关于制定国民经济和社会发展第十二个五年规划的建议》,该建议在发展目标的表述上出现了两个显著的变化:一是首次未提及GDP的量化指标;二是更加关注保障和改善民生,提出"坚持把保障和改善民生作为加快转变经济发展方式的根本出发点和落脚点"。这既体现了科学发展观的主旨,也揭示了发展思路的转变和创新。围绕这一思路,在社会建设方面的战略布局是切实转变社会管理理念,加强和完善社会管理格局,建设中国特色社会主义社会管理体系。④

---

① 《十七大以来重要文献选编(上)》,中央文献出版社2009年版,第237页。
② 赵宏:《党的十七大以来中国特色社会主义的新发展》,《中国特色社会主义研究》2012年第5期。
③ 同上。
④ 同上。

三、十八大以来党的战略思想的发展

中共十八大以来,从确立"两个一百年"奋斗目标到提出"中国梦",从统筹"五位一体"总体布局到协调推进"四个全面"战略布局,从把握中国经济发展新常态到牢固树立五大发展理念,党的战略思想与时俱进、不断发展、趋于成熟,为推动中国特色社会主义和现代化建设迈向新的高度奠定了坚实的政策基础。

1. 科学发展观成为新的党的指导思想和行动指南

在十八大之前,科学发展观是作为工作方针贯彻落实的,而2012年11月8日中共十八大正式将"科学发展观"确立为党的指导思想并列入中国特色社会主义理论体系当中。十八大报告指出:"科学发展观是马克思主义同当代中国实际和时代特征相结合的产物,是马克思主义关于发展的世界观和方法论的集中体现,对新形势下实现什么样的发展、怎样发展等重大问题作出了新的科学回答,把我们对中国特色社会主义规律的认识提高到新的水平,开辟了当代中国马克思主义发展新境界。科学发展观是中国特色社会主义理论体系最新成果,是中国共产党集体智慧的结晶,是指导党和国家全部工作的强大思想武器。科学发展观同马克思列宁主义、毛泽东思想、邓小平理论、"三个代表"重要思想一道,是党必须长期坚持的指导思想。"[①] 这标志着中国特色社会主义理论体系和党的基本路线与发展战略发展到一个新的阶段。

2. "一个梦想、两个一百年"是对"三步走"发展战略的重要发展

"两个一百年"的奋斗目标最早是在中共十五大报告中提出的。"两个一百年"是指中国共产党成立一百年和新中国成立一百年,目标是全面建设小康社会和建设富强民主文明和谐的社会主义现代化国家。中共十八大在十六大、十七大提出的"全面建设小康社会"目标要求基础上,作出"全面建成小康社会"的新部署:只要我们胸怀理想、坚定信念,不动摇、不懈怠、不折腾,顽强奋斗、艰苦奋斗、不懈奋斗,就一定能在中国共产党成立一百年时全面建成小康社会,就一定能在新中国成立一百年时建成富强民主文明和谐的社会主义现代化国家。这一部署的新意体现在由"建设"到"建成"的发展。"建设"是提出目标,"建成"则是要完成这个目标,是对承诺的兑现。这一部署成为中国实现全面建成小康

[①] 胡锦涛:《坚定不移沿着中国特色社会主义道路前进 为全面建成小康社会而奋斗——在中国共产党第十八次全国代表大会上的报告(2012年11月8日)》,人民出版社2012年版,第7页。

社会目标的一次总动员,进一步丰富和发展了"三步走"战略思想,"两个一百年"目标也必将成为我们夺取中国特色社会主义新胜利的两座里程碑。

"中国梦"是以习近平为总书记的党中央在十八大之后结合我国全面建成小康社会和"两个一百年"奋斗目标以及中国实际提出的全新理念。

2012年11月29日,习近平在参观《复兴之路》陈列展时首次明确提出"中国梦":"实现中华民族的伟大复兴,就是中华民族近代以来最伟大的梦想,这个梦想,凝聚了几代中国人的夙愿,体现了中华民族和中国人民的整体利益,是每一个中华儿女的共同期盼。"①在这次讲话中,习近平阐述了"中国梦"的内涵并且与"两个一百年"的奋斗目标结合起来,提出了两个"百年梦想":到中国共产党成立100年时全面建成小康社会的目标一定能实现,到新中国成立100年时建成富强民主文明和谐的社会主义现代化国家的目标一定能实现,中华民族伟大复兴的梦想一定能实现。2013年3月17日,在十二届全国人大一次会议上,习近平又进一步把"中国梦"的内容概括为,实现国家富强、民族振兴、人民幸福。

3. "五位一体"与"四个全面"标志着总体战略布局趋于成熟

"五位一体"是中共十八大报告的新提法之一。2012年十八大报告中提出:"建设中国特色社会主义,总依据是社会主义初级阶段,总布局是五位一体,总任务是实现社会主义现代化和中华民族伟大复兴。"②首次将经济、政治、文化、社会和生态五大建设并列,提出推进中国特色社会主义事业"五位一体"的总体布局。

"五位一体"的总体布局是中国共产党在领导人民建设中国特色社会主义的实践中认识不断深化的结果。邓小平首先提出物质文明、精神文明的"两个文明"建设,此后,1986年,我国首次提出"三位一体",即政治建设、经济建设、文化建设,并在1987年十三大提出的社会主义初级阶段总路线中有了充分的体现。2006年党的十七大提出了"四位一体":政治建设、经济建设、文化建设和社会建设。十八大报告在此基础上首次将"生态文明建设"写入建设中国特色社会主义总体布局中,形成"五位一体"的总体布局。其中,经济建设是中心,政治建设是保障,文化建设是灵魂,社会建设是条件,生态文明建设是基础。从"两

---

① 《习近平谈治国理政》,外文出版社2014年版,第36页。
② 胡锦涛:《坚定不移沿着中国特色社会主义道路前进 为全面建成小康社会而奋斗——在中国共产党第十八次全国代表大会上的报告(2012年11月8日)》,人民出版社2012年版,第13页。

个文明"到"五位一体"的发展,体现了中国共产党对"实现什么样的发展,怎样发展"有了更深刻的认识。

"四个全面"是指党的十八大以来,以习近平为总书记的党中央从坚持和发展中国特色社会主义全局出发,提出并形成的全面建成小康社会、全面深化改革、全面依法治国、全面从严治党的战略布局。这一战略布局经历了一个逐步提出和成型的过程。从党的十八大强调"全面建成小康社会",到党的十八届三中全会部署"全面深化改革",再到党的十八届四中全会要求"全面依法治国"、党的群众路线教育实践活动总结大会宣示"全面从严治党","四个全面"的战略布局不断系统化。2014年12月,习近平总书记在江苏考察调研时正式提出:要全面贯彻党的十八大和十八届三中、四中全会精神,落实中央经济工作会议精神,主动把握和积极适应经济发展新常态,协调推进全面建成小康社会、全面深化改革、全面推进依法治国、全面从严治党,推动改革开放和社会主义现代化建设迈上新台阶。

"四个全面"的战略布局是党中央从发展中国特色社会主义的全局提出来的,也是为了解决我们发展中面临的问题提出来的,它极大地深化了对中国共产党执政规律、社会主义建设规律和人类发展规律的认识,是中国共产党理论创新的新成果。

4. 发展新常态和五大发展理念标志着发展观的系统化

2014年5月习近平在河南考察时第一次提及"新常态":"中国发展仍处于重要战略机遇期,我们要增强信心,从当前中国经济发展的阶段性特征出发,适应新常态,保持战略上的平常心态。"2014年12月9日中央经济工作会议对"经济发展新常态"作出系统阐释,指出要准确把握经济发展新常态的九大特征:(1)模仿型排浪式消费阶段基本结束,个性化、多样化消费渐成主流;(2)基础设施互联互通和一些新技术、新产品、新业态、新商业模式的投资机会大量涌现;(3)低成本比较优势发生了转化,高水平引进来、大规模走出去正在同步发生;(4)新兴产业、服务业、小微企业作用更凸显,生产小型化、智能化、专业化将成为产业组织新特征;(5)人口老龄化日趋发展,农业富余人口减少,要素规模驱动力减弱,经济增长将更多依靠人力资本质量和技术进步;(6)市场竞争逐步转向质量型、差异化为主的竞争;(7)环境承载能力已达到或接近上限,必须推动形成绿色低碳循环发展新方式;(8)经济风险总体可控,但化解以高杠杆和泡沫化为主要特征的各类风险将持续一段时间;(9)既要全面化解产能过剩,也要通过发挥市场机制作用探索未来产业发展方向。在此基础上提出了八个"更加注重",即更加注重满足人民群众需要,注重市场和消费心理分析,注重引导社会预期,注重加强产权和知识产权保护,注重发挥企业家才能,注重加强教育和提升人力资本素质,注重建设生态文明,注重科技进步和全面创新。

2015年10月29日中共十八届五中全会通过了《中共中央关于制定国民经济和社会发展第十三个五年规划的建议》和《中国共产党第十八届中央委员会第五次全体会议公报》,该公报在科学发展观的基础上进一步提出了五大发展理念:第一,坚持创新发展。把创新摆在国家发展全局的核心位置,不断推进理论创新、制度创新、科技创新、文化创新等各方面创新,让创新贯穿党和国家一切工作。第二,坚持绿色发展。即坚持可持续发展,推进美丽中国建设,为全球生态安全做出新贡献。构建科学合理的城市化格局、农业发展格局、生态安全格局、自然岸线格局,推动建立绿色低碳循环发展产业体系。第三,坚持共享发展。做出更有效的制度安排,使全体人民在共建共享发展中有更多获得感。实现全体人民共同迈入全面小康社会。第四,坚持协调发展。牢牢把握中国特色社会主义事业总体布局,正确处理发展中的重大关系。增强发展协调性,在协调发展中拓宽发展空间,在加强薄弱领域中增强发展后劲。推动区域协调发展,塑造要素有序自由流动、主体功能约束有效、基本公共服务均等、资源环境可承载的区域协调发展新格局。第五,坚持开放发展。顺应我国经济深度融入世界经济的趋势,奉行互利共赢的开放战略,发展更高层次的开放型经济,积极参与全球经济治理和公共产品供给,提高我国在全球经济治理中的制度性话语权,构建广泛的利益共同体。这五大发展理念的提出使得我国的发展观进一步系统化。

第二章 财政政策

财政政策是指政府制定的指导财政活动和处理财政分配关系的基本准则。贯彻财政政策的手段主要有税收、国债、政府投资和购买支出、转移支付等。财政政策在国家宏观经济调控中起着十分重要的作用,也是国家管理和调节社会资金运动的主要经济政策手段。财政政策对经济运行过程的调节,主要有两种模式,一是自动稳定的调节模式,二是相机抉择的调节模式。财政政策工具主要有税收政策、补贴政策、投资政策、转移支付政策、公债政策、预算政策等。这些财政政策工具与社会再生产之间的内在关系共同构成了财政政策的调控机制,对国家宏观经济的运行和发展起着重要的调节作用。

第一节 改革开放前财政政策的历史回顾

一、三年恢复时期的财政政策

1949年10月1日,在中央人民政府成立的同时,根据《中华人民共和国中央人民政府组织法》规定,成立了中央人民政府财政部。财政部受政务院的领导及政务院财政经济委员会的指导,主管全国的财政事宜。财政机构的建立,使财政工作得以逐步展开。

建国之初,人民政权面临着严重的财政经济困难。国家财政存在着巨额赤字,金融物价剧烈波动。造成财政经济困难的主要原因是帝国主义的侵略和国

民党政府的长期统治。此外还源于随着解放战争的胜利而出现的一些新问题,主要表现在:

第一,军政费用开支庞大。1949年军费开支占财政收入的一半以上,1950年仍占41.1%。同时,由于解放区的扩大和全国的解放,国家的管理机构相应增加,使1949年的财政支出高出财政收入将近一倍。

第二,财政收入增加缓慢,满足不了财政支出的需要。解放战争的进展迅速,新解放地区的税收制度还来不及建立,农村灾荒严重、城市工厂停业、交通受阻。所有这一切,使国家的财政收入远不能满足财政支出的需要,造成巨额赤字。为了弥补财政赤字,不得不借助发行通货,其直接结果是造成物价上涨。

根据建国初期严峻的经济形势,党和人民政府在人民群众的支持下,采取一切办法,努力从根本上扭转当时的财政经济状况。主要政策措施有:

第一,统一概算编制。依照《中国人民政治协商会议共同纲领》"建立国家预决算制度,划分中央和地方的财政范围,逐步平衡财政收支,积累国家生产资金"的规定,中央政府着手编制1950年的财政收支概算。

第二,发行公债。1949年12月,中央人民政府委员会会议通过的《关于发行人民胜利折实公债的决定》指出,发行公债的目的在于弥补赤字,减少现钞发行,有计划地回笼货币,稳定物价,以有利于人民生活的安定和工商业的正常发展。该文件规定了第一期公债发行额为一亿元。

第三,拟定新税制。1950年1月30日,政务院发布了《全国税政实施要则》。《要则》规定在全国范围内统一征收货物税、工商业税等十四种税。还规定了纳税义务、税务机关、职权以及税务机构的组织领导。这样,建国以前中国税收长期不统一的局面,自此宣告结束,税务工作逐步走向正规化和法制化。

二、"一五"时期的财政政策

从建国到社会主义改造基本完成,这是一个过渡时期。党在过渡时期的总路线和总任务,是要在一个相当长的历史时期内,逐步实现国家的社会主义工业化,并逐步实现国家对农业、手工业和资本主义工商业的社会主义改造。根据总路线的精神,国家制定了从1953年到1957年发展国民经济的第一个五年计划。财政工作在这一历史时期内的基本任务就是要发挥其宏观调控作用,顺利完成总路线所规定的各项任务,实现社会主义改造的总体目标。

第一,运用农业税的减免、国家财政增加对农业的投资、发放农业贷款等政策,积极促进农业生产和农业合作化运动的发展。1953年到1957年农业税(正税)的实际征收数,除1957年外,都未达到1952年352亿斤的实际征收水平。1957年,国家财政对农林建设投资共达40.9亿元,国家银行五年内共发放农业贷款76亿元。

第二,从税收和资金上给手工业合作社以照顾和优待,积极促进手工业的社会主义改造。1955年财政部发布了《手工业合作组织交纳工商税暂行办法》,规定了减免税收的对象和条件。由于税收上的优待,从1955年到1957年的三年内,手工业合作组织得到的减、免税照顾有两亿元左右,相当于它们1955年全部股金的4.4倍。

第三,通过差别利率和对公司企业的不同税收政策,积极促进资本主义工商业的社会主义改造。日用工业品五金、电料、肥皂、纸等货物税率为5%—15%,而奢侈品烟、酒、化妆品等货物的税率为80%—120%。对有利于国计民生的工业企业,可以给予减税照顾。税法还规定,对私营企业征收全额累进所得税,以节制其资本,对国营企业所经营的许多业务免征或减征营业税。

第四,努力积累建设资金,保障"一五"计划的胜利完成。

在总路线的指导和国家财政政策的支持下,到1957年年末,中国超额完成了"一五"计划。五年内财政总收入为1354.88亿元,相当于原定五年计划1309.41亿元的103.47%。在五年内国家财政总支出为1345.68亿元,为原定五年计划1286.06亿元的104.64%。其中,经济建设费用占49.9%,有力地促进了经济建设。

三、"大跃进"时期的财政政策

1956年9月,中共八大召开,会议决定把党的工作重心转移到社会主义建设上来。会议通过了《关于发展国民经济的第二个五年计划的建议的报告》。文件对财政工作的基本要求是:第一,适当提高积累率。第二,合理地分配资金,降低国防和行政费用占财政支出的比重,提高经济、文化教育支出所占的比重。第三,合理安排基本建设投资金额,确保国民经济有计划、按比例地发展。这样,从1957年开始,我国进入了全面的、大规模的社会主义建设时期。

"二五"计划要求改变过分集中的财政管理体制。从1958年1月开始,对财政管理体制进行了改革,改革总的精神是扩大地方财政和企业的财权,基本建设财务管理试行投资包干制度,同时在税收制度上,实行合并税种,简化征税办法。

但是,中央制定的财政政策和财政体制改革,因为"大跃进"和人民公社化运动而打乱部署,使财政工作遭受了严重挫折。首先,高指标和浮夸风把财政收入的计划指标抬到严重脱离实际的程度。其次,原计划的财政体制改革偏离了正确方向,过多过急地下放企业财务管理权限,过多地扩大地方对基本建设投资的管理权限,不切实际地试办税利合一等。这样做导致财政工作中出现"假结余、真赤字"现象,给以后的经济建设造成了极大的困难。

四、经济调整时期的财政政策

1961年1月,中共八届九中全会决定对国民经济实行"调整、巩固、充实、提高"的方针。从此,国民经济进入调整阶段,在调整过程中,国家财政配合有关部门着重抓了以下几项工作:

第一,加强国家财政对农业的支持。1961年和1962年国家财政用于农林水利方面的支出共达96.61亿元,占两年国家财政预算支出总数的13.6%。人民银行还发放了短期农业贷款18亿元,长期无息贷款6亿元等。同时,减轻农民负担,提高农副产品收购价格。1961年的农业税征收任务,比"一五"期间每年的征收任务减少36%。1962年同1957年相比,农副产品收购价格全国平均提高32.3%。第二,压缩基本建设投资,调整经济结构。国家预算的基本建设拨款由1960年的354亿元压缩为1962年的56亿元。国家财政按照先生产、后基建和以农轻重为序的原则,把一部分资金用于保证企业的简单再生产以及农业和轻工业的投资,促进生产的恢复和发展。第三,加强财政工作的集中统一,搞好综合平衡。国家财政集中到中央、大区和省(自治区、直辖市)三级。同时,中央指出国家财政收支的平衡必须同银行信贷收支的平衡结合起来,坚持财政信贷统一平衡。第四,削减开支,回笼货币,稳定市场。第五,清仓核资,扭亏增盈,深入开展增产节约运动。

经过五年的努力,对国民经济实行"调整、巩固、充实、提高"的方针取得了成功。工农业在协调发展的基础上已经超过1957年的水平。同时,国家财政也消除了从1958年起连续四年的大规模的财政赤字,到1962年实现了财政收支平衡。到1965年,财政收入高达473.3亿元,财政结余7亿元。同时由于措施得力,货币回笼工作也取得很大成效。1961年货币流通量和社会商品零售额的比例(即每1元人民币有多少商品零售额)为5.5,1963年为7.3。这说明流通中的货币在逐年减少,市场供应的商品在逐渐增加。

五、"文化大革命"时期的财政政策

1966年到1976年的"文化大革命",是国家财政遭受严重破坏的时期。这一时期国家财政经历了三次严重破坏,其间有两次短时期的调整。

1. 国家财政的三次严重破坏

第一次大的破坏发生在1967年到1968年,这是"文化大革命"最动乱的时期,国民经济处于无政府或半无政府状态,国家财政因此也陷入严重困境。1967年的财政收入只有419.36亿元,比1966年锐减139.35亿元,1968年继续减为361.25亿元,基本上倒退到1961年困难时期的收入水平。在这种情况下,国家不得不大规模压缩财政支出。与此同时,在基本建设投资安排中出现了严重向重工业倾斜的局面,引起国民收入中积累和消费的比例关系严重失调。

第二次严重破坏是1974年"反右倾回潮"对国家财政的冲击。1973年年底到1974年,"四人帮"掀起"反右倾回潮"的恶浪,使财政经济工作再次遭到冲击。1974年财政收入783.14亿元,比上年减少26亿多元,出现财政赤字7.6亿元。

第三次严重破坏是1976年"反击右倾翻案风"对国家财政的严重冲击。1976年经济效益全面下降,国民收入比1975年减少2.7%,财政收入776.58亿元,比上年减少39亿元,支大于收29.62亿元,迫使国家不得不再次冻结国营企事业单位和国家机关等在银行的存款,以渡过财政难关。

2. 对财政工作的两次整顿

第一次整顿始于1971年12月5日,周恩来总理提出要整顿经济。财政工作采取了一系列整改措施。首先,财政部提出"国家积累"这一财政概念。其次是整顿企业财务,开展了企业清产核资,加强经济核算,搞好企业的扭亏增盈工作。同时又加强机构整顿,1972年财政部恢复"税务局"建制;为了加强基本建设拨款工作管理,1972年,重新恢复建设银行。这一系列的整顿,使财政工作有了新的转机。1973年,财政收入809.67亿元,超过计划19.3亿元,财政支出809.28亿元,实现财政收支平衡,并略有结余。

第二次整顿是在1974年12月邓小平同志主持中央日常工作时期。1975年初,撤销财政部军事管制委员会,恢复"文化大革命"前的司局组织建制,逐步把财政工作纳入正常轨道。同年1月19日,国务院发出《关于进一步加强财政工作和严格检查1974年财政收支的通知》。4月,财政部召开了全国税务工作会议,要求各级财政部门,加强税收管理工作,维护国家财政收入。为了加强对税

务工作领导和严肃纳税纪律,国家在1975年恢复"税务总局"的建制,7月30日财政部又发出了《关于开展税收政策检查,清理漏欠税款的通知》。同年夏秋之间,财政部还起草了《关于整顿财政金融的意见》,提出增收节支,扭亏增盈以及加强基本建设拨款的管理等十条措施。由于"四人帮"的干扰破坏,这些措施没有公布,但有些内容在实际工作中得到不同程度的贯彻,对财政工作的整顿起了一定的作用。

六、1977年至1978年年底的财政工作

首先是做好企业的扭亏增盈工作,为此国务院于1977年5月成立了扭亏增盈小组。经过整顿,1978年国营企业收入增长比上年增长42.2%,国营工业企业的亏损额减少。其次是加强税收管理,国务院于1978年11月向全国转发了《关于税收管理体制的规定》,明确规定了国务院、财政部和省(自治区、直辖市)的税收管理权限。同时,中央还采取措施控制和节约非生产性开支,集中一部分折旧基金统筹安排调剂使用等。

这些措施的实施,使国家财政在经济恢复和发展的基础上得到改善。1977年,财政收入874亿元,比上年增长12.6%,收大于支31亿元,扭转了前几年收入完不成计划,支大于收的状况。1978年,财政收入第一次突破千亿元的大关,达到1121亿元,收支相抵结余10亿元,财政状况有了明显好转。

但是,由于长期存在的"左"倾错误没有得到认真清理,随着1977年、1978年经济的迅速恢复和财政状况的好转,又出现了经济工作指导思想上求成过急的错误倾向,突出的问题是建设规模过大,投资过猛,提出一些过高的不切实际的口号和目标,加剧了长期存在的积累与消费的比例失调,也使农轻重之间的比例失调更为严重,从而加剧了国家财政的困难。

第二节 改革开放以来财政政策的运作轨迹与政策变革

一、1979年至1983年的财政政策

1. 政策调整的背景:经济总量膨胀,结构失调

1976年粉碎"四人帮"后,由于还来不及清理"左"的错误,国内出现了急于

求成的思想情绪,在随后制定的《1976—1985年发展国民经济的十年规划纲要》中提出了建设120个大型项目,农业基本实现机械化、全国在短期内赶超世界先进水平的要求。在这种思想的指导下,固定资产投资迅速膨胀,绝对规模由1977年的548.3亿元,猛增到1978年的668.72亿元,积累率也从1977年的32.3%提高到1978年的36.5%。这导致本已存在的长期形成的国民经济结构的失衡更为严重,经济效益下降,外汇收支出现高额逆差,1979年、1980年出现了建国以来最大的财政赤字(分别达到170.6亿元、127.5亿元),高额赤字是财政超分配的直接体现。高赤字直接导致银行信用扩张,在物价尚未放开的情况下,1978—1980年三年的物价总水平上升了8.8%,而且凭票计划供应的商品种类增多,市场商品供应紧张。除此之外,在城镇约有2000万人需要政府安排就业。

2. 现实政策选择:紧缩的财政政策

1979年4月召开的中央经济工作会议提出了"调整、改革、整顿、提高"的八字方针,随后开始了改革开放以后我国经济的第一次调整。

财政政策总的思路是在压缩财政开支的同时,适当放宽信贷,支持农业和日用消费品工业的生产,不采取全面紧缩政策,以免导致经济下滑。主要政策措施有:

第一,支农政策。一是减免部分农业的税收负担。1979年国家对低产缺粮的地区规定了农业税的起征点,起征点以下免税。二是支持农村社队企业发展。尽管提高了社队企业工商所得税的起征点,但放宽了新办企业减免税的年限。三是增加支农支出。1979年国家支援农业的各种资金安排达到174亿,其中基本建设拨款、支援农村社队支出和各项农村事业都比上年有较大幅度的增长。四是提高农副产品收购价格。由于国家销售价格不变,形成了购销价格倒挂,造成商业部门亏损,这部分亏损由财政予以补贴。1979年这种补贴达79亿元,1980年又增加到118亿。

第二,支持轻纺工业发展。一是增加了国家对轻纺工业的投资。仅1979年,就安排了基本建设投资23亿元。二是增加了轻纺工业挖潜改造措施费。三是国家在燃料动力及原材料等方面采取"六个优先"政策。

第三,控制固定资产投资规模,调整积累与消费比例关系,提高投资效益。1980年在建项目比1978年减少了800个,1981年又减少了241个。1981年全民所有制企业基本建设投资压缩了20.7%;对部分重工业小型企业进行了"关、停、并、转",1981年共减少重工业小型企业4400个。①

第四,增加财政收入,保证重点建设。一是1981年国家财政以企业和地方政府为对象首次发行国库券,1982年以后进一步扩大到个人,每年的实际发行规模都超过40亿元。二是从1983年起,从各地各部门的预算外资金及这些单位所管辖的城镇集体企业税利润中,按实际收入的10%征收能源交通重点建设基金,该年实际征集93亿元。三是向地方财政借款,中央财政1981年和1982年两年共向地方财政借款110亿元。

第五,改善人民生活。1979年起,国家通过各种途径积极安排职工就业,实行奖金制度和副食品补贴制度,提高部分职工和部分地区的工资类别;另外从基本建设投资中拨出专款建设职工住宅。

二、1984年至1991年的财政政策

1. 财政政策调整的背景:经济运行严重过热

1985年和1987年两次调整面临的经济形势相同,都是经济运行过热。其表现如下:

第一,总量矛盾突出,并引发了严重的通货膨胀。

首先是投资膨胀。1983年经济形势好转后,急于求成的思想开始在国内抬头,全国到处出现"大办公司""大办企业"的热潮。1984年至1988年的五年间,全社会固定资产投资实际增长了214%。

其次是消费基金膨胀。1984年滥发资金、公款消费、自行提高工资级别的情况在国内此起彼伏,全年用于工资资金的现金支出比上年增长了22.3%。1986年银行用于工资性现金支出达2158亿元,比上年增长20.8%,职工工资总额达1659.7亿元,比上年增长20.5%。1987年和1988年我国消费领域更是出现了一股消费热潮,相互攀比、超前消费一时成为社会之风气。投资与消费的双膨胀,使社会供需矛盾恶化。自1984年起,国民经济连续四年社会供求失衡,供需差率分别为16.5%、11.3%、13.5%、13.6%,从而形成严重的通货膨胀。全国零售商品价格指数连续上升,1986年、1987年、1988年分别比上一年上升6%、7.3%、18.5%。1988年全国出现了三次抢购风潮。

---

① 剧锦文:《中国经济路径与政策(1949~1999)》,社会科学文献出版社2001年版,第223页。

第二,结构失衡加剧,"瓶颈"制约突显。

首先是农业与工业失衡加剧。1986—1987年间,农业总产值增长42%,其中种植业增长14%,而工业总产值则增长了169%,工业、农业、种植业总产值增长速度之比为1∶0.25∶0.08,农业再次成为国民经济的薄弱环节,1987年我国再度成为粮食净进口国。

其次是工业内部失衡加剧,"瓶颈"制约突显。1988年能源生产增长与GDP增长比例为0.46∶1,货运增长与GDP的比例为0.67∶1。能源不足与运输落后严重制约着国民经济尤其是工业的进一步发展。

2. 现实政策选择:紧缩的财政政策

政策目标:根据1989年3月七届人大二次会议提出的"治理整顿"精神,这次财政政策调整的目标主要有四个。一是缓解社会总供需,抑制通货膨胀。具体目标是1989年物价上涨幅度要明显低于1988年,1990年以后的幅度进一步下降。二是压缩固定资产投资规模,把经济发展速度调整到与国力相匹配的比较合理的水平。三是在提高城乡人民生活水平的同时,要控制社会消费基金的过快增长,使之与国民收入的增长速度相适应。四是切实调整经济结构,缓和粮、棉、油材料供应的紧张状况,缓解国民经济发展的"瓶颈"约束。

政策的主要思路:通过紧缩财政支出,配合以紧缩信贷支出,压缩基本建设规模;通过区别对待的支出和税收政策,调整结构;通过调整收入政策,一方面压缩消费基金膨胀,控制社会集团购买力;另一方面增加财政收入,防止由此引起的国民收入的超分配。

主要政策手段:

第一,压缩财政支出。经济过热的背后是财政支出和信贷的双膨胀。要控制经济过热,首先要把膨胀的财政支出压下来。1985年第一次紧缩时,当年压缩财政赤字44%。在信贷同时被大规模压缩后,1986年2月经济增长率从1984年高峰的15.2%暴跌到0.9%,全年通货膨胀率也下降了3%。1988年第四季度进行第二次紧缩时,财政支出增长率由以前年份的两位数压缩到一位数。正是在财政支出和信贷投放"双紧"政策的作用下,1989年全社会固定资产投资比上年减少358.8亿元,考虑到物价因素,实际投资率下降了24%。1990年尽管比上年有所增长,但与1988年的水平相比,排除价格因素,实际下降了20%。

第二,动用外汇储备,扩大对内、对外借债。1984年8月至1987年累计动用外汇储备100亿元,同时内债余额达到389亿元,1年期以上外债余额也达到了

167亿美元。1988年4月和6月,国家在61个城市进行了国库券流通转让的试点,1991年财政部第一次组织了国债发行的承购包销团。这不仅标志着我国国债一级和二级市场开始建立,而且也开始把国债作为调控工具来建设。这一政策实施的结果,一是增加财政收入,弥补财政赤字,提高财政的宏观调控能力;二是进口急需的物资,缓解供需矛盾;三是集中了一部分分散在个人、企业和地方政府手中的资金,既增加了财政收入,又减少了社会消费基金的来源。

第三,调整中央与地方、国家与企业的分配关系。一是调整20世纪80年代初实行的"分灶吃饭"体制,从1985年开始实行"划分税种,核定收支,分级包干"的财政体制,1988年开始实行"多种形式包干"。二是在1984年对企业实行第二步"利改税"的基础上,在国有企业普遍推行承包经营责任制,"包死基数、确保上交、超收多留、欠收自补"。三是为了缓解中央财政压力,1987年和1990年中央政府两次向地方借款。四是清理"小金库",整顿财经秩序,加强对预算外资金的管理。1986年国务院下发了《关于加强预算外资金管理的通知》,开始把预算外资金纳入制度化管理渠道。

第四,改革税制。实行以流转税和所得税为主体,其他税种相互配合的多税种、多环节、多层次的复合税制,增强财政政策的调控作用。

三、1992年至1997年的财政政策

1. 政策调整的背景:宏观经济严重过热

1990年经济陷入谷底后,为了恢复经济的增长,1991年中央对治理整顿政策进行了调整,随后经济开始恢复增长。1992年邓小平南方谈话后,90年代原定为6%的发展速度被提高到8%—9%,提出到世纪末力争使我国综合国力上一个新台阶。在这种思想的影响下,从1992年到1993年上半年中央一直采取顺应经济回升并推动加速发展的政策。结果,宏观经济运行出现了严重过热的情况,经济生活中出现了"四高、四热、四紧、一乱"的问题,即"高投资膨胀(1992年、1993年全社会固定资产增长率分别达到32%、38%,其中国有单位在1993年上半年的投资增长率更高达69%)、高工业增长(1993年1—10月工业总产值累计比上年度的投资增长率更高达69%)、高货币发行与信贷投放、高物价上涨(1992年上涨13%,1993年5月食品类上涨50%,生产资料上涨43%)";"股票热、房地产热、开发区热、集资热";"交通运输紧张、能源紧张、一些重要原材料

紧张、资金紧张";"经济秩序混乱,特别是金融秩序混乱"。① 面对这种形势,1993年6月开始对经济运行进行调控。

2. 政策选择:适度从紧的财政政策

政策目标:一是控制总需求,抑制通货膨胀,努力把通货膨胀率降低到15%以下;二是在压缩固定资产投资膨胀的同时,防止经济下滑,使过快的经济增长速度回到8%—9%的适度增长区间;三是继续改善国民经济结构,加强农业和能源、交通、重要原材料等瓶颈产业。

总的政策思路:鉴于以往政策实践的教训,执行"适度从紧"的财政政策,配合以相同的货币政策。在政策目标的选择上,不是追求一次迅速调整到位,而是通过缓慢地小幅度地调整,逐步把过高的通货膨胀率和过快的增长速度调下来。从政策实践看,就降低通货膨胀来说,没有像过去那样,在紧缩政策出台的第二年就迅速降低通货膨胀率。相反,这次降低通货膨胀率拉的时间比较长,直到1996年物价上涨率才回落到6.1%,而此前三年分别高达14%、24.1%和7.1%。与此相对应,财政支出的膨胀也不是一次压缩到位。1993—1996年财政支出增长率由24.1%下降到16.3%,平均每年只收缩了2.6个百分点。

主要政策手段:

第一,压缩财政赤字,实行从紧预算管理。1994年3月,八届全国人大二次会议通过的《中华人民共和国预算法》,规定中央政府经常性预算不列赤字,地方各级预算要按照量入为出、收支平衡的原则编制,不列赤字。1996年3月,全国人大要求"九五"期间逐步减少财政赤字,实现财政收支基本平衡。

第二,调节工资性收入的过快增长,抑制消费的过快增长。1993年下半年,政府实行严格控制和精简各种会议的措施,地方和部门会议经费在年初预算基础上压缩20%。严格执行国家对企业绩效挂钩的规定,禁止滥发补贴、实物和代币购物券。1994年,政府严禁用公款进行高消费和把公款转化为个人消费基金;适当控制工资增长速度,防止以侵蚀国有资产方式增加个人收入。1995年,国家继续控制消费基金过快增长,制止和纠正乱加工资、乱发奖金和津贴行为。

第三,实行分税制改革,克服包干制的弊端。1994年,政府为适应社会主义市场经济的发展要求,决定实行分税制改革。在划分中央政府和地方政府事权的基础上,划分中央税和地方税,增加中央财政收入占全部财政收入的比重,同

---

① 刘树成:《繁荣与稳定:中国经济波动研究》,社会科学文献出版社2000年版,第210、213页。

时建立税收返还制度,提高中央对地方的调控能力。从 1995 年起,实行过渡期转移支付办法,引入标准财政收入和标准财政支出概念,对地方财政力不能满足标准支出需要的给予转移支付。

第四,整顿财经秩序,健全规章制度。一是实行复式预算,建立有效的预算约束机制;二是加大税收执法力度,打击骗税骗汇;三是加强对预算外资金使用的检查监督,清理"小金库"和"两本账"。此外,通过实行出口退税制度,支持扩大出口;通过强化城镇土地使用税、土地增值税、印花税等的征管,抑制房地产和证券市场的过度投机。

四、1998 年至 2004 年的财政政策

1. 政策调整的背景:拉动内需,促进经济增长

1997 年亚洲金融风暴席卷了东南亚诸多国家。1998 年受其影响,我国长期以来投资扩张带来的资本存量过高等深层次矛盾凸现出来,内需不振,出口下降,投资增长乏力,中国经济面临着严峻的考验。

第一,对外贸易受到严重冲击。一是外贸出口形势恶化。1998 年以后,亚洲金融危机对中国出口的负面影响逐步显现出来。上半年的外贸出口额为 869.8 亿美元,同比增长 7.6%。与 1997 年同期的 26.2% 和 1997 年全年的 20.9% 的增长速度相比大大降低。二是外商投资下降。1997 年亚洲国家对中国投资占中国实际吸收外资总量的比例由以往的 80% 以上降为 75.6%,1998 年继续下降为 68.7%。

第二,国内物价持续走低。中国商品零售价格总水平自 1997 年 10 月开始出现绝对下降,截至 1998 年 7 月,持续下降了 9 个月。居民消费价格指数从 1998 年 3 月开始出现下降,工业产品价格指数自 1996 年 6 月以来持续下降,到 1998 年 7 月已达 25 个月之久。从全年价格走势看,没有明显回升迹象,通货紧缩趋势日渐明显。

第三,消费需求增长趋缓。20 世纪 90 年代中期,医疗、住房、教育等各项改革逐步推开,居民预期支出增加。再加上失业率高,收入分配差距拉大等因素,居民边际储蓄倾向上升,边际消费倾向下降。尤其是农民收入增长缓慢,严重制约了农村消费品市场及农业生产资料市场的发展。社会消费零售总额增长持续下降,由 1996 年的 20.1% 逐渐下降为 1998 年的 6.8%。社会消费需求严重不足,商品销售不畅,企业开工率不到 60%,产品积压累计达 3 万亿元以上。

第四,投资需求增长乏力。1998年,中国投资需求增长明显受到消费增长趋势和金融体制改革滞后的制约。作为经济增长主要动力的固定资产投资增幅下降,1997年下降为8.8%。

第五,结构因素制约经济健康运行。一是产业结构不合理,企业组织规模小而散,地区间产业机构趋同化现象严重。例如,在"九五"计划中,有24个省(自治区、直辖市)将电子产业作为支柱产业,有22个省(自治区、直辖市)将汽车产业列为支柱产业。二是城乡结构不合理,"二元经济结构"问题严重。从90年代中期开始,乡镇企业经过十几年的超常规发展后,外延式扩张的余地大大缩小,在激烈的市场竞争和企业分化加剧的形势下,以中小企业为主体的乡镇企业处于明显的不利地位。由于农村劳动力素质普遍偏低,再加上城市失业人口增加,城镇吸收农村劳动力的能力下降。三是区域经济发展不协调,东部和中西部差距不断扩大。

2. 现实政策选择:积极财政政策

政策目标:一是运用公共支出政策,刺激国内需求增长。在一定程度上消除长期以来制约经济增长的不利因素,而且也有助于创造更多的就业机会,增加城乡居民消费。二是调整收入分配关系,启动最终消费。加大国家财政对建立和完善社会保障制度的支持力度,对住房、医疗、教育和就业制度等需要财政支持的改革,制定反周期的操作,力求减轻居民支出中的改革费用负担,稳定居民的支出预期。

政策主要思路:以扩大内需、经济扩张为导向,通过长期国债筹资增加财政支出及调整税收政策,刺激经济增长和促进社会稳定发展。

政策主要手段:

第一,增发国债,加强基础设施建设。1998年全国人大第四次常委会通过财政预算调整方案,增发1000亿元长期国债。1998年中央预算财政赤字亦由年初预算的460亿元扩大到960亿元。增发的1000亿元国债收入,全部用于基础设施建设。资金投向主要有:农田水利建设、交通通信建设、城市基础设施建设、城乡电网改造等。

第二,充实国有独资银行资本金,防范金融风险。1998年上半年,国家财政向国有独资商业银行发行2700亿元特别国债(期限为30年),使得国有商业银行的资本充足率达到了《巴塞尔协议》规定的8%的要求。

第三,调整税收政策,增强税收调控功能。调整税收政策以支持出口、吸引外资以及减轻企业负担。为鼓励投资,以支持引进国外的先进技术设备,在将美国关税税率总水平由 1997 年年底的 17% 逐步降至 2004 年的 10.4% 的同时,从 1998 年起,对国家鼓励发展的国内投资项目和外商投资项目进口的设备,免征关税和进口环节税。2000 年开始暂停征收固定投资方向调节税;对符合国家产业政策的企业技术改造项目购置国产设备,准予按 40% 的比例抵免企业所得税。为刺激居民消费,1999 年 11 月份,对居民储蓄存款利息恢复征收个人所得税。从 1999 年 8 月 1 日起对涉及房地产的营业税、契税、土地增值税给予一定的减免,以鼓励住房消费和流通。

第四,增加社会保障、救灾和科教等重点领域支出。主要包括:中央财政通过调整支出结构安排了 144 亿元补助资金和借款,专项用于国有企业下岗职工基本生活保障和再就业工程;中央财政增加转移支付 20 亿元用于支持企业职工基本养老保险制度的改革;增加抗洪救灾和灾后重建经费,1998 年该款项达 83.7 亿元。

第五,调整完善财政管理体制,加大对中西部地区转移支付力度。2002 年,政府实行了所得税收入分享改革,由原来按企业隶属关系划分中央与地方所得税的做法,改变按比例分享,当年所得税增量收入中央与地方按五五比例分享,从 2003 年起按比例六四比例分享,全部用于增加对地方主要是中西部地区的转移支付。为配合西部大开发战略和农村税费改革实施,中央财政还对天然林保护、退耕还林(草)、农村税费改革造成的财政减收等进行转移支付补助。

五、2005 年至 2008 年 8 月的财政政策

1. 政策调整的背景:经济运行过热

2005 年,根据经济形势的新变化和宏观调控的新需要,党中央、国务院适时决定实行稳健财政政策,这主要是由于与 1998 年实施积极财政政策时的情况相比,目前我国宏观经济形势已发生重大变化,财政政策运行又到了一个转折点。

第一,经济自主增长机制初步形成。一是市场机制作用明显增强。供求机制、价格机制和竞争机制在资源配置中发挥着越来越重要的作用。二是城镇化进程明显加快。2003 年城镇化率达 40.5%,表明我国正处于城镇化加快发展的重要时期,对需求的拉动作用直接而明显。三是消费结构加速升级。2003 年我国人均 GDP 已达 1090 美元,消费结构正处于由"吃穿用"加快向"住行游"为主转变的时期。四是开放型经济进一步发展。2004 年我国外贸依存度达 70% 左

右,同时,我国对外直接投资也开始较快增加,说明开放因素已成为经济发展的重要推动力。

第二,经济增长进入新一轮周期的上升阶段。一是经济增长接近潜在水平。2003年GDP增长9.3%,2004年增长9.5%,部分行业瓶颈约束或资源约束的出现,表明GDP增幅已接近潜在产出水平。二是物价逐步趋于上升。2003年居民消费价格和商品零售价格指数分别上涨1.2%和0.1%,2004年则分别上涨3.9%和2.8%。三是失业率升势趋缓。2004年城镇新增就业人员980万人,城镇登记失业率为4.2%,比上年下降0.1个百分点。四是国际收支保持盈余。2004年贸易顺差320亿美元,国家外汇储备增加到6099亿美元。

第三,经济运行中的深层次问题凸现。一是"五个统筹"成为结构调整的基本目标。二是经济增长方式与资源、环境约束的矛盾更加尖锐。2003年我国GDP占世界的4%,但重要矿产资源消耗占世界的比重:石油为7.4%,原煤为31%,铁矿石为30%,钢铁为27%,氧化铝为25%,水泥为40%,说明促进经济增长方式转变已成为宏观调控的一项紧迫任务。三是体制改革滞后已成为影响科学发展观落实的根本性掣肘因素。主要表现在:政府职能转变不到位,要素市场价格机制不完善,企业改革相对滞后,经营行为存在扭曲。因此,支持改革,消除体制性障碍,将是财政政策优先考虑的重点。

2. 政策选择:稳健的财政政策

政策目标:一是基本维持现有规模的水平,保持政策的连续性和稳定性;二是合理调整财政收入的增长速度,增强市场对资源配置的基础作用;三是优化支出结构,提高效率;四是促进经济增长方式向集约型转变。

政策主要思路:实行稳健的财政政策,宏观上既要防止通货膨胀的苗头继续扩大,又要防止通货紧缩的趋势重新出现;既要坚决控制投资需求膨胀,又要努力扩大消费需求;既要对投资过热的行业降温,又要着力支持经济社会发展中的薄弱环节。政策核心是松紧适度,着力协调,放眼长远。

政策的主要内容:可以概括为"控制赤字、调整结构、推进改革、增收节支"十六个字。①

第一,控制赤字。适当减少中央财政赤字,但又不明显缩小,做到松紧适度,重在传递调控导向信号,体现财政收支增量平衡趋向。2006年、2007年和2008

---

① 金人庆:《中国财政政策:理论与实践》,中国财政经济出版社2005年版,第67页。

年,中央分别安排了2950亿元、2450亿元和1800亿元财政赤字。相应地,比上年分别减少了50亿元、500亿元和650亿元。随着经济发展和GDP的不断增长,财政赤字占GDP的比重不断下降。

第二,调整结构。在对财政支出总量不做过大调整的基础上,进一步按照落实科学发展观和建立公共财政体系的要求,适当调整财政支出结构和国债项目资金投向结构,做到区别对待、有保有压、有促有控,对于投资增长过快有关的、直接用于一般竞争性领域等"越位"的投入,要退出来、压下来;对属于公共财政范畴的,涉及财政"缺位"的领域,如农业、社会保障、节能减排和环境保护、公共卫生、教育等经济社会发展的薄弱之处,要加大投资和支持的力度。同时,还加大对西部大开发以及东北地区等老工业基地的支持力度,促进老、少、边、穷地区的发展。在支出结构调整上下功夫,体现落实"五个统筹""三个高于"①和调整经济结构的要求。

第三,推进改革。一是将生产型增值税调整为消费型增值税;二是加快推进内外资企业所得税两法合并准备工作;三是继续深化农村税费改革;四是进一步完善出口退税机制改革;五是继续完善收入分配、社会保障、教育和公共卫生四项制度②;六是逐步在部分企业试点建立国有资本经营预算制度;七是建立公务员工资制度,规范津贴补贴制度;八是推进省以下财政体制改革;九是实施新的企业所得税法。

第四,增收节支。一是强化收入征管,促进财政增收;二是提高财政资金使用的规范性、安全性和有效性,促进财政节支。防止出现少收多支、盲目扩张的问题。

六、2008年9月至2011年的财政政策

1. 政策调整的背景:内外交困

2008年之前的五年,我国经济社会发展取得了瞩目的重大成就。2007年国内生产总值达到24.66万亿元,经济总量跃居世界第四位。2008年,国内生产总值还突破了30万亿元。但是,2008年以来,国内外发生的一系列重大事件促使

---

① 即"用于直接改善农村生产生活条件的投入高于上年,用于基础教育和公共卫生等社会事业的投入高于上年,用于西部大开发的投入高于上年"。转引自《十六大以来重要文献选编(下)》,中央文献出版社2008年版,第938页。

② 金人庆:《中国财政政策:理论与实践》,中国财政经济出版社2005年版,第70—73页。

中央调整了之前稳健的财政政策。

第一,自 2008 年年初至 2010 年 8 月,我国发生了南方雪灾、四川汶川地震、甘肃舟曲特大泥石流三起重大的自然灾害。如何有效应对这些重大自然灾害并顺利完成灾后重建工作,对中央的财政政策产生了直接的影响。

第二,国际金融危机的影响仍在延续,世界经济严重衰退,给我国经济发展带来严重冲击,出口大幅下降,经济增速减缓。如何将国际金融危机带来的消极作用降到最低成为中央财政政策的工作重心。

第三,中国经济社会发展本身仍有一些比较突出的矛盾和困难亟须解决。主要表现为:经济增长的内部动力和自主创新能力有待提升,调整结构成为紧随部分行业产能过剩而来的棘手难题;一方面新增劳动力致使就业压力不断攀升,另一方面又存在结构性用工短缺的难题;"三农"、医疗、环保、教育、收入分配、社会管理以及住房等问题越发凸显。因此,及时应对这些难题是调整财政政策着重考虑的重点之一。

2. 政策选择:积极的财政政策

政策目标:一是有效应对国际金融危机,保持经济平稳较快发展。二是着力改善民生、促进社会和谐,让人民群众共享改革发展的成果。

政策主要思路:一是实施积极的财政政策,加强基础设施建设,扩大国内需求。二是推进财税体制改革,实行结构性减税,减轻企业和个人的负担。三是优化财政支出结构,向民生、"三农"等重点领域倾斜,改善民生,扩大居民消费。

政策主要内容:

第一,大规模增加政府投资,扩大国内需求。2008 年 11 月 5 日,温家宝总理主持国务院常务会议,确定了当前进一步扩大内需、促进经济增长的十项措施。内容涉及"三农"、交通、公共卫生、环保、教育、社会保障以及地震灾区灾后重建等内容。2009 年至 2012 年中央分别拟安排财政赤字 7500 亿元、8500 亿元、9000 亿元和 5500 亿元。同期,国务院还同意由财政部代地方发行债券。2009 年至 2011 年每年 2000 亿元,2012 年增加为 2500 亿元。2009 年,中央政府公共投资达成 9243 亿元,比上年预算增加 5038 亿元。

第二,加快财税体制改革,健全有利于转变经济发展方式的财税体制。一是全面实施增值税转型改革,统一内外资企业税负制度,改善资源税制度,推进房地产税制改革。二是清理政府性基金和行政事业性收费。三是深化预算制度改革,完善财政转移支付制度。四是加强政府性债务管理,增强内外部的约束力。

第三,推进结构性减税,同时调整财政支出结构,加大向重点领域的倾斜力度。2009年,在取消和停征100项行政事业型收费的基础上,又通过全面实施增值税转型、落实有利于中小企业和证券交易的税收优惠和出口退税等领域的政策,企业和居民的负担减轻了约5000亿元。同年,中央财政投入450亿元,推广家电汽车摩托车下乡活动,补贴汽车家电以旧换新,鼓励农机具购置。2009年,政府将公共投资的44%投向了民生领域,23%投向了重大基础设施建设,14%投向了灾后重建。2010年以来,中央始终强调公共投资必须优先考虑民生领域、注重加强对"三农"、欠发达地区以及节能环保等的支持。2011年是我国"十二五"规划的开局之年,也是国际国内经济形势较为复杂多变的一年。我国国民经济总体保持平稳快速增长的势头,GDP总额达到471564亿元,同比增长9.2%。城镇居民人均可支配收入与农村居民人均纯收入之比为3.13∶1,较2010年有明显改善。这些举措有效地弥补了外需不足的缺陷,为我国经济社会发展打下了坚实的基础。

七、2012年十八大以来的财政政策

1. 政策调整的背景:经济增速放缓

2012年,在经济危机导致欧洲经济陷入二次衰退、美国经济复苏乏力和国内房地产调控等多方因素的影响下,我国经济增长延续减速态势,经济目标主要是保增长和调结构,因此还是实行积极的财政政策和稳健的货币政策。2013年是落实十八大精神的开局之年和实施"十二五"规划承前启后的关键一年,国内稳增长与调结构相结合的政策组合效果进一步显现,深化改革为经济发展注入新的动力。2014年房地产结束了长达15年的超级繁荣期,进入调整期,这也是导致2015年经济下行压力明显增大的原因之一。由于全球经济复苏基础仍然较弱,房地产调整远未到位,一些领域存在较大的金融风险,我国经济仍将面临较大的下行压力。2012年至2014年GDP增长率分别为7.8%、7.7%、7.3%,2015年第三季度GDP增长率为6.9%,首次突破低于7%的增长水平,创下历史新低。

第一,出口增速回落。2012年,我国货物进出口总额38669.8亿美元,同比增长6.2%。其中出口20487.8亿美元,增长7.9%,增速比上年回落12.4个百分点;2015年上半年进出口总值3215.1亿美元,其中出口1743.2亿美元,下降3.1%。第一季度的贸易增长13.5%,而第二季度的增长只有4.3%。按月增长出

现逐渐下跌的趋势。综合国际经济复苏缓慢、国际市场大宗商品价格快速下滑以及国内劳动密集型产品的低成本比较优势的削弱等因素的考虑,发达国家对我国传统制造业的投资降温。加之我国主要贸易伙伴的经济表现多不尽如人意,主要新兴市场国家经济增速也在进一步放缓,无法支撑我国外贸进出口继续保持高速增长。在新常态下,出口增长对经济增长的贡献率明显下降。2002—2008年间,净出口年均拉动我国GDP增长1.2个百分点,有的年份高达2.6个百分点,但2009年后,出口对经济增长的拉动多为负值,2009年至2014年间平均为-0.6个百分点。我国的出口增长呈现很强的不稳定性。

第二,固定资产投资增速放缓。2013年,全国固定资产投资(不含农户)436528亿元,同比名义增长19.6%,扣除价格因素,实际增长19.2%,增速比1—11月回落0.3个百分点,比2012年回落1.1个百分点。从环比看,12月份固定资产投资(不含农户)增长1.41%。2015年1—4月,全国固定资产投资(不含农户)119979亿元,同比名义增长12.0%,增速比1—3月回落1.5个百分点。自2003年开始我国投资连续十年保持20%以上的高增长,仅2014年首次降到20%以下,2015年回落幅度加大。

第三,消费需求增长不足。造成消费需求增长不足的原因是多方面的:一是物价上涨,我国2012年至2014年居民消费价格指数分别为102.6、102.6、102.0。二是投资性收益大幅度减少甚至亏损,2012年以来伴随着外部经济环境恶化和内部结构调整压力加大,国内证券市场发展总体面临较大不确定性,房地产市场受调控政策影响投资性机会和投资收益大幅度减少。经济增速继续放缓,收入预期下降,高房价对居民消费特别是中等收入人群的消费挤出效应比较明显。三是为了缓解环境污染以及交通压力,部分城市执行汽车限购令。受限购的城市汽车消费增速受到影响。

2. 政策选择:积极的财政政策

政策目标:财政政策的执行依赖于税收的丰寡,在经济增速放缓阶段,税收政策的调整必然是减税,支出调整必然是增支,减税加增支,是积极财政政策的一个收支搭配格局。结合税制改革,在坚持财力和事权相匹配的原则下,适当扩大财政赤字规模和动用以前年度结转资金,加大直接支出力度。实行结构性减税和普遍性降费,加强对实体经济的支持。加快推进营业税改征增值税和房产税改革试点,合理调整消费税范围和税率结构,全面改革资源税制度,研究推进环境保护税改革,推动我国经济平稳较快发展。

政策主要思路:一是合理调整国民收入分配关系,努力扩大消费需求。继续扩大中等收入者比重,提高低收入者收入水平,拉动内需,刺激消费。二是深化财税体制改革,增强税收调控功能。实行结构性减税、清理规范税收等优惠政策,切实减轻小微企业的负担。三是适度扩大财政赤字规模,加大政府直接支出力度。继续加大对改善民生的投入比重。

政策主要内容:

第一,适度扩大财政赤字规模,加大政府直接支出力度。在经济增速减缓阶段,政府投资可以刺激消费,扩大内需,一定程度上加快经济增速。在国际财政赤字3%的安全警戒范围内,我国也在逐年适度增加财政赤字,如2012年至2014年中央安排财政赤字分别为8000亿元、8500亿元和9500亿元人民币。2015年中央财政赤字1.62万亿元人民币,赤字率从2014年的2.1%提高到2.3%。低于3%的国际警戒线,说明我国财政赤字是处在安全线以内。加大政府支出主要用于医疗、养老保险、欠发达地区转移支付、用于国家重大工程基建投资等民生项目,为经济增长助力。

第二,深化财税体制改革,增强税收调控功能。在具体调控措施上,一是落实并完善结构性减税政策,加强对实体经济的支持。2012年开始实施的营改增试点,是以结构性减税促进稳增长、调结构的"关键点",结合税制改革,在清理规范税收等优惠政策的同时,力争全面完成营改增任务,进一步消除重复征税。落实提高增值税、营业税起征点和减轻小微企业税费负担的各项政策,实施对小微企业的所得税优惠政策。二是实行普遍性减费降费政策。取消253项行政事业性收费项目,对小微企业暂免征收22项收费,每年减轻企业负担150亿元。减免涉及小微企业的有关行政事业性收费和政府性基金,落实好普遍性降费减费措施。三是有效利用贸易税收杠杆,降低部分进出口商品关税,解决由于人民币汇率调整变化导致的出口企业竞争力下降的问题,并出台政策扶持出口企业进行产业升级,支持劳动密集型和高技术含量、高附加值产品出口,大力发展服务贸易。通过补贴与技术扶持等方式帮助出口企业提高竞争力。四是加快出口退税制度建设,同时清理规范进出口环节行政事业性收费和经营服务性收费,取消不合理收费项目,减少收费环节,降低收费标准。五是加大出口信用保险支持力度,落实大型成套设备出口融资保险专项安排,扩大出口信用保险规模,提高出口信用保险覆盖面。进一步推进贸易便利化,积极扩大进口,促进贸易平衡。

第三,合理调整国民收入分配关系,努力扩大消费需求。一是继续实施更加积极的就业政策,落实最低工资制度,建立企业职工工资正常增长和支付保障机制,提高城乡居民特别是中低收入者的收入水平,健全社会救助和保障标准与物价上涨挂钩的联动机制,推动形成合理有序的收入分配格局。实现新型农村社会养老保险和城镇居民社会养老保险制度全覆盖,切实提高农民的收入水平。二是大力支持商贸流通体系建设。通过投资补助、贷款贴息、资本金注入等方式,吸引银行贷款、社会资金参与保障性安居工程建设,扩大住房公积金贷款规模和试点范围,重点支持公共租赁住房建设,鼓励通过发行企业债券筹集资金用于保障性安居工程建设。三是积极调整财政支出结构,加大对教育、医疗卫生、社会保障和就业等方面的投入力度,加大以水利为重点的农业农村基础设施建设、节能减排和生态建设,加大对自主创新产业和战略性新兴产业发展方面的资金投入,随着大数据、云计算、物联网、"互联网+"时代的风起云涌,在高科技行业领域加大政府转移支付力度。

第三节 改革开放以来财政政策的分项调整

一、国家预算管理体制的改革

我国的国家预算是国家有计划地集中和分配财政资金的重要工具,它反映着整个国家的政策,规定着政府活动的方向和范围。

我国的国家预算在1992年以前一直实行的是单式预算,即国家财政收支计划通过统一的一个计划表格来反映。根据《国家预算管理条例》的规定,从1992年起,国家预算由单式预算改为复式预算编列。其主要内容是,将原来的国家预算划分为经常性预算和建设性预算两个部分,然后将各项财政收支按不同性质分解编入经常性预算和建设性预算的有关科目中,1993年在国家和省级进一步推行和完善复式预算的试点工作,同时研究制定编订《编制国家复式预算实施办法》,对复式预算收支科目的划分,复式预算的编制、执行、调整和总计核算等做出相应规定,使复式预算办法更趋规范。1994年3月22日,八届全国人大通过了《中华人民共和国预算法》,1995年1月起施行。它的实施,使我国国家预算的组织和管理更加规范化。

根据《预算法》的规定,国家预算由中央预算和地方预算组成。我国的预算管理体制按照民主集中制的原则实行"统一领导,分级管理"。统一领导,就是在全国范围内统一财政方针政策,统一财政计划,统一财政制度。分级管理,就是在统一的方针、政策、计划和制度下,给各级政权以一定的必要的财力和财权,使他们能够主动地、因地制宜地贯彻执行统一的方针、政策、计划和制度。

改革开放以来,随着政治经济形势的变化,随着经济体制的改革的深入,我国对预算体制也做了多次调整。

第一阶段:"划分收支,分级包干"的预算管理体制。

1980年我国实行了"划分收支,分级包干"的所谓"分灶吃饭"的预算管理体制。其主要内容是:第一,将收入划分为中央收入、地方收入和调节收入三部分。将支出也按归属关系划分,属中央支出的(如中央安排的基本建设拨款、中央安排的文教事业费、援外支出、国防战备费等)由中央财政负担。属自然灾害救济支出和其他难以预见的特殊性、临时性支出,仍由中央专案拨款解决。第二,实行收支包干。即按照上述收支划分,确定某一省某年度收入和支出是多少,以此作为一个基数,据此确定每个省上解比例或者调解收入留成比例,或者中央定额补助。以后按照确定的比例和基数实行包干,一定几年不变。

这一体制调动了各级政府当家理财积极性,但也出现了一些经济割据、地区封锁、不向大城市供应原料和重复建设等现象。为了解决这个矛盾,1981年、1982年中央对该体制作了局部的调整。调整后的包干体制共有五种形式,即"划分收支,分级包干";以"划分收支,分级包干"为基数的"分级包干,总额分成";"核定收支,收支挂钩,总额分成,一年一定";"分级包干,定额上缴(或定额补助)";对民族地区实行特殊的财政管理体制。

1983年,根据中共十二大关于集中资金,保证重点建设的精神,决定除广东、福建两省外,对其他省(自治区、直辖市)一律实行"收入按固定比例总额分成"的包干办法。即按地方收入总额(原地方固定收入和调剂收入)同地方支出基数,求出一个中央与地方的收入分成比例;凡支出大于收入的地区,核定一个中央财政定额补助额。地方财政多收可以多支,少收也要少支,自求平衡。

第二阶段:"划分税种,核定收支,分级包干"的预算管理体制。

1983年和1984年分步实行利改税以后,分配关系发生了较大的变化,为此根据《中共中央关于经济体制改革的决定》精神,国务院决定从1985年起,各省(自治区、直辖市)一律实行"划分税种,核定收支,分级包干"的财政预算管理体制。新体制的主要内容是:财政收入基本上按照利改税第二步改革的税种设置来划分各级的财政收入,其中包括中央财政固定收入、地方财政固定收入、中央和地方财政共享收入三大类;财政支出仍按行政隶属关系划分中央和地方财政支出;确定了中央与地方收入的分成比例或上解、补助的定额,五年不变;同时还合理确定地方财政的基数。

这一体制使划分各级财政收入有了新的依据,同时较好地体现了保证重点、兼顾一般、区别对待的原则,有利于使全国的预算管理体制走向统一化、规范化。

第三阶段:"分税制"财政管理体制。

从1990年开始,国家就在几个地区进行了分税制财政体制的试点。根据中共十四届三中全会决定精神,为了进一步理顺中央与地方的财政分配关系,国务院决定从1994年1月1日起改革分级包干体制,对各省、自治区、直辖市以及计划单列市实行分税制财政管理体制。

分税制改革的主要内容是:

第一,划分中央与地方的事权以及各自的支出。中央财政主要承担国家安全、外交和中央国家机关运转所需经费,调整国民经济结构、协调地区发展、实施宏观调控所必需的支出以及由中央直接管理的事业发展支出;地方财政主要承担本地区政权机关运转所需支出以及本地区经济、事业发展所需支出。

第二,根据事权与财权相结合的原则,按税种划分中央与地方的收入。将维护国家权益、实施宏观调控所必需的税种划为中央税;将同经济发展直接相关的主要税种划为中央与地方共享税;将适合地方征管的税种划为地方税,并分别设置国税和地税征收机构。中央固定收入包括:关税、海关代征消费税和增值税、消费税、中央企业所得税等;地方固定收入主要包括营业税、地方企业所得税、地方企业上缴利润、个人所得税等。中央与地方共享收入包括:增值税、资源税、证券交易税。增值税中央分享75%,地方分享25%。资源税按不同的资源品种划分,大部分资源税作为地方收入,海洋石油资源税作为中央收入;证券交易税,中央与地方各分享50%。

第三,中央财政对地方税收返还额以1993年的实际收入为基数核定。原来中央对地方的补助继续按规定补助,原地方上解仍按不同的体制类型执行。

从分税制实施情况看,其主要成果是将分级包干改为按税种划分收入,转变中央与地方之间的收入分配机制,进一步明确了中央与地方政府的事权和支出划分,完善了中央与地方的返还制度,理顺了中央与地方的财政分配关系,既调动了地方发展经济的积极性,同时也增强了中央的宏观调控能力。

2002年为促进地区经济协调发展,完善市场经济机制,政府实行了中央和地方所得税收入分享改革,由原来按企业隶属关系划分中央与有地方所得税的做法,改为按比例分享。

自此之后,中央不断改革预算管理制度。2003年至2007年,中央在部分企业试行了国有资本经营预算制度。提高一般性转移支付的规模和比例,加大对公共服务领域的投入。同时,强化对预算的管理和监督。2009年,在深化预算制度改革的过程中,中央尝试性地将政府公共预算、国有资本经营预算、政府性基金预算和社会保障预算有机地衔接起来。2010年之后,中央又全面编制中央和地方政府性基金预算,试编社会保险基金预算,完善国有资本经营预算制度。

2011年财政部重新修订了《财政支出绩效评价管理暂行办法》,建立科学、合理的绩效评价管理体系,提高财政资金使用效益。同年7月,财政部《关于推进预算绩效管理的指导意见》发布,对绩效管理的主要内容,即绩效目标管理、绩效运行跟踪监控管理、绩效评价实施管理和绩效评价结果反馈和应用管理作了规定,并对绩效管理工作作了部署。

2012年,我国首次汇总编制地方国有资本经营预算并上报全国人大。2013年5月24日,国务院批转了国家发改委《关于2013年深化经济体制改革重点工作的意见》,提出推动建立公开、透明、规范、完整的预算体制。中共十八届三中全会《关于全面深化改革若干重大问题的决定》要求实施全面规范、公开透明的预算制度,突出预算在国家治理中的地位。该文件要求:"审核预算的重点由平衡状态、赤字规模向支出预算和政策拓展。"2013年8月6日,财政部公布的《财政部关于推进省以下预决算公开工作的通知》,对省以下预决算分步公开作了部署。全国31个省(自治区、直辖市)也公开了省级财政总预算和省级预算单位部门预算,大部分省份公开了省级"三公"经费预决算。

2014年10月8日,《国务院关于深化预算管理制度改革的决定》发布,要求完善政府预算体系,积极推进预算公开;改进预算管理和控制,建立跨年度预算平衡机制,实行中期财政规划管理;改进年度预算控制方式;建立跨年度预算平衡机制。

二、税制改革

中共十一届三中全会决定全党工作重点转移到社会主义现代化建设上来,开始全面实行改革开放的政策。改革和开放使原税收制度受到巨大的冲击,这不仅由于作为经济体制一个组成部分的税制必须随着整个经济体制的改革而改革,而且由于作为国家调节经济的重要手段税收,只有通过改革才能较好地发挥作用。但原有税制已支离破碎,与改革开放新形势的要求差距过大,因而新时期的税制改革实际上是一次税制的重建。

从1979年开始的税制改革主要包括以下内容:

第一,商品课税方面,陆续开征产品税、增值税、营业税、消费税和一些地方工商税取代原有的工商税。

第二,在所得税方面,陆续开征国营企业所得税、集体企业所得税、城乡个体工商户所得税、私营企业所得税、个人收入调节税,健全了所得税体系。

第三,在财产和资源课税方面,陆续开征或恢复城市房产税、车船使用税、资源税和盐税。

第四,在涉外税收方面,陆续开征了中外合资经营企业所得税,外国企业所得税和个人所得税。

另外,国家为了达到某些特定的政治经济目的,还开征了建筑税(后改为投资方向调节税)、国营企业工资调节税、资金税、筵席税、城市维护建设税等。在此期间已经建成了包含三十多个税种的较为完整的税收体系。总之,1979年开始的税制改革十分重视主体税种的选择。初步建成了以商品课税和所得课税为双主体的税制,这样两种税制互补其短,各显其长。从税制结构来看,商品课税占整个税收收入的50%以上,所得税占整个税收收入的30%,而且后者所占比重呈增长的趋势。

1994年的工商税制改革。随着经济体制改革的继续深化,原来的工商税制已经不能完全适应发展市场经济的要求。主要问题是:

第一,税负不均,不利于不同所有制、不同地区、不同企业和产品之间的公平竞争。

第二,国家和企业的分配关系和分配形式很不规范,国家除向企业征税外,还向企业征收能源交通重点建设基金和预算调节基金,地方政府和主管部门集各种形式的基金和管理费,优惠政策也名目繁多。

第三,税收调控的范围和力度不能适应生产要素全面进入市场的进度,对资金市场和房地产市场的调节作用十分薄弱。

第四,地方税收体系不健全,规模过小,收入和管理权的划分不尽合理,不利于完善中央财政与地方财政的分配体制。

第五,内外资企业仍实行两套税制,矛盾日渐突出。

第六,税收征管制度不够科学,征管手段落后,流失现象较为严重。

改革的总的指导思想是:统一税法,公平税负,简化税制,合理分权,理顺分配关系,保障财政收入的稳定增长,建立与社会主义市场经济相适应的税制体系。其主要内容有四个方面:

第一,以推行规范化的增值税(以商品生产、流通和劳务的增值额为对象所课征的一种流转税)为核心,相应设置消费税、营业税,建立新的流转课税体系,对外资企业停止征收原工商统一税,统一实行新的流转税制。

第二,对内资企业实行统一的企业所得税,取消原来分别设置的国营企业所得税、国营企业调节税、集体企业所得税和私营企业所得税。同时,国有企业不再执行企业承包上缴所得税的包干制。

第三,统一个人所得税,取消原个人收入调节税和城乡个体工商户所得税,对个人收入和个体工商户的生产经营所得实行修改后的个人所得税法。个人所得税的政策是主要对收入较高者征收,对中低收入者少征或不征。

第四,调整、撤并和开征其他一些税种。如调整资源税、城市维护建设税和城镇土地使用税;取消集市交易税、牲畜交易税、燃油特别税、奖金和工资调节税;开征土地增值税、证券交易税、遗产税和赠与税;盐税并入资源税,特别消费税并入消费税等。改革后的税种设置由原来的32个减至18个左右,初步实现了税制简化与高效统一。

中共十六届三中全会确定的"分步实施税收制度改革"的政策在2004年迈出坚实的一步,2004年中国启动了新一轮的税制改革。

此次税制改革的基本思路是:按照"简税制、宽税基、低税率、严征管"的原则,围绕统一税法、公平税负、规范政府分配方式、促进税收与经济协调增长、提高税收征管效能的目标,在保持税收收入稳定较快增长的前提下适应经济形势和国家宏观调控的需要。其基本内容包括:

第一,将现行的生产型增值税改为消费型增值税,允许企业抵扣当年新增固定资产中机器设备投资部分所含的增值税进项税金。启动并扩大增值税转型改革试点。第二,完善消费税,将普通消费品逐步从税目中剔除,将一些高档消费品纳入消费税征税范围,适当扩大税基。第三,统一企业所得税制度,内外资企业一视同仁,并于2008年1月1日起,开始实施新的企业所得税法。第四,改革个人所得税制度,实行综合与分类相结合的个人所得税制度。第五,实施城镇建设税费改革,条件具备时对不动产开征统一规范的物业税,相应取消有关收费。第六,完善地方税制度,并在统一税政的前提下,赋予地方适当的税政管理权。

这一改革有利于进一步完善中央和地方分配关系，进一步加强税收征管工作。第七，深化农村税费改革。2006年，全国彻底取消了农业税，标志着在我国实行了两千六百年之久的古老税种从此退出历史舞台。第八，认真履行加入世界贸易组织的各项承诺，大幅度降低关税，并采取了取消进口配额、许可证等许多非关税措施。

2008年到2011年，为积极应对急转直下的国际经济形势和我国经济社会发展自身的内部问题，中央再度进行税制改革。主要内容如下：第一，大规模实施结构性减税。暂免储蓄存款利息个人所得税，下调证券交易印花税，降低住房交易税费，采用包括减税、免税等优惠方式减轻企业特别是小型微利企业的负担。健全消费税制度，促进消费与投资，扩大内需。第二，落实和完善出口退税，促进外贸发展。2009年以来，多次提高出口退税率，鼓励出口。第三，完善分税制，调整并规范中央与地方以及地方各级政府间的关系，完善县级基本财力保障机制，建立健全与事权统一的财税体制。第四，健全节能减排激励约束机制，全面深化资源税改革，扩大从价计征范围，保护生态环境。

2012年中共十八大以来，为调整适应经济新常态，结合经济发展中遇到的新机遇与挑战，我国继续深化税制改革，其主要内容如下：

第一，营业税改征增值税试点范围扩大。2011年11月17日，财政部、国家税务总局正式公布营业税改征增值税试点，2012年8月1日起至年底，将交通运输业和部分现代服务业纳入"营改增"试点范围，在2013年推向全国。2014年继续实行营改增扩大范围；2015年5月房地产、金融保险、生活服务业的营改增方案推出，基本实现营改增全覆盖；进一步完善增值税税制；完善增值税中央和地方分配体制；实行增值税立法。

第二，适当提高部分成品油消费税。2015年1月12日，《财政部 国家税务总局关于继续提高成品油消费税的通知》发布，为促进环境治理和节能减排，将汽油、石脑油、溶剂油和润滑油的消费税单位税额由1.4元/升提高到1.52元/升。随着能源危机以及低碳环保理念的推行，国家财政部、国家税务总局联合发布《关于对电池 涂料征收消费税的通知》（财税〔2015〕16号），自2015年2月1日起对电池、涂料征收消费税，在生产、委托加工和进口环节征收，适用税率均为4%。

第三，出台扶持小微企业发展的税收优惠政策。为进一步支持小微企业发展，2014年4月召开的国务院常务会议决定扩大小型微利企业减半征税企业所得税范围,将减半应纳税所得额标准由6万元提高到10万元;统一并提高增值税和营业税起征点至2万元;增值税小规模纳税人的征收率由以前的6%和4%降至目前的3%;在营业税改征增值税中,有230万户小规模纳税人,由以前缴纳5%的营业税,改为缴纳3%的增值税,税负降低40%等。

第四,调整个人收入所得税。2011年9月1日起,中国内地个税免征额调至3500元。2012年启动全国地方税务系统个人信息联网工作,为"按家庭征收个人所得税"改革做好技术准备。

第五,调整资源税的税率。在2010年国务院召开的新疆工作座谈会上,中央决定在新疆率先进行资源税费改革,将原油、天然气资源税由从量计征改为从价计征;对新疆困难地区符合条件的企业给予企业所得税"两免三减半"优惠。从2010年12月1日起,推广到西部地区的12个省(自治区、直辖市)。此项改革对于完善税制、调整经济结构、转变经济增长方式、推动节能减排、扩大财政收入、促进地方经济发展等方面有积极作用。

第六,改革房产税。2012年开始在重庆、上海推行开征房产税试点。随后30余省(自治区、直辖市)地税部门为开征存量房房产税做准备,杭州将成为第三个征收房产税的城市。

第七,扩大城市建设税的增收范围。自2010年12月1日起,对外商投资企业、外国企业及外籍个人征收城市维护建设税。从2007年7月1日起,外商投资企业、外国企业和在华机构的用地也要征收城镇土地使用税。

第八,印花税。2012年,国税总局纳税服务司明确夫妻婚前财产婚后加名无需缴纳印花税。① 为鼓励金融机构对小型、微型企业提供金融支持,进一步促进小型、微型企业发展,财政部联合国家税务总局下发通知,自2014年11月1日至2017年12月31日,对金融机构与小型、微型企业签订的借款合同免征印花税。

第九,车辆购置税。2014年7月9日,国务院常务会议决定,自2014年9月1日至2017年年底,对获得许可在中国境内销售(包括进口)的纯电动以及符合条件的插电式(含增程式)混合动力、燃料电池三类新能源汽车,免征车辆购置税。

第十,关税。2014年11月23日,中方将对最不发达国家97%税目的输华

---

① 《国家税务总局:夫妻财产婚后加名无需缴纳印花税》,《新京报》2012年2月21日。

商品提供零关税待遇。

"十三五"期间,税制改革将增加房地产税等直接税,减少间接税;政府性基金预算、社会保险基金预算和国有资本经营预算的管理标准将逐渐向一般公共预算看齐。

三、国营(国有)企业利润分配制度的改革

国家与国营(国有)企业的财政关系主要包括产权关系、利润分配关系和国家对国营(国有)企业的财务管理、投资、亏损补贴等。国营(国有)企业利润分配制度的改革一直是国家与国有企业财政关系改革的主线,它先后经历了企业基金制、利润留成制、两步利改税、企业经营承包责任制和税利分流、国有资本经营预算几个阶段。

1978年11月,为了鼓励企业加强经济核算,改善经营管理,试行了企业基金制度。它的主要内容是:完成八项年度计划指标①以及供货合同的企业,按职工全年工资总额的5%提取企业基金。各级主管部门还可以从超计划利润中,提取一定比例的企业基金。企业基金建立以后,虽然使企业的财权有所扩大,但这种办法只和工资总额挂钩,职工人数越多,提取基金数额越大,实际上很难起到鼓励先进的作用。

1979年7月,国务院颁发了《关于国营企业实行利润留成的规定》,决定对部分企业实行全额利润留成的办法。基本精神是把企业的四项基金②加上一定数额的新产品试制费同利润挂钩算一个留成比例。企业按比例从利润中提取留成资金,并用这笔钱分别建立生产发展基金、职工福利基金、职工奖励基金等三项基金;1980年进一步改为基数利润留成加增长利润留成的办法。这一制度的改革加强了企业内部的经济核算制,促进了企业增收节支。

1981年为了改善企业吃国家"大锅饭",职工吃企业"大锅饭"的现象,在全国普遍实行利润留成制度为主的各种经济责任制的改革。实行责任制主要有两种形式,即国家对企业实行经济责任制和企业内部实行责任制。国家对企业实行经济责任制,就是在分配方面,根据不同企业的情况,实行多种形式的利润留

---

① 即产量、品种、质量、原材料燃料动力消耗、劳动生产率、成本、利润、流动资金占用。
② 即职工福利基金、职工奖金、国家拨的科研经费和职工培训费。

成和盈利包干办法。这些办法中,主要有"基数利润留成加增长利润留成""全额利润留成""超计划利润分成""上交利润包干,超收分成或留用""亏损补贴包干,减亏分成或留用"等五种办法。企业的利润留成,形成企业的三种基金,即生产发展基金、职工福利基金、职工奖励基金。企业内部实行经济责任制就是要切实建立岗位责任制,保证全面完成国家规定的任务,并认真贯彻按劳分配原则,做到多劳多得,少劳少得,不劳不得,有奖有罚,不搞平均主义。

为了进一步处理好国家与企业的利润分配关系,国务院决定在实行的企业基金、利润留成和盈亏包干等办法的基础上,实行税制的改革。为此国务院决定,自1983年6月和1984年10月先后分两步对国营企业全面推行"利改税"。利改税的基本内容第一步是对国营企业实现的利润按一定的比例征收所得税;征税以后剩余的利润再通过多种办法在国家与企业之间进行合理分配。这一步利税并存的改革是试验性、过渡性的改革。第二步是结合税制的全面改革,将国营企业上交国家财政的收入,按规定的税种向国家交税;交税以后剩余的利润由企业自主使用。这一步改革发挥了税收杠杆的调节作用,在保证财政收入稳定增长的基础上使企业有自我发展的必要财力。

1994年至2006年是国有企业利润分配制度进一步改革发展阶段,首先在税收层次上进行改革,实行税利分流。其主要内容是:降低所得税税率,统一实行33%的比例税率;建立统一、规范、合理的企业所得税税基;实行税后分利,多种形式收取国有资本投资收益,既有直接征缴利润也有收取股息、红利、租金等多种形式。

税利分流的实施增强了国有企业的生产活力,然而,国有企业的税后利润并未按照规定足额缴交。国有企业和国家的财政分配关系的理顺仍然有名无实。为了改变这一情况,在国企利润收缴条件成熟的情况下,2007年,我国开始试行国有资本经营预算,对中央企业收取国有资本收益。国有企业利润上缴制度的恢复,标志着国有企业利润分配制度进入了一个新的时期。2007年12月11日,国家国资委会同财政部颁发了《中央企业国有资本收益收取管理办法》,明确规定收益收取对象为中央管理的一级企业国有独资企业,国有独资企业应缴利润的比例按照不同行业分三类执行:第一类为烟草、石油石化、电力、电信、煤炭等具有资源型特征的企业,上缴比例为10%;第二类为钢铁、运输、电子、贸易、施工等一般竞争性企业,上缴比例为5%;第三类为军工企业、转制科研院所企业,上缴比例三年后再定。①

2010年12月23日,财政部发布《关于完善中央国有资本经营预算有关事项的通知》,决定从2011年起,将教育部、文化部、农业部、国家广电总局等所属的多家企业纳入中央国有资本经营预算的实施范围。烟草企业实行最高20%的利润提取比例。

2013年,中共十八届三中全会通过了《关于全面深化改革若干重大问题的决定》,强调进一步完善国有资本经营预算制度,提高国有资本收益上缴比例。2014年至今,我国国有企业利润分配制度是混合所有制改革下公共预算与国有资本经营预算的融合。

四、基本建设投资体制的改革

中共十一届三中全会以来,我国的基本建设取得了举世瞩目的成就,这在一定程度上得益于我国的基本建设投资体制的改革。

第一,基本建设拨款改贷款,简称"拨改贷"。

"拨改贷"是将国家预算根据国家计划安排的基本建设投资拨款改用贷款的形式,建设单位按照有偿使用的原则,在规定的期限内归还投资,并按照规定的利率付息。其目的是为了克服过去那种建设单位盲目争投资而不注意节约使用投资和投资的经济效果,不承担经济责任的现象。这一改革,从"五五"计划后期即开始试行。在试点经验的基础上,国务院做出决定:从1981年起,凡是实行独立核算、有偿还能力的企业,都应实行拨改贷;原来国家预算安排的基本建设拨款,拨给建设银行做贷款基金,由建设银行根据国家计划,按照贷款的条件和原则发放基本建设贷款。

1984年,国务院发出了《关于改革建筑业和基本建设管理体制若干问题的暂行规定》,决定凡是国家投资的建设项目都要按照资金有偿使用原则,改财政拨款为银行贷款。1984年12月国家计委、财政部和中国人民建设银行联合下发了《关于国家预算内基本建设投资全部由拨款改为贷款的暂行规定》,规定了拨改贷的管理、资金安排、项目的审批、借款合同、贷款的利率差别,还款期限以及豁免本息的条件等等。1985年国家预算内基本建设投资全部由拨款改为

---

① 陈少晖、朱珍:《国有经济改革与国有企业利润分配制度的历史嬗变》,《经济研究参考》2011年第63期。

贷款。

由于这一改革的方向正确,加之各级计划部门、财政部门和建设银行认真贯彻,因而拨改贷的规模逐年扩大,拨改贷余额增多:1980年为14.9亿元,1985年已达到553.8亿元。

基本建设的"拨改贷",促使建设单位及其主管部门注重投资效果,慎重考虑建设方案,在很大程度上起到了克服过去那种盲目争投资、上项目而不顾经济效益的做法。同时也促使建设单位注意精打细算和节约使用投资,较好地克服了过去那种敞口花钱、不讲核算、不顾建设周期长短的现象。实践证明,拨改贷是符合运用经济办法管理经济这一客观要求的,取得的效果也是明显的。

第二,基本建设投资包干责任制。

所谓基本建设投资包干责任制,就是建设单位对列入国家计划的建设项目,按建设规模、投资总额、建设工期、工程质量和材料消耗包干,实行责、权、利相结合的经营管理责任,以改变过去那种建设项目上马后敞口花钱吃"大锅饭"的做法。这是基本建设投资管理的又一项重要改革。投资包干的办法,在20世纪50年代末期和70年代初期曾先后两次实行过,但都由于"左"的影响而夭折了。1983年,国务院总结了各种形式的投资包干责任制,在各省(自治区、直辖市)选择了一部分建设项目进行试点。1984年9月国务院发布了《基本建设项目投资包干责任制办法》和《关于基本建设投资包干项目由建设银行统一调剂资金的通知》,建设项目投资包干责任制在全国全面推行。

实行投资包干,对调动建设单位和施工单位职工的积极性,节约投资,缩短工期都收到了较好的效果。

第三,中央基本建设基金制的设立。

"七五"期间我国经济高速发展,基本建设投资规模持续膨胀。1988年,国家为了使能源、交通等重点建设和基础设施建设有稳定的资金来源,改革基本建设投资体制,建立中央基本建设基金制。由中国人民建设银行按计划负责管理。基建基金实行专款专用,每年在国家预算内列收列支。中央预算内基本建设投资和对银行基金贷款的贴息,包括经营性和非经营性的都在基金中统筹安排。

第四,组建国家开发银行,建立中央政策性投融资体系。

为了加强对基础性项目建设的融资,建立较稳定的资金来源,中共十四届三中全会确定组建国家开发银行。1994年3月17日,国家开发银行正式挂牌运行。国家开发银行是一个具有独立法人地位的经济实体,专门承担政策性业务的金融机构。其组建的目的是集中必要的资金,保证国家重点建设,加强国家对固定资产投资的宏观调控能力。国家开发银行成立后,按照政策性业务与商业性业务分离的原则,由国家开发银行负责对政策性项目配置资金,并发放政策性贷款。

第五,实行投资项目风险制度。

主要包括两个方面的内容:一是实行建设项目法人责任制。实行项目法人责任制,就是从项目一开始启动,就确定一个责任主体,即项目法人。项目建设尽可能依托现有企业。法人要对项目的筹划、资金筹措、建设实施、生产经营一直到债务偿还和国有资产保值增值等,实行全过程负责,一方面按照国家有关规定享有充分的自主权,另一方面要承担投资风险。二是全面推行项目资本金制度。1996年9月国务院决定对各种经营性投资项目,实行资本金制度,投资项目必须首先落实资本金才能进行建设。投资项目的资本金一次认缴,并根据批准的建设进度按比例逐年到位。投资项目资本金只能用于项目建设,不得挪作他用,更不得抽回。

第六,实现投资主体及投资方式多元。

2004年7月《国务院关于投资体制改革的决定》公布。该决定要求:按照"谁投资、谁决策、谁收益、谁承担风险"原则,落实企业投资自主权;合理界定政府投资职能与投资范围,健全政府投资项目决策机制,规范政府核准制和投资资金管理;允许社会资本进入法律法规未禁入的基础设施、公用事业及其他行业和领域;通过深化改革和扩大开放,最终建立起市场引导投资、企业自主决策、银行独立审贷、融资方式多样、中介服务规范、宏观调控有效的新型投资体制。

第七,鼓励民间资本融入基本建设投资。

中共十八大以来,以激活社会资本为重点的投融资体制改革不断取得新突破。2013年5月,《关于2013年深化经济体制改革重点工作的意见》强调,推动民间资本有效进入金融、能源、铁路、电信等领域。多方式多渠道筹集建设资金,以中央财政性资金为引导,吸引社会资本投入,设立铁路发展基金,同时向地方和社会资本开放城际铁路、市域(郊)铁路、资源开发性铁路等的所有权和经营权。同年9月,国务院印发《关于加强城市基础设施建设的意见》,进一步强调深化投融资体制改革,在确保政府投入的基础上,充分发挥市场机制作用,吸引民间资本参与经营性项目建设和运营。

第三章 金融政策

金融是指有关货币、信用的所有经济关系和交易行为的总称。金融政策泛指政府为了规范金融秩序、促进金融事业发展而制定的一系列规章、制度和规范的总称。从本质上说,金融政策是一国政府对金融市场上各种资源进行权威性配置的手段。金融政策的内容主要包括:货币的制造、发行、投放、回笼;货币流通的组织、调节、控制;货币资金的借贷;银行的转账结算;保险与再保险;投资;信托;金银、外汇的买卖与管理;国际的贸易和非贸易结算与汇兑往来;各种有价证券的发行、交易;票据的贴现、再贴现等经济行为。

第一节 十一届三中全会前的金融政策回顾

新中国的金融政策源于建国前的新民主主义金融政策。建国以后至中共十一届三中全会之前,我国金融政策发展的道路曲折坎坷。

一、建国初期的金融政策

1. 新中国金融政策的历史基础

新民主主义金融政策产生于土地革命时期。在创立初期,中国共产党采取政策措施,创建新型的金融政策体系:

首先,创建新民主主义金融组织体系,主要包括两部分:一是银行体系,二是造币厂和印钞厂。其次,颁布金融管理政策,主要是货币发行与管理政策、储蓄和贷款政策。不过,土地革命时期红军根据地的货币发行政策具有该时期的特殊性,即中央银行是根据国民经济的发展需要而不是依据单纯的财政需要,组织货币发行。此时期,金银、粮食、土特产等都可以被用以充实货币发行基金,同时保证纸币兑现,取信守信于民。1933年4月中华苏维埃共和国临时中央政府财政人民委员部颁布《现金出口登记条例》,加强对现金的管理。

抗日战争时期,中国共产党适时调整金融政策:实行减息政策;对私人工商业发放低利贷款;调整货币发行政策,统一通行使用法币。此时期,新民主主义金融政策迅速获得发展,体现在金融组织机构建设、货币发行与流通、银行信贷业务等各方面。

解放战争时期,新民主主义金融政策取得了长足的发展壮大,为新中国的金融政策奠定了基础。新的银行机构无论在地域分布上还是在数量上都有快速的发展。其中,开创了金融历史新纪元的事件是1948年2月1日中国人民银行在石家庄正式宣告成立。中国人民银行成立的同时即发行了人民币。人民币的发行与流通的扩大为全国建立统一的人民币市场奠定了基础。

2. 建国初期的金融政策(1949—1952年)

建国之初,面临通货膨胀、物价飞涨、民生凋敝的严重局面,中央政府制定的金融政策总目标是:稳定金融、稳定物价、制止通货膨胀,促进国家财政经济状况基本好转。为此,中央政府必须迅速建立新的金融体制①,制定旨在恢复国民经济的金融政策措施。在整个国民经济恢复时期,金融政策的主要内容包括:

第一,建立国家银行体系。1949年2月,中国人民银行由石家庄市迁入北平。同年9月,中国人民政治协商会议通过《中华人民共和国中央人民政府组织法》,把中国人民银行纳入政务院的直属单位系列,接受财政经济委员会指导,与财政部保持密切联系,赋予其国家银行职能,承担发行国家货币、经理国家金库、管理国家金融、稳定金融市场、支持经济恢复和国家重建的任务。中国人民银行既是各级金融体系的领导机关和金融业务的管理机关,同时又是办理信用

---

① 金融体制是指一国划分金融管理机构和金融业务机构的法律地位、职责权限、业务范围,协调彼此之间的活动及其相互关系而形成的制度系统,包括金融机构组织体系、金融市场体系、金融监管体系和金融制度体系四方面的内容。

业务的经济组织。① 1950年3月第一届全国金融会议召开,通过了《关于调整机构的决定》,提出了金融机构建设的方针,即"集中统一、城乡兼顾、减少层次、提高效率、力求精简"。要求建立与健全人民银行,有计划地建立与调整专业银行,普建国家银行县、市级基层组织。人民银行逐步实现总区分支四级制:总行、区行(华东、中南、西北、西南、东北五个区行)、分行(省、市、自治区设分行)、支行(县、省辖市设支行)。农村集镇设立营业所或集镇办事处;城市按规模及业务需要设立分行或支行,其下设办事处或分理处;各专区设中心支行作为分行的派出机构。到1952年国民经济恢复时期终结时,中国人民银行已经建立起全国垂直领导的组织机构体系。

第二,接受改组官僚资本金融机构,整顿私营金融业。根据《中国人民政治协商会议共同纲领》(以下简称《共同纲领》)中关于没收官僚资本归人民的国家所有的规定,人民政府着手对"四行二局一库"为主体的国民党官僚资本银行及其他金融机构进行接管工作。具体办法是:(1)对国民政府的中央银行及一些省、市、县银行,采取停业清理、不立即解散的办法,把接管工作与中国人民银行分支机构的设立及其业务的办理相结合。(2)没收中国银行的官股,保留私股权益,改组董事会,留用全部员工,将其作为隶属中国人民银行专营外汇业务的专业银行。(3)没收交通银行的官股,保留私股权益,改组董事会,留用全部职工,初为监督公私合营企业财务的专业银行,后为隶属于中国人民银行专营工矿交通事业长期信用业务的专业银行。(4)对中国农民银行、中央合作金库、邮政储金汇业局、中央信托局,接管后将其业务基本并入中国人民银行,其机构清理结束。(5)对民族资本银行,接管后先没收其官股,进行公私合营、组建新董事会,再准其继续营业。(6)对官僚资本保险公司,接管清理后,除中国保险公司、中国航联保险公司继续营业外,其余均予以结束。(7)对外国在华银行一律取缔其特权,愿意继续经营的其业务经营须服从我国法规和政府管理。各在华银行由于其特权及由此产生的巨额利润消失,先后申请歇业。1952年以后继续营业的外商银行只有汇丰银行、渣打银行两家。

按照《共同纲领》,中国人民银行以公私合营的典型示范形式引导私营银行走上国家资本主义道路。这一改造经历了三个阶段:第一阶段(1949年8—9月),引导私营行庄业务经营。采取的措施是:组织私营行庄成立具有初级国家

---

① 《中国人民银行试行组织条例》,中国人民银行总行总厅字第3号文件,1950年11月21日。

资本主义性质的联合放款银团以支持生产的恢复和发展;成立利率委员会引导利率逐步下降;通过新华、四明、中国实业、中国通商等公私合营银行组织运用私营行庄的资金或对资金困难的私营行庄给予贷款支持。第二阶段(1950年至1952年上半年),组织联合经营和联合管理。第三阶段(1952年下半年),成立全国统一的公私合营银行联合总管理处;农村信用合作社由中华全国合作联合总社划归中国人民银行领导。

第三,统一货币发行,建立独立、稳定的人民币制度,打击投机倒把。《共同纲领》规定:"货币发行权属于国家;禁止外币在国内流通;外汇、外币和金银的买卖,统由国家银行经理。"为此,中国人民银行在各地采取了下列金融措施:首先是坚决肃清敌币;其次是严禁金银流通,规定金银买卖与兑换统一由国家银行办理,私下买卖和计价行使属于犯法行为;最后是禁止外币流通,实施外汇管理,外汇(包括外币)均须存入中国银行换成外汇存单或售予中国银行,任何人不得经营买卖或私下转让,统由国家银行经营管理。1949年9月17日,中国人民银行总行颁发《全面开展内汇决定的通令》,规定从同年11月1日起全面贯彻畅通汇兑、集中清算工作。1949年10月,中央财经委员会颁发《关于建立发行库的决定》,决定在中国人民银行设立人民币发行总库,各区行及主要分行按需要设立分库。1950年3月,政务院公布《中央金库条例》,指定中国人民银行代理各级金库,全国财政金库由此形成一个完整体系。同年10月,中国人民银行总行印发了《中国人民银行发行库制度》。这几个文件奠定了新中国成立初期人民币发行库运转的政策基础。

在建立统一的国家货币发行金库的同时,中央政府也着手制定现金管理制度。1950年3月,贸易部、中央财经委员会、中国人民银行总行分别发布了《关于保证现金回笼的命令》《关于抛售物资、催收公债、回笼货币、稳定物价的指示》《关于执行"统一资金运用与调拨制度"的指示》,加强对现金实施管理。1950年4月7日,政务院颁布《关于实行国家机关现金管理的决定》,指定中国人民银行为现金管理的执行机关,统一管理和集中调度有关现金事宜,一切公营企业、机关、部队合作社等单位的所有现金和票据都必须存入当地人民银行或其委托机构,不得存入私人私营行庄。中国人民银行实行全国统一的会计制度,在城市推行转账结算。为了主动掌握与调剂货币流通,1950年12月《关于决算制度、预算审核、投资的施工计划和货币管理的决定》《货币管理实施办法》和《货币收支计划编制办法》强调进一步实行货币管理是进一步统一财经工作的重要环节，旨在集中资金，统一管理，有效使用，以适应国家经济建设中巨大资金的需要。政务院在1951年颁布《中华人民共和国禁止国家货币出入国境办法》和《妨害国家货币治罪暂行条例》，主要内容是严厉打击伪造、变造人民币或贩运、行使伪造、变造人民币等违法犯罪行为，从法律上进一步保证人民币的正常流通，维护国家货币的尊严和群众的合法权益。通过以上措施，人民币流通得到空前的统一。

第四，统一国家财经，稳定通货，重建金融市场秩序。1950年1月，国家财政收入没有能够完成计划，支出超过概算。财政的困难，很大程度上是由于国家的财经制度不健全，各地自收自用的现象普遍存在，使得本来有限的财力物力得不到有效使用。为了迅速克服财经上的困难，1950年2月13日到25日，中央财经委员会召开了全国财经会议，讨论了统一财经、紧缩编制、现金管理和物资平衡四大问题。同年3月，政务院颁布了《关于统一国家财政经济工作的决定》，提出：(1)成立全国编制委员会和全国仓库物资清理调配委员会；(2)厉行节约，规定各类人员的工作定额及原材料消耗定额，提高资金周转率；(3)除地方附加外，全国各地所收公粮全部由中央财经委员会统一调度使用；(4)除批准征收的地方税外，所有关税、盐税货物税、工商税的一切收入，均归中央财经委员会统一调度使用；(5)各地国营贸易机关业务范围的规定与物资调动均由政务院贸易部统一指挥，国家所有的工矿企业均由中央政府或地方政府管理；(6)指定中国人民银行是国家现金调度的总机构。国家银行增设分支机构代理国库。外汇牌价与外汇调度由人民银行统一管理。上述措施，就是具有深远历史意义的"三平衡"政策，即统一全国财政收支，实现全国财政收支平衡；统一全国物资调拨，实现全国物资调拨平衡；统一全国现金收支，实现全国现金收支平衡。1950年6月，中共中央七届三中全会召开。毛泽东作了《为争取国家财政经济状况的基本好转而斗争》的报告，指出必须巩固财政经济工作的统一管理和统一领导，巩固财政收支的平衡和物价的稳定。

为了实现财政经济工作的统一，从1950年到1952年年底，中央财经委员、政务院、中国人民银行发布了数十项相关政策措施，保证和促进财政经济工作的统一管理，从而很快遏止了通货膨胀，全国出现前所未有的通货稳定和物价稳定。

二、计划经济体制时期的金融政策

1. "一五"时期的金融政策

"一五"期间,随着社会主义改造的加快和大规模经济建设在全国陆续展开,各级政府面临建设资金严重不足的困难,因此继续进行统一财经工作、建立集中统一的财政金融管理体制成为当务之急。此时期,金融政策的内容主要包括如下几个方面:

第一,建立高度集中的金融管理体制。这种体制在1952年年底时已具雏形,在"一五"时期得到强化。突出表现在:(1)1952年9月,中国人民银行召开各大区行行长会议和银行计划工作会议,并通过《中国人民银行综合信贷计划编制办法(草案)》,第一次较为全面地提出了包括信贷计划编制依据、权限划分、审批程序和检查制度等的信贷计划管理办法,要求全国各级银行从1953年起依上述办法编制信贷计划,编制各自的年度(分季)和季度(分月)信贷计划,逐级上报审批,由中国人民银行总行统一平衡全国信贷收支指标下达各地执行。1954年至1955年间,中国人民银行、商业部、财政部协商,先后清理了国营商业系统内部的商业信用,取消了国营工业间以及国营工业和其他国营企业间的商业信用,其贷款与资金往来一律通过中国人民银行办理结算。为加强信用管理,方便国营工商企业转账结算,1953年3月3日,中国人民银行总行发布《关于一九五三年三月三十日起试行八种结算方式的通知》①,决定由8种结算方式在国营商业系统试行并在逐步扩大中适时修改,最后制定出《国营企业、供销合作社、国家机关、部队、团体间非现金结算暂行办法及结算放款暂行办法》,从1955年9月起在全国执行。到"一五"计划后期,一个由中国人民银行总行统一掌握全国银行信贷资金、实行"统存统贷"管理办法的纵向型信贷资金管理体制基本得以建立,一切信用集中于国家银行的目标基本实现。(2)1954年6月,中国人民银行对全国金融活动的统一领导管理因各大区区行的撤销而得以加强,银行部门垂直管理体制由此形成。1954年10月1日,中国人民建设银行成立,担负起筹集和办理国家基本建设资金的任务。1955年3月,中国农业银行成立,负责指导农村信用合作组织、广泛动员农村余资并合理运用国家农贷,促进小农经济的社会主义改造。(3)1956年7月,在全国14个城市公私合营银行与当地中

---

① 中国人民银行总行总银信组字第22/1052号文件,1953年3月3日。

国人民银行储蓄部合署办公的基础上,公私合营银行总管理处与中国人民银行私人业务管理局实现合署办公,由此将公私合营银行纳入中国人民银行体系。(4)1957年4月12日,中国农业银行被撤销,8月1日中国人民银行内设农村金融管理局,统一管理全国农村金融业务。这样,中国人民银行就成为国家管理金融的机构,统一经营全国金融业务的经济组织,一个高度集中统一的银行体制由此形成。

第二,运用多种手段聚集资金。为了为大规模经济建设筹集资金,中国人民银行采取了如下主要措施:(1)加强现金管理以集中资金。"一五"时期,中国人民银行继续执行政务院颁布的《关于实施国家机关现金管理的决定》,主要运用行政手段管理现金、集中资金,普遍核定各单位的库存现金限额,其超过限额部分须及时交存银行。在银行吸收的存款中,国家机关、团体、企事业单位的存款一般占60%。(2)发展储蓄、保险事业。1954年6月,中国人民银行修订的《城市储蓄存款章程》,重新调整各种储蓄利率,激励和保障储蓄。中国人民保险公司在"一五"时期推出了财产保险、农业保险、人身保险等业务种类。同时还开展了涉外保险业务,支持对外贸易、远洋航运业的发展。据统计,截至1958年,中国人民保险公司共收入保险费16.2亿元。① (3)补充信贷基金。"一五"时期,国家财政给银行增拨信贷基金25.5亿元。银行结益大部分留给银行用作补充信贷基金,仅1953—1955年三年中,留给银行补充信贷资金的有15.3亿元,占银行结益总额的68.3%。② (4)积聚外汇资金和储备黄金。主要途径是:建立对国营企业的外贸信贷制度,支持其扩大出口创汇业务;宣传、保护、吸引侨汇;加强非贸易外汇管理,"一五"时期国家共收入贸易外汇68亿美元。③ 国家掌握的黄金储备也日益增多,1954年就比1950年增加了10倍以上。④ (5)发行公债,筹集建设资金。

第三,集中资金支持国营经济发展壮大。金融体系对国营经济的支持主要表现在以下三个方面:重点支持国营和供销合作商业的发展;大力支持国营工业的发展;帮助国营企业改善经营管理。早在1949年5月中国人民银行刚迁入北京不久就发布了《关于工商放款政策及调整利息的指示》,文件指出:放款业务

---

① 尚明主编:《当代中国的金融事业》,中国社会科学出版社1989年版,第84—85页。
② 同上书,第86页。
③ 同上书,第87页。
④ 《做好新人民币的发行工作》,《人民日报》1955年3月1日。

是银行业务中体现我们新民主主义经济政策的最显著部分,放款的总方针是要有利于国民经济的发展,扶植工业、农业等生产事业,先工、农业,后商业,在工业放款方面,在对国民经济同等有利的条件下,必须是第一国营工业,第二私人工业,第三手工业。在工业放款月息方面,公营为六至十二分,私营为九至十五分。①

第四,发行新人民币,健全货币制度。新人民币的发行从1950年3月开始准备,但由于技术上的原因推迟了。随着国民经济的稳步增长,市场繁荣,物价稳定,这就为发行新人民币奠定了坚实的经济基础。1955年2月21日,国务院发布《关于发行新的人民币和收回现行的人民币的命令》,责成中国人民银行于该年3月1日起发行新人民币②,收回现行的人民币(简称"旧币"),新旧币的折合比率为1比10000。新币主币面额1元至10元,辅币面额1分至5角,每种券分别印有汉、藏、蒙、维吾尔四种文字。自新币发行之日起,凡机关、团体、企业和个人的一切货币收付、账簿记载及国际的清算等,均以新币为计算单位。新人民币取代旧人民币流通仅用了一百天时间。这次币制改革是对新生的人民币制度作了改进,主要是改变了货币的单位价值,使人民币具有好看、好算、好使用、好记账的优点。将动辄以万元为单位的价格标度缩小为1元,不仅提高了单位货币所代表的价值量,而且化繁为简,为计算和流通提供便利。钞票上印有四种文字,更有益于全国各地区的经济交流和各民族团结。

2."大跃进"时期的金融政策

1958年1月11日中共中央召开了南宁会议,严厉批评了反冒进问题,这成为经济工作的一个转折点,2月2日《人民日报》发表社论,提出了"全面大跃进"的口号,从此,急躁冒进的"左"的错误日益发展起来,金融工作中也出现了诸多失误。

第一,下放银行信贷管理权限。从1959年起,银行信贷实行"存款下放,计划包干,差额管理,统一调度"的管理办法,中央和地方之间相应进行了权限划分。中国人民银行总行管理中央财政存款和中央企业贷款,其余存贷款的管理权全部下放给地方,实行差额包干:贷款大于存款的差额由中央补助。省(自治

---

① 《中国人民银行总行总业字第1号〈关于工商放款政策及调整利息的指示〉》(1949年5月12日)。
② 这是第二套人民币。第一套人民币于1948年12月发行。1962年4月17日第三套人民币开始发行,1987年4月27日发行了第四套人民币,1999年10月1日第五套人民币发行。

区、直辖市）又进一步把信贷管理权下放到专区和县,并且也实行计划包干、差额管理的办法。实践证明,这一政策措施并没有调动地方的积极性,反而造成了混乱,导致信贷收支不平衡。

第二,变更金融规章制度。为了与"大跃进""大破大立""先破后立"的精神保持一致,银行系统对原有的规章制度进行了改革,其中,不乏原本有效的制度被作为洗澡水泼掉,结果造成有章不循或无章可循。如,有些地方把贷款计划下放到企业,甚至不要计划,有些地方推行"无账会计",有些地方把银行柜台拆掉,实行"无人储蓄""无人换零钱台"。① 这一切导致了银行系统账务的极大混乱,错款错账现象十分严重。

第三,充分供应信贷资金。1958 年 3 月 29 日,中国人民银行总行发布《关于支援当前工农业生产大跃进的指示》,提出商业部门为支援增产所需流动资金,如超过信贷计划时,仍应予以贷款支持;地方国营、合营工业、手工业增产所需流动资金,应给以相应的放款。同年 8 月,中国人民银行总行继续提出,商业部门为支援工农业生产,"收购多少物资,银行就供应多少资金;在哪里收购就在哪里供应;什么时候收购,就什么时候供应"。与此同时,还废除了财政资金与银行信贷资金分口管理和分别使用的原则、放款必须有物资保证和按期收回的原则等。银行对所需资金有求必应,结果大量发放出去的贷款实际上并没有落实在真正的用途上,而是被不合理地挪为他用。由于银行放款急剧增多,中国人民银行鼓励各地大量吸收存款和回收贷款,实行"储蓄卫星"比赛,结果又造成储蓄存款数字严重掺水,而一些不该回收的未到期贷款也被强制收回。

第四,试行全额信贷。1959 年 2 月,财政部和中国人民银行总行发布《关于国营企业流动资金改由人民银行统一管理和资金转账中几个问题的联合通知》,规定试行全额信贷制度:国营企业和已经实行定息的公私合营企业所需的流动资金,不分定额和超定额,一律由中国人民银行按信贷方式统一供应、统一管理;原由财政拨给企业的自有流动资金,全部转作中国人民银行的贷款,统一计算利息;企业需要增加的定额流动资金,由各级财政部门列入预算,全额交当地人民银行作为信贷基金;抽调企业自有流动资金用于基本建设或其他用途的,要进行清理和设法补足,不得冲减企业的法定基金,不得减少国家的流动资金;企业向银行借的流动资金贷款,只能用于生产周转和商品流转的需要,不得用于

---

① 尚明主编:《当代中国的金融事业》,中国社会科学出版社 1989 年版,第 126 页。

基本建设和其他用途。

第五,停办国内保险业务。1958年10月,全国财贸工作会议在西安召开。会议提出:由于国家和集体的经济力量已经十分雄厚,没有必要通过保险解决经济补偿问题,决定停办保险业务。

"大跃进"时期的金融政策失误,对国民经济造成了严重的影响。首先,过多增发货币导致了通货膨胀。1958年至1960年增发货币共计43亿元,比"一五"时期5年中增发的货币还要多18亿元。同期财政账面结余是3.97亿元,但事实上赤字达169.39亿元。① 财政收支严重失衡而以增发货币弥补,其结果必然诱发通货膨胀。其次,资金供应大撒手方便了计划外基本建设,加剧了市场物资缺乏,使经济建设和经济生活更加困难。最后,农业贷款放松,农村资金管理多成呆账,仅经国务院批准、国家豁免的1961年以前的农村欠款就达91亿元。②

为了纠正金融工作中的"左"的错误,1959年5月,国务院发出《关于管理企业流动资金的暂行办法(草案)》,规定限定流动资金的供应使用。6月,《关于收回农村基层财贸机构的意见》规定下放到农村的人民公社营业所由银行收回,区、县的信贷资金管理权集中到中央和省级。同年,中共中央还发布了《关于大力压缩社会购买力和在群众中解释当前经济情况的紧急指示》,中国人民银行据此从1959年7月1日起提高储蓄存款利率,增加利率档次,以缓和市场物资供应紧张的状况。但是,上述纠"左"进程很快被"反右倾"斗争中断。

3. 国民经济调整时期的金融政策

1961年至1965年,中央决定对国民经济以"调整、巩固、充实、提高"的八字方针进行调整。针对财政金融行业,中共中央和国务院于1962年3月10日发布了《关于切实加强银行工作的集中统一,严格控制货币发行的决定》(简称《银行工作"六条"》)和《关于严格控制财政管理的决定》(简称《财政工作"六条"》)等一系列重大措施,调整国民经济运行。

《银行工作"六条"》的主要宗旨是重新实行银行工作的高度集中统一,恢复严密的各项规章制度,以治理隐性的通货膨胀。主要内容是:收回原下放的一切权力,银行业务实行彻底的垂直领导;严格信贷管理,加强信贷计划;严格划清银

---

① 尚明主编:《当代中国的金融事业》,中国社会科学出版社1989年版,第131页。
② 同上书,第132页。

行信贷资金和财政资金界限;加强现金管理,严格结算纪律;建立各级人民银行定期向当地党委和人民委员会汇报工作的制度;严格财政管理。

《银行工作"六条"》和《财政工作"六条"》是此时期国家在管理资金方面的两个重大决定,它们密切联系、互为补充。从1962年至1965年,中国人民银行为了贯彻《银行工作"六条"》,采取了一些新的措施,主要包括:

第一,依据政策原则改革银行规章制度。这次改革涉及财政和信贷资金的管理、中央财政和地方财政的管理、企业资金和物资的管理以及物价管理等制度。1962年和1963年,中国人民银行制定了《中国人民银行会计出纳工作条例(草案)》《中国人民银行会计核算基本规程(草案)》《中国人民银行出纳制度(草案)》《会计人员职权试行条例》等制度规定,重建金融工作的各项管理制度。

第二,加强和改革信贷计划管理。1963年2月,中国人民银行总行颁发了《关于信贷计划管理若干问题的规定》,明确收回"大跃进"期间下放的一切的权力,要求信贷计划管理实行高度集中统一和分口分级负责相结合的制度。

第三,加强对农村信用社的领导,统一安排、管理支援农业的资金。1962年11月,中共中央和国务院批发中国人民银行《关于农村信用合作社若干问题的规定(试行草案)的报告》,明确规定农村信用社是集体所有制的、农村人民的资金互助组织,是国家银行的助手;信用社的资金独立,自负盈亏,其股金、积累和其他财产属于信用社社员集体所有;信用社的资金和存款,任何部门和个人都无权抽调挪用。1963年10月,中共中央和国务院批转了中国人民银行《关于整顿信用社、打击高利贷的报告》,要求各省对农村信用社进行认真整顿。

1963年3月,中国人民银行召开全国农村金融工作会议,贯彻落实中共中央和国务院《关于农业生产资金问题的通知》精神,并在会后同农业部、财政部一起联合发出《关于发放长期农业贷款暂行办法和支援穷队投资的分配、使用和管理的暂行规定的通知》,规定长期农业贷款所需要的资金,由国家财政拨给人民银行,作为专项贷款基金,周转使用。1965年,人民银行对历年的农业贷款工作进行了一次系统的检查,并根据历年来发放农业贷款的经验教训,拟订了《关于加强农业贷款工作的几项规定》,对农业贷款资金的分配原则、纪律等做了具体的规定。为了进一步加强国家支农资金的管理,1963年11月,中国农业银行成立,负责统一管理支援农业的资金。1965年11月,为了精简机构,中国农业银行并入中国人民银行。

第四,推动清仓核资工作。1962年3月,中共中央和国务院发出《关于彻底清仓核资、充分发挥物资潜力的指示》,要求所有的全民所有制单位,必须进行清仓核资和物资处理的工作。1963年8月,国家计委、财政部、中国人民银行联合发出《关于编制企业流动资金计划的通知》,确定将企业流动资金计划纳入国民经济计划。同年12月,财政部和中国人民银行又联合发布《关于加强一九六四年工业交通企业流动资金管理工作的几项措施》,要求各有关部门和企业压缩流动资金定额,减少不合理的超定额贷款,并进一步健全物资管理制度,实行月份的资金平衡调度制度。

国民经济调整八字方针和有关财政金融政策的贯彻实施,使国民经济得到了恢复和发展,金融事业也取得了很大的成绩,主要表现在:货币流通恢复正常;信贷资金使用效益提高;城乡储蓄存款转升;国家外汇收入增加。①

4."文化大革命"时期的金融政策

"文化大革命"时期,金融工作遭到严重挫折,此时期的金融政策及其副作用主要包括如下方面:

第一,精简合并银行机构。"文化大革命"发动起来后,中国人民银行总行的各职能司局被撤并,只保留政工和业务两个组,艰难地维持工作。1969年7月,中国人民银行总行与财政部合署办公,直到1978年1月1日起才分开。中国人民银行的各级分支机构设置由各省、地区、市县自行决定。

第二,银行贷款呈现无序状态,货币发行过度增长,信贷资金使用效益低下。

第三,储蓄、侨汇、国外保险等金融业务受到冲击。储蓄者的金融资产得不到安全保障。国外保险业务和侨汇业务险遭取缔。

第四,国家金库安全受到冲击。

1971年9月林彪反革命集团被粉碎,周恩来主持中央日常工作。银行工作在中央、国务院关心支持下,逐渐出现转机。表现在:逐步恢复银行机构体系;恢复加强信贷计划、现金计划管理;加强流动资金管理;加强监督工资基金;恢复合理的规章制度;解冻储蓄存款,落实侨汇政策;筹措外汇资金。②

但是,随着1974年在"四人帮"策划下开展的"批林批孔"运动,初现转机的银行工作再次遭受挫折。1975年9月,为摆脱"批林批孔"给国民经济制造的困

---

① 尚明主编:《当代中国的金融事业》,中国社会科学出版社1989年版,第153—156页。
② 同上书,第171—176页。

难,邓小平根据毛泽东关于要把国民经济搞上去的指示精神,提出了"各方面都要整顿"的任务,10月,财政部和中国人民银行向国务院报送了《财政金融部门汇报提纲》,并组织力量起草了《财政金融十条》,以及有关银行体制、货币流通、结算制度等各方面的整顿方案。《财政金融十条》的传达执行,控制货币投放和平衡信贷收支的工作开始有了明显的转机。1976年,随着"批邓、反击右倾翻案风"运动在全国的开展,"四人帮"制造的否定按劳分配、货币交换、银行作用的舆论,又一次使金融事业陷入混乱之中。

5. 拨乱反正时期的金融整顿工作

1976年10月,"四人帮"被粉碎标志着十年动乱的结束,包括金融事业在内的各项经济工作开始逐渐恢复生机。在1977年至1978年两年中,在金融领域,中共中央、国务院致力于清除"左"的影响,重整金融制度,重建金融秩序。当时采取的主要政策措施包括两个方面:一是整顿银行组织体系,二是整顿规章制度。

1977年11月28日,《国务院关于整顿和加强银行工作的几项规定》决定:中国人民银行为国务院部委一级的单位,与财政部分设,省级以下银行机构比照办理;中国人民银行实行总行与省级革命委员会双重领导,以总行领导为主,做到统一政策、统一计划、统一制度、统一资金调度、统一货币发行。1978年1月,中国人民银行与财政部正式分开办公,省级以下的银行机构在1978年内全部完成与财政部门分设的工作。此后,中国人民银行在组织体系上恢复了集中统一指挥,在业务工作上恢复了垂直领导。

整顿规章制度的措施主要表现在:

第一,整顿信贷管理制度。1977年7月,中国人民银行重新修订并颁发了《国营工业贷款办法》,强调贷款要实行计划管理,并对贷款的对象和种类、贷款的审定和检查等做了具体规定。1977年11月财政部发出《抓紧清理工商企业挪用的资金的通知》,强调企业要建立健全物资、资金管理制度,严肃财政纪律。

第二,整顿结算管理制度。1977年9月,国务院转发的《国家计委关于进一步安排市场供应几项措施的报告》中提出要坚决取消"实物收据"的办法。同年11月公布的《中国人民银行结算办法》,规定从1978年1月1日起自提自运的交易改为用汇兑或信用证办理交易。

第三,整顿账户管理制度。1977年10月,中国人民银行颁发了《账户管理办法》,对各单位滥开账户和大量出租出借账户的问题进行肃清,并对账户的设置、使用和管理等做了具体规定。

第四，整顿现金管理制度。1977年11月，国务院重新颁发了《关于实行现金管理的决定》，指定中国人民银行为现金管理的执行机关，强调各单位都必须严格执行国家现金管理规定。1978年8月，中国人民银行发布《现金管理实施办法（试行草案）》，以贯彻国务院的决定，要求各单位加强财务管理，重新核定库存现金限额。

第五，整顿货币发行、出纳、银行统计等工作。1977年10月，中国人民银行发出《关于进一步加强发行出纳工作的意见》，要求恢复和坚持银行钱账分管、双人临柜、双人管库等基本制度。同时，发出了《中国人民银行金银管理办法（试行）》，重申国务院有关金银由中国人民银行统一管理和经营的规定，并对私人和单位持有的金银的生产、出土、出入境、配售等做出具体的规定。1978年1月，中国人民银行颁发《银行统计制度》，明确了银行统计的基本任务、职责及各项统计工作的管理措施。

经过1977年和1978年两年的拨乱反正，金融行业的各项制度和秩序得以恢复，银行对于经济工作中的促进作用明显得以体现。

第二节 改革开放后金融政策的发展

1978年12月召开的中共十一届三中全会做出了把全党工作重点转移到社会主义现代化建设上来的战略决策，从此我国进入了改革开放的新时期，金融事业也进入了蓬勃发展的新阶段。

一、改革开放初期的金融政策

1979年4月，中共中央确定了对国民经济实行"调整、改革、整顿、提高"的新八字方针，要求各行业纠正经济工作中的失误，进行有步骤的经济体制改革。从此，金融体制改革逐渐展开，逐步建立了以中央银行为领导的金融新体系。

第一，中央银行制度确立。1981年1月，国务院《关于切实加强信贷管理，严格控制货币发行的决定》指出：中国人民银行要认真执行中央银行的职责。1982年7月，国务院批转中国人民银行《关于人民银行的中央银行职能及其与专业银行的关系问题的请示》，授权中国人民银行行使中央银行的职能，加强金融管理。1983年9月，国务院决定中国人民银行专门行使中央银行的职能，并决定中国人民银行成立有权威的理事会作为决策机构。1985年9月,中共中央在《关于制定国民经济和社会发展第七个五年计划的建议》中强调:中国人民银行作为中央银行是最重要的宏观调节机构之一,要加强它的地位和独立性;所有的金融机构在业务上必须服从中国人民银行的领导和管理,中国人民银行对各金融机构的业务要加强监督和稽核,并有权在必要时采取强制措施。1986年1月,国务院发布《中华人民共和国银行管理暂行条例》,明确规定中国人民银行是国务院领导和管理全国金融事业的国家机关,是国家的中央银行。

第二,以中央银行为领导、国家银行为主体、多种金融机构并存的金融新体系形成。为了适应经济发展和经济体制改革的需要,国家在20世纪70年代末和80年代中后期,先后恢复和建立了一批专业银行和综合性银行,形成了一个崭新的金融组织体系。

(1) 恢复中国农业银行。1979年2月,国务院发出《关于恢复中国农业银行的通知》,确定中国农业银行为国务院的直属机构,由中国人民银行代管。1983年9月,国务院决定中国人民银行专门行使中央银行的职能后,中国农业银行作为国务院直属局级经济实体,依法独立行使职权和进行业务活动。

(2) 扩大中国银行权限。1979年3月,国务院批转中国人民银行《关于改革中国银行体制的请示报告》,确定扩大中国银行的权限并将其从中国人民银行分设出来,成为国家的外汇专业银行,中国银行总管理处成为中国银行总行,同时成立国家外汇管理局。

(3) 成立中国工商银行。1983年9月,国务院决定成立中国工商银行,作为国务院直属局级的经济实体,承担原来由中国人民银行办理的工商信贷和储蓄业务。1984年1月1日,中国工商银行正式成立。

(4) 改变中国人民建设银行体制。中国人民建设银行长期以来隶属于财政部领导,1983年1月成为相当于国务院直属局级的金融经济组织,是国家管理固定资产投资的专业银行。

(5) 成立中国投资银行。于1981年12月成立,它是中国政府指定向国外筹集资金、办理投资信贷业务的专业银行。

(6) 重新组建交通银行。1986年7月,国务院发布《关于重新组建交通银行的通知》,确定交通银行是和其他专业银行同样的全国性综合性银行,总管理处设在上海,实行总经理负责制。

(7) 建立和发展非银行金融机构。一是大力加强保险机构。1959年停办国内保险业务后,中国人民保险公司成为只在若干口岸地区办理国外保险业务的一个专业公司。1979年4月,国务院决定通过试点逐步恢复国内保险业务。1983年9月,中国人民保险公司成为国务院直属局级经济实体。二是建立金融信托机构,包括信托投资公司、财务公司和租赁公司。1986年4月,中国人民银行发布《金融信托投资机构管理暂行规定》,对金融信托投资机构的设立条件、业务范围等进行规范。此时期成立的重要的金融信托投资机构有中国国际信托投资公司、中国新技术创业投资公司、光大金融公司。三是发展城市信用合作社,改革农村信用合作社。一方面,从1983年开始,郑州、沈阳、长春等城市先后试办了一批集体性质的城市信用合作组织。1986年7月,中国人民银行颁布《城市信用合作社管理暂行规定》,把城市信用合作社组织统一定名为"城市信用合作社",规定它们是中国人民银行领导下的合作金融组织,是自主经营、独立核算、自负盈亏、民主管理的经济实体。另一方面,从1983年起,农村信用合作社体制开始改革,弱化其官方性,恢复和加强其管理的民主性、业务经营的灵活性。四是促进外资、侨资金融机构发展。《关于侨资、外资金融机构在中国设立常驻代表机构的管理办法》(1983年)、《中华人民共和国经济特区外资银行、中外合资银行管理条例》(1985年)颁布。到1986年年底,各种金融机构超过13万个,从业人员147万余人。①

1985年以后,各专业银行开始改革试点,探索实行企业化的路子。

第一,改革银行信用体系。首先是在广州、重庆、武汉、沈阳、常州5个城市进行试点,后来逐步扩大到28个城市和广东全省。1986年国家体改委和中国人民银行先后召开三次会议,旨在加强中央银行宏观调控的前提下搞活金融,逐步形成以城市为中心的资金市场。为此,各银行采取了如下措施:(1)运用经济方法积极组织存款;(2)根据经济发展需要扩大贷款范围②;(3)国营企业流动资金由原来的财政、银行两家共同管理改由中国人民银行统一管理;(4)发展多种信用方式和信用工具③;(5)开拓和建立资金市场。

第二,开拓和发展国际金融合作关系。1980年4月,我国在国际货币基金

---

① 尚明主编:《当代中国的金融事业》,中国社会科学出版社1989年版,第201页。
② 主要包括如下措施:发放中短期技术改造贷款;预算内的基本建设投资逐步由无偿改为贷款,并由银行信贷承担一些国家指定的转向基建投资贷款;开办老少边穷地区发展经济专项贷款;举办开发性贷款;支持科技进步和第三产业的发展;农业贷款支持农村经济的全面发展;改进外汇贷款办法。转引自尚明主编:《当代中国的金融事业》,中国社会科学出版社1989年版,第203—208页。
③ 同上书,第210—214页。

组织中恢复席位,此后,中国人民银行与国际货币基金组织一直保持密切的合作关系。1980年5月15日,世界银行执行董事会正式决定恢复中国在世界银行、国际开发协会、国际金融公司的代表权。1984年12月,中国人民银行与国际清算银行正式建立了业务关系。1985年5月,中国还正式加入了非洲开发银行和非洲开发基金,同年11月,中华人民共和国加入亚洲开发银行。此外,各专业银行、保险公司也参加了一些有关的国际金融组织。进入国际金融大家庭后,中国金融行业积极开展对外交流和联系,改革和发展对外金融业务。这主要包括以下措施:改革国际结算业务,开办了快邮和电索收汇;广泛筹集和运用外资;改进和加强外汇管理①;在海外设立金融机构,充分发挥其作用。

第三,加强和改善金融宏观管理。1981年,国务院发出了《关于平衡财政收支,严格财政管理的决定》《关于切实加强信贷管理,严格控制货币发行的决定》《关于加强基本建设计划管理,控制基本建设规模的若干规定》。其中在加强信贷管理的规定中,国务院要求切实保证货币发行权集中于中央,国家批准的信贷计划和货币发行计划必须严格执行,坚持财政资金和信贷资金分口管理的原则,强调利率由中国人民银行统一管理。

1983年、1984年,国内出现经济过热的现象,中国人民银行于1985年在加强金融宏观调控中采取了如下措施:实行新的信贷资金管理办法②;加强固定资产贷款的控制和管理;利用利率杠杆进行宏观调节③;加强外汇和外债管理④;控制消费基金的不合理增长⑤;加强金融立法和金融行政管理工作⑥。

经济过热现象得到控制以后,1986年金融领域又采取了如下政策措施促进经济的稳定增长:实行分层控制办法,调动各专业银行的积极性;扩大存款;合理

---

① 主要包括如下措施:实行外汇留成制度;实行外汇调剂办法;本着照顾外商合法利益的原则,对侨资企业、外资企业、中外合资企业的外汇管理做了专门规定;实行外债的统一管理。
② 宗旨是中央银行通过调节各专业银行的存款准备金率,调节各专业银行的存款利率、贷款利率水平以及对专业银行贷款的松紧掌握,间接控制和调节全国的贷款总规模和货币发行量。
③ 1985年3月和7月,国务院两次批转中国人民银行的报告,同意调整部分存款、贷款利率,两次提高了定期储蓄利率,提高企事业单位定期存款利率,提高流动资金贷款和固定资产贷款利率。
④ 1985年3月国务院发布《关于加强外汇管理的决定》,强调各地区各部门严格执行国家下达的用汇指标,不得突破,各地外汇管理部门和中国银行监督其使用。
⑤ 1985年4月国务院发布《关于控制消费基金的通知》,9月又发布《关于工资基金暂行管理办法》,控制消费基金增长。
⑥ 1985年,国务院发布或批准发布的金融法规有6部。这些法规的发布和实施,使加强金融管理有法可依。

发放流动资金贷款;严格控制固定资产贷款规模,继续控制消费基金的膨胀;进一步加强和改善外汇管理,保持外汇收支平衡①;开拓和建立资金市场,促进资金横向融通。

二、市场经济体制确立以后的金融政策发展

为贯彻执行《中共中央关于建立社会主义市场经济体制若干问题的决定》,国务院于1993年12月25日下发了《关于金融体制改革的决定》,深化金融体制改革。

第一,进一步完善金融体制。首先体现为建立强有力的中央银行宏观调控体系,把中国人民银行办成真正的中央银行。从1994年开始,中国人民银行即加快改革步伐:加强货币信贷集中管理,中国人民银行总行统一集中货币发行权、信贷总量调控权、基础货币管理权、基准利率调节权;转换其分支机构职能,改革总行内部机构;把货币供应量作为宏观监控重要指标,逐步综合采用多种调控手段;改革金融监管体系、增强金融监管力量等。

1995年3月18日,全国人大通过《中华人民共和国中国人民银行法》,首次以国家立法形式确立了中国人民银行作为中央银行的地位,标志着中央银行体制走向了法制化、规范化的轨道。

1997年4月15日,国务院颁行了《中国人民银行货币政策委员会条例》。根据该条例,货币政策委员会是中国人民银行制定货币政策的咨询议事机构,其职责是在综合分析宏观经济形势的基础上,依据国家宏观调控目标,讨论货币政策的制定和调整等重大事项,并提出建议。

1998年,按照中央金融工作会议的部署,改革原有中国人民银行管理体制,撤销省级分行,跨省(自治区、直辖市)设置9家分行②,这一改革对于建立货币政策的区域性研究制度、强化金融监管的独立性和公正性等均具有重要意义。

2003年,按照国务院机构改革方案,将中国人民银行对银行、金融资产管理公司、信托投资公司及其他存款类金融机构的监管职能分离出来,与中央金融工委的相关职能进行整合,成立中国银行业监督管理委员会。同年12月27日,十届全国人大常委会第六次会议审议通过了《中华人民共和国中国人民银行法

---

① 王健、曹新、焦建国:《金融体制改革研究》,党建读物出版社2004年版,第44—49页。
② 分别是天津、沈阳、上海、南京、济南、武汉、广州、成都、西安分行。

(修正案)》。规定中国人民银行的现行职责主要是:起草有关法律和行政法规;完善有关金融机构运行规则;依法制定和执行货币政策;监督管理银行间同业拆借市场和银行间债券市场、外汇市场、黄金市场;防范和化解系统性金融风险;确定人民币汇率政策;维护合理的人民币汇率水平;实施外汇管理;持有、管理和经营国家外汇储备和黄金储备;发行人民币,管理人民币流通;经理国库;会同有关部门制定支付结算规则;制定和组织实施金融业综合统计制度;组织协调国家反洗钱工作,指导、部署金融业反洗钱工作;管理信贷征信业;作为国家的中央银行,从事有关国际金融活动。①

  随着中央银行制度的完善,实行政策性金融与商业性金融分离也势在必行。目前,我国金融机构体系按其地位和功能可分为三大类,实行分业经营、分业监管。第一类是中央银行,即中国人民银行。第二类是金融监管机构,包括中国银行业监督管理委员会(简称"中国银监会")、中国证券监督管理委员会(简称"中国证监会")和中国保险监督管理委员会(简称"中国保监会")。② 第三类是经营性金融机构,包括政策性银行③、商业银行④、证券机构⑤、保险机构⑥、信用合作机构和非银行金融机构等。这表明,我国已经初步形成了银行、证券、保险业分业经营、分业监管的金融体制。

  在实现两类性质迥异的金融机构分离的过程中,中央还积极推动国有商业银行股份制改革。2003年12月16日,中央注册成立中央汇金投资有限责任公司。2004年1月6日,该公司开始向中国银行和中国建设银行注资。这标志着国有商业银行股份制改革拉开序幕。随后,交通银行、建设银行、中国银行以及

---

① 为了开展国际金融合作和交流,中国人民银行目前设置了7个驻外机构,包括:中国人民银行驻欧洲(伦敦)代表处、中国人民银行驻美洲代表处、中国人民银行驻非洲代表处、中国人民银行驻加勒比开发银行联络处、中国人民银行驻法兰克福代表处、中国人民银行驻东京代表处、中国人民银行驻南太平洋代表处。

② 中国银监会是我国银行业监管机构,负责对银行业的监管。中国证监会是我国证券业监管机构,负责对证券业和期货业的监管。中国保监会是我国保险业监管机构,负责对保险业和保险市场的监管。此外,为健全对国有重点金融机构的监督机制,中国人民银行对国有重点金融机构派出监事会,重点对国有金融机构的资产质量和国有资产保值、增值进行监督管理。

③ 指由政府发起、出资成立,为贯彻和配合政府特定经济政策和意图而进行融资和信用活动的机构,包括国家开发银行、中国进出口银行和中国农业发展银行。

④ 一般是吸收存款、发放贷款和从事其他中间业务的营利性机构。包括国有独资商业银行,股份制商业银行和城市商业银行,以及住房储蓄银行,外资、合资银行。

⑤ 是指为证券市场参与者,如发行人、投资者提供中介服务的机构。

⑥ 是指专门经营保险业务的机构。

工商银行又纷纷地分别引进汇丰银行、美国银行、英国英格兰皇家银行以及高盛投资团等战略投资者。在此基础上,国有商业银行迅速展开首次公开发行和股票上市工作。2005年6月23日,交通银行H股在香港上市。随后,建设银行、工商银行和农业银行陆续上市。至2010年7月15日和16日,农业银行A股和H股分别在上海证交所和香港联交所成功上市,这标志着圆满完成国有商业银行股份制改革。

第二,完善金融立法,初步形成金融法律体系框架,金融监管逐步加强。我国金融法律体系大致可以划分为六个部分:金融主体法(组织法)、金融调控法、间接融资法、直接融资法、期货期权与外汇法(特殊融资法)、金融业务法,涉及银行法、证券法、期货法、票据法、保险法、外汇管理法等具体类别。自1995年《中华人民共和国中国人民银行法》颁布至2006年10月底,我国已经颁布的金融法律、法规、规章、规范性文件等达4000余项。目前,整个金融领域(银行业、证券业、保险业等)都已有相应的基本法律法规,这对于中央银行、中国证监会、中国保监会加强对各金融机构的市场进入退出与日常监管依法监管、依法行政的力度提供了重要法律保证。

第三,深化外汇体制改革。1993年11月《中共中央关于建立社会主义市场经济体制若干问题的决定》明确了深化外汇管理体制改革的重点和方向,即"建立以市场供求为基础的有管理的浮动汇率制度和统一规范的外汇市场,逐步使人民币成为可兑换货币"。该年12月25日,中国人民银行发布《关于进一步改革外汇管理体制的公告》,提出实行人民币汇率并轨,实行结售汇制度,取消外汇券和放松个人外汇管理,建立全国统一的外汇市场,建立新的收付汇制度,实现人民币经常项目自由兑换,建立外汇储备经营管理制度等。1994年年初,实现汇率并轨,建立了外汇指定银行结售汇制度。1996年1月27日,中国宣布自1996年12月1日接受《国际货币基金协定》第8条款,实行人民币经常项目可兑换。由此,中国的汇率制度开始与国际惯例接轨。2008年8月,开始实施修改后的《中华人民共和国外汇管理条例》,条例为"境内机构、境内个人的外汇收入可以调回境内或者存放境外"提供了充实的法律基础。此后,《关于于2009年度金融机构短期外债指标核定情况的通知》(2009年)、《国家外汇管理局关于境内机构对外担保管理问题的通知》(2010年)、《中国跨境资金流动监测报告》(2011年)相继出台。

第四,建立统一开放、有序竞争、严格管理的金融市场。这表现在如下几方面①:

货币市场②规范成长。同业拆借市场从1984年起步后,逐步形成了全国范围内的资金拆借市场。1992年,因股票和房地产市场升温,金融领域出现了乱拆借现象,1993年6月中国人民银行连续下发三次通知,促使拆借市场恢复了秩序。1995年中国人民银行撤销了商业银行组建的同业拆借机构,成立由各地人民银行牵头的融资中心。同年10月《中华人民共和国票据法》的颁布,为推动票据市场的发展提供了法律保障,自此票据市场进入了规范发展阶段。1996年1月中国人民银行建立了全国统一的金融机构间同业拆借市场,同年6月又放开了对同业拆借利率的管制,形成了利率市场化、统一规范的同业拆借市场格局。1997年6月商业银行组建了银行间债券市场并获得迅猛发展。

证券市场迅速发展。我国证券市场的发展起步于20世纪90年代初,从无到有,从小到大,从地区性市场快速发展成为初具规模的全国性市场,从不规范到逐步规范,成为全球最为活跃和最具发展潜力的资本市场之一,在国民经济中发挥着越来越重要的作用。国务院自1991年以后的历年政府工作报告均提出了发展证券市场的要求。③ 2005年4月29日,中国证监会发布了《关于上市公

---

① 王健、曹新、焦建国:《金融体制改革研究》,党建读物出版社2004年版,第111—122页。
② 货币市场是一年以下短期资金融通市场,包括同业拆借市场、银行间债券市场、大额定期存单市场、商业票据市场等。
③ 1991年的《政府工作报告》提出,逐步扩大债券和股票的发行并严格加强管理,发展金融市场,鼓励资金融通,在有条件的大城市建立和完善证券交易所,并形成规范的交易制度。报告针对当时证券市场的状况,提出的发展方针是以稳健为基准,这一方针成为"八五"期间股份制改造和证券市场发展的指导方针。这为证券市场建立法规运行机制确定了目标,并且推动了以证券交易所为核心的股票交易试点工作的开展。1992年的《政府工作报告》指出,实行股份制是筹集建设资金和监督企业管理的一种有效形式,要积极进行发行股票和证券交易市场的试点工作,使股份制经济为社会主义建设服务。1993年的《政府工作报告》强调在宏观调控下健康发展证券市场。1994年、1995年的《政府工作报告》中主要强调整顿金融秩序。1996年的《政府工作报告》再次要求积极稳妥地发展债券和股票融资,进一步完善和发展证券市场。1997年的《政府工作报告》中提出了规范证券、期货市场,增强风险意识的要求。1998年的《政府工作报告》把理顺和完善证券监管体系列为当年金融体制改革的重点之一,明确了股票发行向大中型国有企业倾斜,对具有条件的大中型企业实行规范的公司制改革,根据市场情况,允许一些企业发行股票。1999年的《政府工作报告》指出要认真贯彻《证券法》,规范和发展证券市场。2000年的《政府工作报告》又指出要进一步规范和发展证券市场,增加企业融资的比重,要完善股票发行上市制度,支持国有大中型企业和高新技术企业上市融资。2001年的《政府工作报告》提出将加速我国证券市场的国际化进程,取消一切限制企业和社会投资的不合理规定,对不同所有制企业实行同等待遇;要规范和健全证券市场,保护投资者利益。

司股权分置改革试点有关问题的通知》,这标志着拉开了股权分置改革的攻坚战的序幕。这是一场自我国股市诞生以来最为深刻的体制性变革。2006年9月,中国金融期货交易所在上海挂牌成立,10月份,交易所开始模拟交易。由此,随着中央批准组建衍生品交易所,证券市场制度稳步向前推进。2007年6月27日,《股指期货交易规则》及配套实施细则的正式发布为金融期货的诞生提供了坚实的法规基础。2008年10月5日,中国证监会还实行了证券公司融资融券业务试点工作,进一步推动了证券市场的发展。2009年10月23日正式启动创业板市场。这一举措,为自主创新国家战略提供了融资平台,进一步完善了多层次的资本市场体系。

2012年11月8日,胡锦涛在中国共产党第十八次全国代表大会上所作的报告中又指出,必须建立公共资源出让收益合理共享机制。深化金融体制改革,健全促进宏观经济稳定、支持实体经济发展的现代金融体系,加快发展多层次资本市场,稳步推进利率和汇率市场化改革,逐步实现人民币资本项目可兑换。加快发展民营金融机构。完善金融监管,推进金融创新,提高银行、证券、保险等行业竞争力,维护金融稳定。

为深入贯彻落实中共十八大会议精神,更好地发挥金融政策、财政政策和产业政策的协同效应,2013年《国务院办公厅关于金融支持经济结构调整和转型升级的指导意见》颁布,强调优化社会融资结构,持续加强对重点领域和薄弱环节的金融支持,切实防范化解金融风险。

第五,充分发挥金融政策对经济结构调整和转型升级的支持作用。优化"三农"金融服务,统筹发挥政策性金融、商业性金融和合作性金融的协同作用,发挥直接融资优势,推动加快农业现代化步伐。鼓励涉农金融机构在金融服务空白乡镇设立服务网点,创新服务方式,努力实现农村基础金融服务全覆盖。支持符合条件的银行发行"三农"专项金融债。鼓励银行业金融机构扩大林权抵押贷款,探索开展大中型农机具、农村土地承包经营权和宅基地使用权抵押贷款试点。支持农业银行在总结试点经验的基础上,逐步扩大县域"三农金融事业部"试点范围。支持经中央批准的农村金融改革试点地区创新农村金融产品和服务。

第三节 当前金融政策的主要内容

金融政策内容庞杂,其中从金融行业的结构划分,可以分为银行业政策、证券业政策、保险业政策。

一、银行业政策

1. 银行业监管政策

目前,我国已经初步建立起以《银行业监督管理法》和《商业银行法》为核心,《金融违法行为处罚办法》和《外资金融机构管理条例》等行政法规和部门规章为主体、金融司法解释为补充的现代中国银行业监管法律体系,为中国银行业的监管提供了基本的法律依据。

依据法律规定,我国实行统一集中的银行业监管体制。在中国人民银行领导下,中国银行业监督管理委员会负责对银行业的具体监管,其主要职责包括:依照法律、行政法规制定并发布对银行业金融机构及其业务活动监督管理的规章、规则;审查批准银行业金融机构的设立、变更、终止以及业务范围;制定银行业金融机构的审慎经营规则;对涉嫌金融违法的银行业金融机构及其工作人员以及关联行为人的账户予以查询;对涉嫌转移或者隐匿违法资金的申请司法机关予以冻结等。

银行业监管主要体现在三方面:一是市场结构监管。市场结构问题包括银行数量多少、市场进出壁垒、市场准入程度、市场集中度情况、垄断或竞争的结构等。银行监管所强调的是市场结构改变后的市场行为是否对市场绩效产生损害,而不是僵化地进行市场结构的管制。二是市场行为监管。包括限制市场垄断行为,纠正市场失灵导致的效率损耗和市场行为扭曲问题。在实践中,银行监管机构使用较多的手段有价格控制(如利率管制)、收益率管制、市场准入限制(如机构和业务审批制度)等。三是市场绩效监管。包括采用市场化手段,有效管控"信贷"规模;强化风险监管,增加不良贷款处置力度;注重调整经营发展模式,增强银行资本约束意识,促进银行利润增长。

银行业监督管理的目标是促进银行业的合法、稳健运行,维护公众对银行业的信心。实践证明,自从银监会成立以后,在银行业体制机制改革、审慎经营管理和风险管控等方面取得重大进展,已逐步探索出了一条符合中国特色的银行业现代化监管道路。

2. 货币政策的主要内容

货币政策是指中央银行为实现既定的目标运用各种工具调节货币供应量,

进而影响宏观经济运行的各种方针措施。① 目前,我国货币政策内容主要包括五项工具:公开市场业务、存款准备金制度、中央银行贷款、利率政策、汇率政策。

第一,公开市场业务。包括人民币操作和外汇操作两部分。外汇公开市场操作于1994年3月启动,人民币公开市场操作于1998年5月26日恢复交易。1999年以来,公开市场操作已成为中国人民银行货币政策日常操作的重要工具,对于调控货币供应量、调节商业银行流动性水平、引导货币市场利率走势发挥了积极的作用。

中国人民银行从1998年开始建立公开市场业务一级交易商制度,选择了一批能够承担大额债券交易的商业银行作为公开市场业务的交易对象,目前公开市场业务一级交易商共包括40家商业银行。这些交易商可以运用国债、政策性金融债券等作为交易工具与中国人民银行开展公开市场业务。从交易品种看,主要包括回购交易、现券交易和发行中央银行票据。其中,回购交易分为正回购和逆回购两种。正回购为中国人民银行向一级交易商卖出有价证券,并约定在未来特定日期买回有价证券的交易行为;正回购为央行从市场收回流动性的操作,正回购到期则为央行向市场投放流动性的操作。逆回购为中国人民银行向一级交易商购买有价证券,并约定在未来特定日期将有价证券卖给一级交易商的交易行为;逆回购为央行向市场上投放流动性的操作,逆回购到期则为央行从市场收回流动性的操作。现券交易分为现券买断和现券卖断两种,前者为央行直接从二级市场买入债券,一次性地投放基础货币;后者为央行直接卖出持有债券,一次性地回笼基础货币。中央银行票据即中国人民银行发行的短期债券,央行通过发行央行票据可以回笼基础货币,央行票据到期则体现为投放基础货币。2006年始,根据国内外经济金融形势的变化,国家灵活地控制操作的力度和节奏,适时地调整央行票据利率,优化操作工具组合,增强公开市场操作利率的弹性,既达到了保证银行体系流动性稳定运行的目的,又起到了引导市场预期的作用。

第二,存款准备金。存款准备金是指金融机构为保证客户提取存款和资金清算需要而准备的资金,金融机构按规定向中央银行缴纳的存款准备金占其存款总额的比例就是存款准备金率。存款准备金制度是在中央银行体制下建立起

---

① 大约在1983年,"货币政策"的概念才被国人所接受,但常与"金融政策"混为一体,1988年左右它开始作为一个独立的概念,专指中央银行调控货币供给的政策。转引自胡海鸥主编:《中国金融体制的改革与发展》,复旦大学出版社2004年版,第118页。

来的,初始作用是保证存款的支付和清算,之后才逐渐演变成为货币政策工具,中央银行通过调整存款准备金率,影响金融机构的信贷资金供应能力,从而间接调控货币供应量。

调整存款准备金率的政策效果主要体现在以下三点:一是可以将金融机构分散保管的准备金集中起来,防止存款人集中、大量挤提存款而导致支付能力削弱,对经济金融产生破坏性影响,保证金融机构的清偿力和金融业的稳定。二是用于调节和控制金融机构的信用创造能力和贷款规模,控制货币供应量。三是增强中央银行资金实力,使中央银行不仅有政治实力,还有强大的经济实力作后盾。

调整金融机构一般存款范围,将金融机构代理人民银行财政性存款中的机关团体存款、财政预算外存款,划为金融机构的一般存款,金融机构按规定比例将一般存款的一部分作为法定存款准备金存入中国人民银行。

第三,中央银行贷款。根据《中国人民银行法》规定,中央银行发放的贷款可分为三类:(1)为解决流动性不足之需。法律授权中国人民银行为执行货币政策可以向商业银行提供融资支持,即再贴现,以解决流动性不足的问题。(2)为处置金融风险之需。[①] (3)用于特定目的的贷款。[②]

目前我国中央银行贷款的政策制度主要分为两部分内容:一是再贷款政策与制度;二是再贴现与相关票据业务。中央银行对中央银行贷款的管理,主要体现在两方面:(1)中央银行贷款发放的审批权。根据《中国人民银行法》规定,用于调节商业银行流动性的支持性中央银行贷款的审批权,仍然属于中国人民银行。经总行授权,中国人民银行分行(营业管理部)可以依据有关规定审批、发放紧急贷款;为处置风险和涉及国家重大政策调整需要等特定用途和目的发放

---

① 新的《中国人民银行法》第30条规定:"中国人民银行不得向地方政府、各级政府部门提供贷款,不得向非银行金融机构以及其他单位和个人提供贷款,但国务院决定中国人民银行可以向特定的非银行金融机构提供贷款的除外。"这一类贷款主要用于处置特定的非银行金融机构风险。实践中,中国人民银行也对发生支付危机的具有法人资格的城市商业银行、城市信用社、农村信用社发放紧急贷款,以缓解其支付压力、恢复经营能力,防止出现系统性或区域性金融风险。

② 《中国人民银行法》第32条规定的"中国人民银行特种贷款"。根据该条规定,特种贷款是指国务院决定的由中国人民银行向金融机构发放的用于特定目的的贷款。特种贷款有三个主要特征,一是由国务院决定,由中国人民银行发放;二是贷款对象不限于在中国人民银行开立账户的商业银行或其他银行业金融机构;三是用于特定目的,如防范和化解金融风险、维护金融稳定及重大政策性项目等。从性质看,"特种贷款"与"向商业银行提供贷款"和"国务院决定中国人民银行可以向特定的非银行金融机构提供贷款"三个概念都是中央银行贷款,只不过在发放对象、审批权限、贷款用途等方面有所不同。

的特种贷款,以及向特定的非银行金融机构发放的贷款,必须经国务院批准或决定。(2)对中央银行贷款行为的监督检查和处罚。中央银行有必要对中央银行贷款发放后是否产生预期效果、是否得到正确运用、可能引发的问题等进行了解,以便采取后续措施。

鉴于此,根据《中国人民银行法》规定:对于国务院决定的由中国人民银行向金融机构发放的用于特定目的的特种贷款,中国人民银行可以对金融机构与中国人民银行特种贷款有关的行为进行检查监督,并依法进行处罚;对于中国人民银行为执行货币政策而运用"为在中国人民银行开立账户的银行业金融机构办理再贴现"和"向商业银行提供贷款"等货币政策工具的。首先,中国人民银行可以规定具体的条件和程序,根据执行货币政策的需要,决定是否对商业银行或其他银行业金融机构提供贷款支持以及贷款的数额、期限、利率和方式。其次,在发放中央银行贷款或提供再贴现时,中国人民银行与贷款机构签订协议,并按照协议条款对商业银行或其他银行业金融机构使用中央银行贷款的情况以及还款情况进行监督。最后,中国人民银行根据执行货币政策和维护金融稳定的需要,可以建议国务院银行业监督管理机构对商业银行或其他银行业金融机构使用提供流动性支持的中央银行贷款的情况进行检查监督。

第四,利率政策。中国人民银行根据货币政策实施的需要,适时地运用利率工具,对利率水平和利率结构进行调整,进而影响社会资金供求状况,实现货币政策的既定目标。

目前,中国人民银行采用的利率工具主要有:(1)调整中央银行基准利率,包括:再贷款利率,指中国人民银行向金融机构发放再贷款所采用的利率;再贴现利率,指金融机构将所持有的已贴现票据向中国人民银行办理再贴现所采用的利率;存款准备金利率,指中国人民银行对金融机构交存的法定存款准备金支付的利率;超额存款准备金利率,指中央银行对金融机构交存的准备金中超过法定存款准备金水平的部分支付的利率。(2)调整金融机构法定存贷款利率。(3)制定融机构存贷款利率的浮动范围。(4)制定相关政策对各类利率结构和档次进行调整等。

近年来,中国人民银行加强了对利率工具的运用。利率调控方式更为灵活,调控机制日趋完善。随着利率市场化改革的逐步推进,作为货币政策主要手段之一的利率政策将逐步从对利率的直接调控向间接调控转化。

第五,汇率政策。在传统的计划经济体制下,人民币汇率由国家实行严格的管理和控制,经历了三种不同的汇率体制。① 十一届三中全会以后,为鼓励外贸企业出口的积极性,我国的汇率体制从单一汇率制转为双重汇率制。② 1994以后,又逐渐形成了以市场供求为基础的、单一的、有管理的浮动汇率制。2003年,中共十六届三中全会确定了人民币汇率改革的总体目标,即建立健全以市场供求为基础的、有管理的浮动汇率体制,保持人民币汇率在合理、均衡水平上的基本稳定。2005年7月21日,中央银行对人民币汇率形成机制进行了新的改革,实行"以市场供求为基础、参考一篮子货币进行调节、有管理的浮动汇率制度"。2009年7月还开始实施人民币跨境结算试点工作,2010年5月扩大了这一试点,由5个城市的企业扩展至20个省的企业,业务范围也从货物扩展至服务和其他行业。2010年6月19日,央行重新启动了人民币汇率改革,完善了人民币汇率形成机制,增强了人民币的汇率弹性,并使之保持在合理均衡的浮动范围之内。2011年12月以来,央行还增强了人民币对新兴市场报价的形成机制。不再需要"中介",人民币便可以直接与马来西亚令吉和俄罗斯卢布报价。

2015年8月,中央人民银行宣布继续完善人民币中间价的报价机制,从8月11日起,做市商在每日银行间外汇市场开盘前,参考上日银行间外汇市场收盘汇率,综合考虑外汇供求情况以及国际主要货币汇率变化,向中国外汇交易中心提供中间价报价。

与原有的机制相比,新的人民币汇率形成机制的特点是:人民币汇率不再单一盯住美元,而是按照我国对外经济发展的实际情况,选择若干种主要货币,赋予相应的权重,组成一个"货币篮子"。同时,根据国内外经济金融形势,以市场供求为基础,参考"一篮子"货币计算人民币多边汇率指数的变化,对人民币汇率进行管理和调节,维护人民币汇率在合理均衡水平上的基本稳定。参考"一篮子"表明外币之间的汇率变化会影响人民币汇率,但参考"一篮子"不等于盯住"一篮子",它还需要将市场供求关系作为另一重要依据,据此形成有管理的

---

① 改革开放前,根据不同时期的经济发展需要,我国经历了三种不同的汇率体制:中华人民共和国成立初期的单一浮动汇率制(1949—1952年)、五六十年代的单一固定汇率制(1953—1972年)和布雷顿森林体系后以"一篮子货币"计算的单一浮动汇率制(1973—1980年)。

② 经历了官方汇率与贸易外汇内部结算价并存(1981—1984年)和官方汇率与外汇调剂价格并存(1985—1993年)两个汇率双轨制时期。其中,以外汇留成制为基础的外汇调剂市场的发展,对促进企业出口创汇、外商投资企业的外汇收支平衡和中央银行调节货币流通均起到了积极的作用。但随着我国改革开放的不断深入,官方汇率与外汇调剂价格并存的人民币双轨制的弊端逐渐显现出来。一方面多种汇率的并存,造成了外汇市场秩序混乱,助长了投机;另一方面,长期外汇黑市的存在不利于人民币汇率的稳定和人民币的信誉。外汇体制改革的迫切性日益突出。

浮动汇率。在有管理的浮动汇率制度中,中央银行主要起到"滤波器"的作用,对市场上正常的波动不必进行管理,让其通过;对市场的异常波动则要"熨平":包括限制、压缩异常的过高波幅和滤掉频率过高的波动成分。随着经济适应程度的提高,滤波器的作用是可以减弱的,是自适应的。同时,中央银行还应起到防范危机的作用,譬如在爆发战争、自然灾害、金融危机等特殊情况下,中央银行采取特殊的干预手段是"有管理的浮动汇率制度"体制设计中应有之义。

3. 信贷政策

信贷政策是宏观经济政策的重要组成部分,是中央银行根据国家宏观调控和产业政策要求,对金融机构信贷总量和投向实施引导、调控和监督,促使信贷投向不断优化,实现信贷资金优化配置并促进经济结构调整的重要手段。

信贷政策不同于货币政策中的其他总量政策工具。其他政策工具主要着眼于解决总量问题,信贷政策则主要着眼于解决结构问题,通过窗口指导,引导信贷投向,促进结构调整,促进国民经济的持续协调发展。在我国目前间接融资占绝对比重的融资格局下,信贷资金的结构配置和使用效率,很大程度上决定着全社会的资金配置结构和运行效率。信贷政策主要关注三个目标,一是调整信贷结构,二是鼓励信贷创新,三是防范信贷风险。信贷政策的有效实施,对于疏通货币政策传导渠道,发展和完善信贷市场,提高货币政策效果发挥着积极的促进作用。

1998年以来,中央银行信贷政策从内容到形式都发生了较大变化。一是窗口指导成为信贷政策的主要形式。二是以开展消费信贷业务为标志,信贷政策的指导重点由主要重视生产领域,开始转向同时重视生产领域与消费领域。三是信贷政策的内容十分广泛,基本上涵盖了国民经济发展的各个领域。四是实施信贷政策的方式正在从过去主要依托行政干预逐步向市场化的调控方式转变。

目前,中国的信贷政策大致包含四方面内容:一是与货币信贷总量扩张有关,政策措施影响货币乘数和货币流动性。二是配合国家产业政策,通过贷款贴息等多种手段,引导信贷资金向国家政策需要鼓励和扶持的地区及行业流动。三是限制性的信贷政策。四是制定信贷法律法规,引导、规范和促进金融创新,防范信贷风险。

2004年至2008年8月期间,因经济工作的关键是努力扩大国内需求,因此一直坚持实施稳健的财政政策和货币政策,保持货币信贷稳定增长,优化货币信贷结构,其中,信贷政策向扩大就业、理顺分配关系、增强社会保障和公共服务设施建设等方面做出倾斜。在消费并不足以支撑中国经济增长之前,信贷政策对投资将以稳健为主,从而达到加强和改善宏观调控的目的。

2008年9月以来,为有效应对国际金融危机,中央开始实施积极的财政政策,并开始引导加强信贷政策。2009年2月以来,中国人民银行相继印发了《关于完善支农再贷款管理　支持春耕备耕　扩大"三农"信贷投放的通知》和《关于进一步加强信贷结构调整促进国民经济平稳较快发展的指导意见》等文件,积极配合中央扩大内需和促进经济增长的精神,服务民生。

随着"大众创业,万众创新"热潮的兴起,小微企业成为现代经济中颇具活力的主体之一。部分银行不断创新发展小微贷款业务,比如由抵押变为连带责任担保、信用担保,并在互联网时代的转型过程中,开始尝试利用大数据来评估小微贷款风险等。经济转型有力推进我国现代服务业的发展,截至2015年9月末,我国本外币工业中长期贷款增长5.6%,低于服务业中长期贷款增速11.6个百分点;其中,现代服务业中的文化、体育和娱乐业中长期贷款同比增长24.2%。我国信贷结构与产业结构现状基本匹配,并有力地推动了产业结构转型升级。

除了上述政策外,银行业政策还包括人民币管理、现金管理、利率市场化、征信和社会信用管理、反洗钱、银行支付体系、银行会计、银行科技、国际交流与合作、人民币跨境使用和资本项目可兑换等多方面的政策内容。这些都反映了金融为实体经济提供综合服务的总体需求。

二、证券业政策

1. 证券业发展政策

证券业发展政策是指证券市场的发展方针和策略。目前,我国的证券市场正处在重要的转折时期,中共十六大提出推进资本市场改革开放和稳定发展的战略目标,中共十六届三中全会进一步明确资本市场建设的各项任务,2004年国务院又对我国资本市场的改革发展作出了全面部署,出台了《关于推进资本市场改革开放和稳定发展的若干意见》,进一步明确了今后一个时期推进证券市场发展的五项重点工作,即提高上市公司质量;抓好证券公司综合治理;积极稳妥推动股权分置问题的解决;发展壮大机构投资者;完善市场法制。这一系列方针政策的贯彻和卓有成效的运作,都对我国证券市场稳定健康发展提供了可靠保证。

我国发展证券市场的总方针是"法制、监管、自律、规范"八字方针。八字方针中的"法制"强调的是立法,"监管"强调的是执法,"自律"强调的是守法和自我约束,"规范"强调的是证券市场需要达到的运作标准和运作状态,是证券市场运行机制和监管机制的完善和成熟。八字方针完全符合我国证券市场发展的实际情况,是保证证券市场健康发展的长期指导方针。

八字方针揭示了证券市场发展过程中各因素之间的相互关系。四个方面相辅相成,相互作用,缺一不可。其中,规范是目的,法制是基础,监管和自律是手段。近年来,鉴于证券市场在经济发展中的作用日益重要,因此,规范和发展证券市场的八字方针要一以贯之。

2. 证券业监管政策

第一,集中统一的证券监管体制。自20世纪80年代末期以来,我国证券市场监管经历了由分散、多头监管到集中监管的过程,大体可分为三个阶段。[①] 1999年7月1日,《中华人民共和国证券法》开始实施,中国证监会派出机构正式挂牌,这标志着我国集中统一的证券、期货两级监管体制基本建立。证监会负责全国证券市场的监管;区域内上市公司和证券经营服务机构由证监会派出机构——地方证管办和特派员办事处,证监会专员办事处根据授权和职责分别监管。地方证管办还负责涉及跨省区重大案件的联合稽查的组织和重大事项的协调工作。

集中统一的证券监管体制已经成为世界各国普遍的目标模式,它甚至被认为是证券市场发展的必然规律。证券市场本身具有统一性和一体性的内在要求,对于一个高效证券市场所必备的基本要素,即市场的信息有效性、市场运作的高效率与低成本、市场的统一性和规模以及市场的公开性、公平性和公正性来说,只有集中统一的管理体制和由此形成的统一市场法规体系方能使之得以保证。我国证券监管体制的变迁符合证券市场本身发展的内在规律性和客观要求。同时,集中统一的监管体制又比较符合中国国情,同我国的经济与政治体

---

① 1992年5月以前是证券监管体制的萌芽时期。在国务院的部署下,对证券市场的监管主要由上海、深圳两市地方政府负责,有关证券法规也是由两地政府和两地的人民银行制定并执行。1992年5月至1997年年底为第二阶段,是对证券市场的监管由中央与地方、中央各部门共同参与管理向集中统一管理的过渡阶段,中国证券监督管理委员会的成立是监管体制转型的重要标志。1997年年底至今是初步建立全国集中统一的证券监管体系阶段。转引自陶虎:《中国证券监管体制的变迁与改革》,《企业经济》2005年第10期。

制、经济与金融管理模式以及证券市场的成熟度相吻合。正是上述我国证券市场乃至国民经济运行的客观要求促使证券监管体制的变革,以消除制约市场发展的矛盾和障碍。①

第二,证券业监管的内容、任务和原则。证券监管的范围主要是资本市场②,涉及股票市场监管、债券市场监管、期货市场监管、基金市场监管等。核心任务是保护投资者利益。因此,建立和维护证券市场的公开、公平、公正的"三公"原则,使投资者能够在理性的基础上,自主地决定交易行为,是保护投资者合法利益不受侵犯的基本原则。三公原则的具体内容包括:

公开原则,又称信息公开原则。核心要求是实现市场信息的公开化,通常包括两个方面,即证券信息的初期披露和持续披露。信息的初期披露,是指证券发行人在首次公开发行证券时,应完全披露有可能影响投资者做出是否购买证券决策的所有信息;信息的持续披露,指在证券发行后,发行人应定期向社会公众提供财务及经营状况的报告,以及不定期公告影响公司经营活动的重大事项等。公开原则要求信息披露应及时、完整、真实、准确。

公平原则。要求证券发行、交易活动中的所有参与者都有平等的法律地位,各自的合法权益能够得到公平的保护。按照公平原则,发行人有公平的筹资机会,证券经营机构在证券市场有公平的权利和责任,投资者享有公平的交易机会。对证券市场的所有参与者而言,不能因为其在市场中的职能差异、身份不同、经济实力大小而受到不公平的待遇,而要按照公平统一的市场规则进行各种活动。

公正原则。它要求证券监督管理部门在公开、公平原则基础上,对一切被监管对象给以公正待遇。对证券违法行为的处罚,对证券纠纷事件和争议的处理,都应当公正进行。公正原则是实现公开、公平原则的保障。

鉴于我国证券市场的发展,国务院于2008年4月23日第六次常务会议先后通过了《证券公司风险处置条例》和《证券公司监督管理条例》。2009年6月20日,深交所发布《深圳证券交易所创业板股票上市规则》(2012年和2014年两次修订)。这些条例和行业规范进一步加强了证券公司的监督管理,规范了证券公司的行为,促进了证券业的健康发展。2014年1月21日,证监会召开了

---

① 陶虎:《中国证券监管体制的变迁与改革》,《企业经济》2005年第10期。
② 资本市场是指证券融资和经营一年以上中长期资金借贷的金融市场,包括股票市场、债券市场、基金市场和中长期信贷市场等,其融通的资金主要作为扩大再生产的资本使用,因此称为资本市场。

以监管转型为主题的2014年全国证券期货监管工作会议,指出未来监管的重点将由融资转向均衡投融资和风险管理问题。

三、保险业政策

1. 保险业发展政策

保险是现代经济的重要产业和风险管理的基本手段。改革开放以来,我国保险业快速发展,服务领域不断拓宽,为促进经济社会发展和保障人民群众生产生活做出了重要贡献。但总体上看,我国保险业仍处于发展的初级阶段,不能适应全面深化改革和经济社会发展的需要,与现代保险服务业的要求还有较大差距。为深入贯彻落实中共十八届三中、四中全会和中央经济工作会议精神,在经济发展新常态下谋划好保险业的改革发展和监管工作,2014年8月10日,国务院印发《关于加快发展现代保险服务业的若干意见》和《关于加快发展商业健康保险的若干意见》,为保险行业提供了广阔的发展空间。

《关于加快发展现代保险服务业的若干意见》提出发展目标是:到2020年,基本建成保障全面、功能完善、安全稳健、诚信规范,具有较强服务能力、创新能力和国际竞争力,与我国经济社会发展需求相适应的现代保险服务业,努力由保险大国向保险强国转变。保险成为政府、企业、居民风险管理和财富管理的基本手段,成为提高保障水平和保障质量的重要渠道,成为政府改进公共服务、加强社会管理的有效工具。保险深度(保费收入/国内生产总值)达到5%,保险密度(保费收入/总人口)达到3500元/人。保险的社会"稳定器"和经济"助推器"作用得到有效发挥。

总体要求包括九个方面:

第一,构筑保险民生保障网,完善多层次社会保障体系。把商业保险建成社会保障体系的重要支柱;创新养老保险产品服务;发展多样化健康保险服务。

第二,发挥保险风险管理功能,完善社会治理体系。运用保险机制创新公共服务提供方式;发挥责任保险化解矛盾纠纷的功能作用。

第三,完善保险经济补偿机制,提高灾害救助参与度。将保险纳入灾害事故防范救助体系;建立巨灾保险制度。

第四,大力发展"三农"保险,创新支农惠农方式积极发展农业保险;拓展"三农"保险广度和深度。

第五,拓展保险服务功能,促进经济体制增效升级,充分发挥保险资金长期投资的独特优势;促进保险市场与货币市场、资本市场协调发展;推动保险服务经济结构调整;加大保险业支持企业走出去的力度。

第六,推进保险业改革开放,全面提升行业发展水平,深化保险行业改革;提升保险业对外开放水平鼓励保险产品服务创新;加快发展再保险市场;充分发挥保险中介市场作用。

第七,加强和改进保险监管,防范化解风险。推进监管体系和监管能力现代化;加强保险消费者合法权益保护;守住不发生系统性区域性金融风险的底线。

第八,加强基础建设,优化保险业发展环境。全面推进保险业信用体系建设;加强保险业基础设施建设;提升全社会保险意识。

第九,完善现代保险服务业发展的支持政策。建立保险监管协调机制;鼓励政府通过多种方式购买保险服务;研究完善加快现代保险服务业发展的税收政策;加强养老产业和健康服务业用地保障;完善对农业保险的财政补贴政策。

正如《关于加快发展现代保险服务业的若干意见》所指出的那样,加快发展现代保险服务业,对完善现代金融体系、带动扩大社会就业、促进经济提质增效升级、创新社会治理方式、保障社会稳定运行、提升社会安全感、提高人民群众生活质量具有重要意义。

2. 保险业监管政策

2009年2月28日,十一届全人大常委会第七次会议审议通过了《中华人民共和国保险法(修订)》,该法对保险合同、人身保险合同、财产保险合同、保险公司及其保险经营规则、保险代理人和保险经纪人、保险业监督管理以及各方的法律责任等都作了详尽的规定和说明。它的出台进一步规范了保险活动,为加强对保险业的监督与管理,促进保险事业的健康发展提供了法律基础。

第一,集中统一的保险业监管体制。中国保险监督管理委员会是我国商业保险的行政管理部门和监管部门,根据《中华人民共和国保险法》对我国保险业进行监管。其职责主要包括:拟定保险业发展的方针政策,制定行业发展战略和规划,起草保险业监管的法律、法规,制定业内规章;审批保险公司及其分支机构、保险集团公司、保险控股公司的设立等。

第二,证券监管的内容、任务和原则。中国保险监督管理委员会对保险行业实施监管的范围涉及财产保险监管、人身保险监管、保险中介监管、保险资金运用监管等,监管的内容主要包括两个方面,一是市场准入的监管,二是保险业务营运的监管。市场准入监管的目标是在审批环节上对整个保险体系实施有效的控制,确保保险机构的数量、结构、规模和分布符合国家经济金融发展规划和市场需要,并与当局的监管能力相适应。保险业务营运监管的具体内容在各国之间并不完全相同,但一般都将监督检查的重点放在偿付能力和市场行为两个方面。保险公司的偿付能力是指其赔偿或给付的能力。2009年9月25日颁布的《保险公司管理规定》规定保险公司应具有与其业务规模相适应的最低偿付能力。市场行为监管的核心是要求保险机构严格依法合规经营,维护良好的市场秩序和环境,维护被保险人的利益。监管方式包括非现场监控和现场稽核检查,重点是对有问题保险机构的处理。处罚包括警告、通报批评、罚款、没收非法所得、责令停止经营部分业务、整顿、实施接管、责令撤换责任人、吊销经营保险业务许可证等。

除了上述三大行业的政策外,黄金业政策也属于金融政策的重要组成部分。目前我国主要的黄金政策文本有:《中华人民共和国金银管理条例》(1983年制定,2011年修订)、《国务院关于对黄金矿产实行保护性开采的通知》(1988年),发改委发布的《办理开采黄金矿产批准书管理规定》(2003年),工业和信息化部发布的《关于促进黄金行业持续健康发展的指导意见》(2012年)等。法律规定,我国对金银实行统一管理、统购统配的政策。国家管理金银的主管机关为中国人民银行。中国人民银行负责管理国家金银储备;负责金银的收购与配售;会同国家物价主管机关制定和管理金银收购与配售价格;会同国家有关主管机关审批金银经营(包括加工、销售)单位,管理和检查金银市场。

第四章　农业政策

农业政策是指政府为了促进农业的发展,调整农业产业结构,提高农民生活水平而制定的一系列规章、制度和规范的总称。我国是一个人口大国,"民以食为天",农业直接保障着国家的粮食安全,关系到国计民生。农业本身又是一个弱质产业,农业的发展离不开国家的政策保护。"农业政策从其本质上来说是国家对农业所包含的各种资源的权威性配置。"[①]农业政策的内容主要包括:农村土地政策、农业产业结构政策、农业保护政策等。农业政策是国家政策体系中的重要组成部分。

第一节　十一届三中全会前的农业政策回顾

在十一届三中全会前,我国农业政策的发展经历了曲折的道路,国家在不同时期制定了不同的农业政策。"全国解放以后,我们党领导广大农民实现了两项具有深远意义的伟大的社会改革。首先是消灭封建制度,实行土地改革。其次是在这个基础上,对小农经济实行了社会主义改造,引导几亿农民走上了集体

---

① 刘伯龙、竺乾威主编:《当代中国公共政策》,复旦大学出版社2000年版,第44页。

化的道路。"①农业政策的主旨是运用国家政权的力量,把分散的小农经济引向集体经济的道路,从而构建社会主义的农业集体经营体制。

一、建国初期的农业政策

1. 建国初期农业政策出台的历史背景

在中华人民共和国成立之前,中国的土地制度极不合理。大部分农民没有土地,或只有少部分土地,80%以上的土地被地主阶级所占有。当时的中国是一个农业大国,土地资源成为支撑国家权力的重要资源。为满足农民的土地要求,早在建国之前,中国共产党人就成功地在解放区进行了土地改革,积累了解决土地问题的经验。

建国以后,在新解放区尚有2.6亿农业人口没有进行土地改革,无地或失地农民流离失所,农村社会处于混乱和无序状态之中。如何解决农村土地问题,发展农业生产,巩固新生政权,成为中国共产党人必须考虑的问题。1950年6月6日至9日,中共中央召开了七届三中全会,毛泽东在会上提出了建国后的八大任务,其中第一项就是土地改革。刘少奇就土改问题作了专题报告。1950年6月28日,中央人民政府第八次全体会议通过了《中华人民共和国土地改革法》,决定"废除地主阶级封建剥削的土地所有制,实行农民的土地所有制"。从而,在全国掀起了轰轰烈烈的土地改革运动。可以说,满足农民的土地要求,解决土地问题成为建国之初我国最重要的农业政策。

2. 建国初期农业政策的内容

土地改革的总路线和总政策是:依靠贫农、雇农,团结中农,中立富农,有步骤、有分别地消灭封建剥削制度,发展农业生产。

土地改革的主要内容是:第一,没收地主的土地、耕畜、农具、多余的粮食及其多余的房屋,分配给贫雇农。第二,征收祠堂、庙宇、寺院、教堂、学校和团体在农村中的土地及其他公地进行分配。第三,保护中农(包括富农)的土地及其财产,不得侵犯。第四,依靠农民协会推行土地改革。所有没收和征收得来的土地和其他财产、生产资料均由农民协会接受,统一、公平、合理地分配给无地、少地的贫苦农民所有。

---

① 中共中央文献研究室编:《三中全会以来——重要文献选编》,人民出版社1982年版,第542—543页。

为了配合农村的土地改革,1950年8月21日政务院下发了《关于划分农村阶级成分的决定》,在农村开展了划分阶级成分的工作,将农村阶级划分为5种:占有土地,自己不劳动或只有附带的劳动,而靠剥削为生者为地主;一般占有土地,占有比较优良的生产工具及活动资本,自己参加劳动,但依靠剥削为其生活来源之一或大部分者为富农;占有土地,生活来源全靠自己劳动,或主要靠自己劳动者为中农;占有一部分土地或不完全的工具,一般须租入土地来耕种的受剥削者为贫农;一般没有土地和生产工具,完全或主要以出卖劳动力为生者为雇农。划分阶级成分是土地改革的首要前提,也是支持土地改革顺利进行的一项重要政策。

建国初期我国土地改革政策的一大特点是:土地改革实行无偿没收,无偿分配的政策,即无偿地没收地主的土地与多余的财产,无偿地分配给贫雇农。这一特点充分体现了公共政策具有阶级性的特征,体现了中国共产党的执政基础。

到了1953年春,除了中共中央决定暂不进行土地改革的一些少数民族地区(约有700万人口)外,中国大陆的土地改革已基本完成。通过土地改革,70%的无地农民分得了7亿亩土地,实现了梦寐以求的"耕者有其田"的梦想;彻底摧毁了几千年来的封建土地剥削制度,解放了农村生产力,巩固了新生政权。1952年同1949年相比,我国农业生产总值增长了48.5%,粮食总产量增长了44.82%。

二、集体化时期的农业政策

1. 互助组阶段的农业政策

土地改革以后,广大无地农民分到了土地,极大地调动了生产的积极性。但是,由于当时生产力落后,农民拥有土地等生产资料,却缺乏生产工具与资金,在生产中遇到的困难,单靠个体力量难以解决。于是在一些农村地区出现了互助合作的生产形式。与此同时,农村也出现了"中农化"趋势和两极分化现象。所谓中农化趋势是指中农的户数所占的比例越来越大。土改以后,由于农村经济的恢复和发展,一部分农民已达到富裕农民或富裕中农的程度,他们在劳力和畜力方面拥有一定的优势,对互助组的倚赖性减弱,互助组出现涣散现象。农村中也有一部分人,由于缺乏劳力或发生疾病灾害,或缺乏生产资料,经济生活水平下降,一部分人开始出租土地,或借粮借款,农村出现两极分化现象。在这种情况下,如何调整农业政策,把中国农村引向何种发展道路,成为一个迫切需要解决的问题。

1951年9月,全国第一次互助合作会议通过了《中共中央关于农业生产互助合作的决议(草案)》。决议明确指出:"党中央从来认为要克服很多农民在分散经营中所发生的困难,要使广大贫困的农民能够迅速地增加生产而走上丰衣足食的道路,要使国家得到比现在多得多的商品粮食及其他工业原料,同时也就提高农民的购买力,使国家的工业品得到广大的畅销,就必须提倡'组织起来'。"中国开始有步骤地在农村推行土地集体化政策。

互助组阶段农业政策的主要内容有:第一,按照自愿和互利原则发展互助合作,既不能强迫命令,又不能放任自流。第二,互助合作的三种形式是简单的劳动合作、常年的互助组、农业生产合作社。第三,互助合作采取典型示范而逐步推广的方法。为了保证政策实施,党和政府采取了一些措施,如与互助合作组织签订经济合同;把种子、肥料、农具优先贷给互助合作组织等。

到1953年年底,全国参加临时的和常年的互助组与农业生产合作社的农户约有4790余万户,占农村总户数的43%;其中农业生产合作社有14000多个,参加的农户有27.3万多[①],互助合作取得了一定的成就。互助合作是在当时中国农村经济比较落后,生产力水平低下的情况采取的一种生产组织形式。虽然互助合作没有改变农民的生产资料个体所有制,但是,从政策出台的背景和政策实施的效果来看,互助合作是集体化的开始,预示着农业集体化政策的发端。

2. 初级农业生产合作社阶段的农业政策

1953年12月16日,中共中央通过了《关于发展农业生产合作社的决议》,决定引导农民由互助组走向初级农业合作社,从而加快了我国农业集体化的步伐。

这时期我国农业政策的主要内容有:第一,土地入股,统一经营。社员的土地由农业生产合作社统一经营,按照社员入社土地的数量和质量,参加分红。第二,生产资料统一使用,适当付酬。除土地之外的生产资料,包括牲畜、大型农具、农业交通工具、大型副业农具和设备等,由社里统一使用,分别付给适当的报酬。第三,实行工分制、按件计酬制以及土地和劳动按比例分红相结合的分配制度。第四,实行粮食统购统销。要求生产粮食的农民应按国家规定的收购价格和计划收购的分配数量将余粮卖给国家;城市各单位和农村缺粮地区所需粮食

[①] 《中共中央关于发展农业生产合作社的决议》,载中共中央党校党史教研室选编:《中共党史参考资料(八)》,人民出版社1980年版,第13页。

由国家统一供应;所有私营粮商一律不准私自经营粮食;实行在中央统一管理下,由中央与地方分工负责的粮食管理政策。

我国在初级农业生产合作社阶段的农业政策发生了几大变化:

一是提高了农业的集体化程度。互助组与初级社的主要区别体现在土地与生产资料的经营与使用方面。互助组采取土地、生产资料归个人所有,劳动时互相帮助(即换工的形式)的模式。初级社采取土地入股,参加分红(由社里支付土地的租金),生产资料由社里统一使用,适当付酬的模式。很显然,初级社提高了农业集体化的程度。

二是把互助合作经济和个体经济看成是社会主义和资本主义两条路线的斗争。《关于发展农业生产合作社的决议》明确指出:"从农民是劳动者这种性质所发展的互助合作的积极性,表现出农民可以引向社会主义;从农民是私有者和农产品的出卖者这种性质所发展的个体经济的积极性,表现出农民的自发趋向是资本主义。这就不可避免地在农村中产生了社会主义和资本主义这两条发展道路的斗争,而由于农业经济的恢复和逐步上涨,这两条发展道路的斗争,就越来越带着明显的、不能忽视的性质。我们的政策是在于积极地而又谨慎地经过许多具体的、恰当的、多样的过渡的形式,把农民的个体经济的积极性引到互助合作的积极性的轨道上来,从而克服那种建立在个体经济基础上的资本主义自发势力的倾向,逐步过渡到社会主义。"[①]1953年10月15日,毛泽东同中共中央农村工作部负责人谈话时指出:"对于农村的阵地,社会主义如果不去占领,资本主义就必然会去占领。难道可以说既不走资本主义道路,又不走社会主义的道路吗?"[②]

三是用行政手段,定指标的方式发展初级农业合作社。为了把党的政治工作和经济工作密切结合起来,逐步实现农业的社会主义改造,中央要求地方拟订发展农业合作社的年度计划,并为各个大行政区规定了指标。党中央计划"从1953年冬季到1654年秋收以前,全国农业生产合作社应由现有的14000多个发展到35800多个。其中,华北由6186个发展到12400多个;东北由4817个发展到1万个;华东由2301个发展到8300多个;中南由527个发展到3600多个;西

---

① 《中共中央关于发展农业生产合作社的决议》,载中共中央党校党史教研室选编:《中共党史参考资料(八)》,人民出版社1980年版,第12页。

② 《毛泽东文集》第六卷,人民出版社1999年版,第299页。

北由 302 发展到 700 多个;西南由 59 发展到 600 多个"。① 毛泽东曾明确谈道:搞农业生产合作社"要分派数字,摊派","摊派而不强迫,不是命令主义"。② 这时尽管国家也强调,发展农业合作社无论何时何地都必须根据农民自愿这一根本的原则,绝对不能够用强迫命令的手段去把贫农和中农合并到合作社里,也绝对不能用剥夺的手段去把农民的生产资料公有化,必须采用说服、示范和国家援助的方法来使农民自愿联合起来。但定指标、搞摊派,上纲上线,使自愿原则在执行中打了折扣。

3. 高级农业生产合作社阶段的农业政策

1953 年党在制定过渡时期总路线时,计划用 15 年左右的时间完成农业社会主义改造。《关于发展农业生产合作社的决议》也明确提出,在第一个五年计划内,即到 1957 年,全国农业生产合作社争取发展到 80 万个左右,参加的农户争取达到农村总农户数的 20%左右。实际上农业合作社发展很快,到了 1955 年夏季,全国农业合作社就达到了 65 万个。合作社发展过快,不可避免地出现了许多问题。例如,强迫富裕中农入社,侵犯他们的利益等,导致一些入社农民的生产积极性不高。在这种情况下,中央农村工作部部长邓子恢等人主张对合作社进行整顿,将合作化运动转入控制发展、着重巩固的阶段。对此,毛泽东等人不同意。他认为:"目前农村中合作化的社会改革的高潮,有些地方已经到来,全国也即将到来。这是五亿多农村人口的大规模的社会主义的革命运动,带有极其伟大的世界意义。我们应当积极地热情地有计划地去领导这个运动,而不是用各种办法去拉它向后退。"③他批评有的同志对农业合作社过多的评头品足,不适当的埋怨,无穷的忧虑是不对的,是小脚女人。1955 年 7 月 31 日,在中共七届中央委员会第六次全体会议(扩大)上通过了《关于农业合作化问题的决议》,该决议认为,如果党不积极引导农民走社会主义道路,资本主义在农村中就必然会发展起来,农村中的两极分化就会加剧。我国工业的发展迅速,如果农业合作化的发展跟不上去,粮食和工业原料作物的增长跟不上去,我国的社会主义工业化就会遭遇到极大的困难。因此,决议主张采取步骤,促使合作化运动在更加可靠的基础上前进,在一些有条件的地方,试办社会主义性质的高级农业生

---

① 《中共中央关于发展农业生产合作社的决议》,载中共中央党校党史教研室选编:《中共党史参考资料(八)》,人民出版社 1980 年版,第 26 页。
② 《毛泽东文集》第六卷,人民出版社 1999 年版,第 298 页。
③ 同上书,第 418 页。

产合作社。高级社阶段我国农业政策的主要内容有：第一，土地及主要生产资料归集体所有。《高级农业生产合作社示范章程》规定："入社的农民必须把私有的土地与耕畜、大型农具等主要生产资料转为合作社集体所有。"合作社对部分生产资料采取有偿购买的方式将其转化为集体财产。给社员留有小量的自留地,大约相当于全村每人平均土地的2%到5%。第二，队为基础，统一经营。第三，劳动产品实行按劳分配。

很显然,高级社阶段的农业政策进一步提高了集体化程度,使高级社具有了社会主义的性质。1955年全国加快了农业合作社的步伐,原计划到1956年秋,农业合作社由65万个发展到100万个。实际上到了1955年年底,全国参加初级社的农户已占全国总农户的60%以上,到1956年4月,全国农村基本上实现了初级社。到1956年10月多数省实现了高级社的形式。原计划用15年时间完成的农业社会主义改造任务只用了3年时间提前完成。

4. 人民公社化阶段的农业政策

社会主义生产资料所有制改造完成以后,如何尽快地在农村建立社会主义制度成为中国共产党人考虑的重大问题。人民公社阶段农业政策的主旨是：进一步完善土地集体所有,在此基础上构建社会主义制度。"如果说初级社和高级社时期的农业政策还在一定范围内对农村私有制给予肯定和承认的话,那么人民公社体制的全面推行意味着从价值和体制两个方面对农村私有制的彻底否定。"[1]

农业生产合作社成立以后,为了农业生产发展的需要,全国农村掀起了兴修水利的高潮。在农村水利建设中,群众自发出现了小社并大社的苗头,毛泽东对此给予了肯定。1958年3月20日,中共中央在四川召开了成都会议,会议通过了《关于把小型的农业合作社适当地合并为大社的意见》。该意见指出："我国农业正在迅速地实行农田水利化,并将在几年内逐步实行耕作机械化,在这种情况下,农业合作社如果规模过小,在生产的组织和发展方面势必将发生许多不便。为了适应农业生产和"文化革命"的需要。在有利的地方,把小型的农业合作社有计划地适当地合并为大型的合作社是必要的。"该意见提出了小社并大社的四个条件：在发展生产上有需要；绝大多数社员确实赞成；地理条件适合大社的经营；合作社的干部有能力办好大社。1958年5月,中共八届二中全会通

---

[1] 刘伯龙、竺乾威主编：《当代中国公共政策》,复旦大学出版社2000年版,第56页。

过了"鼓足干劲、力争上游、多快好省地建设社会主义"的总路线。广大农民开始更大规模地兴修水利,大搞农田基本建设和农业机械化事业,并先后根据党和毛泽东的要求开始了小社并大社的工作。

1958年8月,中共中央在北戴河召开中共中央政治局扩大会议,会议通过了《关于在农村建立人民公社问题的决议》,决议指出:"大型的综合性的人民公社不仅已经出现,而且已经在若干地方普遍发展起来,有的地方发展得很快,很可能不久就会在全国范围内出现一个发展人民公社的高潮,且有不可阻挡之势。人民公社发展的主要基础是我国农业生产全面的不断的跃进和五亿农民愈来愈高的政治觉悟。"①"在目前形势下,建立农林牧副渔全面发展、工农商学兵互相结合的人民公社,是指导农民加速社会主义建设,提前建成社会主义并逐步过渡到共产主义所必须采取的基本方针。"②该决议奠定了人民公社时期农业政策的基本框架。

人民公社阶段农业政策的主要内容有:第一,社的组织规模,一般以一乡为一社、两千户左右。人烟稀少的地方,可以少于两千户,一乡数社。有的地方根据自然地形条件和生产发展的需要,也可以由数乡并为一乡,组成一社,六七千户左右。第二,所有制形式实行集体所有制。由人民公社统一核算、统一分配、统一生产、统一调配劳动力。第三,在管理体制上,实行政社合一。人民公社既是一个行政管理单位,又是一个经济单位。改变了高级社时以生产队为基础的劳动单位。第四,在分配政策上实行供给制与工资制相结合的分配制度。即一部分以工资形式分给社员;另一部分按人口分配,由公社供给。供给部分一般大于工资部分。第五,生活方式实行集体化。通过办公共食堂、敬老院、托儿所等构建社会主义集体化的生活方式。

从1958年开始,全国掀起了人民公社化热潮,这股浪潮很快由农村波及城市,许多地方在城市也成立了人民公社。人民公社的特点是"一大二公"。大,指规模,以一乡为一社。公,指公有制程度高,土地、生产资料、劳动产品全部归公社所有。

人民公社阶段农业政策的特点是搞平均主义,过分提高了人民公社的公有化程度。例如,在公社内部实行"一平二调",即实行贫富拉平,平均分配;对生产队的某些财产无代价地上调;办集体食堂,搞供给制等。当时把这种平均主义

---

① 见《人民日报》1958年9月10日。
② 同上。

和无偿调拨农民或农业生产合作社的财产说成是共产主义,实际上都是平均主义的表现。

建国以后,我国对小农经济进行社会主义改造,引导亿万农民走社会主义道路,方向是正确的。但是,我们对农业社会主义改造的艰巨性、复杂性、长期性认识不足,在指导思想上有些急于求成。1980年邓小平在谈到我国农业合作化的历史经验时说:"有人说,过去搞社会主义改造,速度太快了。我看这个意见不能说一点道理也没有。比如农业合作化,一两年一个高潮,一种组织形式还没有来得及巩固,很快又变了。从初级合作化到普遍办高级社就是如此。如果稳步前进,巩固一段时间再发展,就可能搞得更好一些。"①

三、国民经济调整时期的农业政策

1. 国民经济调整时期农业政策出台的背景

人民公社阶段的农业政策超越了时代的发展要求,带有平均主义或共产主义的成分。《关于在农村建立人民公社问题的决议》中曾经指出:"现阶段我们的任务是建设社会主义。建立人民公社首先是为了加快社会主义建设的速度,而建设社会主义是为了过渡到共产主义积极地作好准备。看来,共产主义在我国的实现,已经不是什么遥远将来的事情了,我们应该积极地运用人民公社的形式,摸索出一条过渡到共产主义的具体途径。"②这些超越时代发展要求的政策措施导致了一系列不良后果。首先,打击了农民生产的积极性,破坏了社会生产力的发展。人民公社时期许多地方出现了"四多四少"和"三化"现象:吃饭的人多,出勤的人少;装病的人多,吃药的人少;学懒的人多,学勤的人少;读书的人多,劳动的人少。出工自由化,吃饭战斗化,收工集体化。我国农村经济遭到了极大破坏。1958年到1962年间,我国粮食平均每年减少3.9%。1962年,人均占有粮食476公斤,比1957年人均占有粮食603公斤减少了127公斤。其次,造成干群关系、党群关系紧张。由于在人民公社化运动中,全国上下头脑发热,决心"跑步进入共产主义",出现了浮夸风、说大话、说假话、争放"卫星"等严重违背经济规律的现象,严重挫伤了农民生产的积极性,加剧了农村的干群矛盾、党群矛盾,影响了农村的社会稳定。人民公社化阶段的农业政策出现了一系列

---

① 《邓小平文选》第二卷,人民出版社1994年版,第316页。
② 见《人民日报》1958年9月10日。

失误,使我国国民经济面临着严重的困难。

1960年秋,党中央、国务院提出把农业放在各行各业的首位,使各项建设事业在恢复中得到"调整、巩固、充实、提高"。从1961年开始,我国国民经济进入了调整时期。在国民经济调整时期,国家开始着手解决人民公社化运动时期的"左倾"错误。从1960年年底到1962年,中央颁布了《关于农村人民公社当前政策问题的紧急指示信》《关于贯彻执行〈紧急指示信〉的指示》《关于改变农村人民公社基本核算单位问题的指示》《农村人民公社工作条例修正草案》等一系列文件,对农业政策进行重大调整,制定了新的农业政策。

2. 国民经济调整时期农业政策的内容

国民经济调整时期农业政策的内容有:

第一,确定"三级所有,队为基础"的体制。1962年9月颁布的《农村人民公社工作条例修正草案》重申:"人民公社的基本核算单位是生产队。根据各地方不同的情况,人民公社的组织,可以是两级,即公社和生产队,也可以是三级,即公社、生产大队和生产队。"生产队为农业经营的基本单位,生产大队、公社的土地以及其他生产资料,分别属于各自范围内的社员共同所有。

第二,纠正"一平二调"的错误。1960年11月中共中央下发了《关于农村人民公社当前政策问题的紧急指示信》,明确指出:"凡是从人民公社成立以来,县和县以上各级机关和企业、事业单位向社平调的、县和社向生产队平调的,以及县、社和队向社员个人平调的房屋、土地、农副产品和建筑材料等各种财物,都必须认真清理,坚决退还。"

第三,恢复自留地和家庭副业,恢复农村集贸市场。

第四,取消公共食堂和部分供给制。坚持各尽所能、按劳分配的原则,废除完全脱离实际的供给制和工资制相结合的分配制度,实行按工分分配的制度。

第五,从各方面节约劳动力,加强农业生产第一线。中央明确规定"五年内,县以上各级各单位都不许再从农村抽调劳动力。必要抽调的时候,必须经省、市、自治区党委批准。公社一级动用生产队和生产小队的劳动力,必须经地委批准,生产队动用生产小队的劳动力,必须经县委批准"[①]。

第六,压缩基本建设规模,增加农业投资和贷款,减少粮食征购任务,提高农产品价格。

---

① 见《中共中央关于农村人民公社当前政策问题的紧急指示信》(1960年11月3日)。

国民经济调整时期的农业政策有两大特点:一是纠正人民公社化时期的错误;二是重视农业生产,给农民、农业一个休养生息的机会。在这一时期,由于全党、全国重视农业,各行各业都支援农业生产,在正确的政策指导下,我国农业有了一定的恢复与发展。1965年各项农业生产指标接近或赶过1957年的水平。从1960年到1965年农业生产总值年均增长11.1%,达到了588.6亿元,比1957年增长52.9亿元。

在国民经济调整时期,虽然党中央采取了一系列发展生产的政策措施,促进了农业经济的发展。但是在当时的历史背景下,"左"的思想没有彻底根除,更重要的是,当时没有搞清楚什么是社会主义,什么是资本主义。错误地认为社会主义就是"一大二公"的计划经济,社会主义不能有市场经济。在这种"左"的思想影响下,1963年党中央决定在农村开展社会主义教育运动,接着又发动"四清"运动,批"单干风"等,混淆了两类不同性质的矛盾,对我国农业经济的发展产生了极为不利的影响。

四、"文化大革命"时期的农业政策

1966年我国开始了"文化大革命",从此中国进入了十年动乱时期。在这一时期,我国农村经济再次遭到破坏,国民经济调整时期制定的一些正确的农业政策受到批判,"左"倾错误思想发展到了顶峰,我国农业政策出现了严重失误。这一时期农业政策的主要内容有:

第一,号召全国农业学大寨,由农业学大寨演变成"穷过渡"。大寨是山西省昔阳县大寨公社的一个大队,原本是一个贫穷的小山村。人民公社化后,社员们开山凿坡,修造梯田,使粮食亩产增长了7倍。1964年2月10日,《人民日报》刊登了新华社记者的通讯报道《大寨之路》,介绍了他们的先进事迹,并发表社论《用革命精神建设山区的好榜样》,号召全国人民,尤其是农业战线学习大寨人的革命精神。同年,毛泽东发出了"农业学大寨"的号召,"农业学大寨"运动遂在全国兴起。"农业学大寨"运动一直延续到20世纪70年代末,由"农业学大寨"搞成"穷过渡",在"'农业学大寨'中有许多形式主义、劳民伤财的事,而且大寨最终被异化为政治工具"。[1]

第二,关闭农村集贸市场,收回自留地。在"文化大革命"中,"四人帮"在大

---

[1] 李成贵:《中国农业政策——理论框架与应用分析》,社会科学文献出版社1999年版,第148页。

批资本主义的同时,狠批"唯生产力论",把农村的家庭副业、自由贸易看成是资本主义尾巴,在农村大搞割尾巴运动。农村集贸市场被迫关闭,农民的自留地被收回,广大农民的生产积极性受到了严重打击。

第三,强调"以粮为纲",限制非粮食作物的种植。在农业产业结构上,片面强调"以粮为纲",突出"三个为主","农业以种植业为主,种植业以粮食为主,粮食又以高产作物为主,核心是追求粮食高产"。① 在"以粮为纲"方针指导下,农业产业结构更加单一,进一步强化了农业自然经济性质。

由于"文化大革命"时期农业政策的失误,使我国农业经济遭到了严重破坏。1977年全国人均占有的主要农产品量还没有达到1957年的水平,全国有一亿多人处于饥饿状态。

从建国以后到改革开放前,我国农业政策的发展经过了一段曲折的道路。"我们说的曲折和失误,主要是在指导农业集体化的过程中,一则未能始终一贯地严格按照群众自愿互利的原则办事,不少地方采用政治强制和行政手段多,示范和吸引的办法少;二则未能始终一贯地执行因地制宜,分类指导,循序渐进的正确方针,搞了一刀切、一锅煮的错误做法。这些问题,建立高级农业合作社的阶段在一部分地区已经出现,而人民公社化运动中,又在更大程度和更大规模上发展了,形成全国性的'共产风'、浮夸风、瞎指挥风,带来较大的损失。"②由于指导方针上的一系列失误,导致我国农业生产的发展速度滞缓。1953年到1978年的26年间,我国农业生产总值平均每年只增了3.2%,粮食2.4%,棉花2%,油料0.8%。按全国人口均算,26年来人均占有粮食仅增加了11%。棉花、油料等主要农产品在大量进口的情况下,仍长期供应紧张。农民生活没有得到应有改善。26年间,全国农村人口平均收入仅增加了70元,平均每年人均增加了2.7元。

第二节 改革开放后农业政策的历史发展

中共十一届三中全会后,我国进入到改革开放的新时期。"从农业政策的角度来看,中国又进入到了一个依靠务实化政策推动农村生产力发展的时代。"③改革开放以来,我国农业政策的主旨是根据中国农业发展的实际情况,遵

---

① 李成贵:《中国农业政策——理论框架与应用分析》,社会科学文献出版社1999年版,第148页。
② 中共中央文献研究室编:《三中全会以来——重要文献选编》,人民出版社1982年版,第543页。
③ 刘伯龙、竺乾威主编:《当代中国公共政策》,复旦大学出版社2000年版,第59页。

循广大农民的意愿,推动农业生产经营体制的改革,构建市场经济条件下现代化农业的框架。农业政策的思路是:按照科学发展观的要求,统筹城乡经济发展,放利于民,"以工哺农"。

一、十一届三中全会后我国农业政策的重大调整

1. 改革开放初期的农业政策

1978年12月,党的十一届三中全会通过《中共中央关于加快农业发展若干问题的决定(草案)》认为,全党目前必须集中主要精力把农业尽快搞上去,为此必须调动广大农民的社会主义积极性,必须在经济上充分关心他们的物质利益,在政治上切实保障他们的民主权利。"公社各级经济组织必须认真执行按劳分配的社会主义原则,按照劳动的数量和质量计算报酬,克服平均主义;社员自留地、家庭副业和集市贸易是社会主义经济的必要补充部分,任何人不得乱加干涉。"①会议决定,粮食统购价格从1979年夏粮上市的时候起提高20%,与此同时降低农用工业品的出厂价格和销售价格,缩小工农价格剪刀差。十一届三中全会的召开,有力地促进了农业经济的恢复,为我国农村经济体制改革创造了宽松的政治环境。

1979年安徽凤阳小岗村18户农民实行家庭联产承包责任制,拉开了农村经济体制改革的帷幕。小岗村的改革在当时引起了轩然大波。1980年5月31日,邓小平针对一些人的担心指出:"我看这种担心是不必要的。"②"可以肯定,只要生产发展了,农村的社会分工和商品经济发展了,低水平的集体化就会发展到高水平的集体化,集体经济不巩固的也会巩固起来。"③他还说:"现在农村工作中的主要问题还是思想不够解放。"④邓小平的明确表态有力地促进了家庭联产承包责任制在全国的推广。

1980年9月,中共中央转发了《关于进一步加强和完善农业生产责任制的几个问题》明确指出:"实行包产到户,是联系群众,发展生产,解决温饱问题的一种必要的措施。就全国而论,在社会主义工业、社会主义商业和集体农业占优势的情况下,在生产队领导下实行的包产到户是依存于社会主义经济,而不会脱

---

① 中共中央文献研究室编:《三中全会以来——重要文献选编》,人民出版社1982年版,第8页。
② 《邓小平文选》第二卷,人民出版社1994年版,第315页。
③ 同上。
④ 同上书,第316页。

离社会主义轨道的,没有复辟资本主义的危险,因而并不可怕。"①中共中央号召,"在当前,应当把改善经营管理,贯彻按劳分配,加强和完善生产责任制,当做进一步巩固集体经济、发展农业生产的中心环节,下苦功夫,抓紧抓好"②。这是中国共产党第一次用生产责任制的方式解决中国农村的发展问题。

1982年,中共中央转批了《全国农村工作会议纪要》,指出:"生产责任制的建立,不但克服了集体经济中长期存在的'吃大锅饭'的弊端,而且通过劳动组织、计酬方法等环节的改进,带动了生产关系的部分调整,纠正了长期存在的管理过分集中、经营方式过于单一的缺点,使之更加符合于我国农村的经济状况。"③《全国农村工作会议纪要》要求,"各级领导要统一认识,解决实际问题,使现行的农业生产责任制,包括农、林、牧、副、渔各业的责任制能够进一步完善起来"④。

1982年至1986年,连续五年,中央每年制定一个"一号文件"调整与完善我国的农业政策。1982年的一号文件彻底突破僵化的"三级所有、队为基础"的体制框框,明确指出包产到户、包干到户或大包干,"都是社会主义生产责任制"。1983年的一号文件赞扬家庭联产承包责任制是"在党的领导下中国农民的伟大创造,是马克思主义关于合作化理论在我国实践中的新发展"。1984年的一号文件确定承包给农民的土地15年不变。1985年的一号文件提出农村经济的十项政策。1986年的一号文件明确提出个体经济是社会主义经济的必要补充,允许其存在和发展。五个一号文件确立并巩固了家庭联产承包责任制,使亿万农民得到了自由和实惠,并把家庭联产承包责任制推向了全国。

中国的经济体制改革之所以从农村拉开帷幕是有一定原因的。一是中国农村长期受"左"的影响和计划经济体制束缚,农业生产遭到了极大破坏,农民要求改革的愿望非常强烈。1977年,全国农业人口平均每人每年的收入只有60多元,全国人均占有粮食还略少于1957年。人民公社时期的农业政策使中国农业的发展陷入危机,拯救这一危机成为"文化大革命"后农业政策的首要选择。二是十一届三中全会以后,全国宽松的政治环境为农村经济体制改革创造了良好的条件。

---

① 中共中央文献研究室编:《三中全会以来——重要文献选编》,人民出版社1982年版,第547页。
② 同上书,第544页。
③ 同上书,第1062—1063页。
④ 同上书,第1063页。

随着家庭联产承包责任制的实行,原来建立在集体统一经营、政社合一基础上的人民公社管理体制已不适应生产关系和生产力发展的要求。到 1982 年年底有 80%的农民实行了家庭承包,人民公社的"三级所有,队为基础"体制基本上土崩瓦解。1983 年中共中央下发了《当前农村经济政策的若干问题》的通知,要求对人民公社的管理体制进行改革,提出要有准备、有步骤地改为政社分设,准备好一批,改变一批。1983 年有 12702 个人民公社宣布解体,1984 年有 39830个人民公社解体,1985 年所剩的 249 个人民公社也宣布终结。

农村家庭联产承包责任制的实行,反映了亿万农民要求按照中国农村的实际情况来发展社会主义农业的强烈愿望。生产责任制的建立,不但克服了计划经济时期长期存在的生产上的瞎指挥和"吃大锅饭"的弊病,而且通过劳动组织、计酬方法等环节的改进,纠正了长期存在的管理过分集中、经营方式单一的缺点。家庭联产承包责任制的实行激发了亿万农民的积极性,有力地促进了生产力的发展,从 1978 年到 1984 年,农业总产值平均每年递增 7.73%。全国粮食产量由 1978 年的 30477 万吨增加到 1984 年的 40731 万吨,平均每年增加 1709万吨,年增长率达 4.95%,比改革开放前 26 年的 2.4%的年增长率高一倍多。1978 年到 1984 年全国农民的人均纯收入年均增长 16.16%,而同期城镇居民人均纯收入年均增长 7.93%。农业的发展不仅解决了绝大部分农民的温饱问题,而且为国家的经济发展奠定了物质基础。

2. 20 世纪 80 年代后期农业政策的发展

家庭联产承包责任制实行以后,极大地调动了农民生产的积极性。我国农业在经历了第一阶段的高速增长后,国家开始对粮食购销体制进行改革,并在政策上积极鼓励发展农村非农产业,试图用计划和市场的双重手段,调节农业资源流向,引导农业产业结构调整。但由于国民经济要素资源的配置环境并不宽松,土地、资本、劳动力资源由农业转向非农产业,由农村转向城市,导致粮食种植业出现了持续徘徊的局面。到了 20 世纪 80 年代中期,我国主要农产品出现了大幅度的减产和徘徊现象,农民的收入也开始减少。1985 年我国粮食减产 2820万吨,产量下降 6.9%,棉花减产 211 万吨,产量下降 33.7%。1985—1988 年农业增长速度由 1978—1984 年的平均增长 7.73%下降到 3.1%。1985—1990 年农民收入年递增仅 2.9%。

"农业陷入停滞、徘徊状态除了自然原因以外,一个重要的问题就是因为政策方面的不完善引发的,特别是粮食和副食品的价格政策、国家投入政策等方面的失误导致了农业发展处于困境。"① 与此同时,家庭联产承包责任制自身的缺陷也逐步显露出来。一家一户的小块土地经营,限制了农产品商品化发展,不利于农户抵御市场风险,不利于推行农业现代化和进行农业基础设施建设。

在这种情况下,一些农村基层干部和农民开始探索新的经营方式,以补充、完善和发展家庭联产承包责任制。如一些地方在原来集体经济的基础上,建立起了各种社会化服务体系,使农机、种子、植保、农水、农电、农肥供应等生产要素和生产程序实现了专业承包服务,解决了农民一家一户办不了也办不好的事情,节省了大量的劳动力。有的地方则围绕着重点农产品的生产、加工和流通,建立农副产品生产和加工经营企业,推动农工贸一体化的经营。还有一些专业户、重点户自发组织了多形式、多层次的经济联合体,使新的合作经济形式开始出现在广大农村地区,有效促进了农业经济中劳动分工的发展和专业化生产的发展,提高了农业生产的规模效益,也加速了农业技术进步和农业市场的发展。

在总结农民群众创造的社会化服务体系经验的基础上,中共中央逐步作出了在稳定家庭承包责任制的同时,加强集体统一管理,建立健全农业社会化服务体系,完善双层经营的决策。1986年中央在"一号文件"中指出:"家庭承包制是党的长期政策,决不可背离群众要求,随意改变。可是,有些地方没有把一家一户办不好或不好办的事认真抓起来,群众是不满意的。应当坚持统分结合,切实做好技术服务,经营服务和必要的管理工作。"1988年在《中共中央、国务院关于夺取明年农业丰收的决定》中明确指出:"少数确实具备条件的地方,在尊重群众意愿的情况下,可以引导农民实行适度的规模经营,以进一步提高农业劳动生产率。"这是在中共中央文件中第一次明确提出了"适度规模经营"的问题。从此,家庭联产承包责任制和统分结合的双层经营体制成为我国农业的基本政策。

统分结合的双层经营体制是指在家庭联产承包的基础上,对一些不适合农户承包经营的项目和经济活动,由集体统一经营和统一管理,从而建立起家庭分散经营和集体集中经营两个不同的经营层次。1990年3月3日,邓小平在同几位中央负责同志的谈话中明确指出:"中国社会主义农业的改革和发展,从长远

---

① 刘伯龙、竺乾威主编:《当代中国公共政策》,复旦大学出版社2000年版,第62页。

的观点看,要有两个飞跃。第一个飞跃,是废除人民公社,实行家庭联产承包为主的责任制。这是一个很大的前进,要长期坚持不变。第二个飞跃,是适应科学种田和生产社会化的需要,发展适度规模经营,发展集体经济。这是又一个很大的前进,当然这是很长的过程。"①邓小平的讲话为我国农村改革和农村经济发展指明了方向。

20世纪80年代后期,我国农业政策的另一变化是鼓励发展乡镇企业,使乡镇企业异军突起,成为吸纳农村剩余劳动力的主渠道。十一届三中全会前,乡镇企业被称为"社队企业",是作为农业的附属产业而存在的。十一届三中全会以后,国家对社队企业的地位、发展方针和经营范围作了进一步的明确规定。

1981年5月,国务院下发了《关于社队企业贯彻国民经济调整方针的若干规定》,明确指出:"社队企业对于安排农村剩余劳动力,增加社员收入有明显效果;对于逐步改变农村和农业的经济结构,促进小集镇建设,起了积极作用;对于发展商品生产,增加国家财政收入也作出了贡献。社队企业已成为农村经济的重要组成部分,符合农村经济综合发展的方向。"

1984年中共中央在《关于1984年农村工作的通知》中指出:"鼓励农民向各种企业投资入股,鼓励集体和农民本着自愿互利的原则,将资金集中起来,联合去办各种企业。"同年,中共中央、国务院在《转发农牧渔业部〈关于开创社队企业新局面的报告〉的通知》中,决定把社队企业改名为"乡镇企业"。乡镇企业包括乡办企业、村办企业和农民合作企业以及个体企业。

1985年、1986年中共中央在关于农村问题的"一号文件"和1987年的"五号文件"中都制定了一系列鼓励、扶持乡镇企业发展的政策措施。比如,对乡镇企业实行信贷、税收优惠。鼓励农民发展采矿和其他开发性事业,对饲料工业、食品工业、小能源工业的投资和其他乡镇企业的技术改造费,在贷款数额和利率上给予优惠。按税法规定,对新办乡镇企业定期免征所得税,期满后仍有困难的,可以继续定期减免等。在国家政策扶持下,乡镇企业有了充分的发展空间。1985年到1987年,乡镇企业吸纳的农村剩余劳动力突破一千万人。乡镇企业的发展对于增加农民收入,缓解农村就业压力,促进国民经济发展具有重要的意义。

---

① 《邓小平文选》第三卷,人民出版社1993年版,第355页。

二、市场经济条件下农业政策的再调整

1. 市场经济条件下农业政策的历史发展

1992年10月,中国共产党在北京召开第十四届全国代表大会,社会主义市场经济体制的建立,为农村经济的发展带来了前所未有的机遇,也对我国农业发展提出了新的挑战。由于我国长期受计划经济的影响,许多农产品的价格由国家定价,农业的产、供、销基本上与市场脱节。农村经济体制改革以后,农户的分散经营更难以抵御大市场的冲击。农业不同于工业,它既受市场风险制约,又受自然风险制约,是国民经济中社会效益高而自身效益低的产业,无论在商品市场的竞争中,还是在经济资源的竞争中,常常处于比较软弱和不利的地位。随着社会主义市场经济的发展,资金、技术、人力等生产要素不断向非农产业流动,工农业发展不协调的情况日益突出。工业的高速增长不仅占用大量的经济资源,而且导致中间产品价格不断上涨,拉动农用生产资料大幅度涨价,工农业产品价格的剪刀差迅速扩大。农业信贷资金也大量地流向工业、流向城市。所有这些,给农业和农村经济的发展带来明显的不利后果:农业比较利益下降,农民种粮种棉的积极性受到挫伤,有的地方甚至发生"撂荒"现象;农民收入增长缓慢,农民人均纯收入与城镇居民人均生活费收入之比,已基本上恢复到农村改革前的状况;农业已成为国民经济中最薄弱的环节。面对社会主义市场经济条件下农业出现的这些新矛盾和新问题,中共中央和国务院出台了一系列政策措施对农业政策进行了再调整。

第一,深化农产品流通体制改革,形成以市场定价为主的新机制。实行社会主义市场经济体制后,我国首先以粮食购销体制改革为突破口对农产品流通体制进行市场化改革。1993年11月中共中央、国务院制定了《关于当前农业和农村经济发展的若干政策措施》,要求各地"从明年起,国家定购的粮食全部实行'保量放价',即保留定购数量,收购价格随行就市"。从1993年开始,全国多数地方已放开粮食购销价格,取消粮票。随着粮食购销体制改革,其他农产品的价格也逐步放开,从而形成了农产品以市场为主体的价格新机制。

第二,鼓励农民成立经济协作组织,建立农业社会化服务体系。1993年10中共中央专门召开了农村工作会议,会议主张围绕农村专业性的商品生产,推行和完善贸工农一体化、产供销一条龙的经营形式。以加工或经营企业为龙头,带动农村基层和农户,形成经济协作组织;以供销社或其他经济技术部门为依托,

组织专业合作社。1996年1月,中共中央、国务院制定了《关于"九五"时期和今年农村工作的主要任务和政策措施》,决定大力"发展多种形式的合作与联合,发展连接农民与市场的中介组织","推进农业产业化,发展贸工农一体化经营,把农户生产与国内外市场连接起来"。1998年10月中共十五届三中全会做出了《关于农业和农村工作若干重大问题的决定》,鼓励农民采用多种多样的股份合作制形式兴办经济实体,发展跨所有制、跨地区的多种形式的联合和合作。供销合作社、信用合作社要更好地为农业、农民服务。

第三,引导农民向城市流动,建立城乡统一的劳动力市场。1993年11月,十四届三中全会《关于建立社会主义市场经济体制若干问题的决定》主张"逐步改革小城镇的户籍管理制度,允许农民进入小城镇务工经商,发展农村第三产业,促进农村剩余劳动力的转移"①。同年,国家对粮食购销体制进行改革,放开粮食价格,全国取消粮票,为农村剩余劳动力进城进一步打开了通道。自20世纪90年代开始,我国农村剩余劳动力大规模地向城市流动,每年跨地区流动的人数大约在一亿人。由于受传统体制的影响,农民进城务工就业受到一些不合理限制,农民工的合法权益得不到有效保护。同时,农民进城务工就业也使城市社会治安、城市环境管理等工作面临新的问题。针对这些问题,1998年10月十五届三中全会《关于农业和农村工作若干重大问题的决定》提出,大力发展小城镇,吸引乡镇企业相对集中,更大规模地转移农业富余劳动力,避免向大中城市盲目流动。同时进一步改革小城镇户籍管理制度,为农民进城扫除制度障碍。2003年1月国务院办公厅发布了《关于做好农民进城务工就业管理和服务工作的通知》,要求"各地区、各有关部门取消对企业使用农民工的行政审批,取消对农民进城务工就业的职业工种限制,不得干涉企业自主合法使用农民工。严格审核、清理农民进城务工就业的手续,取消专为农民工设置的登记项目,逐步实行暂住证一证管理。各行业和工种尤其是特殊行业和工种要求的技术资格、健康等条件,对农民工和城镇居民应一视同仁"②。

第四,减轻农民负担,增加农民收入。1993年3月,中共中央办公厅、国务院办公厅联合下发了《关于切实减轻农民负担的紧急通知》,要求村提留和乡统筹必须严格控制在上年农民人均纯收入的5%以内,其他涉及农民负担费用的各种摊派、集资、达标活动和行政事业性收费,以及在农村建立的各种基金等一律

---

① 见《中共中央关于建立社会主义市场经济体制若干问题的决定》,1993年11月14日。
② 见《国务院办公厅关于做好农民进城务工就业管理和服务工作的通知》,2003年1月5日。

停止执行。1998年中共十五届三中全会《关于农业和农村工作若干重大问题的决定》再次提出:"减轻农民负担要标本兼治。合理负担坚持定项限额,保持相对稳定,一定三年不变;严禁乱收费、乱集资、乱罚款和各种摊派;逐步改革税费制度,加快农民承担费用和劳务的立法。"2000年3月,中共中央下发了7号文件,确定以安徽省为试点进行农村税费改革。2002年又把中西部16个省(自治区、直辖市)纳入试点地区,随后推向全国。2003年12月31日中共中央、国务院发布了《关于促进农民增加收入若干政策的意见》提出集中力量支持粮食主产区发展粮食产业,促进种粮农民增加收入;推进农业结构调整,挖掘农业内部增收潜力;发展农村二、三产业,拓宽农民增收渠道;改善农民进城就业环境,增加外出务工收入;发挥市场机制作用,搞活农产品流通;加强农村基础设施建设,为农民增收创造条件等。

在社会主义市场经济条件下,国家制定的一系列政策措施,指导我国农业顺利完成了由计划经济体制向市场经济体制的过渡,促进了农业生产,增加了农民的收入,取得了较好的效果。

2. "以工哺农"政策的出台

建国之初,我国的经济基础非常薄弱。当时为了支援工业建设,国家采取"以农哺工"的政策,通过工农产品价格"剪刀差"的方式积累工业建设的资金,可以说,我国广大农民对我国经济建设做出了巨大的贡献。但是,由于长期实行的"以农哺工"政策,也使我国的农民、农村、农业做出了巨大的牺牲,导致"农民真苦,农村真落后,农业真危险"。改革开放以来,我国经济迅速发展,综合国力不断增强。到2003年,我国国内生产总值已达到11.67万亿元,人均国内生产总值突破1000美元。全国财政收入达到2.17万亿元,比上年增加2787亿元。[1]与此同时,进入新世纪后,我国农民、农村、农业却存在一系列新的问题,农民增收持续困难。自1997年到2003年,农民收入每年平均只增长4%左右,仅相当于城镇居民收入增长速度的一半。1997年到2002年,农民人均年收入只增长了380多元,而城镇居民收入增长了2500多元,农民收入增加额尚不足城镇居民的1/6。农民收入增长缓慢,直接制约着农村的购买力,抑制了国内市场的扩大和内需的启动,二、三产业的发展也受到严重限制。在这种情况下,国家决定调整政策思路,采取"以工哺农"的政策。

---

[1] 《政府工作报告》,见《国务院公报》2004年第13号。

2004年中央一号文件《关于促进农民增加收入若干政策的意见》决定"按照统筹城乡经济社会发展的要求,坚持'多予、少取、放活'的方针,调整农业结构,扩大农民就业,加快科技进步,增加农业投入,力争实现农民收入较快增长,尽快扭转城乡居民收入差距不断扩大的趋势。"在"多予、少取、放活"方针的指导下,国家采取了一系列"以工哺农"的政策措施。

第一,增加各级财政对农业和农村各项事业的开支。国家积极运用税收、贴息、补助等多种经济杠杆,鼓励和引导各种社会资本投向农业和农村。中央要求各级地方政府建立起财政用于农业的开支保持稳定增长的机制。

第二,国家固定资产投资向农业倾斜。"把掌握的资源更多地投向农村,把基础设施建设重点转向农村。在制定发展规划、安排建设项目、增加资金投入时都要向农村倾斜。"①近几年,固定资产投资中用于农业的国债资金大概占1/3,并逐年提高。

第三,取消农业税,减轻农民负担。2004年中央一号文件要求"逐步降低农业税税率,2004年农业税税率总体上降低1个百分点,同时取消除烟叶外的农业特产税。降低税率后减少的地方财政收入,沿海发达地区原则上由自己消化,粮食主产区和中西部地区由中央财政通过转移支付解决。有条件的地方,可以进一步降低农业税税率或免征农业税"。2004年政府工作报告中指出,要在5年内取消农业税。2005年12月29日,十届全国人大会常委会第十九次会议通过了《关于废止〈中华人民共和国农业税条例〉的决定》,自2006年1月1日起实行。从1958年6月开始执行的《中华人民共和国农业税条例》正式退出了历史舞台。

第四,对种粮农民实行直接补贴政策。为保护种粮农民利益,建立对农民的直接补贴制度。2004年,国家从粮食风险基金中拿出部分资金,用于主产区种粮农民的直接补贴。国家要求其他地区也要对本省(自治区、直辖市)粮食主产县(市)的种粮农民实行直接补贴。② 并由粮食直接补贴逐步延伸到农机、良种等补贴。

据不完全统计,2004年中央财政用于"三农"的资金支出达2626亿元,2007年中央安排用于"三农"的资金达3917亿元。③ 广大农民在国家政策中得到了

---

① 温家宝:《关于当前农业和农村工作的几个问题》,《人民日报》2006年1月20日。
② 《十六大以来党和国家重要文献选编(上)》,人民出版社2005年版,第978页。
③ 《政府工作报告》,《人民日报》2007年3月15日。

实惠。"以工哺农"政策的实施扭转了长期以来我国农业为工业化提供经济剩余、农村为城市发展积累初始资本的政策导向,构建了新时期适应我国经济发展水平的农业政策框架。

3. 建设社会主义新农村重大历史任务的提出

2005年10月,"十一五"规划明确提出了建设社会主义新农村的重大历史任务。2006年2月21日,新华社播发中央一号文件——《中共中央 国务院关于推进社会主义新农村建设的若干意见》。该文件从统筹城乡经济社会发展、推进现代化农业建设、促进农民增收等8个方面,提出了32条支农、惠农的具体措施。2007年1月,中共中央和国务院又出台了《关于积极发展现代农业扎实推进社会主义新农村建设的若干意见》的一号文件,提出建立促进现代农业建设的投入保障机制;提高现代农业的设施装备水平;推进农业科技创新;健全发展现代农业的产业体系;发展适应现代农业要求的物流产业;培养新型农民;深化农村综合改革等。这些文件的出台,标志着中国的农业政策进入了全面建设社会主义新农村的新阶段。

"建设社会主义新农村"并不是一个新的提法,早在20世纪50年代就曾提出过。改革开放以来,至少在1984年的中央一号文件、1987年的中央五号文件和1991年的中央十二一号文件中就用过这一提法。但十六届五中全会以来提出的建设社会主义新农村,其背景和含义与以前有很大不同。现在讲的建设社会主义新农村,是在我国已经进入了"工业反哺农业、城市带动农村"的新阶段这一大背景下提出来的。在这个以工促农、以城带乡的新的历史发展阶段,社会主义新农村建设也就有了新的内涵。2006年的中央一号文件,即《中共中央 国务院关于推进社会主义新农村建设的若干意见》,提出了"十一五"期间社会主义新农村建设的二十字要求,即"生产发展、生活宽裕、乡风文明、村容整洁、管理民主",这些要求涵盖了农村的经济建设、政治建设、文化建设、社会建设等各个方面。"生产发展"是要推进现代农业建设,强化社会主义新农村建设的产业支撑。"生活宽裕"是要促进农民持续增收,夯实社会主义新农村建设的经济基础。"乡风文明"是要加快发展农村义务教育,繁荣农村文化事业。"村容整洁"就是要加强村庄规划和人居环境治理,改善农村环境卫生。"管理民主"就是要健全村党组织领导的充满活力的村民自治机制,健全农民自主筹资筹劳的机制和办法。

建设社会主义新农村的首要任务就是发展现代农业。中央在2004年提出加强"现代农业"建设的要求之后,于2007年的一号文件中明确指出,要用现代物质条件装备农业,用现代科学技术改造农业,用现代产业体系提升农业,用现代经营形式推进农业,用现代发展理念引领农业,用培养新型农民发展农业。2012年国务院印发的《全国现代农业发展规划(2011—2015年)》指出,到2015年,现代农业建设取得明显进展,东部沿海、大城市郊区和大型垦区等条件较好的地区率先基本实现农业现代化。展望2020年,现代农业建设取得突破性进展,主要农产品优势区基本实现农业现代化。坚持五大原则:(1)确保国家粮食安全,着力提高粮食综合生产能力;(2)坚持和完善农村基本经营制度,推进农业经营体制机制创新;(3)坚持科教兴农和人才强农,推动农业发展向主要依靠科技进步、劳动者素质提高和管理创新转变;(4)坚持政府支持、农民主体、社会参与,合理推进现代农业发展;(5)坚持分类指导、重点突破、梯次推进,全面提高农业现代化水平。

自中共十六大以来,解决"三农"问题成为中央全部工作的重中之重。城乡发展一体化是解决"三农"问题的根本途径。2012年11月8日,胡锦涛在党的第十八次全国代表大会上指出,必须加大统筹城乡发展力度,促进城乡共同繁荣。坚持工业反哺农业、城市支持农村和多予少取放活方针,让广大农民平等参与现代化进程、共同分享现代化成果。加快发展现代农业,确保国家粮食安全和重要农产品有效供给。进一步推进新农村建设和扶贫开发,全面改善农村生产生活条件。着力促进农民增收,坚持和完善农村基本经营制度,发展多种形式规模经营。推进城乡规划、基础设施、公共服务等的一体化,均衡配置城乡要素平等交换和公共资源,从而形成以工促农、以城带乡、工农互惠、城乡一体的新型工农、城乡关系。

三、十八大以来我国农业政策的发展

2004年至2015年中共中央连续十二年发布以"三农"(农民、农村、农业)为主题的中央一号文件,强调了"三农"问题在中国社会主义现代化建设中处于重中之重的地位。

2012年2月1日发布的《关于加快推进农业科技创新持续增强农产品供给保障能力的若干意见》是新世纪以来指导"三农"工作的第九个中央一号文件。该意见强调把推进农业科技创新作为"三农"工作的重点。

2013年,中央一号文件《关于加快发展现代农业,进一步增强农村发展活力的若干意见》提出,鼓励和支持承包土地向专业大户、家庭农场、农民合作社流

转。其中,"家庭农场"的概念是首次在中央一号文件中出现。

2014年,中央一号文件《关于全面深化农村改革加快推进农业现代化的若干意见》强调,坚持农业基础地位不动摇,加快推进农业现代化。完善国家粮食安全保障体系;强化农业支持保护制度;建立农业可持续发展长效机制;深化农村土地制度改革;构建新型农业经营体系;加快农村金融制度创新;健全城乡发展一体化体制机制;改善乡村治理机制。①

2015年,中央一号文件《关于加大改革创新力度加快农业现代化建设的若干意见》颁布。提出围绕建设现代农业,加快转变农业发展方式;围绕促进农民增收,加大惠农政策力度;围绕城乡发展一体化,深入推进新农村建设;围绕增添农村发展活力,全面深化农村改革;围绕做好"三农"工作,加强农村法治建设。②

十八届五中全会提出坚持协调发展,必须牢牢把握中国特色社会主义事业总体布局,正确处理发展中的重大关系,重点促进城乡区域协调发展,促进经济社会协调发展,促进新型工业化、信息化、城镇化、农业现代化同步发展,实现农村贫困人口脱贫,贫困县全部摘帽,解决区域性整体贫困问题。同年,国务院发布了《全国农业可持续发展规划(2015—2030年)》,指出"农业发展要尽快转到注重提高质量和效益的集约经营上来","将全国划分为优化发展区、适度发展区和保护发展区三大区域"等重要发展理念,对于我国农业现代化发展具有重要意义。

第三节 农业政策的主要内容

农业政策内容庞杂,涉及方方面面,其中农村土地政策、农业产业结构政策、农业保护政策是农业政策的核心。

一、农村土地政策

1. 改革开放以来农村土地政策的发展

建国以后,我国农村土地制度发生了三次根本性的变化。第一次是建国初

---

① 《2014年中央一号文件公布深化农村土地制度改革》,2014年1月19日,腾讯网:http://news.qq.com/a/20140119/005012.htm。

② 《2015年中央一号文件公布 加大改革创新力度推进农业现代化》,2015年2月1日,新华网:news.xinhuanet.com/politics/2015-02/01/c_1114210076.htm。

期,废除了封建土地制度,进行土地改革,实现了耕者有其田;第二次是合作化和人民公社化时期,变农民土地私有制为集体所有制;第三次是在 20 世纪 80 年代,进行农村经济体制改革,实行土地所有权与使用权分开,实行家庭联产承包责任制,集体拥有所有权,农户拥有土地使用权。

1984 年在中央一号文件中明确规定承包给农民的土地 15 年不变。1986 年全国人大常委会通过了《中华人民共和国土地管理法》,明确了土地的所有权和使用权,规定了保护耕地的一系列措施。1993 年 11 月 5 日,中共中央、国务院制定了《关于当前农业和农村经济发展的若干政策措施》,要求"在原定的耕地承包期到期之后,再延长 30 年不变,开垦荒地、营造林地、治沙改土等从事开发性生产的,承包期可以更长"。并且提倡在承包期内实行"增人不增地,减人不减地"的办法。1995 年 3 月 28 日,国务院批转了农业部《关于稳定和完善土地承包关系的意见》,就延长土地承包期工作和加强土地承包合同管理提出了明确要求。严禁发包方借调整土地之机多留机动地;允许对土地进行依法转包、转让、互换、入股,但严禁擅自将耕地转为非耕地;允许承包期内的土地承包经营权由子女继承。1998 年中共十五届三中全会通过了《关于农业和农村工作若干重大问题的决定》,再次强调:"要坚定不移地贯彻土地承包期再延长 30 年的政策,同时抓紧制定确保农村土地承包关系长期稳定的法律法规,赋予农民长期而有保障的土地使用权。"

20 世纪 90 年代中期以后,随着城乡壁垒逐步拆除,大量农村剩余劳动力进城打工,进城农民承包土地的经营问题突显出来。从现实情况看,城市化和农业现代化的发展,使得农业的规模经营成为未来之发展趋势。这就要求土地能够适当合并,改变目前耕地细碎化的分割现象。为适应社会政治经济的发展变化,2002 年 8 月,全国人大常委会通过了第一部《中华人民共和国农村土地承包法》,于 2003 年 1 月 1 日正式实施。为了规范土地流转,农业部于 2005 年专门制定了《农村土地承包经营权流转管理办法》,对农村承包土地流转进行了详细规定。

进入 21 世纪以后,我国工业化、城市化进程加快,一些城市过度拉大城市框架,随意占用农民耕地。一些地方盲目设立各种开发区、工业园,一些开发区根本不具备招商引资的条件,造成大量土地荒芜。1996 年至 2002 年,我国耕地年均净减少 1027 万亩,而这一时期我国人口却年均增加 1000 万人。为了保障国家粮食安全,保护农民的切身利益,国家制定了严格的农村土地保护政策。2003

年10月中共十六届三中全会通过了《关于完善社会主义市场经济体制若干重大问题的决定》,该决定指出:"实行最严格的耕地保护制度,保证国家粮食安全。"2013年《中共中央 国务院关于加快发展现代农业 进一步增强农村发展活力的若干意见》指出,要健全农村集体经济组织资金资产资源管理制度,依法保障农民的土地承包经营权、宅基地使用权、集体收益分配权。全面开展农村土地确权登记颁证工作;加快推进征地制度改革;加强农村集体"三资"管理。2014年1月19日,中共中央、国务院印发了《关于全面深化农村改革加快推进农业现代化的若干意见》指出,深化农村土地制度改革的具体措施:第一,要完善农村土地承包政策;第二,引导和规范农村集体经营性建设用地入市;第三,完善农村宅基地管理制度;第四,加快推进征地制度改革。2015年中央一号文件指出,推进农村集体产权制度改革、稳步推进农村土地制度改革试点。2016年10月,中共中央办公厅、国务院办公厅公布了《关于完善农村土地所有权承包权经营权分置办法的意见》,提出将土地承包经营权分为承包权和经营权,实行所有权、承包权、经营权三权分置的办法,目的是促进土地的流转和规模化经营。

2. 农村土地政策的主要内容

改革开放以来,我国农村土地政策不断完善,其主要内容有:

第一,以家庭联产承包责任制为基础、统分结合的双层经营体制。少数确实具备条件的地方,可以在提高农业集约化程度和群众自愿的基础上,发展多种形式的土地适度规模经营,促进农业生产经营模式创新。

第二,土地的所有权和使用权。1986年通过的《中华人民共和国土地管理法》规定,城市市区的土地属于国家所有。农村和城市郊区的土地,除由法律规定属于国家所有的以外,属于农民集体所有;宅基地和自留地、自留山,属于农民集体所有。国有土地和农民集体所有的土地,可以依法确定给单位或者个人使用。使用土地的单位和个人,有保护、管理和合理利用土地的义务。

第三,土地承包者的权利和义务。《中华人民共和国农村土地承包法》规定,土地承包者依法享有承包地使用、收益和土地承包经营权流转的权利,有权自主组织生产经营和处置产品;承包地被依法征用、占用的,有权依法获得相应的补偿。承包者有义务维持土地的农业用途,不得用于非农建设;并依法保护和合理利用土地,不得给土地造成永久性损害。耕地的承包期为三十年。草地的承包期为三十年至五十年。林地的承包期为三十年至七十年。

第四,土地承包经营权的流转。《中华人民共和国农村土地承包法》规定,通过家庭承包取得的土地承包经营权可以依法采取转包、出租、互换、转让或者其他方式流转。农村土地承包经营权流转收益归承包方所有,任何组织和个人不得侵占、截留、扣缴。

第五,基本农田保护制度。《中华人民共和国土地管理法》规定,严格控制耕地转为非耕地;实行占用耕地补偿制度。非农业建设经批准占用耕地的,按照"占多少,垦多少"的原则,由占用耕地的单位负责开垦与所占用耕地的数量和质量相当的耕地;没有条件开垦或者开垦的耕地不符合要求的,应当按照省(自治区、直辖市)的规定缴纳耕地开垦费,专款用于开垦新的耕地。禁止任何单位和个人闲置、荒芜耕地。

第六,建设用地征收制度。《中华人民共和国土地管理法》规定,任何单位和个人进行建设,需要使用土地的,必须依法申请使用国有土地;兴办乡镇企业和村民建设住宅经依法批准使用本集体经济组织农民集体所有的土地的,或者乡(镇)村公共设施和公益事业建设经依法批准使用农民集体所有的土地的除外。建设占用土地,涉及农用地转为建设用地的,应当办理农用地转用审批手续。由于建设需要征收土地的,基本农田、基本农田以外超过三十五公顷的耕地或其他超过七十公顷的土地由国务院批准。征收的土地按照被征收土地的原用途给予补偿。征收耕地的补偿费用包括土地补偿费、安置补助费以及地上附着物和青苗的补偿费。

二、农业产业结构政策

1. 农业产业结构政策的历史发展

农业产业结构是指农业内部各产业之间的对比关系和结合状态。农业产业结构政策是国家为了实现农业资源的合理配置,优化农业各产业之间以及内部的相互关系而制定的促进、限制或调整某些农业产业发展的一系列准则。改革开放前,在"以粮为纲"方针指导下,我国农业产业结构极不合理,城乡副食品供应困难。改革开放以后,国家制定了一系列政策,引导农业产业结构调整。我国农业产业结构政策的发展大致经历了六个阶段。

第一阶段,1978—1984年。伴随着家庭联产承包责任制的实施,农民获得生产经营自主权,有了生产粮食及其他农副产品的机会和自由。根据我国农业的发展情况,中央适时提出了调整农业产业结构的政策目标。1979年9月在《中共中央关于加快农业发展若干问题的决定》中明确指出:"要有计划地逐步改变我国农业的结构和人们的食物构成,把只重视粮食种植业,忽视经济作物种植业和林业、牧业、副业、渔业的状况改变过来。"在党的政策指导下,我国农业产业结构进行了改革开放以来第一次大调整。1978—1984年,粮食播种面积由18.1亿亩减到了16.9亿亩,占种植业的播种面积比例由80.3%下降到78.3%,但产量平均每年递增近5%。同期棉花、油料和肉类产量分别以19.3%、14.8%和10.3%的速度递增。农业产业结构调整效果非常明显,不仅极大地缓解了农产品长期短缺的局面,而且为城乡居民提供了丰富的农副产品。农业产业结构的调整推动了农业经济的全面增长,为我国一系列改革政策的出台奠定了良好的基础。

第二阶段,1992—1995年。在20世纪80年代后期,我国农业出现持续徘徊的局面,1989—1991年国家进入治理整顿时期。在三年治理整顿期间,国家政策导向是有意识地减缓二、三产业的增长速度,促使生产要素资源向农业流动。治理整顿的直接结果是农业生产全面恢复性发展,局部地区大宗农产品生产恢复较快,地域性、结构性农产品供过于求的矛盾随之产生。在这种背景下,政府调整了政策取向,出台了以市场为导向,调整和优化农业产业结构的政策。1992年国务院做出了关于发展高产优质高效农业的决定。这一决定的本意是促进农业产业结构调整,加强农业的基础地位。但由于当时农产品长期短缺的局面并没有本质的改变,特别是国民经济发展的要素资源配置环境并不宽松。最终导致要素资源由粮食种植向经济作物种植,由农业向非农产业流动,使粮食等主要农产品再度陷入停滞状态。为了扭转农业的被动局面,保障粮食安全,国家实施了粮食省长负责制和菜篮子市长负责制的政策。这次以优化资源配置,发展高产优质高效农业的结构调整政策,最终以强调供给保障为目的的粮食省长负责制和菜篮子市长负责制的政策出台为终结。可以说,农业产业结构调整没有取得预期效果。

第三阶段,1998—2002年。实施粮食省长负责制和菜篮子市长负责制政策以后,促使要素资源向农业积聚和流动,粮食和主要农产品生产能力大幅度提高。1995—1997年3年间,我国粮食生产能力提高了500亿公斤,即使1998年遭受了特大洪涝灾害,我国粮食总产量仍达到5123亿公斤。1996—1999年全国人均占有粮食超过世界平均水平,大部分农产品总量达到供求平衡或平衡有余。另一方面,农业连续几年丰收,供大于求,买方市场出现,农产品价格下跌,农民收入趋缓。为保护农民利益,国家决定进行大规模的农业产业结构调整。

这次调整的重点是,在稳定农业生产的同时,积极调整种植业结构,加快发展畜牧业、林业和水产业。1999年国家农业部颁布了《关于当前调整农业生产结构的若干意见》,明确要求"要适当调整种植业区域结构,沿海经济发达地区和大中城市郊区积极发展国内外市场需要的高价值经济作物,适当减少粮食种植面积"。自2000年起,国家开始推行"退耕还林""退耕还草""退耕还湖"以及实施坡地休耕和减产补贴等政策,进一步减少粮食种植面积。这次农业产业结构调整实际上是以调整农产品供求关系为核心推动农业向产业化发展,提高农业的科技含量和附加值,实现可持续发展战略,调整农业产业结构的主要做法是减少粮食种植面积。

第四阶段,2003—2007年。20世纪90年代后期开始的大规模的农业产业结构调整,导致我国粮食种植面积减少,粮食产量下降。1998年我国粮食产量达到历史最高纪录5123亿公斤。但到了2003年粮食产量仅为4307亿公斤,人均粮食也由1998年的411公斤降到了2003年的333公斤,只相当于20世纪80年代初期的水平。自2003年起,国家制定了一系列政策,调动农民种粮积极性,反复强调农业产业结构的调整,不能影响到国家的粮食安全,不能大规模地减少粮食的种植面积。2004年中共中央、国务院制定了《关于促进农民增加收入若干政策的意见》,明确提出必须采取切实有力的措施,加强主产区粮食生产能力建设,解决种粮效益低、主产区农民增收困难的问题。2005年国务院专门发布了《促进产业结构调整暂行规定》,明确了当前我国农业产业结构调整的重点,提出要"巩固和加强农业基础地位,加快传统农业向现代农业转变"。在国家农业产业结构政策指导下,从2004年起,我国粮食种植面积逐步扩大,粮食产量逐步上升。

第五阶段,2008—2012年。2009年国务院发布《关于当前稳定农业发展促进农民增收的意见》,指出按照远近结合、内外统筹、区别对待的原则,加强市场调控,扩内需、促出口、稳价格,推动农业生产调结构、上水平、增后劲,保护农民生产积极性,稳定农业发展。2011年《关于加强鲜活农产品流通体系建设的意见》提出建立完善、高效、畅通、安全、有序的鲜活农产品流通体系。2012年3月,国务院发布了《关于支持农业产业化龙头企业发展的意见》,该意见指出农业产业化是现代农业发展的方向。农业产业化龙头企业集成利用资本、技术、人才等生产要素,带动农户发展专业化、标准化、规模化、集约化生产,是推进农业产业化经营的关键。支持龙头企业发展,加快转变农业发展方式、促进现代农业建设和农民就业增收具有十分重要的作用。

第六阶段,2012年至今。如何在经济发展新常态下实现农业农村的新发展,2015年中央一号文件《关于加大改革创新力度加快农业现代化建设的若干意见》给出了明确的答案。努力在提高粮食生产能力上挖掘新潜力,在优化农业结构上开辟新途径,在转变农业发展方式上寻求新突破,在促进农民增收上获得新成效,在建设新农村上迈出新步伐。进一步让农业强起来,让农村美起来,让农民富起来。要科学确定主要农产品自给水平,在确保"谷物基本自给、口粮绝对安全"的前提下,对重点保什么、放什么,保多少、放多少,进行系统谋划。大力培育特色农业,推进规模化、集约化、标准化畜禽养殖和水产健康养殖,提升农产品质量和食品安全水平,确保老百姓舌尖上的安全。更好地发挥区域比较优势,更好地适应个性化、多样化的消费需求,促进农业结构优化升级,使有限的农业资源产出更多、更好、更安全的农产品。

2. 农业产业结构政策的内容

在农业产业结构方面,国家的政策主要措施有:

第一,加快农业科技进步,完善农业科技创新机制,加强农业基础设施建设,调整农业产业结构,转变农业增长方式,提高农业综合生产能力。

第二,加快实施优质粮食产业工程。建设大型商品粮生产基地,选择一部分有基础、有潜力的粮食大县和国有农场,集中力量建设一批国家优质专用粮食基地,确保国家粮食安全。

第三,优化农业生产布局,推进农业产业化经营,促进农产品加工转化增值,发展高产、优质、高效、生态、安全农业。大力发展设施农业,启动农业标准化整体推进示范县建设。推进农村一二三产业融合发展,大力发展特色种养业、农产品加工业、农村服务业。开发农业的增值功能,打造形式多样、特色鲜明的乡村旅游休闲产品。激活农村要素资源,增加农民财产性收入。

第四,大力发展畜牧业,建设饲料草场基地;保护和合理利用渔业资源,推广绿色渔业养殖方式,发展高效生态养殖业。开展水产养殖生态环境修复试点,支持远洋渔船更新改造,加强渔政建设和管理。

第五,培育壮大龙头企业,促进农业产业化发展。支持龙头企业通过兼并、重组、收购、控股等方式组建大型企业集团,创建农业产业化示范基地,引导各类市场主体参与农业产业化经营。

第六,深化水利和林业改革。加快推进水源工程建设和山丘区"五小水利"

工程建设、牧区水利建设。在水土资源条件具备的地方新建一批灌区,推进农业水价综合改革,建立精准补贴机制。积极推进林业改革,建立健全最严格的林地、湿地保护制度。深化以明晰产权、承包到户为重点的集体林权制度改革,明确生态公益功能定位,加强森林资源保护培育。

改革开放以来,国家制定的一系列农业产业结构政策有效地推动了我国农业产业结构的调整,取得了明显的成效。但是,我们也应该看到,我国粮食生产非常脆弱,农业产业结构调整政策一旦失误就会影响到我国的粮食安全。不管农业产业结构如何调整,一定要保证足够的粮食种植面积,保证足够的粮食产量,这是我国制定农业产业结构政策的基本出发点。

三、农业保护政策

农业是一个集自然风险、市场风险和政策风险于一身的弱质产业。这种产业特性决定了农业发展离不开政府的政策保护。世界上许多国家对农业都采取保护政策。我国是一个发展中的国家,工业发展的资金主要来自于农业的积累。因而,在一个相当长的时期,我国对农业没有实行保护政策,相反,我们采取的是农业支持工业发展的政策。1953年以后,我国实行粮食统购统销政策,直到20世纪80年代中期,粮食统购统销政策才有所松动,农产品价格逐步放开实行自由贸易。早在20世纪90年代,国家就已意识到粮食生产发展到了一定阶段后,由于市场调节机制的局限性,粮食市场价格总水平难以继续上涨,对农民收益与粮食生产的发展会产生较大的影响,需要国家通过价格政策进行适当保护。于是从1997年国家开始有目的地实行农业保护政策。我国农业保护政策分三个阶段。

第一阶段,1997—2003年。1997年国家宣布对粮食实行保护价政策,要求全国各地粮食收储企业按保护价敞开收购农民的余粮,保护价要高于市场价。但是,由于种种原因,1997国家农业保护政策执行得不好。1998年国家进一步完善政策,要求各级政府严格执行。自此形成了有中国特色的农业保护政策。

我国农业保护政策的主要内容有:第一,对小麦、玉米、水稻三种主要粮食实行保护价政策,保护价高于市场价。后期对小麦、玉米、水稻的产地、品种又做了限制,实行优质优价。第二,国家粮食收储企业负责执行国家政策,按保护价敞开收购农民的余粮。国家对超收和超储的粮食企业给予一定的费用补贴。第三,对农业生产资料进行补贴,主要包括化肥价差补贴、农药价差补贴、农电价差补贴等。

这一阶段我国农业保护政策有两大特点：一是农业保护仍然是以价格支持为主，即以高于市场的价格收购农民的余粮；二是费用补贴不是直接补给农民，而是补给了中间流通环节，即负责执行国家政策的国有粮食收储企业。由于中间流通环节存在着"跑、冒、滴、漏"等现象，从而降低了补贴效率。因而，国家农业保护政策执行的效果并不理想。国家每年花费了几百亿资金用于粮食补贴，农民得到的实惠却非常有限。

第二阶段，2004—2011年。为了使广大农民真正得到实惠，2004年中央一号文件《关于促进农民增加收入若干政策的意见》提出，今后我国支持农业发展的方针是"多予、少取、放活"，明确表示国家要"强化对农业支持保护，力争实现农民收入较快增长，尽快扭转城乡居民收入差距不断扩大的趋势"。这标志着我国农业保护政策发生了重大调整。此后，除每年发布涉农的中央"一号文件"（2011年关注的是水利建设）之外，中央还陆续出台了包括《国务院关于当前稳定农业发展促进农民增收的意见》（2009年）、《中国农村扶贫开发纲要（2011—2020年）》（2011年）和《全国现代农业发展规划（2011—2015年）》（2012年）在内的诸多文件，都旨在促进农业发展、农村建设以及农民增收。

这一时期农业保护政策的内容：第一，对农民实行直接补贴政策。自2004年起，国家从粮食风险基金中拿出部分资金，用于主产区种粮农民的直接补贴。其他地区也对本省（自治区、直辖市）粮食主产县（市）的种粮农民实行直接补贴。第二，为了提高农业机械化水平，对农民个人、农场职工、农机专业户和直接从事农业生产的农机服务组织购置和更新大型农机具给予一定补贴。第三，为了发展优质、高效农业，国家对优良种子的推广实行财政补贴。第四，增加对粮食主产区的资金投入。现有农业固定资产投资、农业综合开发资金、土地复垦基金等要相对集中使用，向主产区倾斜。增加农业综合开发资金，新增部分主要用于主产区。从2004年起，确定一定比例的国有土地出让金，用于支持农业土地开发，建设高标准基本农田，提高粮食综合生产能力。第五，增加对农业龙头企业的资金投入。各级财政安排支持农业产业化发展的专项资金，对符合条件的龙头企业的技改贷款，给予财政贴息。对龙头企业为农户提供培训、研发引进新品种新技术等，给予财政补助。完善农产品加工的增值税政策。对新办的中小型农副产品加工企业，加强创业扶持和服务。第六，提高农村金融服务的质量和水平，积极引导社会资源投资农业、投向农村。第七，加强对农村劳动力的职业技能培训。各级财政安排专门用于农民职业技能培训的资金,政府对接受培训的农民给予一定的补贴和资助。第八,建立健全农业补贴制度与市场调控相结合的机制。提高粮食最低收购价,同时,保持农产品市场稳定和价格合理水平。第九,建立健全农业风险防范机制。加强建设自然灾害和重大动植物病虫害预测预报和预警应急体系,建立健全农业保险体系,提高农业防灾减灾能力。

第三阶段,2012年至今。中共十八大以来,我国农业政策的总基调依然是增加农民收入、促进农业发展、维护农村稳定。在促进农民增收,加大惠农政策力度这一思想的指导下,我国紧紧围绕推动城乡发展一体化,深入推进新农村建设、增添农村发展活力这一主线制定的农业保护政策。

第一,继续加大农业投入和补贴力度。完善财政支农政策,持续加大国家固定资产投资对农业农村的投入,继续加大农业补贴强度,新增补贴向主产区、种养大户、农民专业合作社倾斜。

第二,积极开展农产品价格保险试点。合理确定粮食、棉花、食糖、肉类等重要农产品储备规模。完善国家粮食储备吞吐调节机制。"启动东北和内蒙古大豆、新疆棉花目标价格补贴试点,探索粮食、生猪等农产品目标价格保险试点。"[1]完善补贴方式,降低操作成本,确保补贴资金及时足额兑现到农户。

第三,扩大农机具购置补贴规模和范围。充分发挥财政资金引导作用,通过贴息、奖励、风险补偿、税费减免等措施,扩大补贴规模。

第四,健全主产区利益补偿机制,增加产粮(油)大县奖励资金。完善主产区利益补偿、耕地保护补偿、生态补偿办法,草原生态保护补助奖励政策覆盖到国家确定的牧区半牧区县(市、旗)。

第五,建立农业风险分散机制。实施农业防灾减灾稳产增产关键技术补助和土壤有机质提升补助,启动低毒低残留农药和高效缓释肥料使用补助试点。"规范农业保险大灾风险准备金管理,加快建立财政支持的农业保险大灾风险分散机制。"[2]

2004年以后,我国农业保护政策发生了重大变化,一是粮食补贴由原来补贴给中间流通环节转为直接补贴给农民。据统计,2004年我国粮食直补资金为116亿元,2005年增加到了132亿元,2006年增加到142亿元,2014年我国粮食

---

[1] 《2014年中央一号文件公布深化农村土地制度改革》,2014年1月19日,腾讯网:http://news.qq.com/a/20140119/005012.htm。

[2] 同上。

直补资金151亿元、农资综合补贴资金1071亿元。① 广大农民从国家的农业保护政策中切切实实地得到了实惠。二是国家加大了对农业间接保护的力度。如增加对粮食主产区的资金投入,加强农村基础设施建设,对接受培训的农民给予一定的财政补贴等。中央财政用于"三农"的支出逐年增加,由2004年的2626亿元增加到2013年的13799亿元。我国农业保护政策的调整既符合中国的实际情况,又不违背世界贸易组织的规定,是世界上许多国家的共同做法。

---

① 《财政部农业部解读中央财政对种粮农民的补贴力度》,《人民日报》2007年6月4日。

第五章 产业政策

产业政策是国家为实现一定的经济和社会发展目标,修正市场机制的消极作用,对产业活动进行干预,引导和促进产业发展合理化、提升产业素质和层次而制定和实施的政策体系。作为中国公共政策的重要组成部分,产业政策不仅是政府进行宏观经济调控的重要手段,也是国民经济各产业部门的行为规范和行动准则。制定和实施正确的产业政策对于克服市场机制的消极作用,推进我国产业结构的优化升级,保障我国经济的持续、快速、健康发展,具有十分重要的意义。

第一节 产业政策概述

一、产业和产业政策

产业(industry)是指国民经济中产品和劳务的生产经营具有某些相同特征的企业或单位及其活动的集合和系统。① 产业是一种社会分工现象,随着社会分工的产生而产生,并随着社会的发展而发展。从狭义上说,产业是指生产物质产品的集合体,包括农业、工业、交通运输业等部门,一般不包括商业。有时也专

---

① 芮明杰主编:《产业经济学》,上海财经大学出版社 2005 年版,第 171 页。

指工业,如产业革命。从广义上说是指一切生产物质产品和提供劳务活动的生产和服务部门的集合体,包括农业、工业、交通运输业、邮电通信业、商业饮食服务业、文教卫生业等部门。

20世纪20年代,国际劳工局最早对产业作了比较系统的划分,即把一个国家的所有产业分为初级生产部门、次级生产部门和服务部门。后来,许多国家在划分产业时都参照了国际劳工局的分类方法。第二次世界大战以后,西方国家大多采用了三次产业分类法。

改革开放以后,我国对产业的划分也采取了三次产业分类法:第一产业为农业,包括农、林、牧、渔各业。第二产业为工业,包括采掘、制造、建筑等各业。第三产业是指以提供非物质产品为特征包括商业在内的服务业,其中又分为四个层次:其一是流通部门,包括交通运输、邮电通信、商业、饮食、物资供销和仓储等业;其二是为生产和生活服务的部门,包括金融、保险、地质普查、房地产和各类技术服务等业;其三是为提高科学文化水平和国民素质服务的部门,包括教育、文化、广播、电视、科学研究、卫生、体育和社会福利等业;其四是为社会公共需要提供服务的部门,包括国家机关、政党机关、社会团体以及军队和警察等。

关于"产业政策"(industrial policy)的概念至今尚无统一的界定,一般观点认为,产业政策是政府为实现一定的经济和社会发展目标,促进各产业部门的协调发展和提升产业层次而采取的各种政策措施和手段,也是政府为修正市场机制作用、规范产业活动、优化产业结构、提高产业素质所制定的行为规范和行动准则。简言之,产业政策就是政府干预产业活动促进产业发展的政策。作为国民经济各产业部门的行为规范,它不是某一种具体的政策工具,而是以引导、促进产业发展合理化和提升产业素质为目标的政策体系。

对产业政策概念的理解,应注意把握以下几点:

第一,产业政策的对象是产业结构和产业组织。这是产业政策与其他经济政策的主要区别,也是产业政策比其他经济政策能够更加深入社会经济运行的内部结构,直接干预产业之间和产业内部资源配置的根本原因。

第二,产业政策解决的核心问题是推动经济结构转换,特别是产业结构升级的问题。

第三,产业政策制定的事实依据是市场失灵的客观存在。

第四,产业政策的目标是产业发展的合理化,即产业结构的合理化、高级化以及产业内部组织结构的优化。因此,产业政策的效果往往是中长期的,它对短期经济活动的影响比较有限。

第五,产业政策实施的手段是多元的。

产业政策体系的内容主要包括产业结构政策、产业组织政策、产业技术政策、产业布局政策等。它们各自都涉及国民经济的各个部门和各个层次,同时又是相互联系、相互交叉和相互配合的。

产业结构政策是政府为促进本国产业结构的调整、优化、升级而制定的关于各产业部门地位和比例关系的经济政策。其实质在于通过推动产业结构的合理演进,实现经济增长和资源配置效率的完善。根本目的在于通过有关的产业结构规划和政策措施,提高产业结构的转换能力,并依据工业化过程中产业结构演变的规律,推进产业结构的转换,从而加速经济增长。产业结构政策要研究和解决的根本问题是资源在产业间配置的合理化,主要内容就是根据一国的资源条件和技术发展条件,确定产业结构的规划①,其中的关键性问题是按照产业结构高度的发展规律,确定各产业部门在产业发展中的地位和作用,即选择和确定产业发展的重点及其顺序,特别是确定一定时期的主导产业部门。产业结构政策包括:主导产业扶持政策、支柱产业支持政策、幼稚产业保护政策、衰退产业调整与援助政策等。

产业组织政策是政府干预产业的市场结构和市场行为,规范各行业合理的经济规模以获取规模效益和理想的市场绩效,规范企业行为和调节企业之间的关系以创造公平有效的市场竞争环境的经济政策。产业组织政策也可以被统称为政府对市场的规制。② 其目标是维护正常的市场秩序,形成有效、公平的市场竞争环境,充分利用专业化和经济规模的作用,促进产业组织合理化和市场绩效最大化。产业组织政策的实质是政府通过协调规模经济与有效竞争之间的矛盾,建立和维护正常的市场秩序,提高市场绩效。产业组织政策主要包括:促进有效竞争和抑制垄断的政策、直接规制政策、企业并购政策、利用规模经济政策、中小企业政策等。

产业技术政策是政府为了支持新技术的研究开发,鼓励引进、吸收和开发符合本国国情的外国先进技术和新兴技术,促进技术创新而制定的政策。其中心内容是影响和促进产业的技术进步,目的是服务于产业的总体优化,扶持和推进高科技产业的优先发展,并为国民经济技术基础的更新、改造和创新提供支持。

---

① 芮明杰主编:《产业经济学》,上海财经大学出版社2005年版,第489页。
② 同上书,第504页。

由于产业技术政策几乎涉及国民经济的所有产业,所以也往往被视为整个国家的技术政策。产业技术政策主要包括技术发展规划、技术引进政策、技术开发政策、技术结构政策和发展高科技政策等。

产业布局政策是指政府制定的用于规划和干预产业在不同区域进行合理分布与组合的政策。产业布局的合理化,实质上是地区分工协作的合理化,资源的地区配置和利用的合理化。产业布局政策既是产业政策体系中的重要内容,也是区域政策体系中的重要组成部分,它侧重于建立和完善地区间的产业分工关系。产业布局政策的目标是实现经济增长和产业布局均衡,促进民族团结和充分就业进而实现社会稳定,推进环境治理和维持生态平衡,维护国家安全。产业布局政策可以分为区域产业扶持政策、区域产业调整政策和区域产业保护政策等。

二、产业政策的作用及局限性

在市场经济运行中,产业政策具有极其重要的作用,这主要表现在:

第一,弥补"市场失灵"。由于在市场经济条件下存在着垄断、公共产品等市场失灵的领域,所以仅靠市场机制无法避免一些消极现象的发生与蔓延,这就为政府干预经济以弥补市场失灵的缺陷提供了依据,也成为产业政策形成的根本原因。历史经验表明,通过推行产业政策,政府可以限制垄断的蔓延,促进有效竞争的形成,加速基础设施的建设,治理环境污染与维护生态平衡,加速教育与科技事业的发展等。

第二,促进经济的超常规发展。后发展国家在经济赶超初期都会遇到基础设施和基础工业薄弱的"瓶颈"制约。这些产业部门具有较强的外部性,对整个经济发展具有决定性的作用,但其投资巨大、盈利低、资本回收期长,所以仅仅依靠市场机制肯定无法使这些部门在短期内达到支持国家经济"起飞"所需要的水平。因此,必须依靠产业倾斜政策,聚集资本,加快瓶颈产业的发展。日本等国就是运用产业政策手段推动了产业结构的优化与升级,用二三十年的时间就走完了老工业国家用了一二百年才走完的历程。它们的经验充分证明,产业政策是后发展国家实现超常规发展和赶超战略的有效工具。

第三,增强本国产业的国际竞争力。产业的国际竞争力是建立在本国资源的比较优势、骨干企业的生产力水平、技术创新能力和国际市场的开拓能力等基础之上的,而要创造这些重要的基础,必须要有产业政策的引导和支持。

第四，促进资源的优化配置。产业结构政策通过引导、促进产业结构的调整和优化升级，来减少和避免资源的闲置和浪费，进而使资源在产业之间得到合理分配和有效利用；产业组织政策通过引导和促进产业组织的不断完善，来提高企业对资源的使用效果，进而使资源在产业内部各企业之间得到合理分配和有效利用；产业技术政策则通过引导和促进产业技术进步，提升产业素质，进而使资源得到最有效的使用和尽可能的节约。因此，促进和实现资源优化配置是产业政策的根本任务和重要作用之一。

在市场经济的运行中，产业政策也存在着局限性，这主要表现在：

第一，产业政策的条件性。一方面，产业政策并非对所有产业都具有同等的作用，因为产业发展的最终决定因素是产业本身的素质和发展潜力而不是产业政策。产业政策对大多数产业的发展来说，主要是一种外在的变量，只有当产业政策对产业内部的技术、资金、人才等生产要素的投入和运作发挥积极影响的时候，才能促进产业更好地发展。相关研究表明：产业政策只对那些需求收入弹性[①]比较高，生产效益好，在国际贸易上有发展前途的产业有明显的效果，而对其他产业则并非如此。另一方面，产业政策的成功还需要许多相关条件的配合，如相关经济政策的协调配合、高素质的公务员和企业家队伍、完备的法律体系、健全的企业制度等。总之，即使是最好的产业政策要取得成功也需要各方面条件，特别是产业自身素质的配合。

第二，产业政策存在失败的可能。一方面，政府利用产业政策干预产业活动是需要成本和代价的，因此，如果政府对成本的负担能力不足或承受力不够，就会导致产业政策失败；另一方面，政府失灵则是导致产业政策失败的主要原因，政策目标违背经济规律、产业界的抵触、政策措施不配套、政策手段不合理、政策环境的重大变化等都可能导致产业政策失败。

第三，产业政策的制定和实施需要大量的成本，产业政策的力度越大，所需的政策成本投入就越大，其中有可能包括巨大的损失和浪费。例如企业对政府优惠政策依赖的加强，会导致企业自我发展能力的弱化等。因此，必须对制定、实施产业政策的成本和收益进行全面综合的比较，以确定产业政策的效果，尽量避免不必要的损失和浪费。

---

① "需求收入弹性"表示的是，在其他条件不变的情况下，消费者收入的变动引起某种商品或劳务需求量变动的程度。

第二节 产业政策的历史回顾

建国以来,我国产业政策的演变和发展过程经历了四个历史阶段。从1949年到1957年(经济恢复时期和"一五"时期)为第一阶段;从1958年开始的"大跃进"到1965年为第二阶段(全面建设社会主义时期);从"文化大革命"开始到1978年为第三阶段("文化大革命"时期);1979年以后为第四阶段。纵观这个过程我们可以清楚地发现,尽管我国产业政策在不同时期有所侧重,政策效果也不尽相同,有些时期也曾出现过政策失误,但党和政府对我国产业发展问题的认识始终是基本一致的,即坚持农业在国民经济中的基础地位;重视基础产业、基础设施和基础工业的建设;重视高新技术、知识密集型产业的发展,推进产业结构的优化升级等。

一、经济恢复时期和"一五"时期的产业政策

新中国成立之初,经历了三年经济恢复时期。这一时期国民经济结构比较简单,国家的产业政策是以恢复工农业生产和交通运输业为主,主要内容有:没收官僚资本,建立国有经济;扶持民族工商业;促进手工业生产发展;恢复和发展农业、交通、邮电等基础产业。通过实施这些政策,工农业总产值1952年比1949年增长了77.5%,国民经济恢复任务顺利实现;产业结构也发生了重大变化,在工农业总产值中,工业(包括手工业)所占的比重,从1949年的30%上升到1952年的41.5%,其中现代工业产值由17%上升为26.6%。在工业总产值中重工业产值的比重由26.4%上升为35.5%。经济的全面恢复,为大规模经济建设的开展奠定了重要基础。

1952年我国虽然完成了国民经济恢复的任务,但经济仍然十分落后,产业结构仍然非常不合理。现代工业的产值在工农业总产值中只占26.6%,工业总产值中,生产资料的产值只占35.5%,机械工业基本上只能从事修配,工业门类极不齐全。同时,国家还面临着一系列的战争威胁和西方国家对我国实行的经济"封锁""禁运"政策。在这样的形势下国家的主要任务就是实现社会主义工业化,由落后的农业国向先进的工业国的转变。当时由于意识形态的因素和苏联社会主义经济建设的示范效应,我们在选择了苏联计划经济体制的同时,也模仿了苏联的经济发展战略,即优先发展重工业,用重工业生产的生产资料逐步装

备农业、轻工业和其他产业部门,使这些部门逐步转移到机器大生产的轨道上来,逐步建立独立、完整的工业体系和国民经济体系。1952 年以后党中央提出了过渡时期总路线和"一五"计划,把实现社会主义工业化置于首要地位,这标志着中国产业结构开始向工业化阶段迈进。在产业政策上,围绕当时苏联援助我国的 156 个基础建设项目,确定了重工业优先发展的战略规划,目的在于弥补我国重工业建设不足的问题,满足维护国家安全的需要。与之相适应,在产业结构政策方面,确定了优先发展钢铁、有色金属、电力、煤炭、石油机械等生产资料的生产,以机械制造业特别是国防工业带动整个工业的发展;相应地发展纺织工业和其他轻工业,保持重工业和其他部门的协调;为配合优先发展重工业的战略,对粮食、油料等重要农产品实行计划收购和计划供应,对相关工业物质资料、交通运输等实行直接计划和实物调拨等政策。在产业组织政策方面,一是集中力量建设一大批大型工业项目和技术改造项目,努力扩大重点产业内大中型企业的生产能力;二是通过没收官僚资本和改造私营工商业,建立国有经济并使之成为国民经济的主导力量;三是按照行业协作和资源合理配置的原则,对工业组织结构和企业规模进行调整,建立各种类型的专业公司、联合公司,以提高工业的技术水平和经济效益。

上述产业政策的实施,使我国的产业结构发生了积极的变化,在工农业总产值中,工业(包括手工业)所占的比重从 1952 年的 41.5% 上升到 1957 年的 56.5%;在工业总产值中,重工业的比重从 1952 年的 35.5% 上升到 45%;新的产业部门如飞机、汽车、发电设备等制造业,高级合金钢及有色金属、冶炼等工业部门相继出现,填补了我国重工业的一些空白;国防工业、能源工业、交通运输业也得到了较快的发展。产业组织的素质也得到一定的提高,大型国有企业大量出现,企业规模扩大,初步形成了专业化协作和企业之间联合的局面。由于当时总体经济发展水平比较低,计划经济体制下的产业政策对资源的合理配置发挥了积极的作用。但是,由于这种政府垄断资源配置的产业政策,完全排斥了市场机制配置资源的积极作用,其效力必然随着经济的不断发展而受到限制,其弊端也必然显现出来。

二、全面建设社会主义时期的产业政策

在"一五"计划取得重大成就的基础上,我国开始了全面建设社会主义的新时期,与这个时期党的经济建设指导思想的变化相联系,我国的产业政策也经历

了重大的变化。

在"左"倾冒进思想的指导下,从1957年开始,我国的产业政策出现了重大失误。在产业结构政策上,一方面在工业领域中全面推行"以钢为纲"的方针,将重点发展重工业和基础工业的产业结构政策发展到极端,具体表现为:政府通过建立对资源集中支配的体制,扭曲产品和生产要素的价格,强制性地为重工业的发展积累资金;在重工业内部,则片面地强调发展钢铁工业和机械制造业,忽视了能源、原材料等方面生产对重工业乃至整个国民经济的制约作用。另一方面,在农业领域全面推行"以粮为纲"的方针,片面注重种植业的发展,忽视林、牧、副、渔业的发展;在种植业内部,又只是片面地重视粮食的生产,而轻视棉花、油料等经济作物的生产。在产业布局政策上,提出中央工业和地方工业同时并举的方针,要求各省(自治区、直辖市)制定本地区的工业发展规划,要求建立东北、华北、华东、华南、华中、西南、西北七个经济协作区,扩大地方权力,下放一批中央直属企业给地方,使地方工业自成体系。

这些政策的实施,使产业结构发生了畸形变化:工农业重大比例失调,从1952年到1957年,重工业增长了230%,农业却下降了22.8%;工业内部各部门比例失调,钢铁生产占用了大量能源、原材料和交通运输,使其他工业部门的生产无法正常进行。产业规模结构不合理,生产集中度下降,小企业增多,规模经济效益差。产业布局分散,区域重复建设、重复生产现象严重,造成资源的严重浪费。国民经济比例关系的严重失调,导致了社会总供给和总需求的严重失衡,社会再生产过程遭到破坏,加上严重的自然灾害和中苏关系恶化的影响,使我国国民经济陷入了极其严重的困难境地。

为了摆脱严重的经济困境,1960年9月党中央提出了对国民经济实行"调整、巩固、充实、提高"的八字方针,加强了中央政府对国民经济的管理与控制。在产业政策方面提出了调整产业结构的主要任务和目标:首先是提出了以农业为基础,以工业为主导,工业与农业同时并举的方针,突出强调加强农业;增加农业生产资料的生产。为此还制定了尽快恢复和发展农业生产,巩固农业基础地位的一系列政策措施,如增加农业劳动力、增加农业投入、调整农产品价格、增加支农工业等。其次是压缩重工业的规模和发展速度,加强轻工业和手工业的生产,增加日用消费品的供应。对部分企业实行关、停、并、转,按照经济合理的原则调整企业的规模结构,把专业生产与经营结合起来发展联合企业,试办托拉斯。最后,为了更好地解决群众的吃、穿、用等问题,提出积极发展第三产业,包括扩大商业、饮食业、服务业的规模,提高非生产性建设投资的比重等。

经过这次调整,我国的产业结构、农轻重的比例关系、基础工业与加工工业的比例关系等基本实现了协调,在1965年国内生产总值的构成中,第一、第二和第三产业所占比重分别是37.9%,35.1%和27.0%[①],工业生产能力获得了新的增长,经济效益明显提高,产业组织的规模趋向合理。但是由于"左"倾冒进的经济建设指导思想没有从根本上得以纠正,加之国际形势的影响,优先发展重工业,优先发展钢铁工业的指导方针始终占据主导地位,这就决定了我国产业结构不合理的问题不可能从根本上得到解决。

三、"文化大革命"时期的产业政策

经过20世纪60年代初期的经济调整,逐步克服了"大跃进"造成的国民经济比例失调、资源严重浪费等问题,从1963年开始,各项经济指标普遍回升,到1965年国民经济稳定增长,经济发展进入基本正常的轨道。然而,1966年开始的"文化大革命"严重干扰和破坏了经济运行的正常秩序,使整个国民经济陷入极度的混乱和危机之中。其间虽然先后有周恩来主持的调整和邓小平主持的整顿,在一定程度上扭转了国民经济的混乱局面,并使经济形势有所好转,但是,由于党在这一时期发生的错误是指导思想上的全局性错误,所以他们的努力无法从根本上挽救国民经济的混乱和危机局面。

在极左思想的支配下,我国这一时期的产业政策出现了严重失误,给国民经济的发展造成了极其严重的后果。在产业结构政策方面:进一步突出了"以钢为纲"的方针,制定了钢产量的高指标,提出以钢铁生产为核心编制整个工业生产的计划,以钢铁生产为基础来平衡各产业部门的比例关系;实行以备战为中心的建设方针,强调优先发展国防工业;提出"先生产、后生活"的方针,强调工业建设,忽视第三产业的发展。在产业布局政策方面:采用沿海工业搬迁和在内地新增基本建设项目两种方式,进行新的工业基地建设,把长城以南、京广线以西的非边疆省份作为战略后方,并在此建立新型的工业基地,即所谓的"三线建设";提出建立独立工业省的方针,要求各省(自治区、直辖市)以及协作区,各自建立冶金、军工、机械、燃料、动力、化学等工业,逐步形成自给自足的封闭的地方经济体系。在产业组织政策方面,提出进一步下放经济管理权力,将大批工业企

[①] 新华网:http://news.xinhuanet.com/ziliao/2003-01/25/content_707559.htm.

业交给地方管理；提出搬迁企业和新建企业要化整为零，以适应战争环境下生存和生产的需要等。

在上述产业政策的指导下，我国的产业结构又一次遭到破坏而更加畸形化，1978年的国内生产总值构成中，第一、第二和第三产业所占比重分别是28.1%，48.2%和23.7%①，农业和工业比例严重失调，导致农业发展远不能适应人口增长、工业发展和人民生活改善的需要，甚至有不少地方的农民口粮严重不足；第三产业的发展严重滞后，不仅难以满足人民群众的生活需要，而且严重制约了各产业部门的协调发展，阻碍了社会再生产的正常进行和经济效益的提高；工业内部结构也极其不合理，在整个基本建设投资中，重工业一直占50%以上，而轻工业却只占4%—5%，导致轻工业品长期供应紧张，此外石油、煤炭、电力等生产能力和交通运输能力严重不足，导致相当比例的工业能力难以发挥出来，而机械加工能力却超过钢铁生产所能提供钢产量的3—4倍。经济管理权限的下放，使原有的经济协作关系被破坏，生产任务与物资供应难以有效衔接，使生产面临严重的困难局面。"三线建设"虽在一定程度上促进了内陆地区经济的发展，但化整为零的政策导致企业难以取得规模效益。建立独立工业省的方针，更是导致了产业结构的恶化和产业组织的分散，造成大量的重复建设，既严重浪费了资源，又破坏了供给与需求的总量平衡和社会再生产的正常进行，使整个国民经济陷入了极其严重的危机之中。

第三节 改革开放以来的产业政策

中共十一届三中全会以后，我国进入了一个崭新的发展时期，经济发展在不断的探索中逐步走上正轨，尽管其间也有过一些失误和反复，但总的发展趋势是好的，是不断进步的。这一时期的产业政策可以根据改革的进程分为两个阶段，即经济双轨制时期和全面建设社会主义市场经济时期。

一、经济双轨制时期的产业政策

1979年到1992年是中国双轨制经济即计划经济和市场经济并存时期。面对"文化大革命"时期遗留下来的国民经济比例严重失调、产业结构严重不合理

---

① 新华网：http://news.xinhuanet.com/ziliao/2003-01/25/content_707559.htm。

的问题,面对经济发展过程中出现的新矛盾、新问题,党和政府端正了经济工作的指导思想,提出了"调整、改革、整顿、提高"的新八字方针,对整个国民经济结构先后进行两次重大的调整,国家的产业政策也随之作了相应的调整和改变。

从1979年起,党和政府首先打破了以牺牲农业为代价发展工业,优先发展重工业和基础工业的思维定式,调整了过去那种"重生产、轻流通、轻服务"的政策,开始注重国民经济各产业部门的协调发展。在产业政策方面:提出了重点发展农业的补偿性结构倾斜政策,逐步消除对农业的各种政策性和制度性歧视,逐步缩小工农业剪刀差,适当降低工业发展速度,协调农业与工业之间的关系;在工业内部,加快发展轻纺工业,对轻纺工业实行能源、原材料、投资、贷款、进口用汇、交通运输六优先的原则,使轻、重工业的关系协调起来,使商品供应与国内购买力和出口增长的需求相适应;在重工业内部,突出加强石油、煤炭、电力、运输和建筑材料等部门的生产建设,以保证其他工业部门和整个国民经济的发展;根据国民经济发展的需要和燃料动力、原材料的供应能力,认真调整工业规模,坚决收缩基本建设战线,使建设规模同钢材、水泥、木材、设备和资金等的供应能力相适应;加速发展第三产业,允许个体、集体兴办第三产业;实行对外开放,设立经济特区,对境外投资实行优惠政策。为贯彻这些政策,政府还采取了许多相应的配套措施。

上述产业政策的实施取得了良好的效果,一方面使得薄弱的农业和轻工业得到了较快的发展,特别是农业生产很快上了一个新台阶,消费品供应匮乏的状况得到根本性改变,人民生活水平有了很大提高,基本上还清了过去的欠债,使人们对改革充满了信心;另一方面,虽然能源、交通运输、邮电、原材料等产业发展速度相对缓慢,但产业结构重大比例失调的状况基本得到扭转,到1985年,在国内生产总值构成中,第一、第二和第三产业所占比重分别是28.4%,43.1%和28.5%[①],农轻重三者同步增长,产业结构进入均衡发展状态,社会总产值也保持了较高的增长速度,各种社会生产要素的作用也得到较充分的发挥。

然而,由于经济体制和经济政策上的某些缺陷,20世纪80年代中后期经济发展中又出现了社会总需求大于社会总供给,产业结构比例失调等新的矛盾和问题,主要表现在:加工产业生产能力过大,农业、能源、原材料和交通运输等基础产业生产能力不足的结构性矛盾突出;一般加工产业生产能力过大,高水平的

---

① 新华网:http://news.xinhuanet.com/ziliao/2003-01/25/content_707559.htm。

加工能力不足;产业的地区分布不合理,地区优势未能很好发挥;企业组织结构分散,生产集中度差,专业化水平低,许多企业之间的生产联系和协作配套组织得不好。这些问题,既影响我国资源的合理配置和利用,又妨碍经济的稳定发展和宏观效益的提高。必须从实际情况出发,对国民经济再一次进行大的调整,特别是要合理制定产业政策,在压缩和控制社会总需求的同时,下功夫调整和改造产业结构,以防止出现经济滞胀现象,在优化结构的基础上提高国民经济的素质和效益。为此,国务院于1989年3月发布了《关于当前产业政策要点的决定》,这是中国政府第一个比较系统地阐述产业政策的文件。它标志着中国开始有了独立的产业政策体系,作为国家宏观调控的基本手段之一,产业政策将在中国经济发展中发挥极其重要的作用。

国务院《关于当前产业政策要点的决定》是在"治理经济环境,整顿经济秩序"的背景下出台的,所以它的基本原则和政策取向是针对当时存在的农业生产徘徊不前,加工产业和基础产业失调,一般加工产业和高水平加工产业失衡,地区产业分布不合理,企业组织结构集中程度差和专业化水平低等问题而提出的。这个决定明确指出:"当前和今后一个时期制定产业政策、调整产业结构的基本方向和任务是:集中力量发展农业、能源、交通和原材料等基础产业,加强能够增加有效供给的产业,增强经济发展的后劲;同时控制一般加工工业的发展,使它们同基础产业的发展相协调。"[①]该决定制定了一系列指导产业结构调整的政策,主要内容包括:

1. 明确规定了制定产业政策应遵循的原则

第一,贯彻治理经济环境、整顿经济秩序、全面深化改革的方针,以产业政策为导向,加强宏观控制,指导市场发育,协调各方面行动,逐步缓解总需求与总供给、消费结构与产业结构的矛盾。

第二,压缩和控制长线产品的生产和建设,增加和扩大短线产品的生产和建设。集中力量,首先把粮食、棉花、煤炭、电力、交通特别是铁路运输以及市场紧俏的轻纺产品的生产建设搞上去。

第三,按照市场需求、产业关联、技术进步、创汇作用、经济效益等因素,安排好产业发展序列并制定相关的各项政策,明确支持什么,限制什么。同时,要妥善处理好重点产业与一般产业协调发展的关系,处理好生产要素存量调整与增

---

① 新华网:http://news.xinhuanet.com/ziliao/2005-02/25/content_2618909.htm。

量配置的关系,处理好产业总体配置与发挥地区优势的关系。

第四,长远与近期结合、以近期为主的原则,在治理整顿过程中,将视经济发展情况,对产业政策作相应调整。

第五,产业政策的制定权在国务院。各地必须执行国家的产业政策,不能因局部和短期利益而破坏国家的整体和长期利益。

第六,产业政策的实施,要运用经济的、行政的、法律的和纪律的手段,同时加强思想政治工作。计划、财政、金融、税务、物价、外贸、工商行政管理等部门必须目标一致,协同动作,各项调节手段和措施要相互配套,服从治理、整顿的方针和实施产业政策的要求。

2. 按社会再生产的不同领域分别排列了产业发展序列,规定了国家重点支持、严格限制和明令停止的产业和产品

在生产领域,国家重点支持的产业依次是:农业和农用工业、轻纺工业、基础设施和基础工业、机械和电子工业、高技术产业、经济效益好的出口创汇产品。

在生产领域,国家严格限制生产的产品是:国家定点外的汽车、摩托车;性能低下的普通机电产品、用国内紧缺原料生产的高消费产品;生产方式落后、严重浪费资源和污染环境的产品;低质白酒、普通人造革、普通人造毛皮等。

在生产领域,国家明令必须停止生产的产品是:无证开采的有色金属矿、化学矿、煤矿等;原机械部(委)公布的十批四百三十七项淘汰产品;纺织部公布淘汰的纺织机械;建设部等六个部门公布的建筑机械第一批淘汰产品等。

3. 从计划、组织、金融、财政、税收、外汇管理、产业组织结构、乡镇企业发展、法制建设等方面,规定了组织实施产业政策的要求和相关的保障性措施

经过实施上述产业政策,有效地压缩了基本建设的规模,在一定程度上解决了产业结构内部存在的各种矛盾和问题,到1992年,在国内生产总值的构成中,第一、第二和第三产业所占比重分别是21.8%,43.9%和34.3%[①],农业和轻纺工业得到了加强,消费品供应大幅度增加,第三产业和新兴产业得到了较快的发展,这一切对治理经济环境、整顿经济秩序发挥了积极的推动作用,促进了国民经济的健康发展,在三年治理整顿的任务基本完成后,我国国民经济进入了新一轮的高速增长时期。但是也应当看到,这个时期的产业政策,几乎涉及了所有的部门和行业,具有明显的计划方案的色彩,对社会资源的配置也更多地采用了直

---

① 新华网:http://news.xinhuanet.com/ziliao/2003-01/25/content_707559.htm。

接干预的手段,这与市场化的改革方向是不相适应的。

二、全面建设社会主义市场经济体制时期的产业政策

进入20世纪90年代以后,特别是经过两次产业结构的调整以后,我国的产业结构发生了许多积极的变化,但是,长期存在的产业结构不合理的问题并没有从根本上解决,而且在经济发展中又产生了许多新的矛盾和问题,这主要表现在:农业的基础地位依然比较脆弱,抵御自然灾害的能力很差;基础工业和基础设施的建设与发展滞后,能源、交通和通信仍然是制约经济发展的瓶颈产业;加工工业总规模偏大,技术水平和专业化程度低;第三产业总体落后,不能适应经济发展和人民生活的需要。很显然产业结构调整与优化的任务依然是艰巨和迫切的。

事实上为保持经济的持续、快速增长,我国政府自1989年5月颁布第一个全面系统阐述产业政策的文件《国务院关于当前产业政策要点的决定》以来,一直十分重视产业结构的调整与优化并积累了一定的经验。然而,在全面建立社会主义市场经济体制的新时期,在工业化不断推进和农业剩余劳动力向非农产业转移以及对外经济贸易关系不断拓展的新形势下,如何更有效地发挥国家产业政策对经济的宏观调控作用,使其既能弥补市场机制的缺陷,引导产业的健康发展,又能促进市场的健康发育和成长,必然成为政府必须认真面对和探索解决的一个新课题。为此,国务院在1994年3月召开的第十六次常务会议上,审议并通过了《九十年代国家产业政策纲要》,比较全面地制定了我国的产业政策。这是我国第一个系统阐述长期产业政策的文件,其主要内容包括:

1. 明确规定了制定产业政策必须遵循的原则

第一,符合工业化和现代化进程的客观规律,密切结合我国国情和产业结构变化的特点。

第二,符合建立社会主义市场经济体制的要求,充分发挥市场在国家宏观调控下对资源配置的基础性作用。

第三,突出重点,集中力量解决关系国民经济全局的重大问题。

第四,具有可操作性,主要通过经济手段、法律手段和必要的行政手段保证产业政策的实施,支持短线产业和产品的发展,对长线产业与产品采取抑制政策。

2. 明确了90年代国家产业政策要解决的重要课题

主要包括：不断强化农业的基础地位，全面发展农村经济；大力加强基础产业，努力缓解基础设施和基础工业严重滞后的局面；加快发展支柱产业，带动国民经济的全面振兴；合理调整对外经济贸易结构，增强我国产业的国际竞争能力；加快高新技术产业发展的步伐，支持新兴产业的发展和新产品开发；继续大力发展第三产业；优化产业组织结构；提高产业技术水平；使产业布局更加合理。

3. 制定了产业结构政策，提出了产业发展的重点及排序，它们依次是农业、基础产业、支柱产业、高新技术产业和第三产业

其具体政策目标和措施主要包括：

第一，大力发展农业和农村经济，增加农民收入，这是20世纪90年代我国经济发展的首要任务。要牢固树立大农业观念，全面发展农林牧副渔业，大力发展高产、优质、高效和创汇农业，使农产品的数量、品种和质量适应全国人民小康生活水平和国际市场的要求。合理调整农村产业结构，积极发展农村第二、第三产业，逐步转移农村剩余劳动力，把农村的综合生产能力和经济效益提高到一个新水平。

第二，切实加强基础设施和基础工业。要努力缓解基础设施和基础工业严重滞后的矛盾，使之逐步与整个经济发展相适应。要本着"统筹规划、合理布局、突出重点、尽力而为、量力而行、注重效益"的方针，加快基础设施建设和基础工业发展。交通运输业要以增加铁路运输能力为重点，以发展运输大通道为中心，充分发挥公路、水运、空运、管道等多种运输方式的优势，加快综合运输体系的建设。通信业要以高速、高质、大规模为基点，积极采用国际先进技术与装备，尽快提高国产化比例，有重点、分层次地大力推进信息高速网络建设。能源工业要实行开发与节约并重的方针，做到能源、经济与环境协调发展。其中，煤炭工业要加快国有重点煤矿的建设，促进地方矿、乡镇矿的改造和提高；石油工业要稳住东部、开发西部，增加探明储量，合理利用国际资源；电力工业要实行因地制宜、水火电并举、适当发展核电的方针。巩固和改善现有水利设施，有重点地对大江、大河、大湖进行综合治理，防止水土流失，保护和合理配置水资源，提高抗御水旱灾害的能力，逐步解决缺水地区和城市用水问题。根据"统一规划、合理布局、综合开发、配套建设"的方针，加快城市市政公用事业的发展。

第三，积极振兴支柱产业。努力加快机械电子、石油化工、汽车制造和建筑业的发展，使它们成为国民经济的支柱产业。机械工业要以关键的基础机械、基

础零部件和重大技术成套设备为重点,促进产品结构优化,提高产业技术水平和竞争力;电子工业要以微电子为基础,以通信、计算机等新兴信息产业为主体,加快现代化的步伐;石化工业要积极促进生产规模的大型化,提高技术水平和加工深度;汽车工业要尽快形成少厂点、大批量的生产体制和有序竞争的市场结构,提高其国内市场占有率和国际竞争力;建筑业要以城乡居民住宅、国家重点工程、城镇建设为重点,积极建立统一、开放、竞争、有序的建筑市场,提高建筑产品质量。

第四,积极发展对外经济贸易。继续扩大对外贸易,积极调整贸易结构,发挥比较优势,大力提高出口效益,以促进产业结构的调整和优化,增强国际竞争能力,保持国际收支平衡。

第五,制定了与以上四个方面相关的一系列政策措施。

4. 制定了产业组织政策的目标和措施

产业组织政策的目标是:促进企业合理竞争,实现规模经济和专业化协作,形成适合产业技术经济特点和我国经济发展阶段的产业组织结构。对规模经济效益显著的产业,应形成以少数大型企业(集团)为竞争主体的市场结构;对产品由大量零部件组成的产业,应形成大、中、小企业合理分工协作,规模适当的市场结构;对规模经济效益不显著的产业,应鼓励小企业的发展,形成大、中、小企业并存、企业数目较多的竞争性市场结构。

实施产业组织政策应采取的措施是:对具有区域自然垄断性质的产业,逐步引入市场机制,鼓励合理竞争。对规模经济效益显著的产业和产品,陆续制定最低经济规模标准。同时,要打破地区、部门分割,限制以致禁止不符合经济规模标准的项目建设,促进规模经济的实现。鼓励企业通过平等竞争和合并、兼并、相互持股等方式,自主进行联合改组,或组建跨地区、跨部门、跨所有制乃至跨国经营的企业集团。加快关于市场竞争的法规建设,为企业平等竞争和企业组织结构的调整创造良好的外部环境。

5. 制定了产业技术政策的重点和措施

产业技术政策的重点是:促进应用技术开发,鼓励科研与生产相结合,加速科技成果的推广,推动引进和消化国外的先进技术,显著提高我国产品的质量、技术性能,大幅度降低能耗、物耗及生产成本,努力提高我国产业的技术水平。

实施产业技术政策应采取的措施是:多渠道、多形式地增加对科学技术研究和发展的投入,逐步提高其占国民生产总值的比重;分行业制订并实施对产业发展有重大作用的关键技术研究和开发计划,支持和鼓励对引进先进技术的消化吸收和创新;加强对高新技术产业的规划,搞好国家批准的高新技术开发区的建设;推进标准化、系列化的进程,提倡采用国际标准和国外先进标准以及更为严格的企业内部标准;增强企业自主开发新产品的能力,鼓励企业加强与科研机构和大专院校的联系,加快科技成果商品化的速度;以法规形式定期公布必须淘汰的落后生产工艺和设备。

6. 制定了产业布局政策的原则、目标和措施

产业布局政策的主要原则是:在继续发挥经济较发达地区优势并加快其发展的同时,积极扶持欠发达地区的经济发展,逐步缩小经济发达地区与欠发达地区的差距;国家支持发挥自然资源和经济优势,体现地区间专业化分工协作的产业带的发展。

产业布局政策的目标是:总的目标是逐步形成沿海、沿江、沿路、沿边产业的合理分布格局,以交通干线上的大城市为中心,带动大的经济区域发展。

产业布局政策的措施是:东部沿海地区要大力发展外向型经济,重点发展附加值高、创汇高、技术含量高和能源、原材料消耗低的产业及产品,多利用一些国外资金、资源,求得经济的持续快速发展和更好的效益;中西部地区要发挥资源优势和沿边地区对外开放的地理优势,努力发展优势产业和产品;国家要逐步在投资、贷款、项目布局、利用外资等有关经济政策方面,由地区倾斜转为产业倾斜,对中西部地区开发建设中的重大项目给予必要的支持,支持中西部地区大力发展乡镇企业,鼓励经济发达地区与其进行联合开发、技术合作、对口支援和人才交流。此外,要因势利导引导城市化的健康发展,形成大、中、小城市结构协调和布局合理的城镇建设体系。

7. 规定了国家产业政策的结构和政策制定、实施、审议、监督、评价等制度

20 世纪 90 年代,我国的产业政策随着改革开放事业的发展得到了不断的调整和完善,通过实施这些政策,我国的产业结构逐步趋向合理和优化,在 2000 年国内生产总值的构成中,第一、第二和第三产业所占比重分别是 15.9%、50.9%和33.2%。[①] 农业的比重虽有下降,但基础地位得到一定程度的加强,基础产业和基础设施的建设在"九五"期间得到快速发展,增强了我国经济发展的后劲,第三产业在国民经济中的比重得到较大提高,产业技术装备水平得到一定

---

① 新华网:http://news.xinhuanet.com/ziliao/2003-01/25/content_707559.htm。

的提升,产业组织结构获得较大改善,规模经济效益有所提高。

但是我们也应清醒地看到,产业结构依然存在许多不合理的因素,大量新矛盾和新问题还在不断出现,其中尤其突出的是:

第一,基础产业的瓶颈制约作用虽得到缓解,但并没有被完全克服和消除。农业的基础地位依然很脆弱,农民的收入增长缓慢,农业生产的增长仍然不能适应国民经济和人民生活水平提高的需要;交通运输能力仍然不足,发展也不平衡;能源产品供给与需求的矛盾仍然很突出,电力、石油、煤炭等产品的供应与其潜在需求和现实需求都存在不小的缺口;由于价格等因素的影响,基础产业的自我积累与扩张能力依然低下。

第二,制造业技术水平和专业化程度低,加工生产高附加值产品的能力差,产品销售不畅、市场占有率低,缺乏与外商的竞争力,特别是一些过剩的低水平生产能力不能及时退出,甚至还出现了一些重复性建设的问题,这些都导致了加工工业在国内外面临的压力不断扩大。

第三,第三产业虽得到一定的发展,但发展速度缓慢,还不能满足经济发展和人民生活的需要,而且影响第三产业发展的制约因素也不断增加。总之,产业政策的实施还面临着不少的难题。

三、中国产业政策的新发展

进入新世纪以来,随着我国市场化、工业化、国际化进程的不断加快,产业政策在调控经济社会发展中的作用不断加强。在社会主义市场经济条件下,加强和改善宏观调控是一项长期任务,而产业政策作为实施宏观调控的重要手段也应该不断得到调整和完善。

经过多年的努力,我国投资总量与部分行业投资过热的势头得到有效遏制,瓶颈产业部门得到加强,经济运行的协调性得到提高,宏观调控取得了积极成效,产业结构得到改善,总体上向着合理方向发展。但是,制约经济持续、快速、协调发展的体制、机制和增长方式等深层次的问题和矛盾还没有得到根本解决,产业结构局部失衡现象依然存在,一是三次产业结构仍不合理,农业基础地位需进一步加强,第二产业比重偏高,服务业发展滞后的格局没有根本改变;二是工业中传统产业、低技术含量和低附加值的产业仍占主导地位,产业结构升级的内在动力不足;三是服务业内部结构不合理,传统服务业比重仍然偏大,现代服务业发展缓慢,特别是金融、保险、咨询、物流等现代服务业或生产型服务业发展较慢。不仅如此,经济运行中又出现了一些新的矛盾和问题,其中比较突出的是:粮食增产和农民增收难度加大,农业综合生产能力不强;固定资产投资增幅仍然偏高,有些行业投资增长过快,新开工项目偏多;投资结构不合理,部分行业过度投资的不良后果开始显现等。因此,在充分尊重和发挥市场对资源配置的基础性作用的前提下,进一步充分发挥产业政策的导向作用,克服市场机制的消极作用,促进产业结构的不断优化和升级,促进产业技术的不断进步,全面提高我国产业素质和竞争力,推动产业的健康发展,加快推进经济增长方式转变,促进经济平稳、协调发展,就成为产业政策的根本任务。

2005年10月中共十六届五中全会讨论通过了《中共中央关于制定国民经济和社会发展第十一个五年规划的建议》,其中就推进我国产业结构优化升级的任务作了比较系统的阐述。根据这个建议的基本精神,2005年11月9日,国务院第112次常务会议审议通过了《促进产业结构调整暂行规定》。随后,经国务院批准,国家发展和改革委员会又会同有关部门公布了与之配套的《产业结构调整指导目录》。这是两个系统阐述我国今后一个时期产业政策的重要文件,也是我国产业政策得到进一步完善的重要标志。这一时期,中央还相继推出了《国务院办公厅关于加快发展服务业若干政策措施的实施意见》(2008年)、《关于在当前形势下进一步做好产业政策工作的通知》(2009年)、《国务院关于进一步加大工作力度确保实现"十一五"节能减排目标的通知》(2010年)、《中国产业发展和产业政策报告(2011)》(2011年)、《中共中央关于制定国民经济和社会发展第十二个五年规划的建议》(2011年)以及《产业结构调整指导目录(2011年本)》等一系列政策法规和条例,以进一步优化产业结构、促进三大产业的协调发展。2012年由工业部和信息化部产业政策司牵头的全国产业政策工作座谈会在南宁召开。随后,国务院印发《全国现代农业发展规划(2011—2015年)》(2012年)、《产业转移项目产业政策符合性认定试点工作方案》(2013年)、《关于促进云计算创新发展培育信息产业新业态的意见》(2015年),《中共中央关于制定国民经济和社会发展第十三个五年规划的建议》等,这些文件进一步细化并完善了我国的产业政策。概括而言,其主要内容如下:

1. 规定了产业结构调整的基本目标和调整原则

产业结构调整的基本目标是:推进产业结构优化升级,促进第一、第二、第三产业健康协调发展,逐步形成农业为基础、高新技术产业为先导、基础产业和制造业为支撑、服务业全面发展的产业格局,坚持节约发展、清洁发展、安全发展,实现可持续发展。

产业结构调整的原则是:

第一,坚持市场调节和政府引导相结合。充分发挥市场配置资源的决定性作用,加强国家产业政策的合理引导,实现资源优化配置。

第二,以自主创新提升产业技术水平,依靠科技创新推动产业升级,在拥有自主知识产权的基础之上实现新产品的价值增值。坚持自主创新、重点跨越、支撑发展、引领未来的方针,面向国内国际两个市场,发挥科技创新对产业结构优化升级的推动作用,加快国家创新体系建设,加快建立以企业为主体的技术创新体系,加强科技基础设施建设,强化科技创新支持政策。把增强自主创新能力作为调整产业结构的中心环节,建立以企业为主体、市场为导向、产学研相结合的技术创新体系,大力提高原始创新能力、集成创新能力和引进消化吸收再创新能力,提升产业整体技术水平和核心竞争力,推动三大产业在更高水平上协同发展。加强企业技术改造,建设一批产业技术创新服务平台。

第三,坚持走新型工业化道路,健全节能减排激励约束机制。以信息化带动工业化,以工业化促进信息化,实现工业化与信息化的互动,是新型工业化道路的本质及精髓。走科技含量高、经济效益好、资源消耗低、环境污染少、安全有保障、人力资源优势得到充分发挥的发展道路,努力推进经济增长方式的根本转变。优化能源结构,合理控制能源消费总量,完善资源性产品价格形成机制和资源环境税费制度,把资源节约和环境保护贯穿于生产、流通、消费、建设各领域各环节,推动可持续发展能力的提升。新型工业化道路是在全面建设小康社会的总体部署下提出的,不是哪一方面的单兵突进,而是全方位、立体化、协同性推进,以避免产生新的结构失衡,保持经济实现一个长达二十年左右的持续快速增长和社会全面进步。

第四,促进产业协调健康发展。发展先进制造业,提升制造业核心竞争力,发展战略性新兴产业,加快发展服务业,加强基础设施建设,促进经济增长向依靠第一、第二、第三产业协同带动转变。加快产业结构调整。鼓励发展服务业,支持战略性新兴产业发展。积极化解部分行业产能严重过剩矛盾。推进节能减排和污染防治,能源消耗强度下降3.7%,二氧化硫、化学需氧量排放量分别下降3.5%、2.9%。优化城乡区域产业结构和布局,优化对外贸易和利用外资结构,维护群众合法权益,努力扩大就业,推进经济社会协调发展。

第五,同步推进工业化、城镇化和农业现代化。统筹城乡发展,积极稳妥地推进城镇化,推进社会主义新农村建设。坚持工业反哺农业,城市支持农村和"多予、少取、放活"的方针,充分发挥工业化、城镇化对发展现代农业、促进农民增收、加强农村基础设施和公共服务的带动作用,夯实农业农村发展基础,加快现代农业发展步伐。

2. 明确了产业结构调整的方向和重点

第一,巩固和加强农业基础地位,推进农业结构调整,加快发展现代农业。

加快农业科技进步,加强农业设施建设,推进农业生产结构战略性调整,把保障国家粮食安全作为首要目标,加快转变农业发展方式,提高农业综合生产能力、抗风险能力和市场竞争能力。稳定发展粮食生产,加快实施优质粮食产业工程,建设大型商品粮生产基地。优化农业生产布局,推进农业产业化经营,加快农业标准化,促进农产品加工转化增值,发展高产、优质、高效、生态、安全农业。大力发展畜牧业,提高规模化、集约化、标准化水平,保护天然草场,建设饲料草场基地。积极发展水产业,保护和合理利用渔业资源,推广绿色渔业养殖方式,发展高效生态养殖业。因地制宜发展原料林、用材林基地,提高木材综合利用率。加强农田水利建设,改造中低产田,搞好土地整理。加快农业科技创新,推进农业技术集成化、劳动过程机械化、生产经营信息化。加快农业生物育种创新和推广应用,做大做强现代种业。发现农业信息技术,提高农业生产经营信息化水平。健全农业社会化服务体系,加快健全乡镇或区域性农业技术推广、农产品市场、农产品质量安全监督和动植物病虫害防控体系等公共服务机构。积极推行节水灌溉,科学使用肥料、农药,促进农业可持续发展。培育多元化的农业社会化服务组织,支持农民专业合作组织、供销合作社、农民经纪人、龙头企业等提供多种形式的生产经营服务。

第二,加强能源、交通、水利和信息等基础设施建设,增强对经济社会发展的保障能力。

坚持节约优先、立足国内、煤为基础、多元发展,优化能源结构,构筑稳定、经济、清洁的能源供应体系。以大型高效机组为重点优化发展煤电,在生态保护基础上有序开发水电,积极发展核电,加强电网建设,优化电网结构,扩大西电东送规模。建设大型煤炭基地,调整改造中小煤矿,坚决淘汰不具备安全生产条件和浪费破坏资源的小煤矿,加快实施煤矸石、煤层气、矿井水等资源综合利用,鼓励煤电联营。实行油气并举,加大石油、天然气资源勘探和开发利用力度,扩大境外合作开发,加快油气领域基础设施建设。积极扶持和发展新能源和可再生能源产业,鼓励石油替代资源和清洁能源的开发利用,积极推进洁净煤技术产业化,加快发展风能、太阳能、生物质能等。

以扩大网络为重点,形成便捷、通畅、高效、安全的综合交通运输体系。完善区际交通网,建设城际快速网,坚持统筹规划、合理布局,实现铁路、公路、水运、民航、管道等运输方式优势互补,相互衔接,发挥组合效率和整体优势。加快发展铁路、城市轨道交通,重点建设客运专线、运煤通道、区域通道和西部地区铁路。完善国道主干线、西部地区公路干线,建设国家高速公路网,大力推进农村公路建设。优先发展城市公共交通。加强集装箱、能源物资、矿石深水码头建设,发展内河航运。扩充大型机场,完善中型机场,增加小型机场,构建布局合理、规模适当、功能完备、协调发展的机场体系。加强管道运输建设。提高运输服务水平,保障运输安全。

加强水利和防灾减灾体系建设,优化水资源配置。统筹上下游、地表地下水资源调配,控制地下水开采,积极开展海水淡化。在继续推进大江大河治理基础上,积极开展重要支流、湖泊和中小河流治理。加强防洪抗旱工程建设,以堤防加固和控制性水利枢纽等防洪体系为重点,强化防洪减灾薄弱环节建设,继续加强大江大河干流堤防、行蓄洪区、病险水库除险加固和城市防洪骨干工程建设,建设南水北调工程。加大人畜饮水工程和灌区配套工程建设改造力度。

全面提高信息化水平,加强宽带通信网、数字电视网和下一代互联网等信息基础设施建设,推进"三网融合",推动信息化和工业化深度融合,推进经济社会等领域的信息化,加强网络和信息安全保障。

第三,以振兴装备制造业为重点发展先进制造业,改造提升制造业,促进制造业由大变强,发挥其对经济发展的重要支撑作用。

装备制造业要依托重点建设工程,通过自主创新、引进技术、合作开发、联合制造等方式,提高重大技术装备国产化水平,特别是在高效清洁发电和输变电、大型石油化工、先进适用运输装备、高档数控机床、自动化控制、集成电路设备、先进动力装备、节能降耗装备等领域实现突破,提高研发设计、核心元器件配套、加工制造和系统集成的整体水平。

坚持以信息化带动工业化,加强企业技术改造,鼓励运用高技术和先进适用技术提升制造业,提高自主知识产权、自主品牌和高端产品比重。制定支持企业技术改造的政策,加快应用新技术、新材料、新工艺、新装备改造提升传统产业,提高市场竞争能力。根据能源、资源条件和环境容量,着力调整原材料工业的产品结构、企业组织结构和产业布局,提高产品质量和技术含量。支持发展冷轧薄板、冷轧硅钢片、高浓度磷肥、高效低毒低残留农药、乙烯、精细化工、高性能差别化纤维。促进炼油、乙烯、钢铁、水泥、造纸向基地化和大型化发展。加强铁、铜、铝等重要资源的地质勘查,增加资源地质储量,实行合理开采和综合利用。采取各项激励举措,促使企业增强新产品开发能力,加快产品的升级换代。推行先进质量管理,加快建设一批产业技术创新服务平台。

第四,加快发展高技术产业,培育发展战略性新兴产业,进一步增强高技术产业对经济增长的带动作用。

以重大技术突破和重大发展需求为基础,促进新兴科技与新兴产业深度融合,在继续做强做大高技术产业基础上,把战略性新兴产业培育发展成为先导性、支柱性产业。随着2010年《国务院关于加快培育和发展战略性新兴产业的决定》的出台以及2011年战略性新兴产业被正式列入《中华人民共和国国民经济和社会发展第十二个五年规划纲要》的重点支持产业,战略性新兴产业在国内的政策环境趋于成熟。在新一代信息技术产业领域,加快推进"三网融合"和新一代高速网络的建设进程,为新一代信息技术产业的发展提供良好的硬件基础。积极推进新一代信息技术走向农村,激发国内巨大的需求潜力。对智能芯片、高端路由器、高性能服务器等领域重点支持,有效提升国内企业的竞争力。全面发挥以新一代信息技术产业、新能源与新能源汽车产业为代表的核心主导产业部门对整个经济的带动作用,促进战略性新兴产业各部门的全面发展。推动重点领域跨域发展,按照产业聚集、规模化发展和扩大国际合作的要求,大力发展节能环保、信息技术、生物、新材料、新能源、高端装备制造、新能源汽车、航空航天等产业,培育更多新的经济增长点。充分发挥我国特有的资源优势和技术优势,重点发展生物农业、生物医药、生物能源和生物化工等生物产业。加快发展民用航空、航天产业,推进民用飞机、航空发动机及机载系统的开发和产业化,进一步发展民用航天技术和卫星技术。积极发展新材料产业,支持开发具有技术特色以及可发挥我国比较优势的光电子材料、高性能结构和新型特种功能材料等产品。

第五,营造有利于服务业大发展的环境,提高服务业比重,优化服务业结构,促进服务业全面快速发展。

坚持市场化、产业化、社会化的方向,加强分类指导和有效监管,进一步创新、完善服务业发展的体制和机制,建立公开、平等、规范的行业准入制度。发展竞争力较强的大型服务企业集团,大城市要把发展服务业放在优先地位,有条件的要逐步形成以服务经济为主的产业结构。增加服务品种,提高服务水平,增强就业能力,提升产业素质。大力发展金融、保险、物流、信息和法律服务、会计、知识产权、技术、设计、咨询服务等现代服务业,积极发展文化、旅游、社区服务等需求潜力大的产业,加快教育培训、养老服务、医疗保健等领域的改革和发展。规范和提升商贸、餐饮、住宿等传统服务业,推进连锁经营、特许经营、代理制、多式联运、电子商务等组织形式和服务方式。同时,强化规划和产业政策的引导,抓紧制定或修订服务业发展规划,完善服务业政策。深化服务领域改革,放宽服务领域市场准入,进一步推进国有服务企业改革。提高服务领域对外开放水平,稳步推进服务领域对外开放,积极支持服务企业"走出去"。培育服务领域领军企业和知名品牌,推动服务业组织结构的创新,进一步实施品牌战略,鼓励服务领域技术创新。加大服务领域公共服务、财政、金融等的投入力度。

第六,大力发展循环经济,建设资源节约和环境友好型社会,实现经济增长与人口资源环境相协调。

坚持开发与节约并重、节约优先的方针,按照减量化、再利用、资源化原则,大力推进节能节水节地节材,加强资源综合利用,全面推行清洁生产,完善再生资源回收利用体系,形成低投入、低消耗、低排放和高效率的节约型增长方式。积极开发推广资源节约、替代和循环利用技术和产品,重点推进钢铁、有色、电力、石化、建筑、煤炭、建材、造纸等行业节能降耗技术改造,发展节能省地型建筑,对消耗高、污染重、危及安全生产、技术落后的工艺和产品实施强制淘汰制度,依法关闭破坏环境和不具备安全生产条件的企业。调整高耗能、高污染产业规模,降低高耗能、高污染产业比重。鼓励生产和使用节约性能好的各类消费品,形成节约资源的消费模式。加大环境保护力度,以解决饮用水不安全和空气、土壤污染等损害群众健康的突出的环境问题为重点,加强综合治理,明显改善环境质量。促进生态保护和修复,坚持保护优先和自然修复为主,加大生态保护和建设的力度,从源头上扭转生态环境恶化趋势。构建生态安全屏障,强化生态保护与治理,建立生态补偿机制。大力发展环保产业,以控制不合理的资源开发为重点,强化对水资源、土地、森林、草原、海洋等的生态保护。改革能源生产和利用方式,坚持节约优先、立足国内、多元发展、保护环境的原则,加强国际互利合作,调整优化能源结构,建立安全、经济、清洁的现代能源产业体系。发展多元清洁能源,优化能源开发布局,加强能源输送通道建设。

第七,优化产业组织结构,调整区域产业布局。

提高企业规模经济水平和产业集中度,加快大型企业发展,形成一批拥有自主知识产权、主业突出、核心竞争力强的大公司和企业集团。充分发挥中小企业的作用,推动中小企业与大企业形成分工协作关系,提高生产专业化水平,促进中小企业技术进步和产业升级。完善中小企业政策法规体系。促进中小企业加快转变发展方式,强化质量诚信建设,提高产品质量和竞争能力。推动中小企业调整结构,提升专业化分工协作水平。落实和完善税收等优惠政策,减轻中小企业社会负担。充分发挥比较优势,积极推动生产要素合理流动和配置,引导产业集群化发展。

推进新一轮西部大开发,坚持把深入实施西部大开发战略放在区域发展总体战略优先位置,给予特殊政策支持。加强基础设施建设,扩大铁路、公路、民航、水运网络,建设一批骨干水利工程和重点水利枢纽,加快推进油气管道和主要输电通道及联网工程。西部地区要加强基础设施建设和生态环境保护,健全公共服务,结合本地资源优势发展特色产业,增强自我发展能力。坚持以线串点、以点带面,推进重庆、成都、西安区域战略合作,推动呼包鄂榆、广西北部湾、成渝、黔中、滇中、藏中南、关中—天水、兰州—西宁、宁夏沿黄、天山北坡等经济区加快发展,培育新的经济增长极。全面振兴东北地区等老工业基地。发挥产业和科技基础较强的优势,完善现代产业体系,推动装备制造、原材料、汽车、农产品深加工等优势产业升级,大力发展金融、物流、旅游以及软件和服务外包等服务业。东北地区要加快产业结构调整和国有企业改革改组改造,发展现代农业,着力振兴装备制造业,促进资源枯竭型城市转型。重点推进辽宁沿海经济带和沈阳经济区、长吉图经济区、哈大齐和牡绥地区等区域发展。大力促进中部地区崛起。中部地区要发挥承东启西的区位优势,壮大优势产业,发展现代产业体系,抓好粮食主产区建设,发展有比较优势的能源和制造业,加强基础设施建设,加快建立现代市场体系。重点推进太原城市群、皖江城市带、鄱阳湖生态经济区、中原经济区、武汉城市圈、环长株潭城市群等区域发展。东部地区要努力提高自主创新能力,加快实现结构优化升级和增长方式转变,提高外向型经济水平,增强国际竞争力和可持续发展能力。从区域发展的总体战略布局出发,根据资源环境承载能力和发展潜力,实行优化开发、重点开发、限制开发和禁止开发等有区别的区域产业布局。实施区域总体战略和主体功能区战略,按照全国经济合理布局的要求,规范开发秩序,控制开发强度,形成高效、协调、可持续的国土空间开发格局。

第八,积极发展海洋经济。

优化海洋产业结构,积极发展海洋油气、海洋运输、海洋渔业、滨海旅游等产业,培育壮大海洋生物医药、海水综合利用、海洋工程装备制造等新兴产业。制定实施海洋主体功能区规划,优化海洋经济空间布局。推进山东、浙江、广东等海洋经济发展试点。强化海域和海岛管理,健全海域使用权市场机制,推进海岛保护利用,扶持边远海岛发展。统筹海洋环境保护与陆源污染防治,加强海洋生态系统保护和修复。加强双边多边海洋事务磋商,积极参与国际海洋事务,保障海上运输通道安全,维护我国海洋权益。

第九,传承创新,推动文化大发展、大繁荣。

建设社会主义核心价值体系,拓展群众性精神文明创建活动,营造良好的社会文化环境。继续深化文化体制改革,完善文化经济政策,增强文化整体实力和竞争力。促进基本公共文化服务标准化均等化,发展文化艺术、新闻出版、广播电影电视、档案等事业,繁荣发展哲学社会科学,倡导全民阅读。提升文化产业发展水平,培育和规范文化市场。传承和弘扬优秀传统文化,重视文物保护。加快文化走出去,发展文化贸易,加强国际传播能力建设,提升国家文化软实力。发展全民健身、竞技体育和体育产业。

第十,实施互利共赢的开放战略,提高对外开放水平,促进国内产业结构升级。

完善区域开放格局,协同推动沿海、内陆、沿边开放,形成优势互补、分工协作、均衡协调的区域开放格局。深化沿海开放,扩大内陆开放,加快沿边开放。优化对外贸易结构,加快转变对外贸易增长方式,扩大具有自主知识产权、自主品牌的商品出口,控制高能耗高污染产品的出口,鼓励进口先进技术设备和国内短缺资源。支持有条件的企业"走出去",在国际市场竞争中发展壮大,带动国内产业发展。提高加工贸易的产业层次,增强国内配套能力。大力发展服务贸易,继续开放服务市场,有序承接国际现代服务业转移。提高利用外资的质量和水平,着重引进先进技术、管理经验和高素质人才,注重引进技术的消化吸收和创新提高。吸引外资能力较强的地区和开发区,要着重提高生产制造层次,并积极向研究开发、现代物流等领域拓展。坚持"引进来"和"走出去"相结合,利用外资和对外投资并重,提高安全高效地利用两个市场、两种资源的能力。

3. 制定了由鼓励、限制和淘汰三类目录组成的《产业结构调整指导目录》

2005年,国务院发展和改革委员会编制了《产业结构调整指导目录》,在此基础上,国家发展和改革委员会在 2007 年和 2011 年分别修订了这一文件。2009 年在《关于抑制部分行业产能过剩和重复建设引导产业健康发展若干意见》中明文提出,要采取必要的行政手段引导产业结构的布局。在 2010 年 2 月颁布的《国务院关于进一步加强淘汰落后产能工作的通知》中,淘汰落后工作被赋予了极为重要的意义,强调"采取更加有力的措施,综合运用法律、经济、技术及必要的行政手段",进一步加强问责制的实行和行政上的组织领导。贯彻其中的主旨精神高度一致,下文将具体分析。这成为政府引导投资方向,管理投资项目,制定和实施财税、信贷、土地、进出口等政策的重要依据。

鼓励类主要是对经济社会发展有重要促进作用,有利于节约资源、保护环境、产业结构优化升级,需要采取政策措施予以鼓励和支持的关键技术、装备及产品。对鼓励类投资项目,按照国家有关投资管理规定进行审批、核准或备案;各金融机构应按照信贷原则提供信贷支持;在投资总额内进口的自用设备,除财政部发布的《国内投资项目不予免税的进口商品目录(2000 年修订)》所列商品外,继续免征关税和进口环节增值税,在国家出台不予免税的投资项目目录等新规定后,按新规定执行。对鼓励类产业项目的其他优惠政策,按照国家有关规定执行。

限制类主要是工艺技术落后,不符合行业准入条件和有关规定,不利于产业结构优化升级,需要督促改造和禁止新建的生产能力、工艺技术、装备及产品。对属于限制类的新建项目,禁止投资。投资管理部门不予审批、核准或备案,各金融机构不得发放贷款,土地管理、城市规划和建设、环境保护、质检、消防、海关、工商等部门不得办理有关手续。凡违反规定进行投融资建设的,要追究有关单位和人员的责任。对属于限制类的现有生产能力,允许企业在一定期限内采取措施改造升级,金融机构按信贷原则继续给予支持。国家有关部门要根据产业结构优化升级的要求,遵循优胜劣汰的原则,实行分类指导。

淘汰类主要是不符合有关法律法规规定,严重浪费资源、污染环境、不具备安全生产条件,需要淘汰的落后工艺技术、装备及产品。对淘汰类项目,禁止投资。各金融机构应停止各种形式的授信支持,并采取措施收回已发放的贷款;各地区、各部门和有关企业要采取有力措施,按规定限期淘汰。在淘汰期限内国家价格主管部门可提高供电价格。对国家明令淘汰的生产工艺技术、装备和产品,一律不得进口、转移、生产、销售、使用和采用。对不按期淘汰生产工艺技术、装备和产品的企业,地方各级人民政府及有关部门要依据国家有关法律法规责令其停产或予以关闭,并采取妥善措施安置企业人员、保全金融机构信贷资产安全等;其产品属实行生产许可证管理的,有关部门要依法吊销生产许可证;工商行政管理部门要督促其依法办理变更登记或注销登记;环境保护管理部门要吊销其排污许可证;电力供应企业要依法停止供电。对违反规定者,要依法追究直接责任人和有关领导的责任。

"十一五"时期以来的产业政策,是在我国市场化、工业化、国际化进程不断加快的背景下,在科学发展观的指导下形成的,与以往相比,它无论在具体内容上,还是在基本精神上都有许多新的特点。

(1) 坚持市场调节和政府引导相结合。

在全面建设社会主义市场经济的条件下,如何一方面积极促进市场经济的健康发育,另一方面自觉、及时地克服市场机制的缺陷,保证经济持续、快速、健康发展,是政府宏观调控必须要解决好的根本性问题,产业政策作为政府宏观调控的重要手段,尤其必须解决好这个问题。"十一五"时期以来的产业政策,突出强调了在充分发挥市场对资源配置的基础性作用的前提下,加强国家产业政策的合理引导功能,通过二者相互结合共同实现资源的优化配置。这为合理发挥国家产业政策的作用指明了方向。

(2) 把增强自主创新能力作为产业技术政策的中心环节。

产业技术水平是一个国家科技和经济发展水平的集中体现。当一个国家具备一定的产业技术基础和发展条件时,自主创新就成为进一步提升产业技术水平的主要手段和关键性因素。无论从我国面临的能源资源制约作用不断增强的趋势和维护经济安全的要求来看,还是从国际科技竞争加剧和知识产权保护强化的趋势来看,更多地依靠增强自主创新能力和提高劳动者素质推动经济发展都已成为我国的必然选择,中国产业的发展同样也要紧紧依靠自主创新能力的不断增强。为此,"十一五"时期以来的产业政策明确提出,要建立以企业为主体、市场为导向、产学研相结合的技术创新体系,大力提高原始创新能力、集成创新能力和引进消化吸收再创新能力,以提升产业整体技术水平,促进产业结构的优化升级;通过加快发展高技术产业,进一步增强高技术产业对经济增长的带动作用。

(3) 坚持走新型工业化道路,发展循环经济。

随着我国经济的快速发展,资源和环境压力日益成为我国经济发展面临的最为突出的矛盾,一方面,经济持续快速增长和工业化、城市化进程的加速,加大了对资源的有效需求;另一方面,高投入、高消耗、低产出、低效益的经济增长方式,也加剧了资源的耗费。人口众多、人均资源占有量少这一基本国情决定了我们不能再走粗放式的发展老路。因此,按照走新型工业化道路的要求,大力推进产业结构调整和优化升级,促进经济增长方式的根本性转变,应该成为产业政策的基本导向。"十一五"时期以来的产业政策充分反映了这一要求,明确提出,要以信息化带动工业化,以工业化促进信息化,走科技含量高、经济效益好、资源消耗低、环境污染少、安全有保障、人力资源优势得到充分发挥的发展道路,努力推进经济增长方式的根本转变。

（4）更加注重产业政策的系统性。

作为政府宏观调控的重要手段,产业政策是一个系统,它不仅需要产业政策体系内部各方面政策的协调配合,而且需要其他经济政策的协调配合。只有发挥政策的系统功能,国家产业政策才能真正发挥引导产业发展的效力,宏观调控才能真正取得成效。"十一五"时期以来的产业政策在产业结构、产业组织、产业技术和产业布局等方面都做出了更加系统协调的规定,形成了一个比较完整的产业政策体系,这一点我们可以从前面介绍的产业政策内容中清楚地看到。"十一五"时期以来的产业政策还特别强调了与其他经济政策的协调配合,特别注重发挥政府有关部门的组织协调和监督检查机制,这一点在国务院《关于发布实施〈促进产业结构调整暂行规定〉的决定》中得到了充分体现,该决定要求:"各有关部门要加快制定和修订财税、信贷、土地、进出口等相关政策,切实加强与产业政策的协调配合,进一步完善促进产业结构调整的政策体系。各省、自治区、直辖市人民政府和国家发展改革、财政、税务、国土资源、环保、工商、质检、银监、电监、安全监管以及行业主管等有关部门,要建立健全产业结构调整工作的组织协调和监督检查机制,各司其职,密切配合,形成合力,切实增强产业政策的执行效力。"[①]

（5）更加明确了推进产业结构优化升级的政策目标。

产业政策作为国家进行宏观经济调控的重要手段,其政策目标一般是通过引导和规范产业活动,实现产业结构的转换,提高产业素质,推动产业协调、健康发展,进而推进经济社会的协调发展。然而,在产业发展的不同阶段,产业政策的具体内容和导向是不同的,合理的产业政策必须符合产业发展的实际状况,反

[①] 中国政府网:http://www.sdpc.gov.cn/zcfb/zcfbqt/zcfb2005/t20051222_54302.htm。

映产业进步的客观规律,反映经济社会发展的客观要求。"十一五"时期以来的产业政策根据我国产业发展的实际状况和产业发展的客观规律,适应我国经济社会发展的客观要求,明确规定了推进产业结构优化升级,促进一、二、三产业健康协调发展,逐步形成农业为基础、高新技术产业为先导、基础产业和制造业为支撑、服务业全面发展的产业格局,坚持节约发展、清洁发展、安全发展,实现可持续发展的政策目标。① 这就为产业政策的制定和实施活动提供了基本导向。

中共十八大提出实施创新驱动发展战略,坚持走中国特色自主创新道路,以全球视野谋划和推动创新,提高原始创新、集成创新和引进消化吸收再创新能力,更加注重协同创新。继续深化经济体制改革,推进经济结构战略性调整,全面提高开放型经济水平。2011年国家发改委出台了《产业结构调整指导目录(2011年本)》成为中国"十二五"时期产业结构调整的纲领性文件。2014年国务院又印发了《关于加快发展生产性服务业促进产业结构调整升级的指导意见》。

为加快转变经济发展方式,推动产业结构调整和优化升级,完善和发展现代产业体系,"十二五"时期以来我国的产业政策的新特点主要是:

第一,推进产业结构的调整。以推进城镇化为重点,着力解决制约经济持续健康发展的重大结构性问题。处理好政府和市场的关系,更好发挥政府作用。坚持出口和进口并重,提高利用外资综合优势和总体效益,加快走出去步伐,统筹双边、多边、区域次区域开放合作,提高抵御国际经济风险能力。

第二,加快我国战略性产业的发展。我国在发挥劳动力资源丰富的比较优势,继续大力发展劳动密集型产业的同时,也在不失时机地推进产业升级,增强资本密集和技术密集型产业的竞争优势。

第三,扭转我国处于产业价值链低端的不利地位。在国际分工体系中,战略性产业的选择要有利于改变为跨国公司贴牌生产、做代加工厂的状况,着力提升我国传统制造业的技术优势,增强国际竞争力。改善国际贸易条件,促进出口产品的结构升级。

---

① 中国政府网:http://www.sdpc.gov.cn/zcfb/zcfbqt/zcfb2005/t20051222_54302.htm。

第六章　贸易政策

贸易指的是商品流通领域的买卖或交易活动,从空间的角度讲,贸易有国内贸易和对外贸易(或国际贸易)之分。涉及贸易活动的公共政策被称为贸易政策,它是一国政府为实现国家的经济等战略目标而制定的规范流通领域交易行为的一系列准则。随着市场经济的不断完善,贸易在资源配置中的作用将越来越突出,贸易政策作为政府调节、规范市场行为的重要手段也将越来越重要。

第一节　改革开放前贸易政策概述

一、国内贸易政策

1. 与计划经济相适应的国内贸易体制的建立

建国初期,为迅速壮大社会主义商业,加强对市场的领导,争取财政经济状况的根本好转,1949 年 11 月 1 日,中央人民政府政务院成立了贸易部。1950 年 3 月,政务院先后发布了《关于统一国家财政经济工作的决定》和《关于统一全国国营贸易实施办法的决定》,提出财政、物资、资金三统一的要求,建立集中统一的商业管理体制。在城市商业流通方面,从 1950 年 2 月起,先后建立了盐业、粮食、油脂等十五个全国性专业总公司,在中央贸易部统一管理之下,实行资金大回笼。另外实行物资大调拨,地区之间、各级专业公司之间的商品调拨均需按照中央贸易部批准的调拨计划执行,从而把国家掌握的物资全部置于中央贸易部

(通过专业公司)的调控之下。

在农村商品流通方面,1950年成立了中华全国合作社联合总社,并建立地方各级联社,自上而下形成了一个独立的组织系统,成为国营商业的有力助手。

1952年9月,为进一步加强对国内外贸易的领导,适应国内商品流通日益繁重的任务,中央贸易部撤销,分别成立了中央商业部、中央粮食部等。至此,国内商业分别由商业部、粮食部、中华全国合作社联合总社分工承担,形成国民经济恢复时期商业流通体制高度集中的基本特点。

从1953年开始,原来高度集中的商业体制改为统一领导、分级管理的体制。按照经济区域建立批发站,废止贸易金库制度和资金大回笼制度,实行经济核算制;商品实行分级管理,废止物资大调拨制度,业务往来实行合同制。根据1957年国务院《关于改进商业管理体制的规定》的要求,中央有关部门合并起来,实行政企合一的组织形式。从1958年1月起,商业部直属企业除一级站外全部下放给各省、自治区、直辖市领导。商业企业层层下放,导致商品调拨不灵。与此同时,商业部撤销了各专业公司,改组为商业部内部的专业局,从而取消了专业公司系统"条条"式的领导关系,各级企业分别由各级商业行政部门实行"块块"领导,由原来的统一领导、分级管理变为分级管理、分工经营。1958年至1960年间,为追求单纯所有制的"一大二公",把原来许多参加合作商店和合作小组的小商小贩过渡到国营商业,有的转到工业,也有一部分转到农业,自由市场相继关闭,改变了各种经济成分并存的局面,基本上形成国营商业(在农村是供销社)一家经营、一条渠道的局面。

1958年的体制改革使商业流通领域出现了许多问题,因此,中共中央于1961年1月作出了《关于调整管理体制的若干暂行规定》,明确将经营管理权集中到中央、中央局和省政府三级;下放的权限凡被认为放得不适当的一律收回,中央各部直属企业的主要管理权统归各部管理。恢复和建立各级专业公司,政企分开。国务院于1962年做出了《关于商业部系统恢复和建立各级专业公司的决定》,恢复和建立了各级专业公司,按经济区划组织商品的流通。恢复合作商店,小商小贩退出国营和合作社商业。1966年,为调动地方积极性,对商业体制又一次开始进行调整,但在"文化大革命"期间,基本上重复了1958年"大跃进"时期的做法。

1978年以前,我国商业体制虽多次进行调整,但效果很不理想,主要表现为:市场分割严重,商品流通不畅,经济效率不高。造成这种结果的主要原因:一是把计划经济同商品经济对立起来,强调计划管理、行政分配,忽视价值规律、市场调节;二是所有权与经营权不分,政企职责不分,政府过多地包揽了企业管理,企业成了政府的附属物。

2. 购销政策体系的形成与变动

工业品的购销政策基本上是统购包销政策。建国初期,国营商业经营绝大部分的工业品。1957年以后,属于工业、交通运输和基本建设所需的机器设备、工矿产品及农业机械等,逐步交由国家物资部门统一分配或供应,商业部门只经营日用工业品、零星工矿产品、原材料和小型工具。

1957年以前国营商业对私营工业采取委托加工、计划订货、包销或收购其产品的方法,对国营工业主要采取包销和积极收购的办法。1958年"大跃进"时期全面实行统购统销。1963年3月,中共中央批转中共北京市委《关于商业部门改善经营管理运动情况的报告》,又把与国计民生关系不大、品种规格繁多、花色变化比较快、选择性强的零星三类小商品,由包销改为商业部门选购或工业部门自销。"文化大革命"开始以后,由于工业品长期紧缺,商业部门对工业部门的产品重新走上"生产什么,收购什么"的老路。粉碎"四人帮"以后的两年,工业品仍由商业部门统购包销。

农副产品的购销政策主要是采用派购、收购相结合和国家包销的政策。生猪、家禽、鲜蛋、蔬菜等在建国初期都是自由贸易,从1954年起逐步实行派购、收购相结合,国家在不同渠道包销的政策。这主要是由于人民的生活水平逐渐提高,对农副产品的需求量不断增加,农副产品的生产不能满足需要而采取的强制增加生产任务的一种政策手段。

生活资料供应主要采取定量供应的方法。由于改革开放以前,我国一直对轻工业投入不足,采取先生产后生活的建设方针,再加上农业中的"左"的政策,导致我国生活资料供应长期处于紧张状态。为了安定人民生活,稳定市场,从1957年开始,在城市逐渐对肥皂、香烟、自行车、手表等一些货源不足的日用商品和粮、油、肉、蛋等农副实行凭票供应。在一些地区,最紧张时凭票供应的日用品达到100多种。在实行凭票供应的同时,对使馆、外轮、军需、少数民族等实行特殊供应,对特殊工种和病幼人员及高级脑力劳动者实行补助供应政策。这些政策的主要目的:一是保证群众的基本消费需要,二是限制消费的过快增长。

商品的价格主要由国家定价。建国初期,政府对物价的管理主要采取行政手段与经济手段并举,紧缩货币和抛售物资双管齐下的方式,稳定市场物价,取得了较好的效果。随着计划经济的建立和加强,国家对主要商品的价格开始实行计划管理,制定统一的计划价格,逐步形成社会主义计划价格体系。1953年,第一个五年计划开始时,中财委与各工业部门共同制定了国营工业主要产品的全国统一出厂价格,当时称为调拨价格。这些产品包括煤炭、钢铁、水泥、机床以及铁路运价等200多种。从1953年起,国家还对主要农产品实行计划价格,包括统购价格和统销价格。统购时,基本上执行统购以前与自由市场上的价格水平相近的牌价。棉花、生猪的收购价格,一般按照与粮食的合理比价制定。轻工业产品的出厂价格基本上是在历史上原有价格基础上形成的。最初是以市场价格为基础,按一定的折扣比例,采取协商定价的方式,以后改为通过核算成本、利润和税金的方法制定,形成计划价格。"文化大革命"开始后,由于物价冻结,否定了价值规律的作用,干扰了价格的合理调整,严重影响了国民经济的发展。

二、对外贸易政策

1. 改革开放前我国外贸政策的特点

建国后三十年我国的对外贸易基本上奉行的是"实行对外贸易管制,保护贸易"的政策。

1950年12月政务院根据《中国人民政治协商会议共同纲领》所规定的"实行对外贸易管制,并采取保护贸易政策",规定国家管理对外贸易的具体职能主要是对经营进出口业务的厂商和外商进行登记管理,并要求对所有进出口商品实行进出口许可证制度。这一时期我国对外经济贸易政策的主要特点是:管理严格,方法简单,全面实行进出口许可证办法,统一全国对外贸易管理制度。

1956年后,随着计划经济体制的全面确立,我国的对外贸易也随之全部纳入计划管理。1957年1月23日对外贸易部公布了《进出口贸易许可证管理办法》,1959年10月14日对外贸易部又发出了《关于执行进出口货物许可证管理签发办法的综合指示》,明确规定:"各进出口总公司及其分支机构进出口的货物,凭外贸部下达的货单或通知办进出口许可证。"从此,管理职能和业务经营结合成一体。

"文化大革命"期间,我国的外贸管理也遭到了严重的干扰和冲击,各项规章制度都受到了批判甚至全面否定,但在总体上,我国的进出口贸易仍然在国家的集中安排之下,继续根据国家计划的要求进行。

总之,1956年以后到改革开放前我国外贸政策的主要特点是:计划管理和行政手段逐渐成为国家管理和控制对外贸易的主要手段。

2. 进出口及经济技术合作政策

建国初期,我国在出口商品方面主要鼓励农副产品出口,后来变为以出口工矿产品和农副产品为主。在进口方面,我国一直鼓励生产资料的进口。1952年至1976年,在冶金、机械、汽车、煤炭和精密机械方面进口的成套设备和引进的技术,对形成中国的工业基础和提高生产能力曾起了主要作用。此外,还进口了大量的为发展工农业生产和交通运输事业所需要的生产资料。1950年至1976年的中国进出口商品总额中,生产资料大约占80.8%,生活资料约占19.2%。

从建国到1978年间,我国的对外经济贸易对象随着国内外政治形势的变化而变化,20世纪50年代主要是与苏联和东欧各国开展经济贸易。这期间为了打破"封锁"和"禁运",扩大对资本主义国家和港澳地区的贸易,自1957年起在广州举办商品交易会,每年两次,主要以推销出口商品为主。由于中苏关系恶化,20世纪60年代后,我国对外经济贸易转向了日本和西欧(联邦德国、英国、法国、荷兰)等国。20世纪70年代后我国对外经济贸易发展范围扩大到了美国。

加强技术交流是我国对外贸易政策的一个重要方面。从新中国建立到改革开放前的30年中,我国一直把新技术的引进放在极其重要的地位,在引进新技术的方式上偏重于成套设备的进口。20世纪50年代,技术引进和成套设备的进口主要来自苏联和东欧一些国家。第一个五年计划期间在冶金、煤炭及军工等方面引进的156个项目,对于建立社会主义工业的初步基础,建立比较完善的工业体系起了重要的作用。20世纪60年代开始,我国技术引进的重点转向了日本和西欧,引进的项目主要还是用于提高现有生产能力的成套设备,同时也开始购买专利使用权。

在加强经济合作,全面引进技术的过程中,我国还不断引进外资。20世纪50年代,我国通过政府贷款的方式引进苏联政府提供的74亿卢布(约15亿美元)年利为2.5%的长期贷款,主要用于我国"一五"期间的重点建设项目。20世纪60年代和70年代我国主要通过卖方信贷方式引进外资,从日本、西欧等国进口大批成套设备和技术。

在引进技术和资金的同时,我国还一直坚持对外经济技术合作。1978年以前,我国对外经济合作主要遵循无产阶级国际主义原则,向第三世界友好国家提供经济技术援助。20世纪60年代周恩来总理访问非洲国家时宣布的对外援助八项原则,是我国向第三世界国家提供援助的基本政策。提供成套项目援助是我国援外工作的主要方式。我国外援工作在取得较大成就的同时,也有一定的失误和教训,主要原因是没有坚持量力而行的方针。

3. 海关和关税政策

海关,是保护本国经济利益的国家行政管理机关,是国家进出口的监督管理机关。因此,海关和关税政策是国家对外经济贸易政策的一个重要内容。1949年10月25日,中央人民政府设立中国海关总署,由政务院直接领导,统一管理全国海关。随后,《关于关税政策和海关工作的决定》(1950年)、《中华人民共和国暂行海关法》(1951年)及《中华人民共和国海关进出口税则》(1951年)相继出台。这些政策法令对海关建设的重大问题都做出了明确规定,构成了我国建国后近三十年的海关政策基础,是我国海关政策的主要体现。

《中华人民共和国暂行海关法》规定,海关的基本任务是监督管理进出国境的货物、运输工具、旅客行李和邮递物品;征收关税和其他法定由海关征收的税费;查禁走私。

《中华人民共和国海关进出口税则》将我国进出口海关的产品分为十七大类,对各类进出口产品的税率做出了明确具体的规定。其中,对于国内能够大量生产或者暂时不能大量生产但是将来有发展可能的工业品及半成品征收较高的进口关税,以利于国内生产的发展;对于我国生产很少或者不能生产的机械设备、种子、肥料、药物和一切必需的科学图书、文教用品等征收低税或免税,以促进工农业生产的恢复和鼓励科学技术、文教卫生事业的发展,对于奢侈品和非必需品征收高税,以限制进口;对出口货物,除少数几个品种征收出口税外,一般均免税,以鼓励出口。这部税则的进口税率分为普通与最低两种,对于购运自同我国定有贸易互惠条约的国家的货物,适用最低税率,对于购自没同我国定有互惠条约的国家的货物,适用普通税率。该税则贯彻了"依率计征,依法减免,严肃退补,及时入库"的方针,在保护和促进国内经济发展,积累建设资金,争取平等互利,发展友好往来方面,起到了很好的促进作用。

第二节 改革开放后国内贸易政策的变化

一、国内贸易体制改革

国内贸易体制改革主要是调整社会的商业结构,形成多种经营方式、多渠道少环节的流通体制。

第一,改革所有制结构,形成以公有制商业为主体、多种所有制商业并存的新局面。这一改革主要从三个方面着手。其一,放宽政策,积极恢复和发展个体和集体所有制商业。1982年,国务院批转商业部《关于调整农副产品购销政策,组织多渠道经营的报告》,提出了农副产品的购销活动应在保证国营商业的主导地位的同时,允许多渠道经营。1983年,中共中央、国务院发出《关于发展城乡零售业、服务业的指示》,要求在办好国营和供销社商业、服务业的同时,把积极发展集体和个体零售商业、服务业作为今后发展社会主义商业、服务业的一个基本指导思想。此后,集体和个体零售商业迅速发展起来。其二,恢复供销社的民办性质,对供销社的劳动人事制度、经营服务范围和价格管理等方面进行改革,使供销社逐步成为农村商品生产的综合服务中心。1979年7月,国务院发出《关于农村基层供销社划归人民公社经营试点的通知》,开始了恢复供销社民办性质的改革。1987年4月,国家体改委等单位联合发布了《关于深化供销合作社体制改革的意见》,要求把供销社真正办成农民的合作商业组织,实行独立核算、自负盈亏、向国家纳税的制度;进一步明确社员是供销合作社的主人。其三,调节国营商业内部的所有制关系,增强企业活力。这种改革主要是在大中型商业企业中试办股份制企业。通过这些改革,我国以公有制为主体,多种所有制商业协同发展的新格局初步形成。进入21世纪后,进一步加快了商业流通领域的所有制结构调整。

第二,改革商品购销体制,深化流通体制改革,推进现代流通方式发展。从1980年开始,工业品购销形成由主要的统购包销改变为统购统销(统配)、计划性收购、订购、选购四种形式,减少了计划分配的品种。随着市场机制的发展,国家逐渐减少计划管理的商品品种,到了1989年商业部系统实行指令性计划管理的商品就从原来的188种减少到11种,其中工业品6种,其余基本上由市场调节。然而在国家放开流通的同时,一些地区为了自身的利益却实行市场封锁的政策。对此,国务院于1990年11月发出了《关于打破地区间市场封锁进一步搞活商品流通的通知》,要求各地不得设立关卡,阻碍商品的正常流通,从而保证了国内市场的统一。在放开工业品的同时,农产品的购销政策也进一步放宽,原来的派购政策逐渐放弃,国家定购和计划收购的品种范围也不断缩小。除粮食、烟叶、棉花等少数农产品还保留着国家定购、收购的方式外,其余农产品基本上都可以在市场上自由运销。即使国家收购的产品,完成收购任务后农民仍可以自由销售,而且国家定购的一些农产品,也在逐渐放开经营、放开市场、放开价格。如1992年国务院批转的国家体改委《关于改革棉花流通体制的意见》中,就要求实行改革试点的地方改革现行合同定购办法,实行市场调节,由政府指定的经营企业根据国家指导计划,用经济办法同棉农签订合同,棉花价格由国家定价改为由买卖双方协商议价。进入新世纪后,为适应国民经济和社会发展的要求,更好地发挥流通的先导性作用,商务部首次制定了《全国商品市场体系建设纲要》。该纲要提出了商品市场体系建设的三个重点,即大力发展消费品市场,提高最终消费在国民经济中的比重;推进生产资料流通方式的创新,提高经济运行的速度和效率;健全农产品流通网络,促进农民增收。与此相配套,还提出了五项具体的政策措施,包括完善法律制度、加快市场主体改革、加强宏观管理、提高市场的现代化水平以及进一步扩大对外开放等。这为指导新时期商品流通体制的建设指明了新的政策方向。2004年,商务部通过《零售业分类标准》,进一步健全了与我国国情相符合的新型零售业分类标准体系。同年,商务部公布了《商业特许经营管理办法》。这是我国第一部规范和管理特许经营活动的专门的部门规章。2005年,《国务院关于促进流通业发展的若干意见》提出:当前,我国商品市场供求总格局已发生根本变化,面临国际化竞争更趋激烈,流通领域仍存在流通企业规模偏小,组织化程度低,现代化水平不高,市场体系不够完善等问题。因此,国家将推动流通业的全面改革,着力培育大型连锁商业企业,提高商业企业的现代化水平,加快流通企业的技术革新,提高各类商业企业的竞争力。这为我国流通业的整体发展指明了新的方向。2006年商务部编制了《国内贸易发展"十一五"规划》。规划提出为促进"十一五"期间国内贸易的发展,要推进现代流通方式发展,发展便民利民的生产生活服务业,保障流通领域食品安全和市场平稳运行,进一步整顿和规范流通秩序,增强流通主体竞争力。这一规划为"十一五"期间我国流通业的发展确立了新的方向。2008年12月30日,《国务院办公厅关于搞活流通扩大消费的意见》指出,积极培育和发展新的消费热点,引导消费结构升级;开展"名品进名店""品牌产品下乡"等活动;推动特色商业街建设,扶持"老字号"的创新发展;配合安居工程建设,扩大和带动家具、家电、家纺、家饰等消费。不断健全农村流通网络,增强社区服务功能,不断降低消费的成本,维护公平竞争,保障商品的自由流通。2012年9月,国务院通过了《国内贸易发展"十二五"规划》,提出要统筹国内贸易协调发展,推进城乡商业服务网络一体化。建立和完善现代商品流通体系,促进家庭服务业规范发展,大力推进流通现代化,完善市场应急机制,严厉打击侵权和假冒伪劣行为。

2013年6月5日,国务院办公厅印发《深化流通体制改革加快流通产业发展重点工作部门分工方案》,指出积极促进创新流通方式,大力推进并优化供应链管理,鼓励流通企业拓展设计、展示、配送等业务。同时完善流通网络规划;在完善流通领域法律法规和标准体系的同时,要进一步减轻流通产业的税收负担,降低流通环节的费用。

在稳增长、促改革、调结构、惠民生的关键时期,为加快发展内贸流通,进一步拉动经济增长,国务院办公厅于2014年11月16日印发《关于促进内贸流通健康发展的若干意见》。该意见从推进现代流通方式发展、加强流通基础设施建设、深化流通领域改革创新和改善营运商环境四个方面明确了13项政策措施。此外,还就支持生活性服务业发展提出了具体政策,如鼓励超市、便利店、机场等相关场所依法依规发展便民餐点;进一步促进生活服务业小微企业的发展;完善银行卡刷卡手续费定价机制,从总体上降低餐饮业刷卡手续费支出等。

2015年8月28日,国务院印发《关于推进国内贸易流通现代化建设法治化营商环境的意见》,提出以市场化改革为方向、以转变政府职能为核心、以创新转型为引领、以建设法治化营商环境为主线的基本原则,提出到2020年基本形成规则健全、统一开放、竞争有序、监管有力、畅通高效的内贸流通体系和比较完善的法治化营商环境,把内贸流通打造成经济转型发展新引擎、优化资源配置新动力的主要目标。同年9月29日,国务院办公厅印发了《关于推进线上线下互动加快商贸流通创新发展转型升级的意见》,部署推进线上线下互动,促进实体店发展工作。这对促进商业模式创新,增强经济发展新动力,服务大众创业、万众创新具有重要意义。

第三,城乡之间的商品流通实行商品分工、城乡同开的新体制,支持农村市场体系建设。改革开放前商品流通体制的特点之一是城乡分割。1982年6月,国务院做出了《关于疏通城乡商品流通渠道,扩大工业品下乡的决定》,改变了长期以来城市由国营商业经营、农村由供销社经营的城乡分工体制,开始实行按商品分工、城乡同开新体制。在这种新体制下,国营商业可以下乡,供销社也可以进城。这样,城乡分割的状况有所改善。1993年2月,国务院批转了国家体改委、商业部《关于改革农村商品流通体制若干问题的试行规定》,要求维护统一的社会主义市场,打破城乡封锁,条块分割的局面,疏通各条流通渠道;根据经济合理原则,国营商业可以下乡设点经营批发,兼营必要的零售业务,供销合作社可以进城设点经营批发,兼营必要的零售业务;鼓励各种经济形式的商业企业开展多种多样的经营方式,如农商联营、工商联营、商商联营、商贸联营等。这些改革措施对解决农民"卖难""买难"问题,搞活城乡的商品交流,起到了巨大的推动作用。进入新世纪后,为进一步扩大农村消费,更好地为"三农"服务,商务部会同中华全国供销合作社总社决定从 2005 年起,在全国选择部分县市开展"万村千乡市场工程"建设试点。"万村千乡市场工程"坚持以企业为主体,政府推动与市场机制相结合;坚持以市场为导向,"农家店"建设与当地实际相结合;坚持以效益为中心,企业长效发展与农民受益相结合等方针为指导,从 2005 年开始,力争用三年时间,在试点区域内培育出 25 万家左右"农家店",形成以城区店为龙头、乡镇店为骨干、村级店为基础的农村消费经营网络,逐步缩小城乡消费差距。同年,商务部又下发了《关于开展农产品连锁经营试点的通知》,提出"要加快发展农产品连锁、超市、配送经营,鼓励有条件的地方将城市农贸市场改建成超市,支持农业龙头企业到城市开办农产品超市,逐步把网络延伸到城市社区","鼓励发展现代物流、连锁经营、电子商务等新型业态和流通方式",决定自 2005 年起,用三年的时间开展农产品连锁经营的试点工作,建立完善的农产品流通体制。为加快推进农村流通体系建设,开拓农村市场,2006 年,商务部和财政部联合发布了《关于做好 2006 年度"万村千乡市场工程"资金管理工作的通知》和《关于继续实施"万村千乡市场工程"的通知》,决定在 2006 年建成 10 万家标准化农家店。2009 年,在国际金融危机不断扩散和蔓延的背景下,为了进一步扩大内需、促进经济增长,商务部等部委联合制定了《关于进一步加强城乡市场信息服务体系建设的通知》《关于完善农业生产资料流通体系的意见》指出,培育大型农资流通企业,推进农资流通市场化,加强农资行业自律以及加强农资市场监督。这些措施对于完善农产品流通体制、促进城乡流通的协同发展大有裨益。

2011 年 4 月 20 日,商务部、财政部联合印发《关于 2011 年开展农产品现代流通综合试点有关问题的通知》,决定在江苏、浙江、安徽、江西、河南、四川和陕西等省开展农产品现代流通综合试点。鼓励地方在规划、用地、用水、用电、税收、资金等方面出台优惠政策,对纳入试点的项目,中央财政将提供不超过项目总投资额 50%的资金支持。

第四,改革商业批发体制,建立以城市为中心的横向联合批发体系。1981 年以后,我国的供销渠道开始放活,基层单位可以自由选择进货地点和进货单位,不受原来供应区划和供应范围的限制。1983 年 2 月,在国家体改委和商业部发布的《关于改革农村商品流通体制若干问题的试行规定》中提出,要打破行政区划的限制,根据商品的合理流向设置批发机构,尽量减少流通环节,搞好农副产品的收购和工业品下乡。同年,商业部还提出,只要经济合理,批发企业与批发企业、批发企业与零售企业、商业企业与工业企业之间都可以建立供销关系。批发商业原来实行的固定行政供应区域、固定供应对象、固定倒扣作价率的办法基本上被终止。1987年4月国家体改委、商业部、财政部联合发布的《关于深化国营商业体制改革的意见》中提出了五条深入改革国营批发商业的意见:一是大中城市的国营批发企业要根据商品生产社会化、专业化的要求,因地制宜地进行改革;二是中心城市的贸易中心要坚持开放和服务的原则,探索以其为常设商品交易市场的改革,创造条件逐步取代现行供应会;三是突破行业、部门、地区和所有制界限,通过互相参股,组成自主经营、自负盈亏、自定分配的新的批发商业;四是发展多种批发方式,开展灵活经营;五是现有国营商业企业的仓储、运输设施可向社会开放,组建成独立自主、自负盈亏的经济实体。进入新世纪后,为推动各地城市商业网点规划工作,原国家经贸委先后印发了《关于城市商业网点规划工作的指导意见》《关于进一步做好大中城市商业网点规划工作的通知》和《关于加强城市商业网点规划工作的通知》等文件,对于城市商品流通市场和购销体系建设进行规划和指导。通过这些改革,目前已经基本形成多种经济形式、多种经营方式并存的横向联合的批发体系。

  第五,改革国营商业管理体制,增强国营大中型商业企业的活力。从1979年开始,商业企业实行全面利润留成制度和奖励制度,各企业有了一定的财力,初步改变了多年来国家对企业实行统收统支的局面。自1981年开始,在扩大企业自主权的基础上,一些商业企业逐渐实行经营责任制。在1987年4月体改委等发布的《关于深化国营商业体制改革的意见》中,进一步要求在大中商业企业中推行经营责任制,并实行经理负责制;要求在中型零售商业企业中试办租赁制,国营小型商业企业实行租赁制,对地处偏僻、长期亏损的小门点可公开拍卖。1988年又把竞争机制引入承包经营责任制,发展招标承包等形式。进入新世纪后,国家进一步加快了国营商业的转、并、改等改革进程,着力培育有竞争力的若干大中型国有商业企业。2005年,国务院颁布《关于促进流通业发展的若干意见》,意见指出要加大改革力度,提高流通企业竞争能力;大力推进国有流通企业改组改制;妥善处理国有流通企业历史包袱;妥善安置职工,降低国有流通企业改革成本;加快培育大型流通企业集团;进一步放开搞活中小流通企业;努力创造流通企业公平竞争的环境。改变国营商业独家经营的局面,建立一个以公有制商业为主体、以国营商业为主导,个体、私人商业有一定规模的、多种经济形式并存的流通体制。

第六,加快民族贸易发展,搞活民族地区商品流通。为贯彻落实《国务院办公厅关于严格执行党和国家民族政策有关问题的通知》(国办发〔2008〕33号),商务部于2008年印发了《关于加快民族贸易发展的指导意见》。《国务院办公厅关于严格执行党和国家民族政策有关问题的通知》提出,健全民族地区市场体系,培育民族贸易骨干企业,保障民族地区市场供应,发展民族地区商品生产与流通,扩大民族地区对内对外开放,规范民族地区市场经济秩序,促进民族地区经济发展、就业增加、消费扩大、生活富裕、社会和谐进步。这些指导意见为加快民族贸易的发展提供了坚实的基础。

二、物价政策的变革

计划经济与市场经济的一个重要区别就是价格体系的不同。改革开放以来,我国的价格体系进行了较大的改革,反映了我国走向并建立健全市场体制的历程。

1. 建立主要由市场形成价格的机制

中共十一届三中全会以后,社会主义市场经济开始发育,单一的国家统一价格体系得以突破,形成了多种价格形式并存的格局。1982年8月,国务院颁布了《物价管理暂行条例》。指出,"国家对物价工作实行统一领导,分级管理的原则","重要工农业品价格、交通运输价格和非商品收费,由地方各级人民政府物价部门和有关业务主管部门管理"。《物价管理暂行条例》肯定了我国同时存在着五种价格体系:国家统一价格、浮动价格、议购议销价格、工商协商价格、集市贸易价格。随着改革的深入,1984年10月十二届三中全会通过的《中共中央关于经济体制改革的决定》提出了建立合理价格体系的任务,要求"必须改革过分集中的价格管理体制,逐步缩小国家统一定价的范围,适当扩大有一定幅度的浮动价格和自由价格的范围,使价格能够比较灵敏地反映社会劳动生产率和市场供求关系的变化,比较好地符合国民经济发展的需要"。1985年中央决定采用调放结合、小步前进的方针推进价格的改革。1987年,国务院发布的《中华人民共和国价格管理条例》规定,政府对物价的管理采取直接管理和间接控制相结合的原则,实行国家定价、国家指导价和市场调节价三种价格形式。这个时期存在的价格双轨制曾经促进了我国市场的发育,但也导致了利用两种价格差价进行"官倒"的不合理现象的泛滥。为了克服这一弊端,推进价格改革,中央政治局于 1988 年 8 月讨论通过了《关于价格、工资改革的初步方案》,试图大规模放开价格,但由于群众的心理承受能力低,以及市场上的商品不够丰富,结果形成了通货膨胀。于是,中央不久就放弃了这一方案,采取调放结合、逐步前进的办法,既保证了改革的推进,又保持了社会稳定。1992 年党的十四大提出建立社会主义市场经济的目标,进一步推动了价格的改革。1993 年 10 月,中共中央《关于建立社会主义市场经济体制若干问题的决定》进一步提出"推进价格改革,建立主要由市场形成价格的机制"。《国民经济和社会发展"九五"计划和 2010 年远景目标纲要》提出,要巩固和完善主要由市场形成商品价格的机制,除少数产品和服务价格由政府管理外,其他产品和服务价格由市场决定。通过完善重要商品储备制度,风险基金和价格调节基金,健全商品价格调节机制。1997 年,八届全国人大常委会通过了《中华人民共和国价格法》,以立法的形式确立了"国家实行并逐步完善宏观经济调控下主要由市场形成价格的机制。价格的制定应当符合价值规律,大多数商品和服务价格实行市场调节价,极少数商品和服务价格实行政府指导价或者政府定价"的价格管理体制,为新时期的物价政策提供了基本的法律依据。与此同时,国家为保护部分产业的发展,也逐渐建立起保护价制度。这反映在 1997 年通过的《中华人民共和国价格法》中,专条规定政府在粮食等重要农产品的市场购买价格过低时,可以在收购中实行保护价格,并采取相应的经济措施保证其实现。这种保护价制度作为市场定价制度的有益补充,有效地发挥了国家宏观调控的作用,为相关产业的发展提供了有利条件。

2. 改革不合理的价格体系

计划经济体制下的价格体系既不反映商品自身的价值,也不反映供求关系。因此,要建立社会主义市场经济体制,发挥价格机制在调节供求中的作用,就必须改革这种不合理的价格体系。根据 1984 年《中共中央关于经济体制改革的决定》,价格改革的主要任务是:拉开同类商品的质量差价,提高矿产品和原材料价格,解决农副产品的购销价格倒挂问题。此后,国家通过几次大的价格调整,解决农副产品的购销价格倒挂问题,逐步提高了交通、能源、电力、原材料和农副产品等的价格,使这些价格基本趋于合理,促进了这些领域的生产。1997 年通过的《中华人民共和国价格法》规定,稳定市场价格总水平是国家重要的宏观经济政策目标。国家根据国民经济发展的需要和社会承受能力,确定市场价格总水平调控目标,列入国民经济和社会发展计划,并综合运用货币、财政、投资、进出口等方面的政策和措施予以实现。

3. 完善价格监控体制

我国政府对价格的监控管理,首先是对价格总水平的管理,其次是对价格的监督检查。价格总水平的管理就是通过对商品供给量和货币购买力的调整,或通过对价格结构的调整,保持或调整价格总水平。政府控制的价格总水平的指标是"全社会零售物价总指数",20世纪90年代以后我国政府对物价总水平的控制主要是通过计划管理和目标管理两种方式实现的。1997年通过的《中华人民共和国价格法》规定,为适应价格调控和管理的需要,政府价格主管部门应当建立价格监测制度,对重要商品、服务价格的变动进行监测。

价格监督检查包括对各级政府、业务部门、企事业单位以及个体经营者的价格行为的监督检查。根据1987年9月《中华人民共和国价格管理条例》,价格监督检查分为政府物价机构监督、职工和群众价格监督。该条例特别提到,"物价部门要发挥消费者协会监督价格的作用,依法查处消费者反映的价格违法行为"。为了规范群众价格监督,1987年10月国家物价局又发布《街道群众价格监督暂行规定》,规定了群众监督检查的重点是同城市人民生活密切的消费品价格和饮食、服务、修理行业收费标准以及集贸市场的商品价格和收费标准。据此,物价检查监督工作以政府监督、社会监督与内部监督相结合的方式展开。1997年通过的《中华人民共和国价格法》针对这一问题特别规定,县级以上各级人民政府价格主管部门,依法对价格活动进行监督检查,并依照本法的规定对价格违法行为实施行政处罚,并规定了价格主管部门的四项主要监督职权。

20世纪80年代为了落实《中华人民共和国价格管理条例》,国家物价局制定了《关于价格行为的处罚规定》,分别规定了对非法所得者和无非法所得(通过越权定价、泄露价格机密、抬级、抬价抢购紧俏物资、不按规定执行明码标价)者违法行为的处罚原则。1989年,又发布了《关于价格违法案件审理工作的规定》,规定价格违法案件审理所遵循的原则以事实为根据,以法律(包括法规和规章)、政策为准绳;实事求是,从客观实际出发;严肃、认真、慎重、区别对待;民主与集中相结合;惩罚与思想教育、查处与帮助改进工作相结合。1997年,全国人大以立法的形式将上述条例和规定等行政法规的主要内容写进了《中华人民共和国价格法》,作为我国价格管理领域的法典性文件,《中华人民共和国价格法》规定了经营者的价格行为、政府的定价行为、价格总水平控制、价格监督检查、违反价格的法律责任等内容,从而使价格管理以及价格管理中的相关责任以法律的形式得以明确规范。1999年,国家发展和改革委员会围绕着《中华人民共和国价格法》又专门制定了《价格违法行为行政处罚规定》,对违反价格法的相应情形进行了详尽而明确的规定,如规定了违反政府指导价的法律责任及惩罚措施等。2002年,国家发展与改革委员会公布并开始实行《价格行政处罚程序规定》。对价格行政处罚的相关程序作出了专门规定,为价格管理执法提供了依据。2006年和2010年,国务院又分别修改了《价格违法行为行政处罚规定》,并且按照新制定的《中华人民共和国反垄断法》制定了《反价格垄断行政执法程序规定》。这些举措为改进价格管理、完善价格监督、共同维护社会主义市场经济秩序提供了法律基础。

三、市场监督的政策法规

在商品市场逐步放开搞活的同时,流通领域也出现了许多不正当经营的现象。如倒卖国家禁止或限制自由买卖的物资、物品,倒卖国家计划供应物资票证,倒卖发票、批件、许可证、提货凭证、经济合同等的投机倒把行为,制造、销售假冒伪劣商品坑害消费者的行为,以及其他不正当竞争行为等。为了打击和制止这些不正当经营活动,维护市场秩序,国家制定了一系列法律和行政法规来监督、规范流通中的经营行为,其中主要有:《投机倒把行政处罚暂行条例》(1987年)、《关于惩治生产、销售伪劣商品犯罪的决定》(1993年)、《中华人民共和国反不正当竞争法》(1993年)、《中华人民共和国消费者权益保护法》(1993年)等。进入新世纪后,全国人大以及有关部门不断完善相关法律法规,如《中华人民共和国药品管理法》(2001年)、《最高人民法院关于审理信用证纠纷案件若干问题的规定》(2005年)、《跟单信用证统一惯例》(2006年)、《2007年全国整顿和规范市场秩序工作要点》(2007年)、《中华人民共和国反垄断法》(2007年)、《中华人民共和国食品安全法》(2009年)、《最高人民法院关于审理无正本提单交付货物案件适用法律若干问题的规定》(2009年)、《中华人民共和国保险法》(2009年)等;2008年通过修改《中华人民共和国专利法》的决定,2010年对《中华人民共和国著作权法》进行第二次修正,2001年和2013年分别对《中华人民共和国商标法》进行了第二次和第三次修正,2015年又修订了《中华人民共和国食品安全法》。为整顿和规范市场秩序,国家商务部举办了中国保护知识产权成果展览会,在全国 50 个中心城市建成了举报投诉服务中心,开通运行了中国保护知识产权网站和 35 个地方子站。这些法律主要从以下几个方面监督规范市场中的交易活动。

第一,制裁投机倒把活动,保护合法经营。对那些以牟取非法利润为目的,违反国家法规和政策,扰乱经济秩序的投机倒把行为,工商行政机关有权给予以下处罚:通报批评;限价出售商品;强制收购商品;没收非法所得;没收用于投机倒把的物资;没收销货款;罚款;责令停业整顿;吊销营业执照。情节严重,构成犯罪的,移送司法机关依法追究刑事责任。

第二,惩治销售假冒伪劣商品,加强食品药品监管,保护消费者权益。1993 年 7 月全国人大常委会做出规定:对销售者在产品中掺杂、掺假、以假充真、以次充好或者以不合格产品冒充合格产品,违法所得数额 2 万元以上的;销售假药,足以危害人体健康的;销售不符合卫生标准的食品,造成严重食物中毒事故或其他严重食源性疾患,对人体健康造成严重危害的;销售明知是不符合保障人体健康的国家标准、行业标准的医疗器械、医用卫生材料,对人体健康造成严重危害的;销售明知是不符合保障人身、财产安全的国家标准、行业标准的电器、压力容器、易燃易爆产品或其他产品者;销售明知是假的或失去使用效能的农药、兽药、化肥、种子,或销售者以不合格的农业、兽药、化肥、种子冒充合格产品从而使生产遭受较大损失的;销售明知是不符合卫生标准的化妆品,造成严重后果的等,都要处以不同程度的刑罚。《消费者权益保护法》规定,消费者享有以下权利:在购买、使用商品和接受服务时享有人身、财产安全不受损害的权利;知悉其购买、使用的商品或接受的服务的真实情况的权利;自主选择商品或服务的权利;公平交易的权利;因购买、使用的商品或接受的服务受到人身、财产损害的,享有依法获得赔偿的权利;在购买、使用商品和接受服务时,享有其人格尊严、民族风俗习惯得到尊重的权利;对商品和服务以及保护消费者权益工作进行监督的权利等。新世纪之后制定和修订的《食品安全法》和《药品管理法》,对食品和药品的生产、经营、检验、监督管理以及相关的法律责任都做了详尽的规定。它们及其实施细则的制定和严格执行,为规范食品和药品市场秩序,保障消费者权益,提供了有效的法律武器。

第三,反对不正当竞争,保护公平竞争。经营者不得采取下列不正当手段从事市场交易,损害竞争对手:假冒他人的注册商标;擅自使用知名商品特有的名称、包装、装潢,或者使用与知名商品近似的名称、包装、装潢,使购买者误认为是该知名商品;擅自使用他人的企业名称或姓名,引人误认为是他人的商品;在商品上伪造或冒用认证标志、名优标志等质量标志,伪造产地,对商品质量作引人误解的虚假表示。另外,政府及其下属部门、公用企业或其他依法具有独占地位的经营者,不得限定他人购买其指定的经营者的商品,以排挤其他经营者的公平竞争;经营者不得采用财物或其他手段进行贿赂以销售或购买商品;经营者不得利用广告或其他方法,对商品的质量、制作成分、性能、用途、生产者、有效期限、产地等做引人误解的虚假宣传;经营者不得采用不正当手段侵犯商业秘密;经营者不得以排挤竞争对手为目的,以低于成本的价格销售商品;经营者销售商品,不得违背购买者的意愿搭售商品或附加其他不合理的条件;经营者不得从事法律不允许的有奖销售;经营者不得捏造、散布虚伪事实,损害竞争对手的商业信誉、商业声誉;投标者不得串通投标、抬高标价或者压低标价等。违反上述规定的不正当竞争行为将分别给予不同程度的处罚甚至刑罚。为了预防和制止垄断行为,促进市场经济的健康发展,2007年8月30日十届全国人大通过了《中华人民共和国反垄断法》。该法对垄断协议、滥用市场支配地位、经营者集中、滥用行政权力排除和限制竞争等法律行为都做了详尽的规定。

第四,保护知识产权。重点打击进出口、展会、定牌加工、商品交易市场、印刷出版等环节的侵犯专利权、商标权、著作权等违法犯罪行为。挂牌督办和联合督办跨地区、跨部门的大案要案。充分发挥全国50个保护知识产权举报投诉服务中心及现有其他相关举报投诉网络机制的作用。推进经济技术开发区、高新技术产业开发区和服务外包基地城市知识产权保护。引导企业建立和完善知识产权保护管理制度。继续推动企业使用正版软件和计算机预装正版操作系统软件工作。对于侵犯知识产权的法律行为,要严格按照相关法律法规,追究相关责任,切实保护知识产权。

第三节 1978—2001年外贸政策的变革

一、外贸体制的改革

中共十一届三中全会会后,我国开始对外贸体制进行改革。

1979年8月3日,国务院发布《关于大力发展对外贸易增加外汇收入若干问题的规定》,提出要扩大地方的外贸经营权限,在部分省(自治区、直辖市)和部门实行地方贸易外汇金额留成;同时允许一些省(自治区、直辖市)和部门在香港地区和日本、瑞士、美国、英国等建立独资经营或合资经营的贸易企业,开辟新的外贸渠道。这就突破了外贸由国家独家经营的局面。

1981年6月3日,国务院批转国家进出口委员会《关于对外经济贸易如何为国民经济调整服务的报告》时,要求对外贸体制改革要坚持统一对外,推动工贸结合,抓紧按专业建立出口联营和出口协作,适当扩大外贸企业经营自主权。为此,国务院决定把原来外贸部门统一经营的大宗工业成品特别是机电产品,改由各主管部门的进出口公司经营;同时批准部分大中型生产企业获得直接对外贸易经营权。

1982年1月7日,国务院批准外贸部《关于外贸出口商品实行分类经营的规定》,把我国出口分为三类:第一类出口商品由国家专业外贸公司统一经营、统一成交;第二类出口商品实行国家、地方专业交叉经营;第三类出口商品完全由地方经营。

1984年9月15日,国务院批转对外经济贸易部《关于外贸体制改革意见的报告》,标志着外贸体制改革进入全面改革的阶段。其具体内容是:第一,实行政企分开,简政放权。按照政企职责分开的要求,国家规定经贸部对全国对外经济贸易实行统一领导、归口管理,行使国家宏观管理外经贸易的职能,各省(自治区、直辖市)经贸厅(委)对外经贸易是在其职权范围内进行行政管理,经贸部和经贸厅(委)都要运用行政手段和经济手段进行管理;外贸企业则独立经营进出口业务,实行独立核算、自负盈亏。依据简政放权的要求,国家规定经贸部属的外贸专业公司都要逐步从原来所属的行政部门中独立出来,政企分开、独立核算、自负盈亏,向专业化、社会化方向发展。第二,实行进出口代理制,改革外贸经营方式。外贸代理制是指由外贸企业提供各种服务,代生产、订货部门办理进口和出口业务,外贸企业收取一定的费用,盈亏由出口商品企业和商品用户自负。在进口经营方面,原则上全部实行代理制。在出口经营方面,基本上实行代理制,关系到国计民生和国际上竞争较强的大宗出口商品,原则上仍由各类外贸专业总公司经营。由于实行进出口代理制有利于提高外资的经营管理水平和经济效益,能够促进工贸、技贸结合,因此进出口代理逐渐成为我国外贸经营的基本形式。第三,实行工贸结合,技贸结合,所谓工贸结合就是把外贸的生产和流通联系起来,直接经营出口,独立核算盈亏。所谓技贸结合,一是指不同贸易方式的结合,即以进口成套设备或其他大宗商品为筹码,引进尖端技术或先进技术、设备,开展生产合作或对外工程承包,带动扩大进口。二是技术贸易和外贸生产的结合,即通过引进技术,改造出口商品的企业,以促进出口商品的更新换代,改善出口商品的结构。第四,改革外贸计划管理体制,简化计划内容;改革外贸财务体制,加强经济调节手段,促进企业加强经济核算,努力提高经济效益。

1987年10月,党的十三大报告中指出我国外贸体制改革深化的方向是"自负盈亏、开放经营、工贸结合、推行代理制"。为此,要以工贸、农贸、技贸结合为中心,改革外贸体制,彻底突破外贸系统独家经营的局面,逐步形成多层次外贸经营体系。

全面推行承包经营责任制,将农工商体制改革中行之有效的承包制在外贸行业中全面实施。其基本内容是:由各地方向中央承包出口收汇和上缴外汇基数,超基数可获得优惠分成。各地方将承包任务落实到基层企业。这样能够较好地做到责、权、利相结合,进一步增大地方和企业的外贸权限。

组建跨国集团。国务院批准以中国化工进出口公司作为一个国际化经营综合承包的试点,在逐步实行自负盈亏的前提下,允许公司在国内外开展多元化经营,大胆地向跨国集团公司的方向发展。

1990年年底,在总结前十多年外贸体制改革经验教训的基础上,国务院决定再次对外贸体制采取重大改革措施:从1991年1月1日起,取消国家对外贸出口的财政补贴,从建立自负盈亏机制入手,使外贸逐步走上统一政策、平等竞争、自主经营、工贸结合、推行代理制、联合统一对外的轨道。

1993年11月,中共十四届三中全会通过了《中共中央关于建立社会主义市场经济体制若干问题的决定》。为了适应市场经济体制的要求,1993年下半年,又进一步深化了外贸体制改革。第一,改革外贸行政管理体制。转变政府职能,做到主要用法律、政策和经济手段,辅之以必要的行政手段强化外贸的宏观管理,弱化微观管理,发挥政府部门在规划、协调、监督、服务方面的作用。第二,进一步改进进出口管理体制。除关系国计民生的重要商品以外,其他商品的出口要在自负盈亏、平等竞争的基础上有步骤地放开经营;同时,逐步做到用关税、汇率、税率、信贷、利率等经济杠杆调节进口,减少行政审批项目。第三,进一步深化外贸企业经营机制改革。使外贸企业成为自负盈亏的独立商品进出口经营者;由以创汇为主变为外汇与效益并重;同时,积极发展代理制,由单一经营向一业为主、多种经营并重转变,由单一贸易方式向灵活多样的贸易方式转变;企业经营规模要逐步向集团化转变。第四,加强工贸、农贸、商贸、技贸结合,发展集团化、国际化经营。第五,完善外贸协调服务体系。第六,进一步运用经济杠杆和完善汇率机制,发挥关税对进出口的调节作用,进一步取消进出口补贴,吸取外国经验用金融支持资本货物出口。

这一系列改革措施的实施,使我国初步确立了既与社会主义市场经济体制相适应,又符合国际贸易规定的外贸体制。

1994年5月2日,八届全国人大七次会议通过了《中华人民共和国对外贸易法》,并于7月1日起施行。该法的颁布实施标志着我国的对外经济贸易管理已经初步走上了法制化轨道。2004年7月1日,新修订的《中华人民共和国对外贸易法》正式施行。对外贸易法的修订对扩大对外开放,发展对外贸易,保护对外贸易经营者的合法权益,促进社会主义市场经济的健康发展具有重要意义。

二、外贸配额政策

所谓外贸配额是在国际贸易过程中,世界各国为了维护本国利益,对一些敏感性的商品进口或者出口实行的数量限制。

外贸配额有主动配额和被动配额两种情况。我国为了维护出口国市场的繁荣和稳定,主动采取的出口数量限制措施,称主动配额。由于进口国家有数量限制,并通过贸易协议谈判要求我国自行控制出口数量,我方被迫采取管理措施,叫被动配额。受配额限制的商品主要是一些大宗的传统的和国际市场竞争激烈的商品,如粮油食品、土特产品、轻纺产品以及一些日常生活用品,包括鲜活冷冻商品和医药制品等。

1992年12月,国务院批转了由原经贸部制定的《出口商品管理暂行办法》,规定了国家实行配额许可证管理的出口范围,并指出随着改革的进一步深入和市场经济体系的建立,今后对有配额许可证管理的出口商品将逐步减少。《出口商品管理暂行办法》共列举了138种实行配额许可证管理的出口商品及其分配执行办法。

对关系国计民生的大宗资源性出口商品以及在我国出口中占有重要地位的大宗传统出口商品,实行计划配额管理,品种为38种。每种出口数量确定后,由经贸部下达到各省(自治区、直辖市)和计划单列市及中央各部门所属外贸总公司具体执行。

我国在国际市场或某一市场上占主导地位的重要出口商品,外国要求我国主动限制的出口商品,实行主动配额管理,品种为51种。每年出口数量由经贸部门根据国内外市场情况征求有关商会意见,原则上分配到各地方和各部门外贸公司执行。

出口金额大且经营秩序易于混乱的商品,重要的名、优、特出口商品以及少数确定需要管理的商品,实行一般许可证管理,列入出口许可证管理范围,品种22种。每年根据情况调整品种。每年出口数量原则上不设限,着重管理经营秩序。

国外对我国有配额的24种出口商品,继续实行被动配额管理,每年出口数量按双边协议执行。对外商投资企业每年出口的属配额许可证管理的商品,按立项时批准的合同安排出口配额。

在配额商品管理方面,我国还对出口量大的纺织品配额制定了比较全面、严密的管理办法。1992年12月31日原经贸部发布的《关于纺织品出口配额的管理办法》规定:一方面要把纺织品出口配额用足,并不断增加档次高、售价高的优质产品在出口中的比重,扩大出口金额;另一方面,又要避免超配额出口造成卡关和售价过低引起反倾销诉讼,维护国家的经济利益和对外信誉。

三、进出口商品许可证管理

外贸许可证管理分为进口商品许可证管理和出口商品许可证管理。

进口商品许可证管理,是一个国家为维护本国的经济利益和政治需要,对进口贸易采取的一种管理措施。由于它对进口贸易的管理比关税的作用更直接、更灵活的特点,因而被世界各国普遍采用。

十一届三中全会后,随着我国改革开放政策的实行,我国的对外贸易形成了多层次、多渠道、多形式和多元化的新格局。为了适应形势的发展,1980年,原国家进出口管理委员会、对外贸易部开始制定并颁布《对外贸易进口管理试行办法》,重新恢复了进出口许可证制度。1984年1月,《中华人民共和国进出口货物许可证制度暂行条例》颁布。为了便于执行,对外经济贸易部和海关总署相应制定了《中华人民共和国进口货物许可证制度暂行条例实施细则》。这是自建国以来,我国在对外贸易管理方面的第一个比较完整的单项法规。

根据这项法律的规定,我国的进口贸易管理分为实行许可证管理的商品和不实行许可证管理的商品两部分。对于实行进口许可证管理的商品,除进料加工、来料加工、来件装配和其他特殊规定外,其他不分贸易形式、外汇来源和进口渠道,都必须事先按照国家规定的该商品的审批权限进行审批,并凭批准文件向该商品的发证机关申领到进口许可证后才能对外订货。没有进口经营权的单位必须委托有该项商品进口经营权的外贸公司负责对外订货。进口国家不实行许可证管理的商品,属于对外贸易企业在其经营范围内进口的商品,不必申领进口许可证,超出经营范围的进口商品仍须申领进口许可证。没有进口经营权的企业和单位,必须经过主管部门审批后再按规定申领进口许可证。因特殊原因需要自行从国外购买少量急需物品的,必须经过对外贸易部或省级经贸部门的审批,申领到进口许可证才能对外订货。

《中华人民共和国进出口货物许可证制度暂行条例》还规定了进口许可证管理的现行体制为分级管理体制,即由对外贸易部及其特派员办事处为一级,各省级对外经济贸易主管部门根据对外经济贸易部的授权为另一级,分别对进口许可证的商品实行管理,审批和签发进口商品的许可证。

出口许可证管理是一个国家对出口贸易采取的一种行政管理手段。目前,世界上一些国家对某些重要物资的出口都采取了管理措施,运用出口许可证手段加以控制,只是各国的具体情况不同而已。

我国出口许可证管理的主要法律依据是《关于出口许可证制度的暂行办法》(1980年)和《出口商品管理暂行办法》(1982年)。管理分为实行出口许可证管理的商品和不实行出口许可证管理的商品两部分。对于国家宣布实行出口许可证管理的商品,除来料、来件加工装配项目、援外项目和其他有特殊规定外,其他任何贸易形式都必须按规定申领出口许可证。经国家有关主管部门批准的有出口经营权的企业必须严格按照批准的经营范围和出口商品目录进行经营,涉及实行出口许可证的商品,必须按规定申领出口许可证;超出经营范围,必须经过有关主管部门批准后方能申领出口许可证。对不实行出口许可证管理的商品,有出口经营权的企业在其经营范围内不必申请出口许可证,超出经营范围必须申领出口许可证。

实行出口许可证管理的商品主要是:关系国计民生的大宗资源性出口商品及在我国出口商品中占有重要地位的大宗传统出口商品;我国在国际市场或某一市场占主导地位的重要商品,国外对我国配额要求我国主动限制出口数量的商品;出口额大且易于引起经营秩序混乱的商品,重要的名优特出口商品,或有特殊要求的出口商品。国家宣布实行禁止出口的商品,一般不列入实行出口许可证管理的商品目录。如有特殊情况需要出口,仍须经国家有关主管部门的特别批准,并向对外经济贸易部申请到出口许可证才能出口,海关凭对外经济贸易部签发的出口许可证查验放行。对于国家实行出口许可证管理的商品品种,由对外经济贸易部统一颁布和调整,商品目录及其发证机关每次调整后应予以公布。

同时规定,我国的出口许可证和进口许可证一样,也实行分级管理的体制。即对外经济贸易部及其特派员办事处为一级,各省级对外经济贸易主管部门根据对外经济贸易部的授权为另一级,分别对出口商品实行协调和管理,审批和签发出口许可证。

四、出口退(免)税政策

所谓出口退(免)税政策,是指一个国家可以对本国的出口产品退还或免征国内税的政策。

十一届三中全会以来,随着我国外贸体制和税收体制改革的不断深入,我国出口退(免)税政策也在不断地完善,根据国务院确定的"征多少,退多少,未征不退"的出口退税原则,先后制定了一系列的政策法规,主要有《关于加强出口产品退税管理联合通知》(1991年)、《出口货物退(免)税管理办法》(1994年)等。

出口退税的范围包括出口退税的产品范围和出口退税的企业范围。我国出口的产品,凡属于已征或应征增值税、消费税的产品,除国家明确规定不予退税外,均予以退还已征税款或免征应征税款。这里所说的"出口产品"一般应当具备以下三个条件:必须是已征税产品;必须是报关离境的出口产品;必须是在财务上视作出口销售产品。

出口退税的企业范围。出口产品退税原则上规定将退税款全部退还给主要承担出口经济责任的出口企业。这主要包括三个方面:一是经营出口业务的企业;二是代理进出口业务活动中,代理出口的企业,如果是两个以上企业联营出口的产品,退税退给在报关单上列明的经营单位;三是特定出口退税企业,主要由外轮供应公司、对外修理、修配业务,对外承包工程公司。

出口产品应退税种。根据国家税务局制定的《出口货物退(免)税管理办法》规定,有出口经营权的企业出口的货物,除另有规定者外,可在货物报关出口并在财务上作销售后,凭有关凭证报送税务机关批准退还或免征增值税和消费税,即出口产品应退税种为增值税和消费税。对出口产品退还增值税,主要是为了使本国产品以不含税的价格参与国际市场竞争,增强其出口产品的竞争力。

五、对外经济技术交流与合作

第一,引进技术。十一届三中全会以后,我国技术引进转为有计划、有选择、有重点地引进我国急需的、适用的先进技术。其主要特点:一是引进规模扩大。技术引进合同金额1979年为1800万美元,1986年为44.6亿美元。1987年,国家加强了技术引进的宏观指导,减少了一批盲目和重复引进的项目。二是引进方式多样化。来料加工、来样加工、来件配装和补偿贸易("三来一补"),合作生产、合资经营等国际上技术贸易的做法我们基本上都采用了。这个时期,成套设备引进比重下降,而技术许可、技术服务、顾问咨询、合作生产四类合同比重上升。三是技术引进结构趋向合理。

第二,对外承包工程和劳务输出。承揽国外建设工程和为国外提供劳务服务是获取外汇收入的一种国际贸易形式。随着改革开放的深入,我国对外承包工程和劳务输出业务也不断得到发展。如1979年与我国签订合同的国家和地区只有8个,合同36份,合同金额0.51亿美元;1988年,与我国签订合同的国家和地区即达到114个,合同2126份,合同金额21.72亿美元。合作领域逐渐从低技能向高技能的领域扩展,以承揽冶金、地质、机械、化工、港口、电力、水利等知识技术密集型工程为主。

第三,对外投资。我国的对外投资起始于1979年,在境外的投资主要分布在美国、澳大利亚、加拿大、日本、泰国、新加坡和中国香港、澳门等国家和地区,占我国海外投资总额的70%左右。基本采取合资与合作方式进行,独自经营的企业只占很少的比重。就行业分布而言,初期大多数集中于服务和轻加工业等行业,从1985年开始投资逐步转向工业生产、资源开发和运输业,如炼铝、橡胶、纺织印染、木材、纸浆、远洋捕捞、地矿、黄金开采。

六、利用外资政策

改革开放以来,为了加快经济的发展,我国出台一系列政策,加强利用外资工作。例如:《中外合资经营企业法》(1979年)、《中外合资经营企业所得税法》(1980年)、《外国企业所得税法》(1981年)、《国务院关于加强利用外资工作的指示》(1983年)等。关于引进外资的方式,主要通过放宽以下政策吸引外资:第一,放宽税收政策,主要是对中外合资经营企业在合营期为十年以上的,从开始获利的年度起,头两年免征所得税,从第三年起减半征收所得税三年。对农业、林业等利润较低的中外合资经营企业和在边远地区开办的中外合营企业,在头五年减免所得税期满后,还可以在以后十年内继续减征所得税的10%—30%。按合同规定以投资进口的机器设备、零部件及其他必要物资等,一律免征关税和进口环节的工商统一税等。第二,提供一部分国内市场。第三,放宽对设备、材料进口及产品进口的限制。第四,实行合理的价格政策。为此,国家制定了一系列利用外资的法规,如1985年的《中华人民共和国经济特区外资银行、中外合资银行管理条例》,1986年的《中华人民共和国外资企业法》,1988年的《中华人民共和国中外合作经营企业法》等。1992年以后,我国加快了利用外资的步伐,使我国引进外资的总量在世界上位居前列。

我国利用外资总的方针是:积极稳妥、量力而行、循序渐进、由少而多。其主要原则有:坚持自力更生为主,争取外援为辅;坚持平等互利,确保中外双方权益;合理使用外资,着重发挥经济效益;为外国投资者创造良好的投资环境。根据法律规定,下列项目不能批准投资:一是有损中国主权的;二是其宗旨有违中国法律的;三是不利于中国国民经济发展的;四是不利于保护环境的;五是签订的协议、合同、章程有损于合营一方的权益,显失公平的。这些规定对合理利用外资有重要的作用。

七、海关及关税政策

我国改革开放后海关改革和执法的主要依据是《国务院关于改革海关管理体制的决定》(1982年)和《中华人民共和国海关法》(1987年)。

中共十一届三中全会以后,根据对外开放政策和调整国民经济的方针,对进口税率作了较大范围的调整。20世纪50年代的关税立法不够健全,税则税率不能完全适应对外开放和国际经济发展的需要,税则目录与国际通用的目录不一致,不利于对外经济交流,亟须进行改革。1985年3月实行新的《中华人民共和国进出口关税条例》(后于1987年修订)。同时国务院成立关税税则委员会,其职责是负责或者修订《进出口关税条例》《海关进出口税则》,审议税则修订草案,制定暂定税率,审定局部调整税率。

改革开放后,我国关税政策的调整包括:

第一,关税减免税政策的调整。1993年年底废止减免税文件27件,修改调整政策性减免税文件9件。在执行中,自1994年1月1日起,废止的27件减免税规定停止执行,海关不再办理上述范围的减免税审批手续。

第二,调整进口小汽车关税税率和减免税政策。自1994年1月1日起调整进口关税税率和进口小汽车减免税政策,严格控制减免税,按照统一的税收政策实行对小汽车进口的宏观管理。

第三,1994年对部分进出口商品实施暂定税率。1994年对农药、农药中间体等关系国内工农业生产的重要原材料,即国内目前还不能生产或不能满足需要的重要机电产品的零部件234种商品,实行进口暂定税率;同时对铅、锌等9种商品实行出口暂定税率。上述进口商品的暂定税率从1994年1月1日起实施,到1994年12月31日截止。

第四,1994年1月11日,国务院做出了关于进一步深化对外贸易体制改革的决定。从1996年4月起,我国对4000多种商品的进口关税进行了大幅度消减,关税总水平降为23%。

八、外汇管理政策

1980年,我国制定了《中华人民共和国外汇管理暂行条例》,对外汇管理做出了统一规定。这个条例规定,国家对外汇实行"由国家集中管理,统一经营的方针"。集中管理主要体现在:外汇法规和政策主要由国家统一制定;人民币汇价由国家统一规定;外汇收支计划由国家统一编制和平衡。外汇资金由国家统一管理和分配;向外借款和发行债券由国家统一管理。统一经营体现在指定中国银行为经营外汇业务的专业银行。中国银行统一经营外汇业务,负责国家外汇资金的收支、存放、买卖、调拨。其他任何金融机构非经中国人民银行批准,不得经营外汇业务。1993年发布的《国务院关于进一部改革外汇管理体制的通知》《中国人民银行关于进一部改革外汇管理体制的公告》构成了我国改革开放后外汇管理政策的基本框架。

第一,实现汇率并轨,实行以市场供求为基础的、单一的、有管理的浮动汇率制度。为了适应我国改革开放不断深化的要求,适应建立社会主义市场经济体制的需要,同时符合国际货币基金组织和关贸总协定对成员国和缔约方关于汇兑安排的规定,国务院决定实现汇率并轨,建立以市场为基础、单一的、有管理的浮动汇率制度,国家将主要运用经济手段如货币政策、利率政策等调节外汇供求,保持汇率的相对稳定。

第二,实行银行结汇制,取消外汇留成和上缴。银行结汇制的主要内容是境内所有中资企业单位、机关和社会团体的外汇收入,包括出口或转口货物及其他交易行为取得的外汇;境外劳务承包以及境外投资应调回境内的外汇,都要按银行挂牌汇率,卖给外汇指定银行。二是境外法人或自然人作为投资汇入的外汇,境外借款、发行债券、股票取得的外汇,劳务承包公司境外工程合同期内调入境内的工程往来款项;经批准具有特定用途的捐赠外汇,外国驻华使领馆,国际组织及其他境外法人驻华机构的外汇收入,个人所有的外汇,可以在外汇指定银行开立现汇账户。

第三,建立银行间的外汇市场,改进汇率形成机制。中国人民银行根据前一日银行间外汇交易市场形成的价格,每日公布人民币对美元交易的中间价,并参照国际外汇市场的变化,同时公布人民币对其他主要货币的汇率。各外汇指定银行以此为依据,在中国人民银行规定的浮动幅度内自行挂牌,对客户买卖外汇。在稳定境内通货的前提下,通过银行间外汇买卖和中国人民银行向外汇交易市场吞吐外汇,保持各银行挂牌汇率的基本一致和相对稳定。

第四,禁止外币在境内计价、结算和流通。自1994年1月1日起,取消任何形式的境内外币计价结算;境内禁止外币流通和制定金融机构以外的外汇买卖;停止发行外汇券,已发行流通的外汇券可继续使用,逐步兑回。

第五,取消外汇收支的指令性计划,国家主要运用经济、法律手段实现对外汇和国际收支的宏观调控。加强对外汇收支和国际收支平衡情况及变化趋势的分析、预测,逐步完善我国国际收支的宏观调控体系,建立国际收支统计申报制度,加强对收、付汇和借还外债的核销、统计、监督管理,堵塞漏洞,减少、杜绝外汇流失。

第六,实现人民币经常项目下有条件可兑换制度。实现人民币经常项目下有条件可兑换的主要内容就是实行银行售汇制,即在实行结汇制的基础上取消经常项目日常对外支付用汇的计划审批。

第七,简化企业经常项目外汇的办理程序。企业开立、变更和关闭经常项目外汇账户,由事前审批调整为由银行按外汇管理要求和商业惯例直接办理,并向外汇局备案。提高企业经常项目外汇账户限额。允许有真实交易背景需对外支付的企业提前购汇。

第八,简化服务贸易售付汇凭证并放宽审核权限。简化境内居民个人购汇手续,提高购汇限额,实行年度总额管理。在额度之内,个人凭真实身份证明在银行办理购汇并申报用途;银行对超过额度部分的个人购汇在审核相关凭证后按实际需求供汇。

第九,放宽符合条件的基金管理公司和保险机构的境外证券投资额度。允许符合条件的基金管理公司等证券经营机构在一定额度内集合境内机构和个人自有外汇,用于在境外进行的包含股票在内的组合证券投资。拓展保险机构境外证券投资业务,允许符合条件的保险机构购汇投资于境外固定收益类产品及货币市场工具,购汇额按保险机构总资产的一定比例控制。

第四节 加入世界贸易组织后外贸政策的变革

进入20世纪90年代以后,我国的对外贸易取得了长足的发展。与此同时,随着我国在国际贸易活动中日趋活跃,双边或多边贸易摩擦也不断增多,国际关税和其他贸易壁垒的存在越来越成为制约中国对外贸易发展的关键性因素。因此,谋求通过建立一揽子的关税和贸易协定从而逐渐减少以至于消除各种贸易壁垒,成为中国贸易政策的一个重要目标。从80年代后期起到本世纪之初,中国政府开始了为期较长的"复关"(恢复关税与贸易总协定成员国身份)和"入世"(加入世界贸易组织)进程。世界贸易组织(其前身是1947年订立的关税及贸易总协定)是一个独立于联合国的永久性国际组织。1995年1月1日正式开始运作,负责管理世界经济和贸易秩序,总部设在瑞士日内瓦。该组织是具有法人地位的国际组织,在调解成员争端方面具有更高的权威性,其目标是建立一个完整的,包括货物、服务、与贸易有关的投资及知识产权等内容的,更具活力、更持久的多边贸易体系。2001年世界贸易组织通过了中国加入世界贸易组织的所有法律文件,中国成为世界贸易组织的正式成员,这对国际贸易政策、国际投资政策等已经产生并将继续产生重大的影响。

一、外贸体制的改革

世界贸易组织通过削减关税及非关税贸易壁垒、限制政府权力的过分干预等措施鼓励国际贸易的自由化。这就要求中国政府改变其原有的贸易管理体制,逐步建立支持非歧视原则、与国际规则接轨的外贸管理体制。为了加强对国内外贸易的统一管理,2003年国务院在原机构改革的基础上合并对外贸易经济合作部和原国家计划委员会、原国家经济贸易委员会部分职能司局成立商务部,负责拟定国内外贸易和国际经济合作的发展战略、方针、政策。

为保证入世前后外经贸法规政策的衔接,"十五"期间,商务部对原有货物进出口法律法规体系进行了立、改、废,清理了各项法律、法规2300多件,先后出台了《中华人民共和国货物进出口管理条例》和与之配套的十多个部门规章,涵盖了我国进出口管理体制的各个方面。2004年,又颁布实施了新修订的《对外贸易法》,初步形成了外贸管理的三级法律框架体系。目前,所有进出口商品管理及调整、对外交涉磋商等职能,都依据有关法律、法规进行。

一是全面放开外贸经营权,外贸经营主体多元化格局初步形成。根据加入世贸组织的承诺,我国于2004年全面放开外贸经营权。新修订的《中华人民共和国对外贸易法》于2004年7月1日起正式实施。根据其有关规定,商务部制定发布了《对外贸易经营者备案登记办法》,取消对所有外贸经营主体外贸经营权的审批,改为备案登记,个人履行法定程序后也可从事外贸经营,明确将外贸经营权的获得由许可制改为登记制,并删除了关于经营资格条件的要求。按照《对外贸易经营者备案登记办法》,企业只需填一张简单的登记表格,另外提供工商营业执照,如果是外商投资企业还需提供批准证书等文件,到备案登记机关即可在5个工作日内办妥登记手续。这种登记是一种自动的、为收集信息目的而进行的手续,不再是行政审批。

二是大力推进行政审批制度改革,大幅度削减实行进出口配额许可证管理商品的品种和范围。进一步减少和规范外贸行政审批,全面取消了工业品配额管理,实现工业品出口配额招标商品全部公开招标。"十五"期间,商务部积极推进行政审批制度改革,逐步减少了实行主动配额管理的出口商品品种和范围。2002年共有主动配额管理的商品54种,2005年减少到35种,对粮、棉、原油、锑等16种商品同时实行国营贸易管理。进口方面,目前除关税配额管理的6种农产品外,其他进口配额管理方式已全部取消,对小麦、棉花等8种商品实行国营贸易管理,对非国营贸易企业实行登记备案管理,对酒、烟草、天然橡胶、钢材等26种商品实行自动进口许可管理。

三是完善外贸促进体系,大力实施品牌战略。1999年,原外经贸部先后确定了118个重点支持和发展的自主出口品牌。近年来,商务部协调相关部门,从研发设计、国际营销、贸易便利、金融保险、知识产权保护等方面对自主出口品牌建设给予政策扶持;同时,鼓励各地、各行业结合实际,有针对性地出台分类扶持政策。2004年商务部还公布了2005—2006年度重点培育和发展的190个出口名牌,通过中央电视台、《人民日报》等主要媒体宣传国家培育自主出口品牌的扶持政策,各地方、行业及企业培育自主出口品牌的做法与经验。同时还将通过扩大广交会品牌展区规模、在欧美举办名牌展等形式,推广展示我国自主出口品牌。

四是加快转变对外贸易增长方式,完善外贸管理体制。2006年"十一五"规划指出加快转变对外贸易增长方式,促进对外贸易由数量增加为主向质量提高为主转变。2011年"十二五"规划提出必须培育出口竞争新优势,加快培育以技术、品牌、质量、服务为核心竞争力的新优势。2012年商务部编制的《对外贸易发展"十二五"规划》中提出,完善适应开放型经济要求、有利于发挥市场配置资源基础性作用的外贸管理体制机制。党的十八大报告中进一步指出必须坚持出口和进口并重,强化贸易政策和产业政策协调,形成以技术、品牌、质量、服务为核心的出口竞争新优势,促进加工贸易转型升级,发展服务贸易,推动对外贸易平衡发展。

五是大力发展服务贸易。"十一五"规划指出必须大力发展服务贸易,扩大工程承包、设计咨询、民族文化等服务贸易出口。为促进服务贸易的发展,商务部于2007年编制了《服务贸易发展"十一五"规划纲要》。该文件指出要扩大服务贸易规模,不断优化服务贸易结构,确保基本形成服务贸易领域更加开放的格局。"十二五"规划也强调,必须促进服务出口,扩大服务业对外开放,提高服务贸易在对外贸易中的比重。同年,商务部联合中国进出口银行印发的《关于"十二五"期间金融支持服务贸易发展的意见》明确了促进服务贸易发展的具体保障措施:建立协调领导机制,组织企业和项目推荐,加强信息共享,开展诚信建设。

二、市场准入政策的调整

加入世界贸易组织后,世界贸易组织所倡导的最惠国待遇、国民待遇、贸易自由化、促进公平竞争、透明度等基本原则和规则将在中国对外开放、利用外资的实践中得到实施,并将在中国利用外资的市场准入政策中体现出来,从而推动我国对外贸易管理过程中市场准入政策的调整。

1. 非歧视贸易原则对我国市场准入政策的影响

世界贸易组织所倡导的最惠国待遇和国民待遇条款旨在营造一种促进非歧视性原则的国际贸易秩序。加入世界贸易组织后,我国对外贸易政策首先面临的是非歧视化改革。在加入世界贸易组织之前,我国在国际贸易中虽然坚持公平贸易的基本准则,但是在具体的贸易行为中还存在着大量的"超国民"或"次国民"待遇,亦即存在着大量的歧视性规定。如外资利用政策中的超国民待遇的税收减免,在企业待遇上表现为投资主体资格的优惠、注册资本缴纳的优惠等;行业中的电信、金融保险、商业零售、批发、法律会计等实行不准入制的次国民待遇等。这种歧视性规定是我国根据当时的贸易形势和国内需求做出的必要反应,客观上有助于我国较为有效地利用外资,保护国内相关产业的成长,鼓励出口以及促进符合国内需求的进口贸易的发展。但是,对外贸易政策中的区别待遇不符合世贸组织的非歧视原则。因此,加入世界贸易组织后我国首先要逐步清除阻碍市场准入的"关税壁垒"和"非关税壁垒"。

在对待国内资本和国际资本方面,入世后逐步修订了相关的工商行政管理法规和商贸规制,实行市场准入上的国民待遇,即对待外国人和本国国民的商品、服务和投资等实行统一的、平等的国民待遇。另外还放开绝大部分行业中对外资的限制,除部分为世贸组织法规所认可的国内独营行业外,其他行业均允许外商进行投资和开展贸易。2001年2月,我国"入世"协定一经签订,中国人民银行即发布了《中国人民银行关于外资金融机构市场准入有关问题的公告》,指出自2001年12月11日起,外资金融机构外汇业务的服务对象,可以扩大到中国境内的所有单位和个人,但必须相应增加营运资金或资本金,更换金融业务营业许可证或金融业务法人许可证。自2001年12月11日起,允许设在上海、深圳的外资金融机构正式经营人民币业务,设在天津、大连的外资金融机构可以申请经营人民币业务。这一公告明确放开了我国银行业的大部分传统保留业务,为外资进入相关领域提供了政策依据。

中国加入世界贸易组织的同一天,商务部通过了《外商投资电信企业管理规定》,大幅度放开了电信行业的外商投资的限制。2003年,《外国投资者并购境内企业暂行规定》颁布,大幅度放开了并购行业范围,缩减了并购审批程序。2004年,商务部通过了《外商投资商业领域管理办法》,放开了我国商业领域的传统保留行业,规定外商可投资设立独资、合资或合作企业经营化肥、成品油、原油的佣金代理业务,以及化肥的批发和零售业务;部分放开图书、报纸、杂志、汽车(2006年12月11日起取消该限制)、药品、农药、农膜、化肥、粮食、植物油、食糖、棉花等商品经营项目。2005年商务部颁发《外商投资租赁业管理办法》,允许外商在租赁行业设立独资子公司。随后,《关于加强国际海上旅客运输市场准入管理的公告》(2012年)、《关于进一步规范保险中介市场准入的通知》(2012年)等促进对外开放、扩大市场准入的政策性文件相继出台。经过这些调整后,我国各类所有制企业包括国有企业、外资企业和民营企业等在涉外贸易中将得到一视同仁的待遇,这将在根本上有助于我国建立统一、健全的市场准入制度。

2. 透明和可预见原则对我国市场主体准入制度的影响

透明和可预见原则是贸易组织法规在政策程序和法律程序上的基本要求。这一原则客观上要求成员方尽可能地明确和公开各自的贸易政策、法规、措施和程序等,还要求成员方有义务接受争端解决机构的审议,并将自己的贸易政策及其变动情况通告世界贸易组织,成员方将已承诺的内容作为自己有约束性义务,不经紧急情况和履行特别通知不得变动等。这些措施旨在促使世界贸易组织多边贸易体制更加透明和具有可预见性。入世后,我国政府的政务公开化程度进一步提高,政务公开的范围更加广泛,政务公开的时效性更强;同时各类政策法规的制定和修改也更加严格地遵守法定程序,且更加注重政策法规的稳定性,从而有利于建立起更具透明性和可预见性的市场准入制度体系,使国内外投资者能够全面和快速了解相关的信息,以利于各类投资和贸易主体更好地开展投资与生产经营活动。

中国加入世界贸易组织前后,原对外贸易经济合作部于当年 11 月 16 日、12 月 19 日、12 月 23 日连续三次发布外经贸部第一、第二、第三批废除部门规章目录,此后我国贸易主管部门多次发布类似公告、通知,明确告知我国有关部门规章的废立情况,逐步建立起符合世界贸易组织要求的政务公开制度。与此同时,国务院于 2001 年年底颁布《行政法规制定程序条例》《规章制定程序条例》对行政法规和部门规章的制定程序进行了进一步的规范,并明确规定了法规制定过程中应当保障公民法人的知情权和参与权,如特别强调应广泛听取有关机关、组织和公民的意见,听取意见可以采取召开座谈会、论证会、听证会等多种形式。这些法规程序的完善为促进透明和可预见原则的贯彻和落实提供了重要保障。

三、关税政策的调整

消除关税壁垒是世界贸易组织推动全球贸易自由化的重要措施。中国正式加入世界贸易组织后,根据 2001 年 11 月在多哈签署的世界贸易组织《中华人民共和国加入议定书》中关税减让表的规定大幅度下调关税。2003 年我国关税总水平由 12% 降低至 11%,下降幅度为 8.3%,有 3019 个税目的税率不同程度地下调,占税目总数的 40.6%。到 2005 年,中国关税税率已降到发展中国家的平均水平以下,工业品的进口平均关税税率则降至10%左右。与此同时,我国还按照非歧视原则在全关境内实行公平、统一的关税税率。在关税税率逐步降低的基础上,分阶段地调整和清理减免税政策,完善纳税争议的申诉和复议制度,促进海关税率征收工作的规范、公正、透明、高效。根据近年来关税调整的相关文件规定,关税政策做出如下调整:

第一,我国自2002年起逐年调低进口关税,2010年关税总水平降为9.8%,其中农产品平均税率由15.6%降低到15.2%;工业品平均税率由9.5%降低到8.9%。至此,我国2001年加入世界贸易组织的降税承诺已全部履行完毕。

第二,2012年,我国对730多种进口商品实行暂定税率,平均税率为4.4%,比最惠国税率低50%以上;继续对小麦、豆油等7种农产品和磷酸二铵等3种化肥实施1%的暂定配额管理;继续对冻鸡等52种产品实施从量税或复合税。

2013年我国对780多种进口商品实施低于最惠国税率的年度进口暂定税率;对关税配额外进口一定数量的棉花继续实施滑准税,继续以暂定税率的形式对煤炭、原油、化肥、铁合金等产品征收出口关税。

自2014年1月1日起对进出口关税进行部分调整,760多种进口商品享受低于最惠国税率的年度进口暂定税率,平均优惠幅度达60%。新增和进一步降低税率的商品包括活塞航空发动机、手机和平板电脑取像模块等战略性新兴产业所需的相关用品,天然牧草等支农惠农产品,音频生命探测仪等救灾用品等。

2015年最惠国税率维持不变,我国关税总水平将仍为9.8%,其中农产品平均税率为15.1%,工业品平均税率为8.9%。实施进口暂定税率的商品共计749项,平均税率为4.4%,相对于最惠国税率,优惠幅度为60%。根据有关决定,对原产于孟加拉国和老挝的部分商品实施亚太贸易协定项下特惠税率;对原产于埃塞俄比亚、布隆迪等24个国家的部分商品实施97%税目零关税特惠税率;对原产于安哥拉、贝宁等共14个国家的部分商品实施95%税目零关税特惠税率;对原产于毛里塔尼亚和孟加拉国的部分商品实施60%税目零关税特惠税率。

第三,随着世界贸易自由化进程的发展,关税减让,尤其是零关税协议成为世界各国关注的焦点。中国加入世贸组织后与一些贸易伙伴签订了零关税协议,进一步降低了其平均关税水平,帮助中国在双边或多边贸易自由化进程中获取更多的优势与利益。比如中国与东盟领导人决定从2004年1月1日起对500多种农产品降低关税,到2006年关税降为零;中泰两国自2003年10月1日起决定提前把双方蔬菜、水果贸易的平均关税由30%降为零,这是中国与东盟国家签署的第一个"零关税"协议,是中国—东盟自由贸易区发展的一个重要标志;自 2006 年 1 月开始实施的几乎所有符合原产地规则的香港进口货物都可获得零关税优惠。直到 2010 年 1 月 1 日,中国—东盟自由贸易区建成,中国从东盟进口商品的 93% 实现零关税。2015 年在新一轮的关税调整过程中,对于原产于巴基斯坦、新加坡以及亚太贸易协定项下已制定优惠原产地标准的商品继续实施零关税。

第四,为促进经济可持续发展,推动资源节约型、环境友好型社会建设,2012 年我国继续以暂定税率的形式对煤炭、原油、化肥、铁合金等"两高一资"产品征收出口关税。

第五,部分税则税目也进行必要的调整,调整后税目总数由 2004 年的 7475 个增加到 2014 年的 8277 个。

第六,逐步实行海关估价协议。海关估价协议是世界贸易组织管辖的一项多边贸易协议,是在关贸总协定东京回合的《海关估价守则》的基础上修订的。协议的宗旨是规范各成员海关估价的做法,消除或减少海关估价对国际贸易的不利影响,促进世界贸易组织目标的实现,确保发展中国家成员在国际贸易中获得更多的利益。主要内容是确定了以进口货物的成交价格、相同货物的成交价格、类似货物的成交价格、倒扣价格方法、计算价格方法、"回顾"方法等海关估价的六种方法来确定完税价格。

四、出口退税政策的调整

根据世界贸易组织通过的《中华人民共和国加入议定书》关于出口补贴的规定,并结合中国的宏观调控形势,我国财政部门和商贸税务部门连续多次调整并不断完善出口退税机制。由于"入世"后外贸出口大幅度、超计划增长,税务机关退税负担明显增加,到 2003 年时,累计拖欠退税款项已经形成较大规模。国家决定从 2004 年 1 月 1 日起改革出口退税机制,同时降低出口退税率。这次调整以后,出口退税率变为 5%、8%、11%、13% 和 17% 五档。从 2005 年开始,国家分期分批调低和取消了部分"高耗能、高污染、资源性"产品的出口退税率,同时适当降低了纺织品等容易引起贸易摩擦的出口退税率,提高重大技术装备、IT 产品、生物医药产品的出口退税率。2006 年 1 月 1 日起取消多项皮革类原材料的出口退税政策,并下调了部分有色金属材料、纺织品、家具产品的出口退税率。

中共十七大期间我国的出口退税主要是局部的微调整,提高部分国家产业政策鼓励出口的高科技产品以及部分以农产品为原料的加工品出口退税率。并将部分特种钢材及不锈钢板、冷轧产品等76个税号出口退税率降为5%;型材、盘条等另外83个税号的钢材产品则取消出口退税。

十八大以来,国家对出口退(免)税政策进行了调整,公布了《关于出口货物劳务增值税和消费税政策的通知》(财税〔2012〕39号)、《关于发布〈出口货物劳务增值税和消费税管理办法〉的公告》(2012年第24号)。2015年开始实行出口退税的分类管理,对纳税信誉比较好,税收遵从度比较高的一类企业,办理退税不需要提供纸质的出口退税凭证,电子信息核对无误的,在两天内办结退税手续。并下放了出口退税的审批期限,将生产企业的出口退税以及部分外贸企业的出口退税审批权下放到县一级税务机关,方便了出口企业就近办理退税,也便于企业和税务机关更好地沟通交流。同时推动完善出口退税的分担机制,减轻地方上的负担,扩大出口信用保险和融资的支持力度。

五、利用外资政策的调整

我国加入世界贸易组织后,先后多次调整了利用外资政策,从而使外资利用及外资管理更符合世界贸易组织的规定,同时更有利于我国对外开放事业的发展。中国"入世"之初,国务院即于2002年2月颁布了《指导外商投资方向规定》,较大范围扩大了外商投资领域,并有针对性地鼓励、允许、限制禁止外商投资相关领域。该文件根据我国经济发展形势特别强调,国家要鼓励属于农业新技术、农业综合开发和能源、交通、重要原材料工业的外商投资;属于高新技术、先进适用技术,能够改进产品性能、提高企业技术经济效益或者生产国内生产能力不足的新设备、新材料的外商投资;适应市场需求,能够提高产品档次、开拓新兴市场或者增加产品国际竞争能力的外商投资;属于新技术、新设备,能够节约能源和原材料、综合利用资源和再生资源以及防治环境污染的外商投资;能够发挥中西部地区的人力和资源优势,并符合国家产业政策的外商投资。从而为外商投资指明了政策方向。随后,《外商投资产业指导目录》(2002年)、《外国投资者并购境内企业暂行规定》(2003年)、《关于外商投资举办投资性公司的规定》(2004年)、《外国投资者对上市公司战略投资管理办法》(2005年)、《关于进一步做好利用外资工作的若干意见》(2010年)、《关于建立外国投资者并购境内企业安全审查制度的通知》(2011年)、《国务院关于修改〈中华人民共和国外资保险公司管理条例〉的决定》(2013年)、《国务院关于修改〈中华人民共和国外资银行管理条例〉的决定》(2014年)、《中华人民共和国外国投资法(草案征求意见稿)》(2015年)等部门规章相继颁布,为"入世"后我国利用外资工作提供了基本依据,初步形成了"入世"后既符合世界贸易组织要求又符合我国国情的外资利用政策体系。

六、产品技术标准政策的调整

在加入世界贸易组织之前,影响世界贸易自由化的主要障碍包括关税性壁垒和非关税性壁垒。加入世界贸易组织后我国产品技术标准政策的调整主要涉及技术型贸易壁垒的逐步清除,同时也包括在适当的时机利用技术标准进行国际贸易中的反歧视斗争。技术性贸易壁垒(Technical Barriers to Trade,以下简称TBT)是指一国或区域组织以维护其基本安全、保障人类及动植物的生命及健康和安全、保护环境、防止欺诈行为、保证产品质量等为由而采取的一些强制性或自愿性的技术性措施。这些措施将对其他国家或区域组织的商品、服务和投资进入该国或该区域市场造成影响。

TBT有狭义和广义之分。狭义的TBT主要是指WTO的《TBT协议》规定的技术法规、标准和合格评定程序;广义的TBT还包括动植物及其产品的检验和检疫措施(SPS)、包装和标签及标志要求、绿色壁垒、信息技术壁垒等。技术性贸易壁垒是非关税壁垒的重要组成部分。在WTO谈判中,贸易与环境、贸易便利化、知识产权保护、农业等议题都涉及TBT问题。

目前,我国对外贸易政策中采用国际标准及合格评定程序的趋势不断加强。国际标准化组织、食品法典委员会、世界动物卫生组织等组织制定的标准对我国的影响越来越大。与此同时,我国也积极利用技术标准开展国际贸易中的反歧视斗争。在关税税率持续下降和一般非关税壁垒不断被消除和规范的情况下,TBT将成为逐步替代关税和一般非关税壁垒的重要的贸易壁垒,成为各国实行贸易保护主义的主要手段和高级形式。因此,从我国国际贸易的总体利益考虑,我国也在适当时机利用产品技术标准政策进行国际贸易反歧视斗争,从而维护我国在对外贸易活动中的正当利益。我国技术标准政策的调整遵循如下基本要求:

第一,加强技术法规和标准化工作。一方面充分运用WTO有关规则,对歧视性的或违规的技术壁垒进行针锋相对的斗争;另一方面,加强技术法规和标准化工作,帮助企业有针对性地加强管理,加快整改。

第二,密切跟踪、及时发布,完善信息服务体系。及时收集翻译、整理和分析主要贸易对象国已发布和实施的技术法规、标准、合格评定程序等技术性贸易措施;及时为企业提供相关信息和应对建议,引导企业规避出口风险。

第三,整合资源,形成合力,建立完善应对体系。建立以掌握国外技术性贸易措施动态为先导,以制定和推行达到进口国市场技术要求的应对体系。对已达到国际标准或进口国市场准入技术要求的企业和优质商品,应加大推介力度,以避免国外实施技术性贸易措施时受牵连影响而退出市场;对一些出口行业要修订或完善技术法规和标准,从源头抓起,鼓励采取国际和国外先进标准,鼓励开展国际认证和认可,提高出口产品质量,扩大出口;对质量低下的产品,严格管理,以防流入国外市场,破坏我国产品形象。充分发掘"比较优势"的主导作用,对我国有明显比较优势的传统商品(如茶叶、中药、丝绸等)和高新商品,鼓励相关企业积极参与国际标准化组织的制定、修订活动,努力将我国家或行业标准提升为国际标准,确立在国际市场上的竞争优势地位。

第四,加强磋商,联合应对,营造良好贸易环境。

基于上述原则,《进口许可制度民用商品入境验证管理办法》(2001年)、《农业转基因生物进口安全管理办法》(2002年)陆续出台,商务部门也相继颁布了各类质量、卫生、技术标准。与此同时,我国各行业也相继颁布了行业技术标准,初步形成了符合中国国情和对外开放实际的技术标准政策体系。

七、外汇管理政策的调整

"入世"后,我国外汇管理政策调整步伐加快,特别是在支持外贸进出口、吸引外资与推动企业"走出去"方面,出台了一系列新政策,逐步建立起与世贸组织基本法律相适应的新型外汇管理体制。

第一,放宽中资企业开户标准,推进外汇账户管理制度改革。早在1997年10月,国家外汇管理局允许符合一定条件的中资企业开立外汇结算账户,保留一定限额的经常项目外汇收入。但由于开户条件较高,大部分企业无法享受此项优惠政策。近年来我国外汇管理部门不断降低开户标准,但仍有许多小企业站在门外难以进入。2002年10月,再次推进改革:允许具有涉外经营权或有经常项目外汇收入的中资企业开立经常项目外汇账户,保留部分经常项目外汇收入;从企业实际需求考虑,将现行结算账户和专用账户归并为经常项目外汇账户,实行统一监管;对归并后的经常项目外汇账户实行限额管理。2007年8月,国家外汇管理局又取消了境内机构保留经常项目外汇的最高限额。

第二，继续简化进出口收付汇核销手续，方便企业经营。2001年下半年，外汇局调整了出口收汇核销管理政策，允许企业按月集中办理出口收汇核销，对出口收汇考核达标企业和荣誉企业按实际需求量发放核销单。从2002年8月1日起再次改进进出口核销管理：一是放宽企业远期收汇备案期限，将企业远期收汇备案的期限由90天改为180天，以适应企业出口收汇周期的特点；二是取消贸易项下90天以上托收、90天以上信用证、90天以上到货3种进口付汇备案手续，由银行按照现行结售汇管理规定进行付汇前的真实性审核，简化行政审批程序。2008年8月6日修订后的《中国外汇管理条例》基本取消了强制性结售汇制度，并向自愿结售汇制度转变，放宽企业用汇自由度。

第三，实行灵活的边境贸易外汇管理政策，规范和促进边境贸易发展。2001年在黑龙江、西藏、新疆和内蒙古等地区进行了边境小额贸易出口核销管理试点，对2万美元以下的边贸出口，允许用收回的人民币货款或美元现钞办理出口核销手续，这在一定程度上缓解了边境贸易出口核销难的状况。为进一步推动我国与俄罗斯等独联体国家边境贸易的发展，又针对边境贸易发展的特点和现状，从贸易结算、出口核销等角度对我国与这些国家的边境小额贸易进行了规范：一是鼓励边境地区商业银行积极与毗邻国家边境地区商业银行建立代理行关系，开通银行直接结算渠道；二是对我国与俄罗斯等独联体国家的边境小额贸易进口，采取灵活的出口收汇核销政策，放开以人民币或外币现钞进行出口核销的限额控制；三是要求商业银行增加边境地区的结售汇网点，方便个人结售汇活动，同时进一步缩小钞汇价差，引导外币现钞到银行结汇。2007年2月1日起施行《个人外汇管理办法》规定，境内个人年度购汇总额由以前的2万美元大幅提高到5万美元。2008年修改后的《中国外汇管理条例》也进一步放宽了个人用汇自由度。

第四，疏堵并举，规范包机贸易的结算与核销。包机贸易是通过包租货运飞机对俄罗斯等独联体国家出口货物的贸易活动。从2002年10月起，外汇局规范了包机贸易外汇管理政策。一是对包机贸易出口实行便利的出口收汇核销办法，对以现汇结算的，简化手续，鼓励出口创汇；对以外币现钞或个人汇款、人民币结算的，规定了相应的核销措施，允许包机贸易流程中所有主体收取的货款均可用于出口单位办理核销。二是要求境内商业银行在全国范围内，特别是在北京雅宝路和秀水街、浙江义乌、福建石狮和泉州等商品市场，增加个人结汇网点，并进一步缩小钞汇价差,确保国内有关商品市场一律以人民币计价结算。与此同时,各地外汇管理部门都加大了打击非法交易活动的力度,外汇黑市不断萎缩。

第五,完善境外投资外汇管理,支持企业"走出去"。2001年下半年,放宽对外投资购汇的限制,允许国家战略性投资项目、境外带料加工项目及援外项目可以购汇投资。从2002年10月1日起,在浙江省进行境外投资外汇管理改革试点,对境外投资外汇管理政策再作调整:取消境外投资的购汇限制,取消境外投资外汇风险审查,取消汇回利润保证金制度,允许境外企业的利润或其他收益留在境外企业使用,实行境外投资外汇登记制度。2008年修订后的《中国外汇管理条例》适度引导和扩大资本流出,并简化中国企业对外直接投资的行政审批,有效推动了我国资本和金融项目的开放进程。

第六,改革外商投资项目下资本金结汇管理方式,进一步改善外商投资环境。自2001年8月起,在部分符合条件的地区开展了外商投资项目下资本金结汇授权银行直接办理的改革试点,并在全国范围内推广实施。对经外汇局核定最高限额的外商投资企业资本金账户内的外汇资金,授权银行在权限范围内履行审核、统计监测和报备责任,外汇局通过被授权银行对外商投资项下资本金结汇实施间接监管。这有助于减少外商投资企业资本金结汇的审批环节,便利企业经营。① 2008年修订后的《中国外汇管理条例》增设了境外主体在境内筹资的管理原则,进一步改善了外商投资环境。

中共十八大以来,我国外汇管理政策更强调完善人民币汇率市场化形成机制,提高跨境人民币结算的便利化水平,扩大结算的规模,帮助企业规避汇率风险。并着力改善对外贸企业的融资服务,支持金融机构开展出口退税账户的托管贷款,开展出口信用保险保单融资,继续扩大外汇储备委托贷款的规模和覆盖范围,稳步将境内企业人民币境外借款业务逐步推广到全国。

---

① 外经贸部网站:《近期我国外汇管理政策调整述评》,2002年11月7日,引自搜狐网:http://business.sohu.com/82/67/article204216782.shtml。

第七章 环境政策

环境是指影响人类生存和发展的各种天然的和经过人工改造的自然因素的总体。环境政策是国家为保护和改善环境而制定的一系列方针、原则和具体规范的总称。随着工业化的发展和环境污染、生态破坏的加剧,环境政策越来越受到人们的重视,保护环境成为我国的基本国策之一。

第一节 改革开放前的环境保护状况

从中华人民共和国成立到十一届三中全会之前,中国的环境保护大致可分为两个时期。

第一个时期是从1949年中华人民共和国成立到1973年全国第一次环境保护会议的召开,这个时期是中国环境保护事业的兴起和环境保护法规政策的产生时期。新中国成立时,我国经济基本上还是农业经济,环境污染尚不严重。因此,这个阶段的环境政策和立法还是零星的、粗糙的,从总体上讲,还没有形成完整的环境保护概念。这个时期制定的有关法规主要有:《中华人民共和国水土保持暂行纲要》(1957年)、《国内植物检疫试行办法》(1957年)、《关于积极保持和合理利用野生动物资源的指示》(1962年)、《矿产资源保护试行条例》(1965年)等。

第二个时期是从第一次全国环境保护会议召开至1978年十一届三中全会召开,是我国的环境保护事业在动荡中的发展时期。进入70年代以后,我国已建立了比较完善的工业体系,随之环境污染日趋严重。当时正值"文化大革命"时期,我国的环境保护工作是在极不正常的政治、经济背景下艰苦进行的。在国际上,工业发达国家不断涌现震惊世界的公害事件,联合国于1972年召开了第一次人类环境会议。这对我国的环境保护工作起了警戒和促进的作用。

1973年8月5日至13日,国务院召开了第一次全国环境保护会议,把环境保护提到国家管理的议事日程。会议研究讨论了我国的环境污染问题,拟定了《关于保护和改善环境的若干规定》,提出了"全面规划、合理布局、综合利用、化害为利、依靠群众、大家动手、保护环境、造福人民"的环境保护方针,并制定了全面规划工业的合理布局、改善老城市的环境、综合利用、土壤和植物的保护、水系和海域的管理、植树造林、环境监测、环境科学研究和宣传教育、环境保护投资和设备等十项措施,为全国的环境保护工作打下了基础。1974年国务院环境保护领导小组的成立,标志着我国环境保护管理系统的确立。从1973年到1978年,我国颁布了《中华人民共和国防止沿海水域污染暂行规定》《工业"三废"排放试行标准》《关于治理工业"三废"开展综合利用的几项规定》以及《生活饮用水卫生规程》,并制定了其他一些规章制度,开展了广泛的环境调查,重点治理了某些城市、水域和工业区的污染,取得了一定的成绩。但从总体上看,这些规定未能得到真正的实施。

第二节　改革开放后环境政策的历史发展

改革开放以后,我国加大了环境污染的治理力度,更加重视环境保护工作。1982年全国人大通过了新的《中华人民共和国宪法》,对环境保护提出了更新、更高、更全面的要求,明确提出"国家保护和改善生活环境和生态环境,防治污染和其他公害,国家组织和鼓励植树和植物"。环境保护成为我国的一项基本国策。20世纪90年代,我国明确提出要走可持续发展道路,制定了一系列可持续发展政策。进入到21世纪以后,我国又提出要建立资源节约型、环境友好型社会。

一、环境保护法律体系的建立

1. 国际环境保护意识的加强

在各国工业化的过程中,"经济优先发展"的战略,使许多国家付出了惨重的代价。生态破坏和污染问题加速发展,特别是污染问题,随着工业化的不断深入而急剧蔓延,终于形成了大面积乃至全球性公害。从20世纪60年代开始,西方发达国家的民众掀起了生态保护运动;进入70年代以后,工业化国家开始寻求与环境相协调的发展政策。自此,国际上环保意识逐渐增强,环境保护政策逐渐在各国发展起来。这一过程大致经历了五个阶段:

第一阶段,1972年联合国人类环境大会通过的《联合国人类环境会议宣言》是全球环保运动的发端。到20世纪80年代初期的这一阶段时间内,各国环境政策的重点在于通过行政管理和不断完善环境立法来推动环境保护工作的展开,以工业污染的末端治理为主。

第二阶段,以1982年联合国特别会议通过的《内罗毕宣言》为标志,到20世纪90年代初期这一时期,各国开始认识到环境问题并不仅仅是污染问题,也包括生态和资源问题,更是一个重要的社会经济问题。因此,环保政策开始从"重污染、后治理"的指令性控制模式逐渐转变为公众——市场——法律法规相结合的"边发展、边治理"模式。

第三阶段,以1992年巴西里约热内卢联合国人类环境与发展大会为标志,首次提出了可持续发展是全球经济、社会的基本发展战略和行动指南,会议通过了《里约环境与发展宣言》和《21世纪议程》等文件及公约,环境保护开始扩展到能源节约型的生产、生活方式,替代能源和可再生能源的开发利用等领域。

第四阶段,2005年2月正式生效的《京都议定书》是人类历史上第一次以法规的形式限制温室气体排放,意味着国际社会在推动环保、改善人类生存条件方面的合作又有了更进一步的实质性推进。

第五阶段,2012年的"里约+20"峰会的主要议题是加强可持续发展机制建设。会议还指出,有效促进可持续发展的机制框架是充分执行《21世纪议程》和应对各种新挑战的重要条件,不仅有助于统筹经济、社会和环保,而且有助于提高发展中国家的发言权和决策权,还有助于解决发展中国家资金、技术和能力建设等实际困难。

2. 我国环境保护的法律与政策体系的形成

1978年十一届三中全会以后,我国的政治、经济形势发生了重大变化,环境保护工作也进入了一个蓬勃发展和逐步成熟时期。党和国家明确提出保护环境是社会主义现代化建设的重要组成部分,环境保护被明确为我国的一项基本国策,并建立了比较完整的环境管理体系,初步确立了完整的环境政策法规体系。

1978年宪法第一次明确规定"国家保护环境和自然资源,防止污染和其他公害"(第11条),从而将保护环境作为国家的一项职能。1979年全国人大常委会颁布了《中华人民共和国环境保护法(试行)》,为我国的环境保护法制建设揭开了新的一页。随后,《征收排污费暂行办法》(1982年)、《中华人民共和国海洋环境保护法》(1982年)、《中华人民共和国防止船舶污染海域条例》(1983年)、《国务院关于结合技术改造防治工业污染的几项规定》(1983年)、《中华人民共和国海洋石油勘探开发环境保护管理条例》(1983年)、《中华人民共和国水污染防治法》(1984年)、《中华人民共和国森林法》(1984年)、《国务院关于加强乡镇、街道企业环境管理的规定》(1984年)、《中华人民共和国海洋倾废管理条例》(1985年)、《中华人民共和国草原法》(1985年)、《中华人民共和国矿产资源法》(1986年)、《建设项目环境保护管理办法》(1986年)、《中华人民共和国土地管理法》(1986年)、《建设项目环境保护设计规定》(1987年)、《城市放射性废物管理办法》(1987年)、《中华人民共和国大气污染防治法》(1987年)、《中华人民共和国水法》(1988年)、《中华人民共和国野生动物保护法》(1988年)、《关于防止造纸业水污染的规定》(1988年)等重要环境保护法律、法规陆续出台。1989年12月26日全国人大常委会通过的《中华人民共和国环境保护法》,是中国第一部正式环境保护大法,它的颁布与实施标志着我国环境保护工作已步入法制轨道。

20世纪80年代起,我国逐步形成了"预防为主防治结合""谁污染谁治理""强化环境管理"这3项政策和"环境影响评价""三同时""排污收费""目标责任""城市环境综合整治""限期治理""集中控制""排污登记与许可证"等8项制度。90年代初,我国工业污染防治开始从"末端治理"向全过程控制转变、从分散治理向分散与集中治理相结合转变,并开始了清洁生产的试点。1991年6月,全国人大常委会制定了《中华人民共和国水土保持法》。在1992年巴西里约热内卢联合国人类环境与发展大会两个月后,我国在《环境与发展十大对策》中,明确了"实施可持续发展战略"。

1994年《中国21世纪议程——中国21世纪人口、环境与发展白皮书》发表,表明我国政府开始进一步重视环境保护工作。这部白皮书把环境问题和可持续发展问题联系在一起,进一步提高了对环境问题的认识,使我国环境保护事业进入了一个新的阶段。1995年10月,全国人大常委会发布了《中华人民共和国固体废物污染环境防治法》(2004年修订)。1996年7月,国务院召开第四次全国环境保护会议,做出了《关于环境保护若干问题的决定》,明确了跨世纪环境保护工作的目标和措施,确定了坚持污染防治和生态保护并重的方针,实施"污染物排放总量控制计划"和"跨世纪绿色工程规划"两大措施,全国开展了大规模的重点城市、流域、区域、海域的污染防治及生态建设和保护工程,从此环境保护工作进入了崭新的阶段。随后,《中华人民共和国环境噪声污染防治法》(1996年)、《中华人民共和国节约能源法》(1997年)、《建设项目环境保护管理条例》(1998年)、《全国生态环境建设规划》(1998年)、《全国生态环境保护纲要》(2000年)、《中华人民共和国防沙治沙法》(2001年)、《中华人民共和国环境影响评价法》(2002年)、《中华人民共和国清洁生产促进法》(2002年)、《排污费征收使用管理条例》(2002年)、《燃煤二氧化硫排放污染防治技术政策》(2002年)、《中华人民共和国放射性污染防治法》(2003年)、《"三河""三湖"水污染防治"十五"计划》(2003年)、《环境污染治理设施运营资质许可管理办法》(2004年)、《重点企业清洁生产审核程序的规定》(2005年)、《国务院关于落实科学发展观加强环境保护的决定》(2005年)等法律法规陆续颁布,环境法制建设步伐大大加快。中共十四届五中全会、十五大和十五届三中全会提出了实施可持续发展战略,把可持续发展作为指导国民经济社会发展的总体战略,提出要实现计划经济体制向社会主义市场经济体制,粗放型经济增长方式向集约型经济增长方式两个根本性转变。

经过多年发展,环境保护法律法规体系日益完善,环境保护各相关领域的污染防治基本都出台了相应的法律、法规。一些重点工作领域的法律、法规还根据形势要求不断进行修订。2007年7月25日,国家环保总局颁布了《环境监测管理办法》(总局令第39号),于9月1日实施。《环境监测管理办法》明确规定了环境保护部门和环境监测机构的职责分工、环境信息发布、环境监测数据的法律效力等。2007年11月22日,国务院审议通过了《国家环境保护"十一五"规划》。规划指出我国环境形势依然严峻,提出"十一五"期间,我国环境保护工作的重中之重是污染防治,首要任务是保障城乡人民饮水安全,切实解决危害人民群众健康和影响社会经济可持续发展的突出环境问题。2008年2月修订的《水污染防治法》于6月1日起正式实施,该法的修订工作是适应水环境保护形势的需要、根据全国人大常委会和国务院的要求开展的,为提升水环境管理工作水平、推动江河湖海的休养生息、促进水环境质量的逐步改善,创造了良好的契机。2009年环境保护部印发《关于实行"以奖促治"加快解决突出的农村环境问题的实施方案》,明确了至2015年农村环境问题的工作目标:"环境问题突出、严重危害群众健康的村镇基本得到治理,环境监管能力明显加强,环保意识明显增强。"2010年环境保护部印发的《关于推进大气污染联防联控工作改善区域空气质量的指导意见》明确提出了至2015年建立大气污染联防联控机制,形成区域大气环境管理的法规、标准和政策体系的工作目标。2011年12月15日,国务院召开第七次全国环境保护大会,印发《关于加强环境保护重点工作的意见》和《国家环境保护"十二五"规划》,为推进环境保护事业科学发展奠定了坚实基础。规划指出到2015年,主要污染物排放总量显著减少;城乡饮用水水源地环境安全得到有效保障;重金属污染得到有效控制,持久性有机污染物、危险化学品、危险废物等污染防治成效明显;城镇环境基础设施建设和运行水平得到提升;生态环境恶化趋势得到扭转;核与辐射安全水平进一步提高;环境监管体系得到健全。另外,2014年修订了《环境保护法》,2015年修订了《大气污染防治法》,2016年修订了《节约能源法》《水法》《防洪法》《环境影响评价法》《海洋环境保护法》《环境保护税法》等法律,进一步完善了相关规定。

在不断完善环境治理和能源节约等方面的管理体系和法律框架建设的同时,我国政府在"十一五"和"十二五"经济社会发展规划中明确提出了环保节能的约束性指标。"十一五"规划指出,到2010年,在保持国民经济平稳较快增长的同时,使重点地区和城市的环境质量得到改善,生态环境恶化趋势基本遏制。单位国内生产总值能源消耗比"十五"期末降低20%左右;主要污染物排放总量减少10%;森林覆盖率由18.2%提高到20%。此外,中央还将环保指标纳入了地方政府的考核体系。"十二五"规划指出,到2015年,化学需氧量排放总量比2010年降低8%,达到2347.6万吨;氨氮排放总量比2010年降低10%,达到238万吨;二氧化硫排放总量比2010年下降8%,达到2086.4万吨;氮氧化物排量总量比2010年降低10%,达到2046.2万吨。

近年来,我国政府通过宏观经济调控对高污染、高耗能产业进行整顿清理,并调整了高耗能产品的出口退税率,使得我国的环境保护和能源节约及新能源开发政策逐步与国际环保政策的发展趋势相吻合,即从源头上消除耗能和污染产品的生产,提倡循环经济,实现经济的可持续发展。目前,中国工业污染防治战略正在发生重大变化,逐步从末端治理向源头和全过程控制转变,从浓度控制向总量和浓度控制相结合转变,从点源治理向流域和区域综合治理转变,从简单的企业治理向调整产业结构、清洁生产和发展循环经济转变,全国环保工作已进入以保护环境优化经济增长的新阶段。

二、可持续发展政策的推行

《中国21世纪议程》发布以来,中国政府把可持续发展作为国家的基本战略来推行。中共十六届三中全会明确提出:"坚持以人为本,树立全面、协调、可持续的发展观,促进经济社会和人的全面发展。"可持续发展,就是要促进人与自然的和谐,实现经济发展和人口、资源、环境相协调,坚持走生产发展、生活富裕、生态良好的文明发展道路,保证一代接一代地永续发展。中共十六届四中全会又提出"构建社会主义和谐社会"的战略任务,并把它作为现代化建设的重要目标。和谐社会的特征之一就是人与自然和谐相处,也就是生产发展,生活富裕,生态良好。生态良好应该包括两个方面:一是人类可以持续不断从自然获取自己所需要的物质,而同时努力增强自然的再生产能力,保持其原有的生态环境,不让其恶化。二是自然源源不断地提供人们所需要的物质,更多地赐福于人,而不是频降灾难。生态良好是人与自然和谐的基础。现代人在创造社会财富时,必须充分考虑到自然的承受力,并尽最大努力修复已经千疮百孔的自然,使自然与社会在地球上和谐统一,成为人类理想的家园。

自1999年以来,我国政府连续14年发布《中华人民共和国可持续发展国家报告》。历年报告的主题整合起来构成了我国政府逐步实现可持续发展的"路线图"。这14个报告的主题分别是可持续发展战略设计、可持续发展能力总资产负债表分析、中国现代化研究、可持续发展能力建设、可持续发展综合国力、全面建设小康社会、城市可持续发展、建设资源节约型与环境友好型社会、水治理与创新、政策回顾与展望、探索中国特色的低碳道路、绿色发展与创新、实现绿色的经济转型以及全球视野下的中国可持续发展。其中,2002年8月21日,我国政府发表的《中华人民共和国可持续发展国家报告》全面介绍了我国在社会经济发展、生态建设、环境保护、资源管理、地方21世纪议程、公众参与等方面的行动和成就,阐述了进一步实施可持续发展战略的部署和政策措施:(1)强调保护环境,实行可持续发展是中国的一项基本国策。(2)推进经济体制和经济增长方式的转变。(3)实现可持续发展战略要转变思想观念和行为规范。(4)加快可持续发展的立法进程,加强执法力度。(5)组织和动员社会团体及公众参与可持续发展。(6)继续加强资源节约与综合利用,保护自然资源。(7)依靠科技进步,促进可持续发展。(8)选择重点地区,开展生态环境整治。

三、建设资源节约型、环境友好型社会

1992年联合国里约环发大会通过的《21世纪议程》中,200多处提及包含环境友好含义的"无害环境"的概念,并正式提出了"环境友好"的理念。随后,环境友好技术、环境友好产品得到大力提倡和开发。20世纪90年代中后期,国际社会又提出实行环境友好土地利用和环境友好流域管理,建设环境友好城市等。2002年召开的世界可持续发展首脑会议所通过的《约翰内斯堡实施计划》多次提及"环境友好材料、产品与服务"等概念。

由于我国正处在工业化和城镇化加速发展阶段,能源消耗强度较高,特别是高投入、高消耗、高污染的粗放型经济增长方式,加剧了能源供求矛盾和环境污染状况。能源问题已经成为制约经济和社会发展的重要因素。进入新世纪以后,由于经济增长方式转变滞后、高耗能行业增长过快,节能工作面临更大压力,形势十分严峻。不加快调整经济结构、转变增长方式,资源支撑不住,环境容纳不下,社会承受不起,经济发展难以为继。

为促进国民经济又快又好地发展,2005年中共十六届五中全会明确提出了"建设资源节约型、环境友好型社会",并首次把建设资源节约型和环境友好型社会确定为国民经济与社会发展中长期规划的一项战略任务。"十一五"规划中也将"建设资源节约型、环境友好型社会"提到前所未有的高度。建设资源节约型、环境友好型社会的提出符合中国国情,顺应时代要求,对于全面落实科学发展观,实现国民经济健康、快速发展具有重要意义。

围绕着"建设资源节约型,环境友好型社会",国家出台了一系列政策。2005年,国务院发布《关于加快发展循环经济的若干意见》。2006年,为贯彻落实"十一五"规划,实现单位GDP能耗降低20%左右的约束性目标,国家发改委会同科技部等8部门编制了《"十一五"十大重点节能工程实施意见》。2007年和2011年国务院又分别颁布了《国家环境保护"十一五"规划》和《国家环境保护"十二五"规划》《节能减排"十二五"规划》。在国家制定的一系列政策中,反

复强调为抓住重要战略机遇期,实现全面建设小康社会的战略目标,必须大力发展循环经济,按照"减量化、再利用、资源化"原则,采取各种有效措施,以尽可能少的资源消耗和尽可能小的环境代价,取得最大的经济产出和最少的废物排放,建设资源节约型和环境友好型社会。

我国建设资源节约型、环境友好型社会的目标是:资源合理有序开发,物尽其用;生态环境得到有效保护,人与自然友好和谐;自然规律得以遵循,清洁生产、绿色消费得到鼓励,节约文化、生态文明蔚然成风。主要政策保障措施有:

第一,用科学发展观统领节能工作。以提高能源利用效率为核心,以转变经济增长方式、加快技术进步为根本,强化全社会的节能意识,建立严格的管理制度,实行有效的激励政策,加快构建节约型的生产方式和消费模式,以能源的高效利用促进经济社会可持续发展。

第二,加快构建节能型工业体系,坚持绿色低碳发展。调整产业结构,严格控制新开工高耗能项目,优化用能结构。

第三,抓好重点领域的节能工作,强化目标责任评价考核。综合考虑经济发展水平、环境容量及国家产业布局等因素,合理确定各地区、各行业节能减排目标。完善节能减排考核体系,建立健全行业节能减排工作评价制度。

第四,大力推进节能技术进步,推动节能减排技术创新与推广应用。实施节能减排科技专项行动,发布节能环保技术推广目录,加强节能环保领域国际交流合作。

第五,加大节能监督管理力度和能力建设。加强节能减排执法监督,依法从严惩处各类违反节能减排法律法规的行为。健全节能管理、监察、服务"三位一体"节能管理体系,形成覆盖全国的省、市、县三级节能监察体系。

第六,大力倡导有利于节约资源和保护环境的消费方式,开展节能减排全民行动。抓好家庭社区、青少年、企业、学校、军营、农村、政府机构、科技、科普和媒体等十个专项行动。加强日常宣传和舆论监督,积极营造良好的节能减排社会氛围。

第七,完善节能减排投入机制,推广节能减排市场化机制。加大中央预算内投资和中央节能减排专项资金对节能减排重点工程和能力建设的支持力度,开展碳排放交易试点,健全污染者收费制度,完善矿产资源补偿制度,加快建立生态补偿机制。

四、大力推进生态文明建设

党的十七大报告第一次明确提出了生态文明建设的目标,但对生态文明建设的系统阐述却是在 2012 年 11 月 8 日召开的中共第十八次党的全国代表大会上。十八大报告肯定了十七大以来生态文明建设的成效,同时也提出生态环境方面存在的诸多问题,并将生态文明作为一个独立部分,系统化、完整化、理论化地提出了生态文明的战略任务。报告指出,建设生态文明,是关系人民福祉、关乎民族未来的长远大计。面对资源约束趋紧、环境污染严重、生态系统退化的严峻形势,必须树立尊重自然、顺应自然、保护自然的生态文明理念,把生态文明建设放在突出地位,融入经济建设、政治建设、文化建设、社会建设各方面和全过程,努力建设美丽中国,实现中华民族永续发展。为此,必须做好以下四个方面的工作:

第一,优化国土空间开发格局。以人口资源环境相均衡、经济社会生态效益相统一为原则,控制开发强度,促进生产空间集约高效、生活空间宜居适度、生态空间山清水秀。加快实施主体功能区战略,构建科学合理的城市化格局、农业发展格局、生态安全格局。提高海洋资源开发能力,保护海洋生态环境,坚决维护国家海洋权益,建设海洋强国。

第二,全面促进资源节约。从根本上转变资源利用方式,大幅降低土地、能源和水的消耗强度。推动能源生产和消费革命,支持节能低碳产业和新能源、可再生能源发展。加强水源地保护和用水总量管理,建设节水型社会。

第三,加大自然生态系统和环境保护力度。实施重大生态修复工程,加快水利建设和防灾减灾体系建设,强化水、大气、土壤等污染防治。

第四,加强生态文明制度建设。将资源消耗、环境损害、生态效益纳入经济社会发展的评价体系,建立健全体现生态文明要求的目标体系、考核机制。建立国土空间开发保护制度,深化资源性产品价格和税费改革,建立既能反映市场供求和资源稀缺程度,又能体现生态价值和代际补偿的资源有偿使用制度和生态补偿制度。开展节能量、碳排放权、排污权、水权交易试点。健全生态环境保护责任追究制度和环境损害赔偿制度。加强生态文明宣传力度,营造爱护生态环境的良好风气。

中共十八大以来,国家修订了《环境保护法》和一批与环保相关联的标准或行业规范,以适应新时期生态文明建设和绿色、循环、低碳发展的要求。

第三节 环境保护制度

我国的环境保护制度,总体上讲有老三项制度和新五项制度。老三项制度产生于我国环境保护工作的开创时期,新五项制度是我国各地各部门在具体执行环境保护政策过程中创造性总结出来的制度和措施。

一、环境保护的老三项制度

老三项环境管理制度指的是环境影响评价制度、"三同时"制度和排污收费制度。这三项制度于1979年9月13日五届全国人大常委会通过的《中华人民共和国环境保护法(试行)》中确立。1989年12月26日七届全国人大常委会第十一次会议通过的《中华人民共和国环境保护法》再次得到确认。

1. 环境影响评价制度

所谓环境影响评价制度,是指在进行一切具有开发性质、工程性质的基本建设项目和技术改造项目之前,对实行该项目可能对环境质量造成的影响进行调查,预测和估价,提出防治污染的报告,并经主管部门批准后方能进行建设的一种制度。环境影响评价制度,是美国在1969年颁布的《国家环境政策法》中首次提出的。为了避免走"先污染后治理"的发达资本主义国家的老路,我国实行了这一制度。在1981年的《基本建设项目环境保护管理办法》中对环境影响评估的范围、内容、程序作了具体规定。1986年对《基本建设项目环境保护管理办法》作了修订,又颁布了《建设项目环境保护管理办法》,把评价范围扩大到所有对环境有影响的建设项目,并根据评价制度实行情况,对评价内容、程序、法律责任等作了修改、补充和更具体的规定。1992年以后,我国环境影响评价从单纯的建设项目环境影响评价发展至区域综合评价,又扩展至对经济社会发展的重大决策所产生的环境影响进行评价;从对污染影响的评价发展到对生态影响的评价。2002年我国颁布《中华人民共和国环境影响评价法》,规定了规划环境影响评价和建设项目环境影响评价。从而在我国确立了完整的环境影响评价制度。

第一,评价范围。一切对环境有影响的工业、交通、水利等基本建设项目,技术改造项目和区域开发项目,都必须编制《环境影响报告书》或填报《环境影响报告表》。必须编制《环境影响报告书》的建设项目有:一切对自然环境产生影响或排放污染物对周围环境产生影响的大中型工业建设项目;一切对自然环境和生态平衡产生影响的大中型水利枢纽、矿山、港口、铁路、公路建设项目;大面积开垦荒地、围湖、围海和采伐森林的基本建设项目;对珍奇野生动植物资源的生存和发展产生严重影响,甚至造成灭绝的大中型建设项目;对各种生态类型的自然保护区和有重要科学价值的特殊地质、地貌产生严重影响的建设项目;县级或县级以上环保部门确认对环境有较大影响的小型建设项目。只需要填报《环境影响报告表》的建设项目是:小型基本建设项目和限额以下的技术改造项目;经省级环保部门确认,对环境影响较小的大中型基本建设项目和限额以上的技术改造项目。

第二,评价内容。包括建设项目的基本情况、周围地区的环境状况调查、建设项目对周围地区的环境影响的分析与观测、环境监测制度的建设、环境影响经济效益分析和结论六个方面。

第三,审批程序。第一步,由建设单位或主管部门通过签订合同委托评价单位进行调查和评价工作。第二步,评价单位通过调查和评价制作《环境影响评价报告书(表)》,评价工作要在项目的可行性研究阶段完成。第三步,在设计任务书下达前提交《环境影响评价报告书》。第四步,建设项目的主管部门负责对建设项目的《环境影响报告书(表)》进行预审。① 为了严格执行环境影响评价制度,环境影响报告书未获批准的项目,计划部门不准审批计划任务书,土地部门不予办理征地手续,银行不予贷款。未经环保部门审批擅自施工的,责令其停止施工,补办审批手续,对建设单位及其负责人处以罚款。

2005年3月7日,环保总局推出五项改革来完善环境影响评价制度:一是依法推进规划环评。规划环评是指对尚未被列入专项规划并且规划未经环境影响评价的项目,原则上不受理项目环评报告;同时发展专家咨询,对国家重大经济发展战略提供决策咨询。二是改革和完善环境影响评价审批机制,建立全国环境影响评估体系,完善分级审批规定,推进环评审批的政务公开。三是建立审批长效监管机制,建立适应投资体制改革的责任追究制度和审批行为评议考核制度,完善建设项目环境保护"三同时"(环保工程和主体工程同时设计、同时施工和同时投入使用)过程监管和后评估制度,建立健全公众参与机制,召开重大、敏感项目的环境听证会。四是加强环评队伍管理,加强评价单位

---

① 参见《中华人民共和国环境影响评价法》。

的定期考核和管理,加大责任追究力度,建立与国际接轨的职业资格制度和竞争机制。五是规范审批程序,提高办事质量与效率,制定环境影响评价审批和评估行为准则。

2. "三同时"制度

"三同时"制度是指一切新建、改建和扩建的基本建设项目、技术改造项目以及自然开发项目和可能对环境造成损害的工程建设项目,其中防治污染和其他公害的设施以及其他环境保护设施,必须与主体工程同时设计、同时施工、同时投产使用的法律制度。同时设计,主要指建设项目初步设计必须有环境保护内容,包括环境保护措施的设计依据、环境影响报告书(表)及审批规定的各项要求和措施,防治污染的处理工艺流程,预期效果,对资源开发引起的生态变化所采取的防范措施,绿化设计、监测手段、环境保护投资的大概预算等。同时施工,是指建设单位在建设主体工程的过程中,要同时组织、安排和实施环境保护设施的建设,要将设计文件中环境保护内容的要求付诸实施。同时投产,是指防治污染和生态破坏的设施建成后,主体工程才能投产。建设项目的环境保护设施没有建成或者达不到要求的,不准投产。

"三同时"制度是我国首创的,它与环境影响评价制度相辅相成,是防止环境免遭新污染和破坏的"法宝",是我国环境保护"以预防为主"的基本原则的制度化、规范化。"三同时"制度的实施,加强了开发建设项目环境的管理,有效防止了我国环境质量继续恶化。1973年国务院颁布的《关于保护和改善环境的若干规定》首次规定,一切新建、扩建和改建的企业必须执行"三同时"制度,正在建设的企业没有采取防治措施的必须补上。1979年《环境保护法(试行)》和1986年的《建设项目环境保护管理办法》在规定环境影响评价制度的同时,重申了"三同时"制度的规定。1980年针对我国"三同时"制度执行不力的状况,国家计委、建委和国家环境保护领导小组联合发出《关于建设项目、技改项目要严格执行"三同时"的通知》,要求安排基建计划要落实"三同时"并加强监督检查。从1981年起凡可能对环境造成污染和破坏的新建、扩建的大中型项目,必须采取有效的防治污染的措施,否则不得列入计划。建成项目的竣工验收,要把检查污染治理工程作为一项重要内容。1984年国务院在颁布的《关于环境保护工作的决定》中扩大了"三同时"的使用范围,规定凡是新建、扩建、改建项目(包括小型建设项目)和技术改造项目,以及一切可能对环境造成污染和破坏的工程建设和自然开发项目,都必须执行"三同时"制度。环境保护设施的建设投资、材料、设备,都必须与主体工程一样,纳入固定资产投资计划,由各级计委、经委和主管部门落实,环保部门负责监督。《建设项目环境保护管理办法》(1986年)、《建设项目环境保护设计规定》(1987年)等文件对执行"三同时"提出了具体的措施。1989年通过的《中华人民共和国环境保护法》中再次明确规定:"建设项目中防治污染的设施,必须与主体工程同时设计、同时施工、同时投产使用。"针对现有污染防治设施运行率不高、不能正常发挥效益的问题,《环境保护法》还规定,"防治污染的设施不得擅自拆除或闲置,确有必要拆除或闲置的,必须征得所在地环保行政主管部门同意"。同时《环境保护法》还对违反"三同时"的法律责任作了规定。1992年以后,"三同时"的适用范围已从污染物的处理处置延伸至对废弃物的回收利用和再利用。

3. 排污收费制度

排污收费制度是指国家环境管理机关依照法律规定向排放污染物的单位和个人征收一定费用的制度,是运用经济手段有效地促进污染治理和新技术的发展,使污染者承担一定污染防治费用的法律制度,其目的是为了促进企业加强经营管理,节约和综合利用资源,治理污染和改善环境。排污收费制度是根据我国国情而采取的、在环境保护工作的实践中产生、发展和逐步完善的一项环保制度。

1978年12月,在中央批转的《环境保护工作汇报要点》中首次提出了在我国实行"排放污染物收费制度"。1979年《环境保护法(试行)》作了原则规定:"超过国家规定的标准排放污染物,要按照排放污染物的数量和浓度,根据规定收取排污费。"根据上述规定,我国开始在全国各地陆续开展了征收排污费的试点工作。1982年,在总结了22个省(自治区、直辖市)试点经验的基础上,国务院颁布了《征收排污费暂行办法》,对征收排污费的目的、范围、标准、加收和减收的条件、费用的管理和使用等做出了具体规定。1984年颁布的《水污染防治法》规定,"企事业单位向水体排放污染物的,按照国家规定缴纳排污费"。排污费由各级环保部门依法征收,并按规定用于污染源治理、区域环境综合治理和环境保护业务的补贴。2002年《排污费征收使用管理条例》颁布,并于2003年7月1日起施行。

排污收费制度的具体规定如下:

第一,收费范围。凡直接向环境排放污染物的单位和个体工商户都要缴纳排污费。收费项目包括:污水排污费、废气排污费、固体废物及危险废物排污费、噪声超标排污费。排污者缴纳排污费，不免除其防治污染、赔偿污染损害的责任和法律、行政法规规定的其他责任。今后的征收排污费的发展方向是：扩大收费范围，对同样污染环境的恶臭、电磁辐射、光污染、生活垃圾等也要征收排污费。凡是向我国水体排放污染物的都要缴纳排污费，超标准排污则要加收超标排污费。

第二，减收、免收排污费的条件。排污者因不可抗力遭受重大经济损失的，可以申请减半缴纳排污费或者免缴排污费。排污者因未及时采取有效措施，造成环境污染的，不得申请减半缴纳排污费或者免缴排污费。

第三，排污费的管理和使用。排污费必须纳入财政预算，列入环境保护专项资金进行管理，主要用于环保项目的拨款补助或者贷款贴息，如：重点污染源防治；区域性污染防治；污染防治新技术、新工艺的开发、示范和应用；国务院规定的其他污染防治项目。审计机关负责对环境保护专项资金使用和管理的审计监督。

第四，相关处罚条款。排污者未按照规定缴纳排污费的，由县级以上地方人民政府环境保护行政主管部门依据职权责令限期缴纳；逾期拒不缴纳的，处应缴纳排污费数额1倍以上3倍以下的罚款，并报经有批准权的人民政府批准，责令停产停业整顿。排污者以欺骗手段骗取批准减缴、免缴或者缓缴排污费的，由县级以上地方人民政府环境保护行政主管部门依据职权责令限期补缴应当缴纳的排污费，并处所骗取批准减缴、免缴或者缓缴排污费数额1倍以上3倍以下的罚款。环境保护专项资金使用者不按照批准的用途使用环境保护专项资金的，由县级以上人民政府环境保护行政主管部门或者财政部门依据职权责令限期改正；逾期不改正的，10年内不得申请使用环境保护专项资金，并处挪用资金数额1倍以上3倍以下的罚款。县级以上地方人民政府环境保护行政主管部门应当征收而未征收或者少征收排污费的，上级环境保护行政主管部门有权责令其限期改正，或者直接责令排污者补缴排污费。县级以上人民政府环境保护行政主管部门、财政部门、价格主管部门的工作人员违反规定批准减缴、免缴、缓缴排污费的；截留、挤占环境保护专项资金或者将环境保护专项资金挪作他用的；不按照本条例的规定履行监督管理职责，对违法行为不予查处，造成严重后果的，依照刑法关于滥用职权罪、玩忽职守罪或者挪用公款罪的规定，依法追究刑事责任；尚不够刑事处罚的，依法给予行政处分。

二、环境保护的新五项制度

1989年第三次全国环境保护会议总结了各地经验,正式推出了新五项制度,即环境保护目标责任制度、限期治理制度、城市综合整治定量考核制度、污染集中控制制度、排污许可证制度。五项制度对于深化管理、控制污染、推动环境保护工作上新台阶有重要作用。

1. 环境保护目标责任制

环境质量的保护和改善是一项科学、技术、工程、社会相结合的系统工程,涉及多层次、多方面、多部门、多因素,必须统一指挥、统一规划、统一实施。自从各地建立环境保护管理机构以后,环境质量的主要责任落在了环境保护局的身上。实践证明环境保护部门负不起这个责任,只有这个地区的行政责任人才能承担起这项系统工程的重责。1989年5月,第三次全国环境保护会议规定:省长对全省的环境质量负责,市长对全市的环境质量负责,县长对全县的环境质量负责,乡长对全乡的环境质量负责。要使各级政府领导人真正对环境负责,就要有制度的保证。这就是环境保护目标责任制。目标责任制通常是由上一级政府对下一级政府签订环境目标责任书体现的,下一级政府在任期内完成了目标任务,上一级政府给予鼓励,没有完成任务的则给予处罚;各级政府为了实现环境目标,通常要进行目标分解,把目标所定的各项内容分解到各个部门,甚至下达到有关企业逐一落实。

在1989年12月正式颁布的《中华人民共和国环境保护法》中明确规定:地方各级人民政府,应当对本辖区的环境质量负责,采取措施改善环境质量。1996年8月发布的《国务院关于环境保护若干问题的决定》在第1项中强调,"明确目标,实行环境质量行政领导负责制"。并规定:地方各级人民政府及其主要领导人要依法履行环境保护职责,并将辖区环境质量作为考核政府主要领导人工作的重要内容。

环境保护目标一般分为两部分:一是本届政府的环境目标;二是分年度的工作指标。就全国大多数城市来说,本届政府环境目标的基本内容一般包括:提出预期达到的城市环境综合整治定量考核综合得分,具体制定城市大气质量目标,主要饮用水源和主要河道湖泊水质目标,工业固体废物处理处置率和综合利用率,主要交通干道和区域环境噪声的控制目标,绿化目标等。为了实现本届政府环境目标,把责任制落到实处,还要按年度制定具体工作指标。对指标的落实情况要定期进行考核,并根据考核结果给予奖惩。

2. 限期治理制度

对造成环境严重污染的企业等单位,规定其在一定的时期内采用一切有效的措施,消除或减轻污染,使所排放的污染物符合规定的排放标准,完成治理污染的任务,改善环境质量。这一规定就是限期治理制度。限期治理是以污染源调查、评价为基础,以环境保护规划为依据,分期分批地对污染危害严重、群众反映强烈的污染物、污染源、污染区域采取的限定治理时间、治理内容及治理效果的强制性措施,是政府为了保护人民的利益对排污单位采取的法律措施。限期治理制度实际上是用行政强制的形式,迫使企业对其污染源进行治理,以便使环境效益和经济效益紧密结合起来,包括区域性限期治理、行业性限期治理和污染源限期治理三种。

《环境保护法》第 29 条规定:"对造成环境污染的企事业单位,限期治理。被限期治理的企事业单位必须如期完成治理任务。"第 39 条规定:"对经限期治理逾期未完成治理任务的企事业单位,除依照国家规定加收超标准排污费外,可以根据所造成的危害后果处以罚款,或者责令停业、关闭。"《国务院关于环境保护若干问题的规定》第 4 条规定,限期治理视不同情况规定为 1—3 年。

3. 城市环境综合整治定量考核制度

城市环境综合整治是指在市政府的统一领导下,以城市生态理论为指导,以发挥城市综合功能和整体最佳效果为前提,采用系统分析的方法,从总体上找出制约和影响城市生态系统发展的综合因素,理顺经济建设、城市建设和环境建设的相互依存又相互制约的辩证关系,用综合的对策整治、调控、保护和塑造城市环境,为城市人民群众创建一个适宜的生态环境,使城市生态系统良性发展。1988 年,国务院环境保护委员会在总结各地经验的基础上发布了《关于城市环境综合整治定量考核的决定》,要求自 1989 年 1 月 1 日起实施城市环境综合整治定量考核工作。在 1989 年 4 月第三次全国环境保护会议上把定量考核作为环境保护工作的重要制度并提出了一些具体要求。1990 年 12 月 5 日,国务院《关于进一步加强环境保护工作的决定》(国发〔1990〕65 号)规定,城市人民政府应当积极开展城市环境综合整治工作,省(自治区、直辖市)人民政府环境保护部门负责对本辖区的城市环境综合整治工作进行定量考核,每年公布结果,直辖市、省会城市和重点风景游览城市的环境综合整治考核结果,由国家环境保护局核定后公布。

定量考核的内容包括大气环境保护(35分)、水环境保护(30分)、噪声控制(15分)、固体废弃物处置(15分)和绿化(5分)5个方面的内容,总计100分。

年终,各城市政府要将各项考核指标的完成情况进行认真的汇总、分析,并以城市政府的名义将本年度定量考核结果上报国务院环境保护部门。国务院环境保护部门将组织专人进行审核汇总,最后以得分多少评定名次并予以公布。

4. 污染集中控制制度

我国的污染治理是以改善环境质量为目的,以提高经济效益为原则的,也就是说,治理污染的根本目的不是去追求单个污染源的处理率和达标率,而是谋求整个环境质量的改善,同时讲求经济效率。但是,以往的污染治理常常过分强调单个污染源的治理,实际上是"头痛医头,脚痛医脚",零打碎敲,尽管花了不少钱,费了不少劲儿,搞了不少污染治理设施,可是区域总的环境质量并没有大的改善,环境污染并没有得到有效控制。

于是,与单个点源的分散治理相对应,污染物集中控制在环境管理实践中逐渐发展起来。污染集中控制是一个在特定的范围内,为保护环境所建立的集中治理设施和采用的管理措施,是强化环境管理的一种重要手段。污染集中控制以改善流域、区域的控制单元的环境质量为目的,依照污染防治规划,按照废水、废气、固体废物等的性质、种类和所处的地理位置,以集中治理为主,用尽可能少的投入获取尽可能大的环境、经济、社会效益。污染集中控制在1989年5月召开的第三次环境保护会议上提出,在1989年12月26日公布的《中华人民共和国环境保护法》中得到确认。主要内容有:

第一,规划为先导。污染集中控制与完善排水网,建立城市污水处理厂,发展城市绿化等城市建设密切相关,必须与城市建设同步规划、同步实施、同步发展。第二,划分不同的功能区域,突出重点,分别整治。第三,由地方政府牵头,政府领导人挂帅,协调各部门、分工负责。第四,集中控制必须与分散治理相结合。在集中控制的同时,对于一些危害严重、排放重金属和难以生物降解的有害物质的污染源,对于少数大型企业或远离城镇的个别污染源,要进行单独、分散治理。第五,必须疏通多种资金渠道。

污染集中控制主要包括:废气污染的集中控制,废水污染的集中控制和有害固体废物污染的集中控制。控制主要采取四种形式:以大企业为骨干,利用不同水质的特点,实行企业联合集中治理;同种类型工厂相联合;对特殊废水集中处理;工厂对废水进行预处理,然后排入城市污水处理厂进行处理,如造纸厂。

5. 排污许可证制度

排污许可证制度是指任何单位欲向环境中排放污染物，须向有关机关申报所排放的污染物种类、性质、数量、排放地点和排放方式等，经审查同意，发给许可证后方可排放。排污许可证制度以改善环境质量为目标，以污染物总量控制为基础，规定排污单位许可排放什么污染物、许可排放污染物量、许可污染物排放去向等。排污许可证制度是一项具有法律含义的行政管理制度。该项制度在1989年5月召开的第三次全国环境保护会议上提出，在1989年12月26日公布的《中华人民共和国环境保护法》中得到确认。根据法律规定，排污许可证的发放管理须遵循以下程序。

第一，排污申报登记。国家规定排放大气污染物、水污染物、固体废物均须向环境保护行政主管部门申报登记。排污单位在接到申报登记表后要认真监测、审核本单位的排污量，并如实填报申报登记表。各单位的申报登记表上报齐全后，环境保护部门应认真组织汇总建档，对各申报单位的排污情况进行系统分析，确定重点污染物控制对象；建立污染源申报登记档案库。

第二，污染物总量规划分配。确定污染物排放总量控制指标，分配污染物总量削减指标是发放和管理排污许可证的核心工作。要想科学地确定一个地区污染物排放总量控制指标，并合理地分配污染物削减指标，就必须对当地的环境目标、经济发展、财政实力、治理技术等因素，进行综合考虑和分析。大气污染物总量还要考虑到能源结构、能源消耗量及燃烧方式等因素，水污染物总量控制还要考虑流域区域水量水质等情况，总用水量及排水量等因素；固体废物处置还要考虑地理位置、地下水、地质结构、固体废物排放种类和总量，以及运输等因素。

第三，审核发证。排放许可证的审批，主要是对排污量、排污方式、排放去向、排污的位置、排放时间加以限制。每个污染源被允许的排污量必须与分配的总量控制指标相一致。颁发许可证可以采取公开、公证形式，以显示其严肃性。

第四，监督管理。实行排污许可证监督、监测检查制度，建立排污许可证的复核、通报、定期和不定期抽查、排污企业自检自报及奖惩管理制度。

第四节　环境保护的一些具体政策

在环境保护方面，除了一般的法律法规、制度之外，针对各个领域的不同情况，国家也相应地制定了一些具体的环境保护政策。

一、保护水资源政策

水作为基础的自然资源和战略性的经济资源,是维系生态与环境可持续的控制性要素。我国水污染情况甚为严重,是我国环境保护中的一个突出问题。为了保护水资源,防止水污染,1984年11月1日起施行了《中华人民共和国水污染防治法》。1996年5月15日八届全国人大会常委会第十九次会议对该法进行了修订。

《中华人民共和国水污染防治法》确定了水污染防治的指导思想为:"防治水污染,保护和改善环境,以保障人体健康,保证水资源的有效利用,促进社会主义现代化建设的发展。"要求国务院有关部门和地方各级人民政府,必须将水环境保护工作纳入计划,采取防治污染的对策和措施。各级人民政府的环境保护部门是对水污染防治实施统一监督管理的机关。各级交通部门的航政机关是船舶污染实施监督管理的机关。各级人民政府的水利管理部门、卫生行政部门、地质矿产部门、市政管理部门、重要江河的水源保护机构,结合各自的职责,协同环境保护部门对水污染防治实施监督管理。一切单位和个人都有责任保护水环境,并有权对污染损害水环境的行为进行监督和检举。因水污染危害直接受到损失的单位和个人,有权要求致害者排除危害和赔偿损失。对违反本法有关规定的企事业单位,由环境保护部门或者交通部门的航政机关,根据不同情节,分别给予警告、征收超标排污费、罚款、责令停业或关闭等处罚。情节严重的,对有关责任人员由所在单位或上级主管机关给予行政处分。造成水污染危害的单位,有责任排除危害,赔偿损失。违反本法的规定,造成重大水污染事故,导致公私财产重大损失或人身伤亡的严重后果的,对有关责任人员可以比照刑法有关规定,追究刑事责任。

为充分发挥水资源的综合效益,适应国民经济发展和人民生活的需要,《中华人民共和国水法》(1988年)、《中华人民共和国水土保持法》(1991年)和《中华人民共和国防汛条例》(1991年)相继颁布。2002年8月29日,九届全国人大常委会第二十九次会议审议通过了《水法》(修订草案),新《水法》加强了执法监督,强化了法律责任,更加具有针对性、时代性、科学性和可操作性。《水法》规定,在中华人民共和国领域内开发、利用、保护、管理水资源,防治水害,必须遵守本法。水资源属于国家所有,即全民所有。农业集体经济组织所有的水塘、水库中的水,属于集体所有。国家保护依法开发利用水资源的单位和个人的合法权益。国家鼓励和支持开发利用水资源和防治水害的各项事业。

2003年国家制定了《〈"三河"、"三湖"水污染防治"十五"计划〉实施计划》，明确提出各级人民政府应当加强对节约用水的管理。各单位应当采用节约用水的先进技术，降低水的消耗量，提高水的重复利用率。在开发、利用、保护、管理水资源，防治水害，节约用水和进行有关的科学技术研究等方面成绩显著的单位和个人，由各级人民政府给予奖励。国家对水资源实行统一管理与分级、分部门管理相结合的制度。国务院水行政主管部门负责全国水资源的统一管理工作。国务院其他有关部门按照国务院规定的职责分工，协同国务院水行政主管部门，负责有关的水资源管理工作。县级以上地方人民政府水行政主管部门和其他有关部门，按照同级人民政府规定的职责分工，负责有关的水资源管理工作。2011年财政部协同环境保护部制定了《湖泊生态环境保护试点管理办法》。为保护湖泊生态环境，改善湖泊水质，避免"先污染、后治理"的老路，建立优质生态湖泊保护机制指明了方向。

2011年10月28日，国务院批复了环境保护部编制的《全国地下水污染防治规划（2011—2020年）》，明确提出了鉴于我国地下水污染源头多面广，污染防治难度大，地下水污染防治基础薄弱等现实，必须综合防治，着力解决地下水污染突出问题，逐步建成以防为主的地下水污染防治体系，保障地下水资源可持续利用。开展地下水污染状况调查，保障地下水饮用水水源环境安全，严格控制影响地下水的城镇污染，强化重点工业地下水污染防治，分类控制农业面源对地下水污染，并有计划地开展地下水污染修复，建立健全地下水环境监管体系。

2015年国务院印发《水污染防治行动计划》（国发〔2015〕17号）要求：大力推进生态文明建设，以改善水环境质量为核心，按照"节水优先、空间均衡、系统治理、两手发力"原则，贯彻"安全、清洁、健康"方针，强化源头控制，水陆统筹、河海兼顾，对江河湖海实施分流域、分区域、分阶段科学治理，系统推进水污染防治、水生态保护和水资源管理。坚持政府市场协同，注重改革创新；坚持全面依法推进，实行最严格环保制度；坚持落实各方责任，严格考核问责；坚持全民参与，推动节水洁水人人有责，形成"政府统领、企业施治、市场驱动、公众参与"的水污染防治新机制，为建设"蓝天常在、青山常在、绿水常在"的美丽中国而奋斗。

以上通知提出：到2020年，全国水环境质量得到阶段性改善，京津冀、长三角、珠三角等区域水生态环境状况有所好转。到2030年，力争全国水环境质量总体改善,水生态系统功能初步恢复。到本世纪中叶,生态环境质量全面改善,生态系统实现良性循环。到2020年,长江、黄河、珠江、松花江、淮河、海河、辽河等七大重点流域水质优良(达到或优于Ⅲ类)比例总体达到70%以上,地级及以上城市建成区黑臭水体均控制在10%以内,地级及以上城市集中式饮用水水源水质达到或优于Ⅲ类比例总体高于93%,全国地下水质量极差的比例控制在15%左右,近岸海域水质优良(一、二类)比例达到70%左右。京津冀区域丧失使用功能(劣于Ⅴ类)的水体断面比例下降15个百分点左右,长三角、珠三角区域力争消除丧失使用功能的水体。到2030年,全国七大重点流域水质优良比例总体达到75%以上,城市建成区黑臭水体总体得到消除,城市集中式饮用水水源水质达到或优于Ⅲ类比例总体为95%左右。

二、保护土地政策

为预防和治理水土流失,减轻水、旱、风沙灾害,改善生态环境,发展生产,1991年6月29日七届全国人大常委会第20次会议通过了《中华人民共和国水土保持法》。该法规定:一切单位和个人都有保护水土资源、防治水土流失的义务,并有权对破坏水土资源、造成水土流失的单位和个人进行检举。要求国家对水土保持工作实行预防为主,全面规划,综合防治,因地制宜,加强管理,注重效益的方针。1999年,国务院及有关部门批准颁发了《建设用地审查办法》《土地利用年度计划管理办法》《闲置土地处置办法》《新增建设用地土地有偿使用费收缴使用管理办法》等土地管理行政法规。在土地管理行政法规中明确提出,国务院和地方人民政府应当将水土保持工作列为重要职责,采取措施做好水土流失防治工作。各级人民政府应当加强水土保持的宣传教育工作,普及水土保持科学知识。国务院和县级以上地方人民政府的行政主管部门,应当在调查评价水土资源的基础上,会同有关部门编制水土保持规划。水土保持规划须经人民政府批准。县级以上地方人民政府批准的水土保持规划,须报上一级人民政府行政主管部门备案。水土保持规划的修改,须经原批准机关批准。县级以上人民政府应当将水土保持规划确定的任务,纳入国民经济和社会发展计划,安排专项资金,并组织实施。县级以上人民政府应当依据水土流失的具体情况,划定水土流失重点防治区,进行重点防治。从事可能引起水土流失的生产建设活动的单位和个人,必须采取措施保护水土资源,并负责治理因生产建设活动造成的水土流失。国家鼓励开展水土保持科学技术研究,提高水土保持科学技术水平,推广水土保持的先进技术,有计划地培养水土保持的科学技术人才。

为预防土地沙化,治理沙化土地,维护生态安全,2001年8月31日全国人大常委会通过了《中华人民共和国防沙治沙法》(2002年1月1日施行)。本法包括防沙治沙规划、土地沙化的预防、沙化土地的治理等。防沙治沙工作应当遵循七大原则:统一规划,因地制宜,分步实施,坚持区域防治与重点防治相结合;预防为主,防治结合,综合治理;保护和恢复植被与合理利用自然资源相结合;遵循生态规律,依靠科技进步;改善生态环境与帮助农牧民脱贫致富相结合;国家支持与地方自力更生相结合,政府组织与社会各界参与相结合,鼓励单位、个人承包防治;保障防沙治沙者的合法权益。

在人多地少的中国,耕地的保护问题,是涉及子孙后代根本利益因而具有战略意义的问题。对此,全国人大常委会于1986年6月25日通过《中华人民共和国土地管理法》(1998年、2004年两次修订)。该法规定,国家保护耕地,严格控制耕地转为非耕地。国家实行占用耕地补偿制度。非农业建设经批准占用耕地的,按照"占多少,垦多少"的原则,由占用耕地的单位负责开垦与所占用耕地的数量和质量相当的耕地;没有条件开垦或者开垦的耕地不符合要求的,应当按照省(自治区、直辖市)的规定缴纳耕地开垦费,专款用于开垦新的耕地。省(自治区、直辖市)人民政府应当严格执行土地利用总体规划和土地利用年度计划,采取措施,确保本行政区域内耕地总量不减少;耕地总量减少的,由国务院责令在规定期限内组织开垦与所减少耕地的数量与质量相当的耕地,并由国务院土地行政主管部门会同农业行政主管部门验收。个别省(自治区、直辖市)确因土地后备资源匮乏,新增建设用地后,新开垦耕地的数量不足以补偿所占用耕地的数量的,必须报经国务院批准减免本行政区域内开垦耕地的数量,进行易地开垦。非农业建设必须节约使用土地,可以利用荒地的,不得占用耕地;可以利用劣地的,不得占用好地。另外,国家实行基本农田保护制度,对划入基本农田保护区的土地,实行严格管理。

2008年,国务院颁布了《全国土地利用总体规划纲要(2006—2020年)》。该文件指出必须保护和合理利用农用地,严格控制耕地流失,加大补充耕地力度,严格执行建设占用耕地补偿制度,加强基本农田保护,稳定基本农田数量和质量,强化耕地质量建设,统筹安排其他农业地,努力提高农用地综合生产能力和利用效益。2012年9月6日,国土资源部印发了《关于严格执行土地使用标准大力促进节约集约用地的通知》。指出,为深入落实节约优先战略,切实提高节约集约用地水平,必须严格执行和不断完善土地使用标准,明确土地使用标准的审查内容和使用环节,进一步加强土地使用标准执行的监管和评价,认真开展土地使用标准的培训和宣传。

三、大气污染防治政策

1987年9月5日全国人大常委会通过,并于2000年4月29日修订的《中华人民共和国大气污染防治法》规定,国务院和地方各级人民政府,必须将大气环境保护工作纳入国民经济和社会发展计划,合理规划工业布局,加强防治大气污染的科学研究,采取防治大气污染的措施,保护和改善大气环境。国家采取措施,有计划地控制或者逐步削减各地方主要大气污染物的排放总量。地方各级人民政府对本辖区的大气环境质量负责,制定规划,采取措施,使本辖区的大气环境质量达到规定的标准。任何单位和个人都有保护大气环境的义务,并有权对污染大气环境的单位和个人进行检举和控告。国家鼓励和支持大气污染防治的科学技术研究,推广先进适用的大气污染防治技术;鼓励和支持开发、利用太阳能、风能、水能等清洁能源。各级人民政府应当加强植树种草、城乡绿化工作,因地制宜地采取有效措施做好防沙治沙工作,改善大气环境质量。

该法规定,向大气排放污染物的单位,必须按照国务院环境保护行政主管部门的规定向所在地的环境保护行政主管部门申报拥有的污染物排放设施、处理设施和在正常作业条件下排放污染物的种类、数量、浓度,并提供防治大气污染方面的有关技术资料。向大气排放污染物的,其污染物排放浓度不得超过国家和地方规定的排放标准。国家实行按照向大气排放污染物的种类和数量征收排污费的制度。有大气污染物总量控制任务的企业事业单位,必须按照核定的主要大气污染物排放总量和许可证规定的排放条件排放污染物。企业应当优先采用能源利用效率高、污染物排放量少的清洁生产工艺,减少大气污染物的产生。国家对严重污染大气环境的落后生产工艺和严重污染大气环境的落后设备实行淘汰制度。国务院环境保护行政主管部门要建立大气污染监测制度,组织监测网络,制定统一的监测方法。

该法规定,对违反本法有关规定的企事业单位,环境保护部门,其他监督管理部门或人民政府,可以根据不同情节分别给予警告、罚款、限期治理、责令停止生产或关闭等处罚。情节较重的,对直接负责的主管人员和其他直接责任人员,由所在单位或者上级主管机关依法给予行政处分或者纪律处分;造成重大大气污染事故,导致公私财产重大损失或者人身伤亡的严重后果,构成犯罪的,依法追究刑事责任。造成大气污染危害的单位,有责任排除危害,并对直接遭受损失的单位或者个人赔偿损失。环境保护监督管理人员滥用职权、玩忽职守的,给予行政处分;构成犯罪的,依法追究刑事责任。

2001年国家环保总局和建设部联合下发了《关于有效控制城市扬尘污染的通知》,要求各城市人民政府制定防治城市扬尘污染的环境保护措施。2002年,《两控区酸雨和二氧化硫污染防治"十五"计划》《大气污染防治重点城市划定方案》相继颁布。为保护大气环境,防治摩托车排放造成的污染,推动摩托车行业技术进步,2003年《摩托车排放污染防治技术政策》出台。该政策主要控制摩托车排放的一氧化碳(CO)、碳氢化合物(CH)和氮氧化物(NO_x)等排气污染物和可见污染物,并要求采取措施控制摩托车噪声污染。为进一步加大大气污染防治工作力度,大幅改善区域空气质量,2010年5月11日,国务院同意了环境保护部等部委联合制定了《关于推进大气污染联防联控工作改善区域空气质量的指导意见》。2015年8月29日《中华人民共和国大气污染防治法》由十二届全国人大会常委会第十六次会议修订通过,自2016年1月1日起正式施行。

四、噪声污染防治政策

噪声是随着现代工业、交通运输和城市的发展而产生的一种危害人体健康的无形公害。制定噪声污染防治法规,运用法律手段控制和管理噪声具有重要意义。为防治环境噪声污染,保护和改善生活环境,1989年9月26日国务院发布了《中华人民共和国环境噪声污染防治条例》,在此基础上,全国人大常委会于1996年10月29日通过了《中华人民共和国环境噪声污染防治法》。该法要求国务院和地方各级人民政府应当将环境噪声污染防治工作纳入环境保护规划,并采取有利于环境保护的经济、技术政策和措施。地方各级人民政府在制定城乡建设规划时,应当充分考虑建设项目和区域开发、改造所产生的噪声对周围生活环境的影响,统筹规划,合理安排功能区和建设布局,防止或者减轻环境噪声污染。国务院环境保护行政主管部门对全国环境噪声污染防治实施统一监督管理。县级以上地方人民政府环境保护行政主管部门对本行政区域内的环境噪声污染防治实施统一监督管理。各级公安、交通、铁路、民航等主管部门和港务监督机构,根据各自的职责,对交通运输和社会生活噪声污染防治实施监督管理。任何单位和个人都有保护环境的义务,并有权对造成环境噪声污染的单位和个人进行检举和控告。国家鼓励、支持环境噪声污染防治的科学研究、技术开发,推广先进的防治技术和普及防治环境噪声污染的科学知识。对在环境噪声污染防治方面成绩显著的单位和个人,由人民政府给予奖励。

我国自2003年7月起施行的《排污费征收使用管理条例》规定,征收排污费的污染物主要涉及大气、海洋、水、固体和噪音污染。为防治地面交通噪声污染,保障人体健康,促进经济和社会发展,2010年1月11日,环境保护部发布了《地面交通噪音污染防治技术政策》,指出必须要合理规划布局,控制噪音源,削减传声噪音途径,防护敏感建筑物噪音,加强交通噪音管理。同年12月15日,环境保护部又协同国家发改委等部门印发了《关于加强环境噪音污染防治工作改善城乡声环境质量的指导意见》,指出必须加大重点领域噪音污染的防治力度,强化噪音排放源监督管理,加强城乡声环境质量管理,强化监管支撑能力建设,抓好评估检查和宣传教育。这两个文件为加强噪音污染防治工作,改善声环境质量工作指明了新的工作方向。

五、放射性污染防治政策

放射性污染是指由于人类活动造成物料、人体、场所、环境介质表面或者内部出现超过国家标准的放射性物质或者射线。我国第一部防治放射性污染的法律是全国人大常委会于2003年6月28日通过的《中华人民共和国放射性污染防治法》。该法包括放射性污染防治的监督管理;核设施的放射性污染防治;核技术利用的放射性污染防治;铀(钍)矿和伴生放射性矿开发利用的放射性污染防治;放射性废物管理等内容。该法规定,国家对放射性污染的防治,实行预防为主、防治结合、严格管理、安全第一的方针。国家鼓励、支持放射性污染防治的科学研究和技术开发利用,推广先进的放射性污染防治技术。国家支持开展放射性污染防治的国际交流与合作。县级以上人民政府应当将放射性污染防治工作纳入环境保护规划并组织开展有针对性的放射性污染防治宣传教育。任何单位和个人有权对造成放射性污染的行为提出检举和控告。在放射性污染防治工作中做出显著成绩的单位和个人,由县级以上人民政府给予奖励。国务院环境保护行政主管部门对全国放射性污染防治工作依法实施统一监督管理。国务院卫生行政部门和其他有关部门依据国务院规定的职责,对有关的放射性污染防治工作依法实施监督管理。

该法规定,放射性污染防治监督管理人员违反法律规定,利用职务上的便利收受他人财物、谋取其他利益,或者玩忽职守,对不符合法定条件的单位颁发许可证和办理批准文件的,或不依法履行监督管理职责的,或发现违法行为不予查处的,依法给予行政处分;构成犯罪的,依法追究刑事责任。对不按规定擅自进行核设施的建造、装料、运行、退役等活动,或违规生产、销售、使用、转让、进口、贮存放射性同位素和射线装置以及装备有放射性同位素的仪表的,或不按规定排放、处理、贮存放射性废气、废液、固体废物的等,要分别由主管部门责令停止违法行为,限期改正,处以罚款;构成犯罪的,依法追究刑事责任。

六、海洋保护政策

我国海域辽阔、岛屿众多,陆架宽广。开发、利用和保护海洋环境及资源,是现代化建设的一项重要任务。随着经济的发展,我国海洋环境受到了不同程度的污染损害,在一些河口海区、港湾、内海和沿海局部区域,环境污染相当严重。海洋环境问题的产生,主要是人们在开发利用海洋的过程中,没有考虑海洋环境的承受能力,低估了自然界的反作用,使海洋环境受到了不同程度的损害。为保护海洋,1982年8月23日全国人大常务委员会通过了《中华人民共和国海洋环境保护法》(1999年修订)。

该法规定,国家建立并实施重点海域排污总量控制制度,确定主要污染物排海总量控制指标,并对主要污染源分配排放控制数量。一切单位和个人都有保护海洋环境的义务,并有权对污染损害海洋环境的单位和个人,以及海洋环境监督管理人员的违法失职行为进行监督和检举。对超过污染物排放标准的,或者在规定的期限内未完成污染物排放削减任务的,或者造成海洋环境严重污染损害的,应当限期治理。国务院和沿海地方各级人民政府应当采取有效措施,保护红树林、珊瑚礁、滨海湿地、海岛、海湾、入海河口、重要渔业水域等具有典型性、代表性的海洋生态系统,珍稀、濒危海洋生物的天然集中分布区,具有重要经济价值的海洋生物生存区域及有重大科学文化价值的海洋自然历史遗迹和自然景观。对具有重要经济、社会价值的已遭到破坏的海洋生态,应当进行整治和恢复。任何单位未经国家海洋行政主管部门批准,不得向中华人民共和国管辖海域倾倒任何废弃物。需要倾倒废弃物的单位,必须向国家海洋行政主管部门提出书面申请,经国家海洋行政主管部门审查批准,发给许可证后,方可倾倒。

2012年,国家海洋局发布了《全国海洋环境监测与评价业务体系"十二五"发展规划纲要》,指出"十二五"是海洋事业实现科学发展的关键时期,是构建健康海洋、和谐海洋、安全海洋的重要时期。到2015年,基本形成科学的海洋环境监测与评价体系,海洋环境监测机构能力得到进一步提升,监测领域进一步拓展,为我国海洋环境保护、环境风险防范、社会民生利益和沿海经济发展提供强有力的服务和保障。加强科学研究和实践,构建创新型监测与评价体系,拓展海洋环境监测空间,提升海洋环保国际话语权。

七、矿产资源保护政策

矿产资源是自然资源的一部分,是人类生产资料和生活资料的重要来源,在社会经济生活中具有重要地位。建国以来,我国先后颁发了一些矿产资源法规:《中华人民共和国矿产资源法》(1986年制定、1996年修订)、《矿产资源监督管理暂行办法》(1987年)、《全民所有制矿山企业采矿登记管理暂行办法》(1987年)、《全国地质资料汇交管理办法》(1988年),这些法规的制定与颁布标志着我国矿产资源法制的逐步完善。

法规规定:国家对矿产资源拥有专有权,国家是所有权唯一主体,任何单位和个人不得代替;国务院地质矿产主管部门主管全国矿产资源勘查、开采的监督管理工作;全民所有制矿山企业、乡镇集体矿山企业和个体采矿企业开采矿山资源,必须依法办理采矿登记手续,取得采矿许可证;国家对矿山资源的勘查、开发实行统一规划、合理布局、综合勘查、合理开采和综合利用的方针;国营矿山企业是开采矿山资源的主体,国家保证国营矿山企业的巩固和发展,鼓励、指导和帮助乡镇集体矿山企业的发展,通过行政管理、指导、帮助和监督个人依法采矿。法规还规定了擅自印制、伪造勘查许可证、采矿许可证,无证开采、越界开采,非法转让矿产资源或采矿权,破坏性开采,非法购销国家统购矿山产品等行为应承担的责任。

1996年国务院批转了经贸委、财政部、国家税务总局发布的《关于进一步开展资源综合利用的意见》,并发布《资源综合利用目录》,从企业所得税、增值税等方面对矿产资源综合利用实行优惠政策,鼓励矿山企业依靠科技进步和创新,提高资源综合利用水平。从1998年起对探矿权人、采矿权人收取探矿权使用费、采矿权使用费和国家出资勘查形成的探矿权价款、采矿权价款。对在西部地区、少数民族地区、政府确定对边远贫困地区和海域,从事符合条件对矿产资源勘查开采的活动,可以免缴或减缴探矿权、采矿权使用费与价款。

2001年4月,国土资源部会同国务院有关部门制定了《全国矿产资源规划》。2003年12月,国务院新闻办公室发表了《中国的矿产资源政策》白皮书,指出中国将主要依靠开发本国的矿产资源来保障现代化建设的需要,强调矿产资源的保护与合理利用,坚持矿产资源开发利用与生态环境保护并重、预防为主、防治结合的方针,限制对生态环境有较大影响的矿产资源开发,新建矿产资源开发项目应当论证其对生态环境的影响,采取生态环境保护措施,避免或减少对大气、水、耕地、草原、森林、海洋等的不利影响和破坏,加强矿山环境调查、监测和灾害防治,建立多元化的矿山环境保护投资机制。2005年国务院发布了《关于全面整顿和规范矿产资源开发秩序的通知》,要求严厉打击无证勘查和开采等违法行为,坚决关闭破坏环境、污染严重、不具备安全生产条件的矿山企业。2007年,国土资源部印发了《2007年整顿和规范矿产资源开发秩序工作方案》,指出应积极稳妥地推进矿产资源开发整合工作;加强新机制新制度建设,基本建立规范的矿产资源开发秩序,进一步推动我国矿产资源开发走上节约、清洁发展、安全发展和可持续发展的道路。2008年12月31日,国土资源部又发布实施了《全国矿产资源规划(2008—2015年)》的通知,指出要坚持"在保护中开发,在开发中保护"的方针,按照统筹规划、科学开发、合理利用、依法保护的原则,构建保障和促进科学发展的新机制,推进资源利用方式和管理方式的根本转变,保障我国矿业持续健康发展和矿产资源长期稳定供应;促进优势资源开发利用和区域经济协调发展,提高矿产资源对经济社会可持续发展的保障能力。

第八章 卫生政策

卫生政策是指为增进人体健康、防治疾病、改善和创造合乎生理要求的生产环境和生活条件而制定的社会政策。卫生工作是一个国家社会生活中十分重要的领域,关系到国民的生命健康和身体素质,是一切社会事业的基础。卫生政策包括的范围较为广泛,主要有卫生工作的基本方针、卫生事业的发展战略、医疗卫生体制、卫生监管政策、医疗保险制度等。

第一节 改革开放前卫生政策的回顾

新中国成立到十一届三中全会以前,我国已基本形成一套完整的卫生政策体系。20世纪50年代初,党和国家制定了"面向工农兵,预防为主,团结中西医,卫生工作与群众运动相结合"的四大方针,指明了新中国卫生事业的发展方向。

建国之初,为尽快扩充医疗卫生队伍,满足社会需要,国家大力发展公办和集体办医疗卫生机构,同时允许适合个体开业的医生行医。后来,伴随着社会主义改造的进程,卫生系统的所有制结构迅速向全民所有制结构转变,有一大批集体所有制卫生机构变为全民所有制。到"文化大革命"时期,由于错误观念的影响,集体所有制卫生机构又有一大批转为全民所有制,没有转的也普遍实行了全民所有制的管理办法,失去了原有的特色和优势。个体开业人员则大多数被当作"走资本主义道路"的典型,遭到打击,被迫停业。这一时期全民所有制卫生队伍不断扩大,但出现了国营企事业单位共有的一些问题。

新中国成立之初,我国政府就确立了卫生事业的福利性质,因而多年来一直控制医疗卫生收费标准,20世纪60年代还三次大幅度降低了收费标准,使其大大低于成本。卫生事业的福利性质以及一系列相应的卫生福利政策,曾在很大程度上满足了人民群众的医疗保健要求,为防治疾病发挥了积极的作用。但是,由于国家不可能拿出足够的钱来补助卫生机构,又没有其他途径的补偿和收入,致使全国卫生机构逐年亏损,越办越穷,缺少自身发展的活力,而且加重了这一领域本已存在的供求矛盾。多年来,医疗服务过程中的补偿投入问题一直未得到合理的解决。受那一时期整个社会分配制度的制约,医疗卫生机构长期实行平均主义的分配制度,工资水平也偏低。工资福利待遇与知识密集、技术密集的行业性质不相符合,一定程度上影响了职工工作的积极性。

建国后不久我国实行了城乡三级医疗预防保健网制度。这一制度符合国情,为人民群众防治疾病发挥了重要作用。

在20世纪50年代,我国建立起公费医疗、劳保医疗制度和农村合作医疗制度。公费医疗制度是根据1952年政务院发布的《关于全国各级人民政府、党派、团体及所属事业单位的国家工作人员实行公费医疗预防的指示》实施的。享受对象主要是各级机关、党派、人民团体及文化、教育、科研、卫生等事业单位的工作人员,在乡的二级乙等以上革命残废军人和高等院校在校学生。公费医疗经费来自国家财政拨款。实施以来,公费医疗制度发挥了社会主义制度的优越性,也不可避免地暴露了其弊端,导致覆盖面窄,国家财政负担大等问题的出现。劳保医疗制度是根据1951年政务院发布的《中华人民共和国劳动保险条例》实施的,享受对象主要有全民所有制企业的在职职工及退休人员,城镇集体企业参照执行。另外,职工供养的直系亲属按规定可享受部分项目的"半费"待遇。劳保医疗由企业行政自行管理,经费来源于企业按工资总额的一定百分比提取的福利基金。公费医疗和劳保医疗属于政府和公有制企业举办的医疗保险性质的制度,二者在保险项目和待遇标准上大体一致,区别只在于管理形式不同,因此习惯上统称为职工医疗保险制度。合作医疗制度是我国农村的医疗保健制度。20世纪50年代中期,陕西、河南、湖北等地农民在集体的扶持下,自愿组织起来实行了这一集体医疗保健制度。20世纪60年代初中共中央对此予以充分肯定,

1968年，毛泽东同志亲自批示要求推广，以后全国90%以上的农村大队办起了合作医疗。该制度的基本内容是：农民每年缴纳一定的"保险费"，加上集体经济公益金适当补助一些，共同组成合作医疗基金。参加合作医疗的成员患病所花医疗费，可按规定比例由合作医疗基金报销一部分。实践证明，合作医疗制度是从我国国情出发，解决广大农民医疗保健的成功经验，颇受广大农民群众的欢迎，对农村卫生事业的发展在组织、资金等多个方面起到了积极的推动作用。

另外，改革开放前我国卫生政策还包括：强调中西医结合，重视各民族传统医药，开展全民健康教育和群众性爱国卫生运动等。

上述政策的实施使我国的卫生事业在党和政府的领导下，取得了举世瞩目的成绩，在保障人民健康、促进国民经济建设方面发挥了重要作用。但是，由于十年"文化大革命"的严重破坏，以及对如何从国情出发办好社会主义卫生事业缺乏经验，致使医疗卫生单位亏本经营，经济拮据，设备陈旧，技术落后，在管理体制上缺乏活力，卫生资源未能得到充分利用，卫生事业发展缓慢。医疗预防保健服务远远不能适应人民日益增长的防病治病需求，看病难、住院难、手术难成为长期未能解决的一个社会问题。

第二节 医疗卫生体制改革

改革开放以来，我国经历了从计划经济向市场经济的转型，传统计划经济模式下的医疗卫生体制弊端日益显露，改革已成大势所趋。我国根据社会政治经济发展的状况，结合国情，先后对医疗卫生体制、医卫生机构内部管理体制等进行了一系列改革，取得了明显成效。

一、医疗卫生体制改革的历程

在计划经济体制下，我国医疗卫生体制存在诸多弊端。医疗卫生机构实行全民所有制，不允许个人行医，强调医疗卫生事业的福利性质，国家采取大包大揽的做法，医疗卫生事业的经费投入长期不足，卫生事业发展缓慢。1984年8月，卫生部起草了《关于卫生工作改革若干政策问题的报告》，其中提出，"必须进行改革，放宽政策，简政放权，多方集资，开阔开展卫生事业的路子，把卫生工作搞好"。正是在这一政策指导下，1985年成为医改的启动年。1997年中共中央、国务院下发了《关于卫生改革与发展的决定》，2000年国家颁布了《关于城镇医药卫生体制改革的指导意见》。我国医疗卫生体制的改革主要经历了以下阶段：

第一阶段，1985年到1996年。在这期间，各地对医院的领导体制和管理模式进行了改革和探索，引用了一些企业的改革经验，采取了简政放权、加强经济管理等政策。改革措施涉及了医疗卫生机构的管理体制、医疗收费和价格制度、人事制度和分配制度等方面。总的来看，这一阶段的改革着重于对医疗卫生机构的运行机制和微观利益的调整，但是由于客观条件与主观认识的局限，改革中的一些问题没有得到有效控制，如：卫生事业着重于规模与数量增长，对提高质量与效率、合理配置与利用卫生资源重视不够、管理措施不配套；对医疗卫生机构运行中由于经济利益驱动带来的消极影响估计不足，调控措施不得力，一些片面追求经济收益的现象有所增多。

第二阶段，1997年到2002年。以1997年1月中共中央、国务院的《关于卫生改革与发展的决定》为标志，我国的医疗卫生体制改革进入"三医"联动、城乡结合、深层推进的新的发展阶段。这一时期，国家出台了一系列重大方针和政策，在医疗卫生体制改革方面取得了进展。主要有：

第一，明确了新时期我国卫生工作的基本方针是"以农村为重点，预防为主，中西医并重，依靠科技与教育，动员全社会参与，为人民健康服务，为社会主义现代化建设服务"。

第二，加快企业卫生机构改革步伐。提出"企业卫生机构是卫生资源的重要组成部分，在深化企业改革过程中，要根据实际情况积极探索，逐步实现企业卫生机构社会化"。从而揭开了我国企业卫生机构社会化改革的帷幕。2000年2月，国务院颁布了《关于城镇医药卫生体制改革的指导意见》，进一步指出："位于城市的企业医疗机构要逐步移交地方政府统筹管理，纳入城镇医疗服务体系。"在国家政策指导下，我国加快了企业医疗机构移交地方政府的改革步伐。

第三，建立新的医疗机构分类管理制度。将医疗机构分为非营利性和营利性两类进行管理。国家根据医疗机构的性质、社会功能及其承担的任务，制定并实施不同的财税、价格政策。非营利性医疗机构在医疗服务体系中占主导地位，享受相应的税收优惠政策。政府举办的非营利性医疗机构由同级财政给予合理补助，并按扣除财政补助和药品差价收入后的成本制定医疗服务价格；其他非营利性医疗机构不享受政府补助，医疗服务价格执行政府指导价。卫生、财政等部门要加强对非营利性医疗机构的财务监督管理。营利性医疗机构医疗服务价格放开,依法自主经营,照章纳税。

第四,实行医药分开核算、分别管理。解决已存在的以药养医问题,切断医疗机构和药品营销之间的直接经济利益联系。

第五,转变公立医疗机构运行机制。扩大公立医疗机构的运营自主权,实行公立医疗机构的自主管理,建立健全内部激励机制与约束机制。

第三阶段,2003年至2007年。随着医疗卫生体制改革的深化,我国卫生事业发展取得显著成绩。但制约卫生事业发展的体制性、机制性、结构性问题仍未根本解决,卫生事业发展滞后的问题仍然比较突出。我国人口总量仍在持续增长,老龄化进程加快,群众的卫生服务需求不断提高。城市化、工业化引发的人口流动、环境污染、职业卫生和意外伤害等一系列社会问题,使卫生服务体系和医疗保障体系面临严峻挑战。特别是自20世纪90年代后期以来,人民群众看病难、吃药贵的问题一直没有得到有效解决,因病致贫的问题比较突出。随着国家经济实力的增强,如何建立覆盖全民的基本卫生保健制度,实现人人享有基本医疗卫生服务成为全社会关注的重大问题。自2003年开始,我国进行了新一轮的医疗卫生体制改革。这次医疗卫生体制改革的重点是:

第一,强化政府责任,加大医疗卫生投入。2007年5月21日,国务院批转了《卫生事业发展"十一五"规划纲要》,明确提出:"坚持以政府为主导,强化政府责任,改革公立医疗卫生机构管理体制和运行机制,坚持公益性质,扭转盲目追求经济利益倾向,减轻群众负担。"确立政府在提供公共卫生和基本医疗服务中的主导地位。公共卫生服务,主要通过政府出资,向城乡居民提供均等化服务来完成。基本医疗服务由政府、社会和个人三方合力分担费用,特需医疗服务,由个人付费或通过商业健康保险支付。中央和地方要增加卫生投入,逐步提高政府卫生投入占财政总支出的比重和占卫生总费用的比重。

第二,优化城乡医疗服务体系结构,健全农村卫生服务体系,发展社区卫生服务体系。完善社区卫生服务功能,形成以社区卫生服务为基础的新型城市医疗卫生服务体系,转变基层医疗卫生机构运行机制,对政府举办的城市社区卫生服务中心和乡镇卫生院等基层医疗卫生机构实行收支预算管理。同时,整合城乡医疗卫生资源,建立城乡医院对口支援、大医院和社区卫生机构双向转诊、高中级卫生技术人员定期到基层服务制度,加强农村医疗卫生人才培养。

第三,完善多层次医疗保障体系。2003年1月16日,国务院办公厅转发卫生部等部门《关于建立新型农村合作医疗制度的意见》。新型农村合作医疗制度是由政府组织、引导、支持,农民自愿参加,个人、集体和政府多方筹资,以大病统筹为主的农民医疗互助共济制度。农村新型合作医疗按照"自愿参加,多方筹资;以收定支,保障适度;先行试点,逐步推广"的原则,从2003年起,在各省(自治区、直辖市)选择2—3个县(市)先行试点,取得经验后逐步推开。在国家政策指导下,农村新型合作医疗发展迅速,到2007年年底,新型农村合作医疗已基本覆盖到大多数农村地区,并逐步提高筹资水平和报销比例。通过建立基本覆盖农村居民的新型农村合作医疗制度,减轻了农民因疾病带来的经济负担,提高了农民健康水平。

2005年3月14日,国务院办公厅转发了民政部等部门《关于建立城市医疗救助制度试点工作的意见》,决定建立城市医疗救助基金,主要对城市居民最低生活保障对象中未参加城镇职工基本医疗保险人员、已参加城镇职工基本医疗保险但个人负担仍然较重的人员和其他特殊困难群众实行医疗救助。

第四,建立国家基本药物制度,制定国家基本药物目录,建立基本药物生产供应体系,实行招标、定点生产,或集中采购直接配送等方式,确保基本药物的生产供应,规范基本药物使用,完善药品储备,保障群众基本用药。

第五,完善突发公共卫生事件应急机制和医疗救治体系。建立规范、科学、有序的突发公共卫生事件应急机制,推动应急法制化建设,提高应急处置能力。完善重大传染病疫情及突发公共卫生事件的监测系统和医疗救治系统,全面提高对突发公共卫生事件的预警、指挥和处置能力。完善突发公共卫生事件的联防联控机制。建设化学中毒与核辐射医疗救治基地。实现资源共享和有效利用,避免重复建设。继续完善急救网络。提高中西部地区应急和医疗救治能力。

第六,推进医疗机构属地化和全行业管理,理顺医药卫生行政管理体制,推行政事分开、管办分开、医药分开、营利性与非营利性分开。强化公立医院公共服务职能,加强医德医风建设,规范收支管理,纠正片面创收倾向。

第四阶段,2007年至2011年。2007年5月21日,国务院批转了《卫生事业发展"十一五"规划纲要》,对"十一五"期间卫生事业发展的指导思想、发展原则以及重点任务做出了明确指示。

该纲要提出发展的五大基本原则:一是建设基本卫生保健制度,探索建立中国特色的医疗卫生体系。二是坚持以政府为主导,改革公立医疗卫生机构管理体制和运行机制,扭转盲目追求经济利益倾向,减轻群众负担。三是坚持中西医并重、中西药并重。四是以公共卫生、农村卫生和社区卫生为重点,优化卫生资

源配置。五是鼓励、引导社会力量积极参与,兴办民营医疗机构,多渠道发展医疗卫生事业。纲要强调开展九个方面的重点工作:

第一,加强重大疾病防治,开展爱国卫生运动。进一步强化计划免疫;切实加强寄生虫病和地方病防治;做好慢性病、职业病防治和精神卫生工作;广泛开展爱国卫生运动;加强环境与健康研究。

第二,全面推进新型农村合作医疗制度建设,到2010年,实现新型农村合作医疗制度基本覆盖农村居民。完善农村医疗救助制度,帮助特困农民和农村优抚对象参加新型农村合作医疗。继续开展"万名医师支援农村卫生工程",推动二级以上医疗卫生机构对口支援乡(镇)卫生院试点工作和高校毕业生到农村服务工作。到2010年,实现城市支援农村卫生工作经常化、制度化。加强农村初级卫生保健工作,到2010年,以县为单位的初级卫生保健合格率达到80%。

第三,大力发展城市社区卫生服务,为居民提供安全、有效、方便、价廉的基本卫生服务。坚持政府主导,鼓励社会参与,建立健全社区卫生服务网络,提高社区卫生服务的能力和水平,减轻居民医药费用负担。

第四,加强妇幼卫生工作,提高出生人口素质。降低孕产妇死亡率;降低婴儿及5岁以下儿童死亡率;降低出生缺陷发生率等。

第五,加强医疗机构管理,提高医疗服务质量。严格医疗机构技术准入,加强医务人员执业资格管理。强化医院临床实验室质量管理,规范消毒、灭菌、隔离与医疗废物管理工作。改善患者就诊环境,方便群众就医。加强医疗卫生行业监管,打击非法行医和无序竞争。

第六,加强城乡卫生适宜人才培养和卫生队伍建设,开展医学科技研究。贯彻落实《中共中央国务院关于进一步加强人才工作的决定》(2003年),实施《中国2001—2015年卫生人力发展纲要》,加强卫生人才建设。围绕培养、吸引和使用人才三个环节,配合教育等有关部门,加强医学院校教育改革与管理。以医疗机构管理培训为重点,加强卫生管理干部队伍建设。强化疾病控制、妇幼保健、卫生监督、防治结合、中西医结合等方面的人才培养,改善卫生人才队伍结构。

第七,发展中医药事业,充分发挥中医药特色优势和重要作用。坚持中西医、中西药并重,实现中西医药协调发展。遵循中医药发展规律,加大政府对中医药事业的投入,全面实施名院、名科、名医和名厂、名店、名药的发展战略。

第八,加强全民健康教育,积极倡导健康生活方式。积极开展以公共场所和流动人群为重点的普及健康教育活动,积极推动健康学校、健康企业、健康单位创建活动。履行《世界卫生组织烟草控制框架公约》,降低人群吸烟率。

第九,加强卫生国际合作与交流,做好医疗援外工作。坚持卫生国际合作为卫生改革发展服务、为外交服务的方针,密切与世界各国的卫生合作。探索援外医疗工作的新方式和新途径,提高援外医疗工作效果。

第五阶段,2011年至2014年。按照国务院批转的《"十二五"期间深化医药卫生体制改革规划暨实施方案》(2012年)要求,这一时期的主要改革措施包括:

第一,加快健全全民医保体系。由扩大范围转向提升质量,在继续提高基本医保参保率基础上,稳步提高基本医疗保障水平,切实解决重特大疾病患者医疗费用保障问题。

第二,巩固完善基本药物制度和基层医疗卫生机构运行新机制。深化基层医疗卫生机构管理体制、补偿机制等方面的综合改革,加快建立全科医生制度,促进基层医疗卫生机构全面发展。

第三,积极推进公立医院改革。坚持公益性质,按照"四个分开"的要求,以破除"以药补医"机制为关键环节,以县级医院为重点,统筹推进管理体制、补偿机制、人事分配、药品供应、价格机制等方面的综合改革,逐步建立维护公益性、调动积极性、保障可持续的公立医院运行新机制。

第四,进一步增强医药卫生体制改革各项政策的协同性,优化卫生资源配置,加快人才培养和信息化建设,加强药品生产流通和医药卫生监管体制改革,充分发挥政策叠加效应。

第五,建立强有力的实施保障机制。强化责任制和问责制,形成政府主要领导负总责,分管常务工作和卫生工作的领导具体抓,各有关部门分工协作、密切配合、合力推进的工作机制。

第六阶段,2015年至今。2015年《中共中央关于制定国民经济和社会发展第十三个五年规划的建议》中明确提出"十三五"期间推进健康中国建设。深化医药卫生体制改革,实行医疗、医保、医药联动,推进医药分开,实行分级诊疗,建立覆盖城乡的基本医疗卫生制度和现代医院管理制度。全面推进公立医院综合改革,坚持公益属性,破除逐利机制,建立符合医疗行业特点的人事薪酬制度。优化医疗卫生机构布局,健全上下联动、衔接互补的医疗服务体系,发展远程医疗。促进医疗资源向基层、农村流动,推进全科医生、家庭医生、急需领域医疗服务能力提高、电子健康档案等工作。鼓励社会力量兴办健康服务业,推进非营利性民营医院和公立医院同等待遇。加强医疗质量监管,完善纠纷调解机制。坚持中西医并重,促进中医药、民族医药发展。倡导健康生活方式,加强心理健康服务。

国务院印发的《深化医药卫生体制改革2014年工作总结和2015年重点工作任务》对2015年深化医药卫生体制改革的重点工作任务做出了具体安排:

一是全面深化公立医院改革。在全国所有县(市)全面推开县级公立医院综合改革。在100个地级以上城市推行公立医院综合改革试点。二是健全全民医保体系。2015年基本医疗保险参保率稳定在95%以上,城镇居民医保和新农合人均政府补助标准提高到380元,城镇居民个人缴费达到人均不低于120元,新农合个人缴费达到人均120元左右。城镇居民医保和新农合政策范围内门诊费用支付比例达到50%,政策范围内住院费用支付比例达到75%左右。三是大力发展社会办医。优先支持举办非营利性非公立医疗机构,加快推进非公立医疗机构成规模、上水平发展。2015年非公立医疗机构床位数和服务量达到总量的20%左右。四是健全药品供应保障机制。进一步保障药品供应和质量安全,推进药品价格改革。五是完善分级诊疗体系。按照"基层首诊、双向转诊、急慢分治、上下联动"的要求。六是深化基层医疗卫生机构综合改革。巩固完善基层医疗卫生机构运行新机制,有序推进村卫生室、非政府办基层医疗卫生机构实施基本药物制度。

二、医疗卫生机构所有制结构的改革

改革开放后,人们逐渐认识到,社会主义卫生事业单纯依靠国家办、国家包的办法是不行的。社会主义时期应是全民、集体和个体三种所有制并存,必须充分发挥三种所有制卫生机构的作用。对于集体办医,经过实践证明,集体卫生机构适应性强,投资省,见效快,便利群众。至于个体医生,应看作是不剥削他人的独立脑力劳动者,允许其开业,不仅可以解决一些从医人员的就业问题,而且能满足某些就诊病人的需要,有利于安定团结。

从20世纪80年代开始,国家颁布了一系列文件,在发展全民所有制卫生机构的同时积极发展集体所有制卫生机构,允许和支持个体开业行医,形成以公有制为主体,各种所有制结构并存的格局。政策规定发展全民所有制卫生结构要实行中央办、地方办和部门办并举的方针。集体卫生机构要按照独立核算、自负盈亏、按劳分配、民主管理的原则进行管理。对个体办医的任务、收入分配、医疗收费标准、奖惩办法等也都给予明确规范。到20世纪80年代中期,我国城乡出现了国家、集体、个体一起上,大力发展卫生事业的局面。医疗卫生机构所有制结构改革调动了社会办医的积极性,使潜在的卫生资源迅速得到有效的开发和利用,一定程度上缓解了人民群众看病难的问题。

1997年中共中央、国务院颁布了《关于卫生改革与发展的决定》,明确规定,"举办医疗机构要以国家、集体为主,其他社会力量和个人为补充","社会力量和个人办医实行自主经营、自负盈亏。政府对其积极引导,依法审批,严格监督管理。当前,要切实纠正'乱办医'的现象"。该决定对个体行医做了进一步的规范。1998年6月26日九届人大常委会第三次会议通过了《中华人民共和国执业医师法》,该法明确规定,"申请个体行医的执业医师,须经注册后在医疗、预防、保健机构中执业满五年,并按照国家有关规定办理审批手续;未经批准,不得行医。县级以上地方人民政府卫生行政部门对个体行医的医师,应当按照国务院卫生行政部门的规定,经常监督检查,凡发现有本法第十六条规定的情形的,应当及时注销注册,收回医师执业证书"。

2007年《卫生事业发展"十一五"规划纲要》明确提出:鼓励、引导社会力量积极参与、兴办民营医疗机构,多渠道发展医疗卫生事业。实施《农村卫生服务体系建设与发展规划》(2006年),鼓励社会力量在乡、村两级兴办非营利性医疗卫生机构,巩固和健全县、乡、村三级医疗卫生服务体系。在社区卫生服务建设中,坚持政府主导,鼓励社会参与,建立健全社区卫生服务网络。

2009年国务院印发《医药卫生体制改革近期重点实施方案(2009—2011年)》,明确规定:公立医院资源过剩地区,要进行医疗资源重组,充实和加强基层医疗卫生机构。对社会力量举办基层医疗卫生机构提供的公共卫生服务,采取政府购买服务等方式给予补偿;对其提供的基本医疗服务,通过签订医疗保险定点合同等方式,由基本医疗保障基金等渠道补偿。鼓励有资质的人员开办诊所或个体行医。

随后,为了进一步推进形成多元化办医格局,满足群众的多层次医疗服务需求,《关于进一步鼓励和引导社会资本举办医疗机构的意见》(国办发〔2010〕58号)、《2011年公立医院改革试点工作安排》等政策文件陆续出台,对非公立医院发展和社会资本举办医疗机构工作做出了具体安排:一是细化鼓励和引导社会资本举办医疗机构的政策措施。二是制定和调整区域卫生规划、医疗机构设置规划和其他医疗卫生资源配置规划时,要给非公立医疗机构留出合理空间,明确非公立医疗机构卫生人员、床位和资产总量的比例等发展指标。需要调整和新增医疗卫生资源时,在符合准入标准的条件下,优先考虑由社会资本举办医疗机构。公立医院提供特需服务的比例不得超过本院医疗服务资源的10%。三是改善社会资本举办医疗机构的执业环境。非公立医疗机构凡执行政府规定的医疗服务和药品价格政策,符合医保定点相关规定的,按程序纳入城镇基本医疗保险、新型农村合作医疗、医疗救助、工伤保险、生育保险等社会保障的定点服务范围,签订服务协议进行管理,并执行与公立医疗机构相同的报销政策。鼓励采取招标采购等办法,选择符合条件的非公立医疗机构承担公共卫生服务以及政府下达的医疗卫生支农、支边、对口支援等任务。支持非公立医疗机构按照批准的执业范围、医院等级、服务人口数量等,合理配备大型医用设备。鼓励医务人员在公立和非公立医疗机构间合理流动。四是促进非公立医疗机构健康发展。引导非公立医疗机构依法规范执业。严禁超诊疗范围服务,依法严厉打击非法行医活动和医疗欺诈行为。规范医疗机构医疗广告发布行为。加强医疗安全质量的监督检查、审核和评估。

2012年国务院办公厅印发的《深化医药卫生体制改革2012年主要工作安排》中首次明确提出,进一步开放医疗服务市场,放宽社会资本举办医疗机构的准入范围,积极引进有实力的企业、境外优质医疗资源、社会慈善力量、基金会、商业保险机构等举办医疗机构,扩大境外资本独资举办医疗机构试点范围。鼓励具有资质的人员(包括港、澳、台地区)依法开办诊所。鼓励公立医院资源丰富的地区引导社会资本以多种方式参与包括国有企业所办医院在内的部分公立医院改制重组。

随后,国务院办公厅印发的《深化医药卫生体制改革2014年重点工作任务》中提出重点解决社会办医在准入、人才、土地、投融资、服务能力等方面政策落实不到位和支持不足的问题。主要措施包括:

(1)放宽准入条件。减少外资在合资合作医疗机构的持股比例限制。按照逐步放开、风险可控的原则,将港、澳、台地区服务提供者在内地设立独资医院的地域范围扩大到全国市(地)级以上城市,其他具备条件的境外资本可在中国(上海)自由贸易试验区等特定区域设立独资医疗机构,逐步扩大试点。清理社会资本举办医疗机构的相关行政审批事项,进行取消或合并,提高审批效率。

(2)优化社会办医政策环境。放宽对营利性医院的数量、规模、布局以及大型医用设备配置的限制。非公立医疗机构医疗服务价格实行市场调节。完善按照经营性质分类的监管和评价政策,依法加强行业监管。

（3）推动医务人员保障社会化管理，加快推进医师多点执业。

（4）推动社会办医联系点和公立医院改制试点工作。创新社会资本办医机制，支持社会办医国家联系点在人才流动、土地、规划和投资补助等政策方面大胆探索创新，形成多元办医格局。健全与社会办医国家联系点的沟通联系评价机制，推进政府办医院改制试点和国有企业医院改制试点。

2015年国务院办公厅印发的《关于促进社会办医加快发展的若干政策措施》《全国医疗卫生服务体系规划纲要（2015—2020年）》等文件中，对社会办医机构与公立医疗卫生机构的发展做出了新的安排：加强社会办医疗机构与公立医疗卫生机构的协同发展，提高医疗卫生资源的整体效率。社会力量可以直接投向资源稀缺及满足多元需求的服务领域，也可以多种形式参与国有企业所办医疗机构等部分公立医院改制重组。鼓励公立医院与社会力量以合资合作的方式共同举办新的非营利性医疗机构，满足群众多层次医疗服务需求。探索公立医院有形资产和无形资产科学评估办法，防止国有资产流失。鼓励社会力量举办中医类专科医院、康复医院、护理院（站）以及口腔疾病、老年病和慢性病等诊疗机构。鼓励药品经营企业举办中医坐堂医诊所，鼓励有资质的中医专业技术人员特别是名老中医开办中医诊所。允许医师多点执业。支持社会办医疗机构加强重点专科建设，引进和培养人才，提升学术地位，加快实现与医疗保障机构、公立医疗机构等信息系统的互联互通。建立社会力量参与公共卫生工作的机制。政府通过购买服务等方式，鼓励和支持社会力量参与公共卫生工作，并加强技术指导和监督管理。

医疗卫生机构所有制结构改革使我国形成了多元的医疗卫生所有制结构，卫生资源配置不断优化，满足了不同人群的医疗卫生服务需要，一定程度上解决了人民群众求医难、看病难的问题。

三、医药卫生体制改革

改革开放以来，我国人均预期寿命延长，健康状况普遍改善。但是，随着社会经济的发展，现行医药卫生体制的弊端日益暴露。如医疗资源主要集中在城市大医院，基层卫生服务不足，卫生资源的浪费与紧缺并存，总体效益低；药品生产流通秩序混乱，存在虚高定价和回扣促销等不正之风；公立医疗机构缺乏竞争意识，有的利用垄断权力片面追求经济利益，开大处方和收取高额检查费；医药费用增长过快，给国家、单位和职工造成很大压力等。2000年，国务院办公厅转发了国务院体改办等八部门共同制定的《关于城镇医药卫生体制改革的指导意见》，决定在建立城镇职工基本医疗保险制度的同时，进行城镇医药卫生体制改革。基本出发点就是克服医药卫生行业存在的种种弊端，让广大人民群众得到实惠。改革的目标是建立适应社会主义市场经济要求的城镇医药卫生体制，促进卫生机构和医药行业健康发展，让群众享有价格合理、质量优良的医疗服务，提高人民的健康水平。具体政策措施包括：

第一，引入竞争机制，提高医疗服务质量。保障群众对医疗服务的选择权，包括选医院、选医生和选药店。职工可以在若干定点医疗机构选择就医，促进医疗机构之间的竞争。职工可以在医院购药，也可以持医生处方在若干定点药店购药，促进医院药房和社会药店之间的竞争。医疗机构内部也要引入竞争机制，给患者选择医生的权利，鼓励员工竞争，实行多劳多得，体现医务人员的技术劳务价值，改进医德医风。

第二，实行卫生工作全行业管理。卫生行政部门要转变职能，政事分开，打破医疗机构的行政隶属关系和所有制界限，积极实施区域卫生规划，用法律、行政、经济等手段加强宏观管理，并逐步实行卫生工作全行业管理。合理划分卫生监督和卫生技术服务的职责，理顺和完善卫生监督体制，依法履行卫生行政监督职责。禁止各种非法行医。

第三，整顿药品生产流通秩序，调整药品价格政策。鼓励药品生产流通企业以产权、产品、市场为纽带，组建规范的公司，建立商贸、工贸或科工贸结合的大型企业集团。规范药品供求双方的行为，进行药品集中招标采购试点。加强对药品研制、生产、流通全过程的执法监督管理。调整药品价格政策，基本医疗保险用药目录中的药品及预防用药、必要的儿科用药、垄断经营的特殊药品实行政府定价或政府指导价，有条件的可以制定全国统一零售价，其他药品价格由生产企业按照国家规定的作价办法自主定价。经过试点，逐步实施由生产企业将零售价格印制在药品外包装上的办法。

第四，实行医药分开核算、分别管理。在逐步规范财政补助方式和调整医疗服务价格的基础上，把医院的门诊药房改为药品零售企业，独立核算、照章纳税。对医院药品收入实行收支两条线管理，药品收支结余全部上缴卫生行政部门，纳入财政专户管理，合理返还，主要用于弥补医疗成本以及社区卫生服务、预防保健等其他卫生事业，各级财政、卫生行政部门不得扣留或挪作他用。选择若干所医院积极进行门诊药房改为药品零售企业的试点。

改革开放以来,我国在加快医疗卫生体制改革的同时,在卫生法制建设方面也取得了长足的进步。国家先后制定颁布了大量的卫生法律、法规和规章,如:《中华人民共和国药品管理法》(1984年)、《中华人民共和国国境卫生检疫法》(1986年)、《中华人民共和国医疗事故处理办法》(1987年)、《中华人民共和国传染病防治法》(1989年)、《中华人民共和国医疗机构管理条例》(1994年)、《中华人民共和国食品卫生法》(1995年)《中华人民共和国献血法》(1997年)、《中华人民共和国执业医师法》(1998年)、《艾滋病防治条例》(2006年)等。卫生法规的日益完备和执法力量的有效加强,使城乡卫生面貌得到明显改善。

第三节 医疗卫生机构运行机制的改革

一、医疗卫生机构内部管理体制改革

为建立有责任、有激励、有约束、有竞争、有活力的运行机制,从20世纪80年代初开始,我国仿照工农业生产领域实行的责、权、利相结合的责任制办法,逐步在全国医疗卫生机构推行了院(所、站)长负责制、多种形式的承包制和岗位责任制,取得了显著的社会效益和经济效益。医疗卫生机构的承包制不是经济收支方面的单项承包,而是综合承包,主要内容包括行政首长负责制、目标管理、任务指标、定额包干、经济核算、岗位责任制、多劳多得的分配原则、精神文明建设等。承担教学和科研任务的单位,必须把培养人才、科技研究的内容纳入承包合同的指标中。同时,要求建立健全职工代表大会制度和各项民主管理制度,以保证院(所、站)长在行政管理中做到充分发扬民主、走群众路线,保证党组织和广大职工切实发挥监督作用。承包责任制总的看来是成功的,它提高了医疗卫生机构的管理水平,增强了生机和活力。但也要看到,某些医疗卫生机构搞的承包责任制,由于流于形式、过分突出经济指标、政策不配套和管理不严等原因,产生了一些弊病,诱发了一些不合理的经济行为和短期行为。

1997年中共中央、国务院颁布了《关于卫生改革与发展的决定》,明确规定卫生机构实行并完善院(所、站)长负责制,继续深化人事制度与分配制度改革,调动广大卫生人员的积极性,建立起有责任、有激励、有约束、有竞争、有活力的运行机制。2000年国务院下发了《关于城镇医药卫生体制改革的指导意见》,进一步提出要加快医疗卫生机构内部管理体制改革,"深化医疗机构人事制度和分配制度改革。按照精简、效能的原则定编定岗,公开岗位标准,鼓励员工竞争,

实行双向选择,逐级聘用并签订合同。严格执行内部考核制度和患者反馈制度,员工收入要与技术水平、服务态度、劳动贡献等挂钩。医疗机构也应减人增效,转岗人员的待遇及再就业工作按照国家有关规定执行"。同时指出,要扩大公立医疗机构的运营自主权,实行公立医疗机构的自主管理,建立健全内部激励机制与约束机制。"根据任职标准,采用公开竞争、择优聘任为主的多种形式任用医院院长,实行院长任期目标责任制。建立以岗位责任制为中心的各项内部规章制度,严格执行医疗技术服务标准,规范医疗行为,保证医疗服务质量。"

2012年,《"十二五"期间深化医药卫生体制改革规划暨实施方案》出台,为进一步深化医疗卫生机构内部管理体制改革提供了明确的政策指导。

首先,建立现代医院管理制度。探索建立理事会等多种形式的公立医院法人治理结构,明确理事会与院长职责,公立医院功能定位、发展规划、重大投资等权力由政府办医机构或理事会行使。建立院长负责制和任期目标责任考核制度,落实公立医院用人自主权,实行按需设岗、竞聘上岗、按岗聘用、合同管理,推进公立医院医务人员养老等社会保障服务社会化。建立以公益性质和运行效率为核心的公立医院绩效考核体系,健全以服务质量、数量和患者满意度为核心的内部分配机制,提高人员经费支出占业务支出的比例,提高医务人员待遇,院长及医院管理层薪酬由政府办医机构或授权理事会确定。严禁把医务人员个人收入与医院的药品和检查收入挂钩;完善公立医院财务核算制度,加强费用核算和控制。

其次,开展医院管理服务创新。深化以病人为中心的服务理念,简化挂号、就诊、检查、收费、取药等流程,方便群众就医。大力推行临床路径,开展单病种质量控制,规范医疗行为。推广应用基本药物和适宜技术,规范抗菌药物等药品的临床使用。以医院管理和电子病历为核心,推进公立医院信息化建设。全面推行便民惠民措施,大力推广优质护理,优化服务模式和服务流程,开展"先诊疗、后结算"和志愿者服务。积极推进区域统一预约挂号平台建设,普遍实行预约诊疗,明显缩短病人等候时间。发展面向农村基层及边远地区的远程诊疗系统。

2015年,根据中共十八大精神和《中共中央国务院关于深化医药卫生体制改革的意见》《"十二五"期间深化医药卫生体制改革规划暨实施方案》等文件精神,国务院出台《国务院办公厅关于城市公立医院综合改革试点的指导意见》(以下简称《意见》),这一文件有效推动了公立医院综合改革的进程。

《意见》规定落实公立医院自主权。完善公立医院法人治理结构和治理机制，落实公立医院人事管理、内部分配、运营管理等自主权。采取有效形式建立公立医院内部决策和制约机制，实行重大决策、重要干部任免、重大项目实施、大额资金使用集体讨论并按规定程序执行，落实院务公开，发挥职工代表大会职能，强化民主管理。健全院长选拔任用制度，鼓励实行院长聘任制，推进职业化建设。实行院长任期目标责任考核和问责制。逐步取消公立医院的行政级别，各级卫生计生行政部门负责人一律不得兼任公立医院领导职务。对于资产多元化、实行托管的公立医院以及医疗联合体等可在医院层面成立理事会。

《意见》提出建立以公益性为导向的考核评价机制。卫生计生行政部门或专门的公立医院管理机构制定绩效评价指标体系，突出功能定位、职责履行、社会满意度等考核指标，定期组织公立医院绩效考核以及院长年度和任期目标责任考核，考核结果向社会公开，并与医院财政补助、医保支付、工资总额以及院长薪酬、任免、奖惩等挂钩，建立激励约束机制。

同年，《全国医疗卫生服务体系规划纲要（2015—2020年）》出台，明确提出：要建立上下联动的体制机制。建立并完善分级诊疗模式，建立不同级别医院之间，医院与基层医疗卫生机构、接续性医疗机构之间的分工协作机制，健全网络化城乡基层医疗卫生服务运行机制，逐步实现基层首诊、双向转诊、上下联动、急慢分治。积极探索科学有效的医联体和远程医疗等多种方式。充分利用信息化手段，促进优质医疗资源纵向流动，建立医院与基层医疗卫生机构之间共享诊疗信息、开展远程医疗服务和教学培训的信息渠道。控制公立医院普通门诊规模，支持和引导病人优先到基层医疗卫生机构就诊，由基层医疗卫生机构逐步承担公立医院的普通门诊、康复和护理等服务。推动全科医生、家庭医生责任制，逐步实现签约服务。鼓励有条件的地区通过合作、托管、重组等多种方式，促进医疗资源合理配置。探索县域一体化管理，推进乡镇卫生院和村卫生室一体化。

二、医疗补偿机制改革

为改变医疗卫生机构长期以来经济上入不敷出、经费紧张，难以提供标准化的医疗水平和服务质量的问题，改革开放开始至2010年间，我国在补偿机制方面进行了以下几点改革。

第一，调整医疗收费制度。从1981年卫生部颁布《医院经济管理暂行办法》开始，国家对医院收费制度逐步进行改革。根据不同情况，有区别地提高医疗收费标准,建立能适应物价变动的卫生价格调整机制及管理、监督机制。2000年国务院下发了《关于城镇医药卫生体制改革的指导意见》,进一步提出要调整医疗服务价格。对非营利性医疗机构的收入实行总量控制,结构调整。在总量控制幅度内,综合考虑医疗成本、财政补助和药品收入等因素,调整不合理的医疗服务价格,体现医务人员的技术劳务价值。增设或调整诊疗费、护理费、挂号费;适当提高手术费、床位费等;降低过高的大型医疗设备检查费;适度放宽特需医疗服务价格,拉开不同级别医疗机构的医疗服务价格档次,引导患者合理分流。

第二,调整医疗机构收入结构,降低药品收入在医疗机构收入中的比重,合理控制医药费用的增长幅度,医疗收支和药品收支实行分开核算、分别管理。

第三,加强医疗机构的经济管理,进行成本核算,有效利用人力、物力、财力等资源,提高效率、降低成本。实行医院后勤服务社会化,也可通过医院联合,组建社会化的后勤服务集团。

第四,加快制定卫生机构设置、人员编制的标准,规范财政对卫生机构的投入,改革和完善卫生服务价格体系。

第五,完善政府对卫生服务价格的管理。区别卫生服务性质,实行不同的作价原则。基本医疗服务按照扣除财政经常性补助的成本定价,非基本医疗服务按照略高于成本定价,供自愿选择的特需服务价格放宽。不同级别的医疗机构收费标准要适当拉开,引导患者合理分流。增设并提高技术劳务收费项目和收费标准,降低大型设备检查治疗项目过高的收费标准。建立能适应物价变动的卫生服务价格调整机制及有效的管理和监督制度。适当下放卫生服务价格管理权限。

2010年至今,我国着重加强基层医疗服务机构补偿机制建设,并重点对"以药养医"问题进行了集中整治。

2010年,《国务院办公厅关于建立健全基层医疗卫生机构补偿机制的意见》指出:在基层医疗卫生机构实施基本药物制度,按照保障机构有效运行和健康发展、保障医务人员合理待遇的原则同步落实补偿政策,建立稳定的补偿渠道和补偿方式,落实政府对基层医疗卫生机构的专项补助经费;调整基层医疗卫生机构收费项目、收费标准和医保支付政策;落实对基层医疗卫生机构经常性收支差额的补助,多渠道加大对乡村医生的补助力度;同时坚持以投入换机制,大力推进基层医疗卫生机构综合改革,引导基层医疗卫生机构主动转变运行机制,发挥好承担基本公共卫生服务和诊疗常见病、多发病的功能。①

2012年,《"十二五"期间深化医药卫生体制改革规划暨实施方案》中对推进补偿机制改革做出明确安排。规划指出:以破除"以药补医"机制为关键环节,推进医药分开,逐步取消药品加成政策,将公立医院补偿由服务收费、药品加成收入和财政补助三个渠道改为服务收费和财政补助两个渠道。医院的药品和高值医用耗材实行集中采购。政府投资购置的公立医院大型设备按扣除折旧后的成本制定检查价格,贷款或集资购买的大型设备原则上由政府回购,回购有困难的限期降低检查价格。医疗机构检验对社会开放,检查设备和技术人员应当符合法定要求或具备法定资格,实现检查结果互认。由于上述改革减少的合理收入或形成的亏损,通过调整医疗技术服务价格、增加政府投入等途径补偿。提高诊疗费、手术费、护理费收费标准,体现医疗服务合理成本和医务人员技术劳务价值。医疗技术服务收费按规定纳入医保支付范围。②

2015年,《国务院办公厅关于城市公立医院综合改革试点的指导意见》明确提出,要建立公立医院新机制的当务之急就是破除以药补医机制。试点城市所有公立医院推进医药分开,取消药品加成(中药饮片除外)。通过调整医疗服务价格、加大政府投入、改革支付方式、降低医院运行成本等,建立科学合理的补偿机制。对医院的药品贮藏、保管、损耗等费用列入医院运行成本予以补偿。采取综合措施切断医院和医务人员与药品间的利益链,完善医药费用管控制度,严格控制医药费用不合理增长。按照总量控制、结构调整的办法,改变公立医院收入结构,提高业务收入中技术劳务性收入的比重,降低药品和卫生材料收入的比重,确保公立医院良性运行和发展。力争到2017年试点城市公立医院药占比(不含中药饮片)总体降到30%左右;百元医疗收入(不含药品收入)中消耗的卫生材料降到20元以下。③

这些政策的实施有效地缓解了医疗卫生机构长期以来难以解决的经济补偿问题,提高了工作人员的积极性,稳定了专业技术人员队伍。

---

① 见《国务院办公厅关于建立健全基层医疗卫生机构补偿机制的意见》(2010),中华人民共和国中央人民政府网站。
② 见《"十二五"期间深化医药卫生体制改革规划暨实施方案》(2012),中华人民共和国中央人民政府网站。
③ 见《国务院办公厅关于城市公立医院综合改革试点的指导意见》(2015),中华人民共和国中央人民政府网站。

三、医疗卫生投入机制改革

为解决计划经济时代我国卫生事业投入单靠国家"一家独包"又包不下来的状况,改革开放以来,我国对医疗卫生投入机制进行了改革。

第一,采取多种形式,多渠道筹集卫生资金。国家制定优惠政策,鼓励企事业单位、社会团体和个人自愿捐资,支持卫生事业。建立基金会,对无支付能力的危急患者实行医疗救助。

第二,增加中央和地方政府对卫生事业的投入。随着经济的发展,国家对卫生事业的投入逐年增加,增加幅度不低于财政支出的增长幅度。

第三,积极拓宽卫生筹资渠道,广泛动员和筹集社会各方面的资金,发展卫生事业。欢迎境外友好团体和人士支持我国卫生事业。

第四,公立卫生机构是非营利性公益事业单位,继续享受税、费优惠政策,地方政府要切实解决其社会负担过重的问题。

第五,政府举办的各类卫生机构的基本建设及大型设备的购置、维修,由政府按区域卫生规划的要求给予安排;离退休人员费用和卫生人员的医疗保险费按国家规定予以保证。预防保健机构的人员经费和基本预防保健业务经费由财政预算安排,其有偿服务收入纳入预算管理,不冲抵财政拨款。卫生执法监督工作的费用由财政予以保证,实行"收支两条线"。医疗机构的经常性支出通过提供服务取得部分补偿,政府根据医疗机构的不同情况及其承担的任务,对人员经费给予一定比例的补助,对重点学科发展给予必要的补助。乡镇卫生院及贫困地区卫生机构的补助水平要适当提高。

第六,规范财政补助范围和方式。财政对大中型医疗机构以定项补助为主,主要包括事业单位养老保险制度改革前离退休人员的离退休费用、重点学科研究、医院发展建设支出和所提供的基本医疗服务项目等;对基层医疗机构以定额补助为主,主要包括其承担的社区卫生服务、预防保健等任务。疾病控制和妇幼保健机构的收入上缴财政专户,实行收支两条线管理,同级财政按照其承担的责任和提供公共卫生服务的数量和质量给予补助。卫生执法监督收入纳入财政预算管理,所需经费由财政预算安排。

2006年,《卫生事业发展"十一五"规划纲要》在强调加大政府卫生投入的同时,提出加强资金管理和监督。具体规定如下:

第一,切实保证公共卫生机构和重大传染病防治经费投入。卫生执法监督机构、疾病预防控制机构和妇幼保健机构履行监督职责和提供公共卫生服务所需经费,由同级财政预算安排。有关重大传染病防治等专项经费列入财政预算。

第二,加大政府对农村卫生的支持力度。政府新增卫生支出主要用于农村卫生。随着财政收入的增长,逐步提高新型农村合作医疗的财政补助水平。开展零差率销售药品试点。对政府办的乡镇卫生机构给予定额补助和定项补助。定额补助包括承担计划免疫、传染病控制、健康教育等公共卫生服务任务,由县级人民政府根据其服务人口,公共卫生服务数量、质量及相关成本,并考虑经济发展和财力情况等因素确定。定项补助主要包括设备购置、人员培训和符合国家规定的离退休人员费用。对村级卫生机构和卫生人员以及民办卫生机构承担预防保健等公共卫生服务任务的,按财政有关规定补助。

第三,建立稳定的城市社区卫生服务筹资机制,加大对社区卫生服务的投入力度。根据社区服务人口,服务项目的数量、质量及相关成本,核定预防保健等社区公共卫生服务经费补助。为政府办的社区卫生服务机构提供必要的房屋和医疗卫生设备等设施。有条件的地方可以开展零差率销售药品试点。

第四,落实和完善公立医疗机构的政府补助政策。对县级以上政府办的非营利性医疗机构以定项补助为主,由同级财政予以安排。补助项目包括医疗机构开办和发展建设支出、事业单位职工基本养老保险制度建立以前的离退休人员费用、临床重点学科研究、由于政策原因造成的基本医疗服务亏损补贴。对中医、民族医、部分专科医疗机构要给予适当照顾。基本医疗服务原则上通过按成本收费补偿。改进公立医疗机构药品价格加成机制,完善财政补助政策,逐步解决以药补医问题。

第五,加大财政转移支付力度。中央财政继续加大公共卫生、农村卫生、社区卫生对中西部地区的转移支付力度。各省(自治区、直辖市)财政也要加大对贫困地区的转移支付力度。

第六,加强卫生财务监督管理。积极推进通过购买服务、绩效考评、加强资金分配使用过程的监督管理等措施,提高资金使用效率。完善财务会计制度,严格按照国家确定的开支范围和标准使用各项财政资金,加强财务管理和会计核算工作。

2010年,《"十二五"期间深化医药卫生体制改革规划暨实施方案》明确提出要进一步加大政府投入。各级政府在安排年度卫生投入预算时,要切实落实"政府卫生投入增长幅度高于经常性财政支出增长幅度,政府卫生投入占经常性财政支出的比重逐步提高"的要求。各级财政部门在向政府汇报预决算草案时要就卫生投入情况进行专门说明。"十二五"期间政府医药卫生体制改革投入力度和强度要高于2009—2011年的投入。基本医保政府补助标准和人均基本公共卫生服务经费标准要随着经济社会发展水平的提高相应提高。加强资金监督管理,切实防止各种违法违规使用资金的行为。

2015年,《国务院办公厅关于城市公立医院综合改革试点的指导意见》指出:要落实符合区域卫生规划的公立医院基本建设和设备购置、重点学科发展、人才培养、符合国家规定的离退休人员费用和政策性亏损补贴等投入,对公立医院承担的公共卫生任务给予专项补助,保障政府指定的紧急救治、救灾、援外、支农、支边和城乡医院对口支援等公共服务经费。落实对中医院(民族医院)、传染病院、精神病院、职业病防治院、妇产医院、儿童医院以及康复医院等专科医院的投入倾斜政策。改革财政补助方式,强化财政补助与公立医院的绩效考核结果挂钩关系。完善政府购买服务机制。

同年,针对中医药事业的投融资问题,国务院办公厅印发的《中医药健康服务发展规划(2015—2020年)》中明确提出,政府引导、推动设立由金融和产业资本共同筹资的健康产业投资基金,统筹支持中医药健康服务项目。鼓励社会资本投资和运营中医药健康服务项目,新增项目优先考虑社会资本。鼓励中医药企业通过在银行间市场交易商协会注册发行非金融企业债务融资工具融资。积极支持符合条件的中医药健康服务企业上市融资和发行债券。扶持发展中医药健康服务创业投资企业,规范发展股权投资企业。加大对中医药服务贸易的外汇管理支持力度,促进海关通关便利化。鼓励各类创业投资机构和融资担保机构对中医药健康服务领域创新型新业态、小微企业开展业务。

第四节 医疗保险政策及其改革

医疗保险政策是卫生政策的重要内容,改革开放以来,我国根据国情对城镇医疗保险制度和农村合作医疗保险制度进行了一系列改革,取得了一定成效。

一、城镇医疗保险制度改革

1. 城镇医疗保险制度改革的背景

在计划经济时代,我国实行的公费医疗和劳保医疗制度取得了显著成绩,但也存在一些问题和矛盾。

一是缺乏有效的费用约束机制,医疗卫生资源浪费严重。主要表现在,长期以来在职工医疗保险的管理上,始终未建立起医疗资源的供方(医院)、需方和医疗费用支付方三者之间在经济利益方面有效的相互制约机制,结果是"管钱的不管医,管医的不管钱,看病得不问钱多少",供需双方均无费用意识。这样的体制必然导致一系列弊端,如开"人情方""大处方""一人公疗全家免费吃药",不必要的身体检查等,造成卫生资源的过度消费。

二是社会化程度低,影响职工医疗保障的公平和稳定。劳保医疗所实行的分散的企业自我保险体制,缺乏统一的调剂功能和抵御风险的能力。这一体制在计划经济时代还能够维持运行,在市场经济条件下,由于竞争激烈,加上国企改革不断深入,不少国营企业亏损甚至破产,亏损企业连职工工资、退休金都难以保障全额发放,免费医疗更难以为继,由此造成劳保医疗的不稳定性。国企之间则因经济状况的不同,医疗费负担畸轻畸重,待遇差别很大。这种状况不利于社会的稳定,不利于企业减轻负担,不利于劳动力的合理流动。在公费医疗方面,随着一些事业单位实施经费包干制度,也已经出现类似的问题。

三是职工医疗保险支出逐年大幅度增长,社会负担日益沉重。由于缺乏科学有效的管理,医疗卫生资源过度消费严重,加上享受免费医疗的人数不断增加,职工日益老龄化和疾病的变化,药品涨价和医疗收费调价等原因,多年来职工医疗保险支出一直增长很快,全国各地普遍的存在着超支严重、资金短缺的问题。

四是覆盖面窄,不能"保护"城镇全体劳动者。随着社会主义市场经济的发展,大部分的民营企业职工和个体工商劳动者都未纳入医疗保险体系中。

总的看来,职工医疗保险制度作为计划经济时代的产物,已越来越不能适应社会主义市场经济的需要,其自身也难以继续运行下去,改革势在必行。

2. 城镇医疗保险制度改革的内容

我国职工医疗保险制度改革开始于20世纪80年代,几十年来国家制定颁布了一系列有关的政策性文件,如《关于进一步加强公费医疗管理的通知》(1984年)、《公费医疗管理办法》(1989年)、《关于进一步做好职工医疗制度改革工作的通知》(1992年)等;在中共十一届三中全会决议中以及在《中华人民共和国国民经济和社会发展的"九五"计划和2010年远景目标纲要》中,也都有关于职工医疗保险改革的政策规定。改革的基本思路是:在适应现阶段生产力发展水平的前提下,既要建立起对医患双方都有约束的医疗费用制约机制,同时还要建立起能够保证医疗保险发挥互助互济和公平稳定功能的机制,这一思路的发展最终形成了社会统筹和个人账户相结合的方向性政策。在国家政策指导下,从80年代末开始,各地针对职工医疗保险制度中的弊端,因地制宜地进行了多种多样的改革尝试,取得了一定成效。1998年12月,国务院做出《关于建立城镇职工基本医疗保险制度的决定》,在全国范围内进行城镇职工医疗保险制度改革。改革内容包括:

第一,医疗保险制度改革的任务是:在全国范围内建立与社会主义初级阶段生产力水平相适应的,符合社会主义市场经济体制要求,充分考虑财政、企业和个人承受能力,切实保障职工基本医疗保险制度。

第二,医疗保险制度改革的基本内容是:改变过去由国家财政和企业全部包揽职工医疗保险费的做法,实行基本医疗保险费由职工用人单位和职工共同交纳,基本医疗保险费实行社会统筹和个人账户相结合。按照这一改革方案,城镇所有用人单位和职工都要参加职工基本医疗保险,职工看病采取小病自理,大病统筹办法。

第三,医疗保险制度改革的基本原则:一是确定基本医疗保险筹资水平必须充分考虑财政和企业的实际承受能力。二是建立医疗保险费由用人单位和职工共同负担的筹资机制。三是基本医疗保险基金实行社会统筹与个人账户相结合。四是基本医疗保险管理和服务实行社会化和属地化。

第四,职工基本医疗保险费由用人单位和职工共同缴纳。用人单位缴费率应控制在职工工资总额的6%左右,职工缴费率一般为本人工资收入的2%。随着经济发展,用人单位和职工缴费率可作相应调整。

第五,统筹基金和个人账户的建立与使用有四个方面的具体规定:一是建立统筹基金和个人账户。个人缴费全部划入个人账户;单位缴费按30%左右划入个人账户,其余部分建立统筹基金。个人账户的本金和利息归个人所有,可以结转使用和继承。二是统筹基金和个人账户要明确各自的支付范围,分开管理。个人账户主要用于小病或门诊费用,统筹基金主要用于大病或住院费用。三是制定统筹基金的起付标准和最高支付限额。起付标准原则上控制在当地职工年平均工资的10%左右,最高支付限额原则上控制在当地职工年平均工资的4倍左右。起付标准以下的医疗费用,从个人账户中支付或由个人自付。起付标准以上、最高支付限额以下的医疗费用,主要从统筹基金中支付,个人也要负担一定比例。超过最高支付限额的医疗费用,可以通过补充医疗保险等途径解决。统筹基金的具体起付标准和最高支付限额,以及在起付标准以上和最高支付限额以下医疗费用的个人负担比例,由统筹地区根据以收定支、收支平衡的原则确定。四是少数缴费比例较低、划一部分资金进入个人账户有困难的地区,可以暂不划入,先用于建立统筹基金。

第六,建立和健全基本医疗保险基金管理和监督机制。一是将基本医疗保险基金纳入财政专户管理,专款专用。二是社会保险经办机构的事业经费由各级财政预算解决,不得从基本医疗保险基金中提取。三是社会保险经办机构要建立健全基金的预决算制度、财务会计制度和内部审计制度。四是各级劳动保障部门和财政部门要加强基本医疗保险基金的监督管理,审计部门要定期对基本医疗保险基金的收支情况和社会保险经办机构的管理情况进行审计。五是统筹地区应设立由政府有关部门代表、用人单位代表、医疗机构代表、工会代表和有关专家参加的社会保险基金监督组织,加强对基本医疗保险基金的社会监督。

第七,推进医药卫生体制改革,强化医疗服务管理。一是要明确基本医疗保险服务的范围、标准和医药费用结算办法。二是要对提供基本医疗保险服务的医疗机构和药店实行定点管理,引进竞争机制。职工可选择若干定点医疗机构就医、购药,也可持处方在定点药店购药。

第八,妥善处理有关人员的医疗待遇。离休人员、老红军的医疗待遇不变,医疗费用按原资金渠道解决,支付确有困难的,由同级人民政府帮助解决。对退休人员个人账户的计入金额和个人负担医疗费的比例给予适当照顾。国家公务员在参加基本医疗保险的基础上享受医疗补助政策。为了不降低一些特定行业职工的现有医疗消费水平,在参加基本医疗保险的基础上,允许企业为职工建立补充医疗保险。

第九,建立多层次的医疗保障体系。一是要贯彻落实国家公务员医疗补助办法,保障公务员合理的医疗待遇不降低。二是要实行大额医疗费用补助办法,主要解决基本医疗保险最高支付限额以上的医疗费用。三是有条件的企业可以为职工建立补充医疗保险,用于解决基本医疗保险支付范围以外的医疗费用。四是探索建立社会医疗救助制度,解决贫困人群的医疗保障问题。

城镇职工基本医疗保险制度的核心内容是实行社会统筹和个人账户相结合。这一政策的意义在于:社会统筹基金的建立,体现了社会医疗保险互助共济的原则,有利于在一定社会范围内实现医疗保险基金的统筹调剂,均衡医疗费用负担,分散医疗风险,实现社会公平。个人账户的建立,则体现了个人所应承担的责任,有利于增强职工个人的健康投资意识,促使职工年轻、健康时为年老、多病时积累医疗保险基金,以建立起纵向的个人积累保障机制;同时,个人账户归个人所有,提高了个人的责任感,促使职工个人在医疗消费中自我约束,强化了费用支出的制约。

为了解决城镇贫困人员的就医困难,2005年2月国家民政部、卫生部、劳动保障部和财政部联合下发了《关于建立城市医疗救助制度试点工作的意见》,提出从2005年开始,用两年时间在各省(自治区、直辖市)部分县(市、区)进行试点,之后再用2—3年时间在全国建立起管理制度化、操作规范化的城市医疗救助制度。切实帮助城市贫困群众解决就医方面的困难和问题。意见下发以后,各地积极实施,在解决城市贫困群众就医困难方面取得了进展。

为解决中小学生、残障人士等城镇非从业人员的医疗保险问题,国务院于2007年下发了《关于开展城镇居民基本医疗保险试点的指导意见》,开始在成都、西安、无锡、黄石等79个城市开展城镇居民基本医疗保险制度的试点工作,之后用三年时间延伸到全国各个城镇。该意见提出:

第一,城镇居民基本医疗保险医疗服务管理的基本要求是建立以大病统筹为主的城镇居民基本医疗保险,包括医疗服务的范围管理、医疗服务的定点管理和医药费用的结算管理。

第二,合理确定医疗服务范围。一是城镇居民基本医疗保险医疗服务范围包括用药、诊疗项目和医疗服务设施范围。二是城镇居民基本医疗保险用药范围在国家和省(自治区、直辖市)《基本医疗保险和工伤保险药品目录》的基础上,进行适当调整、合理确定。要把国家《基本医疗保险和工伤保险药品目录》甲类目录药品全部纳入城镇居民基本医疗保险基金的支付范围。国家根据儿童用药的特点,按照"临床必需、安全有效、价格合理、使用方便、兼顾中西药"的原则,适当增加儿童用药的品种及剂型。三是城镇居民基本医疗保险诊疗项目范围、医疗服务设施范围,原则上执行当地城镇职工基本医疗保险的诊疗项目、医疗服务设施范围。四是完善基本医疗保险用药、诊疗项目和医疗服务设施管理,加强对高价药品、新增诊疗项目、大型医用设备检查及高值医用耗材的准入和使用管理,控制医疗费用支出,减轻城镇居民基本医疗保险基金和参保人员的费用负担。

第三,加强定点管理。城镇居民基本医疗保险实行定点医疗机构和定点零售药店管理。根据城镇居民的就医特点和需要,完善定点医疗服务协议管理和各类医疗保障人群医疗服务定点管理的办法和措施。合理确定定点医疗机构和零售药店的范围和数量,参保居民在定点医疗机构和零售药店就医购药所发生的费用,由医疗保险基金按规定予以支付。根据参保居民的医疗需求,将符合条件的妇产医院、妇幼保健院、儿童医院和社区卫生服务机构等纳入定点范围。引导参保居民充分利用社区卫生服务机构、基层医疗机构提供的医疗服务及中医药服务。建立双向转诊机制。对参保居民在定点社区卫生服务机构和基层医疗机构就医的费用,适当提高基金的支付比例。

第四,完善费用结算管理。根据医疗服务范围和筹资水平,建立和完善基本医疗保险费用结算方式,合理确定医疗费用结算标准,并纳入协议管理。对符合规定的医疗费用,按协议及时结算并足额支付,不符合规定的医疗费用不予支付。探索按病种付费、按总额预付等结算方式,调动定点医疗机构主动参与管理、降低医疗服务成本的积极性。

2009年国务院公布新的医疗体制改革方案,提出建立以基本医疗保障制度为主,以社会公众组织的医疗救助活动、商业健康保险等为辅的多层次医疗保障体系。2010年颁布施行的《中华人民共和国社会保险法》对基本医疗保险作了规定,要求职工基本医疗保险由用人单位和职工按国家规定共同缴纳基本医疗保险费;城镇居民基本医疗保险实行个人缴费和政府补贴相结合。

二、新型农村合作医疗制度

1. 新型农村合作医疗制度出台的背景

作为中国农民自己创办的一种特有的医疗保健制度,农村合作医疗制度是在合作化运动基础上,在各级政府支持下,农民群众依靠集体力量在自愿和互济互助的原则下建立起来的一种医疗互助制度。我国农村正式出现具有互助性质的合作医疗制度是在1955年农村合作化高潮阶段。在人民公社时期,凡是参加人民公社的社员均可以户为单位参加合作医疗。农村合作医疗制度对于满足大多数农村人口的初级医疗需求,提高农村居民的健康水平,促进农村经济发展方面起到了重要的作用。

在"文化大革命"期间,由于受到"左"的思想的影响,发展合作医疗过程中出现了不考虑客观经济条件和群众意愿,用行政手段推广,并强调报销的比例越高越好,范围越大越好的现象,使合作医疗的发展和完善受到了挫折。"文化大革命"结束后,国家很快纠正了"左"的错误,制定了合作医疗新政策。1979年12月,卫生部、农业部、财政部、国家医药管理总局、全国供销合作总社联合发布《农村合作医疗章程(试行草案)》明确规定,合作医疗的建立必须坚持农民群众自愿参加的原则,做到参与自由、退出自由,在此基础上改进资金的筹集方式。合作医疗基金的筹集办法和社员看病医药费用的报销范围、减免比例,均由地方本着"量力而行"的原则,根据实际情况协商做出具体规定。

改革开放以后,由于农村推行了以家庭联产承包责任制为主要内容的经济体制改革,建立了统分结合的双层经营体制,原有的"一大二公""队为基础"的社会组织形式解体,随着集体经济的弱化,合作医疗处于衰退阶段。为了解决广大农民的看病医疗问题,20世纪90年代以后,我国逐步在农村建立了新的合作医疗制度。

90年代初,我国政府提出建立和完善新型农村合作医疗制度和医疗救助制度,开始在农村合作医疗上做出各种探索与尝试。1993年,中共十四届三中全会决定明确指出:"发展和完善农村合作医疗制度。"1996年12月,中共中央、国务院召开了建国以来的第一次全国卫生工作会议上,再次强调了合作医疗对于提供农民健康、发展农村经济的重要性。在《中华人民共和国国民经济和社会发展"九五"计划和2010年远景目标纲要》中,要求"因地制宜的发展和完善不同形式的农村合作医疗保险制度"。显然,国家决策部门的看法是,在生产关系发生一定变革的情况下,合作医疗仍然是适合我国国情的农村基层医疗保健形式,恢复和发展十分必要。农村合作医疗需要不断改进,以适应新的社会形势发展的需要。为总结各地建立和完善合作医疗制度的经验,加快发展合作医疗制度的步伐,1996年7月在河南省召开了全国农村合作医疗的经验交流会。会议经过充分讨论达成一些共识,对各地建设和完善合作医疗具有重要的指导意义。

2002年10月30日在北京举行的全国农村卫生工作会议上,中央要求进一步加强新时期农村卫生工作,以繁荣农村经济,减轻农民负担,促进农村稳定,增强农民素质。2002年10月在《中共中央 国务院关于进一步加强农村卫生工作的决定》中明确提出要"逐步建立以大病统筹为主的新型农村合作医疗制度"。新型农村合作医疗制度是政府组织、引导、支持,农民自愿参加,个人、集体和政府多方筹资,以大病统筹为主的农民医疗互助共济制度。2003年卫生部等部门公布了《关于建立新型农村合作医疗制度的意见》,明确指出:从2003年起,各省(自治区、直辖市)至少要选择2—3个县(市)先行试点,取得经验后逐步推开;到 2010 年,实现在全国建立基本覆盖农村居民的新型农村合作医疗制度的目标。

2005 年 10 月,中共十六届五中全会明确地提出了基本建立新型农村合作医疗制度的具体任务。2006 年 1 月,卫生部等七部委联合下发《关于加快推进新型农村合作医疗试点工作的通知》,重申"2010 年实现新型农村合作医疗制度基本覆盖农村居民的目标"。与此同时,中央和地方财政对参加合作医疗农民的补助标准由 20 元提高到 40 元。2007 年,中共十七大提出了"建设覆盖城乡居民的公共卫生服务体系、医疗服务体系、医疗保障体系、药品供应保障体系,为群众提供安全、有效、方便、价廉的医疗卫生服务"的目标。2009 年 1 月,国务院常务会议通过《关于深化医药卫生体制改革的意见》和《2009—2011 年深化医药卫生体制改革实施方案》,新一轮医改方案正式出台。从 2003 年开始试点以来,新型农村合作医疗的推进速度很快,截止到 2012 年年末,全国新型农村合作医疗参合率达到 98.1%,各级财政对新型农村合作医疗的补助标准也从 2003 年每人每年的 20 元提高到了 2013 年的 240 元。2015 年国家卫生计生委发布的《关于做好 2015 年新型农村合作医疗工作的通知》,要求提高筹资水平,将各级财政对新农合的人均补助标准提高到 380 元;要求增强保障能力,将政策范围内门诊和住院费用报销比例提高到 50%—75%;同时,还要求全面实施大病保险制度。

2. 新型农村合作医疗制度的内容

新型农村合作医疗制度是农民自愿参加,个人、集体和政府多方筹资,以大病统筹为主的农民医疗互助共济制度。新型农村合作医疗制度与过去的合作医疗制度不同的是,政府承担了合作医疗基金中的出资比例。新型农村合作医疗总的发展趋势是逐步淡化家庭账户,过渡到以大病统筹为主或住院与门诊统筹兼顾为主的补偿模式,增强合作医疗的抗风险能力。具体内容有:

第一,建立新型农村合作医疗制度的原则:一是自愿参加,多方筹资。农民以家庭为单位自愿参加新型农村合作医疗,遵守有关规章制度,按时足额缴纳合作医疗经费;乡(镇)、村集体要给予资金扶持;中央和地方各级财政每年要安排一定专项资金予以支持。二是以收定支,保障适度。三是先行试点,逐步推广。

第二,新型农村合作医疗的组织管理。按照精简、效能的原则,建立新型农村合作医疗制度管理体制。省、地级人民政府成立由卫生、财政、农业、民政、审计、扶贫等部门组成的农村合作医疗协调小组。各级卫生行政部门内部应设立专门的农村合作医疗管理机构。新型农村合作医疗制度一般采取以县(市)为单位进行统筹。条件不具备的地方,在起步阶段也可采取以乡(镇)为单位进行统筹,逐步向县(市)统筹过渡。县级人民政府成立由有关部门和参加合作医疗的农民代表组成的农村合作医疗管理委员会,负责有关组织、协调、管理和指导工作。委员会下设经办机构,负责具体业务工作,人员由县级人民政府调剂解决。根据需要在乡(镇)可设立派出机构(人员)或委托有关机构管理。经办机构的人员和工作经费列入同级财政预算,不得从农村合作医疗基金中提取。

第三,新型农村合作医疗的筹资标准。新型农村合作医疗制度实行个人缴费、集体扶持和政府资助相结合的筹资机制。农民个人每年的缴费标准不应低于10元,经济条件好的地区可相应提高缴费标准。有条件的乡村集体经济组织应对本地新型农村合作医疗制度给予适当扶持,但集体出资部分不得向农民摊派。鼓励社会团体和个人资助新型农村合作医疗制度。地方各级财政应逐步增加投入。

第四,新型农村合作医疗的资金管理。农村合作医疗基金是由农民自愿缴纳、集体扶持、政府资助的民办公助社会性资金,要按照以收定支、收支平衡和公开、公平、公正的原则进行管理,必须专款专用,专户储存,不得挤占挪用。基金由农村合作医疗管理委员会及其经办机构进行管理,主要补助参加新型农村合作医疗农民的大额医疗费用或住院医疗费用。有条件的地方,可实行大额医疗费用补助与小额医疗费用补助结合的办法,既提高抗风险能力又兼顾农民受益面。对参加新型农村合作医疗的农民,年内没有动用农村合作医疗基金的,要安排进行一次常规性体检。

第五,农村合作医疗基金的监管。农村合作医疗经办机构要定期向农村合作医疗管理委员会汇报农村合作医疗基金的收支、使用情况;要采取张榜公布等措施,定期向社会公布农村合作医疗基金的具体收支、使用情况,保证参加合作医疗农民的参与、知情和监督的权利。县级人民政府可根据本地实际,成立由相关政府部门和参加合作医疗的农民代表共同组成的农村合作医疗监督委员会,定期检查、监督农村合作医疗基金使用和管理情况。

第六,医疗服务管理。各地区要根据情况,在农村卫生机构中择优选择农村合作医疗的服务机构,并加强监管力度,实行动态管理。要完善并落实各种诊疗规范和管理制度,提高服务效率,控制医疗费用。另外,国家还积极推进新型农村合作医疗信息平台的建设,逐步推行农村合作医疗异地就医联网结报。

第九章　社会保障政策

社会保障是国家利用强制手段对国民收入进行的再分配,目的是通过对基本生活发生困难的社会成员给予物质上的帮助,以及对全体社会成员提供普遍福利,来确保社会成员的生存权利得以实现。社会保障政策是政府为达成一定的社会目标而制定的关于社会保险、社会救济、社会福利、社会优抚安置等方面的一系列规范的总和,它在国家的社会政策中居于核心地位,是稳定社会秩序的重要机制。

第一节　改革开放前的社会保障政策

我国的社会保障政策体系初步形成于20世纪50—60年代。新中国成立以后,党和政府在较短的时间内制定并实施了包括社会保险、社会福利、社会救济、优抚安置等一系列的社会保障政策。随着社会和经济的发展,我国的社会保障政策不断修改、调整、补充、完善,"但这一时期所形成的基本体制和一般原则仍然延续至今"①。

---

① 叶海平、李冬妮编著:《社会政策与法规》,华东理工大学出版社2002年版,第330页。

一、社会保险政策

社会保险是指国家依法对因丧失劳动能力、失去劳动机会的劳动者提供一定的物质帮助或补偿,以维持其基本生活的社会保障制度,社会保险提供的是最为基本的生活保障。社会保险政策是国家为帮助社会成员防范、抵御各种生活风险而颁布实施的制度、规范的总称。比较而言,社会保险政策数量多、覆盖面广,它构成了社会保障政策的主体。我国的社会保险政策主要包括养老保险政策、失业保险政策、医疗保险政策(见卫生政策)等。

1. 养老保险政策

养老保险是指国家为保障公民因达到国家规定的解除劳动义务的劳动年龄界限或因年老丧失劳动能力退出劳动岗位后的基本生活而建立的一种社会保险制度,它具有普遍性和可预测性的特点。养老保险是社会保险五大险种之一,其目的是为年老者提供可靠的生活来源,保证老年人的基本生活需求。现代社会保障以社会保险为主体,而社会保险又以养老保险为核心,养老保险是社会保险最重要的组成部分。

我国的养老保险制度始建于20世纪50年代,是我国实施最早的社会保障制度。受经济、政治等综合因素的制约,改革开放前我国广大农村的养老保险是一种"土地+家庭"的保障模式,其中家庭是养老保险的主体,土地则是养老保险的基本手段。而国家和社会的养老保险仅限于城镇职工。

1950年10月,政务院根据《中国人民政治协商会议共同纲领》第23条关于在企业中逐步实行劳动保险制度的规定,颁布了《中华人民共和国劳动保险条例草案》,对职工年老和死亡应享受的养老金和补贴做出了规定。1951年2月,《中华人民共和国劳动保险条例》颁布实施,条例规定的保险项目有:疾病、伤残、生育、养老、死亡等;条例规定养老保险费由企业承担,企业按月交纳相当于职工工资总额3%的保险费作为社会保险基金,用以支付退休养老金和其他社会保险费用。1953年1月,政务院公布实施新修订的《中华人民共和国劳动保险条例》,条例除扩大了劳动保险的覆盖范围外,也适当提高了若干劳动保险的标准。之后劳动保险的范围持续扩大,到1956年已覆盖商业、外贸、粮食、金融、民航、石油、地质、水产、供销社等部门,部分集体企业参照执行。1954年9月第一届全国人民代表大会通过的《中华人民共和国宪法》明确规定,劳动者在年老、疾病或者在丧失劳动能力时,有获得物质帮助的权利;国家举办社会保险、社会救济和群众卫生事业,并逐步扩大这些设施,以保证劳动者享受这种权利。1955年颁发的《国家机关工作人员退休处理暂行办法》和《国家机关工作人员退职处理暂行办法》,标志着我国国家机关工作人员社会养老保险制度基本建立。

1957年,国家对社会保险政策进行了调整,主要是放宽退休条件,适当提高退休待遇标准;实行企事业单位和国家机关职工统一的退休政策,机关、事业单位养老保险由国家人事部门管理,企业由国家劳动部门和工会共同管理,解决了企业和国家机关、事业单位职工退休办法不一的矛盾。至此,我国城镇社会养老保险的两大板块基本形成,即国家机关、事业单位职工的养老保险系统和企业职工养老保险系统。前者的养老保险资金从国家财政预算拨给各单位的行政管理费中支付,由财政部门和人事部门共同管理;后者的养老保险资金源于企业按工资总额的一定比例提取的社会保险费,由劳动部门统一管理。①

我国城镇养老保险政策是在两大背景条件下实施的,一是高度集权的计划经济体制;二是经济落后,资金短缺。从而决定了这一政策的鲜明特点就是:养老保险标准较低,增长速度缓慢;养老保险覆盖面较窄,与社会养老保险需求矛盾突出;养老保险由国家统一负担,财政难以承受。"文化大革命"开始后,负责管理城镇养老保险事业的工会、劳动部门先后被撤销,事业单位人事管理混乱,养老保险工作陷于无序状态,我国初步确立的城镇职工养老保险政策遭到破坏。

2. 失业保险政策

失业保险是指国家依法设立失业保险基金,对因失业而暂时中断生活来源的劳动者在法定期间给予失业保险金,以维持其基本生活需要的一项社会保险制度,它是国家社会保障体系的重要组成部分。

新中国成立之初,人民政府就面临巨大的就业压力,国民党政府留下了数百万失业工人和旧政府职员。党和政府采取了一系列重大政策和措施解决就业问题,以维护社会安定,恢复发展生产,巩固新生政权。1950年6月,劳动部颁布《救济失业工人暂行办法》,同年7月1日实施。该办法规定,救济失业工人应以以工代赈为主,同时采取生产自救、转业训练、帮助回乡生产以及发放救济金等方法,实行"政府介绍就业和群众自行就业相结合"的多渠道就业方针。《救济失业工人暂行办法》的实施,在帮助失业者就业、转业,克服生活困难,特别是恢复生产、发展经济、稳定社会秩序等方面发挥了极其重要的作用。

---

① 吴鹏森编著:《现代社会保障概论》,上海人民出版社2004年版,第208页。

计划经济体制下的就业保障制度以"低工资、广就业"为方针,即城镇新增劳动力和其他就业劳动者的就业原则上由政府统一安排,并且强制企业把职工"包"下来,形成"从摇篮到坟墓"的"一次性"就业制度。这一国家保险型就业模式的基本特点是:统包统配、普遍就业、终身固定的劳动关系。即政府以行政强制手段向企业下达用工指标,为每一个有就业能力的劳动者提供就业岗位;劳动者一旦进入企业,就与之结下终身固定的劳动关系,衣食住行、生老病死依赖于企业,也不存在失业问题。国家保障型就业模式在特殊的经济、政治环境下,对稳定社会秩序和国民经济的恢复与发展发挥了重大而积极的作用。但随着社会经济的发展,其负面效应亦越来越大,集中表现在:造成人浮于事、在职失业。政府在"广就业"方针指导下,无视企业劳动力需求、生产经营的客观需要、岗位设置与要求,强制安排就业,势必导致企业劳动力供过于求,部分人员无所事事,有职无业。劳动者与企业丧失选择权利,导致劳动力结构性失调。在统包统配的就业保障制度下,政府决定取代了劳动者与企业双方的选择权,不可避免地造成劳动者的爱好、能力与岗位工作错位,各企业、部门、单位、工种劳动力结构性失调问题普遍存在。广就业与终身固定的劳动关系使劳动者不存在就业压力,抑制了人们的工作积极性和开拓进取精神,培养了人们的惰性和懈怠心理。就业、保险、福利"三位一体"的就业保障模式培养出不正常的所谓"正统"就业观,即在就业选择上,机关优于企业、国营企业优于集体企业、大型企业优于中小型企业,致使"千军万马"奔国企、挤政府,国家财政负担沉重。

3. 劳动保险政策

社会保险,是由国家立法规范,面向劳动者建立的一种强制性社会保障制度。① 通过国家立法强制征收保险费用,当劳动者因遇到年老、疾病、工伤、失业和生育风险而暂时或永久性失去劳动能力而不能获得报酬时,由国家或社会向其提供物质帮助或服务的一种社会保障制度。② 它包括工伤保险、失业保险(见社会保障政策)、养老保险、医疗保险、生育保险。劳动保险是社会保险的重要组成部分,主要包括国家为规范劳动关系,规避劳动过程中因工伤、失业(见社会保障政策)和生育等风险所建立的社会保险制度。

---

① 郑功成主编:《社会保障学》,中国劳动社会保障出版社2005年版,第298页。
② 王君南、陈微波编著:《劳动关系与社会保险》,山东人民出版社2004年版,第204页。

（1）工伤保险

工伤保险是指国家和社会为在生产、工作中遭受事故伤害和患职业性疾病的劳动及亲属提供医疗救治、生活保障、经济补偿、医疗和职业康复等物质帮助的一种社会保险制度。① 包括两层含义：一是劳动者本人因工伤造成暂时或永久丧失劳动能力时，可以从国家和社会获得医疗救治、职业康复、经济补偿等物质帮助；二是劳动者本人因工伤死亡时，其遗属可以从国家和社会获得遗属抚恤、丧葬补助等物质帮助。② 制定工伤保险制度是为了保障因工作遭受事故伤害或者患职业病的职工获得医疗救治和经济补偿，促进工伤预防和职业康复，分散用人单位的工伤风险。

改革开放以后，全国人大、国务院及其相关职能部门面对新的经济社会发展形势，对工伤保险问题给予了高度重视，先后制定了一系列政策法规，完善了我国的工伤保险政策。如《中华人民共和国尘肺病防治条例》(1987年)；《企业职工伤亡事故报告和处理规定》(1991年)；《职工工伤与职业病致残程度鉴定标准》(1992年)、《关于调整企业工伤全残职工护理费标准的通知》(1992年)；《企业职工工伤保险试行办法》(1996年)；《中华人民共和国职业病防治法》(2001年)等。

为了保障因工作遭受事故伤害或者患职业病的职工获得医疗救治和经济补偿，促进工伤预防和职业康复，分散用人单位的工伤风险，2003年国务院第五次常务会议审议通过了《工伤保险条例》，于2004年1月1日起实行。

该条例规定，工伤保险基金由用人单位缴纳的工伤保险费、工伤保险基金的利息和依法纳入工伤保险基金的其他资金构成。工伤保险费根据以支定收、收支平衡的原则，确定费率。国家根据不同行业的工伤风险程度确定行业的差别费率，并根据工伤保险费使用、工伤发生率等情况在每个行业内确定若干费率档次。

工伤保险基金存入社会保障基金财政专户，用于本条例规定的工伤保险待遇，劳动能力鉴定，工伤预防的宣传、培训等费用，以及法律、法规规定的用于工伤保险的其他费用的支付。任何单位或者个人不得将工伤保险基金用于投资运营、兴建或者改建办公场所、发放奖金，或者挪作其他用途。工伤保险基金应当留有一定比例的储备金，用于统筹地区重大事故的工伤保险待遇支付；储备金不

---

① 钟仁耀主编：《社会保障概论》，东北财经大学出版社2006年版，第147页。
② 郑功成主编：《社会保障学》，中国劳动社会保障出版社2005年版，第329页。

足支付的,由统筹地区的人民政府垫付。

工伤认定职工有下列情形之一的,应当认定为工伤:在工作时间和工作场所内,因工作原因受到事故伤害的;工作时间前后在工作场所内,从事与工作有关的预备性或者收尾性工作受到事故伤害的;在工作时间和工作场所内,因履行工作职责受到暴力等意外伤害的;患职业病的;因工外出期间,由于工作原因受到伤害或者发生事故下落不明的;在上下班途中,受到非本人主要责任的交通事故或者城市轨道交通、客运轮渡、火车事故伤害的;法律、行政法规规定应当认定为工伤的其他情形。

在法律责任方面,单位或者个人挪用工伤保险基金,构成犯罪的,依法追究刑事责任;尚不构成犯罪的,依法给予行政处分或者纪律处分。被挪用的基金由劳动保障行政部门追回,并入工伤保险基金;没收的违法所得依法上缴国库。

劳动保障行政部门工作人员有下列情形之一的,依法给予行政处分;情节严重,构成犯罪的,依法追究刑事责任:无正当理由不受理工伤认定申请,或者弄虚作假将不符合工伤条件的人员认定为工伤职工的;未妥善保管申请工伤认定的证据材料,致使有关证据灭失的;收受当事人财物的。

《工伤保险条例》的颁布,将广大农民工纳入到了工伤保险的范畴,为广大职工在工作中遭受事故伤害和患职业性疾病提供必要的医疗救治、生活保障、经济补偿、医疗和职业康复等物质帮助,成为我国一项重要的劳动保险制度。

改革开放以来,我国在工伤保险方面面临的一个新情况是:随着大批农村富余劳动力进城务工,农民工的工伤保险问题日益突出。根据劳动和社会保障部2007年进行的"农村外出务工人员就业情况调查"结果显示:2006年农村外出务工人员从事建筑施工业的比重为16.3%,占建筑业全部从业人员的80%以上。而农民工又是工伤事故的高发人群,在国内工伤事故中,70%以上是农民工。由于缺乏有效的工伤保险,许多农民工因伤致残致贫。针对这一问题,2004年劳社部印发《关于农民工参加工伤保险有关问题的通知》(劳社部发〔2004〕18号)指出,各级劳动保障部门要加大对农民工参加工伤保险的宣传和督促检查力度,积极为农民工提供咨询服务,促进农民工参加工伤保险。同时要认真做好工伤认定、劳动能力鉴定工作,对侵害农民工工伤保险权益的行为要严肃查处,切实保障农民工的合法权益。

2007年劳社部印发《关于加强工伤保险医疗服务协议管理工作的通知》(劳社部发〔2007〕7号)指出,要明确工伤保险医疗服务协议管理的方式,严格掌握工伤保险协议医疗机构的条件,切实加强工伤职工的就医管理,规范工伤保险协议医疗服务费用管理,加强对工伤医疗服务协议管理工作的领导。2010年人社部印发《关于推进工伤保险市级统筹有关问题的通知》(人社部发〔2010〕20号)要求切实抓好工伤保险市级统筹的组织实施工作。2010年12月,人社部8号令提出工伤认定办法,明确了工伤认定的程序和具体步骤,并确定办法自2011年1月1日起施行。2012年10月人社部印发《关于进一步做好事业单位等参加工伤保险工作有关问题的通知》,明确规范了各事业单位和企事业团体职工因工作遭受事故伤害或者患职业病的工作人员依法享受工伤保险待遇。2014年4月1日《工伤职工劳动能力鉴定管理办法》正式实行,该办法对工伤职工劳动能力鉴定的鉴定程序、鉴定管理做出了详细的规定,切实保障了职工的合法权益。

(2) 失业保险

失业保险是指国家通过立法强制实行的,由社会集中建立基金,对在劳动年龄内,有就业能力并愿望的人由于非本人原因而失去工作,无法获得维持生活必需的工资收入,在一定时期内由国家和社会为其提供基本生活保障并能帮助其实现再就业的一种社会保险制度。①

20世纪70年代末,随着"文化大革命"结束和改革进程启动,大批知识青年由农村返回城镇,加之城镇新增劳动力和其他待业人员,形成了建国后的又一次失业高峰,长期隐伏的就业问题全面爆发。政府的安置就业能力与等待安置就业的大批人员严重不对称,统包统配的就业安置政策遇到了严峻挑战。毫无疑问,传统的就业保障制度已无力解决国内的失业问题。基于此,党中央、国务院决定对我国的劳动就业制度进行改革,即按照以公有制为主体、多种经济形式长期并存的发展思路,实行"在国家统筹规划和指导下,劳动部门介绍就业、自愿组织起来就业和自谋职业相结合"的就业方针,变过去全民所有制单位招工的单一就业渠道为国营、集体、个体经济多渠道就业,从而突破了传统统包统配的就业制度,形成了多元化的就业格局,而且把竞争机制引入了就业领域,奠定了城市劳务市场的基础。

1986—1993年是我国失业保险制度的形成时期。1986年7月,国务院颁布《国营企业职工待业保险暂行规定》,内容包括:实施对象为宣告破产企业的职工、濒临破产企业法定整顿期间被精简的职工、与企业终止或解除劳动合同的职

---

① 钟仁耀主编:《社会保障概论》,东北财经大学出版社2006年版,第145页。

工、被企业辞退的职工;待业保险基金按全部职工工资总额的1%缴纳;待业救济标准按职工工龄长短并区分不同保障对象发放。对待业人员进行转业训练、就业指导并组织生产自救。这次改革在全国建立了统一的职工失业保险制度,它是我国首次从社会保障立法角度解决暂时失去工作人员的保障问题,填补了社会保险项目的空白。

1990年7月,劳动部选定上海、大连、广州、杭州等市开展失业保险改革试点工作,取得了一定成效。1993年4月,国务院颁布了《国有企业职工待业保险规定》,为建立失业保险制度提供了基本法律依据,标志着我国的失业保险工作进入正常运行阶段。其基本内容包括:第一,扩大了保险范围。失业保险范围基本上覆盖了国有企业中由于非自愿性因素而失去工作的人员。第二,改进了待业救济金的计发办法,提高了待业保险待遇。第三,进一步明确了待业职工应享受医疗费、丧葬补助费和供养直系亲属的抚恤费、救济费等项待遇,对特殊困难的待业职工应采取保护措施。第四,特别强调行业保险工作应以救济为手段,以促进行业职工再就业为目的,行业保险工作应与职业介绍、就业训练和生产自救等就业服务工作紧密结合,统筹安排。1994年,根据国家相关部门的指示,"失业保险"概念取代了"待业保险",以合乎国际惯例与规范。这次改革暴露出的问题包括:一是适用范围有限。覆盖面仅限国有企业职工和实行企业化管理的事业单位职工,非国有经济从业人员和大部分事业单位的职工被置于失业保险范围之外,造成这部分人员"有险无保"。二是失业保险基金承受能力不足。由于覆盖面过窄,加之缴费仅限于用人单位一方,收缴的失业保险费额有限。三是统筹层次较低。失业保险基金以市县统筹为主,只有少数地区建立了调剂金制度,社会互济功能受到局限。

1998年以来是我国失业保险制度进一步改革和完善时期。1998年,劳动保障部成立。1999年1月,国务院颁布《失业保险条例》。该条例在吸取我国失业保险制度改革经验和借鉴国外有益做法的基础上,对《国有企业职工待业保险规定》做出了重大调整。1999年8月,劳动和社会保障部、财政部和人事部联合下发了《关于事业单位参加失业保险有关问题的通知》,劳动和社会保障部和财政部联合下发了《关于调整失业保险基金支出项目有关问题的通知》,各省(自治区、直辖市)根据中央政策精神也都制定了具体的实施细则,我国的失业保险政策得以进一步调整完善。

我国失业保险政策的主要内容有：

第一，参保范围和缴费。城镇企业事业单位及其职工必须参加失业保险。用人单位按照本单位工资总额的 2%、职工按照本人工资的 1% 缴纳失业保险费；统筹地区的失业保险基金不敷使用时，由失业保险调剂金调剂、地方财政补贴。

第二，享受条件。失业人员享受失业保险待遇需要具备三个条件：缴纳失业保险费满 1 年；非因本人意愿中断就业；已办理失业登记并有求职要求。

第三，失业保险金标准。省（自治区、直辖市）人民政府按照低于当地最低工资标准、高于城市居民最低生活保障标准的水平，确定本地区失业保险金标准。享受期限的具体规定是：失业人员失业前所在单位和本人按照规定累计缴费时间满一年不足五年的，领取期限最长为 12 个月；满五年不足十年的，最长为 18 个月；十年以上的，最长为 24 个月。

第四，其他失业保险待遇。失业人员在领取失业保险金期间患病，可领取医疗补助金；在领取失业保险金期间死亡，其遗属可领取丧葬补助金和遗属抚恤金；在领取失业保险金期间还可享受职业培训和职业介绍补贴。

第五，城镇企业事业单位招用的农民合同制工人参加失业保险。用人单位按规定缴费，个人不缴费。连续工作满一年，劳动合同期满未续订或提前解除劳动合同的，可以根据工作时间长短申领一次性生活补助。

2010 年 10 月 28 日，《中华人民共和国社会保险法》经十一届全国人民代表大会常务委员会第十七次会议审议通过。该法中第五章明确规定了职工应当参加失业保险，由用人单位和职工按照国家规定共同缴纳失业保险费。重新就业后，再次失业的，缴费时间重新计算，领取失业保险金的期限与前次失业应当领取而尚未领取的失业保险金的期限合并计算，最长不超过二十四个月。①

为了完善失业保险制度，建立健全失业保险费率动态调整机制，进一步减轻企业负担，促进就业稳定，2015 年 2 月 27 日，人力资源和社会保障部、财政部下发了《关于调整失业保险费率有关问题的通知》（人社部发〔2015〕24 号）。该通知就适当降低失业保险费率有关问题做出规定：从 2015 年 3 月 1 日起，失业保险费率暂由现行条例规定的 3% 降至 2%，单位和个人缴费的具体比例由各省（自治区、直辖市）人民政府确定。在省（自治区、直辖市）行政区域内，单位及职工的费率应当统一。各地降低失业保险费率要坚持"以支定收、收支基本平衡"

---

① 《中华人民共和国社会保险法》（中华人民共和国主席令第 35 号）。

的原则。要充分考虑提高失业保险待遇标准、促进失业人员再就业、落实失业保险稳岗补贴政策等因素对基金支付能力的影响。①

（3）生育保险

生育保险是通过国家立法规定,在劳动者因怀孕、分娩而导致劳动力暂时中断时,由国家和社会及时给予生活保障和物质帮助的一项社会保障制度。其宗旨在于通过向职业妇女提供生育津贴、医疗服务和产假,帮助她们恢复劳动能力,重返工作岗位。② 生育保障制度的建立是社会化大生产特别是市场经济发展的客观需要,是经济发展和社会进步到一定程度的必然结果。

1988年7月,国务院颁布了《女职工劳动保护规定》。这是我国建国以来保护女职工劳动权益,减少和解决她们在劳动中因生理机能造成的特殊困难,保护其安全和健康的第一部比较完整的女职工劳动保护法规。明确了"不得在女职工怀孕期、产期、哺乳期降低其基本工资或解除劳动合同",并将产假由56天延长到90天,产假期间的工资以及医疗费用由职工所在单位负担。该规定的颁布统一了机关、事业单位和企业的生育保险制度。1994年原劳动部颁布了《企业职工生育保险试行办法》。将生育保险的管理模式由用人单位管理逐步转变为实行社会统筹,由各地社会保障机构负责管理生育保险工作。2009年《国务院政府工作报告》指出,从2009年开始,在全国农村实行住院分娩补助政策,定期为孕产妇做产前检查和产后访视,为3岁以下婴幼儿做生长发育检查。加强出生缺陷预防工作。将农村部分计划生育家庭奖励扶助标准由人均600元提高到720元。在农村妇女中开展妇科疾病定期检查。2012年《国务院政府工作报告》又指出,继续稳定低生育水平,综合治理出生人口性别比偏高问题,提高出生人口质量。加快实现计划生育优质服务全覆盖,将免费孕前优生健康检查试点范围扩大到60%的县(市、区)。

2015年人力资源和社会保障部、财政部印发《关于适当降低生育保险费率的通知》(人社部发〔2015〕70号)指出,按照中共十八届三中全会提出的"适时适当降低社会保险费率"的精神,根据生育保险基金实际情况,自2015年10月1日起,在生育保险基金结余超过合理结存的地区降低生育保险费率。

---

① 《人社部、财政部印发〈关于调整失业保险费率有关问题的通知〉》,中华人民共和国人力资源和社会保障部网站：http://www.mohrss.gov.cn/SYrlzyhshbzb/dongtaixinwen/buneiyaowen/201503/t20150306_153310.htm。

② 钟仁耀主编：《社会保障概论》,东北财经大学出版社2006年版,第149页。

进入新世纪以来,我国劳动保险事业取得了长足发展。"十五"期末,全国参加失业保险、工伤保险、生育保险人数分别达到 1.06 亿人、8478 万人、5408 万人①,至 2010 年,全国参加失业保险、工伤保险、生育保险人数分别已达到 1.6 亿人、1.3 亿人、1.2 亿人,社会保障卡持卡人数达到 1.03 亿人。② 由此不难看出,随着我国经济社会的不断发展,我国的各项劳动政策也将随之逐步完善。

二、社会救助政策

社会救助是指由国家和社会按照法定标准向陷于生存危机或不能维持最低限度生活水平的社会成员提供物质援助,以保证其最低生活水平的社会保障制度,也称社会救济。社会救助具有低水平、临时性特点。一方面,社会救助主要是通过提供资金和实物满足社会成员的最低生活需求,属最低水平的保障措施;另一方面,社会救助的对象是那些因各种原因而无法维持最低生活水平或陷于突发性灾难的社会成员,具有最低保障和临时援助的性质。社会救助是现代国家和社会的重要职责,在陷于生存危机时获得社会救助也是公民拥有的一项基本权利。社会救助因其低水平而被形象地称为社会保障的最后一道"安全网"。

早在新中国成立之初,为了医治战争创伤,安定人民生活,稳定社会秩序,促进国民经济的恢复和发展,党和政府就采取了一系列的社会救助措施。当时的救助对象主要包括灾民、难民、贫民、烟民、散兵、游勇以及各类无业游民、失业人员和无依无靠的孤老残幼等。救助方式包括帮助解决衣、食、住问题,提供物质上的救助以及医疗、安家落户、就业等条件。1954 年,国家确立了"依靠集体,群众互助,生产自救,辅之以政府的必要救济"的社会救助方针,要求有劳动能力的困难户参加生产成为我国社会救助工作的一大特色。

我国社会救助制度主要包括农村社会救助、城镇社会救助和自然灾害救助等内容。

1. 农村社会救助政策

我国农村较稳定的社会救助制度形成于 20 世纪 50 年代中期。1956 年 6 月,第一届全国人大第三次会议通过了《高级农业生产合作社示范章程》,其中第 9 章规定:"农业生产合作社对于缺乏劳动力或者完全缺失劳动能力、生活没

---

① 劳动和社会保障部:《劳动和社会保障事业发展"十一五"规划纲要(2006 年—2010 年)》。
② 同上。

有依靠的老、弱、孤、寡、残疾的社员,在生产上和生活上给以适当的安排和照顾,保证他们的吃、穿和柴火的供应,保证年幼的受到教育和年老的死后安葬,使他们生养死葬都有依靠","对于遭到不幸事故、生活发生严重困难的社员,合作社要酌量给以补助。"《1956年到1967年全国农业发展纲要》规定:"实行'五保'","农业合作社对于社内缺乏劳动力、生活没有依靠的鳏寡孤独的社员,应当统一筹划,指定生产队或者生产小组在生产上给以适当的安排,使他们能够参加力能胜任的劳动;在生活上给以适当的照顾,做到保吃、保穿、保烧(燃料)、保教(儿童和少年)、保葬,使他们的生养死葬都有指靠"。我国独具特色的农村"五保"制度形成。

改革开放之前我国农村社会救助可分为定期救助和临时救助两类,前者的救助对象主要是五保户和特困户,后者的救助对象主要是因各种原因导致生活暂时发生困难的贫困户。这一社会救助制度在当时情况下对于维持困难群众的基本生活,促进农村贫困问题的解决发挥了重要作用。五保制度在"文化大革命"中受到极大冲击,"文化大革命"后得以恢复。1978年12月,中国共产党第十一届中央委员会第三次全体会议原则通过《农村人民公社工作条例(试行草案)》规定对因公负伤或致残的社员,给予治疗和适当补助;对因公死亡的社员家属给予抚恤;对生活没有依靠的老弱孤寡残疾社员,实行供给;对曾经做出贡献,丧失劳动能力的劳动模范和老干部,给以适当的工分补助。

2. 城镇社会救助政策

1956年8月,全国总工会发布关于城镇《职工生活困难补助办法》;1962年10月,劳动部、财政部、全国总工会联合发出《关于做好当前职工生活困难补助工作的通知》;1964年6月,国务院发出《关于精减退职的老职工生活困难救济问题的通知》。依据上述文件规定,我国城镇社会救助由两部分组成:一是对城镇居民中困难户的社会救助,由民政部门负责;二是对生活发生困难的城镇职工及其家属的社会救助,由职工所在单位负责。城镇中无法定抚养人,无劳动能力,无可靠生活来源的老年人,严重残疾人和未成年的孤儿,符合救济条件的精减退职老职工;符合党中央、国务院有关文件规定需要特别给予救济的人员等享受定期定量救助。救助标准以当时当地粮、柴(煤)、油、盐、菜等基本生活必需品的价格规定,以保证救济户的基本生活需要为准则,大、中、小城市及城乡间有所不同。精减退职老职工的救助标准原则上为原工资的40%,并可报销本人医疗费用的三分之二。需要特别给予救济人员的救助标准由政府根据当地群众的一般生活水平酌情确定。特殊困难户除由政府给以定期救助外,所在城镇的街道、居民委员会还应通过各种形式予以帮助,确保他们的生活水平接近当地的一般水平。

　　1975年1月,第四届全国人大第一次会议通过的《中华人民共和国宪法》第27条规定,劳动者有休息的权利,在年老、疾病或者丧失劳动能力时有获得物质帮助的权利。1978年6月,国务院发布《关于安置老弱病残干部的暂行办法》提出,"这些干部,在我国新民主主义革命和社会主义革命中,为党和人民做了许多工作,为革命事业做出了宝贵贡献。妥善安排这些干部,使他们各得其所,是党对他们的关怀和爱护,是我党干部政策的一个重要方面","对离、退休的干部,要在政治上、生活上关心他们,及时解决他们的各种实际困难","认真做好老弱病残干部的安置工作,对于精兵简政,提高工作效率"具有重要意义。规定凡因公致残,经医院证明完全丧失工作能力的干部,退休后每月按既定标准发给退休费,直到去世为主;因工致残退休,饮食起居需要人扶助的,按本人标准工资的90%发给,还可根据实际情况发给一定数额的护理费,护理费标准一般不得超过一个普通工人的工资;饮食起居不需要人扶助的,按本人标准工资的80%发给;离休和退休的干部去世后,其丧事处理、丧葬补助费和供养直系亲属的抚恤费,应当与在职去世的干部一样;安置老弱病残干部的退休费、退职生活费,企业单位由企业行政支付,党政机关、群众团体和事业单位,就地安置的由原工作单位负责,易地安置的分别由负责管理的组织、人事和县级民政部门另行预算支付。

　　这一时期,我国还制定了针对特殊救助对象的救助政策。如对归国华侨的救助政策,主要内容是对散居在城市和农村,生活上有困难的归侨应予以救济,救济标准的掌握应本着适当照顾原则,可略高于一般的社会救助水平,具体标准由各地根据实际情况决定。对麻风病人、特赦释放的战犯和西藏外逃回归人员的救助也做出了相应规定。

　　3. 自然灾害救助政策

　　自然灾害是指自然破坏力对人们的生产、生活造成的损害。我国自然灾害的种类繁多,比如水灾、旱灾、虫灾、疫灾、震灾、雪灾、霜灾等,比较而言,水旱灾害发生得更为频繁。自然灾害救助的对象是有劳动能力或生活来源因突遭自然灾害而暂时陷于生存困境的社会成员。不可抗拒的自然灾害可能对社会成员造成经济财产损失,比如粮食歉收、绝收、家园毁灭等,使人们失去衣食住等基本生活条件。自然灾害是人类社会无法避免的,即便在现代科学技术条件下,人类也只能尽力预防自然灾害,尽量降低自然灾害对社会的危害程度,增强自身的应变与抗灾能力,而不可能完全消除自然灾害。自然灾害一旦发生,可能导致人口大量转移甚至死亡,导致社会经济衰退,导致灾区人口陷入贫困,甚至引发骚乱和社会动荡。因此,世界各国都把防灾救灾工作放在重要位置。1949年,刚刚成立的中华人民共和国就遭受了遍及长江、淮河、汉水、海河流域16省区的特大洪水灾害,受害人口达4500多万人。1950年和1952年,华北地区、华东地区分别发生严重旱灾。1953年,东北地区、华北地区相继发生水灾。1954年,长江、淮河流域发生百年不遇的特大水灾,人民政府组织了1000多万人组成的抗洪大军与洪水搏斗。1955年,南方各省遭遇不多见的冻灾。1978年,长江中下游和淮河、海河流域发生历史罕见的大旱灾,各地参与抗灾的人员达到1.1亿多人次。[1]

　　自然灾害救助是一项艰巨的长期工作,新中国的自然灾害救助方针几经调整改革。1949年11月,负责救灾救济工作的内务部针对当时的严重灾情,召开了各重灾省区救灾汇报会议,提出了"不许饿死人"的口号和"节约救灾,生产自救,群众互助,以工代赈"的救灾方针。同年12月,政务院发出《关于生产救灾的指示》,内务部发出《关于加强生产自救劝告灾民不往外逃并分配救济粮的指示》。1950年2月,我国成立了以董必武为主任,包括内务部、财政部等有关部委参加的中央救灾委员会。同年4月又在北京召开了中国人民救济代表会议,成立了中国人民救济总会。在中央政府强有力的领导下,全国上下同心协力,战胜了连年不断的自然灾害。1950年召开的第一次全国民政会议提出的救灾工作方针是:生产自救,节约度荒,群众互助,以工代赈,并辅之以必要的救济。这一方针适应了国民经济恢复与发展时期的需要。1952年第二次全国民政会议,考虑到大批灾民已经投入国家各项工程建设,所以在救灾工作方针中不再强调"以工代赈"了。1958年全国实行人民公社化以后,救灾工作的方针修改为"依靠群众,依靠集体,生产自救为主,辅之以国家必要的救济"。原因是全国农村的农业社会主义改造已经完成,农业集体化业已实现。农村社会主义集体经济具备一定的自救能力,所以救灾工作方针增添了"依靠集体的"的内容。这一方针在当时情况下无疑是正确的,但由于"左"倾思想的干扰和影响,救灾工作方针并未得以全面、正确的贯彻落实。

---

[1] 李宪周、陈金罗主编:《民政行政管理》,山西人民出版社1987年版,第68页。

三、优抚安置政策

优抚安置是对为国家和社会做出特殊贡献的群体及其家属实施的一种带有褒扬、优待、抚恤和安置性质的社会保障制度,其对象主要是军人及其家属。《中华人民共和国宪法》规定:"国家和社会保障残病军人的生活,抚恤烈士家属,优待军人家属。"

优抚安置具有特定性、优待性、褒扬性、综合性等特点。特定性即优抚安置对象主要是军人及其家属,是为国家和社会做出牺牲和贡献的特定群体。优抚安置并非惠及所有社会成员,只在特定范围内实施。我国社会优抚安置的对象主要包括:中国人民解放军现役军人和武警官兵;革命伤残军人;复员退伍军人;革命烈士家属;因公牺牲军人家属;病故军人家属;现役军人家属等。优待性即为优抚安置对象提供的是一种特殊的优惠待遇。军人及其家属为社会主义革命和建设做出了特殊的贡献以至于牺牲,按照权利与义务统一原则,国家和社会有责任全面、周到地为他们提供相对优惠的生活条件。我国对优抚安置对象的优待主要体现在:生活水平略高于当地群众的平均水平;牺牲或致残人员,国家定期发给带有补偿性质的抚恤金;铁路、民航等各种公共服务场所设立专门的优待服务窗口等。褒扬性即优抚安置不仅具有保障特性,更具荣誉性质。优抚安置不仅仅是为了解决实际的物质和文化生活需要问题,各种优待、抚恤和安置措施更是为体现国家和社会对优抚安置对象的职业和行为的褒奖、表彰和赞扬。综合性即优抚安置的内容与形式多种多样。与其他社会保障制度不同,优抚安置专门针对军人群体设立,它涉及社会保险、社会救助、社会福利等,具体内容包括抚恤、优待、养老、就业安置等,是一种综合性的社会保障。我国优抚安置的内容和形式包括物质与精神两个方面,前者主要有:对死亡军人家属和伤残军人提供抚恤金,为退役军人提供安置费,减免退役军人办企业的税收;建立疗养院、精神病院、休养所等设施,为现役军人、复员退伍军人、军队离退休干部提供服务。后者包括褒扬革命烈士和拥军优属两部分,其目的是发挥教育、鼓励功能,强化军民鱼水关系。

优抚安置工作在我国有着悠久的历史。早在第二次国内革命战争时期,革命根据地的党和苏维埃政府就制定并实施了《红军优待条例》《红军抚恤条例》《优待红军家属条例》等。抗日战争期间,优抚安置工作进一步得以强化,比如山东抗日民主政府发布并实施了《优待抗日军人家属条例》《抚恤抗日阵亡将士、荣誉军人暂行条例》《公平负担暂行办法》等。解放战争时期,各解放区人民在党和政府的领导下,广泛开展了拥军优属活动。

新中国成立后,优抚安置工作进入了一个新的历史时期。1949年颁布的《中国人民政治协商会议共同纲领》规定:"革命烈士家属和革命军人家属,其生活困难者应受国家和社会的优待,参加革命战争的残疾军人和退伍军人,应由人民政府给予适当安置,使能谋生立业。"根据共同纲领的精神,1950年,内务部先后制定并经政务院批准颁布实施《革命军人牺牲病故褒恤暂行条例》《革命烈士家属、革命军人家属优待暂行条例》《革命工作人员伤亡褒恤暂行条例》《民兵民工伤亡抚恤暂行条例》《革命残疾军人优待抚恤条例》等五个条例,使新中国的优抚安置工作向制度化、规范化迈出了重要一步。1953年,内务部颁布《一九五三年各项优待抚恤标准》;1954年,中共中央军事委员会、政务院颁布《抗美援朝无军籍工资制人员病、伤、残、亡优抚暂行办法》;1955年,内务部发出《关于公布1955年几项优抚标准的通知》;1957年2月,卫生部发布《职业病范围和职业病患者处理办法的规定》;1957年9月,国务院颁布《关于公私合营企业私方人员死亡待遇的试行办法》,这些政策为当时的优抚安置工作提供了具体依据和基本规范。1978年3月,第五届全国人大第一次会议通过的《中华人民共和国宪法》第48、49、50条,分别对劳动者的福利,劳动者在年老、生病或丧失劳动能力时的物质帮助,革命残疾军人、革命烈士家属的生活保障问题做了规定;1979年1月,财政部、民政部发出《关于调整军人、机关工作人员、参战民兵民工牺牲、病故抚恤金标准的通知》;同年4月,民政部、国家劳动总局发出《关于解决部分老红军、老干部工资过低和生活困难补助的问题的通知》,拉开了我国优抚安置政策调整改革的序幕。

新中国的优抚安置工作始终贯彻精神褒扬和物质保障相结合、群众优待和国家抚恤相结合、待遇相对优厚三项原则,并取得了巨大成就。比如,从1965年起,国家对三等残废军人由原来的一次性抚恤改为长期抚恤,使他们的生活水平得以提高;全国有150多万在历次革命战争中为国捐躯的优秀儿女被追认为革命烈士,各地共修建烈士陵园和烈士纪念碑、塔、亭3900多所(座),并收集陈列了大量的烈士遗物和史料。① 这些场所已成为爱国主义、集体主义以及理想与道德教育的重要基地。

---

① 李宪周、陈金罗主编:《民政行政管理》,山西人民出版社1987年版,第46页。

第二节　改革开放以来社会保险政策的改革与调整

社会保险是指国家依法对因丧失劳动能力、失去劳动机会的劳动者提供一定的物质帮助或补偿,以维持其基本生活的社会保障制度,社会保险提供的是最为基本的生活保障。社会保险政策是国家为帮助社会成员防范、抵御各种生活风险而颁布实施的制度、规范的总称。比较而言,社会保险政策数量多、覆盖面广,它构成了社会保障政策的主体。我国的社会保险政策主要包括养老保险政策、失业保险政策(见劳动政策)、医疗保险政策(见卫生政策)等。

市场经济与社会保障体系是同时驱动现代社会发展的两个轮子。市场经济是推动社会发展的动力机制,社会保障是维持社会的稳定机制,两者只有相互适应,同步发展,才能使社会协调,稳步前进。①

一、城镇职工养老保险政策

中共十一届三中全会以来,适应改革开放和社会主义市场经济的要求,我国在职工基本养老保险范围,多层次养老保险制度,职工基本养老保障水平、筹资水平和积累率等方面进行了积极探索,城镇职工养老保险制度改革稳步推进,不断趋于深入。

20世纪80年代是我国城镇职工养老保险制度改革的探索阶段。其标志是职工退休费用实行社会统筹和劳动合同制职工养老保险制度建立,养老保险筹资方式与管理方式开始转变。1982年以前,我国城镇职工养老费用主要由国家和企业负担,职工个人不负担任何费用,使国家与企业负担沉重。1982年开始,我国分别在江苏、广东等地试行职工退休费用社会统筹,即由社会专门机构进行统一筹集、统一管理、统一调剂使用退休费用资金。1984年4月,中央财经领导小组会议决定在城镇集体企业实行法定养老保险制度,之后制定了《城镇集体所有制企业、事业单位职工养老保险暂行条例》。1985年,福建省率先实行国有企业职工养老保险费用省级统筹。这次改革收到了以下成效:职工退休费用由社会统筹,在筹资方式及社会化管理方面迈出了重要步骤,减轻了国家与企业的负担;劳动合同制职工养老保险制度的建立,扩大了养老保险的社会覆盖面;

---

① 刘伯龙、竺乾威主编:《当代中国公共政策》,复旦大学出版社2004年版,第194页。

"以支定筹、略有节余"的统筹原则使各地积累了一定的养老保险基金,从而为人口老龄化高峰期的养老金支付做了必要的准备。

1991年至1993年是我国城镇职工养老保险制度改革全面实施阶段。20世纪80年代的改革并未触及养老保险的深层次问题,整个制度体系仍保持旧的格局。1991年国务院颁布实施《关于企业职工养老保险制度改革的决定》,确立了由国家、企业、个人共同负担的新型养老保险体制,明确了养老保险制度改革的原则和方向:第一,实行基本养老保险、企业补充养老保险和职工个人储蓄性养老保险相结合的制度;第二,基本养老保险由国家立法强制实行,以保障职工退休后的基本生活为目的;第三,养老保险基金遵循以支定收、略有节余、留有部分积累的原则实行统筹,由国家、企业、个人共同负担;第四,企业补充养老保险由企业根据自身经济力量为职工设立,费用从企业的奖励、福利基金内提取;第五,个人储蓄性养老保险由职工依据个人收入情况自愿参加;第六,建立退休金与经济发展、物价增长相联系的调节机制;第七,进一步明确了企业职工养老保险由社会专门保险管理机构实现社会化管理原则;第八,将养老保险制度的覆盖范围逐步扩大到外资企业的中方员工、城镇私营企业职工和个体劳动者。这次改革的成效在于:由国家、企业个人共同负担的养老保险体制有了明确的法制依据,受到法制保障;个人负担制度拓宽了筹资渠道,强化了职工自我保障意识,部分积累式的管理方式适应了我国的国情条件;确立了我国城镇职工多层次养老保险制度的基本框架。但原有体制下政出多门、管理分散的弊端亦暴露无遗。

1994年至1996年是我国城镇职工养老保险制度改革的深层攻坚阶段。1994年,中共十四届三中全会通过了《中共中央关于建立社会主义市场经济体制若干问题的决定》,对我国社会保障体制特别是养老保险体制做出了原则性规定,提出要重点完善企业养老和失业保险制度,城镇职工养老和医疗保险金由单位和个人共同负担,实行社会统筹和个人账户相结合模式。这是我国第一次提出"个人账户"概念,从而将个人养老金收益与个人贡献紧密结合起来,成为我国养老保险制度改革的方向。1994年12月,国务院召开全国城镇企业职工养老保险改革试点工作会议,部署全国的改革试点工作。1995年3月,国务院颁布《关于深化企业职工养老保险制度改革的通知》,其内容主要有:第一,改革目标是到20世纪末,基本建立起适应社会主义市场经济体制要求,适用城镇各类企业职工和个体劳动者,资金来源多渠道、保障方式多层次、社会统筹与个人账户相结合、权利与义务相对应、管理与服务社会化的养老保险体系。基本养老保险逐步实现各类企业的劳动者统一制度、统一标准、统一管理、统一调剂使用基金。第二,改革原则是保障水平与我国社会生产力发展水平及各方面的承受能力相适应;社会互济与个人账户相结合;公平与效率相结合;政策统一,管理法制化;行政管理与保险基金管理分开。第三,基本养老保险费用由企业和个人共同负担。第四,逐步将企业发放养老金改为社会化发放,逐步将企业管理离退休人员转为主要依托社区进行管理。第五,实行社会保险行政管理与基金管理分开、执行机构与监督机构分设的管理体制。

这次改革成效显著。一方面,养老保险对象的全民化克服了此前按所有制形式组织养老保险的局限性,不仅促进了劳动力市场的发展,而且由全社会均衡养老保险负担,分散了劳动风险。另一方面,社会统筹与个人账户相结合的改革方案在全国范围内得以推广实施,加快了我国养老保险制度改革的进程。社会统筹与个人账户相结合是我国的首创,其精髓是把公平与效率结合起来,把社会互助与自我保障结合起来。改革过程也出现了一些问题,主要有:各地在设计"统账结合"时,个人账户比例不统一,不仅给管理工作带来了困难,也不利于形成统一开放、竞争有序的劳动力市场;基本养老保险差距过大,待遇标准不统一;基金统筹层次低,调剂能力有限,一些经济效益不好的地区和企业,离退休人员的基本生活难以保障;个人缴费的速度慢,个人账户的功能不能充分发挥;基金管理不规范,挤占挪用现象普遍存在。鉴于此,统一城镇职工养老保险制度势在必行。

1997年至2000年是我国城镇职工养老保险制度统一、并轨阶段。1997年7月,国务院颁布了《关于建立统一的企业职工基本养老保险制度的决定》,其内容主要有:第一,坚持社会统筹与个人账户相结合,基本养老保险要保障基本生活,新老办法平稳衔接、待遇水平基本平衡,确保养老保险基金安全与完整,逐步提高养老保险统筹层次等五项原则。第二,提出了统一企业职工基本养老保险制度的方案框架,一是统一企业和职工个人的缴费比例,企业缴费比例一般不超过企业工资总额的20%;二是统一个人账户的规模;三是统一基本养老金的计发办法。第三,就扩大企业职工基本养老保险制度的覆盖范围、完善多层次的养老保险体系、减轻企业负担和管理服务社会化等问题做出了规定。1998年,国务院将职工养老、医疗、失业保险等管理职能统一划归劳动和社会保障部门负责,从而改变了此前"五龙治水"的局面。之后,国家又相继出台了一系列政策,进一步完善城镇职工养老保险制度。比如颁布《社会保险费征缴暂行条例》(1999

年),加强了养老金征缴工作。2000年,我国开始实行城镇企业职工养老保险金的社会化管理和社会化发放。

针对民营企业参加职工养老保险的积极性不高,灵活就业人员参加养老保险的比例偏低等问题,2005年12月,国务院颁布《关于完善企业职工基本养老保险制度的决定》,其主要内容有:第一,扩大养老保险的覆盖面。城镇各类企业职工、个体工商户和灵活就业人员都要参加企业职工基本养老保险。第二,降低个人缴费标准。从2006年1月1日起,个人账户的规模统一由本人缴纳工资的11%调整为8%。第三,加强基本养老保险基金的征缴与监管。凡参加企业职工基本养老保险的单位和个人,都必须按时足额交纳基本养老保险费。基本养老保险基金纳入财政专户,实行收支两条线管理,严禁挤占挪用。要制定和完善社会保险基金监督管理的法律法规,实现依法管理。第四,改革养老保险的计发办法。以参保缴费年限为基础,以计发基数、计发比例和计发月数调整为重点,以建立参保缴费的激励约束机制为出发点,以保障参保人员的养老保险权益为目标,采取"新人新制度、老人老办法、中人逐步过渡"的方式设计计发办法。

2007年至2012年是我国城镇职工养老保险制度的改革完善阶段。2007年,中共十七大提出:到2020年,我国覆盖城乡居民的社会保障体系要基本建立,要实现人人享有基本生活保障。2009年12月22日,国务院常务会议讨论通过了《城镇企业职工基本养老保险关系转移接续暂行办法》。该办法的主要内容包括:农民工在内的参加城镇企业职工基本养老保险的所有人员,其基本养老保险关系可在跨省就业时随同转移;在转移个人账户储存额的同时,还转移部分单位缴费;参保人员在各地的缴费年限合并计算,个人账户储存额累计计算,对农民工一视同仁。该办法的出台重点解决了以下四方面的问题:一是实现两种制度衔接。通过明确规定全国统一的衔接方式、衔接条件、资金转移、待遇领取等政策和统一衔接经办规程,实现劳动者特别是农民工在城乡养老保险制度间的顺畅衔接。二是保障个人权益。无论是从城乡居民养老保险转入城镇职工养老保险,还是从城镇职工养老保险转入城乡居民养老保险,都将个人账户储存额(含政府、集体补助部分)全部转移,并累计计算个人账户养老金。三是妥善处理重复参保与重复领取待遇问题。从维护参保人员权益出发,对重复参保与重复领取待遇问题作出了明确规定,总体要求是优先保留待遇水平较高的城镇职工养老保险关系和待遇,对于个人因重复缴费而产生的城乡居民养老保险个人账户金额退还本人。四是提高管理服务水平。我国企业职工养老保险制度不断完善,各省(自治区、直辖市)也已全部出台养老保险省级统筹办法,城镇职工和农民工在本省内城市间流动就业。解决好基本养老保险关系的跨省转移接续问题,对于更好地保障流动就业人群的权益,建立健全全国统一的社会保险制度,具有重要意义。2010年10月《中华人民共和国社会保险法》公布,该法要求职工应当参加基本养老保险,并由用人单位和职工共同缴纳基本养老保险费;基本养老保险实行社会统筹与个人账户相结合。

2012年年底,中国社会科学院世界社保研究中心在京发布的《中国养老金发展报告2012》显示,截至2011年年底,城镇职工基本养老保险的总参保人数达到2.84亿,从行业看,以个体身份参保人员参保人数增长最快,参保人数比2010年增长了14.87%。

2014年2月7日,国务院召开国务院常务会议,决定合并新型农村社会养老保险和城镇居民社会养老保险,建立全国统一的城乡居民基本养老保险制度,使全体公民公平地享有基本养老保障。2014年2月24日,中国人力资源社会保障部、财政部印发《城乡养老保险制度衔接暂行办法》(人社部发〔2014〕17号)。该办法规定:参加城镇职工养老保险和城乡居民养老保险人员,达到城镇职工养老保险法定退休年龄后,城镇职工养老保险缴费年限满15年(含延长缴费至15年)的,可以申请从城乡居民养老保险转入城镇职工养老保险,按照城镇职工养老保险办法计发相应待遇;城镇职工养老保险缴费年限不足15年的,可以申请从城镇职工养老保险转入城乡居民养老保险,待达到城乡居民养老保险规定的领取条件时,按照城乡居民养老保险办法计发相应待遇。城乡养老保险制度衔接既涉及城乡之间,也涉及不同地区之间,跨度大、时间长,为方便参保人员办理,避免参保人员往返不同地区办理手续,《城乡养老保险制度衔接暂行办法》强调优化服务,规定由参保人员提出制度衔接的申请,主要手续由相关社保经办机构办理,减少了参保人员的往返奔波。

2015年1月14日,根据《中华人民共和国社会保险法》等相关规定,为统筹城乡社会保障体系建设,建立更加公平、可持续的养老保险制度,国务院颁布了《关于机关事业单位工作人员养老保险制度改革的决定》(国发〔2015〕2号),决定改革机关事业单位工作人员养老保险制度,实行社会统筹与个人账户相结合的基本养老保险制度。基本养老保险费由单位和个人共同负担。单位缴纳基本养老保险费(以下简称单位缴费)的比例为本单位工资总额的20%,个人缴纳基本养老保险费(以下简称个人缴费)的比例为本人缴费工资的8%,由单位代扣。

按本人缴费工资8%的数额建立基本养老保险个人账户,全部由个人缴费形成。个人工资超过当地上年度在岗职工平均工资300%以上的部分,不计入个人缴费工资基数;低于当地上年度在岗职工平均工资60%的,按当地在岗职工平均工资的60%计算个人缴费工资基数。个人账户储存额只用于工作人员养老,不得提前支取,每年按照国家统一公布的记账利率计算利息,免征利息税。参保人员死亡的,个人账户余额可以依法继承。

二、农村养老保险政策

改革开放前我国广大农村"土地+家庭"的养老保险模式突出了家庭与土地的保障功能。家庭保障功能主要体现在家庭成员间的相互支持与帮助,"养儿防老"成为传统农村养老保险的核心价值。家庭保障既包括家庭成员间的抚养和赡养关系,也包括在失业、疾病等非常条件下的责任和义务关系。土地及与之相关的各类生产资料构成养老保险的物质基础。

中共十一届三中全会后,我国广大农村经济、政治、社会快速变迁。人口老龄化加速;家庭结构核心化和小型化,代际养老功能衰退,中青年一代孝敬老人、赡养父母观念和能力下降[①];户籍与身份制度的改革,把农民从土地中解放出来,大批青壮年农业人口涌入城镇务工或从事其他非农产业,使传统农村家庭养老模式面临严峻挑战;农村城镇化及乡镇企业的发展致使土地快速流失,农村人均耕地锐减,土地的养老保障功能下降。总之,传统的家庭养老模式已不能适应农村社会发展的要求,构建社会化的养老保险体系成为必然选择。

中共十一届三中全会通过的《农村人民公社工作条例(试行草案)》提出"有条件的基本核算单位可以实行养老金制度"。据此,部分经济较发达的农村地区开始尝试建立退休养老金制度,我国农村社会养老保险制度改革探索工作启动。1984年颁布实施的《中国人民保险公司个人养老保险试行办法》规定,农村养老保险的缴费年龄下限为16岁,月缴费不得低于5元,领取养老金的年龄由投保人从50岁、55岁、60岁、65岁中任选一档。1990年7月,国务院总理办公会议首次明确农村社会养老保险由民政部负责。1991年1月,国务院决定选择有条件的地区开展建立县级农村社会养老保险制度的试点工作,经国务院批准民政部成立了专门的农村社会养老保险办公室。

---

① 吴鹏森编著:《现代社会保险概论》,上海人民出版社2004年版,第229页。

1992年1月,民政部颁布《县级农村社会养老保险基本方案(试行)》,对我国农村养老保险的性质、原则做出了明确规定。农村社会养老保险是国家保障全体农民老年基本生活的制度,是政府的一项重要社会政策。农村社会养老保险的基本原则是:第一,从农村实际出发,以保障老年人的基本生活为目的;第二,养老保险金的筹集以个人缴纳为主,集体补助为辅,国家予以政策扶持;第三,自助为主、互济为辅,采用储备积累的供款基准制度;第四,社会养老保险与家庭养老相结合,家庭养老仍是农村养老的主要方式;第五,农村务农、务工、经商等各类人员社会养老保险制度一体化。

县级农村社会养老保险基本方案的特点是:第一,明确了个人、集体与国家三者的责任,突出自我保障为主原则;第二,实行储备积累,个人领取养老金的多少取决于本人缴纳多少和积累时间的长短;第三,各类人员实行统一的养老保险制度,有利于促进农村劳动力流动;第四,政府引导和农民自愿参加相结合,相对机动灵活。改革方案颁布后,民政部曾在山东、湖北、江苏等地组织了较大规模的试点,1991年10月召开的全国农村社会养老保险试点工作会议总结推广山东经验,1992年7月召开的全国农村社会养老保险工作经验交流会重点总结推广武汉经验。1992年12月召开的全国农村社会养老保险工作会议系统总结了农村养老保险试点工作的基本经验,标志着全国大范围、大规模的试点工作告一段落,农村社会养老保险制度进入在有条件地区逐步建立并稳步发展、全面推进阶段。

1992年县级农村社会养老保险基本方案仍存在诸多缺陷。首先,缺乏社会互济性。个人选择了某一档次的养老保险,集体给予同等补助,这一方面在没有集体经济或集体经济不发达的地区无法实施。另一方面,选择的参保档次越高,集体给予的补助就越多,个人账户的积累就越多,领取的社会养老金标准就越高,反之越低。这种"马太效应"使不同档次的投保者享受的养老保险标准悬殊太大,从而丧失了"最后一道防线"的功能。其次,养老保险缴费太低,不足以养老,在一些经济发达地区,农民投保的社会养老金水平甚至低于社会救助水平。最后,农村社会养老基金保值增值问题。考虑到通货膨胀的影响,社会养老保险基金不仅不能保值增值,还面临价值流失的风险。

应该说,我国农村养老保障仍然以家庭为主。20世纪90年代以后,我国部分地区根据农村社会经济发展实际,按照"个人缴费为主、集体补助为辅、政府给予政策扶持"的原则,建立了个人账户积累式的养老保险。"2003年底,全国有1870个县(市、区)不同程度地开展了农村社会养老保险工作,5428万人参保,积累基金259亿元,198万农民领取养老金。2004年,中国政府开始对农村部分计划生育家庭实行奖励扶助制度的试点:农村只有一个子女或两个女孩的计划生育夫妇,每人从年满60周岁起享受年均不低于600元的奖励扶助金,直到亡故为止。奖励扶助金由中央和地方政府共同负担。"①

农业税取消后,大部分地方集体经济成为空壳,集体补助难以落实。国家开始尝试在农村建立新型养老保险制度。新型农村养老保险制度的方向是:采取由个人缴费、集体补助、政府补贴相结合的筹资方式,坚持以个人账户为主。2006年10月13日国务院批转了《劳动和社会保障事业发展'十一五'规划纲要》,再次明确提出,"按照城乡统筹发展的要求,探索建立与农村经济发展水平相适应、与其他保障措施相配套的农村社会养老保险制度"。到了"十五"期末,我国农村参加社会养老保险的人数达到5442万人。

为了逐步解决农村居民老有所养问题,加快建立覆盖城乡居民的社会保障体系,2009年9月1日,根据中共十七大精神,国务院发布《关于开展新型农村社会养老保险试点的指导意见》,确定基础养老金最低标准为每人每月55元,这标志着全国新型农村社会养老保险(以下简称"新农保")试点工作正式启动。"新农保"试点的基本原则是"保基本、广覆盖、有弹性、可持续"。一是从农村实际出发,低水平起步,筹资标准和待遇标准要与经济发展及各方面承受能力相适应;二是个人(家庭)、集体、政府合理分担责任,权利与义务相对应;三是政府主导和农民自愿相结合,引导农村居民普遍参保;四是中央确定基本原则和主要政策,地方制定具体办法,对参保居民实行属地管理,探索建立个人缴费、集体补助、政府补贴相结合的新农保制度,实行社会统筹与个人账户相结合,与家庭养老、土地保障、社会救助等其他社会保障政策措施相配套,保障农村居民老年基本生活。2009年试点覆盖面为全国10%的县(市、区、旗),随后逐步扩大试点,在全国普遍实施,2020年之前基本实现对农村适龄居民的全覆盖。

2011年,城镇居民养老保险(以下简称"城居保")开始试点。2014年,"新农保"和"城居保"实现并轨。居民养老保险制度统一实行个人缴费、集体补助、政府补贴相结合的筹资模式,养老金支付由个人账户养老金和政府承担的基础养老金两部分组成。经国务院批准,全国城乡居民基本养老保险基础养老金最

---

① 中华人民共和国国务院新闻办公室:《中国的社会保障状况和政策》(2004年9月)。

低标准提高至每人每月70元,即在原每人每月55元的基础上增加15元,提高幅度为27.3%,提高待遇从2014年7月1日算起。这次上调是我国首次统一提高全国城乡居民养老保险基础养老金最低标准,惠及了全国超过1.4亿城乡老年居民和数亿城乡家庭,受益面大,受益方式直接,有利于更好地保障和改善低收入或无收入的城乡老年居民基本生活。2015年颁布的《关于贯彻落实国务院统一城乡居民基本养老保险制度暨实施城乡养老保险制度衔接有关问题的通知》对城乡居民养老保险制度进行了进一步的规范和完善。为鼓励多缴多得,对个人缴费1000元至2000元之间的人员,财政每人每年补贴60元;个人缴费标准2000元及以上的每人每年补贴90元。从2015年起,新参加城乡居民养老保险的参保人,领取待遇年龄统一为60岁。

第三节 改革开放以来社会救助政策的改革与调整

改革开放以来,我国在经济与社会快速发展的同时,地区之间、城乡之间、行业之间、家庭之间贫富差距拉大,贫困问题依然突出。在农村,联产承包责任制的实施和市场经济的逐步建立,集体经济总体上趋于衰落,传统的五保制度失去了原有的经济基础,"年关一次慰问,死后一次安葬,平时几乎不问"的非正常现象普遍存在。在城镇,持续的国民经济结构性调整、企业改制,使大量职工下岗失业,基本生活失去保障,社会救助政策急需改革调整。

一、农村社会救助政策

农村社会救助政策的改革调整主要集中在"五保"和扶贫两方面。

1979年9月,《中共中央关于加快农业发展若干问题的决定》指出,随着集体经济的发展,要逐步办好集体福利事业,以更好地保障弱贫、孤寡、残疾社员、残废军人和烈军属的生活。"五保"概念也被赋予了新的内涵,即从原来的保吃、穿、烧、葬变为保吃、穿、住、医和葬(年幼者保教)。五保制度由此在全国迅速恢复发展。1982年1月,中共中央批转《全国农村工作会议纪要》,提出通过"包干到户"确保公共积累,以统一安排五保户的生活。1985年,民政部在全国范围内大力推行乡镇统筹五保制度,即以乡镇为单位,按人口或土地统一筹集五保粮款,设立基金,统一管理。1991年12月,国务院颁布的《农民承担费用和劳务管理条例》规定,"乡统筹费和公益金用于五保户供养"。上述改革不仅有效克服了五保供养在村与村之间负担不均的矛盾,也为落实五保制度提供了稳定的资金来源。

1994年1月,国务院发布《农村五保供养工作条例》,对五保供养的性质、对象、内容、标准、方式、经费及实物来源、实施机构等做出了明确规定。五保供养是农村集体福利事业,农村集体经济组织负责提供五保供养所需的经费和实物,乡、民族乡、镇人民政府负责组织五保供养工作的实施。五保救助的对象是农村无劳动能力、无生活来源、无法定抚养义务人或有法定抚养义务人但义务人无抚养能力的老年人、残疾人和未成年人。五保供养的内容包括:供给粮油和燃料;供给服装、被褥、日用品和零用钱;提供符合基本条件的住房;及时治疗疾病,对生活不能自理者有人照料;妥善办理丧葬事宜,对未成年人提供接受义务教育的条件。五保供养的实际标准应不低于当地村民的一般生活水平,具体标准由乡级政府确定。五保供养的方式可根据各地经济条件的不同,采用集中供养或分散供养,具备条件的乡、民族乡、镇人民政府可举办敬老院,集中供养五保对象。

《农村五保供养工作条例》作为新中国首部全国性的农村五保供养法规,第一次对我国已实施数十年的五保制度以系统、全面的规范,它标志着我国的五保工作走上了规范化、制度化的轨道。近年来,随着农村税费改革的推进,五保供养问题又突显出来。2006年国务院颁布了新的《农村五保供养工作条例》,同时1994年的《农村五保供养工作条例》废止。新的《农村五保供养工作条例》规定:"农村五保供养对象可以在当地的农村五保供养服务机构集中供养,也可以在家分散供养。农村五保供养对象可以自行选择供养形式。"国家鼓励有条件的地方实行集中供养。国家政策要求,"各级人民政府应当把农村五保供养服务机构建设纳入经济社会发展规划。县级人民政府和乡、民族乡、镇人民政府应当为农村五保供养服务机构提供必要的设备、管理资金,并配备必要的工作人员"。

在扶贫救助方面,1978年,民政部改革救灾款的使用办法,首次将单纯的灾民生活救济变为保障灾民基本生活和扶持灾民及贫困户生活自救相结合,变"输血"为"造血",针对贫困户实施小扶贫。1981年,针对贫困地区的"大扶贫"试点工作开始实施。1982年,国家经委、民政部等9个部门联合发布《关于认真做好扶助农村贫困户工作的通知》,要求有关部门以扶贫为己任,通力合作,积极扶助农村贫困户发展生产。1985年,民政部和中国科协联合发布了《关于开展科技扶贫工作的通知》。1986年,国务院成立贫困地区经济开发领导小组,并设立了专门的扶贫办公室,负责组织实施农村扶贫工作。1993年12月,国务院扶贫开发办公室成立。

为全面、彻底解决农村绝对贫困进而解决相对贫困问题，最终实现共同富裕，1994年3月，国务院在全国扶贫工作会议上制定部署了《国家八七扶贫攻坚计划》，要求集中人力、物力、财力，动员社会各界，通过大规模的扶贫攻坚，到2000年年底基本解决当时全国农村8000万贫困人口的温饱问题。对深化扶贫工作改革的总体要求是："坚持开发式扶贫方针，努力提高扶贫开发效益。积极创造稳定解决贫困户温饱问题的基础条件。""八七扶贫攻坚计划"是我国历史上第一个有明确目标、明确对象、明确措施和明确期限的扶贫开发行动纲领。它标志着我国21世纪的扶贫救助工作将进入解决相对贫困问题阶段。

2001年，中共中央在认真调查研究的基础上，制定了新的《中国农村扶贫开发纲要》，提出2001—2010年我国扶贫开发总的奋斗目标是：尽快解决极少数贫困人口温饱问题，进一步改善贫困地区的基本生产生活条件，巩固温饱成果，提高贫困人口的生活质量和综合素质，加强贫困乡村的基础设施建设，改善生态环境，逐步改变贫困地区社会、经济、文化的落后状态，为达到小康水平创造条件。2005年8月，国务院扶贫办下发了《关于共同做好整村推进扶贫开发构建和谐文明新村工作的意见》，提出了整村扶贫开发的政策思路。

现阶段我国扶贫开发政策主要有：第一，扶贫开发的方针是政府主导、社会参与、自力更生、开发扶贫。第二，扶贫开发的对象是贫困地区尚未解决温饱问题的贫困人口。同时，继续帮助初步解决温饱问题的贫困人口增加收入，进一步改善生产生活条件，巩固扶贫成果。国家扶持的重点放在中西部的少数民族地区、革命老区、边疆地区和一些特困地区。第三，把发展种养业作为扶贫开发的重点，积极推进农业产业化经营。第四，改善贫困地区的基本生产生活条件，稳步推进自愿移民搬迁。第五，加大科技扶贫力度，努力提高贫困地区群众的科技文化素质。第六，鼓励多种所有制经济组织参与扶贫开发。

2005年以来，国家主抓整村推进扶贫、劳动力转移培训扶贫和产业化扶贫三大重点，每年约有1.65万个贫困村完成整村推进村级规划的实施。据国务院扶贫办抽样调查数据测算，2005年全国实施村级规划的贫困村，农民人均纯收入增幅比未实施规划的贫困村高2.5个百分点，贫困发生率下降速度比未实施规划的贫困村快3个百分点。

2011年，中共中央、国务院印发了《中国农村扶贫开发纲要（2011—2020）》，为进一步加快贫困地区发展，促进共同富裕，实现到2020年全面建成小康社会奋斗目标指明了方向。该纲要主要内容有:一是提出了扶贫开发的指导思想、总体目标、主要任务和具有指导性意义的扶贫措施。指出我国经济社会发展总体水平不高,区域发展不平衡问题突出,制约贫困地区发展的深层次矛盾依然存在。扶贫对象规模大,相对贫困问题凸显,返贫现象时有发生,贫困地区特别是集中连片特殊困难地区(以下简称连片特困地区)发展相对滞后,扶贫开发任务仍十分艰巨。并提出我国扶贫开发已经从以解决温饱为主要任务的阶段转入巩固温饱成果、加快脱贫致富、改善生态环境、提高发展能力、缩小发展差距的新阶段。二是明确了扶贫对象和扶贫地区。规定在扶贫标准以下具备劳动能力的农村人口为扶贫工作的主要对象。要求建立健全扶贫对象识别机制,做好建档立卡工作,实行动态管理,确保扶贫对象得到有效扶持。明确了六盘山区、秦巴山区、武陵山区、乌蒙山区、滇桂黔石漠化区、滇西边境山区、大兴安岭南麓山区、燕山—太行山区、吕梁山区、大别山区、罗霄山区等区域的连片特困地区和已明确实施特殊政策的西藏、四省藏区、新疆南疆三地州是扶贫攻坚主战场。要求进一步做好连片特困地区以外重点县和贫困村的扶贫工作,实现重点县数量逐步减少。三是加强了国际合作。开展国际交流合作。通过走出去、引进来等多种方式,加强国际反贫困领域交流,借鉴国际社会减贫理论和实践,开展减贫项目合作,共享减贫经验,共同促进减贫事业发展。

2014年1月25日,中共中央办公厅、国务院办公厅印发《关于创新机制扎实推进农村扶贫开发工作的意见》(中办发〔2013〕25号)。该意见提出:第一,当前和今后一个时期,扶贫开发工作要进一步深化改革,创新机制,使市场在资源配置中起决定性作用和更好地发挥政府作用,更加广泛、更为有效地动员社会力量,构建政府、市场、社会协同推进的大扶贫开发格局,在全国范围内整合配置扶贫开发资源,形成扶贫开发合力。第二,改进贫困县考核机制。由主要考核地区生产总值向主要考核扶贫开发工作成效转变,对限制开发区域和生态脆弱的国家扶贫开发工作重点县(以下简称重点县)取消地区生产总值考核,把提高贫困人口生活水平和减少贫困人口数量作为主要指标,引导贫困地区党政领导班子和领导干部把工作重点放在扶贫开发上。第三,建立精准扶贫工作机制。国家制定统一的扶贫对象识别办法。各省(自治区、直辖市)在已有工作基础上,坚持扶贫开发和农村最低生活保障制度有效衔接,按照县为单位、规模控制、分级负责、精准识别、动态管理的原则,对每个贫困村、贫困户建档立卡,建设全国扶贫信息网络系统。第四,健全干部驻村帮扶机制。在各省(自治区、直辖市)

现有工作基础上,普遍建立驻村工作队(组)制度。可分期分批安排,确保每个贫困村都有驻村工作队(组),每个贫困户都有帮扶责任人。把驻村入户扶贫作为培养锻炼干部特别是青年干部的重要渠道。第五,改革财政专项扶贫资金管理机制。逐步增加财政专项扶贫资金投入,增强资金使用的针对性和实效性,项目资金要到村到户,切实使资金直接用于扶贫对象。把资金分配与工作考核、资金使用绩效评价结果相结合,探索以奖代补等竞争性分配办法。简化资金拨付流程,项目审批权限原则上下放到县。以扶贫攻坚规划和重大扶贫项目为平台,整合扶贫和相关涉农资金,集中解决突出贫困问题。2015年11月中共中央、国务院又作出了《关于打赢脱贫攻坚战的决定》,要求增强使命感和紧迫感,以精准扶贫、精准脱贫为基本方略,到2020年稳定实现农村贫困人口不愁吃、不愁穿,义务教育、基本医疗和住房安全有保障的目标。确保现行标准下农村贫困人口实现脱贫,贫困县全部摘帽,解决区域性整体贫困。

二、城镇社会救助政策

中共十一届三中全会以来,我国城镇社会救助政策的改革调整可分为两个阶段。

第一阶段是从20世纪80年代初至90年代初。这一时期的基本特点是适应拨乱反正、经济建设等改革开放政策的要求,恢复并调整传统社会救助政策。内容集中在三个方面:首先,对因受冤假错案之害而生活无着或生活困难的城镇居民予以救助;其次,对因受经济体制改革、通货膨胀影响导致生活无着或生活困难的城镇居民予以救济;其三,适当提高了社会救助标准。

第二阶段是20世纪90年代以来。随着改革开放尤其是经济体制改革的深入,城镇贫困人口构成发生了重大变化,贫困面扩大,生活无着或生活困难人员主要集中在:无依无靠,无生活来源的孤老残幼;无固定职业、无固定收入来源的城镇居民;下岗失业人员;严重亏损,处于停产或半停产状态企业的职工;部分离退休职工;因病和非因工死亡的职工遗属;因其他原因而导致生活特别困难的城镇居民。一方面是城镇贫困人口快速急剧增加,要求扩大社会救助覆盖面;另一方面,为减轻企业负担,鼓励、支持企业走向市场、参与竞争,增强竞争力,传统以企业为主体的社会保障体制必须改革,我国城镇社会救助政策面临新的挑战。

90年代以来,从中央到地方各级人民政府为构建新型城镇社会救助机制做出了不懈努力,重点是探索建立并不断完善城市居民最低生活保障线制度。城市居民最低生活保障线即对收入低于最低生活保障线的城市贫困人口实行差额补助,按照最低生活保障线标准提供基本生活保障。1993年,上海市根据经济发展和社会救助对象的新特点,提出确定一条能够随物价指数变化适时调整的最低生活保障线,作为实施贫困救助的基本标准,在全国率先实行城市居民最低生活保障制度。1994年,全国民政会议首次提出"对城市社会救济对象逐步实行按当地最低生活保障线标准进行救济"的社会救助改革目标,部分城市随之相继制定了低保政策。1995年,民政部分别在厦门、青岛召开了全国城市最低生活保障线工作座谈会,厦门、青岛、上海、大连、广州等地介绍了建立最低生活保障线制度的探索经验。1996年,八届全国人大四次会议通过的《国民经济和社会发展"九五"计划和2010年远景目标纲要》提出,"逐步建立城市居民最低生活保障线制度,帮助城市贫困人口解决生活困难"。1997年3月,八届全国人大五次会议进一步明确提出,城市最低生活保障制度是保障居民基本生活需要的重要措施,也是适合我国国情的一种社会保障办法,要逐步加以完善。1997年9月,国务院颁布《关于在全国建立城市居民最低生活保障制度的通知》并召开了专门电视电话会议,要求1997年年底以前,已建立这项制度的城市要逐步完善,尚未建立这项制度的要抓紧做好准备工作;1998年年底以前,地级以上城市和部分县级市要建立这项制度;1999年年底以前,县级市和县级政府所在地的镇要建立这项制度。1999年9月,国务院颁布《城市居民最低生活保障条例》,标志着我国城市居民最低生活保障制度进入制度化、规范化阶段。2001年,国务院决定增加中央财政资金以支持老工业基地和中西部地区的低保工作,我国城镇社会救助工作取得了历史性的进展,居民最低生活保障成为我国城镇社会救助的基本政策。

我国城镇居民最低生活保障制度的内容主要包括保障对象与范围、保障标准、资金来源、申请与批准程序等。其中,保障对象是持有非农业户口、家庭人均收入低于当地最低生活保障标准的城市居民。保障范围包括,无生活来源、无劳动能力、无法定赡养人或抚养人的城市居民;领取失业救济金期间或失业救济期满后仍未能重新就业,家庭人均收入低于当地最低生活保障标准的居民;在职人员和下岗人员在领取工资或最低工资、基本生活费后以及退休人员领取退休金后,家庭人均收入仍低于当地最低生活保障标准的居民。城市居民最低生活保障所需资金,由地方各级人民政府列入财政预算,纳入社会救济专项资金支出项目,专项管理,专款专用。申请享受城市居民最低生活保障待遇的程序是,由户主向户籍所在地的街道办事处或者镇人民政府提出书面申请,并出具有关证明材料,填写《城市居民最低生活保障待遇审批表》。审批程序是经所在地的街道办事处或镇人民政府初审后,将有关材料和初审意见报送区、县人民政府民政部门审批。

2001年以来,中央与地方政府不断加大低保资金投入力度,低保标准持续提高,低保覆盖面逐年扩大,低保工作成效显著。城镇居民最低生活保障制度是对我国传统城镇救助制度的改革与完善,是我国社会救助制度改革的重大成就,是社会救助工作制度化、规范化的重要标志。城镇居民最低生活保障制度的实施,有效解决了贫困人口的基本生活问题,有利于化解社会矛盾、维护社会稳定、促进经济体制顺利转型。城镇居民最低生活保障制度实施过程中,仍然存在这样或那样的问题,集中表现在:一是救助标准普遍偏低。各地的救助标准高低不一,总体水平相对低下,仅限于解决贫困人员的生活困难。二是救助方式单一。政府出资对贫困人员简单"输血",只能解决他们的生活困难,不可能形成"造血"机制,不利于贫困人口从根本上摆脱贫困。三是经费来源渠道过窄。经费是城镇居民最低生活保障制度的核心所在,也是制约制度落实的瓶颈。目前的政府出资、专账管理、专款专用,保障资金具有可靠来源,但从长远看,城镇居民最低生活保障资金还必须有可持续的、稳定的来源渠道。四是随着城镇农民工问题的凸现,对城镇农民工的社会救助成为摆在政府面前的新课题。

2012年,针对存在的问题,国务院下发《关于进一步加强和改进最低生活保障工作的意见》(国发〔2012〕45号)。该意见提出加强和改进最低生活保障工作的政策措施:一是完善了最低生活保障对象认定条件,户籍状况、家庭收入和家庭财产是认定最低生活保障对象的三个基本条件。二是规范了最低生活保障审核审批程序,规范申请、审核、审批、公示、发放等程序。三是建立救助申请家庭经济状况核对机制,研究制定具体的信息查询办法,并负责跨省(自治区、直辖市)的信息查询工作。到"十二五"末,全国要基本建立救助申请家庭经济状况核对机制。四是加强最低生活保障对象动态管理,要定期跟踪保障对象家庭变化情况,形成最低生活保障对象有进有出、补助水平有升有降的动态管理机制。五是加强最低生活保障与其他社会救助制度的有效衔接,加快推进低收入家庭认定工作,为医疗救助、教育救助、住房保障等社会救助政策向低收入家庭拓展提供支撑;全面建立临时救助制度,有效解决低收入群众的突发性、临时性基本生活困难;做好最低生活保障与养老、医疗等社会保险制度的衔接工作。

2014年2月21日,《社会救助暂行办法》(中华人民共和国国务院令第649号)颁布,2014年5月1日起施行。该办法指出:国家对共同生活的家庭成员人均收入低于当地最低生活保障标准,且符合当地最低生活保障家庭财产状况规定的家庭,给予最低生活保障。社会救助工作遵循公开、公平、公正、及时的原则,坚持托底线、救急难、可持续,与其他社会保障制度相衔接,社会救助水平与经济社会发展水平相适应。办法将最低生活保障、特困人员供养、受灾人员救助、医疗救助、教育救助、住房救助、就业救助和临时救助等八项制度以及社会力量参与作为基本内容,确立了完整清晰的社会救助制度体系。

2015年,国务院办公厅转发民政部等部门《关于进一步完善医疗救助制度全面开展重特大疾病医疗救助工作意见的通知》(国办发〔2015〕30号)。该通知就进一步完善医疗救助制度、全面开展重特大疾病医疗救助工作提出以下意见:最低生活保障家庭成员和特困供养人员是医疗救助的重点救助对象。逐步将低收入家庭的老年人、未成年人、重度残疾人和重病患者等困难群众(统称低收入救助对象),以及县级以上人民政府规定的其他特殊困难人员纳入救助范围。适当拓展重特大疾病医疗救助对象范围,对发生高额医疗费用、超过家庭承受能力、基本生活出现严重困难家庭中的重病患者(统称因病致贫家庭重病患者)实施救助。在各类医疗救助对象中,重点加大对重病、重残儿童的救助力度。

三、自然灾害救助政策

我国自然灾害救助制度始终以救灾与防灾相结合为指导思想,寓防灾于救灾之中,标本兼治。自然灾害救助工作以"以防为主,防救结合"为总方针。以"依靠群众,依靠集体,生产自救,互助互济,辅之以国家必要的救济和扶持"为基本方针,自然灾害救助的原则是保障灾民基本生活、统一性与灵活性相结合,使灾民在吃、穿、住、医疗方面得到基本保障。改革开放以来,我国自然灾害救助政策的改革调整主要集中在以下方面:

1. 建立自然灾害救助分级管理体制

1993年11月,民政部召开全国救灾救济工作座谈会,提出建立与我国经济发展水平相适应的救灾分级管理体制。此后,全国各地积极贯彻会议精神,探索建立救灾分级管理新体制。河南、湖北、辽宁、吉林等省积极筹资兴建救灾仓库,储备救灾应急物资,提高紧急救援能力;一些地方设立了救灾预备金,以备灾害发生时调剂使用,不少地方把救灾分级管理一直推行到乡镇组织。自然灾害救助分级管理体制适应了我国市场经济建设和财政体制改革的要求,克服了过去救灾工作中地方政府消极、被动、依赖中央的心理,增强了地方政府的主动性、创造性;拓宽了救灾资金来源渠道,促进了生产自救、互助互济的广泛开展;增强了救灾工作的灵活性、时效性。2007 年,《中华人民共和国突发事件应对法》由十届全国人大会常委会通过,该法规定了国家建立统一领导、综合协调、分类管理、分级负责、属地管理为主的应急管理体制。国务院在总理领导下研究、决定和部署特别重大突发事件的应对工作;根据实际需要,设立国家突发事件应急指挥机构,负责突发事件应对工作;必要时,国务院可以派出工作组指导有关工作。县级以上地方各级人民政府设立由本级人民政府主要负责人、相关部门负责人、驻当地中国人民解放军和中国人民武装警察部队有关负责人组成的突发事件应急指挥机构,统一领导、协调本级人民政府各有关部门和下级人民政府开展突发事件应对工作;根据实际需要,设立相关类别突发事件应急指挥机构,组织、协调、指挥突发事件应对工作。上级人民政府主管部门应当在各自职责范围内,指导、协助下级人民政府及其相应部门做好有关突发事件的应对工作。2010 年,国务院颁布《自然灾害救助条例》,对县级以上地方人民政府灾害救助应急综合协调机构以及各级民政部门的职责做了明确规定。提出灾害救助实行各级人民政府负责制,民政部门负责灾害救助工作。进一步明确了民政部门在灾害救助准备措施、预警响应、应急响应机制和受灾人员灾后生活救助、救助款物的监管工作职责。另外提出建立健全政府与人民团体、社会组织在救灾捐赠、志愿服务、灾后重建等方面的良性互动的救灾社会动员机制,全面提高救灾社会动员能力。该条例的出台从法律上肯定了灾害救助工作多年来形成的工作原则、制度、方法,确立了灾害救助工作在国家应急法律体系中的地位,使灾害救助工作进入依法行政的历史发展新阶段。

2. 拓宽救灾款物来源渠道

1996 年 1 月,中共中央办公厅、国务院办公厅转发民政部、国务院扶贫开发领导小组《关于在大中城市开展经常性捐助活动支援灾区、贫困地区的意见》,要求各地在全国大中城市和发达地区开展经常性捐助活动。1997 年年初,民政部提出在条件成熟的大中城市逐步开展捐助接收工作日常化的试点,要求在街道、居委会建立专门机构,设立工作网点,配置专用仓储,对捐赠物资进行整洗、分类、消毒、包装、修补等,根据灾情需要统一分配并组织运输。2000 年 5 月,民政部发布的《救灾捐赠管理暂行办法》规定,救灾捐赠应是自愿和无偿的,严禁强行摊派或变相摊派,同时也明确了救灾捐赠款物的使用范围与救灾捐赠工作和接受捐赠的管理权限。救灾捐赠款物用于解决灾民无力克服的衣、食、住、医等生活困难;紧急抢救、转移和安置灾民;灾民倒塌房屋的恢复重建;捐赠人指定的与救灾直接相关的用途,以及其他直接用于救灾方面的必要开支。《救灾捐赠管理暂行办法》规定,国务院民政部门负责管理全国救灾捐赠工作,县级以上地方人民政府民政部门负责管理本行政区域内的救灾捐赠工作;在发生特大自然灾害条件下,国务院民政部门组织开展跨省(自治区、直辖市)或者全国性的救灾捐赠活动,县级以上地方人民政府民政部门组织实施;本行政区域内发生较大自然灾害时,经同级人民政府批准,县级以上地方人民政府民政部门组织开展本行政区域内的救灾捐赠活动,但不得跨区域开展;各系统、各部门只能在本系统、本部门内组织救灾捐赠活动。改革开放以来,我国自然灾害救助政策的重大调整之一是改变了长期的对外谢绝政策,拓宽了救灾款物的来源渠道,也合乎国际惯例。1980年10月,民政部、外经部、外交部联合向国务院报送了《关于接受联合国救灾署援助的请示》,获得国务院批准,我国首次建立在遭受特大自然灾害袭击时接受外国援助和向联合国救灾署申请援助的制度,开始接受国际社会提供的人道主义性质的救灾援助。1987年5月,国务院批转民政部、外交部、经贸部《关于调整接受国际救灾援助方针的请示》提出,应有选择地积极争取国际救灾援助,遇有重大灾情,可以通过联合国救灾署向国际社会提出救灾援助要求,但教会组织的救济要予以婉拒。有选择地争取国际援助,是我国自然灾害救助工作走向开放的标志。《救灾捐赠管理暂行办法》对境外救灾捐赠做了专门规定:国务院民政部负责对境外通报灾情,表明接受境外救灾捐赠的态度,确定受援区域。未经国务院民政部门批准,任何部门、单位和个人不得对境外通报灾情或者呼吁救灾援助,法律、行政法规另有规定的除外。除积极争取境内外救灾款物援助外,1987年开始,民政部还在浙江、四川等省进行村级救灾保险试点,将保险机制引入救灾工作,以求进一步拓宽救灾款物来源渠道。建立自然灾害保险机制不仅可以整合国家、集体、个人的力量,开辟新的物款来源渠道,提升救灾能力,而且有利于增强社会成员的自我保障意识,提高救灾工作效率。2015年,民政部、发改委、财政部等九部委(局)联合印发《关于加强自然灾害救助物资储备体系建设的指导意见》,着眼救灾物资储备体系建设全过程和各环节工作,强调分级负责、部门协作、社会参与,着力构建"中央——省——市——县——乡"纵向衔接、横向支撑的五级救灾物资储备体系,有效保障受灾群众基本生活。具体内容体现在：一是强化跨部门协作和应急联动机制。首次从政策层面对救灾物资储备体系建设中各有关部门具体职责进行了明确，指导地方进一步健全完善跨部门协作和应急联动机制，包括建立救灾物资储备资金长效保障机制，健全救灾物资应急采购、紧急调运和社会动员机制，完善跨区域救灾物资援助机制，构建有关部门共同参与的救灾物资市场供应和质量安全保障机制等。二是明确落实救灾物资分级储备主体责任。提出中央和地方救灾物资储备按照分级负责、相互协同的原则，合理划分事权范围，做好储备资金预算，落实分级储备责任，科学确定各级救灾物资储备品种及规模，形成以中央储备为核心、省级储备为支撑、市县级储备为依托、乡镇和社区储备为补充的全国救灾物资储备体系。首次提出推动建立符合我国国情的五级救灾物资储备体系，将储备体系建设延伸到乡镇（街道）一级，推动救灾物资储备下移到基层，最大限度地提高救灾物资调运和发放时效，进一步提高救灾工作效能。

3. 建立完善救灾扶贫周转金制度

随着自然灾害救助政策的改革调整，救灾扶贫周转金制度应运而生。1980年，黑龙江省在救灾扶贫工作中首创"扶羊还羊""有借有还"模式，江西省则试行了救灾款无偿发放与有偿使用相结合的办法。在"无息有偿"试点工作的基础上，不少省建立了救灾扶贫周转基金。1983年，第八次全国民政会议肯定了各地利用救灾扶贫资金有偿扶持灾民和贫困户开展生产自救和扶贫的做法，明确指出："自然灾害救助款是用来保障灾民基本生活的，为了使这笔有限的经费在生产自救中发挥更大的效益，使死钱变活钱，救灾经费可以适当地扶持灾民发展农副业生产；为了克服平均发放、优亲厚友等倾向，发给灾民的救济款，除紧急抢救灾民的费用按无偿救济外，有些救济款可以试行'有借有还'的办法，将回收的经费由地方建立救灾、扶贫基金，以开展集资备荒活动。"1985年，国务院批转民政部等九部委《关于扶持农村贫困户发展生产治穷致富的请示》明确指出："要把扶贫和救灾结合起来。救灾款在保障灾民基本生活的前提下，可用于灾民生产自救，扶持灾民贫困户发展生产。救灾款有偿回收部分用于建立扶贫救灾周转金，有灾救灾，无灾扶贫。"救灾扶贫周转金源于救灾款有偿使用回收资金，主要包括：特大自然灾害救济费有偿使用回收资金；各级政府列支的自然灾害救济费有偿使用回收资金和扶贫资金；社会救济款有偿使用资金；境内外捐款可用于有偿使用的资金；周转金增值扣除支出部分。1987年，民政部下发《关于切实加强救灾款管理使用工作的通知》，对救灾款有偿使用的比例、扶持对象及资金管理提出了明确具体要求,周转金管理工作逐步走向规范。1996年3月,民政部下发《关于全面总结检查救灾扶贫周转金管理使用情况的通知》,并派出工作组到部分省进行调研,一是监督检查周转金的管理与使用情况,二是总结经验,修订完善救灾扶贫周转金使用管理办法。2010年,国务院颁布的《自然灾害救助条例》中提出,要完善灾害救助资金物资管理和使用监督制度,规范灾害救助的工作程序,强化民主评议机制,全面推行灾害救助资金物资社会化发放方式,实行科学化、规范化管理。完善灾害救助资金物资的管理和使用监督制度,完善救灾捐赠工作规程,建立健全款物管理使用公开制度,确保各项灾害救助款物使用安全、合规、有效。2012年,民政部、财政部联合印发《中央救灾物资储备管理办法》(民发〔2012〕54号),中央救灾物资坚持定点储存、专项管理、无偿使用的原则,不得挪作他用,不得向受灾人员收取任何费用。民政部根据确定的中央救灾储备物资年度采购计划和应急购置计划,按照政府采购政策规定,购置中央救灾储备物资。代储单位对救灾储备物资实行封闭式管理,专库存储,专人负责。同时建立健全救灾储备管理制度,包括物资台账和管理经费会计账等。2013年,民政部发布《关于加强中央救灾物资管理工作的通知》(民函〔2013〕240号),再次强调中央救灾物资代储单位要建立物资入库验收制度,对中央新购置的物资,做好物资的数量核对、外观检验和材料抽检。代储单位要建立储备物资管理台账,建立定期检查机制,做好物资维护保养,确保物资存储安全。

第四节　社会优抚安置政策的改革与调整

适应改革开放后经济、政治与社会发展的客观要求,我国社会优抚安置政策做出了一系列的改革和调整。随着优抚安置政策的改革、调整和完善,我国的社会优抚安置事业得到了长足的发展。

一、社会优抚政策

1. 军人优抚政策

1984年,第二届全国人大通过的《中华人民共和国兵役法》对现役军人优待和退出现役军人的安置做出了明确具体规定。比如,乘坐火车、轮船、飞机、长途汽车等交通工具,优先购票并享受减价待遇;义务兵从部队所在地寄发平信享受免费待遇;特等、一等残废军人由国家供养终生,二等、三等残废军人由家乡所在地安排适当工作或增发残废抚恤金;现役军人牺牲或病故的,由国家对其家属发给一次性抚恤金,家属无劳动能力或无固定收入不能维持生活的,由国家提供定期抚恤金;家居农村的义务兵家属由乡镇人民政府给予优待,家居城市的义务兵家属,生活困难的由县市区人民政府给予适当补助,等等。1999年,根据国务院、中央军委的指示精神,《中国人民解放军现役士兵服役条例》再次修订并发布实施,该条例对现役军人优待及退出现役的安置做出了更为具体的规定。比如规定现役士兵享受相应的保险待遇、公费医疗待遇,生活困难时给予补助等;士兵退出现役时,按规定发给退出现役补助费;士官家属符合随军条件未随军的,发给分居补助费和医疗补助费;士官按规定享受探亲假和休假待遇,等等。

1988年,国务院颁发《军人抚恤优待条例》,民政部随之于1989年发布《关于贯彻执行〈军人抚恤优待条例〉若干具体问题的解释》,其主要内容有:第一,优抚工作实行国家、社会和群众相结合的制度,保障军人优抚与国民经济发展相适应,优抚标准应与社会生活水平同步提高;第二,优抚对象包括现役军人、革命伤残军人、复员退伍军人、革命烈士家属、因公牺牲军人家属、病故军人家属和现役军人家属等;军人优抚分为死亡抚恤、伤残抚恤和优待等,死亡抚恤包括为家属发放一次性抚恤金和定期抚恤金等。《军人抚恤优待条例》2004年做了修改,提高了抚恤金标准,调整了现役军人批准为烈士的条件。2011年该条例又做了一些细微的调整。目前,该法已是一部完整统一的基本法规,它的颁布实施有利于加强军队建设,激励军人及其他优抚对象的责任感和荣誉感;也有利于维护优抚对象的合法权益,保障他们的工作和生活。

2007年7月,在纪念中国人民解放军建军八十周年之际,经党中央、国务院批准,国家有关部门针对当前优抚对象和部分军队退役人员存在的实际困难,本着需要解决而又能够解决的原则,统筹研究出台了提高优抚对象抚恤补助标准、给予部分曾参加作战和核试验军队退役人员生活补助、完善优抚对象医疗保障以及部分军队退役人员再就业、住房、社会保险接续等方面的政策措施。这些措施进一步完善了我国的军人优抚政策。

2. 革命烈士褒扬政策

新中国成立之初,国家即对伤残军人、病故军人、革命工作人员、病故革命工作人员、民兵民工被批准为烈士分别做出了具体规定。随国家政治与经济形势的变迁,对革命烈士褒扬政策做出了相应调整。

1980年6月,国务院发布实施《革命烈士褒扬条例》,其内容包括:第一,褒扬革命烈士的目的是发扬革命烈士忘我牺牲精神,教育和激励广大人民群众建设"四化"、保卫"四化"的政治热情,服务"四化"建设。第二,调整了批准为烈士的条件和范围。新的条件范围是:作战牺牲或作战负伤后因伤死亡、作战残废后不久因伤口复发死亡、作战前线担任战勤任务牺牲或在战区守卫重点目标牺牲、因执行革命任务被杀害或被俘后遭杀害等、为保卫或抢救人民生命和国家集体财产而牺牲的人员,可被批准为革命烈士。这一改革打破了以往批准为烈士的条件和范围仅限于革命军人、革命工作人员、参战民兵民工的界线,扩大到全体人民,既体现革命烈士条件的严肃性,又体现革命烈士的广泛性。第三,民政部门统一向烈士家属颁发《革命烈士证明书》,革命烈士家属的抚恤按作战军人家属抚恤的有关规定执行。第四,各级人民政府负责烈士资料的收集和宣传工作。《革命烈士褒扬条例》颁布实施后,民政部又相继采取了一系列相配套的政策措施,有效推动了革命烈士褒扬工作的开展。

近年来,随着中国经济社会的发展,烈士褒扬工作遇到了一些新的情况和问题,一是评定烈士的情形不能适应新形势下烈士评定工作的需要,评定烈士的程序也需要进一步规范和完善;二是烈士遗属抚恤待遇低、标准不统一;三是对烈士遗属的优待缺乏全面系统的规定;四是烈士纪念设施的保护和管理工作需要做进一步规范。为了适应新形势下烈士褒扬工作的实际需要,2011年,国务院第164次常务会议通过了《烈士褒扬条例》(国务院令第601号),2011年8月1日起施行。该条例对《革命烈士褒扬条例》进行了全面修订:

一是设立了统一标准的烈士褒扬金制度。《革命烈士褒扬条例》没有规定这一制度。为了弘扬烈士精神,条例规定,国家建立烈士褒扬金制度;烈士褒扬金标准为烈士牺牲时上一年度全国城镇居民人均可支配收入的30倍;战时,参战牺牲的烈士褒扬金标准可以适当提高。

二是统一了烈士遗属一次性抚恤待遇标准。实践中关于一次性抚恤待遇的做法是烈士生前有工资收入的按照本人工资标准、无工资收入的参照军队排职少尉军官的工资标准发给烈士遗属一次性抚恤金。各地、各部门普遍反映烈士遗属一次性抚恤金不仅标准偏低,而且标准不统一,烈士遗属抚恤待遇差距过大。为了解决这一问题,条例和《军人抚恤优待条例》将烈士遗属一次性抚恤待遇标准统一调整为上一年度全国城镇居民人均可支配收入的20倍加烈士本人40个月的工资,无工资收入的,按照解放军排职少尉军官工资标准计算。调整后的烈士遗属一次性抚恤待遇,因烈士生前工资的不同而略有差别。

三是规范了烈士遗属定期抚恤金的标准。《革命烈士褒扬条例》对烈士遗属的定期抚恤金标准没有做出规定,实际做法是按照作战牺牲军人遗属的有关抚恤规定办理。鉴于烈士遗属的定期抚恤情况比较复杂,条例原则规定,定期抚恤金标准参照全国城乡居民家庭人均收入水平确定;定期抚恤金的标准及其调整办法,由国务院民政部门会同国务院财政部门规定;烈士遗属享受定期抚恤金后仍达不到当地居民的平均生活水平的,由县级人民政府予以补助。

二、退役安置政策

随着我国社会主义市场经济体制的建立并逐步完善,国家机关、企事业单位的人事任用制度发生了重大变革。传统依靠行政指令性计划统一安置退役军人的办法不再适应。传统的退役安置政策必须改革调整。

1. 退伍义务兵安置政策

1987年12月,国务院颁发《退伍义务兵安置条例》,民政部随即下发《对〈退伍义务兵安置条例〉若干规定的说明》。其内容包括:第一,重申必须贯彻"从哪里来,回哪里去"的安置原则;第二,强调妥善安置、各得其所的方针;第三,明确规定了农业户口及城镇户口的义务兵分别应享受的优待。

1993年7月,为适应企事业单位逐步推行全员劳动合同制改革的需要,国务院、中央军委批转了民政部、劳动部、总参谋部《关于退伍义务兵安置工作随用工单位改革实行劳动合同制的意见》,对退伍义务兵的安置政策做出了重大调整:第一,退伍义务兵安置随用工单位改革实行劳动合同制。凡分配到已实行全员劳动合同制单位的可实行劳动合同制;对分配到尚未进行全员劳动合同制改革单位的仍按现行规定执行,从而打破了退伍义务兵固定工制度。第二,保障退伍义务兵的第一次就业。即退伍义务兵由当地政府负责安排,坚持"按系统分配任务,包干安置"原则,确保退伍义务兵的第一次就业。第三,在签订合同、培训等方面给予优待。比如,在合同期内,用工单位不得随意辞退;一年内,接收单位不得以优化劳动组合为由使其离岗,应对他们进行培训,提高劳动技能。第四,妥善安置伤病残退伍义务兵。

2. 军队转业干部安置政策

长期以来,我国军队转业干部主要由各级地方政府负责接收安置,以转入各级党政机关及企事业单位为主。随着经济体制改革和就业环境的变迁,我国改变了以往单一的计划安置模式。一方面,通过加强对军队转业干部的职业技能培训,提高他们的社会适应能力,立足解决军队转业干部就业的深层矛盾。另一方面,军队转业干部安置模式从直接安排就业为主转变为以经济补偿为主,拓宽了安置渠道,也更为灵活,富有弹性。

2001年,中共中央发布的《军队转业干部安置暂行办法》规定:第一,军队转业干部的社会政治地位。军人转业干部是党和国家干部队伍的组成部分,是重要的人才资源,是社会主义现代化建设的重要力量;军队转业干部为国防事业、军队建设做出了牺牲和贡献,应当受到国家和社会的尊重、优待;接收安置军队转业干部是一项重要的政治任务,是全社会的共同责任。第二,军队转业干部安置实行计划分配和自主择业相结合的安置模式,这是改革的重点所在。依据军队转业干部的职务、级别、军龄,分别由地方党委、政府采取计划分配方式安置;选择由地方党委、政府安排工作和职务,或本人自主择业、政府协助就业、领取退役金的方式安置。第三,适当放宽了军队转业干部安置的去向条件。一是允许军队转业干部到配偶随军前或者结婚时常住户口所在地安置;二是适当放宽了到省会城市、大城市、特大城市安置的接收条件;三是对到其他中小城市安置的,取消配偶随军并取得所在城市常住户口年限的限制条件;四是对自主择业、功臣模范、长期在边远艰苦地区以及从事飞行、舰艇工作的军队转业干部在安置去向条件上予以照顾。第四,在保持职务安排政策基本原则不变的前提下,对军队转业干部的任职进一步予以明确。比如,"担任师级领导职务或者担任团级领导职务且任职满最低年限的军队转业干部,一般安排相应的领导职务。接收师、团级职务军队转业干部人数较多、安排领导职务确有困难的地区,可以安排相应的非领导职务","其他担任师、团级职务或者担任营级领导职务且任职满最低年限的军队转业干部,参照上述规定,合理安排"。

2011年11月1日,《退役士兵安置条例》(中央军事委员会令第608号)正式施行,《退伍义务兵安置条例》(1987年12月12日)和《中国人民解放军士官退出现役安置暂行办法》(1999年12月13日)同时废止。该条例主要内容有:一是规定全社会应当尊重、优待退役士兵,支持退役士兵安置工作。国家机关、社会团体、企业事业单位,都有接收安置退役士兵的义务,在招收录用工作人员或者聘用职工时,同等条件下应当优先招收录用退役士兵。退役士兵报考公务员、应聘事业单位职位的,在军队服现役经历视为基层工作经历。接收安置退役士兵的单位,按照国家规定享受优惠政策。二是规定国务院退役士兵安置工作主管部门和中国人民解放军总参谋部制定全国退役士兵的年度移交、接收计划。退役士兵所在部队依照本条例的规定,将退役士兵移交安置地县级以上人民政府退役士兵安置工作主管部门。安置地县级以上人民政府退役士兵安置工作主管部门负责接收退役士兵。三是规定义务兵和服现役不满12年的士官退出现役的,由人民政府扶持自主就业。县级以上地方人民政府退役士兵安置工作主管部门组织自主就业的退役士兵参加职业教育和技能培训,经考试考核合格的,发给相应的学历证书、职业资格证书并推荐就业。退役士兵退役1年内参加职业教育和技能培训的,费用由县级以上人民政府承担。

军队转业干部安置是社会优抚安置工作中影响面最广、工作量最大也最为复杂的一项工作。经过多年的改革探索,我国军队转业干部安置的政策依据相对明确、完善,但仍存在一些问题,需要进一步改革。

第十章　民族宗教政策

民族宗教政策是国家处理民族关系和宗教问题的一系列方针、原则和具体规范。我国是一个多民族国家,民族宗教问题历来在国家政治生活中占有十分重要的地位,因而民族、宗教政策也是我国政策体系中的一个重要组成部分。

第一节　十一届三中全会前的民族宗教政策

从中华人民共和国成立到十一届三中全会召开,我国民族宗教政策的发展大致经历了两个时期。1949—1956 年为第一时期,是我国制定民族宗教政策时期。1957—1977 年为第二时期,是民族宗教政策曲折发展时期。

一、建国初期我国的民族宗教政策

中国共产党历来重视民族宗教工作,早在 1939 年,党中央就成立了民族工作机构——西北工作委员会(简称"西工委"),专门负责主持陕、甘、宁、青、新、蒙等的地下党的工作和少数民族工作。1940 年 4 月,西工委拟定了《关于回回民族问题的提纲》,同年 7 月又拟定了《关于抗战中蒙古民族问题提纲》。在这两个提纲中制定了一系列具体的民族宗教政策,如少数民族在政治上与汉族一样享有平等权利,反对大汉族主义,也反对狭隘民族主义;尊重民族的风俗、习惯、宗教、语言、文字、保护清真寺、喇嘛庙；帮助改善和提高回、蒙民族人民的生活，帮助发展民族经济等。这两个提纲的拟定，奠定了中国共产党民主革命时期的民族宗教政策的基础。在这一时期，我们也开始尝试在抗日根据地蒙古族、回族居民居住区建立小范围的民族自治区。抗日战争胜利以后，中国共产党提出了《和平建国纲领草案》，明确规定："在少数民族区域，应承认各民族的平等地位及其自治权。"在党的领导下，以乌兰夫同志为首的内蒙古革命者和爱国者同少数民族分裂主义分子企图把内蒙古从祖国分裂出去的阴谋进行了艰苦卓绝的斗争，在深入发动群众的基础上，终于在1947年4月胜利召开了内蒙古人民代表会议，成立了我国第一个少数民族自治政府——内蒙古自治政府，为建国后我国解决国内民族问题提供了重要的实践经验。

中华人民共和国成立后，中国共产党确立了以民族区域自治作为解决中国民族问题的基本政策。1949年9月中华人民共和国第一届政治协商会议在北京召开，会议通过了当时具有临时宪法性质的《中国人民政治协商会议共同纲领》。在共同纲领中明确规定："中华人民共和国境内各民族一律平等。""反对大民族主义和狭隘民族主义，禁止民族间的歧视、压迫和分裂各民族团结的行为。""各少数民族聚居的地区，应实行民族的区域自治。"从而确立了新中国民族政策的基本框架。

建国后，为了团结各少数民族，争取民族地区社会情况的稳定，根据中央制定的在民族地区的工作要采取"慎重稳进"的方针，党和人民政府在少数民族聚居区和杂居区，开始有计划、有步骤地推行民族区域自治，建立民族民主联合政府。在取得实践经验的基础上，1952年2月，政务院制定了《中华人民共和国民族区域自治实施纲要》，对民族区域自治作了比较全面、具体的规定。《民族区域自治实施纲要》颁布以后，全国各地加快了推行民族区域自治工作。1954年第一届全国人民代表大会正式颁布了《中华人民共和国宪法》，对民族区域自治问题做了比较全面详尽的规定，将民族区域自治政策上升为国家法律。1955年10月，新疆维吾尔自治区成立，标志着中国民族区域自治制度的发展进入了一个新阶段。

建国初期，为了实现民族平等、民族团结，解决历史上长期遗留下来的民族歧视、民族压迫问题，党和人民政府做了大量的工作，先后颁布了一系列文件和行政法规，制定了具体的民族平等政策。1951年，政务院颁布了《关于处理带有歧视或侮辱少数民族性质的称谓、地名、碑碣、匾联的指示》，同年，又做出了《关

第十章 民族宗教政策

于保障一切散居的少数民族成分享有民族平等权利的决定》。1956年，国务院下发了《关于今后行文中和书报杂志里一律不用"满清"的称谓的通知》等等。在这期间，我国党和政府领导人毛泽东、周恩来、李维汉等也多次发表重要讲话，反复强调民族平等、民族团结的重要性，教育全党和全国人民尊重少数民族的风俗习惯和宗教信仰，团结各少数民族，共同建设社会主义。解放前，我国各民族的社会经济发展很不平稳，许多少数民族政治经济发展落后，有的甚至还保留着原始公社制度的残余。建国以后，党和人民政府制定了帮助少数民族发展经济、文化、教育事业的政策，主要内容包括：

第一，扶持少数民族地区的经济发展。建国之初，周恩来同志就指出"对少数民族地区的贸易，不能剥削人家，也不能只做到平等互利"，"应该多补贴，多支出一些，少数民族同胞多得一些利益"。根据党中央的指示，我国在当时财政、经济十分困难的情况下，拿出了一批资金，帮助少数民族地区发展经济。国家先后在少数民族地区扶持建设了一批具有当地民族特色的现代化工厂，初步奠定了少数民族地区现代化工业的基础。国家还帮助少数民族地区兴修水利，修桥筑路，改善了少数民族地区的经济发展条件。同时在税收、物资供应上对少数民族地区实行倾斜，减免了少数民族地区的一些税收，保障少数民族地区的物资供应。

第二，重视发展少数民族文化教育事业。针对少数民族地区文化教育落后的状况，建国以后，党和人民政府相继制定了一系列政策，大力发展少数民族地区的文化教育事业。一方面，尊重少数民族的语言文化，不强迫他们学汉文汉语，帮助他们发展使用各族自己语言文字的文化教育。在有本民族的通用文字的少数民族地区，小学、中学和高等学校的教学，注意使用当地民族的语文文字。另一方面，照顾少数民族学生的文化水平，为少数民族学生接受教育提供方便。国家还花费许多人力、物力创办各级各类民族学校，为少数民族地区培养急需、适用的人才。党和人民政府还鼓励知识分子到少数民族地区工作，发展少数民族的文化教育事业，逐步改善各少数民族地区文化教育事业落后的状况。

第三，大量培养少数民族干部。1950年11月，中央人民政府政务院颁布了《培养少数民族干部试行方案》，明确提出了培养少数民族干部的方针，并采取一切措施，大力创办民族院校和各类干部学校。先后在北京和西南、西北、中南等地区创办了十所民族学院，在有关省和自治地方，还开办了各类干部学校和训练班，培养了一大批优秀的少数民族干部。

在宗教方面,我国的少数民族大多信仰宗教,而且有许多民族是整个民族信仰一种宗教,甚至有的地区还存在典型的政教合一制度。宗教信仰问题历来比较复杂。建国以后,党和人民政府制定了宗教信仰自由政策,规定每个公民既有信仰宗教的自由,也有不信仰宗教的自由,不管信教不信教,彼此都要相互尊重。为了使各族人民真正享有宗教信仰自由的权利,党和政府领导和支持了各族广大信教群众肃清宗教界中帝国主义势力影响的反帝爱国运动,改变了国外的侵略势力和国内反动势力相互勾结控制教会的状况,确立了"自治、自养、自传"的"三自"方针,接收了教会经营的学校、医院和救济机关。同时,各级人民政府坚持对宗教界爱国人士贯彻团结、教育、改造的政策,对他们进行爱国主义的教育,帮助他们提高认识,分清是非,解决问题,共同前进。

二、我国民族宗教政策的曲折发展

1957—1977 年是我国民族宗教政策曲折发展时期。这一时期以 1965 年为限,又分为前后两个阶段。

第一阶段,社会主义全面建设时期。

在这一时期,我们基本上贯彻执行了建国初期制定的民族宗教政策,使民族宗教工作取得了很大成绩。我国政府针对民族宗教政策贯彻执行中存在的一些问题,进一步完善了一些具体的民族宗教政策。其中主要有:

第一,按照"慎重稳进"的方针制定了指导民族地区进行社会改革的政策。根据各地区不同情况采取不同方式,成功地进行了社会民主改革,废除了各种腐朽、落后的社会经济制度,并在此基础上,完成了生产资料所有制的社会主义改造,促进了少数民族地区生产力的发展。

第二,根据《宪法》的规定,对民族自治地方做了调整、巩固和建设。继 1955 年成立新疆维吾尔自治区之后,1958 年 3 月成立了广西壮族自治区,1958 年 10 月成立了宁夏回族自治区,1965 年 9 月成立了西藏自治区。各民族自治地方的自治机关为加强自身建设,根据民族特点和地区特点进行工作,制定了一些单行条例。国务院所属各部门也制定了一些行政法规,帮助少数民族自治地方自治机关更好地行使自治权。

第三,加强对少数民族地区经济文化事业的扶持和帮助。1962 年,中华人民共和国商业部下发了《关于恢复和健全民族贸易机构加强少数民族贸易工作的指示》。1963 年,中共中央、国务院又批转了商业部、对外贸易部、国家民族事务委员会党组《关于第五次民族贸易工作会议情况的报告》。两个文件分别规定了在贸易方面对少数民族地区进行照顾的政策。1963年12月,国务院批转了财政部、民族事务委员会制定的《关于改进民族自治地方财政管理体制的报告》和《关于改进民族自治地方财政管理的规定(草案)》,该文件规定了自治区、自治州、自治县均建立一级财政、一级预算,划分收支范围,规定自治地方预算管理的新办法。文件还规定国家预算每年安排一笔民族地区补助费,作为解决民族地区一些特殊性开支的专款等优待办法。此外,中央在发展民族教育方面也作了专门的规定。

第四,进行了宗教制度的改革,废除了宗教寺庙的封建特权和封建剥削制度。在贯彻宗教信仰自由政策的过程中,党和政府坚持了区别对待的方针,把宗教界的人民内部矛盾问题与敌我性质的矛盾严格区别开来;把宗教问题与政治问题区别开来;把宗教信仰问题与宗教界中的压迫剥削区别开来;把宗教职业者的一般宗教活动与他们中的某些人对教徒群众的虐待、勒索等非法行为区别开来。保障了公民正当的宗教信仰自由的权利。

但是,这一时期,由于受"左"的思想的影响,我国在民族宗教工作方面也出现了一些偏差,如在个别少数民族地区,社会主义改造的步伐过快;一些民族自治权利没有得到尊重;忽视了少数民族的风俗习惯等。尽管党和政府及时进行了纠正,但还是为以后民族宗教工作的开展带来了不良的影响。

第二阶段,"文化大革命"时期。

在这个阶段,由于极左思潮泛滥,我国的民族宗教工作遭到了严重破坏,党的民族、宗教政策受到了歪曲,甚至出现了倒退。当时,林彪、江青反党集团歪曲民族区域自治政策是"人为地制造分裂"、建立民族自治的地方是"搞独立王国",污蔑少数民族人民行使自治权利是"少数人统治多数人",甚至蛮横地撤销或合并了某些自治地方,粗暴地践踏了少数民族人民的民族平等和民族自治权利。1975年制定的《中华人民共和国宪法》,虽然保留了民族自治地方的自治机关这一节,但1954年宪法中规定的各项自治权的具体内容被取消了,只笼统地写了自治机关"可以依照法律规定的权限行使自治权",而当时在一切法律都被否定的情况下,这一规定只能是名存实亡。在这十年,党和政府关于尊重少数民族风俗习惯的政策遭到了破坏,有些地方不准穿民族服装,不少地方不让过民族节日,有的地方甚至强迫回民火葬,剥夺了少数民族人民保持或者改变本民族风俗习惯的自由和权利,严重伤害了民族感情,损害了民族团结。当时,许多从事民族工作的少数民族干部和汉族干部受到了疯狂迫害，他们中不少人被诬蔑成"特务""内奸""里通外国分子""地方民族主义分子"，许多人受到了严刑拷打和逼供，在少数民族干部中制造了大量冤假错案。

在"文化大革命"中，党的宗教信仰自由政策也遭到了严重破坏。许多宗教工作机构被取消，寺庙、教堂被封闭或拆毁，人民群众正常的宗教活动遭到了野蛮压制和禁止。许多宗教界爱国人士和信教群众被当作"专政对象"，受到打击迫害，个别地方甚至镇压信教群众，破坏民族团结，林彪、江青反革命集团的倒行逆施，使有些宗教活动被迫转入地下，为一些敌对分子和境外敌对势力利用和煽动信教群众的不满情绪，提供了可乘之机。

第二节　改革开放后民族宗教政策的发展变化

改革开放以来党和政府制定的一系列民族宗教政策，有效地解决了新时期民族宗教方面出现的新问题和新矛盾，使我国的民族宗教工作进入了建国以来的最好时期。二十多年的政策实践活动也为我国民族宗教事务管理工作积累了丰富的经验。从1998年至2015年，国务院新闻办公室先后发布了16个有关民族宗教方面的白皮书①，对以往民族宗教工作方面的宝贵经验进行了及时的总结和回顾，也为后期国家民族宗教事务的管理奠定了基础。

一、民族宗教政策的恢复和落实

粉碎"四人帮"以后，我国进入了新的历史时期。当时，我国的民族宗教工作面临着十分严峻的局面。由于"文化大革命"的破坏，我国的少数民族干部比例明显下降，许多民族工作机构和民族院校被撤销，有些少数民族地区经济文化生活陷于停滞状态，民族关系相当紧张。在这种情况下，党和政府多次召开座谈会议，专门讨论研究少数民族地区的工作问题，并制定相应的文件，重申党的民

---

① 《西藏的主权归属与人权状况》(1992年)、《中国的宗教信仰自由状况》(1997年)、《西藏自治区人权事业的新进展》(1998年)、《中国的少数民族政策及其实践》(1999年)、《西藏文化的发展》(2000年)、《西藏的现代化发展》(2001年)、《新疆的历史与发展》(2003年)、《西藏的民族区域自治》(2004年)、《中国的民族区域自治》(2005年)、《西藏文化的保护与发展》(2008年)、《中国的民族政策与各民族共同繁荣发展》(2009年)、《新疆的发展与进步》(2009年)、《西藏民主改革50年》(2009年)、《西藏和平解放60年》(2011年)、《西藏的发展与进步》(2013年)、《新疆各民族平等团结发展的历史见证》(2015年)、《民族区域自治制度在西藏的成功实践》(2015年)、《西藏发展道路的历史选择》(2015年)。

族宗教政策,加快民族宗教工作的法制化建设,使我国的民族宗教政策发生了新的变化。1978—1982年是恢复和落实民族宗教政策时期,在这时期主要做了以下几方面的工作:

第一,落实党的少数民族干部政策。1978年中共中央组织部和国家民族事务委员会联合召开了少数民族干部工作座谈会,会议期间草拟了《关于少数民族地区干部工作的几点意见》。会后,中共中央组织部向全国下发了该文件。文件对少数民族干部作了正确估计,认为他们中的绝大多数是好的和比较好的,对于林彪、"四人帮"制造的错案、冤案、假案,要公开彻底平反。1979年9月,中共中央批转了《中央统战部关于地方民族主义分子摘帽子问题的请示》,对在1957年"反右"斗争中,被划为"地方民族主义分子"的,不论是按照敌我矛盾或者人民内部矛盾对待的,全部摘掉"地方民族主义分子"的帽子。1980年,中央书记处批准了中央统战部《关于加强少数民族上层爱国人士统战工作的意见》,指示各有关地区的各级党委和人民政府必须采取切实有效的措施,进一步抓紧做好落实政策的工作;再次重申对林彪、"四人帮"制造的冤假错案必须一律平反,对"文化大革命"以前的问题,包括反右派,批判"地方民族主义"与平叛中的问题,如果确属搞错了的,也应该按照党的政策进行复查纠正。在党的领导下,落实少数民族干部政策工作取得了很大成绩,充分调动了少数民族干部的积极性。

第二,尊重少数民族的风俗习惯。1979年,民政部、国家民委联合下发了《关于不要强迫回族实行火葬问题的通知》,纠正了"文化大革命"中强迫回族群众火葬的错误。随后,党和政府又制定了一系列方针政策,反复强调要尊重少数民族的风俗习惯,指示有关部门做好少数民族特需商品的生产和供应工作。特别是在少数民族较多的机关、学校、企事业单位应设清真食堂或清真伙食。对没有清真食堂或清真伙食,又不能回家吃饭的禁猪民族职工,应按照规定发给伙食补助费。此外,对少数民族粮油供应等方面也给予一定的照顾。通过落实尊重少数民族风俗习惯的政策,密切了汉族与少数民族之间的关系,加强了民族团结。

第三,帮助少数民族地区发展经济文化教育事业。为了照顾少数民族的特点,体现党的民族政策,党和政府在国家预算中每年安排一定数量的少数民族地区补助费,重点用于少数民族发展生产、文化教育、医疗卫生方面某些特殊困难的补助开支。国家要求各地政府积极扶持和发展少数民族的林、牧、渔业和传统的工艺品的生产,鼓励少数民族群众在保证集体生产条件下,从事家庭副业。在文化教育方面,国家恢复了一大批民族院校和民族师范学校,并制定了相应的政策。1981年,国务院批转了国家民委、国家出版局《关于大力加强少数民族文字图书出版工作的报告》,要求各级政府全面贯彻落实党的民族政策,改变民族出版工作基础薄弱的状况,根据实际需要和可能条件,对民族出版工作给予积极扶持和帮助。在党和政府的领导、关心下,我们少数民族地区的经济迅速恢复和发展,教育和文化出版事业出现了一片繁荣。同年,中国作家协会和国家民委还设立了全国少数民族文学奖——金马奖。

第四,落实宗教信仰自由政策。1978年10月,中共中央转发了中央统战部《关于当前宗教工作中急需解决的两个政策性问题的请示报告》的通知,重申党的宗教信仰自由政策,要求尊重信教群众的正当宗教活动,开放少量寺庙教堂,严格区分两类不同性质的矛盾,杜绝秘密的地下宗教活动,加强对宗教活动的管理。同年年底,中央统战部在北京主持召开了第12次全国宗教工作会议,会议就恢复和健全宗教工作机构,恢复各宗教团体组织的活动以及编制、经费、宗教财产等具体问题提出了意见和要求。十一届三中全会以后,党和政府抓紧落实宗教信仰自由的政策,要求尽快对分散在各处的主教、神甫、牧师、阿訇、和尚、有影响的居士和对道教有研究的人等进行一次认真的调查了解,并根据本人的实际情况,尽可能把他们安排到已经可能或准备开放的寺庙教堂中来。1979年,中共中央统战部在《关于做好对宗教界人士落实政策的意见》中明确指出:"宗教人士的子女在入学、入团、升学、分配工作等方面,不能因其父母的宗教身份而受到影响。"1982年,中共中央下发了《关于我国社会主义时期宗教问题的基本观点和基本政策》,系统地总结了建国以来党在宗教问题上正、反两个方面的经验教训,全面阐明了党对宗教问题的基本政策。该文件成为我国新时期宗教政策方面的一个纲领性文件。在党的方针政策指导下,我国恢复了各级政府的宗教工作管理机构,正确处理了宗教界的冤、假、错案,逐步恢复了一些宗教活动场所,群众正当的宗教生活逐渐趋于正常,党的宗教信仰自由政策得到了广大群众和宗教界人士的拥护。

二、民族宗教政策的巩固和发展

1982年12月,在第五届全国人民代表大会第五次会议上,通过了新的《中华人民共和国宪法》,以法律的形式规定了我国的民族宗教政策。1982年宪法的颁布,标志着我国在民族宗教问题上已肃清了林彪、"四人帮"的流毒,恢复了党的民族宗教政策,使我国的民族宗教工作回到了正确的轨道上来,民族宗教政策继而得到巩固和发展。

(一)民族工作的法制化建设

1982年以后,民族工作的法制化建设加快了步伐,其最突出的成就就是制定和颁布了《中华人民共和国民族区域自治法》。早在1955年,全国人民代表大会民族委员会就开始着手进行民族区域自治法的草拟工作。但从1957年起开始受到各种干扰,起草工作几度停顿。到"文化大革命"时,起草工作则完全搁置下来。中共十一届三中全会以后,我国民族工作进入了一个新的历史时期。全国各族人民,特别是各民族自治地方,对于制定民族区域自治法律的呼声很高,于是中断了二十多年的民族区域自治法的起草工作于1980年重新被提到日程上来。1984年5月31日,在总结实施民族区域自治经验的基础上,第六届全国人民代表大会第二次会议通过了《中华人民共和国民族区域自治法》,并决定自同年10月1日起正式实施。《民族区域自治法》明确规定了民族自治地方的建立和自治机关的组成方式,自治机关的自治权,民族自治地方内的民族关系等。2001年2月28日,根据社会主义市场经济条件下进一步加快民族自治地方经济社会事业发展的需要,在充分尊重和体现民族自治地方各族人民意愿的基础上,全国人大常委会对《民族区域自治法》进行了修改,使这一法律更加完善。这次修改的内容主要集中在经济体制和上级国家机关对民族自治地方的支持和帮助方面。修改后的法律规定,随着国民经济的发展和财政收入的增长,上级财政要逐步加大对民族自治地方财政转移支付的力度,用于加快民族自治地方的经济发展和社会进步,逐步缩小与发达地区的差距;要在国家统一规划指导下,优先在民族自治地方合理安排资源开发项目和基础设施项目;要组织发达地区与民族自治地方在互惠互利原则下的多种形式的经济合作等。

除此之外,我国的其他法律如《全国人民代表大会组织法》《全国人民代表大会和地方各级人民代表大会选举法》《地方各级人民代表大会和地方各级人民政府组织法》《民事诉讼法》《婚姻法》《刑法》《刑事诉讼法》《兵役法》《森林法》《草原法》等,均对民族相关问题作出了规定,其中有的法律还设有专门条款,授权自治地方可以做出变通规定或补充办法。

鉴于一些少数民族聚居地域较小、人口较少并且分散,不宜建立自治地方的情况,宪法规定通过设立民族乡的办法,使这些少数民族也能行使当家做主、管理本民族内部事务的权利。1993年,中国政府颁布《民族乡行政工作条例》,以保障民族乡制度的实施。民族乡是对民族区域自治制度的一种有效的补充。另外,1993年9月15日,国家还颁布了《城市民族工作条例》,为处理城市民族问题和民族关系提供了进一步细化的法律依据。

通过《民族区域自治法》等法律法规的制定和修改,我国基本的民族政策不断得到完善,民族区域自治制度得到巩固和发展。

(二) 促进少数民族地区经济文化发展

改革开放以来,我国的民族工作出现了新的变化。随着党的中心工作的转移,经济建设摆在了一切工作的首位,全国各地经济发展展现出突飞猛进的势头。为了缩小少数民族地区与发达地区经济发展的差距,国家自1979年起就开始实施发达地区对口支援少数民族地区经济文化建设的计划。1983年,国务院批转了《经济发达省、市同少数民族地区对口支援和经济技术协作工作座谈会纪要》。该纪要提出今后对少数民族地区对口支援工作"应当把技术支援和技术协作放在重要地位,必须把少数民族地区的生产潜力充分挖掘出来"。纪要建议国家对现行经济体制的某些方面给予松动,适当放宽某些经济政策。随后,全国各地加强了对少数民族地区对口支援工作的领导。同年3月,国家劳动人事部、国家民族事务委员会,制定了加强边远地区和少数民族地区科技队伍建设的若干政策,鼓励沿海内地科技人员支援边疆,加快边远地区的建设步伐。

20世纪90年代开始,国家加大了对少数民族地区扶贫工作的力度,制定了许多优惠政策,帮助少数民族地区发展经济,以达到各民族共同发展、共同繁荣的目的。

第一,将加快民族地方的发展与国民经济和社会发展计划紧密结合。2000年,我国新世纪的重大政策举措——西部大开发战略开始实施,全国5个自治区、27个自治州以及120个自治县(旗)中的83个自治县(旗)被纳入西部大开发的范围,还有3个自治州参照享受国家西部大开发的优惠政策。西部大开发战略实施5年来,西部地区陆续新开工60个重大建设工程,投资总规模约8500亿元人民币。这一举措不仅有利于缩短我国东、中、西三个地区的发展差距,优化我国的区域发展政策,而且为民族自治地方的发展提供了更为优越的政策环境。

第二,加强少数民族地区基础设施建设,促进基础产业发展。20世纪90年代,国家修建了宁夏中卫至陕西宝鸡铁路、新疆南疆铁路等一批大型交通设施,并投资 20 多亿元,综合开发治理雅鲁藏布江、拉萨河、年楚河"一江两河"流域的农业基础设施。从 1999 年开始,"贫困县出口公路建设""县际和农村公路建设"等交通基础设施建设工程拉开序幕,使一些少数民族地区落后的交通条件得到了显著改善。2000 年以来,"西气东输""西电东送"和青藏铁路等一批重大工程的上马,帮助民族自治地方进一步把资源优势转化为经济优势。

第三,加大少数民族地区开放力度。早在 1987 年,国家就确定了借鉴国际上设立内陆开发区和边境自由贸易区的做法,加快少数民族地区对外开放步伐的基本思路,其正实施是在 20 世纪 90 年代。1992 年内蒙古自治区的满洲里、二连浩特,吉林省的珲春,新疆维吾尔自治区的伊宁、博乐、塔城,广西壮族自治区的凭祥、东兴等少数民族较为集中的内陆边境城市加大了开放力度。1993 年,国家选择了呼伦贝尔盟、乌海市、延边朝鲜族自治州、黔东南苗族侗族自治州、临夏回族自治州、格尔木市、伊犁哈萨克自治州等七个民族地区作为改革开放的试点。随后,广西壮族自治区的北海市被国家列为 14 个沿海开放城市之一,乌鲁木齐市等少数民族自治区首府和少数民族较多的省的省会城市被国家列为内陆开放城市;桂林市、南宁市、乌鲁木齐市、包头市四个民族地区大中城市被批准可以建立高新技术产业开发区。2000 年,西部大开发战略进入实施阶段,西部大开发的同时伴随着西部大开放,这一战略的实施为西部少数民族地区拉开了对外开放和贸易的新的序幕。

第四,对少数民族地区实行优惠的财政政策。在国家设立"民族地区补助费"(1955 年)、"民族地区机动金"(1964 年)、"支援经济不发达地区发展资金"(1980 年)以及"扶贫贴息贷款和以工代赈资金"(1986 年)等财政优惠政策的基础上,1994 年,国家在实施"分税制"财政管理体制改革过程中,将原有对少数民族地区的补助和专项拨款政策全都保持下来。1995 年,国家在开始实行的过渡期转移支付办法中,对内蒙古、新疆、广西、宁夏、西藏五个民族自治区,和云南、贵州、青海三个少数民族比较集中的省,以及其他省的少数民族自治州,专门增设了政策性转移支付内容。分税制标志着我国财政管理体制法制化建设上了一个新台阶,而其中的对少数民族地方的政策性转移支付也以规范的法律形式得以确认和保证。1998 年,中央对五个民族自治区和少数民族较为集中的贵州、云南、青海省的一般性转移支付额近 29 亿元,占全国转移支付总额的 48%。国家对少数民族地区优惠的财政政策,为这些地区的社会发展提供了强有力的物质支持。

第五,实行对少数民族贫困地区扶持的政策。自中国政府20世纪80年代中期大规模地开展有组织有计划的扶贫工作以来,少数民族和民族地区始终是国家重点扶持对象。1986年首次确定的331个国家重点扶持贫困县中,民族自治地方有141个,占总数的42.6%。1994年国家开始实施《八七扶贫攻坚计划》,在确定的592个国家重点扶持贫困县中民族自治地方有257个,占总数的43.4%。从2001年开始实施的《中国农村扶贫开发纲要》,再次把民族地区确定为重点扶持对象,西藏还整体被列入国家扶贫开发重点扶持范围。1990年,国家设立了"少数民族贫困地区温饱基金",重点扶持少数民族贫困县。1992年,国家设立"少数民族发展资金",主要用于解决民族自治地方发展和少数民族生产生活中的特殊困难。国家从2000年起组织实施"兴边富民行动",对22个10万以下的人口较少民族采取特殊帮扶措施,重点解决边境地区、人口较少民族聚居地区的基础设施建设和贫困群众的温饱问题。

十年中,国家拨付了3000多万元人民币支持校勘出版藏文的《大藏经》共计160部。国家投入巨资对西藏拉萨的哲蚌寺、色拉寺、甘丹寺,青海的塔尔寺,新疆的克孜尔千佛洞等大批国家重点文物古迹进行修缮。1989—1994年,国家投入5500万元人民币、黄金1000公斤,对著名的布达拉宫进行了一期维修。2001年开始,国家又拨专款3.3亿元人民币,用于布达拉宫的二期维修等项目。

为了彻底改变少数民族地区贫穷落后的面貌,党和政府还采取了一系列的政策措施,促进和发展少数民族的文化教育事业。如,设立各项专用资金,扶助民族自治地方发展文化建设事业;鼓励大中专毕业生到少数民族地区建功立业;在边疆少数民族地区,特别是居住很分散的边远山区和牧区,大力举办寄宿、半寄宿学校,积极发展少数民族的基础教育;发展少数民族的电视教育和职业技术教育;尊重少数民族自治地方自主发展民族教育的权利,重视民族语文教学和双语教学;加强少数民族师资队伍建设,在经费上给予特殊照顾;积极开展内地省市对少数民族地区教育的对口支援等。另外,国家兴办了一批民族院校,并开设了民族预科班。预科教育有利于少数民族学生的汉语、数学等基本文化素质的提高,为其接受高一层次的教育奠定了基础。

(三)宗教工作和宗教政策的发展

在宗教方面,1983年国务院下发了60号文件,确定在全国汉族地区开放

163 座重点寺观,作为佛道教活动场所。接着各省(自治区、直辖市)也自行确定了一批省级重点寺观对外开放。党和政府还拨出相当一部分资金用于重点寺观的维修和建设。在对寺观的管理上,国家制定了具体的政策。1994 年 1 月 31 日,国务院发布《宗教活动场所管理条例》,明确了文物管理部门、宗教管理部门、园林管理部门和寺观僧道人员各自的管理职责,加强了对宗教活动场所的管理。随后,为了使《宗教活动场所管理条例》具有更强的可操作性,国务院宗教事务局又先后出台了一系列具体的管理办法,包括《宗教活动场所登记办法》(1994 年)、《宗教活动场所年度检查办法》(1996 年 7 月 29 日)等,促进了宗教活动场所管理的制度化和规范化。

为了培养宗教职业人员,解决宗教界后继乏人的问题,我国自 1981 年开始逐步恢复中国佛学院,伊斯兰教经学院,基督教神学院和天主教神学院等宗教院校。1982 年,国务院又指示有关地方在办好国家宗教院校的基础上,拟办地方宗教院校,并对地方宗教院校的办学规模、领导体制、学制与课程设置等做了具体的规定。1998 年 11 月 19 日,针对部分宗教院校聘用外籍专业人员现象,国家宗教事务局、国家外国专家局和公安部联合颁布《宗教院校聘用外籍专业人员办法》,规范了宗教院校聘用外籍专业人员的工作,提高了聘用效益,为促进我国宗教界与国外进行宗教文化交流提供了法律保障。在党的一系列方针政策指导下,我国通过开办各种宗教院校,培养了一批爱国宗教职业人员,解决了宗教界长期存在的后继乏人问题,保障了宗教活动正常化的实现,满足了开展宗教方面国际友好往来活动的需要。

改革开放以来,随着党的宗教政策的落实,我国宗教界对外交往活动越来越多。一方面,许多港澳同胞、海外华侨、外籍华人以及外国宗教团体和个人,对我国寺观和僧道个人的捐赠日益增多;另一方面,外国宗教反动势力利用各种机会,加紧对我"渗透"。党和政府根据这种新情况,自 1983 年起相继下发了一系列文件、通知,制定了宗教界对外交往的政策,依法加强对宗教涉外事务的管理。国家积极支持我国宗教界在平等友好的基础上,同各国教会的宗教界人士进行互相访问、友好往来,开展正常的对外交往活动。同时,又强调在对外交往中,要坚持"三自"方针,拒绝任何外国教会的神职人员来华传教,拒绝外国教会的办教经费和津贴,抵制外国教会对我国进行宗教渗透。随着外国来华人员的增多,1994 年,国务院专门制定了《中华人民共和国境内外国人宗教活动管理规定》,对外国人在中国境内进行的宗教活动,制定了具体的政策。2000 年 9 月 26 日,国家宗教事务局根据《境内外国人宗教活动管理规定》制定了实施细则,使外国人宗教活动管理工作更加规范化、有序化。

1997年10月,国务院新闻办公室发布了《中国的宗教信仰自由状况》白皮书。在阐述我国宗教现状的基础上,从宗教信仰自由的法律保护和司法行政保障、对独立自主自办宗教事业的支持等方面,对我国宗教信仰自由政策进行了高度的总结和概括。

从20世纪80年代到21世纪初,在国家的高度扶持下,我国的民族宗教政策和民族区域自治制度得到了有效的巩固和发展,为21世纪民族宗教工作的开展奠定了基础。

三、民族宗教政策的不断完善

21世纪以来,特别是中共十六大以来,中央制定出台了一系列支持民族和宗教事业发展的重大政策举措,使我国的民族宗教工作进入一个新的发展阶段。

(一)民族宗教工作的法制化进程加快

中共十六大、十七大以来,国务院先后发布了八个关于民族宗教政策的白皮书,相关部门也相继出台了多项关于民族宗教工作方面的政策文件,我国民族宗教法律法规体系得到不断完善。

2005年2月,国务院新闻办公室发表《中国的民族区域自治》白皮书,全面介绍中国的民族区域自治制度及民族自治地方的发展状况,为今后民族政策的制定提供了参考依据。2005年5月31日《国务院实施〈中华人民共和国民族区域自治法〉若干规定》(国务院第435号令)施行,与《民族区域自治法》相配套,并将其规定的原则具体化,是我国法制建设的一项重要成果。该规定的发布实施,对于进一步坚持和完善民族区域自治制度,落实科学发展观,加快少数民族和民族地区发展,巩固和发展平等、团结、互助、和谐的社会主义民族关系产生了重大的影响。2005年5月31日,中共中央、国务院作出了《关于进一步加强民族工作、加快少数民族和民族地区经济社会发展的决定》。该决定把加快少数民族和民族地区经济社会发展,促进各民族共同繁荣发展作为新世纪新阶段民族工作的主要任务,把扶持民族地区发展教育事业、加强民族地区人才资源开发作为促进民族地区经济社会发展的重要手段和途径之一。它对加快少数民族和民族地区经济社会发展,促进各民族共同繁荣发展起了重大推动作用。

第十章　民族宗教政策

2007年11月,为帮助广大干部群众正确理解执行党和国家的民族政策,切实维护民族团结、祖国统一和社会稳定,中共中央宣传部和国家民委共同发布了《党和国家民族政策宣传教育提纲》,进一步强调民族平等、民族团结、民族区域自治和各民族共同繁荣是处理我国民族问题的基本原则;党的民族政策是民族团结的生命线;全面理解、准确把握党和国家民族政策的基本内容;把党和国家民族政策落到实处。2008年4月,国务院办公厅下发了《关于严格执行党和国家民族政策有关问题的通知》(国办发〔2008〕33号),对严格执行党的民族政策,坚决纠正少数地区和单位违反民族政策的行为,维护民族团结,提出了明确要求。通知要求:第一,深刻认识民族政策的极端重要性,切实履行维护民族团结的政治责任;第二,严格执行民族平等政策,坚决纠正和防止发生损害民族团结的行为,对违反有关法律法规的,要坚决予以纠正,依法严肃处理,情节严重的,要依法追究刑事责任;第三,加强宣传教育,营造民族团结进步的良好社会氛围;第四,加强领导,强化责任,确保各项民族政策落到实处,对于责任不落实、工作不到位,导致发生侵犯少数民族权益、影响民族团结后果的,要严肃追究有关地方和部门负责人的责任。此通知对以往民族政策尤其是民族优惠政策的正确执行,切实维护少数民族合法权益,保证社会稳定发挥了重要的指导作用。

截至2008年年底,民族自治地方共制定了637件自治条例、单行条例及对有关法律的变通或补充规定。民族自治地方根据本地实际,对国家颁布的婚姻法、继承法、选举法、土地法、草原法等多项法律作出变通和补充规定。法规体系的完善为民族区域自治制度的实施提供了良好的法制环境。

宗教工作是党和国家工作的重要组成部分,在党和国家事业发展的大局中占据重要地位。做好宗教工作,关系到加强民族团结,保持社会稳定,维护国家安全和祖国统一的大局。

2005年3月1日《宗教事务条例》施行,1994年国务院发布的《宗教活动场所管理条例》同时废止。该条例对宗教团体、宗教活动场所、宗教教职人员和宗教财产等方面做出了明确的规定,是目前我国法律效力较高、内容较为齐全的宗教管理法规。主要内容有:

中华人民共和国公民有宗教信仰自由。宗教信仰自由指的是:每个公民既有信仰宗教的自由,也有不信仰宗教的自由;有信仰这种宗教的自由,也有信仰那种宗教的自由;在同一宗教里面,有信仰这个教派的自由,也有信仰那个教派的自由;有过去不信教而现在信教的自由,也有过去信教而现在不信教的自由。

为此,法律规定,任何国家机关、社会团体和个人不得强迫公民信仰宗教或者不信仰宗教,不得歧视信仰宗教的公民和不信仰宗教的公民。国家依法保护正常的宗教活动,维护宗教团体、宗教活动场所和信教公民的合法权益。国家实行政教分离的原则,不允许宗教干预国家行政、干预司法、干预学校教育和社会公共秩序。各宗教坚持独立自主自办的原则,宗教团体、宗教活动场所和宗教事务不受外国势力的支配。国家帮助各种宗教组织办好宗教院校,培养好新的宗教职业人员。信教公民的集体宗教活动,一般应当在经登记的宗教活动场所(寺院、宫观、清真寺、教堂以及其他固定宗教活动处所)内举行,由宗教活动场所或者宗教团体组织,由宗教教职人员或者符合本宗教规定的其他人员主持,按照教义教规进行。宗教活动场所应当成立管理组织,实行民主管理。宗教团体、宗教活动场所合法使用的土地,合法所有或者使用的房屋、构筑物、设施,以及其他合法财产、收益,受法律保护。中华人民共和国尊重在中国境内的外国人的宗教信仰自由,保护外国人在宗教方面同中国宗教界进行的友好往来和文化学术交流活动。外国人在中国境内进行宗教活动,应当遵守中国的法律、法规,不得在中国境内成立宗教组织,设立宗教办事机构,设立宗教活动场所或者开办宗教院校,不得在中国公民中发展教徒、委任宗教教职人员和进行其他传教活动。

2006年7月,在第20次统战工作会议上,胡锦涛同志把宗教关系同政党关系、民族关系、阶层关系和海内外关系并列为涉及党和国家工作全局的五大社会关系,并做了深刻阐述,这是我国第一次把民族关系上升到与我国政治和社会领域协同发展的高度。

2006年10月11日,中共十六届六中全会通过了《关于构建社会主义和谐社会若干重大问题的决定》,对党的宗教政策从四句话扩展为六句话:"全面贯彻党的宗教信仰自由政策,依法管理宗教事务,坚持独立自主自办的原则,积极引导宗教与社会主义社会相适应,加强信教群众同不信教群众、信仰不同宗教群众的团结,发挥宗教在促进社会和谐方面的积极作用。"这是对我国宗教政策和宗教理论的补充和完善,也是中国特色社会主义理论的重要组成部分。

2007年党的宗教工作基本方针写入党的十七大报告和党章中。十七大通过的《中国共产党章程》的总纲中增加了"全面贯彻党的宗教工作基本方针,团结信教群众为经济社会发展作贡献"的内容。把党的宗教政策写进党章,体现了中国共产党对宗教工作更加重视,也是做好新形势下宗教工作的根本保障和行动指南。

2012年2月,国家宗教事务局联合中央统战部、国家发改委、民政部、财政部、税务总局等部门制定出台了《关于鼓励和规范宗教界从事公益慈善活动的意见》,要求对宗教界从事公益慈善活动,要"积极扶持、平等对待、依法管理、完善机制",这对于增强宗教界人士从事公益慈善活动的主动性、规范性和可持续性,进一步激发宗教界人士和广大信教群众投身公益慈善事业、积极服务经济社会发展的热情产生深远影响。

(二)民族宗教事业的发展

1. 民族事业的发展

一是优先安排建设项目,不断夯实发展基础。2000年实施西部大开发战略以来,为了让少数民族和民族地区在西部大开发中得到切实的利益,国家采取了优先在民族地区安排资源开发和深加工项目、对输出自然资源的民族自治地方给予一定的利益补偿、引导和鼓励经济较为发达地区的企业到民族地区投资、加大对民族地区的财政投入和金融支持等措施,支持民族地区发展经济,壮大实力。5个自治区、30个自治州、120个自治县全部纳入西部大开发范围或者参照享受西部大开发的有关优惠政策。截至2008年,西部大开发以来民族地区固定资产投资累计达到77899亿元。其中,2008年达18453亿元,比2000年增长5倍,年均增长23.7%。建成了"西气东输""西电东送"等一批重点工程,修建了一批机场、高速公路、水利枢纽等基础设施项目。2007年,青藏铁路铺轨到拉萨,结束了西藏没有铁路的历史。青藏铁路的建成,从根本上改变了西藏交通落后的状况,使西藏与内地之间有了一条经济、快速、全天候、大能力的运输通道,为西藏经济腾飞插上了翅膀。

在民族地区安排基础设施建设项目时,国家适当减免地方配套资金;在民族地区开发资源、建设企业时,也注意照顾当地的利益,照顾少数民族的生产和生活;对输出自然资源和为国家生态平衡、环境保护做出贡献的民族地区,给予一定的利益补偿。1994年,国家将中央与自治区对矿产资源补偿费的分成比例调整为4∶6,其他省市为5∶5。2004年,国家开始建立生态建设和环境保护补偿机制。在开发新疆丰富的石油、天然气资源时,注重带动当地发展,仅"西气东输"项目,每年可为新疆增加十多亿元的财政收入。

二是突出解决贫困问题,着力保障和改善民生。2005年,国家优先将少数民族贫困村纳入整村推进的扶贫开发规划。2007年,国家制定《少数民族事业

"十一五"规划》，规划建设11项重点工程。2009年，国家实行新的扶贫标准，扩大覆盖范围，对民族地区农村低收入人口全面实施扶贫政策。此外，国家通过实施以工代赈、易地扶贫、游牧民定居、农村危房改造、农村安全饮用水工程以及城乡最低生活保障制度，不断加大对民族地区的支持力度。经过不懈的努力，民族地区的贫困人口已由1985年的4000多万人减少到2008年的770多万人。国家制定并实施了《扶持人口较少民族发展规划（2005—2010年）》，重点扶持640个人口较少民族聚居村。截至2009年，中央政府已投入扶持资金12.53亿元。

由于历史文化不同以及风俗习惯、宗教信仰的差异，少数民族在生产和生活方面有一些特殊的需要。如藏、蒙古、维吾尔、哈萨克等民族的牧民需要马鞍子、马靴和砖茶（边销茶）；信仰伊斯兰教的穆斯林群众需要清真食品等。2007年，国家设立用于扶持少数民族特需商品生产企业技术改造、推广、培训的"民族特需商品生产补助资金"。

三是大力支持边疆地区建设。中国边疆绝大部分地区是少数民族聚居区。1999年，国家实施旨在振兴边境、富裕边民的兴边富民行动。2007年，国务院印发《兴边富民行动"十一五"规划》。2009年，决定推进兴边富民行动覆盖全国所有边境县和新疆生产建设兵团边境团场。

四是不断加大财政支持力度。中央和地方各级政府逐步加大对民族地区的财政转移支付力度。据统计，2000年至2009年中央财政对地方民族地区转移支付由25.5亿元增加到280亿元，年均增长率为30.5%，对民族地区财政维持正常资金运转发挥了重要的作用。2010年，财政部又印发了《中央对地方民族地区转移支付办法》的通知，规定中央财政按照上一年度下达的民族地区转移支付额，及前三年全国国内增值税收入平均增长情况，合理确定当年民族地区转移支付总额。据统计，2010年中央安排专项转移支付资金13310.91亿元，其中85%均倾斜到中西部地区，极大地支持和促进了民族地区的经济社会发展。①

五是实施培养少数民族高层次骨干人才计划。为了逐步缓解和扭转西部和民族地区少数民族高层次人才匮乏的状况，改善少数民族人才的层次结构，提升少数民族人才存量的综合水平，为我国民族团结进步事业和全面建设小康社会伟大目标的实现提供强有力的人才和智力支撑。2005年6月10日，国家教育部等五部委联合下发了《培养少数民族高层次骨干人才计划的实施方案》，明确规

---

① 李德英：《民族地区财政转移支付制度的完善》，《人民论坛》2013年第8期。

定:"少数民族高层次骨干人才的培养任务主要由国家部委所属重点高等学校和有关科研院(所)承担和组织实施。按照'定向招生、定向培养、定向就业'的要求,采取'自愿报考、统一考试、适当降分、单独统一划线'等特殊措施招收学生。"在培养经费方面,"硕士研究生(四年)和博士研究生的经费按国家统一标准由国家财政核拨,……生源地区和定向单位对家庭经济困难学生给予适当的学习和生活费补助"。国家从2006年开始实施该项计划,专门在民族地区招收硕士、博士研究生进行培养。

六是抢救和保护少数民族文化遗产,支持和帮助少数民族教育、民族医药等事业发展。国家成立了全国少数民族古籍整理出版规划小组和办公室,对少数民族古籍进行挖掘、整理、保护。截至2008年年底,已搜集少数民族古籍数百万种,整理11万余种。"十一五"时期,国家安排专项资金5.7亿元用于西藏22处重点文物的维修保护。

2002年,国务院作出《关于深化改革加快发展民族教育的决定》,进一步明确了加快民族教育改革发展的方针、政策,对民族教育事业的发展作出了全面部署。《国家教育事业发展"十一五"规划纲要》明确提出,坚持分区规划、分类指导的原则,强调公共教育资源向农村、中西部、贫困地区、边疆地区和民族地区倾斜。2011年,国家民委、国家发展改革委等五个部门印发的《扶持人口较少民族发展规划(2011—2015年)》提出了优先发展人口较少民族教育事业的措施。中共十六大以来,教育部等相关部门贯彻落实中央精神,进一步加强了教育援藏、援疆工作。2007年1月,全国内地西藏班办学和教育援藏工作会议在北京举行。2010年,为贯彻中央新疆工作座谈会精神,加强对新疆教育工作的统筹、指导和协调,推进新疆教育事业跨越式发展,教育部成立了教育部新疆教育工作领导小组。国家通过开展对口支援西部高校、与地方合作共建民族地区高校、加强特色学科建设和学位建设、扩大招生规模等措施,支持民族地区发展高等教育。

国家大力扶持民族医药机构建设,扶持民族医药事业发展。截至2008年底,15个民族设有本民族医药的医院,全国共有民族医医院191所,床位8694张。其中藏医院70所,蒙医院51所,维医院39所,傣、朝、壮等民族医医院31所。从2006年开始,国家重点建设包括藏、蒙、维、傣、朝、壮、苗、土家8种民族医药在内的10所民族医医院,努力推动民族医整体诊疗水平的提高。国家在14所教育机构开展民族医药专业教育,大力培养民族医人才。其中高等民族医药院校5所,中等民族医药院校4所,设有民族医药专业的非民族医药院校 5 所。

2. 宗教事业的发展

中共十六大以来我国宗教事业取得了重大发展。据不完全统计,中国现有各种宗教信徒 1 亿多人,宗教活动场所 8.5 万余处,宗教团体 3000 多个,培养宗教教职人员的宗教院校 74 所。

在司法保障方面,我国对侵犯公民宗教信仰自由权利的行为有明确的惩处规定。近年来,司法部门依法审理了若干起违反国家有关法律、严重伤害教徒宗教感情的案件,对责任者予以惩处。在行政保障方面,各级政府设立了宗教事务部门,对有关宗教的法律、法规的贯彻实施进行行政管理和监督,具体落实和执行宗教信仰自由政策。政府宗教事务部门不干涉宗教团体和宗教活动场所的内部事务。

我国政府尊重和保护穆斯林群众的宗教信仰自由和风俗习惯。对穆斯林的朝觐,政府有关部门提供了各种服务,受到穆斯林的称赞。2008 年,中国穆斯林赴沙特有组织朝觐人数达到 12000 人,为 1979 年恢复朝觐以来人数之最。

在宗教文化交流方面,政府一直致力于倡导和推动宗教文化交流。中国基督教和天主教与世界上许多国家教会建立了友好往来关系。中国佛教、道教和伊斯兰教的国际友好交往日益扩大。2006 年 4 月 13 日至 18 日,首届世界佛教论坛于中国浙江举办,这是中国佛教史上的第一次国际性佛教大会,也是新中国成立以来的第一次宗教大会。

在宗教文物保护方面,20 世纪 80 年代以来,国家投入巨资对西藏拉萨的哲蚌寺、色拉寺、甘丹寺,青海的塔尔寺,新疆的克孜尔千佛洞等大批全国重点文物保护单位进行维修。2001 年起,拨专款 3.8 亿元,用于维修西藏布达拉宫、罗布林卡、萨迦寺。历时 7 年三大重点文物维修工程于 2009 年 8 月 23 日宣布正式竣工。7 年时间里,国家对布达拉宫、罗布林卡和萨迦寺的投入分别达 2.0499 亿元、8086 万元和 9474 万元。

四、十八大以来民族宗教政策的发展

自十八大以来,中国共产党的民族宗教政策进一步发展和完善,有力地指导了我国民族宗教问题的实践,充分体现了党和国家对民族工作的重视和对少数民族的关怀。

第十章 民族宗教政策

（一）民族宗教政策体系进一步完善

十八大以来，以习近平同志为总书记的新一届中央领导集体高度关注民族工作。2014年9月，中央民族工作会议上习近平同志指出，"民族团结是我国各族人民的生命线"，"做好民族工作，最关键的是搞好民族团结，最管用的是争取人心"。中共中央政治局先后召开2次中央政治局会议、5次中央政治局常委会议深入研究民族工作；召开4次国务院常务会议对加快民族地区发展作出具体安排；召开第四次全国对口支援新疆工作会议、第二次中央新疆工作座谈会、对口支援西藏工作20周年电视电话会议等，专题研究如何维护新疆、西藏经济发展和长治久安；中央政治局常委就各民族共同团结奋斗、共同繁荣发展的重大问题作出重要批示、指示近百次。

2013年8月23日，国家民族事务委员会审议通过了《全国民族团结进步教育基地评审命名办法》，为规范全国民族团结进步教育基地评审命名工作，促进民族团结进步事业发展奠定了基础。2016年1月1日《中国公民民族成份登记管理办法》正式施行。此办法主要针对某些地方出现个别考生为享受少数民族高考、中考加分等优惠政策，违反有关规定变更民族成分的现象而制定。办法的实施将有力地保障党和国家的民族政策和少数民族合法权益，有利于民族团结和社会稳定。2015年既是新疆维吾尔自治区成立60周年，又是西藏自治区成立50周年，国务院新闻办分别发表《新疆各民族平等团结发展的历史见证》白皮书、《民族区域自治制度在西藏的成功实践》白皮书、《西藏发展道路的历史选择》白皮书，对这两个民族自治区的发展道路进行了回顾，对其取得的成就给予充分的肯定，并对今后的民族工作给予了重大的期望。

目前，我国已形成了较为完整的民族区域自治法规体系。其中主要由六个部分组成：一是用于指导民族区域自治法制建设的宪法有关条款；二是专门的民族区域自治法典，即《中华人民共和国民族区域自治法》；三是自治区的自治条例和单行条例；四是专门的民族区域自治行政法规和规章，如《中华人民共和国民族区域自治法实施细则》等；五是自治州和自治县的自治条例和单行条例；六是专门的民族区域自治地方性法规和规章，它是由辖有自治州和自治县的省级人民代表大会常务委员会或者人民政府制定的。

2014年3月5日，李克强代表新一届中央政府报告政府工作时，专门介绍了宗教的工作方针，号召并要求各政府部门全面贯彻党的宗教工作基本方针，促进宗教关系和谐,发挥宗教界人士和信教群众在促进经济社会发展中的积极作用。

2015年5月,习近平同志在中央统战工作会议上再次强调:民族工作、宗教工作都是全局性工作。宗教工作本质上是群众工作,要全面贯彻党的宗教信仰自由政策,依法管理宗教事务,坚持独立自主自办原则,积极引导宗教与社会主义社会相适应。其中对于如何引导宗教与社会主义社会相适应,习近平提出了四项要求:必须坚持中国化方向,必须提高宗教工作法治化水平,必须辩证看待宗教的社会作用,必须重视发挥宗教界人士作用,引导宗教努力为促进经济发展、社会和谐、文化繁荣、民族团结、祖国统一服务。

在中国共产党和中央政府的坚强领导下,在依法治国的大环境下,我国的民族区域自治制度和民族宗教政策会更加完善,维护民族团结和社会事业的发展会更上一个台阶。

(二)民族宗教事业日趋繁荣

第一,少数民族参与国家事务管理的权利得到有效保障。各少数民族自治地方依法享有广泛的自治权利,包括地方立法权、依照当地民族的特点对法律和行政法规的规定作出变通的权力、使用民族语言文字的权利、人事管理权、财政管理权和自主发展文化教育权等。全国少数民族公务员总量进一步增加,少数民族公务员占全国公务员总数的比例高于少数民族人口占全国总人口的比例,并呈逐年上升的趋势。西藏自治区全区34244名四级人大代表中,藏族和其他少数民族代表31901名,占93%以上。在全国人大代表中,西藏自治区有20名代表,其中藏族和其他少数民族代表14名。在全区干部队伍中,藏族及其他少数民族占70.53%,其中县乡两级领导班子中,藏族和其他少数民族占73.03%。

第二,少数民族地区经济快速发展。2014年,内蒙古、广西、西藏、宁夏、新疆5个自治区和贵州、云南、青海3个少数民族人口较多的省,城镇居民人均可支配收入分别为28350元、24669元、22016元、23285元、23214元和22548元、24299元、22307元,分别比上年实际增长9.0%、8.7%、7.9%、8.4%、10.1%和9.6%、8.2%、9.6%;农村居民人均可支配收入分别为9976元、8683元、7359元、8410元、8724元和6671元、7456元、7283元,分别比上年实际增长11.0%、11.4%、12.3%、10.7%、11.2%和13.1%、10.9%、12.7%。以上8个民族省(自治区)全年实现外贸进出口总额8148亿元,比上年增长15.4%,高于全国增速13.1

个百分点,其中,出口完成5526亿元,比上年增长20%,高于全国增速15个百分点;农村贫困人口比上年减少357万人,减贫率为13.9%。中央财政拨付少数民族发展资金40.59亿元,比上年增长10%。中央财政为支持边境地区发展,投入兴边富民补助资金和中央预算内投资28.8亿元,比上年增加8890万元。中央预算内投资和少数民族发展资金拨付15.3亿元扶持人口较少民族加快发展,比上年增加8710万元。大力实施少数民族特色村寨保护与发展工程,中央财政专项补助资金达到4.9亿元,较上年增长22.5%。①

第三,少数民族地区教育事业快速发展。国家在制定支持各项教育改革发展政策时,均给予少数民族地区倾斜支持,支持少数民族地区发展学前教育,改善义务教育阶段学校基本办学条件,加快发展职业教育。2014年,中央投资24亿元支持少数民族地区教育基础薄弱县普通高中学校建设。在高校招生计划安排上对少数民族和民族地区给予倾斜,民族地区农村学生接受优质高等教育的机会大幅提高。实施"少数民族预科班"和"少数民族高层次骨干人才计划"等特殊措施培养少数民族人才,2014年招收少数民族预科学生5.3万人,比上年增长3.31%。

第四,少数民族地区文化不断发展。民族地区公共文化服务体系进一步完善。民族自治地方仅省、市两级就有广播电视播出机构104家,开办广播节目191套,其中民族语广播节目45套;开办电视节目215套,其中民族语电视节目42套。全国民族自治地方有各类文化机构5万多个。2014年全国文化志愿者边疆行活动累计招募近万名文化志愿者,为边疆民族地区举办演出、讲座和展览1200多场(次),培训7000多人(次),受益群众数百万人。面向边疆民族地区实施"边疆万里数字文化长廊""藏羌彝文化产业走廊"建设项目,构建广覆盖、高效能的公共数字文化服务网。

第五,少数民族地区文化遗产、文物古迹得到有效保护。民族地区非物质文化遗产项目和代表性传承人保护得到进一步加强。西藏自治区有非物质文化遗产项目近800个,藏戏和《格萨尔》史诗被列入联合国教科文组织人类非物质文化遗产代表作名录。158部珍贵古籍入选国家珍贵古籍名录。2014年"丝绸之路:长安——天山廊道的路网"项目成功申遗,其中包括新疆北庭故城等6处遗址点。

---

① 中华人民共和国国务院新闻办公室:《2014年中国人权事业的进展》,2015年6月8日,中国政府网:gov.cn/zhengce/2015-06/08/content_2875262.htm。

第六,少数民族宗教信仰自由获得充分保障。活佛转世作为藏传佛教特有的传承方式得到国家的尊重,西藏现有活佛358名,其中40多位新转世活佛按历史定制和宗教仪轨得到认定。国家大力实施利寺惠僧政策,实现了在编僧尼医保、养老、低保和人身意外伤害保险全覆盖,并每年为僧尼免费进行健康体检。根据国家藏传佛教高级学衔制度,截至2014年,共有110位僧人荣获"拓然巴"高级学衔,84位僧人荣获"智然巴"中级学衔。少数民族宗教经典得到保护和传承。国家投资3500万元,历时二十多年完成了《中华大藏经(藏文)》对勘本的整理和出版。中国伊斯兰教协会为信教群众编印了《塔哈维教典诠释》《哲拉莱尼古兰经注》等阿拉伯文伊斯兰教典籍。中国伊斯兰教协会开通了维吾尔语版网站,介绍宗教文化知识,开展网络解经,满足群众的宗教需求。2014年,中国共有14466名穆斯林赴麦加朝觐。有关部门加强对朝觐团医护人员的集中培训,努力提高朝觐医疗防疫水平,保证了朝觐人员的健康和安全。

新时期的民族工作突出共同团结奋斗、共同繁荣发展的主题,强调汉族离不开少数民族、少数民族离不开汉族、各少数民族之间也相互离不开的思想,坚持维护人民利益,维护法律尊严,维护民族团结,维护国家统一的原则,使少数民族的各项事业取得了长足的发展。

第三节 民族区域自治政策和民族团结政策

一、民族区域自治政策

按照我国《宪法》《民族区域自治法》等法律,我国的民族区域自治政策主要有:

第一,各少数民族聚居的地方实行区域自治,建立自治机关行使自治权。各民族自治地方都是中华人民共和国不可分离的部分。民族自治地方依据少数民族聚居区人口的多少、区域面积的大小分为自治区、自治州、自治县。对于有些少数民族聚居地区,因地域太小、人口太少,不宜建立自治地方和设立自治机关的,可在这些地区设立民族乡。

第二,民族自治地方的自治机关是自治区、自治州、自治县的人民代表大会和人民政府,它们是国家的一级地方政权机关。自治机关必须维护国家的统一,保证宪法和法律在本地方的遵守和执行。自治机关根据本地方的情况,在不违背宪法和法律的原则下,有权采取特殊政策和灵活措施,加速民族自治地方经济、文化建设事业的发展。民族自治地方的人民代表大会中,除实行区域自治的民族代表外,其他居住在本行政区域内的民族也应当有适当名额的代表。民族自治地方的人民代表大会常务委员会应当由实行区域自治的民族的公民担任主任或副主任。自治区主席、自治州州长、自治县县长由实行区域自治的民族的公民担任。自治区、自治州、自治县的人民政府的其他组成人员,应当合理配备实行区域自治的民族和其他少数民族的人员。

第三,民族自治地方的人民代表大会有权依照当地民族的政治、经济和文化的特点,制定自治条例和单行条例。上级国家机关的决议、决定、命令和指示,如有不适合民族自治地方实际情况的,自治机关可以报上级国家机关批准,变通执行或者停止执行。

第四,民族自治地方的自治机关依照国家的军事制度和当地的实际需要,经国务院批准,可以组织本地方维护社会治安的公安部队。

第五,民族自治地方的自治机关在国家计划的指导下,根据本地方的特点和需要,制定经济建设的方针、政策和计划,自主地安排和管理地方性的经济建设事业;依照法律规定,管理和保护本地方的自然资源;根据法律规定和国家的统一规划,对可以由本地方开发的自然资源,优先合理开发利用;在国家计划的指导下,根据本地方的财力、物力和其他具体条件,自主地安排地方基本建设项目;自主地管理隶属于本地方的企业、事业;依照国家规定,可以开展对外经济贸易活动,经国务院批准,可以开辟对外贸易口岸;根据本地方经济和社会发展的需要,可以依照法律规定设立地方商业银行和城乡信用合作组织。

第六,民族自治地方的自治机关有管理地方财政的自治权。凡是依照国家财政体制属于民族自治地方的财政收入,都应当由民族自治地方的自治机关自主地安排使用。民族自治地方在全国统一的财政体制下,通过国家实行的规范的财政转移支付制度,享受上级财政的照顾。

第七,民族自治地方的自治机关根据国家的教育方针,依照法律规定,决定本地方的教育规划,各级各类学校的设置、学制、办学形式、教学内容、教学用语和招生办法;自主地发展民族教育,扫除文盲,举办各类学校,普及九年义务教育,采取多种形式发展普通高级中等教育和中等职业技术教育,根据条件和需要发展高等教育,培养各少数民族专业人才。

第八,民族自治地方的自治机关自主地发展具有民族形式和民族特点的文学、艺术、新闻、出版、广播、电影、电视等民族文化事业,加大对文化事业的投入,加强文化设施建设,加快各项文化事业的发展;组织、支持有关单位和部门收集、整理、翻译和出版民族历史文化书籍,保护民族的名胜古迹、珍贵文物和其他重要历史文化遗产,继承和发展优秀的民族传统文化;自主地决定本地方的科学技术发展规划,普及科学技术知识;自主地决定本地方的医疗卫生事业的发展规划,发展现代医药和民族传统医药;自主地发展体育事业,开展民族传统体育活动。

第九,民族自治地方的人民法院和人民检察院的领导成员和工作人员中,应当有实行区域自治的民族的人员。民族自治地方的人民法院和人民检察院应当用当地通用的语言审理和检察案件,并合理配备通晓当地通用的少数民族语言文字的人员。对于不通晓当地通用的语言文字的诉讼参与人,应当为他们提供翻译。法律文书应当根据实际需要,使用当地通用的一种或者几种文字。保障各民族公民都有使用本民族语言文字进行诉讼的权利。

第十,各民族都有使用和发展自己的语言文字的自由,都有保持或者改革自己的风俗习惯的自由。民族自治地方的自治机关保障各少数民族都有按照传统风俗习惯生活、进行社会活动的权利和自由。包括尊重少数民族生活习惯,尊重和照顾少数民族的节庆习俗,保障少数民族特殊食品的经营,扶持和保证少数民族特需用品的生产和供应,以及尊重少数民族的婚姻、丧葬习俗等。同时,提倡少数民族在衣食住行、婚丧嫁娶各方面奉行科学、文明、健康的新习俗。

二、民族团结、民族平等政策

在中国,民族平等是指:各民族不论人口多少,经济社会发展程度高低,风俗习惯和宗教信仰异同,都是中华民族的一部分,具有同等的地位,在国家和社会生活的一切方面,依法享有相同的权利,履行相同的义务,反对一切形式的民族压迫和民族歧视。而民族团结是指:各民族在社会生活和交往中的和睦、友好和互助、联合的关系。民族团结要求在反对民族压迫和民族歧视的基础上,维护和促进各民族之间和民族内部的团结,各民族人民齐心协力,共同促进国家的发展繁荣,反对民族分裂,维护国家统一。

根据《宪法》《民族区域自治法》及有关法律文件规定,我国的民族团结、民族平等政策主要有:

第一,中华人民共和国各民族一律平等,各民族公民平等地享有宪法和法律赋予公民的各项权利。《中华人民共和国宪法》规定:"国家保障各少数民族的合法权利和利益,维护和发展各民族的平等、团结、互助关系。禁止对任何民族的歧视和压迫。"各民族公民不分民族、种族、宗教信仰,都同样地享有选举权和被选举权;各民族公民的人身自由和人格尊严不受侵犯;各民族公民都有宗教信仰自由的权利;各民族公民都有接受教育的权利;各民族公民都有使用和发展本民族语言文字的权利;各民族公民都有言论、出版、集会、结社、游行、示威的自由;各民族公民都有从事科学研究、文学艺术创作和其他文化活动的权利;各民族公民都有劳动、休息和丧失劳动能力时从国家和社会获得物质帮助的权利;各民族公民都有对国家机关和国家工作人员提出批评和建议的权利;各民族公民都有保持或改革自己风俗习惯的自由等等。在招工、招兵以及招收其他各种工作人员时,不得以任何借口歧视和排斥少数民族,并且要予以适当照顾。

第二,国家禁止破坏民族团结和制造民族分裂的行为,维护和促进各民族大团结。宪法规定:要反对大民族主义,主要是大汉族主义,也要反对地方民族主义。同时,国家还在全体公民中广泛开展各民族大团结的宣传和教育。在文艺作品、影视作品、新闻报道、学术研究中都大力倡导民族平等、民族团结,反对民族压迫和民族歧视,特别是反对大民族主义。为防止和杜绝意识形态领域的大民族主义和不平等现象的出现,中国政府有关部门、机构专门就严禁在新闻出版和文艺作品中出现损害民族团结内容等事项作出了规定。① 对于民族间发生的纠纷,要冷静分析,耐心疏导,及时加以排解。对于个别不听劝阻,蓄意制造事端、触犯法律的,不论出自哪个民族,都要依法处理。

第三,各民族平等参与国家事务的管理,少数民族参与行使管理国家的权利还要受到特殊保障。在地方各级人民代表大会中,各有关少数民族都应当有适当名额的代表。对人口较少的民族,也应给以适当照顾。少数民族人口较多的地方各级人民代表大会常务委员会中,有关少数民族应当有适当名额的委员。地方各级人民代表大会和常务委员会应当尊重少数民族代表和委员的职权,认真听取他们的意见和要求。在少数民族人口较多的县、市、市辖区、镇、乡人民政府,以及同少数民族生产、生活关系密切的部门和单位,必须配备适当数量的少数民族干部,特别要注意选配少数民族干部参加领导班子。

---

① 中华人民共和国国务院新闻办公室:《中国少数民族政策及其实践》白皮书,1999年9月。

第十一章 外交政策

外交政策是国家处理对外关系遵循的一系列方针、原则和具体规范的总和，是国家公共政策的重要组成部分。外交政策的内容虽然受国际关系基本格局和国际政治经济形势的影响，但主要取决于一国政府所采取的基本路线，是一国国内政策的延伸。

第一节 十一届三中全会前的外交政策回顾

从中华人民共和国成立到中共十一届三中全会以前，是新中国外交政策形成和发展的重要时期。这一时期，中国共产党和政府制定的新中国的对外政策及其基本原则经历了国际风云变幻的严峻考验，积累了丰富的经验，取得了伟大的成就。但在一些具体的外交政策方面还有很多教训值得汲取。认真研究和总结这一时期的外交政策，对于深入全面地理解十一届三中全会以来外交政策的调整和发展，制定更加符合国内经济建设需要和国际形势发展的灵活务实的外交政策具有重要意义。

一、新中国成立到1956年的中国外交政策

早在建国前夕，党中央和毛泽东同志就根据当时的国际环境和建国初期国

内面临的中心任务,提出了新中国即将奉行的外交政策。

首先提出了新中国必须坚持奉行独立自主外交政策的基本原则。早在 1949 年 1 月,毛泽东在一份外交文件批示中就指出:"不允许任何外国及联合国干涉中国内政。""中国是独立国家,中国境内之事,应由中国人民及人民的政府自己解决。"①新中国建立前夕,毛泽东在政治协商会议筹备会上又指出:"中国的事情必须由中国人民自己作主张,自己来处理,不容许任何帝国主义国家再有一丝一毫的干涉。"②周恩来也明确指出:"我们对外交问题有一个基本的立场,即中华民族独立的立场,独立自主、自力更生的立场。"③作为新中国临时宪法的《中国人民政治协商会议共同纲领》也明文规定:中华人民共和国外交政策的原则是保障本国独立、自由和领土主权的完整,拥护国际的持久和平和各国人民的友好合作,反对帝国主义的侵略政策和战争政策,这些都表明了新中国将奉行独立自主的外交政策,与旧中国屈辱外交彻底决裂。

其次,根据建国初期国内外的形势,毛泽东等中共中央领导还提出了在执行独立自主和平外交政策中应遵循的三大基本方针:"另起炉灶""打扫干净屋子再请客"和"一边倒"。

第一,"另起炉灶"。即不承认国民党政府同各国建立的外交关系,不承认国民党统治时期外国派驻中国的外交机关和外交人员的合法地位,把他们当作普通侨民对待,不当作外交代表对待。各国要同新中国建交,就必须在平等、互利和互相尊重主权的基础上重新谈判,建立新的外交关系。这是因为,如果不彻底否定国民党政府旧有的外交关系,新中国就无法以崭新的姿态登上国际关系舞台。毛泽东同志强调,对于帝国主义国家对新中国的承认问题,现在不应急于解决,只要它们一天不改变对我们的敌视态度,我们就一天不给它们在中国的合法地位。这并不是新中国不愿意与西方国家建立外交关系,而是要求以前敌视中国的帝国主义必须以平等的态度对待我们。

第二,"打扫干净屋子再请客"。即在与帝国主义国家建立正式外交关系之前,先把帝国主义在中国的残余势力清除一下,肃清帝国主义在中国的特权。1949 年 3 月,毛泽东在中共七届二中会上明确指出,"我们可以采取和应当采取有步骤地彻底地摧毁帝国主义在中国的控制权的方针","不承认国民党时代的

---

① 解力夫:《新中国外交五十年》,世界知识出版社 1999 年版,第 23 页。
② 《毛泽东选集》第四卷,人民出版社 1991 年版,第 1465 页。
③ 《周恩来选集》上卷,人民出版社 1980 年版,第 321 页。

任何外国外交机关和外交人员的合法地位,不承认国民党时代的一切卖国条约的继续存在,取消一切帝国主义在中国开办的宣传机关"。同时又指出:"我们是愿意按照平等原则同一切国家建立外交关系的","我们必须尽可能地首先同社会主义国家和人民民主国家做生意,同时也要同资本主义国家做生意。"①1949年9月中国人民政治协商会议第一次制定的具有临时宪法性质的《共同纲领》总纲规定:"中华人民共和国必须取消帝国主义国家在中国的一切特权"(第3条);"对于国民党政府与外国政府所订立的各项条约和协定,中华人民共和国中央人民政府应加以审查,按其内容,分别予以承认,或废除,或修改,或重订"(第55条);"凡与国民党反动派断绝关系、并对中华人民共和国采取友好态度的外国政府,中央人民政府可在平等、互利及互相尊重领土主权的基础上,与之谈判,建立外交关系"(第56条)。1949年10月1日,毛泽东同志在《中华人民共和国中央人民政府公告》明确宣告:"凡愿遵守平等、互利及互相尊重领土主权等项原则的任何外国政府,本政府均愿与之建立外交关系。"因为,帝国主义的军事力量虽被赶走了,但帝国主义在我国百余年来的经济势力还很大,特别是文化影响还很深。而且帝国主义总想保留一些在中国的特权。这种情形会使我们的独立受到影响。因此,我们要在建立外交关系以前把"屋子"打扫一下。

第三,"一边倒"。建国初期,毛泽东对中国外交提出的另一个基本方针是"一边倒",即倒向以苏联为首的社会主义阵营一边,把发展与苏联及各人民民主国家的关系放在首要地位。1949年6月30日,毛泽东在《论人民民主专政》一文中阐述了"一边倒"的外交方针:"中国人不是倒向帝国主义一边,就是倒向社会主义一边,绝无例外。骑墙是不行的,第三条道路是没有的。我们反对倒向帝国主义一边的蒋介石反动派,我们也反对第三条道路的幻想。"②《共同纲领》的总纲也规定:"中华人民共和国联合世界上一切爱好和平、自由的国家和人民,首先是联合苏联、各人民民主国家和各被压迫民族,站在国际和平民主阵营方面共同反对帝国主义侵略,以保障世界的持久和平"(第11条)。毛泽东提出的"一边倒"外交方针,既是由中国共产党的意识形态决定的,也与美国奉行的反共政策有关,更是获得苏联援助的必要条件。因为,为了保障新中国国家安全,医治战争创伤,发展民族经济,必须尽可能地寻求外来援助,而新中国不可能从美国等帝国主义国家得到援助,只能从苏联方面寻求支持和援助。这就必须

---

① 《毛泽东选集》第四卷,人民出版社1991年版,第1434—1435页。
② 同上,第1473页。

尽可能地消除斯大林等苏联领导人对中共的疑虑,在美苏为首的两大阵营对垒中,鲜明地表达自己的立场和态度。毛泽东的"一边倒"战略正是出于这种考虑。但这并不是意味着新中国完全依赖苏联。"一边倒"的外交政策为新中国在恶劣的国际环境中迅速巩固政权发挥了重要作用。

上述三大外交基本方针是中国共产党多年来外事主张的概括和外事活动的经验总结,它既为新中国建立后如何开展外交关系规定了方向与原则,也为迎接50年代第一次建交高潮的到来奠定了基础。

依据建国前夕党中央制定的外交政策,建国之后,中国政府逐步展开了外交工作,并取得了积极成果。

第一,同苏联及其他一系列社会主义国家迅速建立了正式外交关系。新中国宣布成立后,苏联首先承认中华人民共和国,断绝与国民党政府的关系,与中华人民共和国建立正式外交关系,并互派大使。随后,保加利亚、罗马尼亚、匈牙利、朝鲜、捷克斯洛伐克、波兰、蒙古、阿尔巴尼亚、德意志民主共和国及越南等国家相继表示承认中华人民共和国政府,并与中国建立外交关系。此外,1950年2月,我国还与苏联缔结了《中苏友好同盟互助条约》,以代替1945年苏联与国民党政府签订的旧条约《中苏友好同盟条约》,还同社会主义各国签订了邮电、交通、科技合作和文化交流等方面的各项协定,这就进一步密切了中国同以苏联为首的社会主义国家的友好互助关系。

第二,同亚、非民族独立国家,特别是近邻的民族独立国家建立和发展了友好合作关系。这些国家主要有:亚洲的缅甸、印度、巴基斯坦、锡兰和阿富汗;北非的埃及、西亚的叙利亚、也门等国。在同印度和缅甸的国际交往中,三国政府还在世界上首先倡导了由周恩来总理于1953年提出的和平共处五项原则,即互相尊重主权和领土完整、互不侵犯、互不干涉内政、平等互利、和平共处。后来,这五项原则成为我国处理同一切国家关系的基本准则,也成为指导现代国际关系的基本原则。1955年中国参加了在万隆召开的具有重大历史意义的亚非会议,并在会上提出了不同社会制度国家间外交关系的准则——"和平共处,求同存异",这对推动我国与亚非民族独立国家关系的发展起到了积极作用。

第三,同一些发达资本主义国家也在平等、互利及相互尊重主权的基础上建立了外交关系。1950年年初,一些西欧、北欧的资本主义国家如挪威、丹麦、芬兰、瑞典、瑞士相继宣布承认中华人民共和国,并且愿意在平等、互利及相互尊重领土主权的基础上同中国建立外交关系。经过谈判,它们分别与中国建交。英国和荷兰虽然也在此时承认了中华人民共和国,但在一些原则问题上存在分歧,直到 1954 年才建立起代办级外交关系。

第四,针对美帝国主义对华采取的孤立封锁政策,我国政府进行了坚决斗争。新中国成立后,美国政府不仅拒绝承认中华人民共和国,而且还在国际上发起一个"不承认"新中国的运动,在经济上搞"封锁禁运",在军事上采取包围等政策。对此,中国政府通过联合以苏联为首的社会主义国家、亚非民族独立国家等,反对美国阻挠新中国实施在联合国的代表权,维护新中国在其他国际组织中的合法权利,打破美国孤立新中国的企图,尤其通过抗美援朝,使美国从朝鲜和我国台湾岛一线威胁我国的战略部署遭到失败。

总之,我国在中华人民共和国成立初期采取的外交政策,不仅捍卫了国家的独立、主权和尊严,而且为新生的社会主义国家政权的巩固,社会主义建设的顺利进行赢得了一个相对有利的国际环境。但同时,也应看到,这一时期的外交政策还有很大的局限性,突出表现在把意识形态的异同作为划分亲疏好恶的一个重要标准等,这就使我国在一些国际交往中,尤其是对苏交往和许多其他相关问题的处理中,自主性和灵活性受到一定程度的影响,并为以后外交工作中出现偏"左"倾向埋下了隐患。

二、50 年代后期至 60 年代后期的外交政策

20 世纪 50 年代后期,中国面临的国内国际形势发生重大变化。在国内,经过建国初期的经济建设,国民经济迅速得到恢复,对资本主义工商业和农业、手工业的社会主义改造基本完成。生产资料的社会主义公有制在全国的建立和资本主义私有制的基本消灭,宣告了中国从新民主主义向社会主义的转变,全国工作重心开始进入全面的大规模的社会主义建设时期。但在这一时期,由于指导思想上急于求成,忽视客观规律,夸大主观意志和主观努力的作用,从而导致中国经济上的严重困难。

在国际上,美国从独霸全球的战略出发,继续对中国采取遏制和孤立的政策。政治上拒绝承认新中国,顽固阻挠新中国在联合国恢复合法席位;经济上实行全面封锁和禁运政策;军事上对新中国进行包围和武装威胁。尤其是美国侵略越南后,其军用飞机多次侵入中国西南边疆上空,使我国西南边境面临严重安全威胁。苏联推出旨在"美苏合作,主宰世界"的"三和路线"而使美苏关系出现战后第一次缓和,但这一过程因 1960 年苏联击落美国 U-2 高空间谍侦察机事件

而中断。苏共二十大后,中苏两国曾经建立的亲密关系又因中苏两党领导层在国际共运、社会主义国家间的相互关系等原则问题上出现严重分歧而走向恶化,终至破裂。随后苏联又在中苏、中蒙边界线上增派重兵,使中苏关系进一步紧张。

面对上述形势,中国放弃了"一边倒"的政策,逐步改为同时反对两个超级大国的霸权主义的政策。同时,进一步加强和发展与第三世界国家的关系,全力支持第三世界各国人民的革命斗争和民族解放斗争。具体说来,我国的对外政策主要是从以下几个方面展开的:

第一,反对苏联的霸权主义行径。针对苏联从二十大起在政治、经济、军事、外交等方面对中国施加的压力和造成的威胁,中国政府为捍卫自己的主权,对苏联的大国沙文主义和霸权主义进行了坚决斗争。如苏联为了在军事上控制中国,把中国外交纳入苏联全球战略的轨道,于1958年连续向中国提出建立长波电台和联合舰队两项损害中国主权的建议,对此,中国坚决予以拒绝。1959年苏联又要求中国放弃对台使用武力,这一有损中国主权的要求,被中国政府断然拒绝。对1969年发生的"珍宝岛事件"以及随后接连发生的武装侵犯我国新疆和黑龙江边境事件,我国政府也进行了针锋相对的斗争,采取了有力反击措施。

第二,抨击美国的反华政策和对外侵略扩张行径。对于美国在此期间继续执行的反华政策,并在台湾海峡地区公开进行战争挑衅等行为予以有力回击。1958年8月,毛泽东利用美国出兵黎巴嫩,英国出兵约旦,中东形势骤然紧张之机,命令中国人民解放军炮轰金门、马祖,有力地打击了美国"划峡而治",制造"两个中国"的企图,掌握了主动权。对于美国大肆侵略越南,中国政府发表声明,坚定不移地支持越南人民,把反对美国侵略的斗争进行到底。中国不仅提供各种武器、物资,而且派出三十多万防空部队和工程兵部队,与美国间接交战。当美国向越南战场侧翼柬埔寨发动军事入侵时,毛泽东主席发表了《五·二〇声明》,严正谴责美国的侵略行径,坚决支持印度支那人民的正义斗争。

第三,着重发展与亚非拉国家的关系,大力支持第三世界国家的民族解放斗争。这一时期,中国不但解决了与亚洲一些邻国的边界问题,如同缅甸、尼泊尔、蒙古、巴基斯坦、阿富汗等周边国家先后签订了边界条约或协定,解决了若干历史遗留问题,1963年年末至1964年年初,周恩来总理出访非洲十国和南亚三国,大大促进了中国与亚非国家友好关系的建立和发展。对于古巴人民抗击美国雇佣军的斗争予以坚决支持。对1961年一些国家发起的不结盟运动,进行积极支持和声援。同时,对于印度武装进犯我国领土,威胁中国安全和领土完整的侵略行为,进行自卫反击,使印度政府的扩张主义受到应有的惩罚。

第四,改善同一些西方国家的关系。我国充分利用西方阵营内部的矛盾,与一些西方大国发展外交关系。1964年中法建交,法国成为西方大国中第一个同中国建立正式外交关系的国家。这对于中国加强同西欧的关系是一个重大的突破,对美国孤立中国的政策是又一次沉重的打击。同时,我国还十分重视开展中日民间外交,通过增加两国间经贸往来、人员互访、文化交流等,为两国关系正常化奠定了基础。

总之,在我国对外政策基本原则的指导下,这一时期的外交工作取得很大进展。但是也应看到,这一时期特别是到了20世纪60年代中后期,由于受当时国内"左"倾思潮的影响,对国际形势的认识存在偏差,错误地认为当时所处的时代仍是无产阶级革命的时代,是帝国主义正在全面崩溃、社会主义正在走向全面胜利的时代,对资本主义国家的革命形势估计过高,对第三世界国家的革命形势及革命成功后选择社会主义道路的估计过乐观,对中国的国际地位及其作用也估计偏高等等。基于这些认识,中国外交曾把应付世界大战,推进世界革命作为重要内容,一度出现要对国外进行革命输出的现象。所有这些,都使中国的对外形象受到影响,使中国与周边国家及亚非许多国家建立起来的友好关系遭到损害。

三、70年代的外交政策

进入20世纪70年代以后,美苏两个超级大国的力量对比发生了重大变化,美国因战后过度军事扩张而国力下降,特别是陷入越南战争的泥潭之后,内政外交困难重重。而苏联经过60年代的发展,在保持常规力量优势的同时,战略核武器又取得了与美国平起平坐的地位。美苏两国争夺世界霸权的态势也因此发生转变,由美攻苏守转为苏攻美守的局面。美国为了改变自己的不利地位,便开始调整其全球战略,改变对华政策,联合中国遏制苏联。对中国来说,当时来自苏联的威胁明显增大,至70年代初,苏联在中苏边境的驻军由60年代的几个师发展到45个师,且军事装备水平不断提高,甚至还有针对中国的核武器,苏联成为中国最危险的敌人。

根据上述形势,中国政府及时调整了对外政策:把苏联看作最危险的战争策源地,联合国际上一切可以联合的力量,努力在世界范围内建立起一条反对苏联霸权主义的国际统一战线。在这种形势下,毛泽东提出了"三个世界"划分的战略思想,提出中国在加强同第三世界国家团结的同时,争取同第二世界国家联合,重点改善同美国、日本和西欧等西方国家的关系。中国对外政策的重大调整,不仅对新中国外交关系的发展产生了深刻影响,而且对建立国际斗争新格局具有十分重要的促进作用。

第一,同西方国家的关系得到普遍改善。1972 年美国总统尼克松访华,中美两国发表了《上海公报》,两国开始走向关系正常化;1973 年 2 月中美双方互设联络处;1978 年 12 月 16 日中美两国发表了《中美建交联合公报》,宣布从 1979 年 1 月 1 日起中美两国正式建立外交关系,这就为中美关系的发展树立了一个里程碑。中美关系的发展带来了中国与西方国家间关系的普遍改善,出现了西方国家同中国建交的高潮。西欧发达资本主义国家中除几个小国之外,几乎全部与中国建立了正式外交关系。中国还同加拿大、澳大利亚、新西兰等西方国家建立了外交关系。中日两国也在 1972 年实现了邦交正常化,双方还于 1978 年 8 月签署了《中日和平友好条约》,为中日两国长期发展友好关系奠定了基础。

第二,同社会主义国家加强团结。在此期间,中国除同朝鲜、罗马尼亚等国保持友好关系外,还同南斯拉夫实现了两国关系正常化。

第三,同第三世界国家的关系得到恢复、发展或加强。中国同亚非拉三大洲的几十个国家建立了外交关系,同印度的关系也有所改善。

第四,我国在联合国的合法席位得到恢复。1971 年 10 月,在第 26 届联合国大会上,由阿尔巴尼亚等国提出的恢复中国在联合国合法席位,包括在安理会的常任理事国的席位的 2758 号议案以绝对多数票获得通过,这是中国外交政策调整后取得的最为突出的成就之一。

总之,这一时期,我国外交工作取得了十分可喜的成绩。据统计,1970 年到 1980 间,同中国建交的国家达 75 个,比 1949 年到 1970 年二十多年里与我国建交国家的总数还多,从而促进了我国与世界上更多国家人民的友好交往,对团结世界各国人民反对霸权主义等具有十分重要的意义。但同时,由于当时对世界大战危险性的估计过分严重,因而导致我们的内政外交都围绕世界大战的爆发而展开工作;同第三世界国家的关系,重点放在积极支持亚非拉各国人民的革命斗争,大力推进这些国家的革命进程上;同西方国家的关系,虽然在一定程度上超越了意识形态这一障碍,但由于当时旨在建立反苏统一战线,政治因素多于经济因素,因而影响了我国与这些国家的关系向更深更广的领域拓展。

第二节 改革开放初期外交政策的重大调整

中共十一届三中全会以来,中国政府根据国际形势和国内现代化建设的需要,围绕和平与发展两大主题,对我国的外交政策进行了重大调整,从而使我国的对外政策更加符合时代的要求。

一、对外政策调整的背景

20世纪70年代末80年代初,国际国内形势发生了重大变化。国际上,美苏两个超级大国虽然继续争夺世界霸权,但长期过度的军备竞赛和对外扩张,使两国国力削弱,两个大国多年的地区争夺,都以失败而告终,最后不得不由军事对抗走向对话,谋求政治解决。与此同时,西欧和日本经济实力迅速增长,资本主义世界出现了美、日、欧三大经济中心鼎立之势。随着经济和政治力量的增强,第三世界中一些国家和地区集团在世界上的影响力不断上升,世界多极化趋势进一步发展。此外,战后尤其是70年代以来,科学技术日新月异,并迅速转化为新的更大的生产力,推动着经济的快速发展。各国综合国力竞争的焦点转向经济和科技方面,越来越多的国家开始调整政策,把注意力更多地转向以经济、科技为重点的综合国力的发展上。

从国内来看,中共十一届三中全会确定了解放思想、开动脑筋、实事求是、团结一致向前看的指导方针,开始全面彻底地纠正"文化大革命"中及其以前的"左"倾错误,果断地停止使用"以阶级斗争为纲"的口号,把党和国家的工作重点转移到社会主义现代化建设上来。

二、对外政策调整的主要内容

中共十一届三中全会以来,我国的对外政策经过1979年到1980年的酝酿,在20世纪80年代初进行了重大调整,其主要内容为:

第一,对战争与和平问题作出了切合实际的判断,提出了和平与发展是当今世界的两大主题的论断。这一论断最初是由邓小平同志在80年代中期提出来的。1984年5月在会见南美贵宾时,邓小平首次提出世界上最根本的问题有两个的论断。他说:"现在世界上问题很多,有两个比较突出。一是和平问题。现在有核武器,一旦发生战争,核武器就会给人类带来巨大的损失。要争取和平就必须反对霸权主义,反对强权政治。二是南北问题。这个问题在目前十分突出。发达国家越来越富,相对的是发展中国家越来越穷。南北问题不解决,就会对世界经济的发展带来障碍。"①同年10月31日,邓小平在会见缅甸朋友时,再次提出和平问题与南北问题是当今世界的两大突出问题的观点。他说:"国际上有两大问题非常突出,一个是和平问题,一个是南北问题。还有其他许多问题,但都不像这两个问题关系全局,带有全球性、战略性的意义。"②1987年,中共十三大进一步把和平与发展概括为"当代世界的主题"。关于战争与和平问题,在过去相当长时期内,我们曾经认为世界大战是不可避免的,只是时间迟早问题。80年代以后,我国改变了战争不可避免的观点,认为虽然战争危险仍然存在,但是世界和平力量的增长超过了战争力量的增长,经过斗争和努力,世界战争是可以防止的,世界和平是有可能维护的。因此,我们应当抓紧时机,加快经济建设,增强自身维护和平的物质力量,从而为反对霸权主义,反对战争做出更大贡献。

同时,我们对当代世界的认识也有很大提高,认为当代资本主义既有腐朽的一面,也有潜力和活力的一面。资本主义国家之间的矛盾虽然不断加剧,但这种矛盾已不再需要通过战争来解决。资本主义还有发展余地,科技进步为发展其生产力提供了有利的条件。社会主义国家为改变经济落后状况,都在进行着一系列改革。发展中国家长期受旧的国际经济秩序的束缚,经济发展缓慢,发展民族经济、改善人民生活的要求十分迫切。基于上述认识,中国政府认为:在今后相当长的时期内,和平与发展是当今世界的两大主题。这就为我国适时正确地调整外交政策提供了战略依据。

第二,把促进共同经济繁荣作为对外政策目标的重要内容。建国以来,中国一直把维护国家的独立和安全、维护世界和平与促进人类进步事业作为对外政策的目标。中共十一届三中全会以后,中国政府根据对和平发展问题的新认识,对中国的对外政策目标进行了补充和完善。在国民经济"七五"发展计划中明确提出:"中国从本国人民和世界人民的长远利益和根本利益出发,把反对霸权主义、维护世界和平、发展各国友好合作和促进共同经济繁荣,作为自己对外工作的根本目标。"③中国对外政策目标的调整,尤其是把"争取一个长期的和平国

---

① 《邓小平文选》第三卷,人民出版社1993年版,第56页。
② 同上书,第96页。
③ 见《关于发展国民经济的第七个五年计划的报告》。

际环境","促进共同经济繁荣,作为自己对外工作的根本目标",充分表明了新时期的对外政策已不再把政治要求作为唯一重要目标,而是把经济要求作为重要目标之一。经济外交已处于十分重要的地位。

第三,进一步发展和完善了独立自主原则。坚持独立自主是我国对外政策的基本原则立场。建国以来的各个历史时期,中国始终都把维护本国独立、主权和领土完整,反对任何形式的外来侵略和干涉作为自己的基本原则立场。中共十一届三中全会以来,我国政府在总结历史经验的基础上,又进一步丰富和发展了独立自主原则的内容,即中国不同任何大国建立同盟或建立战略关系,不支持任何一方反对另一方。中国决不依附于任何一个超级大国,也不屈服于任何大国的压力。1982 年 9 月,邓小平在中共十二大上明确指出:"中国的事情要按照中国的情况来办,要依靠中国人自己的力量来办。独立自主,自力更生,无论过去、现在和将来,都是我们的立足点。中国人民珍惜同其他国家和人民的友谊和合作,更加珍惜自己经过长期奋斗而得来的独立自主权利。任何外国不要指望中国做他们的附庸,不要指望中国会吞下损害我国利益的苦果。"①"中国的对外政策是独立自主的,是真正的不结盟。中国不打美国牌,也不打苏联牌,中国也不允许别人打中国牌。"②但中国也不搞无原则的"等距离外交"和"平衡",在任何时候和任何情况下,对一切国际问题的态度和对策,都是根据其本身的是非曲直来决定,都是看它是否有利于世界和平、发展各国友好合作与促进世界经济的共同繁荣这些标准来判断。这样做,不仅是鉴于结盟或建立战略关系会束缚自己的手脚,有碍于中国在国际事务中保持完全的独立自主,而且还因为中国作为一个人口众多、幅员辽阔的大国,无论同哪个超级大国结盟,都会引起世界趋向的变动,不利于世界的和平与稳定。此外,我们珍视自己的独立自主的同时,也充分珍视别国的独立自主,我们反对任何国家把自己的意志强加于我们,我们也决不把自己的意志强加于别人。我们反对强权政治,强调国家不论大小、强弱、贫富,都有自己的主权,都应受到尊重,都应平等对待。各国的事应由各国人民自己去管,世界上的事应由各国协商解决,而不能由一两个超级大国说了算,反对以大欺小,以富压贫,以强凌弱。

第四,在坚持和平共处原则的基础上,超越社会制度和意识形态,发展同所有国家的友好合作关系。中共十一届三中全会以后,尤其是 80 年代中期以来,

---

① 《邓小平文选》第三卷,人民出版社 1993 年版,第 3 页。
② 同上书,第 57 页。

中国政府逐步认识到判断一个国家对本国是否友好,关键并不在于社会制度和意识形态的异同,而在于是否遵守和平共处五项原则。同样,由于政治、历史、地理和当前需要等方面的原因,世界上很多国家分别与两个超级大国保持着亲疏不同的关系。对此,中国政府认为两国关系的好坏,并不取决于同第三国的关系。一个国家同另一个国家保持良好关系,并不意味着使第三国的关系受到损害。以苏划线或以美划线的做法,不利于国家之间的友好合作。有的国家根据自己的情况,同这个或那个超级大国关系比较密切,接受某个超级大国的援助,这并不影响中国同这些国家发展友好关系,中国赞成所有国家之间建立和发展正常关系,实现和平共处。对此,1986年邓小平在接受美国哥伦比亚广播公司著名记者华莱士的采访时指出:"中国观察国家关系问题不是看社会制度。中美关系是看中国和美国关系的具体情况来决定。中苏关系是看中国和苏联关系的具体情况来决定。"①

同时,当今世界上存在着民族纠纷、领土争议、宗教冲突等问题,这些问题已经成为冷战后国际紧张局势的爆发点。对于这些问题,中国政府认为组织军事集团解决不了问题,紧张对峙解决不了问题,诉诸武力也解决不了问题,主张寻求相互谅解和合作,用对话代替对抗的方式合情合理地解决问题。对于边界争端问题,能够解决的,应力争尽早划定边界;暂时不能解决的,应努力维持现状,双方都不能越过现有边界,应通过谈判,互谅互让地划定边界;短期内无法解决的,也可以暂时挂起来,采取共同开发的办法,以缓和边界问题的矛盾和争执。对于历史遗留问题,要在尊重历史和现实、照顾有关各方利益的前提下,通过谈判进行解决。

第五,把全方位的对外开放作为一项基本国策。尽管中国在80年代以前也曾与一些国家特别是一些社会主义国家发展对外经济贸易关系,但在广度和深度上都十分有限。中共十一届三中全会制定了对外开放的政策,并确定其为一项长期不变的基本国策。中国的对外开放是全方位的,既对发达国家开放,也对发展中国家开放,既对资本主义国家开放,也对社会主义国家开放。对外开放的形式也是多样的,仅经济方面的对外开放就包括对外贸易、资本流动、技术转让、劳务合作、国际旅游等多种形式。中国对外开放政策的实施,使中国外交工作发生新的变化,外交越出了过去量少、面窄、经济偏重为政治服务的局限。

---

① 《邓小平文选》第三卷,人民出版社1993年版,第168页。

第三节 对外政策的新发展

进入 20 世纪 90 年代后,国际局势发生了自第二次世界大战以来最剧烈、最深刻的变化。苏联解体,两极格局终结,世界朝着多极化方向发展。在世界格局的过渡时期,新旧矛盾交错,各种力量重新组合。一方面,国际形势一直动荡不安,一些国家和地区的民族矛盾、领土争端、宗教纷争和经济战略利益的争夺仍很激烈,霸权主义和强权政治依然存在,意识形态的分歧仍较突出等,但从整体和发展趋势上看,和平与发展仍然是当今时代的主旋律;国际关系的重心已由政治、军事竞争转向以经济、科技为核心的综合国力竞争。国际政治多极化、世界经济区域集团化迅猛发展。经济国际化步伐加快,世界经济相互依存加深。世界新技术革命加速进行,高科技产业化在发达国家已形成潮流,由此推动了世界产业结构的新一轮升级和世界经济的进一步发展。

从国内形势来看,经过 80 年代的快速发展,中国的对外开放和经济建设进入到了一个新的发展时期,综合国力显著提高,人民生活得到明显改善,全国对外开放总体格局基本形成。国际国内形势的变化推动了中国对外政策的新发展。

一、20 世纪 90 年代中国的外交政策

在 1989 年春夏之交,中国出现的政治风波被平息后,某些西方大国利用种种借口,对中国进行制裁,粗暴干涉我国内政,使中国同西方一些国家的关系出现困难和波折。为了摆脱外交上的困难局面,中国政府采取"冷静观察、沉着应付、稳住阵脚、有所作为"的战略方针,对中国的对外政策进行了必要的调整和新的部署。

第一,坚持独立自主的和平外交政策,打破西方国家的制裁,维护国家主权和民族尊严。80 年代以来,西方国家利用某些社会主义国家在发展过程中遇到的困难和政策上的失误,采取进攻态势,进行和平演变。在苏东成功后,又把矛头指向中国。在国际大气候和国内小气候的作用下,1989 年 6 月发生了一场政治风波。在中国政府坚决平息这一风波后,以美国为首的西方国家反应强烈,联合起来,采取一系列措施对中国进行制裁。对此,为了维护中国主权和民族尊严,打破中国与西方一些国家在外交上出现的僵局,中国政府在坚持独立自主原

则的同时,灵活运用策略,奋力进取。1989年10月,中国外长钱其琛应邀在美国对外关系委员会演讲时,提出了改善中美关系的四点意见:一要承认和尊重差异,寻求和发展共同点。二是不能把另一国的国内政治作为恢复和发展关系的先决条件。三要努力增加了解和信任。四是处理好台湾问题十分重要。任何制造"两个中国""一中一台"的做法都违背了中国人民和平统一祖国的愿望。1990年5月,江泽民总书记在接受美国广播公司电视节目主持人芭芭拉·沃尔特斯采访时提出:美国对中国的制裁,首先是不明智的,因为经济、贸易、技术、文化等领域的交流符合两国人民的根本利益。从长远讲,制裁中国损害的不仅是中国,对美国的利益也有损害。因此,希望美国政府采取明智办法,我们共同努力,很好地发展我们之间的经济、文化往来。1990年11月中国外长应邀正式访美和1991年11月美国国务卿应邀正式访华,中美两国高级官员的互访正式恢复。同时,美国总统布什还决定将美国对华最惠国待遇连续延长。1993年克林顿总统上台后,决定无条件延长美国对华最惠国待遇一年。中美关系得到改善。

此外,在1989年后,日本、加拿大、澳大利亚、新西兰和西欧有些国家和共同体也曾追随美国,对中国不同程度地采取了一些制裁措施。经过中国政府的严正交涉和积极努力,中国与这些国家和共同体的关系很快得到恢复,并有了新的发展。

第二,坚持和平共处五项原则,正确处理新时期的国家间关系。1989年东欧国家政局发生剧变,中国在处理同这些国家的关系时,超越社会制度和意识形态的分歧,吸取历史经验,审时度势,及时明确表示尊重东欧各国人民的选择,严守不干涉别国内政的原则,愿意在和平共处五项原则的基础上,同东欧各国保持正常的友好关系,在政治、经济、科技、文化等领域保持和发展正常的国家关系。1991年苏联发生"八一九"事变后,中国政府即明确表示:苏联发生的变化是苏联的内部事务,我国尊重苏联人民自己的选择。在苏联国务委员会宣布承认波罗的海三国独立后,中国政府也正式承认上述三国独立,并与之建立了外交关系。12月下旬苏联解体后,中国政府正式宣布承认了俄罗斯联邦政府及其他11个共和国的独立,表示愿在和平共处五项原则的基础上保持和发展双边关系。对南斯拉夫出现的分裂和危机,中国政府真诚希望南各方通过和平协商找到克服危机、结束内战、实现和睦相处的妥善办法。此外,我国还同一些亚洲国家在和平共处五项原则的基础上发展双边友好合作关系,并取得了一系列外交成果。

第三,针对某些西方大国利用人权干涉别国内政的行为,中国政府进行了坚决斗争。二战后,国际社会为捍卫《联合国宪章》有关保障人权和基本自由的宗旨进行了不懈努力,制定了近70项国际人权公约、宣言及其他文件,对于扩大国际人权领域的合作,促进全人类人权和基本自由的普遍实现发挥了积极作用。但也存在一些问题,如有的国家将人权作为推行强权政治的手段,干涉属于他国国内管辖的事务;割裂人权概念,奉行双重标准,在人权问题上美化自己攻击别人,不顾国际公约和各国的具体情况,只以自己的好恶作为人权标准,等等。这不仅违背了《联合国宪章》的宗旨和原则,而且使联合国促进人权保护的努力受到严重干扰。对此,中国政府坚决支持和尊重《联合国宪章》及有关国际人权文件中保护人权的原则,积极参与联合国人权领域的活动。同时,要真正推动全人类人权和基本自由的普遍实现,应尊重不同政治、经济、社会制度和不同历史、宗教和文化背景国家的特点,尊重各国主权和不干涉内政等。并指出:种族歧视、种族隔离、殖民主义、外国侵略和占领是对人权的大规模侵犯,应受到国际社会的充分关注和制止。在人权领域,既要重视公民权利和政治权利,又要重视经济、社会、文化与发展权利。为促进广大发展中国家的人民享有基本人权,特别是生存权和发展权,我国政府一贯大力支持其发展民族经济,巩固政治独立,为促进和保护人权事业做出了自己应有的贡献。

第四,坚持对外开放,促进经济快速发展。20世纪90年代以来,尤其是邓小平同志视察南方发表重要谈话以来,中国政府作出了关于加快改革开放和经济发展的一系列决定,提出对外开放的地域要进一步扩大,形成多层次、多渠道、全方位开放的格局。在继续办好经济特区、沿海开放城市和沿海经济开放区的同时,扩大开放沿边地区,加快内陆省、自治区对外开放的步伐。以上海浦东开发开放为龙头,进一步开放长江沿岸城市。加速广东、福建、海南、环渤海湾地区的开放和开发。同时,还提出要不断拓宽利用外资领域,为外商投资经营提供更方便的条件和更充分的法律保障。此外,还鼓励我国企业积极对外投资,进行跨国经营,等等。这些政策和措施的出台,有力地推动了我国对外开放的扩大和现代化建设事业的发展。

第五,坚持在和平共处五项原则基础上建立国际新秩序。二战后,以强权政治和霸权主义为本质特征的国际秩序,是一种不公正、不合理的国际秩序。在政治上,少数大国凭借自己的实力优势垄断国际事务,肆意干涉他国内政;在经济上,以不合理分工为基础的国际生产体系,以不等价交换为特征的国际贸易体系,以国际垄断资本占据支配地位的国际货币金融体系,使国际经济关系失衡,南北差距拉大。这些不合理的国际旧秩序严重阻碍着世界的和平与发展,建立公正、合理的国际新秩序是历史发展的必然。20世纪90年代以来,随着国际形势的发展,世界各国对建立国际新秩序十分关注,并对建立一个什么样的国际新秩序纷纷提出各自的主张。中国政府从世界上大多数国家共同愿望出发,提出了在和平共处五项原则的基础上建立和平、稳定、公正、合理的国际新秩序。对此,钱其琛外长在1990年9月第45届联合国大会上具体阐述了我国关于建立国际新秩序的主张:"中国认为,国际新秩序应包括以下主要内容:第一,每个国家都有权根据本国国情选择自己的政治、经济和社会制度;第二,世界各国特别是大国必须严格遵守不干涉他国内政的原则;第三,国家之间应当相互尊重,求同存异,和睦相处,平等相待,互利合作;第四,国际争端应通过和平方式解决而不应诉诸武力或以武力相威胁;第五,各国不论大小强弱都有权平等参与协商解决世界事务。"我国提出的建立国际新秩序的主张也包括国际经济新秩序。国务委员兼外长钱其琛在1991年9月第46届联合国大会上进一步阐释了中国关于建立国际新秩序的内容:一是各国有权选择符合本国国情的社会制度、经济模式和发展道路;二是各国有权对本国资源及其开发实行有效控制;三是各国都有权参与处理国际经济事务;四是发达国家应尊重和照顾发展中国家的利益和需要,在提供援助时不应附加任何政治条件;五是加强南北对话和合作,在商品、贸易、资金、债务、货币、金融等重要国际经济领域做出必要的调整和改革。中国政府的上述主张,得到了国际社会的广泛赞同与支持。

二、21世纪初中国外交政策的再调整

进入21世纪,中国面临的国内外形势发生了新的重大变化。从国际上来看,国际形势总体和平、缓和、稳定的局面没有改变,和平与发展仍然是时代的主题,多极化进程是不可阻挡的时代潮流;同时,局部战争、动荡、紧张的局面依然没有改观,国际形势中的不稳定、不确定因素明显增加。霸权主义和强权政治在国际政治、经济和安全领域中依然存在,并有新的发展。以新的"炮舰政策"和新的经济殖民主义为主要特征的"新干涉主义"给世界和平与国际安全造成威胁。世界经济发展很不平衡,不公正不合理的国际政治经济旧秩序还没有根本改变,南北差距进一步扩大;民族、宗教矛盾和边界、领土争端导致的局部冲突时起时伏,贫困、环境恶化、毒品等非传统安全问题更加突出,传统安全威胁和非传统安全威胁的因素相互交织,恐怖主义危害上升。但是,这些挑战虽然严峻,并

未改变世界和平与发展的总趋势,和平与发展仍是时代主题,新的世界大战在可预见的时期内打不起来,争取较长时期的和平国际环境与良好周边环境是可以实现的。特别是"9·11"事件以后,美国的国家安全战略有所调整,反对恐怖主义成为美国优先考虑的问题,中美关系进入相对稳定发展的新阶段,这就使中国有可能争取到较长时期的和平发展环境,从而集中更多的力量发展国内经济。世界科学技术的发展,中国加入世贸组织,以及进一步深化改革、扩大开放,为中国实现跳跃式发展,以及全面融入国际社会、进行国际竞争和合作创造了极其有利的条件。

从国内来看,经过二十多年的改革开放和现代化建设,社会主义市场经济体制初步建立,综合国力显著增强。中国的现代化建设需要有一个和平的国际环境。同时,由于中国经济持续快速发展,国力日益增强,在世界经济中影响不断扩大,中国所发生的事情愈来愈与其他国家息息相关,国际社会更加关注中国的发展政策和前景。新世纪中国外交政策的再调整成为必然。

第一,坚持奉行独立自主的和平外交政策,坚定不移地走和平发展道路。冷战结束后,尽管国际局势总体上保持着和平与稳定,中国同世界各国的关系有新的发展,但随着中国综合国力和国际影响力的增强,国际社会对中国未来走向的关注程度不断提高。西方某些反华势力也借机大肆喧嚣"中国威胁论"。以胡锦涛为总书记的新一届中央领导集体审时度势,高举和平、发展、合作的旗帜,提出中国坚定不移地走和平发展道路的战略方针。2005年12月,中国政府发表的《中国的和平发展道路》白皮书,将中国的和平发展道路概括成四条主要内容,即争取和平的国际环境发展自己,又以自身的发展促进世界和平;依靠自身力量和改革创新实现发展,同时坚持实行对外开放;顺应经济全球化发展趋势,努力实现与各国的互利共赢和共同发展;坚持和平、发展、合作,与各国共同致力于建设持久和平与共同繁荣的和谐世界。温家宝总理在《关于社会主义初级阶段的历史任务和我国对外政策的几个问题》一文中,揭示了中国独立自主的和平外交政策的主要内容,即"维护国家的独立、主权、统一和领土完整;根据事情本身的是非曲直自主地、独立地判断国际问题,决定自己的立场和政策;不以意识形态和社会制度划线,不将自己的价值观强加于人,不同任何国家和国家集团结盟;不干涉别国内部事务,也不允许任何国家干涉我国内政;反对搞霸权主义和强权政治,自己也永远不称霸"①。事实表明,中国经济的发展,正在成为亚太地区和世界经济增长的重要推动力量。

第二,反对霸权主义和强权政治,建设持久和平、共同繁荣的和谐世界。"9·11"事件的爆发,不仅意味着由领土、资源、利益冲突等引发的各种传统安全问题远未解决,而且以国际恐怖主义为代表的各种非传统安全问题也日益突出。而美国又以"9·11"事件为借口,打着反对恐怖主义、维护本国安全及其自由民主价值观的旗号,在没有充分理由和合法性的情况下,采取所谓"先发制人"的单边主义政策,连续对外国用兵。美国这种建立片面追求自己国家绝对安全,而忽视别国和地区的安全的霸权主义和强权政治的行径,既不可能从根本上解决美国及国际社会的安全问题,还加剧了国际局势的紧张。在此情况下,中国政府提出,世界各国应通过加强国际合作,应对挑战,增进国际安全。2005年9月,在联合国首脑会议这一重要场合,中国明确提出了"努力建设持久和平、共同繁荣的和谐世界"的外交的新主张。主要内容有:一是坚持多边主义,实现共同安全。二是坚持互利合作,实现共同繁荣。三是坚持包容精神,共建和谐世界。四是坚持积极稳妥方针,推进联合国改革。中国提出的建立和谐世界的主张,既是中国、印度等国在20世纪50年代倡导的著名的和平共处五项原则在新时期的发扬光大,也是90年代后期以来中国"新安全观"重大理念的延续,是对话求安全、合作谋发展的共赢思路的深化。

第三,坚持"与邻为善、以邻为伴"的方针和"睦邻、安邻、富邻"的政策,积极推进区域合作。具体表现为:一是在区域合作中坚持平等互利、合作共赢的宗旨,有取有予,在扩大与周边国家的共同利益中实现自己的利益,用实际行动证明自己是周边国家的好邻居、好朋友、好伙伴,充分发挥在维护地区和平、促进共同发展中的重要作用。为此,中国积极推动亚太地区各种安全对话合作机制的发展,积极参与联合反恐、海上搜救、打击海盗、打击制贩毒品等非传统安全领域的合作。中国、俄罗斯和中亚国家共建的上海合作组织、中国与东盟的"10+1"、中日韩与东盟的"10+3"等日益成为促进地区安全与发展的重要机制。中国还坚定支持朝鲜半岛北南双方进行和解与合作、实现自主和平统一,中方积极斡旋并主持的朝核问题六方会谈为实现半岛和平统一迈出了重要一步。二是以中国的和平崛起为前提,以经济安全为主题,兼顾政治、军事、文化、环境、信息等多种

---

① 《十六大以来重要文献选编(下)》,中央文献出版社2008年版,第910页。

安全因素，综合运用各种手段维护中国周边的安全和稳定，营造安全可靠、经济繁荣、长期稳定的周边和平环境，在睦邻、亲邻、富邻的同时，消除一些周边国家的对中国崛起的担忧，妥善处理有较大争议的边界争端问题——如中印边界问题，特别是南沙问题，创造有利的周边环境。

第四，继续加强同第三世界国家的团结与合作，探索与发展中国家互利合作的新途径。一是相互支持，加强磋商，争取有利于维护世界和平又有利于自身发展的国际政治环境。二是中国与国际社会一道制定公平、合理、公开、透明的国际贸易、投资、金融等领域的国际规则，保证各国人民获得均等的发展机会，使广大发展中国家公平合理地分享全球发展带来的实惠。三是完善发展援助机制，鼓励更多发展资源向发展中国家转移，逐步建立长期、全面的新型南北合作伙伴关系。四是继续提供力所能及的援助，帮助发展中国家克服困难，增强自主发展的能力。

第五，继续改善和发展同发达国家的关系。

中国政府始终坚持中美两国要从战略的高度审视和处理中美关系，推动中美建设性合作关系不断向前发展。中国政府认为，中美在维护世界和平、促进共同发展方面拥有广泛而重要的共同战略利益；中美双方不仅是"利益攸关方"，而且更应该是建设性合作者。在台湾问题上，中国政府要求美方恪守承诺，奉行"一个中国"的政策，对美国所谓"与台湾关系法"绝不接受并坚决反对，反对美台间进行任何形式的违反中美三个联合公报原则的军事往来与合作。敦促美方信守承诺，明确反对"台独"和台湾方面利用"公投"搞"台独"的行径，确保中美关系能够健康、稳定、顺利地向前发展。对中美贸易中存在的如美中贸易逆差问题、人民币汇率问题、知识产权保护问题，通过平等协商和扩大合作来加以妥善解决，反对将中美经贸关系问题政治化。中方对美有理有利有节的斗争，不仅打击了"台独"的嚣张气焰，而且维护了中美双方的利益。

中国致力于构筑中欧长期稳定的全面伙伴关系。在加强中欧各领域合作中，中国主张通过加强高层交往与政治对话，完善和加强各级别的定期和不定期磋商机制，就重大国际和地区热点问题加强磋商与协调等措施，促进政治关系健康稳定发展；经济上坚持互利互惠，平等协商，通过深化经贸合作，发展富有活力和长期稳定的中欧经贸合作关系，推动中欧共同发展；教、科、文、卫等方面，互鉴互荣，取长补短，扩大人文交流，促进东西方文化的和谐共进。

中日关系最主要的问题是历史问题。中国的原则立场是：历史问题是客观事实,不能回避,应本着"以史为鉴,面向未来"的精神妥善处理。日本领导人参拜靖国神社绝不仅是日本的内政和文化问题,而是直接关系到战争受害国人民的感情问题,是我国绝对不能接受的。同时,中国也认为,在新的历史阶段,中日之间的共同利益不是减少了,而是增多了。中日都是亚洲重要国家,当前的共同利益就是发展和振兴亚洲,亚洲的发展离不开中日协调与合作。

第六,积极开展多边外交,在联合国及其他区域性组织中发挥作用。在世界范围内,中国作为联合国安理会常任理事国,积极促进地区热点的解决,多次参加联合国维持和平行动,维护发展中国家在联合国的权益。在地区范围内,中国推动上海五国合作机制发展为上海合作组织,推动东盟与中国、日本和韩国的"10+3"合作进程。在朝鲜核问题上积极促成三方会谈、六方会谈,避免了朝鲜半岛紧张局势升级,为维护东北亚的和平与稳定发挥了建设性作用。2001年年底中国正式加入世界贸易组织后,积极参加世贸组织的新一轮多边贸易谈判,并在谈判中要求成员国应充分考虑发展中国家的利益和合理要求,以确保它们有效参与和实现平等权利。在军备控制和裁军方面,中国于2005年9月发表了《中国的军控、裁军与防扩散努力》白皮书,提出"全面禁止和彻底销毁大规模杀伤性武器","防止大规模杀伤性武器及其运载工具的扩散",防止外空武器化和外空军备竞赛等是中国军控、裁军与防扩散政策的基本目标,但在处理国际军控、裁军与防扩散事务时,中国政府坚持把是否有利于捍卫国家主权和安全,是否有利于维护全球战略稳定,是否有利于增进各国的普遍安全和互信,作为决策的依据。中国还积极参与和推进国际军控与裁军进程。

第七,把"外交为民"作为外交工作的宗旨。"外交为民"是中国共产党"为人民服务"的宗旨在外交工作中的体现。随着中国公民出境人数的上升以及国际恐怖活动、突发事件的增多,危害中国公民人身和财产安全的事件增加。对此,党和政府非常重视。2005年的政府工作报告已明确把"积极维护我国公民在海外的生命安全和合法权益"写入我国的外交政策。中国公民在苏丹、伊拉克、阿富汗、巴基斯坦遭恐怖袭击和绑架的事件发生后,党和国家领导人多次作出具体指示,要求各有关部门通力合作,妥善处理有关问题。中国建立了境外中国公民和机构安全保护工作部际联席会议和应急协调处理机制。外交部还利用互联网等手段,及时通报有关最新信息和中国政府采取的相应措施,并公布了中国公民"赴部分国家和城市注意事项"。中国政府对领事保护工作的重视,以及在此类事件中表现出的快速反应、团结协作,充分体现了中国政府"以人为本"

"执政为民"的理念,是中国外交内涵的新扩展。

三、中共十七大以来中国外交政策的新发展

中共十七大以来,中国面临的国内外形势发生了新的变化。从国内情况看,中国面临着进一步深化经济体制改革、建立和健全社会保障体系等一系列深层次的问题与矛盾。从外部环境看,自2006年中国成为世界最大的外汇储备国以来,某些对中国持有偏见的西方政治家和学者在国际社会上继续编造"中国威胁论"。同时,随着国家经济的发展,中国与其他国家在资源、领土、经贸等方面的矛盾与摩擦也呈上升趋势。面对此种形势,中国比任何时候都更需要一个良好的外部环境来保障和平发展的进程。因此,十七大以来,中国在对外政策领域进行了新的调整。

(一) 始终不渝走和平发展道路

中共十七大报告强调:"中国将始终不渝走和平发展道路。这是中国政府和人民根据时代发展潮流和中国根本利益作出的战略抉择。中华民族是热爱和平的民族,中国始终是维护世界和平的坚定力量。我们坚持把中国人民的利益同各国人民的共同利益结合起来,秉持公道,伸张正义。我们坚持国家不分大小、强弱、贫富一律平等,尊重各国人民自主选择发展道路的权利,不干涉别国内部事务,不把自己的意志强加于人。中国致力于和平解决国际争端和热点问题,推动国际和地区安全合作,反对一切形式的恐怖主义。中国奉行防御性的国防政策,不搞军备竞赛,不对任何国家构成军事威胁。中国反对各种形式的霸权主义和强权政治,永远不称霸,永远不搞扩张。中国将始终不渝奉行互利共赢的开放战略。我们将继续以自己的发展促进地区和世界共同发展,扩大同各方利益的汇合点,在实现本国发展的同时兼顾对方特别是发展中国家的正当关切。我们将继续按照通行的国际经贸规则,扩大市场准入,依法保护合作者权益。我们支持国际社会帮助发展中国家增强自主发展能力、改善民生,缩小南北差距。我们支持完善国际贸易和金融体制,推进贸易和投资自由化便利化,通过磋商协作妥善处理经贸摩擦。中国决不做损人利己、以邻为壑的事情。"这是十七大报告对我国新时期外交政策的进一步阐述,也是对以往外交政策的继承和发展。

十八大报告延续了改革开放以来对外政策的指导思想,提出"中国将始终不渝走和平发展道路,坚定奉行独立自主的和平外交政策","我们根据事情本身的是非曲直决定自己的立场和政策,秉持公道,伸张正义"①。这说明中国并无意联合任何一个国家反对另一个国家。而保持国际环境特别是周边环境的和平与稳定,仍然是中国外交的当务之急。

概括而言,和平发展道路与中国国情和时代特征相适应,其要旨是:争取和平国际环境发展自己,又以自身的发展促进世界和平;依靠自身力量和改革创新实现发展,同时坚持实行对外开放;顺应经济全球化发展趋势,努力实现与各国的互利共赢。中国对内坚持和谐发展,对外坚持和平发展,两者是统一的整体。"和平发展道路"是将内政与外交、国内大局与国际大局完全统一的中国大战略,其核心理念就是把中国人民的根本利益与世界人民的共同利益结合起来。

(二)提出建立新型大国关系理念

习近平于2013年访美时提出新型大国关系,强调其内涵包括三个方面:一是不冲突、不对抗;二是相互尊重;三是合作共赢。2014年11月,习近平从六个方面进一步深化了中美新型大国关系的内涵,即加强高层沟通和交往,增进战略互信,在相互尊重基础上处理两国关系,深化各领域交流合作,以建设性方式管控分歧和敏感问题,在亚太地区开展包容协作,共同应对各种地区和全球性挑战。

新型大国关系体现了我国处理中美关系的新原则、新思路与新的政策导向:第一,中国逐步改变了过去被动适应的战略态势,更加积极主动地塑造中美关系。2012年2月时任国家副主席的习近平访美并在华盛顿发表演讲,提出中美应当建设"21世纪的大国关系",表明了中国对中美未来战略走向的前瞻性规划。此后,中国领导集体在所有与美方的外交活动中,均不断强调与阐释新型大国关系及未来中美关系的战略定位、处理原则等一系列指针性内容,体现了中国逐渐增强的战略自信与积极态势。第二,中国为中美双方的外交互动划定了基本的政策红线,即尊重彼此的核心利益。十八大以来中国新一届领导集体敏锐地意识到中美之间的结构性矛盾是大国发展到一定阶段必然会遇到的安全困境。但是,接受矛盾并不代表美方可以无视甚至践踏中国的核心国家利益。因此,习近平和其他领导人在不同场合多次表示,双方应该尊重各自的核心利益和重大关切是中美关系得以向前发展的根本保障。第三,中国愈加重视由于第三

---

① 胡锦涛:《坚定不移沿着中国特色社会主义道路前进 为全面建成小康社会而奋斗——在中国共产党第十八次全国代表大会上的报告》,人民出版社2012年版,第47页。

方介入引起的间接性结构冲突,强调中美的危机管控能力。由于东亚已成为中美战略接触与竞争的前沿地带,加上诸多第三方的存在,且在民族主义上升、领土争端根深蒂固等客观情势之下,第三方因素引发的中美间接性结构冲突已经成为现实的威胁。① 中国必须保持与美国的有效沟通,管控主权争端,最终实现和平解决,这样才符合中国外交的长远利益。

在新型大国关系原则的指导下,中国近年来对美外交政策也呈现出一系列新的特点。第一,中国不断推进与美国的各类高层对话机制,积极推动政党外交。2015年5月,第八届中美政党高层对话,双方围绕"法治与中美各自未来发展"的主题,就各自执政理念、政策主张和发展战略交换看法,就各自反腐与法制社会建设及举措、管党治党相关做法坦诚交流。中美政党高层对话将成为双方超越意识形态差异、增强理念政策沟通、增进政治互信的对话平台。第二,中国愈发重视军事外交在中美关系中的重要作用。中国对美国"亚太再平衡"过于倚重军力调整背后的战略意图心存疑虑,美国也一直对中国军事现代化的迅猛发展表示担忧。十八大以来,中国加强了同美军的军事交流,2015年海军首次参加美国主导的环太平洋军事演习。第三,中国加强了同美国在冲突管控方面的交流。随着南海局势的升温,中国一方面以实际行动捍卫自身的主权,另一方面加强了与美国在战略共识和冲突管控方面的交流。2015年6月结束的第七次中美战略与经济对话再次强调海空相遇安全行为准则的重要性,提出两国"力争在2015年9月前就行为准则中的'空中相遇'部分达成一致"。②

(三) 周边外交与"一带一路"的外交新战略

近年来,中国的周边环境持续面临严峻的考验。历史遗留问题、地区冲突、大国博弈及非传统安全问题等因素进一步削弱了本就脆弱的政治互信与安全合作,对中国的国家利益带来了严峻的挑战。十八大以来周边外交的大政方针、战略规划以及政策实践,都体现了中国经略周边、构建区域新秩序的努力。

首先,中国提出了一系列新的周边外交理念与方针。2013年10月24日至25日,党中央、国务院在北京召开了周边外交工作座谈会,习近平在座谈会上强

---

① 李开盛:《间接性结构冲突——第三方引发的中美危机及其管控》,《世界经济与政治》2015年第7期。

② 《第七轮中美战略与经济对话框架下战略对话具体成果清单》,http://news.xinhuanet.com/ttgg/2015-06/26/c-1115727263.htm。

调:"我国周边外交的基本方针,就是坚持与邻为善、以邻为伴,坚持睦邻、安邻、富邻,突出体现亲、诚、惠、容的理念。""要对外介绍好我国的内外方针政策,讲好中国故事,传播好中国声音,把中国梦同周边各国人民过上美好生活的愿望、同地区发展前景对接起来,让命运共同体意识在周边国家落地生根。"实现中华民族伟大复兴的中国梦,坚持"亲、诚、惠、容"外交理念和"命运共同体"意识,坚持正确义利观成为指导中国周边外交的基本方针。除此以外,"开展周边外交要有立体、多元、跨越时空的视角"的提法独到新颖,意思是在和周边国家进行外交活动时既要有层次感、多面性,又要关注到历史和现实相联系的特色。这些理念体现了中国在新形势下对周边外交的高度重视和理论创新。2015 年 3 月 28 日,习近平出席博鳌亚洲论坛并发表题为"迈向命运共同体,开创亚洲新未来"的主题演讲。"命运共同体"继承了和平发展、互利共赢、和谐世界等指引中国外交的基本理念,也已成为中国与亚洲各国合作共赢、共同发展,积极推动全球治理变革,共同应对风险和挑战的指针。①

其次,"一带一路"倡议成为中国周边外交大战略的雏形。2013 年习近平先后提出了"丝绸之路经济带"和"21 世纪海上丝绸之路"(合称"一带一路")的倡议。2014 年 11 月 8 日,加强互联互通伙伴关系对话会在北京举行。习近平发表了《联通引领发展,伙伴聚焦合作》重要讲话,提出了五点建议:第一,以亚洲国家为重点方向,率先实现亚洲互联互通;第二,以经济走廊为依托,建立亚洲互联互通的基本框架;第三,以交通基础设施为突破,实现亚洲互联互通的早期收获;第四,以建设融资平台为抓手,打破亚洲互联互通的瓶颈;第五,以人文交流为纽带,夯实亚洲互联互通的社会根基。这些建议使"一带一路"倡议进一步具体化。2015 年 3 月,国家发改委、外交部和商务部联合发布了《推动共建丝绸之路经济带和 21 世纪海上丝绸之路的愿景与行动》,对共建原则、框架思路、合作重点、合作机制等作了具体表述,使"一带一路"倡议更加明晰。

(四)发展公共外交,提高国际影响力

公共外交是一国政府通过自己所影响的公共媒体、社会组织、民间团体以及人员往来等多种渠道,对目标国公众,尤其是目标国主流公众所进行的有目的的文化传播,以便促使目标国公众了解自身,进而对其产生良好印象,以有利于本

---

① 徐瑶:《新华网评:迈向命运共同体,博鳌吹响新号角》,http://news.Xinhuanet.com/2015-03/29/c_1114795731.htm。

国总体外交的实施。①

随着全球化和信息化的快速发展,国与国之间的关系已经不仅仅局限在政府与政府之间的官方关系,而是已经拓展到了半官方甚至民间领域。而这种全方位、多层次的公共外交,也体现出一个国家的软实力。

近年来,中国公共外交的发展取得了显著的成果,其中最具代表性的是孔子学院的发展。自 2004 年 11 月第一所孔子学院在韩国首尔成立,到 2013 年 12 月,已经在全球范围内 120 个国家和地区建立了 440 所孔子学院和 646 个孔子课堂。孔子学院向世界传递中国优秀的传统文化,成为连接中国和世界的重要文化纽带。

公共外交在中国的对外活动中分量越来越重,也产生了越来越大的影响力。大力发展公共外交,是新时期中国外交工作的新突破点,为使中国扩大国际影响力、提升软实力做出了突出的贡献。

(五)加强"首脑外交"

十八大召开后不到一年时间内,习近平四次出访,行程约 10 万公里,访问了俄罗斯等 14 个国家。同年,李克强出访了印度、巴基斯坦、瑞士等国。在这段时间内,中国国家元首和政府首脑共出访 7 次,足迹遍及欧洲、非洲、美洲、亚洲的 22 个国家,同时还接待了 60 多位外国国家元首和政府首脑对中国的访问。

此外,中国国家元首和政府首脑还积极参加了金砖国家领导人峰会、二十国集团峰会、上海合作组织峰会和总理会议、亚太经合组织峰会和东亚领导人系列会议等多个国际组织和机制的年度首脑会议,会晤了上百位国家领导人,与他们就共同关心的全球和双边问题广泛交换意见,阐述中国政府的立场和主张。新一届政府首脑频频出访,活跃在国际外交舞台上,把中国首脑外交带到了一个新的高度。

(六)巩固多边外交格局

十七大以来,中国逐渐形成了以与大国关系为关键、以与周边国家关系为首要、以与发展中国家关系为基础、以多边外交为新舞台的对外关系总体格局。十八大以来,习近平、李克强和其他国家领导人访问了二十多个国家,多次出席重

---

① 金正昆:《坚持、发展与深化:党的十八大报告之中国外交新解读》,《广西社会科学》2013 年第 1 期。

大的多边外交活动,将大国、周边、发展中国家、多边等外交工作密切结合,中国全方位的对外关系布局并没有变化。

当前中国对外关系的发展趋势仍然重视同主要大国的关系。十八大报告把改善和发展同发达国家关系放在中国对外关系的第一位,提出要"拓宽合作领域,妥善处理分歧,推动建立长期稳定健康发展的新型大国关系"。① 尽管中国与西方发达国家之间充满矛盾和分歧,但不可否认的是,西方发达国家既是中国主要的贸易伙伴,也是中国吸引外资和技术的重要来源。不管是维持中国经济的持续稳定发展、实现中国梦的经济目标,还是维护周边和国内的稳定,与发达国家的关系仍然是第一位的。

冷战的结束使得中国与邻国之间的政治互信得到加强,经济关系得到深化。2013年10月底,中共中央在北京召开了周边外交工作座谈会,其规格之高在新中国外交史上前所未有。习近平在讲话中强调处理与邻国关系需要有"立体、多元、跨越时空的视角",重申了中国坚持与邻为善、以邻为伴的周边外交方针,表达了诚心诚意对待周边国家、让周边国家得益于我国发展的真诚愿望,提出了要使周边同我国政治关系更加友好、经济纽带更加牢固、安全合作更加深化、人文联系更加紧密的目标。② 在经济领域,周边国家已经成为中国的主要贸易伙伴,双边贸易额已经超过中国与西方发达国家的贸易总额,中国与周边国家正在形成紧密联系的命运共同体。

中国与发展中国家关系的基础地位没有改变。20世纪80年代后,与发展中国家的关系一直被认为是中国整体对外关系布局的基石。在担任国家主席后,习近平即出访了坦桑尼亚、南非和刚果共和国,提出了中国对非合作要"真、实、亲、诚"的四字箴言。随后,习近平又出访了特立尼达和多巴哥、哥斯达黎加和墨西哥,并与八个加勒比海地区国家的领导人展开会谈,表达了中国愿与加勒比海地区国家建立和发展全面合作的伙伴关系的愿望。

多边外交在十八大后中国外交布局中的地位更加凸显,而峰会外交则是其中最活跃的方面。通过参加金砖国家领导人峰会、二十国集团峰会、亚太经合组织峰会、上海合作组织峰会、中国—东盟领导人会议以及东亚领导人系列会议等

---

① 胡锦涛:《坚定不移沿着中国特色社会主义道路前进　为全面建成小康社会而奋斗——在中国共产党第十八次全国代表大会上的报告》,人民出版社2012年版,第48页。
② 《为我国发展争取良好周边环境,推动我国发展更多惠及周边国家》,《人民日报》2013年10月26日。

一系列活动,中国更加积极地参与现有国际体系,坚持"尊重主权,反对干涉;维护和平,反对侵略;坚持对话,反对暴力;支持平等,反对强权"。在参与解决全球和地区热点问题上,积极主动,仗义执言,立场更鲜明,作用更突出。

（七）保护国家合法海外利益

由于历史文化和意识形态等方面的原因,国家利益在中国对外关系中的地位并不突出。到了 21 世纪初期,国家核心利益才成为中国对外政策中的一个热点。十八大报告延续了改革开放以来外交政策的大政方针,强调中国将始终走和平发展道路,坚定奉行独立自主的和平外交政策,但"坚决维护国家主权、安全、发展利益,决不会屈服于任何外来压力"的表述第一次出现在党中央报告中,凸显了新一届领导集体对国家利益的理性认知和高度重视。2014 年 11 月 28 日,习近平同志在中央外事工作会议上指出:"中国必须有自己特色的大国外交。要坚定不移走自己的路,走和平发展道路,同时决不能放弃我们的正当权益,决不能牺牲国家核心利益。"①习近平同志一再强调:"我们要坚决维护国家主权、安全、发展利益,任何外国不要指望我们会拿自己的核心利益做交易,不要指望我们会吞下损害我国主权、安全、发展利益的苦果。"②中国领导人在对外关系中以前所未有的频度强调中国的国家利益,表明国家利益已经成为中国对外政策的主要指导原则。

十八大以来中国外交政策的一系列调整也表明,国家利益已经成为落实中国对外政策的底线。2012 年 9 月日本政府执意对钓鱼岛实施"国有化"以后,中国通过海监船巡逻、海监飞机巡航、发布钓鱼岛海域环境预报、公布钓鱼岛领海基点基线、设立东海防空识别区等一系列政策调整,彰显了中国政府维护自身主权利益的决心。针对南海争端的相关国家不断采取改变现状的挑衅行为,中国政府于 2013 年 7 月将西沙群岛、南沙群岛、中沙群岛办事处升格为"海南省三沙市",在永暑礁、渚碧礁、美济礁推进填海造陆活动,并在南海地区实行多兵种参与的联合军事演习。面对美国及部分东南亚国家的外交压力甚至武力威胁,中国政府坚定地表明,中国对南沙和西沙群岛及其附近水域拥有不可争议的主权。

中国坚持在充分尊重历史事实和国际法的基础上,与有关当事国通过平等对话和友好谈判寻求妥善解决争议的办法。近年来,中国政府不断通过各种外

---

① 《习近平出席中央外事工作会议并发表重要讲话》,《人民日报》2014 年 11 月 29 日。
② 《习近平谈治国理政》,外文出版社 2014 年版,第 30 页。

交场合,宣传及阐释自身在东海、黄海及南海地区的国家利益红线,充分表达中国在上述地区的坚定立场。同时有效整合多种实力资源,特别是军事力量在相关地区的有效管理能力,切实捍卫中国在上述地区合法的国家利益。中国还积极参与全球公域治理方面的规范构建、机制创设与政策制定,积极捍卫和保护中国合法的海洋利益、极地利益、太空利益和网络利益。

与此同时,随着中国经济社会的快速发展和融入全球化进程的不断深化,中国的国家利益突破传统地理界线,迅速向海外延伸与拓展。相关地区的国内动荡、地方冲突、恐怖主义、跨国犯罪、自然灾害等问题与风险对中国海外利益的保护提出了紧迫的要求。2014年11月28日,习近平在中央外事工作会议上强调"要切实维护我国海外利益,不断提高保障能力和水平,加强保护力度"。2015年3月也门局势突然恶化,中国政府整合国内及当地多种外交资源,紧急动用海军舰艇编队赴也门执行撤离中国公民任务。随着中国海外利益的不断扩展,特别是"一带一路"倡议的顺利推进,中国政府有效运用政治、经济、军事、文化等多种外交资源,切实保护我国海外公民的人身、财产及海洋通道安全,将成为未来外交谋划与布局的重点与难点任务。

第十二章 教育政策

　　教育政策是指政府根据社会需要,通过法定程序制定的发展教育事业的行动准则和规范。中国的教育政策主要体现在完整的教育体系中,包括基础教育(包括幼儿教育、小学教育、普通中等教育)、高等教育、职业技术教育、成人教育和民族教育等,主要涉及各类教育发展的方针、任务、体制以及教育投资、教师队伍建设等方面。

第一节　改革开放前教育政策回顾

　　改革开放前的中国教育政策,是指新中国成立以来,至1978年中共十一届三中全会之前确立和推行的关于中国教育发展的政策。众所周知,这一时期,中国的教育政策处于初创、摸索阶段,政策的制定,主要围绕着新中国国家建设和政治需求展开,并区分为两个阶段。第一个阶段执行的是《中国人民政治协商会议共同纲领》确定的教育方针:"中华人民共和国的文化教育为新民主主义的,即民族的、科学的、大众的文化教育。人民政府的文化教育工作,应以提高人民文化水平,培养国家建设人才,肃清封建的、买办的、法西斯思想,发展为人民服务的思想为主要任务。"①第二阶段从1957年起,执行的是"教育为无产阶级

---

① 《建国以来重要文献选编》第一册,中央文献出版社1992年版,第10页。

政治服务,教育与生产劳动相结合"的指导方针,以及据此方针所制定和推行的一系列教育政策。后一阶段,由于史上发生的"大跃进"运动和"文化大革命",而使得中国的教育政策出现了背离教育规律的情况,并使中国的教育事业受到严重创伤。

一、1949—1956 年的教育政策

新中国成立伊始,中国共产党和中国政府根据新中国的现实状况和建设需求,对新中国的教育发展,作了初步的规划,确定了民族的、科学的、大众的文化教育发展政策。1949 年 11 月 1 日成立了专门的教育行政机构,即中央人民政府教育部,具体负责新中国有关教育发展的事宜。接着在 1949 年 12 月 23 日至 31 日,教育部便召开第一次全国教育工作会议。这次会议按照《中国人民政治协商会议共同纲领》中所指出的文化教育政策,把中华人民共和国的文化教育确定为新民主主义的教育。它的主要任务是,提高人民文化水平,培养国家建设人才,肃清封建的、买办的、法西斯主义的思想,发展为人民服务教育的思想。这种教育是民族的、科学的、大众的教育。其目的是为人民服务,首先是为工农兵服务,为生产建设服务。其方法是理论与实际一致。要求以老解放区教育新经验为基础,吸收旧教育某些有用的经验,借助苏联教育的先进经验来建设新中国的教育。① 同时指出,教育工作的发展方针是必须为国家建设服务;发展教育要普及与提高相结合;必须坚决正确地坚持团结、教育、改造知识分子的政策;对于中国人创办的私立学校,采取保护维持、加强领导、逐步改造的方针。② 以后的教育工作,主要围绕着上述提出的方针和主要任务展开。

新中国建立初期,中国的教育政策,主要把恢复和发展人民教育当作当前的重要任务,有计划地、有步骤地建立中国的教育体系。首先是改革旧有学校教育事业。1950 年 6 月,毛泽东在中共七届三中全会的报告中指出,要有步骤地谨慎地进行旧有学校教育事业和旧有社会文化事业的改革工作,争取一切爱国的知识分子为人民服务。一年之后,1951 年 10 月,政务院颁布了《关于改革学制的决定》,规定了我国的学制。这个学制对幼儿教育、初等教育、中等教育、高等教育修业年限等都作了具体的制度安排。(1)幼儿教育。实施幼儿教育的组

---

① 中国大百科全书编辑委员会编:《中国大百科全书·教育》,中国大百科全书出版社 1985 年版,第 10 页。

② 同上书,第 553 页。

织为幼儿园,招收三足岁到七足岁的儿童。(2)初等教育。对儿童实施初等教育的学校为小学,小学的修业年限为 5 年,实行一贯制,入学年龄以七足岁为标准。(3)中等教育。中学的修业年限为 6 年,分初、高两级,年限各为 3 年。(4)高等教育。大学、专门学院修业年限为 3 年至 5 年;专科学校修业年限为 2 年至 3 年,大学和专门学院附设的研究部,修业年限为两年以上。

  在这之前,政务院、教育部、中华全国总工会等机构还召开过各种类型的会议,对不同类型的教育形式和教育任务等,做出过重要的指示,从而确立了各种形式的干部学校、补习学校和训练班的地位。这些会议及指示文件包括,1950 年 6 月《关于开展职工业余教育的指示》,1950 年 9 月联合召开第一次工农教育会议,1951 年 8 月 27 日至 9 月 11 日,教育部组织召开第一次全国初等教育会议和第一次全国师范教育会议等。其中,针对工农教育问题,在《关于开展职工业余教育的指示》中指出,职工业余教育的对象以工厂企业中的个人职员为主,内容以识字为重点;争取在三五年内做到职工中现有文盲一般能识字一千个上下,并具有阅读通俗书报的能力;规定较高级的职工业余文化教育,应采取比较正规的形式,设立中级班和高级班。同时,计划在全国范围内,有计划、有步骤地举办工农速成中学和工农干部文化补习学校,吸收不同程度的工农干部给予适当时间的文化教育,尽可能地使全国工农干部的文化程度能在若干年内提高到相当于中学的水平。随后,《关于举办工农速成中学和工农干部文化补习学校的指示》出台,并将这种教育形式制度化,把工农速成中学的修业年限暂定为 3 年,工农干部文化补习学校修业年限暂定为 2 年。

  针对基础教育,1951 年 3 月,教育部召开了第一次全国中等教育会议,制定了发展和建设中等教育的工作方针与措施。会议提出,要使青年一代在德育、智育、体育、美育等方面获得全面发展,成为新民主主义社会自觉的积极的成员。1951 年 8 月 27 日至 9 月 11 日,教育部合并召开第一次全国初等教育会议和第一次全国师范教育会议,讨论制定发展、建设新中国初等教育和师范教育的方针、任务。会议提出,争取十年内基本普及小学教育,以正规师范教育与大量短期培训相结合,五年内培养百万小学教师。

  针对民族教育,1950 年 7 月邓小平在欢迎赴西南地区的中央民族访问团大会上所做的《关于西南少数民族问题》的讲话中,指出要尽快提高少数民族的文化水平。应在少数民族地区举办一些教育事业,动员一些人到那里去办学校。

现在最好先办一些训练班。① 1951年9月20日至28日,教育部专门召开第一次全国民族教育会议,讨论制定新中国民族教育方针。会议提出要以培养少数民族干部为主要任务,同时加强少数民族地区的小学教育和成人业余教育。

针对高等教育,1950年8月,在教育部公布的《高等学校暂行规程》中规定,高等学校的宗旨是,以理论与实际一致的教育方法,培养具有高级文化水平、掌握现代科学和技术的成就、全心全意为人民服务的高级建设人才。大学和专门学校应采取校(院)长负责制,在校(院)长领导下设校(院)务委员会管理学校的教学等事宜。1952年年底,中央人民政府成立高等教育部。1953年中央人民政府政务院公布《关于修订高等学校领导关系的决定》,强调高等教育部要与中央各有关业务部门密切配合,对全国高等学校实行统一与集中领导。1956年5月,高等教育部颁发试行《中华人民共和国高等学校章程草案》,进一步明确了高等学校的基本任务。

值得注意的是,在这个时期,中共中央提出了学习苏联先进的办学经验和办学制度的主张。它的直接后果就是,参照苏联的经验,1951年至1953年对中国高等学校进行了院系调整,把高等学校分为两种类型:一是综合性大学,二是独立学院和专科学校。综合性大学分文理两科,直接设系,取消了学院一级的机构设置。独立学院和专科学校按专科性质分设若干系科。少数带有综合性质的专业学校,仍保留大学名称,如工业大学、农业大学、医科大学、科技大学等。师范院校仍保留师范大学、师范学院、师范专科学校三种,设文、理、教育三类专业。另外,还专设外语学院、体育学院和音乐、戏剧、美术、电影等各类艺术院校。这次调整,所遵循的方针是以培养工业建设人才和师资为重点,发展专门学校,整顿和加强综合大学,以华北、华南、中南为重点,实行全国一盘棋。调整后,绝大多数省份有了综合大学和工农医师等专门学院,尤其是高等工科学校基本上建立了机械、电机、土木、化工等专业比较齐全的体系,从根本上改变了旧中国不能完全培养学科种类比较配套的工程技术人才的落后状况。

然而,在调整中,由于照搬苏联经验和模式,片面认为政法和财经专业是脱离实际的专业,因此对这类人才的培养重视不够,同时,也由于不适当地砍掉了一些文科专业,使得社会科学的地位严重被削弱了。另一方面,高等学校专业设置越来越细和专业面过窄的情况,也使得毕业生出现了工作适应性差的倾向。

---

① 中华人民共和国教育部、中共中央文献研究室编:《毛泽东 邓小平 江泽民论教育》,中央文献出版社、人民教育出版社、北京师范大学出版社2002年版,第83页。

与大学建制相类似,这一时期的招生制度也仿照的是苏联模式。1952年6月,教育部发出招生文件,规定中央成立全国高等学校招生委员会,全国高等学校除个别学校经教育部批准外,一律参加统一考试,招生名额应报请审核,严格禁止乱招乱拉。全国统一规定招生日期、考试科目。全国共设78个考区。1953年,实行全国统一招生制度,取消三年制专科,改为四年本科。1955年,国家又提出"合理部署,统筹安排"的方针,要求高校建设力求合理布局,改变过去集中于北京、上海等少数大城市的不合理状况。此后,逐步在边疆和内地建立了许多新的高等院校,为国家建设输送了大批急需人才。

新中国建立至1957年之间的教育政策,紧密围绕为人民服务这个基本思想,因此,在规划各类教育内容时,也主要面向工农、面向大众。中华人民共和国教育部于1952年、1955年、1963年颁发过有关小学教育的政策规定,对课程设置、教学要求、教学时间安排及实施步骤等作了规定。1952年教育部颁发的《中学暂行规程(草案)》规定,中学这个阶段的教育要使学生"身心获得全面发展,以便为升入高等学校或参加建设工作打好基础"。1954年政务院发布的《关于改进和发展中学教育的指示》指出:中学教育的目的,是以社会主义思想教育学生,培养他们成为社会主义社会全面发展的成员。中学教育不仅要为高等学校提供足够的合格新生,并且要为国家生产建设提供具有一定政治觉悟、文化教养和健康体质的新生力量。据此,中学教育的课程安排,也在1950年教育部颁布的第一个《中学暂行教学计划(草案)》规定的14门课程,即政治、语文、数学、自然(初中)、生物(高中)、化学、物理、历史、地理、外语、体育、音乐、美术、制图(高中)的基础上,进行了调整,如1952年,中学取消了自然课,1957年取消了制图课等。①

在加强科学知识教育的同时,中央政府对学校的政治思想教育、纪律教育等也提出一定的要求。1954年召开的全国中等教育会议指出,要加强对学生进行政治思想教育,改进教学与注意体育卫生教育。要使学生身体好,学习好,工作好。关于中学的纪律问题,邓小平在1954年4月指出,要做一个好公民,就要从小养成守纪律的习惯,这就要经常做工作。解决这个问题,更重要的是提高办学校的干部和教员的认识。同年7月,他在政务院第二百二十一次政务会议讨论教育工作时又指出,教育纪律必须整顿,并要求向苏联学习,学习苏联学校中严

---

① 中国大百科全书编辑委员会编:《中国大百科全书·教育》,中国大百科全书出版社1985年版,第527页。

格的纪律。

由于新中国建立后国家非常重视教育事业的发展,政府也采取了一系列强有力的政策措施,所以,在短短的几年内,不仅初步建立了一套新的教育体系,确立了新的教育方针,而且教育事业在规模上也有了长足的发展。1949年的统计表明,全国有高等学校205所(不包括人民革命军事委员会领导下的7所院校),学生人数117000人;中等学校5216所,学生人数1268000人;小学346800所,学生人数2439000人。到1957年年底,全国共有高等学校229所,在校学生人数达到441000人;中等学校12474所(其中,中等专业学校1320所,普通中学11096所),在校学生人数达到7081000人;小学547300所,在校学生人数达到64283000人。①

二、1957—1976年的教育政策

1957年2月27日,毛泽东在最高国务会议第十一次(扩大)会议上做了《关于正确处理人民内部矛盾的问题》的讲话,其中,针对中国当时出现的一些情况,分析指出:"在知识分子和青年学生中间,最近一个时期,思想政治工作减弱了,出现了一些偏向。在一些人的眼中,好像什么政治,什么祖国的前途、人类的理想,都没有关心的必要。好像马克思主义行时了一阵,现在就不那么行时了。针对着这种情况,现在需要加强思想政治工作。不论是知识分子,还是青年学生,都应该努力学习。除了学习专业之外,在思想上要有所进步,政治上也要有所进步,这就需要学习马克思主义,学习时事政治。没有正确的政治观点,就等于没有灵魂。"接着提出"我们的教育方针,应该是使受教育者在德育、智育、体育几方面都得到发展,成为有社会主义觉悟的有文化的劳动者"②。在当时的形势下,这里所讲的"政治",越来越突显的是阶级斗争的内容。这就为以后教育领域中极左思潮逐渐占支配地位埋下了伏笔。

1958年在"大跃进"热潮不断高涨的形势下,教育领域也受到了这种"左"倾狂热思潮的冲击。1958年3月教育部召开了第四次全国教育行政会议,会议的目的是反保守思想,促进教育事业的"大跃进"。第四次全国教育行政会议提出教育"大跃进"的五项任务,即"大力发展识字运动,扫除青壮年中的文盲;积

---

① 刘伯龙、竺乾威主编:《当代中国公共政策》,复旦大学出版社2004年版,第127—130页。
② 中华人民共和国教育部、中共中央文献研究室编:《毛泽东 邓小平 江泽民论教育》,中央文献出版社、人民教育出版社、北京师范大学出版社2002年版,第65—66页。

极发展工农业余中学和小学;普及小学教育;发展普通中学,提高中学教育质量;加强改进各级师范教育;改革教育制度、教育内容和教育方法"。4月和6月,中共中央分两段召开了教育工作会议,总结了建国以来的教育工作,讨论了教育方针和教育改革等问题。会议确定,党的教育工作方针是:教育为无产阶级政治服务,教育与生产劳动相结合。为实现这一方针,教育工作必须由党来领导。9月19日,中共中央、国务院发布了《关于教育工作的指示》。由此,展开了全国系统的"教育大革命"。其结果是,不仅各类学校纷纷上马,而且竭尽其力扩充学生,学生数量猛增;加之片面强调教育为政治服务,教育和工农相结合,以及开展的各种政治活动,还有诸如"大炼钢铁"之类的生产劳动等,干扰了教育秩序,使教学质量迅速下降。

以本专科教育为例,1958年4月,中共中央颁发了《关于高等学校和中等技术学校下放问题的意见》,指出除少数综合大学、某些专业学院和某些中等技术学校仍由中央教育部或中央有关部门直接领导以外,其他高等学校和中等技术学校都可以下放,归各省、市、自治区领导;地方有权设置高校,有权确定学制,有权计划招生定额,其经费由地方承担。于是形成了地方、企业办高等学校的热潮,高等院校从1957年的229所,增加到1960年的1289所;在校生也相应从1957年的44.1万人,增加到1960年的96.2万人,年增长率达29.6%。这虽然打破了国家包办高等教育的办学体制,形成了国办、公办、社会各界办学的新体制,也扩大了招生规模,但本专科教育发展"失控",超出了国家经济承受能力,师资、校舍严重不足,导致教育质量下降。

中央觉察到"大跃进"带来的诸多问题后,于1961年开始对国民经济实行"调整、巩固、充实、提高"的方针,高等教育贯彻这"八字"方针后,到1963年,学校数由1960年的1289所调整合并为407所,本专科在校生数由1960年的96万人减少到75万人。到1965年,高校数量略有增加,达到434所,但在校生数下降到67.4万人。1961年中央颁布了一个重要的政策性文件——《教育部直属高等学校暂行工作条例(草案)》,即通常所说的"高教六十条",该文件总结了1958年后三年来高等教育工作的经验和教训,针对当时学校教学质量降低,忽视知识分子作用以及劳动过多等主要问题,规定了高等学校必须以教学为主,努力提高教学质量;积极参加科学研究;正确执行党的知识分子政策和"百花齐放、百家争鸣"的方针;实行党委领导下的以校长为首的校务委员会负责制;做好总务工作,保证教学和生活的物质条件;以及改进党的领导方法和领导作风,

第十二章　教育政策

加强思想政治工作等。实践证明,这一时期的调整符合我国国情和高等教育规律,标志着我国开始走上了积极探索具有中国特色的高等教育的发展道路。

邓小平对这个阶段的教育政策,有个客观的评价。他说:我个人认为,毛泽东同志在"文化大革命"以前的大部分时间里,对科学研究工作、文化教育工作的一系列指示,基本精神是鼓励,是提倡,是估计到我们知识分子中绝大多数是好的,是为社会主义服务或者愿意为社会主义服务的。在一九五七年以后讲过一些过头话,但在六十年代初期,他还是支持科学十四条、高等学校六十条这些的。① 可见,在建国后到"文化大革命"前的一段时间内,党和政府的一系列有关教育方面的方针、政策,虽然受苏联模式的影响,存在部分不合时宜的内容,但总的说来,基本上还是正确的,教育事业在这一时期也有了较大发展,不仅培养和造就了新中国国家经济文化建设的新生骨干力量,而且基本上建立了较为完整的教育体系。

"文化大革命"十年,是极左思潮支配中国教育领域的十年,也是中国教育事业备受摧残的十年。1966年5月7日,毛泽东发表了著名的"五·七指示",提出全国各行各业都要办成亦工亦农,亦文亦武,又批判资产阶级的社会组织。学生应该"以学为主,兼学别样"。"学制要缩短,教育要革命,资产阶级知识分子统治我们学校的现象再也不能继续下去了。"同年8月8日,党的八届一中全会通过《关于无产阶级文化大革命的决定》(简称"十六条")。决定提出:改革旧的教育制度,改革旧的教学方针和方法,是这场无产阶级"文化大革命"的一个极其重要的任务,在这场"文化大革命"中,必须彻底改变资产阶级知识分子统治我们学校的现象。

于是,在学生中兴起了所谓的"红卫兵运动",出现了学生"造反"、停课"闹革命"、破四旧、"大串联"等现象。1966年8月18日毛泽东在天安门首次接见全国各地来北京进行串联的红卫兵和学校师生。至11月26日,共8次接见红卫兵和学生教师达1100万人。这时,全国学校已完全停课,广大师生都卷入到这场政治运动中。红卫兵在学校里揪斗教师,批判所谓反动学术权威。后来,大批高校教师被下放到"五·七"干校或农村劳动锻炼。红卫兵们批判整个教育制度特别是高考制度,认为高考制度是"分数挂帅""智育第一",是"摧残青少年

---

① 中华人民共和国教育部、中共中央文献研究室编:《毛泽东　邓小平　江泽民论教育》,中央文献出版社、人民教育出版社、北京师范大学出版社2002年版,第101—114页。

学生的修正主义路线",主张予以"彻底砸烂",结果高校招生也从此中断。"红卫兵运动"不仅在学校内部制造了无序和混乱,而且还越出了校园,在全社会造成了大动乱。

1968年7月27日,根据毛泽东的决定,工人宣传队进驻清华大学。8月25日,中共中央、国务院、中央军委、中央文革发出《关于派工人宣传队进学校的通知》。此后,各城市大、中、小学以及上层建筑各个领域普遍派进了工人宣传队,领导学校的"斗、批、改"工作①。同年年底,根据毛泽东的指示,全国各地又掀起了城镇知识青年上山下乡、接受贫下中农再教育的热潮。1969年4月,中共九大召开后,"斗、批、改"浪潮使教育混乱状况进一步发展。

1970年6月27日,中共中央批转了《北京大学、清华大学关于招生(试点)的请示报告》。该报告提出废除招生考试制度,实行"群众推荐,领导批准和学校复审相结合的办法"招收工农学员。从此,部分高等学校开始招生复课。1971年4月15日至7月31日,国务院在北京召开了全国教育工作会议。会议通过的《全国教育工作会议纪要》全面否定解放后十七年的教育工作。提出了"两个估计",即教育战线是资产阶级专了无产阶级的政,是"黑线专政";知识分子的大多数世界观基本上是资产阶级的,是资产阶级知识分子。从1972年起,招生改革在全国全面铺开,各高校废除文化课考试,开始招收具有相当于初中毕业以上实际文化程度,有两年以上实践经验的优秀工农兵入学。学员的任务是上大学、管大学,用毛泽东思想改造大学。中等专业学校和中学的招生也采取了类似的方法。这不仅造成了教育质量的严重下降,也在社会上造成了"读书无用论"风气的盛行。

后来,在周恩来和邓小平主持工作期间,都曾试图对教育进行整顿,然而都遭到了"四人帮"的抵制和反扑。十年"文化大革命"期间,极"左"思想和错误的教育政策,使我国教育事业遭到了严重破坏,教育领域成为"文化大革命"的重灾区。它耽误和影响了几代人,阻碍了全民族科学文化水平的提高,造成了各个领域人才青黄不接后继乏人的局面,延缓了我国现代化建设的进程。

---

① "斗、批、改"又称"一斗、二批、三改",即斗争那些党内走资本主义道路的当权派;批判资产阶级的反动学术"权威",批判资产阶级和一切剥削阶级的意识形态;改革教育,改革文艺,改革一切不适应社会主义经济基础的上层建筑,以利于巩固和发展社会主义制度。

第二节 改革开放后教育政策的历史演变

建国以后到改革开放前,我国的教育事业取得了一定的成就。但是,由于经历了"大跃进"运动,特别是在"文化大革命"期间,受极左思想和错误的教育政策影响,我国教育事业遭到了严重破坏,教育领域成为"文化大革命"的重灾区。它耽误和影响了几代人,阻碍了全民族科学文化水平的提高,延缓了我国现代化建设的进程。改革开放以后,随着我国政治经济的发展,教育政策进行了重大调整,取得了辉煌的成果。

一、拨乱反正,迎来教育改革的春天

党的十一届三中全会以后,党和国家进行了一系列拨乱反正的工作。落实到教育上,就是重新规划和制定了与中国现代化建设相一致的教育政策。对于教育战线的拨乱反正问题,1977年9月,邓小平在与教育部主要负责同志的谈话中指出:"'两个估计'是不符合实际的。怎么能把几百万、上千万知识分子一棍子打死呢?我们现在的人才,大部分还不是十七年培养出来的?"[①]正是在这种基本认识下,中国的教育政策开始回到正确的方向上来。

1978年3月18日,邓小平在《在全国科学大会开幕式上的讲话》中,提出实现四个现代化关键是科学技术现代化,并阐述了科学技术与教育的内在关系,明确指出:"科学技术人才的培养,基础在教育。我们要全面地正确地执行党的教育方针,端正方向,真正搞好教育改革,使教育事业有一个大的发展,大的提高。"同时告诫大家说:"教育事业,绝不只是教育部门的事,各级党委要认真地作为大事来抓。各行各业都要来支持教育事业,大力兴办教育事业。"[②]4月22日至5月16日,教育部在北京召开全国教育工作会议。会上邓小平发表重要讲话,强调提高教育质量,提高科学文化的教学水平,更好地为社会主义建设服务;教育事业必须同国民经济发展的要求相适应,培养社会主义建设需要的合格人才;尊重教师的劳动,提高教师的质量。在上述思想的指导下,中国的教育事业

---

① 中华人民共和国教育部、中共中央文献研究室编:《毛泽东 邓小平 江泽民论教育》,中央文献出版社、人民教育出版社、北京师范大学出版社2002年版,第102页。
② 同上书,第133页。

逐渐得到恢复,并开始呈现勃勃生机。

首先,在高等教育方面恢复正常的教育秩序。1977年10月12日,国务院批转教育部《关于1977年高等学校招生工作的意见》,决定恢复高等学校招生统一考试的制度。接着,11月3日,教育部、中国科学院联合发出《关于1977年招收研究生的通知》,至此,"文化大革命"期间长期中断的招收培养研究生的工作开始恢复。1978年年初,国务院批转了《关于高等学校恢复和提升职务问题的请示报告》,规定高等院校中原有的教授、副教授、讲师和助教要恢复职称,并规定可以越级提升教授、副教授,将提升教授的审批权限改为由省(自治区、直辖市)批准,报教育部备案。

为促进高等教育的发展,这个时期相继制定了一系列新的政策措施。第一,作为全日制高等教育的补充,非全日制的高等教育受到重视。1978年2月中共中央批准教育部、中央广播事业局的《关于筹办电视大学的请示报告》,2月6日,教育部、中央广播事业局共同举办的中央广播电视大学在北京举行开学典礼。到1978年年底,全国有28个省(自治区、直辖市)创办了广播电视大学。第二,采取多种办学形式,培养人才。1980年9月5日,国务院批转教育部《关于大力发展高等学校函授教育和夜大学的意见》。该意见指出,发展高等教育应贯彻两条腿走路的方针,采取多种形式办学。1981年1月13日,国务院批转教育部《关于高等教育自学考试试行办法的报告》,决定建立我国高等教育自学考试制度,并确定在北京、天津、上海、辽宁三市一省先行试点。1982年6月,教育部印发《职工大学、职工业余大学考试试行办法》对成人业余高等教育提出了规范要求。第三,高等学校的招生制度和分配制度得到进一步的调整和改革。第四,1980年2月12日,五届人大常委会十三次会议审议通过《中华人民共和国学位条例》,该条例于1981年1月1日起施行,标志着我国学位制度正式建立。1981年5月20日,国务院批准了《中华人民共和国学位条例暂行实施办法》,此后,国家教委据此制定了研究生培养和学位授予系列规章制度。

其次,在基础教育方面,加强基础教育的普及。1980年12月3日,中共中央、国务院发出《关于普及小学教育若干问题的决定》。该决定提出,在80年代全国应基本实现普及小学教育的历史任务,有条件的地区还可以进而普及初中教育。1983年5月,中共中央、国务院发出了《关于加强和改革农村学校教育若干问题的通知》。同年9月9日,邓小平为景山学校题词,"教育要面向现代化,面向世界,面向未来",为我国教育的发展指出了方向。1985年5月15日至19

日,中共中央、国务院在北京专门召开了改革开放以来的第一次全国教育工作会议,讨论《中共中央关于教育体制改革的决定(草案)》。5月27日,中央政治局讨论通过了《中共中央关于教育体制改革的决定》。该决定确立了"教育必须为社会主义建设服务,社会主义建设必须依靠教育"的根本指导思想,提出了"实行基础教育由地方负责,分级管理的原则",从而极大地调动了地方各级政府,尤其是县、乡两级政府办学的积极性。1985年到1992年,短短7年间,社会各方面集资办教育就达1062多亿元,基本消除了农村中小学的破旧危房,为推进基本普及九年义务教育和基本扫除青壮年文盲打下了坚实的基础。1986年4月12日,六届人大四次会议通过了《中华人民共和国义务教育法》,规定国家实行九年制义务教育。1987年,原国家教委和财政部颁发了《关于农村基础教育管理体制改革的若干问题的意见》,规定农村基础教育实行"县、乡、村三级办学,县、乡两级管理,以县为主"的体制。这些政策的制定,为基础教育的普及创造了条件。

最后,各种配套政策支持教育的健康发展和正常运行。1978年8月26日,教育部发出通知,决定从9月1日起,在全国中小学执行《小学生守则》和《中学生守则》,以后又相继发布了《高等学校学生守则(试行草案)》《中等专业学校学生守则(试行草案)》和《中等师范学校学生守则(试行草案)》,成为新时期各级各类学校学生的行为准则。1979年2月2日,教育部、外交部、财政部发布《关于加强外国教材引进工作的规定和暂行办法》,对快速编审出版反映国内外科学技术先进水平的社会主义新教材,提高我国高等学校的教学质量起了推动作用。1981年8月1日至11日,教育部在北京召开全国学校思想政治教育工作会议,强调要以《中共中央关于建国以来党的若干历史问题的决议》为教材,加强学生的思想政治工作,积极引导学生德、智、体全面发展,走又红又专的道路。1986年4月,国务院发布了《征收教育费附加的暂行规定》,规定教育费附加专用于改善中小学办学条件。1987年5月,中共中央发出《关于改进和加强高等学校思想政治工作的决定》,提出了在改革开放条件下改进和加强高等学校思想政治工作的指导方针与措施。同年6月,国务院批转了国家教委《关于改革和发展成人教育的决定》。为解决教育经费不足的问题,同年7月8日,国家教委做出了《关于社会力量办学的若干暂行规定》。7月31日,国家教委、财政部又发布了《普通高等学校本、专科学生实行奖学金制度的办法》和《普通高等学校本、专科学生实行贷款制度的办法》,规定在1987年入学的本科普通高等院校的新生中全面实行奖学金制度和学生贷款制度。1989年5月5日,国家教委又发出了《1989年普通高等学校试行招收自费生意见》,开始逐步改变过去高校学生的教育费用由国家全包的政策。

二、教育优先地位的强化

1992年10月召开的中共十四大掀起了新一轮发展教育的热潮。十四大报告指出"我们必须把教育摆在优先发展的战略地位,努力提高全民族的思想道德和科学文化水平"。这延续了十一届三中全会以来重视教育的做法,并进一步强化了教育在未来社会发展中的地位。

1992年11月14日至18日,国家教委在北京召开了全国普通高等教育工作会议,形成了一个主文件《关于加快改革和积极发展普通高等教育的意见》和六个子文件(《关于中央部门所属普通高等学校深化领导管理体制改革的若干意见》《关于普通高等学校招生和毕业生就业制度改革的意见》《关于普通高等学校内部管理体制改革的意见》《关于进一步深化普通高等学校教学改革的意见》《关于学位与研究生教育改革和发展的若干意见》《关于深化普通高等学校科技工作改革的若干意见》)。文件提出,高等教育改革和发展的主要任务是:坚持社会主义办学方向,改革高等教育办学和管理体制,转变政府管理部门职能,扩大学校办学自主权,改革学校内部管理体制和运行机制,探索高等教育发展的新路子。通过改革达到:规模有较大发展,结构更加合理,质量上一个台阶,效益有明显提高,到20世纪末,初步建立起有中国特色的社会主义高等教育体系。这次普通高等教育工作会议的召开,标志着我国的高等教育进入了一个快速发展的新时期。

1993年2月13日,中共中央、国务院印发了《中国教育改革和发展纲要》。该纲要根据我国社会主义现代化建设"三步走"的战略部署,提出了到20世纪末我国教育发展的总目标:全民受教育水平有明显提高;城乡劳动者的职前、职后教育有较大发展;各类专门人才的拥有量基本满足现代化建设的需要;形成具有中国特色的、面向21世纪的社会主义教育体系的基本框架。再经过几十年的努力,建立起比较成熟和完善的社会主义教育体系,实现教育的现代化。纲要还提出了90年代各级各类教育发展的具体目标和指导方针。随后不久,中国政府于1993年3月1日在北京召开了"全民教育国家级大会"。会议通过了《中国全民教育行动纲领》,提出了全民教育目标及措施。10月31日,八届全国人大常委会第四次会议又通过了《中华人民共和国教师法》。

为落实《中国教育改革和发展纲要》，1994年6月，中共中央和国务院召开了改革开放后的第二次全国教育工作会议。会议的主要任务是进一步落实教育优先发展的战略，动员全党全社会认真实施《中国教育改革和发展纲要》，为实现90年代我国教育改革和发展的任务而奋斗。

针对深化改革、扩大开放和加快社会主义现代化建设步伐新形势的要求，1994年8月31日，中共中央发布了《关于进一步加强和改进学校德育工作的若干意见》。意见认为，在经济体制发生重大变化，以公有制和按劳分配为主体，其他多种经济成分和分配方式并存的条件下，要以战略的眼光来认识新时期学校德育工作的重要性，加强和改进学校的德育工作。

1995年3月18日八届人大三次会议审议并通过了《中华人民共和国教育法》。该法规定，教育是社会主义现代化建设的基础，国家保障教育事业优先发展；全社会应当关心和支持教育事业的发展；全社会应当尊重教师；提出教育必须为社会主义现代化建设服务，必须与生产劳动相结合，培养德、智、体等方面全面发展的社会主义事业的建设者和接班人。《教育法》以宪法为依据，规定了我国教育的基本性质、地位、任务、基本法律原则和基本教育制度，是新中国成立后制定的第一部关于教育的根本大法，它的产生，以国家法律的形式确立了教育优先发展的战略地位，对促进教育事业的发展具有深远的意义，标志着我国教育事业已经走上了法治化的轨道。

1995年5月6日，中共中央、国务院做出了《关于加速科学技术进步的决定》，正式提出了科教兴国的战略，它标志着国家开始真正从战略的高度来对待教育事业的发展。同年7月19日，国务院办公厅转发了国家教委《关于深化高等教育体制改革的若干意见》，提出要着重抓好高等教育管理体制的改革，目标是争取到2000年或稍长一点时间，基本形成举办者、管理者和办学者职责分明，以财政拨款为主多渠道经费投入，中央和省（自治区、直辖市）人民政府两级管理、分工负责，以省（自治区、直辖市）人民政府统筹为主，条块有机结合的体制框架。9月14日，国家教委、财政部又发出了《关于进行〈国家贫困地区义务教育工程〉项目规划和可行性研究的通知》，启动了"国家贫困地区义务教育工程"。从1995年至2000年，中央财政拨出39亿元支持贫困地区义务教育的发展，加上地方各级政府的配套资金等，工程资金投入总量起过100亿元。这是建国以来中央财政教育专项资金投入规模最大的全国性教育工程。

1995年11月,国家计委、国家教委、财政部联合发布了《"211工程"总体建设规划》。这是为实施科教兴国战略,迎接世界新技术革命的挑战,国家决定实施的一项跨世纪的战略工程,是我国高等教育面向现代化、面向世界、面向未来,上水平、上质量、促改革、增效益的工程。该工程的总体建设目标是:面向21世纪,在"九五"期间重点建设一批高等学校和重点学科,并在此基础上经过若干年的努力,使100所左右的高等学校以及一批重点学科在教育质量、科学研究、管理水平和办学效益等方面有较大提高,在高等教育改革特别是管理体制改革方面有明显进展,成为立足国内培养高层次人才、解决经济建设和社会发展重大问题的基地。其中,一部分重点高等学校和一部分重点学科,接近或达到国际同类学校和学科的先进水平,大部分学校的办学条件得到明显改善,在人才培养、科学研究上取得较大成绩,适应地区和行业发展需要,总体处于国内先进水平,起到骨干和示范作用。

1996年4月国家制定了《全国教育事业"九五"计划和2010年发展规划》,提出今后十五年教育发展的基本指导思想是:根据国民经济和社会发展规划与科教兴国战略切实落实教育优先发展的战略性地位,深入推进教育体制改革,优化教育结构,提高教育质量和办学效益,使教育发展与未来我国社会和经济发展需要相适应。同年5月,八届人大常委会第十九次会议通过了《中华人民共和国职业教育法》,为我国职业教育的快速发展提供了法律保障。

1992—1996年短短的四年中,为促进教育的发展,国家密集地出台和实施了一批重大的政策,这在中华人民共和国历史上是空前的。这是中国改革开放进入一个新的高潮、中国经济建设进入飞速发展阶段的必然要求,也是中国教育发展进入黄金时代的一个标志。此后,国家又出台了《中华人民共和国高等教育法》(1998年)、《面向21世纪教育振兴行动计划》(1999年)等一批政策文件,对教育的发展进行了规划和规范。

1999年6月15日至18日,中共中央、国务院在北京召开改革开放以来的第三次全国教育工作会议,颁布了《关于深化教育改革全面推进素质教育的决定》。该决定紧紧围绕全面推进素质教育,培养适应21世纪现代化建设社会主义新人的目标,提出了一系列教育改革和发展的重大决策。会后教育部根据会议精神,进一步扩大了当年全国高校的招生规模,普通本专科招生159.68万人,比上年增长了47.4%,使我国的高校招生进入了大规模扩张的阶段。①

三、21世纪以来教育政策的新发展

进入21世纪以来,党和国家始终秉持"教育是21世纪知识经济时代人们生存和发展的永恒主题"这一理念,不断补充完善我国的教育政策,有效推进我国教育事业的蓬勃发展。

2001年7月,教育部签发了《全国教育事业第十个五年计划》,重点强调了为确保实现"十五"计划和2010年教育发展目标必须采取的政策措施,如深化改革、加强机制创新和法制建设、加大教育投入等,为2001年至2005年教育事业的发展指明了方向。

2002年11月8日,中共十六大报告确立了全面建设小康社会的目标,其中对教育事业的发展做出以下要求:"必须把教育摆在优先发展的战略地位","深化教育改革,全面推进素质教育,造就数以亿计的高素质劳动者、数以千万计的专门人才和一大批拔尖创新人才","继续普及九年义务教育,加强职业教育和培训,发展继续教育,构建终身教育体系","加大对教育的投入和对农村教育的支持,鼓励社会力量办学"。这些目标要求凸显了党和国家对教育发展的重视以及对教育事业寄予的殷切期望。

随后三年中,国务院先后出台了两项教育行政法规,教育部制定了42项教育部门规章,其中涉及民办教育、高等教育、职业教育、小学教育、义务教育等内容,并对教育发展中出现的一系列现象和问题做出了明确的规定,极大地促进了我国教育体系的健康发展。

在顺利实现教育事业发展第十个五年计划目标的基础上,2007年5月,国务院讨论通过了《国家教育事业发展"十一五"规划纲要》。该规划纲要的核心和主题是在科学发展观的指导下,坚持教育优先发展、促进教育公平,并提出了完成这一核心目标的九大任务:一是全面贯彻党的教育方针,全面实施素质教育。二是贯彻实施义务教育法,普及巩固九年义务教育。三是加快发展职业教育,提高劳动者素质。四是着力提高高等教育质量,努力增强高校创新与服务能

---

① 高校招生大规模扩张的这一势头一直持续到2005年。1999年普通高等教育招生159.68万人,在校生413.42万人。到2005年,普通高等教育招生达到504.46万人,在校生达到1561.78万人(见《1999年全国教育事业发展统计公报》和《2005年全国教育事业发展统计公报》)。短短7年间,在校生规模就增长了约3.8倍。

力。五是切实加强教师队伍建设,全面提高教师队伍素质。六是加强高校领导干部建设和党建工作。七是加快构建现代化教育体系,积极推进学习型社会建设。八是加强国际合作与交流,提高教育对外开放水平。九是建立健全资助体系,保障家庭经济困难学生的受教育机会。这是第一部由国务院审议并批准实施的教育规划,充分说明了党中央国务院对教育的高度重视和优先发展教育的决心。

同年10月,中共十七大报告中提出了新的教育理念,即"优先发展教育,建设人力资源强国。教育是民族振兴的基石。教育公平是社会公平的重要基础"。围绕这一新理念,报告指出了今后教育事业发展的要求:"优化教育结构,促进义务教育均衡发展。深化教学内容方式、考试招生制度、质量评价制度等改革。坚持教育公益性质,扶持贫困地区、民族地区教育,健全学生资助制度,保障经济困难家庭、进城务工人员子女平等接受义务教育。加强教师队伍建设,重点提高农村教师素质。发展远程教育和继续教育,建设全民学习、终身学习的学习型社会。"党的十七大报告进一步明确了提高教育质量的要求,成为新时期教育工作的主旋律。

根据中共十七大关于"优先发展教育,建设人力资源强国"的战略部署,2010年5月5日,国务院审议并通过了《国家中长期教育改革和发展规划纲要(2010—2020年)》。该纲要提出教育工作的基本方针是优先发展、育人为本、改革创新、促进公平、提高质量。具体目标包括:基本普及学前教育;巩固提高九年义务教育水平;普及高中阶段教育,毛入学率达到90%;高等教育毛入学率达到40%;扫除青壮年文盲;继续教育参与率大幅提升,从业人员继续教育的年参与率达到50%。这是中国进入21世纪之后的第一个教育规划,也是今后一个时期指导全国教育改革和发展的纲领性文件。

2012年6月,教育部印发了《国家教育事业发展第十二个五年规划》。主要目标包括:

(1)教育事业发展目标:基本普及学前一年教育,农村学前一年毛入园率达到80%左右,城镇和经济发达地区农村基本普及学前三年教育。义务教育巩固率达到93%,农村义务教育阶段学校标准化率达到50%以上,基本实现远程教育班班通。基本普及高中阶段教育,毛入学率达到87%,职业学校专业实训基地达标率达到80%。高等教育毛入学率达到36%。义务教育阶段新增教师具备高一级学历的比例达到85%以上。

（2）教育体系和制度建设目标：初步建成体现终身教育理念，覆盖城乡的基本公共教育服务体系基本建立，2012年财政性教育经费占国内生产总值的比例达到4%，并保持稳定增长，教育法制更加完善，形成全社会理解、支持和参与教育改革发展的氛围。

（3）教育支撑经济发展和科技创新目标：人才培养结构调整取得重大进展，初步建成与现代产业体系相适应的技术技能人才培养强国。新增劳动力平均受教育年限达到13.3年左右，主要劳动年龄人口中受过高等教育的比例达到15%以上。从业人员的继续教育参与率达到40%左右。高等学校成为国家知识创新、技术创新、国防科技创新、区域创新的重要基地。

（4）教育服务社会和文化建设目标：城乡之间和东中西部之间教育发展差距显著缩小，进城务工人员随迁子女在公办学校接受免费义务教育的比例达到85%以上，基本构建起大中小幼有效衔接，学校教育、家庭教育和社会教育有机结合的德育体系。

同年11月，中共十八大提出全面建成小康社会的总目标，并把教育放在改善民生和加强社会建设之首，明确提出"教育是中华民族振兴和社会进步的基石。要坚持教育优先发展，坚持教育为社会主义现代化服务的根本任务，全面实施素质教育，深化教育领域综合改革。合理配置教育资源"，这是对《国家教育事业发展第十二个五年规划》的宏观指导和全局性的把握，将教育提升到了社会建设之首的战略高度。

围绕中共十八大报告提出的教育发展基本要求，2013年11月，中共十八届三中全会通过的《中共中央关于全面深化改革若干重大问题的决定》，对全面教育改革的重要领域和关键环节作出了重大部署，对促进教育事业科学发展、努力办好人民满意的教育具有极为重要的指导意义。文件指出：

（1）深化教育领域综合改革，形成爱学习、爱劳动、爱祖国活动的有效形式和长效机制；强化体育课和课外锻炼，改进美育教学；健全家庭经济困难学生资助体系，构建利用信息化手段扩大优质教育资源覆盖面的有效机制，统筹城乡义务教育资源均衡配置，实行公办学校标准化建设和校长教师交流轮岗，不设重点学校重点班，标本兼治减轻学生课业负担；加快现代职业教育体系建设，创新高校人才培养机制。

（2）推进考试招生制度改革，探索招生和考试相对分离、学生考试多次选择、学校依法自主招生、专业机构组织实施、政府宏观管理、社会参与监督的运行机制，从根本上解决一考定终身的弊端。

（3）深入推进管办评分离，扩大省级政府教育统筹权和学校办学自主权，完善学校内部治理结构。强化国家教育督导，委托社会组织开展教育评估监测，健全政府补贴、政府购买服务、助学贷款、基金奖励、捐资激励等制度，鼓励社会力量兴办教育。

2015年3月"两会"期间，依旧作为热点问题的教育问题，广受关注，其中教育公平、高考改革成为政协委员讨论的最多的话题。李克强总理在政府工作报告中谈及教育，不仅要求促进"公平发展"，还强调"质量提升"，指出2015年教育事业预期发展的目标：深化省级政府教育统筹改革、高等院校综合改革和考试招生制度改革；引导部分地方本科高校向应用型转变，通过对口支援等方式支持中西部高等教育发展；建设世界一流大学和一流学科。

"十三五"时期是贯彻落实中共十八大和十八届三中全会精神的第一个五年，也是贯彻落实《国家中长期教育改革和发展规划纲要（2010—2020年）》最为关键的五年。2015年10月29日，十八届五中全会审议通过了"十三五规划"，对未来五年我国教育事业的发展提出了新的发展目标：一是提高教育质量，加强社会主义核心价值观教育，培养德智体美全面发展的社会主义建设者和接班人。二是深化教育改革，把增强学生社会责任感、创新精神、实践能力作为重点任务贯彻到国民教育全过程。三是推动义务教育均衡发展，普及高中阶段教育，逐步分类推进中等职业教育免除学杂费，率先从建档立卡的家庭经济困难学生开始实施普通高中免除学杂费。发展学前教育，鼓励普惠性幼儿园发展。完善资助方式，实现家庭经济困难学生资助全覆盖。四是促进教育公平。加快城乡义务教育公办学校标准化建设，加强教师队伍特别是乡村教师队伍建设，推进城乡教师交流。五是提高高校教学水平和创新能力，使若干高校和一批学科达到或接近世界一流水平。优化学科专业布局和人才培养机制，鼓励具备条件的普通本科高校向应用型转变。六是落实并深化考试招生制度改革和教育教学改革。建立个人学习账号和学分累计制度，畅通继续教育、终身学习通道。发展远程教育，扩大优质教育资源覆盖面。完善教育督导，鼓励社会力量和民间资本提供多样化教育服务。"十三五规划"关于教育的论述明确了未来教育工作的重点，是2016—2020年我国教育事业发展的宏伟蓝图，也是深化教育改革、提升教育质量、促进教育现代化的理论支撑。

总体来看，21世纪以来中国制定的一系列教育政策，日益突显了教育在中国现代化建设中的优先地位和战略作用,充分反映了中国政治、经济、社会、文化发展的内在要求,是中国现代化建设总体战略的重要组成部分。这些政策的贯彻实施,极大地促进了中国教育事业的发展,也有力地促进了中国各个领域的现代化建设进程。

第三节　改革开放以来教育政策的主要内容

教育政策是中国共产党的教育方针路线的具体体现,对教育事业的改革发展起到了根本保证作用。改革开放以来,中国在教育体制改革、基础教育、职业技术教育和高等教育方面出台了一系列具体政策,指导中国教育事业健康顺利发展。

一、教育体制改革政策

1. 义务教育制度改革

义务教育是国家统一实施的所有适龄儿童、少年必须接受的教育,是国家必须予以保障的公益性事业。实施义务教育,不收学费、杂费。这就是说,义务教育的特点是它具有强制性、普及性和免费性。1986年4月12日六届全国人大四次会议通过了《中华人民共和国义务教育法》,从此将中国的义务教育纳入到了法制化的轨道。2006年6月29日十届人大常委会第二十二次会议对《中华人民共和国义务教育法》进行修订。

新的《义务教育法》规定了相关组织和人员的权利、义务与责任。该法规定,凡具有中华人民共和国国籍的适龄儿童、少年,不分性别、民族、种族、家庭财产状况、宗教信仰等,依法享有平等接受义务教育的权利,并履行接受义务教育的义务。各级人民政府及其有关部门应当履行本法规定的各项职责,保障适龄儿童、少年接受义务教育的权利。适龄儿童、少年的父母或者其他法定监护人应当依法保证其按时入学接受并完成义务教育。依法实施义务教育的学校应当按照规定标准完成教育教学任务,保证教育教学质量。社会组织和个人应当为适龄儿童、少年接受义务教育创造良好的环境。

国务院和县级以上地方人民政府应当合理配置教育资源,促进义务教育均衡发展,改善薄弱学校的办学条件,并采取措施,保障农村地区、民族地区实施义务教育,保障家庭经济困难的和残疾的适龄儿童、少年接受义务教育。

地方各级人民政府应当保障适龄儿童、少年在户籍所在地学校就近入学。父母或者其他法定监护人在非户籍所在地工作或者居住的适龄儿童、少年,在其父母或者其他法定监护人工作或者居住地接受义务教育的,当地人民政府应当为其提供平等接受义务教育的条件。县级人民政府教育行政部门和乡镇人民政府组织和督促适龄儿童、少年入学,帮助解决适龄儿童、少年接受义务教育的困难,采取措施防止适龄儿童、少年辍学。居民委员会和村民委员会协助政府做好工作,督促适龄儿童、少年入学。禁止用人单位招用应当接受义务教育的适龄儿童、少年。

《义务教育法》还明确了政府、学校、教师、家长等行为主体违反《义务教育法》所应承担的法律责任。这些法律规定,为中国适龄儿童享受免费的义务教育提供了有力的保障。

尽管在《义务教育法》中,国家明确规定"实施义务教育,不收学费、杂费"。但是,由于中国人口众多,国力有限,长期以来在义务教育阶段,学生家长仍然需要支付一定的学费和杂费。直到2007年温家宝总理在《政府工作报告》中才提出,2007年"要在全国农村全部免除义务教育阶段的学杂费"。这一政策的实施使农村1.5亿中小学生的家庭普遍减轻了经济负担。2008年国家又决定城市义务教育阶段也全部实施免费教育。至此,中国的义务教育在全国范围内真正实施了免费教育。

随着免费义务教育的普及,义务教育均衡发展问题,即义务教育在城乡之间、地区之间、学校之间的差距问题凸显出来。为了进一步推进义务教育均衡发展,近年来,党中央、国务院把农村教育作为教育工作的重中之重,明确提出新增教育经费主要用于农村的要求,组织实施国家西部地区"两基"攻坚计划、"农村中小学现代远程教育工程"和实行资助贫困家庭学生就学的"两免一补"政策,有力地促进了中国区域之间、城乡之间义务教育的均衡发展。各部门、各地也积极采取措施,努力缩小义务教育发展中的差距。2005年,教育部印发《关于进一步推进义务教育均衡发展的若干意见》,要求各地把推进义务教育均衡发展作为实现"两基"之后义务教育发展的一项重要任务,研究制定该地区推进义务教育均衡发展的目标任务、实施步骤和政策措施。2006年,教育部在成都召开了全国推进义务教育均衡发展现场经验交流会,要求用3年到5年的时间,努力做到区域内义务教育资源配置更加合理。2009年,教育部在河北省邯郸市召开全国推进义务教育均衡发展现场经验交流会,认真总结交流了各地推进义务教育均衡发展的有效做法和经验,并提出力争到2012年实现区域内义务教育初步均衡,到2020年实现区域内义务教育基本均衡的阶段性目标。2010年,教育部印发《关于贯彻落实科学发展观进一步推进义务教育均衡发展的意见》,明确提出义务教育均衡发展的目标,并对合理配置教育资源,提高教育教学水平等方面提出指导意见,促进义务教育的均衡发展和内涵提升。2011年,根据教育规划纲要的要求,教育部制定了义务教育分规划、教师队伍建设分规划,与有关部门一起启动了义务教育学校标准化建设工程、中小学教师特岗计划、教师国培计划、农村薄弱学校改造计划、中小学校舍安全工程,加大了对各地义务教育均衡发展的支持力度。2012年国务院出台了《关于深入推进义务教育均衡发展的意见》(国发〔2012〕48号),该意见提出推进义务教育均衡发展的基本目标是:每一所学校符合国家办学标准,办学经费得到保障。教育资源满足学校教育教学需要,开齐国家规定课程。教师配置更加合理,提高教师整体素质。学校班额符合国家规定标准,消除"大班额"现象。率先在县域内实现义务教育基本均衡发展,县域内学校之间差距明显缩小。到2015年,全国义务教育巩固率达到93%,实现基本均衡的县(市、区)比例达到65%;到2020年,全国义务教育巩固率达到95%,实现基本均衡的县(市、区)比例达到95%。随后,国务院教育督导委员会办公室启动全国义务教育发展基本均衡县(市、区)督导评估认定工作。截至2014年年底,全国实现义务教育发展基本均衡的县市区累计达到了757个,占全国县市区总数的27.4%。

义务教育相关政策的实施有效地保证了所有孩子都能上得起学,都能上好学。这对于国家人才素质提高和现代化建设具有深远的意义。

2. 教育管理体制改革

中国义务教育的管理体制经历了一个发展变化的过程。1985年《中共中央关于教育体制改革的决定》中提出:实行基础教育由地方负责,分级管理的原则。1986年的《义务教育法》又进一步规定,"义务教育事业,在国务院领导下,实行地方负责,分级管理"。义务教育的这一改革,改变了过去国家管得过多的状况,扩大了地方对教育管理的统筹权和决策权,激发了地方普及义务教育的积极性,加快了义务教育的发展步伐。

2001年,为适应农村经济体制改革的不断深化,特别是农村税费改革全面推进的新形势,国务院颁布了《关于基础教育改革与发展的决定》。该决定提出,农村义务教育的管理"实行国务院领导、由地方政府负责、分级管理、以县为主的体制"。这一体制上的变化强化了县级政府在义务教育中的责任,有利于在县域的范围内进行教育资源的配置,确保教师工资按时发放。但是,在实际执行的过程中,由于存在着认识上的偏差,即把管理以县为主,理解为投入也要以县为主;再加上有的县级财政比较困难,难以为教育经费提供充分的保障,所以影响了政策的实施效果。针对这种情况,2006年新修订的《义务教育法》对管理体制有了新的更为准确的表述,即义务教育实行国务院领导,省(自治区、直辖市)人民政府统筹规划实施,县级人民政府为主管理的体制。这种新的体制突出了两个特点:一是强调了省级政府的统筹作用,即省级政府要统筹落实辖区内的义务教育经费,统筹省域内义务教育的组织协调和教育资源配置等;二是明确了管理以县为主,即县级政府要管好用好教育经费,并具体负责义务教育的实施工作。

中国的高等教育管理体制和其他体制一样,也经历过几次收权和放权的反复。从新中国成立一直到1958年,中国建立的是适应计划经济体制的中央集权教育管理体制,主要是由教育部和国务院各部委直接管理。1958年至1963年间高教管理体制由集权向放权改革,除少数综合大学和某些中等技术学校仍由教育部或者中央有关部门直接领导以外,其他的高等学校和中等技术学校都下放归各省(自治区、直辖市)领导。1963年至1966年又经历了由放权到收权的调整,对高等学校实行中央统一领导,中央和省(自治区、直辖市)两级管理的制度。"文化大革命"十年中,高教管理体制又再次放权,但到1977年以后,就逐步恢复了中央统一领导、中央与地方两级管理的体制。这种体制有利于调动学校主管部门的办学积极性,便于中央有关部门对所属高校的投资,使人才的培养更有针对性。然而,这种管理体制毕竟是在高度集中的计划经济体制下形成的,随着经济体制改革的深入,其不适应性就日益突显出来,其中的一个重要表现就是在教育事业管理权限的划分上,政府有关部门对高等学校统得过死,学校缺乏应有的活力。同时,还容易使学校与社会分离,办学资金来源单一化,限制高等教育事业的发展。

1985年5月中共中央做出的《关于教育体制改革的决定》要求,改变政府对高等学校统得过多的管理体制,在国家统一的教育方针和计划的指导下,扩大高等学校的办学自主权,实行中央、省(自治区、直辖市)、中心城市三级办学的体制。进入90年代以后,随着中国经济体制改革的深入发展,中央许多主管部门不再直接管理企业和科研单位,企业对专门人才的需求也通过人才市场走向社会化,这就使原有的部属高校在服务方向、学科和专业结构、发展战略以及办学经费上陷于困境。同时,部属院校专业设置过细过窄,毕业生适应性差,"后劲"不足的问题也充分暴露出来。

1994年国务院《关于〈中国教育改革和发展纲要〉的实施意见》中,明确提出:高等教育要逐步实行中央和省(自治区、直辖市)两级管理,以省级政府为主的体制,"促进国家教委所属院校,中央业务部门所属院校,地方所属院校之间以及地方院校之间的联合,合理调整高等教育布局。"1995年7月国务院办公厅转发的国家教委《关于深化高等教育体制改革的若干意见》指出,争取到2000年或稍长一点时间,基本形成举办者、管理者和办学者职责分明,以财政拨款为主多渠道经费投入,中央和省(自治区、直辖市)人民政府两级管理、分工负责,以省(自治区、直辖市)人民政府统筹为主,条块有机结合的体制框架;还提出逐步把一部分中央部门所属学校由省(自治区、直辖市)人民政府管理,或由中央部门与地方政府共同建设和共同管理,并积极开展多种形式的合作办学试验。这个时期,关于高校管理体制的改革问题,中央经过几次高教管理体制改革座谈会,逐渐形成了"共建、调整、合作、合并"八字方针的思路。此后的几年时间内,在这一方针的指导下,中国逐渐完成了中央与地方政府共建共管学校和部分中央院校转为地方管理的体制转轨,新的管理体制基本形成,地方办学的自主权和积极性得到扩大和提高,高校也增强了为地方经济建设和社会发展服务的能力。

3. 办学体制改革

办学体制与教育管理体制不同,后者主要涉及的是教育行政管理的问题,而前者主要涉及的是办学者或办学主体是由哪些团体或个体组成,以及有什么样的权利和义务的问题。在计划经济时代,办学的主体都是政府或其职能部门。十一届三中全会后,随着教育事业的恢复和发展,以及改革开放事业的不断深入,办学体制的改革就逐渐提到议事日程上来。

1985年,《关于教育体制改革的决定》提出"鼓励集体、个人和其他社会力量办学"以发展职业技术教育的思路。这个提法实际上涉及了办学体制改革的问题。1989年12月,七届人大常委会第十一次会议上,时任国务委员兼国家教育委员会主任的李铁映谈道:我国的办学体制应以国家为主体,鼓励和支持社会各方面包括公民个人办学,欢迎港澳台同胞和海外侨胞按照国家有关规定,在大陆投资助学。此后,各类民办学校逐渐涌现。尽管由于法规不健全,监督不严等因素,一度出现了乱办学、乱发文凭的混乱现象,但是办学体制改革的启动有力地促进了中国教育特别是职业教育的发展,初步扭转了"穷国办大教育"的状况。

1993年的《中国教育改革和发展纲要》中指出:进一步改革办学体制,改变政府包揽办学的格局,逐步建立以政府办学为主体,社会各界共同办学的体制。在现阶段,基础教育应以地方政府办学为主,高等教育要逐步形成以中央、省(自治区、直辖市)两级政府办学为主,社会各界参与办学的新格局,职业技术教育和成人教育主要依靠企业、事业单位办学和社会各方面联合办学。90年代,社会力量办学成为中国发展教育的一项重要政策。1995年通过的《中华人民共和国教育法》明确规定:"国家鼓励企事业组织、社会团体、其他社会组织及公民个人依法举办学校及其他教育机构。"但是"任何组织和个人不得以营利为目的举办学校及其他教育机构"。同时,《中华人民共和国教育法》还规定"国家鼓励境内、境外社会组织和个人捐资助学"。1997年,国务院颁布了《社会力量办学条例》,这是我国关于民办教育的第一个法规,该条例确定了民办教育的法律地位。

2002年12月28日九届全国人大常委会第三十一次会议通过了《中华人民共和国民办教育促进法》,规定国家对民办教育实行积极鼓励、大力支持、正确引导、依法管理的方针。民办学校应当贯彻教育与宗教相分离的原则。任何组织和个人不得利用宗教进行妨碍国家教育制度的活动。民办学校与公办学校具有同等的法律地位,国家保障民办学校的办学自主权。依据此条例国务院于2004年2月25日通过了《民办教育促进法实施条例》。至此,中国新的办学体制基本形成。

随着教育事业的发展,为了引进外国优质教育资源,政府鼓励在高等教育、职业教育领域开展中外合作办学,对中外合作办学实行扩大开放、规范办学、依法管理、促进发展的方针。2003年3月朱镕基总理签署国务院第372号令,发布《中华人民共和国中外合作办学条例》。该条例对中外合作办学机构的设立、组织、管理、资产财务、法律责任做了详细的规定。中外合作办学作为国际合作与交流的一种重要形式,对推动中国办学体制改革与创新,拓宽人才培养途径,促进教育对外开放发挥了积极作用。

此后在中共十七大报告、十八大报告以及每年的政府工作报告中都提及鼓励和规范社会力量兴办教育,这些政策为中国建立政府主导、社会参与、办学主体多元、办学形式多样、充满生机和活力的办学体制提供了强大的支持。

4. 教育投资体制的改革

十一届三中全会之前,受计划经济体制的影响,中国的教育投资体制基本上是由政府单一投资的体制。改革开放以来,随着中国经济体制改革和行政体制改革的推进,原有的教育投资体制越来越不适应"穷国办大教育"的需要,国家开始进行教育投资体制的改革。

1985年,《中共中央关于教育体制改革的决定》规定,高等学校有权在计划外接受委托培养学生和招收自费生,目的就是为了弥补财政经费投入的不足问题。1986年颁布的《义务教育法》规定,国家鼓励企业、事业单位和其他社会力量,在当地人民政府统一管理下,按照国家规定的基本要求,举办本法规定的各类学校。国家鼓励各种社会力量以及个人自愿捐资助学。1993年制定的《中国教育改革和发展纲要》明确提出了改革和完善教育投资体制的任务,要求逐步建立以国家财政拨款为主,辅之以征收用于教育的税费、收取非义务教育阶段学生学杂费、校办产业收入、社会捐资集资和设立教育基金等多种渠道筹措教育经费的体制。1995年通过的《教育法》再次明文规定,国家建立以财政拨款为主、其他多种渠道筹措教育经费为辅的体制。根据《教育法》和相关的法律与政策,中国教育投资体制的主要内容有以下几点:

第一,财政对教育的拨款实行中央与地方分担,以地方财政为主的制度。其中,基础教育经费由地方负担和筹集,中央只给予少量专项补助。高等教育根据学校隶属关系,分别由中央和地方财政负担。

第二,逐步提高国家财政性教育经费支出(包括:各级财政对教育的拨款,城乡教育费附加,企业用于举办中小学的经费,校办产业减免税部分)占国民生产总值的比例,20世纪末达到4%,达到发展中国家80年代的平均水平。

第三,中央和地方政府教育拨款的增长要高于财政经常性收入的增长,并使按在校学生人数平均的教育费用逐步增长,切实保证教师工资和生均公用经费逐年有所增长。

第四,征收城乡教育费附加。凡缴纳产品税、增值税、营业税的单位和个人,按"三税"的2%—3%计征城市教育费附加;农村开征的教育费附加不超出农民年人均纯收入的1.5%。

第五,实行非义务教育交纳学费的制度,改变过去三级普通教育(初等、中等、高等教育)普遍实行的免费受教育制度。我国从1989年开始对高等教育征收学费,并于90年代中期,对非义务教育普遍实行收费制度。

第六,大力发展校办产业和社会服务,逐步建立支持教育改革和发展的服务体系。

第七,鼓励和提倡厂矿企业、事业单位、社会团体和个人根据自愿、量力原则捐资助学、集资办学,不计征税。欢迎港澳台同胞、海外侨胞、外籍团体和友好人士对教育提供资助和捐赠。

第八,国务院及县级以上地方各级人民政府设立教育专项资金,重点扶持边远贫困地区、少数民族地区实施义务教育。

随后,国务院有关部门和地方政府还制定了有关教育投入的法规,使多元教育投入纳入法制规范,形成了以政府办学为主体,公办教育和民办教育共同发展,鼓励社会团体和个人捐赠,基本适应建设现代产业体系和加强社会建设需要的中国特色社会主义现代教育投资体系。

5. 招生和就业制度改革

新中国建立后,中国高校的招生和就业制度基本上实行的是统一招生、统一分配的制度。20世纪70年代初,恢复因"文化大革命"而中断的高校招生以后,废除了过去实行的统一考试按分录取的招生办法,实行"群众推荐,领导批准和学校复审相结合的办法"招收工农兵学员。这种招生办法不仅降低了生源的质量,而且也造成了"走后门"的不正之风。粉碎"四人帮"之后,1977年普通高校恢复了统一招生制度,实行德智体全面考核、择优录取的原则;同时,实行政审看本人政治表现的政策。它纠正了不考核文化程度,推荐上学的错误做法,有力地抵制了推荐制度造成的"走后门"歪风和"读书无用论"思潮,调动了教学和学习的积极性。在毕业生分配方面沿袭了建国初期的统一分配制度。

随着中国经济和社会的发展,招生制度和统一分配制度的弊端逐渐暴露出来。在招生上,按分录取虽能避免一些随意性,保证某种程度的公平;但也缺乏一定的灵活性,使在教育经费极为短缺的情况下,不能利用招生机制汲取一些社会资金辅助办学。在分配制度上,实行"统一"包分配办法,导致了学校办学效果无需社会检验;大学生缺乏内在动力和外部压力,不利于促进创造才能的发挥;也导致了有些用人单位人才积压,有些单位则人才缺乏的现象。

1985年5月,中央在《关于教育体制改革的决定》中提出改革招生考试和毕业分配制度。其中,招生实行三种办法:第一,国家计划招生;第二,用人单位委托招生;第三,国家计划外招收少数自费生。这就使招生工作从完全的指令性计划改为国家任务计划和调节性计划两种形式。1989年国家教委制定了《关于试行普通高中毕业会考制度的意见》《关于改革普通高等学校招生考试及录取新生办法的意见》,决定改革考试制度,实行高中毕业生的统一会考,减少高考科目设置,各高校根据不同的学科类别进行相关科目的选拔考试。在智育上不再以考生高考总成绩作为唯一尺度,而是依据考生的高考相关科目的成绩、会考成绩等,以及平时爱好擅长三方面因素综合考虑后选拔。另外,决定把高考择优选拔考试与中学毕业考试分开,全面提高教学质量。

1999年2月教育部颁布了《面向21世纪教育振兴行动计划》,提出实施高中新课程改革和开展素质教育的要求,它成为我国新一轮高考改革向纵深发展的背景和基础。同年,教育部颁布了《关于进一步深化普通高等学校招生考试制度改革的意见》,公布了全国高考改革方案,揭开了这一时期高考改革的序幕。这一轮高考改革首先从广东开始,改革内容包括指导思想、考试内容、科目设置、考试形式、考试次数、录取手段、选拔标准、考试组织、评价及监督等诸多方面。

2008年高考开始实行平行志愿录取,减少了填报志愿风险,减少了高分落榜现象,提高了录取透明度和考生满意度。

2013年11月,十八届三中全会又一次拉开了我国考试招生制度改革的大幕。会议审议通过了《中共中央关于全面深化改革若干重大问题的决定》。该决定对考试招生制度改革作出全面部署,明确要求:"推进考试招生制度改革,探索招生和考试相对分离、学生考试多次选择、学校依法自主招生、专业机构组织实施、政府宏观管理、社会参与监督的运行机制,从根本上解决一考定终身的弊端。义务教育免试就近入学,试行学区制和九年一贯对口招生。推行初高中学业水平考试和综合素质评价。加快推进职业院校分类招考或注册入学。逐步推行普通高校基于统一高考和高中学业水平考试成绩的综合评价多元录取机制。探索全国统考减少科目、不分文理科、外语等科目社会化考试一年多考。试行普通高校、高职院校、成人高校之间学分转换,拓宽终身学习通道。"随后,为推动政策落实,国务院于2014年9月印发《关于深化考试招生制度改革的实施意见》(国发〔2014〕35号),全面启动新一轮考试招生制度改革。该意见提出我国考试招生制度改革的总体目标是"2014年启动考试招生制度改革试点,2017年全面推进,到2020年基本建立中国特色现代教育考试招生制度,形成分类考试、综合评价、多元录取的考试招生模式,健全促进公平、科学选才、监督有力的体制机制,构建衔接沟通各级各类教育、认可多种学习成果的终身学习'立交桥'"。并提出实现这一目标的任务和措施:一是改进招生计划分配方式,包括提高中西部地区和人口大省高考录取率、增加农村学生上重点高校人数、完善中小学招生办法破解择校难题;二是改革考试形式和内容,包括完善高中学业水平考试、规范高中学生综合素质评价、加快推进高职院校分类考试、深化高考考试内容改革;三是改革招生录取机制,包括减少和规范考试加分、完善和规范自主招生、完善高校招生选拔机制、改进录取方式、拓宽社会成员终身学习通道;四是改革监督管理机制,包括加强信息公开、加强制度保障、加大违规查处力度;五是启动高考综合改革试点,包括改革考试科目设置、改革招生录取机制、开展改革试点。

这些举措对中国教育体制改革、实现教育现代化发挥了不可替代的重要作用。

在毕业生分配制度的改革上,从1983年起,扩大学校的分配权限,逐步将原来由政府直接掌管的部分权力交给学校;试行"供需见面"的分配方法;进行招聘、考核、录用的改革试验,逐渐减少国家直接控制分配的成分。1989年3月,《高等学校毕业生分配制度改革方案》获得批准。该方案决定,在条件成熟的时候,改变毕业生计划分配制度,普遍实行双向选择制度,即由毕业生根据需求信息,选报志愿,学校推荐,用人单位择优录用的新制度。1992年毕业生分配中调节性计划部分比例大增,"双向选择"就业方式进一步推广。

1993年2月《中国教育改革和发展纲要》确定:改革高等学校毕业生"统包统分"和"包当干部"的就业制度,实行少数毕业生由国家安排就业,多数由学生"自主择业"的就业制度。同时,该纲要也要求改革学生上大学由国家包下来的做法,逐步实行收费制度;提出高等教育是非义务教育,学生上大学原则上均应缴费;要求设立贷学金,对家庭经济有困难的学生提供帮助;国家、企事业单位、社会团体和学校均可设立奖学金,对品学兼优的学生和报考国家重点保证的、特殊的、条件艰苦的专业的学生给予奖励。

1995年国家教委发布了《关于1995年深入进行普通高等学校招生和毕业生就业制度改革的意见》。这一政策的出台,一方面为转变以往的"统包统分"制度奠定思想基础,另一方面对全面执行"双向选择、自主择业"提供保障。自此,社会、高校及大学生不仅在认识上逐步认同并接受"双向选择、自主择业"的政策,还在行动上积极响应,为全面执行新时期就业制度积累经验。国家层面制定的一系列鼓励"双向选择、自主择业"的措施取得明显效果,高校层面则逐步建立起了符合本单位实际的就业服务体系。①

自1978年恢复高考的第一次扩招后,1999年我国迎来了第二次扩招,这是一次持续时间最长、规模最大的高校大扩招。1999年6月,原国家计划发展委员会发出通知,决定在年初扩招23万人的基础上,再扩招33.7万人,招生总人数达到153万,增幅42%。此后,高校扩招每年以40万人以上的速度递增。扩招后的大学生就业政策有了新的变化,鼓励大学毕业生自主创业和灵活就业成为主流。

2002年,国家出台《关于进一步深化普通高等学校毕业生就业制度改革有关问题的意见》,鼓励并保障大学生到基层就业,这份意见指出大学生人才培养结构、人才就业流向和经济社会发展需求的矛盾,并提出要"拓宽高校毕业生到基层就业的渠道",认为"引导高校毕业生到基层、到中小企业就业是解决高校毕业生就业问题的主要途径"。

2003年6月,财政部和发改委发出《关于切实落实2003年普通高等学校毕业生从事个体经营有关收费优惠政策的通知》,规定毕业生从事个体经营,1年免交个体工商户注册登记费、工商管理费等行政事业性收费。2004年4月,《关于深入实施"中国青年创业行动"促进青年就业工作的意见》出台,要求提供创业服务,优化创业环境,每年帮助20万名青年掌握创业本领,5万名青年创办企业,开发就业岗位30万个。

2009年1月,国务院发布《关于加强普通高等学校毕业生就业工作的通知》。该通知对当前的大学生就业政策进行梳理与整合,被称为大学生就业政策的总体框架。主要涉及六个方面:提升毕业生就业能力;强化就业指导与服务;强化困难生就业援助;调整就业流向与结构;鼓励个体经营与创业;鼓励骨干企业和科研单位吸纳毕业生。同年4月,《关于建立选聘高校毕业生到村任职工作长效机制的意见》提出:2008年至2012年选聘10万名大学生村官。按照计划,到2020年大学生村官将达到60万。大学生村官政策的出台一定程度上缓解了就业形势,为大学生拓展了就业渠道。

2012年8月,教育部又发布《普通本科学校创业教育教学基本要求(试行)》,要求各高校创造条件,面向全体学生开设"创业基础"必修课。

面对近年来严峻的就业形势,2013年至2015年,国务院连续三年下发关于

---

① 孙倩、沈光:《大学生就业制度国际比较与中国选择》,《人民论坛》2014年第11期。

做好全国普通高等学校毕业生就业创业工作的通知,为大学生就业创业提供了一系列政策优惠,千方百计促进高校毕业生就业。

二、基础教育政策

在社会主义现代化建设中,教育是关键,基础教育是整个教育的根本。从中国基础教育的三个组成部分,即幼儿教育、小学教育、普通中等教育上看,新时期的基础教育,在政策的制定与执行上都被放在特殊地位上予以重视。

1978年改革开放以来,中国基础教育事业进入了一个新的发展时期。1985年中共中央发布的《关于教育体制改革的决定》中明确提出"基础教育管理权属于地方""实行基础教育由地方负责,分级管理的原则",极大推动了地方各级政府尤其是县、乡两极政府办学的积极性,拉开了中国基础教育改革的序幕,对中国教育事业的发展产生了深远的影响。1986年全国人大颁布《中华人民共和国义务教育法》,该法的颁布和实施,使得中国的基础教育的改革与发展走上了法制的轨道。1993年中共中央、国务院发布《中国教育改革和发展纲要》,明确了到2000年中国基础教育的发展方向和基本方针。随后《面向21世纪教育振兴行动计划》(1999年)、《中共中央国务院关于深化教育改革,全面推进素质教育的决定》(1999年)、《国务院关于基础教育改革与发展的决定》(2001年)、《教育部关于进一步推进义务教育均衡发展的若干意见》(2005年)、《国家中长期教育改革和发展规划纲要(2010—2020年)》(2010年)等文件相继出台,有力推动了中国基础教育的改革进程和发展步伐。

中国的幼儿教育,是按照国家、集体、公民、个人一起办,多渠道、多形式发展的方针开展教育活动的。它主要遵循"保育与教育"相结合的原则,对幼儿实施体、智、德、美全面发展的教育,保证幼儿身心和谐发展并做好入学前的准备。为了保证幼儿得到良好的、正规的教育,国家规定了幼儿教师的任职资格和考核制度,要求幼儿教师要持证上岗。尤其是进入21世纪以来,随着对学前教育认识的不断深入,中国学前教育受到前所未有的重视,学前教育领域的改革不断深化。2001年《幼儿园教育指导纲要(试行)》颁布,明确指出学前教育要重视儿童的身心健康、尊重儿童的人格和权利、正视儿童的差异,标志着学前课程变革进入一个新的阶段。近年来,国家出台了《关于规范幼儿园保育教育工作防止和纠正"小学化"现象的通知》《3—6岁儿童学习与发展指南》等文件,并实施幼儿教师国家级培训计划,引领公众将目光聚焦到促进儿童全面发展这一根本目标上来。2010年《关于当前发展学前教育的若干意见》首次明确提出,发展学前教育必须坚持"政府主导",要求将大力发展学前教育作为贯彻落实教育规划纲要的突破口,切实抓紧抓好,并提出了多种形式扩大学前教育资源、实施学前教育三年行动计划等十条举措,有力推动了中国学前教育的快速发展。

1980年12月,中共中央、国务院发出《关于普及小学教育若干问题的决定》,提出在80年代,全国应基本实现普及小学教育。1985年5月,党中央做出的《关于教育体制改革的决定》,进一步指出要有步骤地实行九年制义务教育。同时也明确指出,鉴于中国各地经济文化发展不平衡状况,义务教育的要求和内容可以因地制宜,有所不同。1986年4月六届全国人大四次会议通过的《中华人民共和国义务教育法》,使义务教育的实施有了法律依据。特别是,1993年颁布的《中国教育改革和发展纲要》,对中国基础教育的改革,做出了纲领性的解释。提出中小学教育要由"应试教育"转向全面提高国民素质的轨道,面向全体学生,全面提高学生的思想道德、文化科学、劳动技能和身体心理素质,促进学生生动活泼地发展。1995年颁布的《中华人民共和国教育法》,进一步以法律的形式确立了基础教育在国家整个教育体系中的重要地位。《教育法》宣布:"国家实行九年义务教育制度。各级人民政府采取各种措施,保障适龄儿童、少年接受并完成规定年限的义务教育。"国家要求各级政府、社会、家长要认真履行自己的义务,保证适龄儿童或少年入学,制止学生的辍学。对招用学龄儿童、少年就业的组织和个人,坚决依法制裁。随后,国家出台《中国教育改革和发展纲要》《关于当前积极推进中小学实施素质教育的若干意见》《国家中长期教育改革和发展规划纲要(2010—2020年)》等文件规范小学教育的发展。尤其在《国家中长期教育改革和发展规划纲要(2010—2020年)》中,明确要求:减轻中小学生课业负担,调整教材内容,科学设计课程难度;改革考试评价制度和学校考核办法;规范办学行为,建立学生课业负担监测和公告制度;不得以升学率对地区和学校进行排名,不得下达升学指标;规范各种社会补习机构和教辅市场等。

中国的中学教育分初级中学、高级中学两个阶段,共6年。初级中学学制3年,属义务教育阶段。普通高中学制3年,是非义务教育阶段。对于这个阶段的教育发展,1999年教育部《关于积极推进高中阶段教育事业发展的若干意见》指出:各地教育行政部门要在确保实现"两基"①目标和巩固提高的基础上,积极发

---

① "两基"即基本普及九年义务教育、基本扫除青壮年文盲。

展包括普通教育和职业教育在内的高中阶段教育,为初中毕业生提供多种形式的学习机会。对于已经"普九"的地方,可以通过学校布局调整、高初中分离、重点学校与薄弱学校联合办学、灵活多样的授课制等形式,扩大现有公办普通高中的招生规模;要实行鼓励民间办学的优惠政策,包括无偿提供办学用地,免收配套费用,充分利用现有设施和房屋等,为民间兴办高中阶段的学校创造条件,并加强管理、指导和监督。另外,对于高中收费的管理,该意见要求,任何单位不得违反国家规定向学校乱收费、乱摊派。在新近通过的"十三五"规划中,国家明确指出,在"普九"的基础上,推进普及高中阶段教育,率先从建档立卡的家庭经济困难学生实施普通高中免除学杂费,这成为中国中学教育新的发展契机。

三、职业技术教育政策

职业技术教育是国家教育体系的重要组成部分。1978年,全国教育工作会议上,正式提出从单一的普通中学教育体系转变为普通中学与职业技术教育并举的政策。1979年5月,教育部和煤炭工业部联合发出《关于试办煤炭工业中学的通知》,开始对矿区中等教育进行改革。1980年10月,教育部、国家劳动总局《关于中等教育结构改革的报告》明确指出:"中等教育结构改革,主要是改革高中阶段的教育。……可适当将一部分普通高中改办为职业(技术)学校、职业中学、农业中学。经过调整改革,要使各类职业(技术)学校的在校学生数在整个高级中等教育中的比重大大增长。"1982年,发展职业教育被列入《宪法》。

1985年,中共中央在《关于教育体制改革的决定》中指出教育结构要加以调整。根据发展职业技术教育的要求,"我国广大青少年一般应从中学阶段开始分流:初中毕业生一部分升入普通高中,一部分接受高中阶段的职业技术教育;高中毕业生一部分升入普通大学,一部分接受高等职业技术教育。在小学毕业后接受过初中阶段的职业技术教育的,可以就业,也可以升学。凡是没有升入普通高中、普通大学和职业技术学校的学生,可以经过短期职业技术培训,然后就业。要充分发掘现有中等专业学校和技工学校的潜力,扩大招生,并且有计划地将一批普通高中改为职业高中,或者增设职业班,加上新办的这类学校,力争在五年左右,使大多数地区的各类高中阶段的职业技术学校招生数相当于普通高中的招生数,扭转目前中等教育结构不合理的状况。"①

---

① 《中共中央关于教育体制改革的决定》,《人民日报》1985年5月29日。

进入20世纪90年代以后,为适应经济飞速发展的需要,国家更加重视职业技术教育的发展。1991年10月,国务院做出《关于大力发展职业技术教育的决定》,把发展职业技术教育看作是实现社会主义现代化的一项具有战略意义的基础建设。

1996年5月15日,八届全国人大常委会第十九次会议通过了《中华人民共和国职业教育法》。该法对职业教育体系、职业教育的实施、职业教育的保障条件等作了详细的规定,标志着中国职业教育已走上了依法管理的轨道,有关职业教育的政策法规已初步完善。

进入21世纪,国家确立了大力发展职业教育的战略,走中国特色职业教育发展道路的指导思想。在2002—2005年短短几年时间里,国务院连续召开了三次全国职业教育工作会议,先后作出了《关于大力推进职业教育改革与发展的决定》(2002年)、《关于进一步加强职业教育工作的若干意见》(2004年)、《关于大力发展职业教育的决定》(2005年)。会议的高层级、高频度,是中国职教史上前所未有的。尤其是2005年的《关于大力发展职业教育的决定》提出了中等职业教育的发展目标:到2010年,中等职业教育招生规模达到800万人,与普通高中招生规模大体相当;高等职业教育招生规模占高等教育招生规模的一半以上。在内涵发展上,引入学习型社会的理念,提出了职业教育要适应人们终身学习需要、与劳动就业密切结合、大力推行校企合作、工学结合的培养模式,建设有中国特色的现代职业教育体系。

随后,教育部接连发布了《教育部关于推进中等和高等职业教育协调发展的指导意见》(2011年)、《教育部关于"十二五"期间加强中等职业学校教师队伍建设的意见》(2011年)和《教育部关于加快推进职业教育信息化发展的意见》(2012年),指导"十二五"时期职业教育的进一步发展。

2014年6月6日,国务院颁布了《国务院关于加快发展现代职业教育的决定》。该决定提出了中国现代职业教育发展的指导思想和基本原则,明确了未来职业教育的发展目标:到2020年,形成适应发展需求、产教深度融合、中职高职衔接、职业教育与普通教育相互沟通,体现终身教育理念,具有中国特色、世界水平的现代职业教育体系。2015年10月29日,"十三五"规划中对职业教育的发展提出"逐步分类推进中等职业教育免除学杂费"的要求,这不仅明确了未来中国职业教育的发展方向,更凸显了职业教育在今后教育体系中的重要战略地位。

四、高等教育政策

十一届三中全会以后,中国的高等教育得以全面恢复。1982年,党和政府制定了高等教育发展的政策,其基本思路是:高等教育必须根据需要和可能,在保证质量的前提下,积极而稳步地发展数量。1985年《中共中央关于教育体制改革的决定》指出,高等学校担负着培养高级专门人才和发展科学技术文化的重大任务。高等教育要改革教学内容、教学方法、教学制度,进而提高教学质量。[①]

1993年2月,中共中央、国务院印发的《中国教育改革和发展纲要》,根据十四大提出的"必须把教育摆在优先发展的战略地位,努力提高全民族的思想道德和科学文化水平"的方针,制定了指导90年代乃至21世纪初教育改革和发展的行动计划。

随着知识经济时代的到来,国家创新能力和创新体系建设的紧迫性越来越受到人们的关注,高等教育作为国家创新体系的人才来源和组成部分也越来越受到政府的重视。1998年8月,九届全国人大常委会第四次会议制定了《中华人民共和国高等教育法》,规定中国"高等教育的任务是培养具有创新精神和实践能力的高级专门人才,发展科学技术文化,促进社会主义现代化建设"。该法对高等教育的基本制度、高等学校的设立、高等学校的组织和活动等事项做了具体的规定,使中国的高等教育走上了法治的轨道。

1998年12月,教育部根据中共十五大精神,制定了《面向21世纪教育振兴行动计划》,该行动计划对高等教育发展提出了具体的目标。在此基础上,2004年2月,教育部又制定了《2003—2007年教育振兴行动计划》,提出要重点推进高水平大学和重点学科建设,强调建设世界一流大学和高水平大学是党和国家的重大决策,它对于增强高等教育综合实力,提高我国国际竞争力具有重要的战略意义。具体工作包括:继续实施"985工程"和"211工程"[②],努力建设一批高水平大学和重点学科;加大实施"高层次创造性人才计划"力度;推进"研究生教

[①] 《中共中央关于教育体制改革的决定》,《人民日报》1985年5月29日。

[②] 所谓"985工程",就是为贯彻落实党中央科教兴国的战略,和江泽民同志在1998年5月4日庆祝北大建校100周年大会上发出的"为了实现现代化,我国要有若干所具有世界先进水平的一流大学"的号召,教育部决定在实施"面向21世纪教育振兴行动计划"中,重点支持北京大学、清华大学等部分高等学校创建世界一流大学和高水平大学,简称"985工程"。"211"工程,即面向21世纪重点建设100所左右的高等学校和一批重点学科的建设工程,1995年由国务院批准后正式启动。

育创新计划";启动"高等学校科技创新计划";实施"高等学校哲学社会科学繁荣计划"。同时也特别强调实施"新世纪素质教育工程"和"高等学校教学质量与教学改革工程"。

2007年5月,国务院批转了教育部的《国家教育事业发展"十一五"规划纲要》,除了重新强调推进高水平大学和重点学科建设以外,突出强调了提高高等教育的人才培养质量问题。该纲要提出实施高等学校本科教学质量与教学改革工程,要求高校要把教学作为中心工作;推动新一轮课程体系和教学内容改革,继续做好精品课程建设工作;加强教学研究,倡导研究性学习和本科生科研活动,建立学生到企业和科研院所实习的长效机制;强化教学管理,改进教风和学风;加强教育教学质量监控,建立和完善高等教育的质量保证体系和高校教学质量评估制度。

2010年5月5日,国务院常务会议通过的《国家中长期教育改革和发展规划纲要(2010—2020年)》,对高等教育的发展提出了五项具体要求:第一,全面提高高等教育质量。到2020年,高等教育结构更加合理,特色更加鲜明,人才培养、科学研究和社会服务整体水平全面提升,建成一批国际知名、有特色高水平高等学校,若干所大学达到或接近世界一流大学水平,高等教育国际竞争力显著增强。第二,提高人才培养质量。加大教学投入,深化教学改革,推进创业教育,全面实施高校本科教学质量与教学改革工程,严格教学管理,推进研究生培养机制改革,实施研究生教育创新计划。第三,提升科学研究水平,大力开展自然科学、技术科学、哲学社会科学研究,加强高校重点科研创新基地与科技创新平台建设,完善以创新和质量为导向的科研评价机制,深入实施高校哲学社会科学繁荣计划。第四,增强社会服务能力,加快科技成果转化,积极参与决策咨询,鼓励师生开展志愿服务。第五,优化结构办出特色,重点扩大应用型、复合型、技能型人才培养规模,加快发展专业学位研究生教育。

根据《国家中长期教育改革和发展规划纲要(2010—2020年)》,教育部在2012—2013年先后制订了《教育部关于全面提高高等教育质量的若干意见》《教育部财政部关于实施高等学校创新能力提升计划的意见》《关于进一步加强高校实践育人工作的若干意见》《普通本科学校创业教育教学基本要求(试行)》和《关于深入推进专业学位研究生培养模式改革的意见》,以指导高校教育工作的顺利开展。

2015年10月24日,国务院印发了《统筹推进世界一流大学和一流学科建设总体方案》，要求以一流为目标、以学科为基础、以绩效为杠杆、以改革为动力的原则，加快建成一批世界一流大学和一流学科，到本世纪中叶基本建成高等教育强国。2015年10月29日"十三五"规划中也强调：提高高校教学水平和创新能力，使若干高校和一批学科达到或接近世界一流水平。这为中国高等教育的发展注入了强大的动力，成为未来五年高校教育事业发展的一面旗帜。

第十三章 科技政策

科技政策是政府根据社会发展的需要制定的有关科学技术发展的规划、基本原则、激励措施和行为规范的总和。历史证明,科学技术作为第一生产力,在现代社会发展中的作用越来越大。不仅一国的经济发展和国际竞争力越来越取决于它的科学技术水平,而且一国的综合国力、文明程度和社会各方面的发展也都越来越依赖于科学技术的发展。因此,一个国家能否制定合理的科技政策,有效地促进科学技术的发展,对于这个国家的整体发展来说是至关重要的一个问题。

第一节 改革开放前科技政策回顾

自中华人民共和国成立至1978年中共十一届三中全会之前,中国的科学技术政策可以分为两个阶段。第一个阶段是1949—1965年以"向科学进军"为标志的科技政策,第二个阶段就是"文化大革命"十年间制定和执行的"左"的科技政策。

一、"向科学进军":1949—1965年的科技政策

新中国成立伊始,中国共产党和中国政府根据新中国的现实状况和建设需求,对中国科技事业的发展做出了初步规划。1949年9月,在第一届中华人民

共和国政治协商会议上通过的《共同纲领》中,对科技的发展就有如下的规定:
"努力发展自然科学,以服务于工业、农业和国防建设,奖励科学的发明和发现,
普及科学知识。"其后,1949 年 11 月 1 日,在旧时的"中央研究院"和北平研究院
的基础上成立了专门的科学研究机构——中国科学院,并提出中国科学院的任
务是:"有计划地利用近代科学成就以服务于工业、农业和国防建设,组织并指
导全国的科学研究以提高我国的科学研究水平。"由此,开始了中国科学研究组
织的全面建设。1950 年 8 月 11 日,政务院第 45 次会议批准公布了《关于奖励
有关生产发明、技术改进及合理化建议的决定》和《保障发明权与专利权暂行条
例》,把《共同纲领》中的指导性政策原则变成了可操作的具体政策。

  1954 年 3 月,中共中央对中科院党组的《关于目前科学院工作的基本情况
和今后工作任务给中央的报告》作了批示,其中强调了科学对于国家建设的重
要意义,指出"要把我国建设成为生产高度发达、文化高度繁荣的社会主义国
家,一定要有自然科学和社会科学的发展。在国家有计划的经济建设已经开始
的时候,必须大力发展自然科学,以促进生产技术的不断发展,并帮助全面了解
和更有效地利用自然资源。我国科学基础薄弱,而科研干部的生产和科研经验
的积累,都需要相当长的时期,必须发奋努力,急起直追,否则就会由于科学落后
而阻碍国家建设事业的发展"[①]。可见,建国初期,党和国家对科技事业在国家
发展中的意义认识是十分明确,对推进科技事业发展的决心也是非常坚定的。

  这个时期中国制定的科技政策与当时国内和国际的背景直接相关。这时,
在全国范围内掀起了学习苏联的高潮。不仅教育领域要学习苏联经验,而且包
括科技领域在内的其他领域等,也都要向苏联学习,其结果是仿照苏联的模式建
立了中国的科技体制。这样做的好处是科研工作有了计划,科学力量能够集中
起来,从而能够在较短的时期内迅速发展中国的科技事业。但另一方面,由于照
抄的成分过多,使中国科技领域的创造性较少,尤其是自主创新的能力较低。不
过,总的说来,这一时期党和国家政府制定和执行的科技政策,适应了中国社会
主义事业经济建设的需要,同时也发展了中国的科技事业。

  1956—1965 年,是中国科学技术事业史上一个令人关注的重要时期。当时
中国领导人认识到,国家要摆脱贫困落后,摆脱被动挨打的局面,就必须依靠科
学技术的力量。尤其认识到,科学是关系到国防、经济和文化各方面发展的决定

---

① 转引自崔禄春:《建国以来中国共产党科技政策研究》,华夏出版社 2002 年版,第 13 页。

性的力量。正因为如此,1956年1月18日,在知识分子问题会议上,中共中央发出了"向科学进军"的伟大号召,并于1956年3月国务院组成了"科学规划委员会",专门负责科技规划的领导工作。1956年8月,在这个委员会的领导下,有近800名科学家和技术专家参加,历经半年多时间,在大量国情调查和多次听取科学专家意见的基础上,在苏联专家的帮助下制定了中国第一个长期的科学技术发展规划——《1956—1967年全国科学技术发展远景规划》草案出台,后经多次讨论修正,规划工作于同年12月正式完成。这个规划提出了57项重要任务,包括基础研究、应用研究和发展研究的一系列重要课题,并按照"重点发展,迎头赶上"的方针确定了12个重点项目,如计算机技术、自动化技术、无线电技术、核技术和喷气技术等。1956年10月15日,中共中央又批转了二机部和中国科学院《关于大家办原子能问题》和《关于放射性同位素应用推广的问题》的两个报告。至此,中国正式迈上了向科学技术现代化进军的伟大征途。

值得注意的是,这一时期中国的科技政策始终是围绕着国家经济的建设而展开,同时也是在纠正"左"倾冒进思想的过程中进行的。1958年1月31日,毛泽东在《工作方法六十条》中指出:把党的工作重点放到技术革命上去。1960年1月30日,中共中央又作出《对太原市委关于开展以半机械化和机械化为中心的技术革新和技术革命运动的决议的批示》,目的是改变中国产业落后,与社会主义事业大发展不相适应的局面。但是,由于当时受部分"左"倾冒进思想的支配,致使科学技术的正常秩序受到干扰。

1961年6月,中共中央批准试行由科技委员会和中科院共同制定的《关于自然科学研究机构当前工作的十四条意见(草案)》,提出了健全领导制度的要求,明确研究所的领导核心是所一级的党组织,研究机构的任务就是出成果、出人才;要求建立系统的干部培养制度,对知识分子要团结、教育和改造;提倡百花齐放、百家争鸣,大兴调查研究之风,要求加强政治思想工作,坚决保证科研时间,保持科研工作的相对稳定性,正确理解对自然科学工作者的红与专的要求。7月19日,中央对聂荣臻的《关于当前自然科学工作中若干政策问题的请求报告》作了指示,强调争取一切可以争取的知识分子,使用一切有用的力量,为社会主义事业服务。"十四条意见"和中央的指示及时纠正了"左"的干扰,使中国的科技事业重新走上了正确的发展道路。

1962年在提前五年基本完成《1956—1967年科学技术发展远景规划》的基础上,国家科委制定了《1963—1972年科学技术发展规划纲要》,这个规划安排了重点科研项目 374 项,其中国民经济和国防建设急需项目 333 项,基础研究项目 41 项。

1965 年 7 月,中科院向中央专门委员会提出《关于发展我国人造卫星工作的规划方案建议》,方案提出了中国发展空间技术的指导原则及其发展模式。建议以我为主、走自己的路,开展全国大协作,采取统一领导,集中管理,并对发展中国的人造卫星的技术工作提出了一系列切实可行的措施。

纵观这一时期的科技政策,不难看出,中国共产党和中国人民政府对于科学技术发展的要求尽管是要服务于工业、农业和国防建设,但是,事实上更多的是向中国的国防建设和高技术领域引导的。这一方面与当时社会主义和资本主义两种制度、两大阵营剑拔弩张的国际紧张局势密切相联系,另一方面也与从鸦片战争到新中国成立这一百多年间中国人民饱受屈辱和痛苦的经历紧密相连。发展国防事业、保家卫国是当时举国上下一致的愿望。"中国人民站起来了"这一雄壮的宣言凝聚起全国人民沸腾的心,激励着科技工作者的奋力拼搏精神。在党和政府一系列科技政策和规划的指导下,中国的科技事业欣欣向荣,许多新兴技术从无到有发展起来,一系列新兴的工业部门也逐步诞生和壮大。"全国专门的科研机构从 1955 年的 800 个左右发展到 1965 年的 1714 个。全国专门的科研人员则从 1952 年的 8000 多人发展到 1965 年 12 万人。而且不仅是数量上的扩大,我国已经有了一批第一流的科学家和工程师,有些研究成果已经达到或接近世界先进水平。"[①]1964 年 10 月,中国成功地进行了第一次核试验,它标志着中国科技事业发生了根本性变化。但也不容否认"左"的思想对中国这一时期科技事业发展的影响。"一五"时期,中国的科技进步在经济发展中的贡献达到 47%,1957—1965 年下降到 21%。

二、"文化大革命"十年对科技事业的破坏

正当中国的科学技术事业不断向前发展的时候,一场席卷全国的"文化大革命"开始了,1966—1976 年的十年中,中国的科技事业受到了严重的摧残和破坏。"林彪""四人帮"两个反党集团利用中国共产党一时的路线错误,诬蔑科技战线以前推行的是"反革命修正路线",把在广州召开的全国科学技术工作会议诬蔑为复辟资本主义。他们打着打倒走资本主义道路当权派的招牌,把一大批

---

① 转引自崔禄春:《建国以来中国共产党科技政策研究》,华夏出版社 2002 年版,第 61 页。

科技战线上的老干部打成"走资派",把大批老科学家和老专家打成"反动权威";他们否定自然科学理论的研究工作,污蔑基础研究是"三脱离";他们打着"走与工农相结合的道路"的幌子,把绝大多数科技人员赶离科技工作岗位,把科技工作者刻苦钻研、努力攀登科学高峰说成是走白专道路。他们以种种莫须有的罪名打击迫害科技工作者,把科技工作者打成地、富、反、坏、右、叛徒、特务、走资派之后的臭老九,极大地伤害了科技工作者的积极性,把我国多年来建立起来的科技队伍破坏得七零八落。在破坏科技队伍建设的同时,他们还对科研组织、科研场所进行破坏,捣毁科学技术设备和实验基地,毁坏科研资料,拆散科研机构,破坏正常的工作秩序。他们把学习国外的先进经验污蔑成为"洋奴哲学""爬行主义",推行闭关锁国的政策;他们把持有不同学术观点的人,打成"反党反社会主义分子",强行给自然科学理论研究贴上政治标签,破坏党的"百花齐放、百家争鸣"的方针。他们的倒行逆施,使我国的科技园地百花凋零,整个科技工作处于瘫痪状态。在1966年时中国科学院就已有106个研究所,到1976年仅剩余40多个。科技进步在经济发展中的贡献率也大幅度地减少,从1965年间的21%降至1976年的3.6%,而劳动力的投入却上升至74%。

这期间,虽然在1972年8月,根据周恩来的提议,在北京召开过一次全国性的科技工作会议,但是在"左"倾思潮占统治地位的氛围下,这次会议的作用和成果是有限的,并不能代表"文化大革命"时期的科技政策。同样,1975年,邓小平同志主持中央工作,面对"四人帮"对科技事业的破坏,开展了对科技战线的整顿。中央派胡耀邦同志到中国科学院去进行整顿。胡耀邦同志根据调查情况向中央递交了"汇报提纲",对当时存在的问题进行了切中时弊的分析,并提出了切实可行的方案和建议。但是,"四人帮"却掀起了"反击右倾翻案风"的运动,整顿被迫停止。

第二节 改革开放后科技政策的历史演变

粉碎"四人帮"后,特别是1977年5月确立了邓小平同志在中央的领导地位后,科学技术领域开始实现拨乱反正,特别是1978年3月18日在北京召开的全国科学大会,标志着迎来了中国科技事业发展的春天。此后,中国的科学技术工作受到党和人民政府前所未有的重视和关怀。

一、拨乱反正：迎来科学的春天

1977年5月4日，邓小平同志在同中央两位同志谈话时指出："我们要实现现代化，关键是科学技术要能上去。""一定要在党内造成一种空气：尊重知识，尊重人才。"①同年8月8日，又发表了《关于科学和教育工作的几点意见》的讲话，对新中国建国以来至"文化大革命"之前的十七年所取得的工作成就做了充分发肯定。1978年3月18日，在全国科学大会开幕式上，他根据马克思主义的基本理论，明确提出了"科学技术是生产力"，"从事体力劳动的，从事脑力劳动的，都是社会主义社会的劳动者"②等光辉论断。他还针对"四人帮"诬蔑科技人员专心致志搞科研是"白专道路"的谬论，指出："如果为了科学上和生产上的必要，有人连续奋战七天七晚，那正是他们热爱社会主义事业的忘我精神的崇高表现，……只有把全副身心投入进去，专心致志，精益求精，不畏劳苦，百折不回，才有可能攀登科学高峰。"③邓小平同志这一系列论述，不但把科技工作者从"臭老九"的地位拉回到工人阶级队伍，极大地鼓舞了科技工作者攀登科学高峰的热情，而且也为中国在新的历史时期制定发展科学技术的基本方针和各项政策奠定了理论基础。中央不失时机地抓紧恢复和发展中国的科学技术工作。首先恢复和重建了一大批科研机构，其次落实知识分子政策，平反冤假错案，把一些用非所学的专门人才调回到科技工作岗位，并于1978年恢复了科技人员的职称。

1978年3月召开的科学大会，是党中央和政府向中国科技工作者发出攀登科学高峰的总动员，大会通过了《1978—1985年全国科学技术发展纲要（草案）》，提出了在8年时间内要达到下列奋斗目标：部分主要的科学技术领域接近或达到70年代的世界先进水平；专业科学人员达到80万人；拥有一批现代化的科学实验基地；建成全国科技研究体系。纲要对自然资源、农业、工业、国防、交通运输、海洋、环境保护、医药卫生、文教、财贸等27个领域和基础科学、技术科学两大门类的科学技术任务，做了全面的安排，从中确定108个全国重点研究项目。在这27个领域和108个重点项目中，农业、能源、材料、电子计算机、激光、空间技术、高能物理、遗传工程等8个影响全局的综合性课题，被放在突出地位。

---

① 《邓小平文选（1975—1982年）》，人民出版社1983年版，第37、38页。
② 同上书，第84、86页。
③ 同上书，第91页。

1978年12月18—22日,中共十一届三中全会在北京举行,会议确定的把全党工作的重心转移到社会主义现代化建设上来的战略决策,为中国科技事业的发展注入了新的活力。为了适应经济建设的需要,1978年12月25日到1979年1月5日,全国科学技术工作会议在京召开。会议提出了今后一个时期科技发展的方针。1981年,中共中央、国务院转发的国家科委党组《关于我国科学技术发展方针的汇报提纲》中,又重申了这个方针,并提出促进科学技术发展的6项措施。

要加快科学技术的发展,就必须充分调动科技人员的积极性。为此,国务院于1978年12月28日发布了《中华人民共和国发明奖励条例》,提出了对科技人员的发明创造实行奖励的一系列政策措施。

要加快科学技术的发展,还必须解决科技工作的领导问题。1980年1月,在中央召集的干部会议上,邓小平同志把建设"一支坚持社会主义道路的、具有专业知识和能力的干部队伍"作为实现四个现代化目标的四个前提之一,并要求"我们要按照专业的要求组织整个领导班子,充分发挥专业人才的作用","我们要逐渐做到,包括各级党委在内,各级业务机构,都要由有专业知识的人来担任领导"。① 从此,科学家领导科学研究得以被提倡。

要加快中国的农业发展,就必须依靠科学技术。1979年9月28日,中共十一届四中全会通过了《中共中央关于加快农业发展若干问题的决定》,提出实现农业现代化,需要用现代科学技术知识来武装我们的农村干部和农技人员,需要大批掌握现代农业科学技术的专家,需要有一支庞大的农业科技队伍,需要极大地提高农民首先是青年农民的科学技术水平。1982年1月1日,中共中央批转《全国农村工作会议纪要》,要求对农业科学技术问题拟定一批科研重点项目,有计划地推行一些技术项目和进行技术攻关,恢复和加强农业技术推广机构,充实和加强农业技术力量。

1977—1982年这几年间,中国的科技事业走出了低谷,各个研究领域都得到恢复和发展,为促进中国经济发展打下了良好的基础。

二、确立科学技术是第一生产力的战略地位

科学技术是第一生产力的伟大论断,是邓小平对科学技术在中国社会以及

---

① 《邓小平文选(1975—1982年)》,人民出版社1983年版,第226、229页。

世界发展中作用的准确把握,更是对马克思主义"科学技术是生产力"的继承与发展。1978年在全国科学大会上,邓小平重申"科学技术是第一生产力"的马克思主义论点。他强调:"四个现代化,关键是科学技术的现代化。没有现代科学技术,就不可能建设现代农业、现代工业、现代国防。"①

正是基于这样的认识,邓小平从如下几个方面强调了科学技术在生产与经济发展中的第一位的作用:第一,科学技术在生产力诸要素中起着第一位的作用;第二,科学技术对于生产力和经济发展的第一位的变革作用;第三,知识分子"第一"的观点。② 并把这种思想贯穿到中国社会主义建设与发展事业当中。

1985年3月13日,中共中央根据试点经验作出了《关于科学技术体制改革的决定》。从此,我国的科技体制改革全面展开。该决定把我国科学技术体制改革的根本目的规定为:使科学技术成果迅速地、广泛地应用于生产,使科学技术人员的作用得到充分发挥,大大解放科学技术生产力,促进经济和社会的发展。要把技术流通的一切大门打开,使先进的知识和先进的技术,从各个研究机构、高等院校源源不断地流向工厂、流向企业,流向内地和边疆,从而推动我国的四化大业大踏步地前进。

围绕着"科学技术是第一生产力"发展战略的实施,国家出台了一系列科技政策,实施了一些有影响的科技发展计划。

1985年,中国实施了科技体制改革的第一计划——"星火计划"。星火计划的宗旨是把先进适用的科学技术引向农村,引导亿万农民依靠科技发展农村经济,促进乡镇企业科技进步,提高农村劳动生产率,推动农业和农村经济持续、快速、健康发展。

1986年开始,国家实施了"863计划"。1986年3月,王大珩、王淦昌、杨嘉墀、陈芳允四位老科学家联合向中共中央写了一封信,题为"关于跟踪世界战略性高科技发展的建议",信中恳切地指出,面对着世界新技术革命的挑战,中国应该不甘落后,要从现在就抓起,用力所能及的资金和人力跟踪新技术的发展进程,而不能等到十年、十五年经济实力相当好时再说,否则就会贻误时机,以后永远翻不了身。这封信得到了邓小平同志的高度重视,小平同志亲自批示:"这个建议十分重要","找些专家和有关负责同志讨论,提出意见,以凭决策,此事宜速作决断,不可拖延。"在随后的半年中,经过广泛、全面和极为严格的科学和技

---

① 《邓小平文选》第二卷,人民出版社1994年版,第86—87页。
② 崔禄春:《建国以来中国共产党科技政策研究》,华夏出版社2002年版,169—170页。

术论证后,中共中央、国务院批准了《高技术研究发展计划(863计划)纲要》。从此,中国的高技术研究发展进入了一个新阶段。由于计划的提出与邓小平同志的批示都是在1986年3月进行的,因此此计划被称为"863计划"。

"863计划"是在世界高技术蓬勃发展、国际竞争日趋激烈的关键时期,我国政府组织实施的一项对国家的长远发展具有重要战略意义的国家高技术研究发展计划,在我国科技事业发展中占有极其重要的位置。"863计划"的总体目标是:集中少部分精干力量,在所选的高技术领域,瞄准世界前沿,缩小与发达国家的差距,带动相关领域科学技术进步,造就一批新一代高水平技术人才,为未来形成高技术产业准备条件,为20世纪末特别是21世纪初我国经济和社会向更高水平发展和国防安全创造条件。

"863计划"的实施,不仅使社会建设和人民生活得到了进步提高,也使企业从中得到了发展。通过对外科技的交流与合作,产品的开发和销售等多方形式的结合,在政府、企业、社会、经济、发展各方面形成了共同进步的良性循环,有力地促进了"科学技术是第一生产力"发展战略的实施。

三、实施"科教兴国"的发展战略

以江泽民为核心的中国第三代领导集体,坚定不移地沿着邓小平指出的正确方针、路线前进。1991年5月,江泽民在中国科学技术协会第四次代表大会的讲话中指出:"我们正处在新旧世纪交替的重要历史时期,我们面对的是一个充满矛盾和激烈竞争的世界。国际的竞争说到底是综合国力的竞争,关键是科学技术的竞争。"坚持科学技术是第一生产力,把经济建设真正转移到依靠科技进步和提高劳动者素质的轨道上来,必须实施科教兴国战略。1995年5月6日颁布的《中共中央国务院关于加速科学技术进步的决定》首次提出在全国实施科教兴国的战略。1996年,八届全国人大四次会议正式提出了国民经济和社会发展"九五"计划和2010年远景目标,"科教兴国"成为我们的基本国策。

科教兴国战略的主要内容是:在科学技术是第一生产力思想的指导下,坚持教育为本,把科技和教育摆在经济、社会发展的重要位置,增强国家的科技实力及向现实生产力转化的能力,提高全民族的科技文化素质,把经济建设转移到依靠科技进步和提高劳动者素质的轨道上来,加速实现国家的繁荣昌盛。①

科教兴国战略对中国科技发展的目标作出了规定:到 2000 年的目标是,初步建立适应社会主义市场经济体制和科技自身发展规律的科技体制。在工农业科学研究与技术开发、基础性研究、高技术研究等方面取得重大进展。科技进步对经济发展的贡献率有显著提高。经济建设、社会发展基本转向依靠科技进步和提高劳动者素质的轨道。到 2010 年达到的战略目标是:使基本建立的新型科技体制更加巩固和完善,实现科技与经济的有机结合。繁荣科技事业,培养、造就一支高水平的科学技术队伍。全民族科技文化素质有显著提高。重大学科和高技术的一些领域的科技实力接近或达到国际先进水平。大幅度提高自主创新能力,掌握重要产业的关键技术和系统设计技术。主要领域的生产技术接近或达到发达国家的水平,一些新兴产业的生产技术达到国际先进水平,为建成社会主义现代化强国奠定坚实的基础。

为全面落实科教兴国战略,农业、工业、国防、财贸等行业和部门都提出了依靠科技振兴行业的发展战略。各省(自治区、直辖市)及各地(市)、县(市)也制定了科教兴省、科教兴市、科教兴县的发展战略和发展方针。

1998 年经中央批准,国家科技教育领导小组成立,并于 6 月 9 日举行第一次会议。会议由朱镕基总理主持,指出要深入贯彻江泽民同志关于知识经济和建立创新体系的重要批示精神,国家要在财力上支持知识创新工程的试点,要加大对科技和教育的投入。

从理论和实践看来,科教兴国战略贯穿了"科学技术是第一生产力"的精神精髓,同时也是对邓小平"抓科技必须同时抓教育"思想的发展。总之,这一战略的提出,表明中国共产党人已经找到了一条领导中国人民走向富强、实现民族伟大复兴的道路。②

四、建设"创新型国家"战略的提出

进入 21 世纪,世界新科技革命发展的势头更加迅猛,人类社会步入了一个科技创新不断涌现的重要时期,也步入了一个经济结构加速调整的重要时期。发轫于 20 世纪中叶的新科技革命及其带来的科学技术的重大发现发明和广泛

---

① 中共中央文献研究室编:《江泽民论中国特色社会主义(专题摘编)》,中央文献出版社 2002 年版,第 232 页。

② 崔禄春:《建国以来中国共产党科技政策研究》,华夏出版社 2002 年版,169—176 页。

应用,推动世界范围内生产力、生产方式、生活方式和经济社会发展观发生了前所未有的深刻变革,也引起全球生产要素流动和产业转移加快,经济格局、利益格局和安全格局发生了前所未有的重大变化。科技竞争成为国际综合国力竞争的焦点。大量国际经验表明,一个国家现代化的关键是科学技术的现代化。面对世界科技发展的大势,面对日趋激烈的国际竞争,中国及时调整科技政策,提出了建设创新型国家的战略决策。

2006年1月9日在北京召开了全国科技大会,胡锦涛同志在会上做了"为建设创新型国家而努力奋斗"的讲话。胡锦涛同志要求全党和全国人民深刻认识世界新科技革命所带来的机遇和挑战,"面对世界科技发展的大势,面对日趋激烈的国际竞争,我们只有把科学技术真正置于优先发展的战略地位,真抓实干,急起直追,才能把握先机,赢得发展的主动权"。为此,党中央、国务院作出建设创新型国家的决策。"建设创新型国家,核心就是把增强自主创新能力作为发展科学技术的战略基点,走出中国特色自主创新道路,推动科学技术的跨越式发展;就是把增强自主创新能力作为调整产业结构、转变增长方式的中心环节,建设资源节约型、环境友好型社会,推动国民经济又快又好发展;就是把增强自主创新能力作为国家战略,贯穿到现代化建设各个方面,激发全民族创新精神,培养高水平创新人才,形成有利于自主创新的体制机制,大力推进理论创新、制度创新、科技创新,不断巩固和发展中国特色社会主义伟大事业。"①胡锦涛强调,为了实现进入创新型国家行列的奋斗目标,我们要突出抓好以下几个方面的工作。一是实施正确的指导方针,努力走中国特色自主创新道路。二是坚持把提高自主创新能力摆在突出位置,大幅度提高国家竞争力。三是深化体制改革,加快推进国家创新体系建设。四是创造良好环境,培养造就富有创新精神的人才队伍。五是发展创新文化,努力培育全社会的创新精神。创新型国家的奋斗目标是:用十五年的时间使我国进入创新型国家行列。

全国科技大会闭会以后,2006年2月国家制定了《国家中长期科学和技术发展规划纲要(2006—2020年)》。该纲要提出了未来十五年,科技工作的指导方针是自主创新,重点跨越,支撑发展,引领未来。并确立了中国科学技术发展的总体目标是到2020年,自主创新能力显著增强,科技促进经济社会发展和保障国家安全的能力显著增强,为全面建设小康社会提供强有力的支撑;基础科学

---

① 胡锦涛:《坚持走中国特色自主创新道路为建设创新型国家而努力奋斗》,人民出版社2006年版,第8页。

和前沿技术研究综合实力显著增强,取得一批在世界具有重大影响的科学技术成果,进入创新型国家行列,为在本世纪中叶成为世界科技强国奠定基础。该纲要成为指导中国此后一段时期科学技术发展的重要文件。

为了促进科学技术进步,推动科学技术为经济建设和社会发展服务,2007年12月,十届全国人大常务委员会修订通过了《中华人民共和国科学技术进步法》。在坚持科学发展观、科教兴国战略的基础上,明确坚持自主创新、重点跨越、支撑发展、引领未来的科学技术工作指导方针,使科学研究、技术开发与科学技术应用相结合,指引创新型国家建设。

"十二五"是中国全面建设小康社会的关键时期,是提高自主创新能力、建设创新型国家的攻坚阶段。为贯彻《国民经济和社会发展第十二个五年规划纲要》的战略部署,2011年7月4日科技部发布了《国家"十二五"科学和技术发展规划》。规划的内容包括:加快实施国家科技重大专项、大力培育和发展战略性新兴产业、推进重点领域核心关键技术突破、前瞻部署基础研究和前沿技术研究、加强科技创新基地和平台建设、大力培养造就创新型人才、提升科技开放与合作水平、深化科技体制改革,全面推进国家创新体制建设、强化科技政策的落实和制定,优化全社会的创新环境、切实保障规划实施。

2011年7月26日,科学技术部、人社部、教育部等共同发布《国家中长期科技人才发展规划(2010—2020年)》,提出七项主要任务:造就一批具有原始创新能力的科学家队伍;重点建设优秀科技创新团队;造就一批具有国际竞争力的工程技术人才队伍;支持和培养一批中青年科技创新领军人才;重点扶持一批科技创新创业人才;重视建设科技管理与科技服务和科普等人才队伍;建设一批创新人才培养师范基地。此规划为我国科学技术发展提供了充分的人才支撑和智力保证,有利于《国家中长期科学和技术发展规划纲要(2006—2020年)》的充分落实,有利于深入实施科教兴国战略与人才强国战略。

为加快推进创新型国家建设,充分发挥科技对经济社会发展的支撑引领作用,2012年9月中共中央、国务院印发了《关于深化科技体制改革加快国家创新体系建设的意见》,提出科技体制改革的主要目标是:到2020年,基本建成适应社会主义市场经济体制、符合科技发展规律的中国特色国家创新体系;原始创新能力明显提高,集成创新、引进消化吸收再创新能力大幅增强,关键领域科学研究实现原创性重大突破,战略性高技术领域技术研发实现跨越式发展,若干领域创新成果进入世界前列;创新环境更加优化,创新效益大幅提高,创新人才竞相涌现,全民科学素质普遍提高,科技支撑引领经济社会发展的能力大幅提升,进入创新型国家行列。

五、创新驱动发展战略的实行

2012年中共十八大报告明确提出"科技创新是提高社会生产力和综合国力的战略支撑,必须摆在国家发展全局的核心位置"。强调要坚持走中国特色自主创新道路、实施创新驱动发展战略。这是党中央综合分析国内外大势、立足我国发展全局作出的重大战略抉择。"创新驱动发展"战略有两层含义:一是中国未来的发展要靠科技创新驱动,而不是传统的劳动力以及资源能源驱动;二是创新的目的是为了驱动发展,而不是为了发表高水平论文。

2013年7月,习近平在中国科学院考察时强调"深化科技体制改革增强科技创新活力,真正把创新驱动发展战略落到实处"。同时指出"科学技术是世界性的、时代性的,发展科学技术必须具有全球视野、把握时代脉搏。当今世界,一些重要的科学问题和关键核心技术已经呈现出革命性突破的先兆。我们必须树立雄心、奋起直追,推动我国科技事业加快发展。要坚决扫除影响科技创新能力提高的体制障碍,有力打通科技和经济转移转化的通道,优化科技政策供给,完善科技评价体系。要优先支持促进经济发展方式转变、开辟新的经济增长点的科技领域,重点突破制约我国经济社会可持续发展的瓶颈问题,加强新兴前沿交叉领域部署。要最大限度调动科技人才创新积极性,尊重科技人才创新自主权,大力营造勇于创新、鼓励成功、宽容失败的社会氛围"。2013年9月30日,中共中央政治局以"实施创新驱动发展战略"为题举行第九次集体学习。习近平在主持学习时强调,实施创新驱动发展战略决定着中华民族的前途命运。全党全社会都要充分认识科技创新的巨大作用,敏锐把握世界科技创新发展趋势,紧紧抓住和用好新一轮科技革命和产业变革的机遇,把创新驱动发展作为面向未来的一项重大战略实施好。

2014年8月18日,习近平主持召开中央财经领导小组第七次会议。会议强调:"要抓紧出台实施创新驱动发展的政策和部署,抓紧实施国家重大科技专项,再选择一批体现国家战略意图的重大科技项目和重大工程,集中力量、协同攻关。要加快研究提出创新驱动发展顶层设计方案,研究提出中央财政科技资金管理改革方案。要抓紧修改完善相关法律法规,实施更加积极的创新人才引进政策。要研究在一些省区市系统推进全面创新改革试验,形成几个具有创新示范和带动作用的区域性创新平台。"这次会议进一步推动了国家创新驱动战略的顶层设计与有效实施。

2015年3月5日的十二届全国人大三次会议上,李克强总理在政府工作报告中多次提及创新驱动战略,并把创新驱动纳入2015年政府工作的重点,强调"创新是经济结构调整优化的原动力,要把创新摆在国家发展全局的核心位置,促进科技与经济社会发展紧密结合,推动我国产业向全球价值链高端跃升"。该报告还创造性地提出了"以创新引领创业""在创新驱动中促转型"的新论断,将创新驱动战略提升到了新的高度。

2015年3月13日,国务院出台《中共中央国务院关于深化体制机制改革加快实施创新驱动发展战略的若干意见》提出,实施创新驱动发展战略的总体思路和发展目标,即坚持需求导向、人才为先、遵循规律、全面创新,到2020年,基本形成适应创新驱动发展要求的制度环境和政策法律体系,为进入创新型国家行列提供有力保障。

2015年10月29日,《中共中央关于制定国民经济和社会发展第十三个五年规划的建议》提出了"十三五"时期经济社会发展的基本理念,即"创新、协调、绿色、开放、共享",指出"创新是引领发展的第一动力。必须把创新摆在国家发展全局的核心位置,不断推进理论创新、制度创新、科技创新、文化创新等各方面创新"。该建议要求:"深入实施创新驱动发展战略,发挥科技创新在全面创新中的引领作用,加强基础研究,强化原始创新、集成创新和引进消化吸收再创新。推进有特色高水平大学和科研院所建设,鼓励企业开展基础性前沿性创新研究,重视颠覆性技术创新。实施一批国家重大科技项目,在重大创新领域组建一批国家实验室。积极提出并牵头组织国际大科学计划和大科学工程。"它的出台为"十三五"期间国家实施创新驱动发展战略提供了方向性的指导。

第三节 新时期科技政策的主要内容

改革开放以来,中国制定了一系列正确的科技政策,从重视科技到科学技术是第一生产力,从科教兴国到中国制造,再到中国创造,使中国的科学技术不断进步,快速提升。

第十三章 科技政策

一、科技体制改革

中国原有的科技体制主要采用苏联的模式,即实行集中管理、单一计划。这在建国初期的十几年间是成功的。因为它能够在国际封锁、国内科技资源又极度稀缺的情况下,将有限的资源向战略目标领域动员与集中。但是,它的种种弊端导致科技工作缺乏面向经济建设的动力和活力,使中国的科学技术不能在经济建设中发挥应有的作用。因此,要加快经济建设的步伐,适应经济体制改革的需要,就必须改革旧的科技体制。

1983年6月28日,中共中央办公厅、国务院办公厅转发了国家科委、党组《关于当前农村科技工作和体制改革的若干意见》,提出采用各种办法建立起按自然条件和经济区设置的科技体制,指出技术也是商品,要实行有偿转让的办法,把尊重知识落实到具体的政策上。1984年4月1日,国家科委又发出贯彻《关于开发研究单位由事业费开支改为有偿合同制的改革试点意见》的通知,把开发研究单位推向市场,使其通过有偿转让技术达到自养自足、滚动发展的新型机制上来。1985年3月7日,邓小平同志在全国科技工作会议上作重要讲话,阐述了科技体制改革的目的以及要建立起来的新科技体制目标。科技体制改革的内容有三个大的方面:

第一,在运行机制方面,改革拨款制度,开拓技术市场,克服单纯依靠行政手段管理科学技术工作,国家包得过多、统得过死的弊端。改革拨款制度的总原则是,按照不同类型科学技术活动的特点,实行经费分类管理。允许集体或个人建立科学研究或技术服务机构。

第二,在组织结构方面,主要是改变过多的研究机构与企业相分离,研究、设计、教育、生产相脱节,军民分割,部门分割,地区分割的状况;大力加强企业的技术吸收与开发能力和技术成果转化为生产能力的中间环节,促进研究机构、设计机构、高等学校、企业之间的协作与联合,并使各方面的科学技术力量形成合理的纵深配置。

第三,在人事制度方面,主要是改革科学技术人员管理体制。要求选拔有组织管理能力和开拓精神的科学技术人员担任各级领导职务,尽快改变研究机构领导班子严重老化的现象;在研究、设计机构和高等学校逐步实行专业职务聘任制;克服"左"的影响,扭转对科学技术人员限制过多,人才不能合理流动、智力劳动得不到应有尊重的局面;积极改善科技人员的工作条件和生活条件,逐步地切实解决科技人员的合理报酬问题,建立必要的精神奖励与物质奖励制度等。目的是通过改革,造成人才辈出,人尽其才的良好环境。

《中共中央关于科学技术体制改革的决定》(1985年)适应了中国经济体制改革和现代化建设的需要,为中国科技事业的健康发展开辟了道路。为贯彻该决定,国务院于1985年5月发布了《国务院关于扩大科学技术研究机构自主权的暂行规定》。于1986年年初公布了《国务院关于科学技术拨款管理的暂行规定》,对各种科技项目的拨款作出了详细的规定。

1987年1月20日,国务院根据科技体制改革的进程作出《关于进一步推进科技体制改革的若干规定》。主要内容是:第一,进一步放活科研机构,促进多层次、多形式的科研生产横向联合,推动科技与经济的紧密结合。第二,进一步改革科技人员管理制度,放宽放活对科技人员的政策,为充分发挥科技人员的作用创造良好的环境。1988年5月13日,国务院《关于深化科技体制改革若干问题的规定》进一步提出,深化企业科技改革要以推行承包责任制为重点,实行科研机构的所有权和经营权相分离,可以面向社会招聘管理者。各级政府部门应简政放权使科研机构自主地向开放、联合、竞争的方向发展。另外要积极支持和促进集体、个体等不同所有制形式的科技机构的发展。

这些改革措施为中国的科技事业带来了勃勃生机。竞争机制引进科技领域,激发了科技工作者的积极性,促进了科学技术的发展。科研机构、高等院校与企业之间进行联合,有力地推动了企业的技术进步,各种技工贸结合的科技型企业和民办科研机构不断涌现,国家单一办科研的局面被打破,出现了以"科海""京海""四通"等为代表,以北京中关村为基地的一大批高科技民营企业。

进入90年代以后,为了使中国科技体制进一步适应当代世界科技发展和我国经济发展的要求,1995年5月6日中共中央、国务院作出《关于加速科学技术进步的决定》。1996年3月17日全国人民代表大会第四次会议批准《中华人民共和国国民经济和社会发展"九五"计划和"2010"年远景目标纲要》,1996年10月国务院作出《关于"九五"期间深化科技体制改革的决定》,这三个重要文件规划了中国此后十五年的科技体制改革目标、具体任务和应采取的措施。中国科技体制改革的主要任务和措施是:

第一,按照"稳住一头,放开一片"的方针,优化科技系统结构,分流人才。"稳住一头"就是要加强基础研究、应用研究、高技术研究和重大科技攻关项目活动,增加科技储备,解决国民经济建设和社会发展中重大、综合、关键、迫切的技术问题,尽快缩小与国际先进水平的差距。这一头要以政府投入为主,通过稳住少数重点科研院所和高等院校的科研机构,在开放和竞争的动态过程中保持一支精干的、高水平的科研队伍。要从科研任务、经费、设备、基地、科研人员的工作和生活水平条件等多方面,切实加强对稳住一头工作的支持。"放开一片"就是放开大多数科研机构,使其直接进入市场,加速科技成果转化,大幅度提高社会生产力和经济效益,提高农业、工业和第三产业的科技水平。在这一片中,有的要调整建制转型为科技企业,或通过联营、参股、控股等形式组建科技企业集团,或通过兼并、承包企业以及股份制、与企业合建等方式转变成企业集团。根据区域经济发展的需要,鼓励部门、行业和地方科技力量结合,为地方经济服务。这些新结合的科技力量可以吸收国外投资,组建中外合作、合资企业,也可以走其他形式的自负盈亏、自主发展的道路。

第二,进一步改革拨款制度。国家以及行业的科研任务实行公开竞争,通过公开招标,择优选择承包单位。与经济建设直接相关的科技活动要按市场机制运行。

第三,建立科学的科研院所管理制度,使科研院所成为享有充分自主权,实行科学管理的法人。建立政事分离,责权明确的组织管理制度,优化组织结构和专业结构;建立"开放、流动、竞争、协作"的新型科研机构;建立固定与流动岗位相结合,专职与兼职相结合的人事制度;建立科技人员的收入与经济效益或工作业绩挂钩的分配制度;有条件的科研院所可试行理事会领导、由科技人员代表组成的监事会监督、院所长负责的新型管理制度。

第四,建立适应社会主义市场经济体制的宏观科技管理体系。改变科技工作多头管理、力量分散的状况,各级科技管理部门要转变职能,加强宏观调控,强化间接管理和协调、服务职能,与经济综合部门加强协调,密切合作,对科技工作进行统一规划,统一部署。

1999年,可以说是党和国家对中国科技发展做出重要规划的关键年。这年8月,中共中央、国务院召开了全国技术创新大会,在《关于加强技术创新,发展高科技,实现产业化的决定》中,明确提出要强化企业的技术创新主体地位,充分发挥市场机制在配置科技资源方面的基础性作用,推动大多数科技力量进入市场。随后,科技体制的改革又进入一个新的阶段。这次科技体制的改革的重点是推动应用型科研机构和设计单位实行企业化转制,大力促进科技型企业的发展。另外，就是对公益类科研机构实施分类改革。为了确保这些目标的实现，国家在知识产权、股权激励、转制科研院所的产权政策等方面，相继制定了三个重要文件，即国办发〔2002〕30号文件《关于国家科研计划项目研究成果知识产权管理的若干规定》、国办发〔2002〕48号文件《关于国有高新技术企业开展股权激励试点工作的指导意见》，和国办发〔2003〕9号文件《关于深化转制科研机构产权制度改革的若干意见》，强化了这次科技体制改革的主要任务，并取得了重大成绩。

进入21世纪，新科技革命迅猛发展，许多国家都把强化科技创新作为国家战略，面对日益激烈的国际竞争，深化科技体制改革，是面向未来、实现中华民族伟大复兴的重要抉择。2006年2月9日，国务院发布《国家中长期科学和技术发展规划纲要（2006—2020年）》，提出了未来中国科学技术发展的总体目标，并对深化科技体制改革做出了一系列重要部署，包括支持鼓励企业成为技术创新主体；深化科研机构改革，建立现代科研院所制度；推进科技管理体制改革；全面推进中国特色国家创新体系建设。

中共十八大之后，2012年中共中央、国务院出台了《关于深化科技体制改革加快国家创新体系建设的意见》。该意见强调要注重发展关系民生的科学技术；促进公益性民生科技研发和应用推广；加强文化科技创新；促进民生科技产业发展。这是指导我国科技改革发展和创新型国家建设的又一个纲领性文件，标志着我国建设创新型国家的进程进入了一个新的历史节点。

为更好地贯彻落实中央的改革决策，形成系统、全面、可持续的改革部署和工作格局，打通科技创新与经济社会发展通道，最大限度地激发科技第一生产力、创新第一动力的巨大潜能，2015年9月，中共中央办公厅、国务院办公厅印发了《深化科技体制改革实施方案》。这被认为是迄今为止内容最丰富、政策最为全面、涵盖面最为广泛的科技体制改革文件，距离科技体制改革进入全面展开阶段的标志性文件——《关于科学技术体制改革的决定》的发布，整整三十年。该方案以问题为导向，聚焦制约科技创新和驱动发展的突出矛盾，找准改革突破口，对症下药，针对科技创新和驱动发展存在的体制机制和政策制度障碍，提出以构建中国特色国家创新体系为目标，围绕企业技术创新主体地位、激发科研院所和高等学校的创新活力、改革人才评价和激励机制、促进科技成果等10个方面32项改革举措143项政策点和具体成果：

《深化科技体制改革实施方案》提出激发创新、问题导向、整体推进、开放协同、落实落地五大基本原则,并提出主要目标是:到 2020 年,在科技体制改革的重要领域和关键环节取得突破性成果,基本建立适应创新驱动发展战略要求、符合社会主义市场经济规律和科技创新发展规律的中国特色国家创新体系,进入创新型国家行列。自主创新能力显著增强,技术创新的市场导向机制更加健全,企业、科研院所、高等学校等创新主体充满活力、高效协同,军民科技融合深度发展,人才、技术、资本等创新要素流动更加顺畅,科技管理体制机制更加完善,创新资源配置更加优化,科技人员积极性、创造性充分激发,大众创业、万众创新氛围更加浓厚,创新效率显著提升,为到 2030 年建成更加完备的国家创新体系、进入创新型国家前列奠定坚实基础。

《深化科技体制改革实施方案》提出科技体制改革的十个方面包括:建立技术创新市场导向机制、构建更加高效的科研体系、改革人才培养、评价和激励机制、健全促进科技成果转化的机制、建立健全科技和金融结合机制、构建统筹协调的创新治理机制、推动形成深度融合的开放创新局面、营造激励创新的良好生态、推动区域创新改革。

《深化科技体制改革实施方案》中的一系列改革措施,共同构成了今后一个时期科技体制改革的整体安排,为科技体制改革画出了一张措施有力、脉络清晰、操作有序的"施工图",形成了系统、全面的改革部署和工作格局。

总的来看,通过改制,中国科研机构的活力得到了激发,科技力量的布局实现了重大调整,使科研机构能够按照市场的需求,在市场竞争中确立科技创新的方向。这既有力地促进了科技与经济的结合,又有效地推动了中国科技创新能力的提高。

二、科技发展的战略与计划

1. 科技发展的战略目标和指导方针

改革开放以来,中国政府在努力推进科技体制改革的同时,逐步明确了中国科技发展的基本战略和战略目标。

关于中国科学技术发展的战略目标,国务院在 1992 年 3 月 8 日发布的《国家中长期科学技术发展纲领》中提出,到 2000 年中国工业主要领域大体达到经济发达国家 20 世纪 70 年代或 80 年代的技术水平,到 2020 年达到经济发达国家 21 世纪初的技术水平,在总体上缩短与世界先进水平的差距。

2006 年 1 月,党中央、国务院召开了进入 21 世纪后的第一次全国科学技术大会,会议提出了至 2020 年把我国建设成为创新型国家的奋斗目标。在此后国务院发布的《国家中长期科学和技术发展规划纲要(2006—2020 年)》中明确提出,到 2020 年,中国科学技术发展的总体目标是:自主创新能力显著增强,科技促进经济社会发展和保障国家安全的能力显著增强,为全面建设小康社会提供强有力的支撑;基础科学和前沿技术研究综合实力显著增强,取得一批在世界具有重大影响的科学技术成果,进入创新型国家行列,为在本世纪中叶成为世界科技强国奠定基础。经过十五年的努力,在中国科学技术的若干重要方面实现以下目标:一是掌握一批事关国家竞争力的装备制造业和信息产业核心技术,制造业和信息产业技术水平进入世界先进行列。二是农业科技整体实力进入世界前列,促进农业综合生产能力的提高,有效保障国家食物安全。三是能源开发、节能技术和清洁能源技术取得突破,促进能源结构优化,主要工业产品单位能耗指标达到或接近世界先进水平。四是在重点行业和重点城市建立循环经济的技术发展模式,为建设资源节约型和环境友好型社会提供科技支持。五是重大疾病防治水平显著提高,艾滋病、肝炎等重大疾病得到遏制,新药创制和关键医疗器械研制取得突破,具备产业发展的技术能力。六是国防科技基本满足现代武器装备自主研制和信息化建设的需要,为维护国家安全提供保障。七是涌现出一批具有世界水平的科学家和研究团队,在科学发展的主流方向上取得一批具有重大影响的创新成果,信息、生物、材料和航天等领域的前沿技术达到世界先进水平。八是建成若干世界一流的科研院所和大学以及具有国际竞争力的企业研究开发机构,形成比较完善的中国特色国家创新体系。到 2020 年,全社会研究开发投入占国内生产总值的比重提高到 2.5% 以上,力争科技进步贡献率达到 60% 以上,对外技术依存度降低到 30% 以下,本国人发明专利年度授权量和国际科学论文被引用数均进入世界前五位。

关于中国科技发展的指导方针,改革开放以来,特别是科技体制改革以来,中国政府主要倡导的主要有以下几点:

第一,经济建设必须依靠科学技术,科学技术工作必须面向经济建设,这是科技工作的基本方针。

第二,切实贯彻科学技术是第一生产力的思想,提高全党、全国人民对科学技术重要性的认识。造成尊重知识,尊重人才的社会风尚。在加强政府对科技工作领导的同时,充分发挥科技人员的作用,提高决策科学化、民主化和制度化的水平,创造有利于科技发展的环境条件。

第三,科学技术要在改革开放中发展,科技体制改革要与经济体制改革和政治体制改革相协调。

第四,坚持自力更生,自主开发与引进技术相结合的方针,把引进国外先进技术及其消化、吸收与创新,作为加速发展我国科学技术的重要途径。

第五,坚持"百花齐放、百家争鸣"的方针,充分发扬社会主义民主,保障学术自由,鼓励探索创新。

第六,坚持提高与普及相结合的方针,在科学技术发展纵深部署的同时,大力开展群众性技术革新的活动,努力普及科学知识,不断提高劳动者的科学素质,同愚昧、迷信作长期的斗争。

该纲要把今后十五年科技工作的指导方针表述为:自主创新,重点跨越,支撑发展,引领未来。这明确了中国在2006—2020年间科技发展的一系列重点领域和及其优先主题,规划了重大专项①,指出了前沿技术和基础研究的主攻领域。

2. 技术研究的开发与推广计划

长期以来,中国工农业生产第一线的科技力量薄弱,科技成果的推广应用率低。为了做好科研成果由试验室转移到生产,由先进地区转移到落后地区,由沿海转移到内地,由军用转移到民用的工作,中国自80年代初以来制定了一系列有关技术研究开发与推广的计划。如:"国家重点科技攻关计划"(1982年),"国家重点工业性试验室计划"(1984年),"国家工程(技术)研究中心计划"(1992年),"国家(技术开发)重点项目计划"(1992年)。这几个重点计划既涉及基础开发研究,又是以技术开发为主的重点开发计划。这几个计划从国家经济和技术发展计划中选择一批对国民经济有重大效益的科研项目,集中力量攻关,打通科技成果向产业转化的中间环节。它们主要是针对中国的传统产业技术比较落后,设备陈旧,管理水平低,产品性能和质量差,能源和材料消耗高,缺乏竞争力,急待进行技术改造这一突出问题而设立的。目的是以高技术、新技术的成果去改造传统工业,并且也是国家重点投资的计划。如攻关计划的宗旨就

---

① 重大专项是为了实现国家目标,通过核心技术突破和资源集成,在一定时限内完成的重大战略产品、关键共性技术和重大工程,是我国科技发展的重中之重。

是集中攻克一批提高产业技术水平急需的关键技术和共性技术,加强科技经济一体化进程。国家仅 1996 年就安排国家拨款 12 亿元、科技贷款 12.5 亿元,支持攻关项目 182 项。

另外,"星火计划""燎原计划""丰收计划""军转民科技计划""国家重点新产品试产计划""国家重点科技成果推广计划""国家重点新技术推广计划"等一系列计划则属于技术推广计划。这些计划的实施除国家安排一部分投资外,主要是通过科技贷款的渠道加以扶持,以促使其更快地获得经济效益。

"军转民计划"是根据国防工业发展战略的转变,即由单纯的军工体制转变为军民两用体制,由主要为国防服务转变为同时为国防建设和国民经济服务而制订的计划。它的任务是:把在国防科技工作研制、生产尖端武器和常规武器的过程中掌握的一大批高、精、尖技术广泛应用到国民经济建设的各个领域中去。这些科技开发与推广项目中,把引进技术的消化吸收和替代进口技术的开发、配套工作结合起来,加速国产化进程,它的重点开发推广领域是能源、交通运输、通信设备、材料、农业和支农产业以及传统工业。

"国家重点新产品试制计划""国家重点新产品试产计划"以及"国家重点新技术推广计划"等,主要是把我国重点新产品、新成果、新技术推广到国民经济的主要领域中,它们是国家引导、鼓励企事业单位积极开发新产品、新技术的政策性调整的计划,是在企事业单位开发出新产品、新成果、新技术的基础上,有重点地筛选出其中符合国家级新产品、新成果、新技术条件的项目所形成的计划。

21 世纪以来,国家为加快推进国家创新体系建设,适应新形势要求,对已有的国家科技计划体系进行了必要的改革和调整。"十一五"国家科技计划体系主要由基本计划和重大专项构成。基本计划是国家财政稳定持续支持科技创新活动的基本形式,包括重点基础研究发展计划("973 计划")、高技术研究发展计划("863 计划")、科技支撑计划(即原有的科技攻关计划)、科技基础条件平台建设计划等四大主体计划和政策引导类科技计划等。其中:

"973 计划"着眼于事关国家重大战略需求的战略性重大基础科学问题,以为国家未来发展提供源头创新和科学支撑为目标,突出在世界科学发展主流方向上的战略性、前瞻性、全局性和带动性技术的原始性创新。

"863 计划"着眼于几个事关国家长远发展和国家安全的最重要的高技术领域,以引领未来新兴产业发展为目标,突出战略性、前瞻性、前沿性高技术的自主创新。

科技支撑计划着眼于解决事关国民经济和社会发展的全局性、跨行业、跨地区的重大科技问题,以提升产业竞争力、推动经济和社会协调发展为目标,突出重大关键技术、共性技术、公益技术的集成创新和引进消化吸收再创新。

科技基础条件平台建设计划着眼于加强国家创新能力基础设施建设,以建成国家层面上的科技基础条件资源共享的系统化的支撑体系为目标,突出资源的整合、共享、完善和提高。

政策引导类科技计划主要包括星火计划、火炬计划、重点新产品计划、国际科技合作计划等。各计划都有明确的政策导向和措施,重点加大对企业自主创新、高技术产业化,面向农业、农村的科技成果转化和推广,国际科技合作等的引导和支持。

重大专项是体现国家战略目标,由政府支持并组织实施的重大战略产品开发、关键共性技术攻关或重大工程建设,通过重大专项的实施,在若干重点领域集中突破,实现科技创新的局部跨越式发展。

目前,我国国家科技计划体系结构如下:

(1)重点基础研究发展计划;(2)高技术研究发展计划;(3)科技支撑计划;(4)科技基础条件平台建设计划;(5)政策引导类科技计划,包括星火计划(含科技扶贫计划)、火炬计划(火炬科技型中小企业技术创新基金)、技术创新引导工程(重点新产品计划)、国际科技合作计划、软科学研究计划、科技兴贸行动计划;(6)重大专项;(7)其他科技计划,包括重点实验室计划、工程技术研究中心建设项目计划、科技成果重点推广计划、大学科技园、生产力促进中心、农业科技园区、中央级科研院所技术开发研究专项资金项目计划、科技富民强县专项行动计划等;(8)国家自然科学基金(含优秀青年科技基金)。

3. 高新技术及其产业的发展计划

高新技术及其产业的发展是社会生产力持续发展的源泉和基础,是关系国民经济发展有没有后劲的关键。20世纪80年代,一些发达国家纷纷投入巨额资金发展高技术及其产业。面对世界高技术及其产业的兴起,我国的著名科学家王大珩、王淦昌、陈芳允、杨嘉墀等于1986年3月联合给邓小平写信,建议发展高技术。由此,国务院组织200多位科学家,共同制定了一个代号为"863计划"的"高技术研究发展计划",从1987年开始实施。该计划是根据我国经济实力,组织少量精干队伍,选择生物技术、航天技术、信息技术、激光技术、自动化技术、能源技术和新材料等7个对国民经济建设将发生重大影响的高技术领域,分

15个主题项目跟踪世界先进水平，重点突破。国家拨出巨额资金支持该计划的实施。

1992年国务院发布的《国家中长期科学技术发展纲领》把高新技术的重点进一步确定为以下四个方面：微电子技术和计算机技术，生物技术，新材料技术，航空航天技术。2006年国务院发布的《国家中长期科学和技术发展规划纲要（2006—2020年）》，重新明确了重点发展的前沿技术，包括：生物技术、信息技术、新材料技术、先进制造技术、先进能源技术、海洋技术、激光技术、空天技术。该纲要还确定了核心电子器件，高端通用芯片及基础软件，极大规模集成电路制造技术及成套工艺，新一代宽带无线移动通信，高档数控机床与基础制造技术，大型油气田及煤层气开发，大型先进压水堆及高温气冷堆核电站，水体污染控制与治理，转基因生物新品种培育，重大新药创制，艾滋病和病毒性肝炎等重大传染病防治，大型飞机，高分辨率对地观测系统，载人航天与探月工程等16个重大专项，涉及信息、生物等战略产业领域，能源资源环境和人民健康等重大紧迫问题，以及军民两用技术和国防技术。

高技术研究的成果要变成产品、商品，还需要建立一个高技术产业。1988年，中共中央、国务院把发展高技术产业作为合理调整和改造我国产业结构的重要内容。于是，国家科委推出了火炬计划。该计划以优先建立微电子和计算机、信息与通信、生物工程、新材料、机电一体化、激光、新能源及高效节能等领域的新技术产业为目标，在三年内培育和创新2000个高技术、新技术企业，开发2000项高技术、新技术产品，并将其中三分之二以上形成规模生产，三分之一出口。

高新技术产业开发区是当时实施火炬计划的重要内容之一，是促进高新技术产业发展的生长点和科技与经济的结合点，是将高新技术向传统产业扩散的辐射源；同时也是深化改革建立社会主义市场新秩序的试验点。1985年，国家科委提出了试办新技术开发区的报告，获得国务院的支持与赞同。1991年国务院批准在北京、武汉、南京、郑州等地建立27个国家高新技术开发区，同时由各省市人民政府批准，各地也纷纷建立起一批地方高新技术开发区。

1996年，国家级火炬重点项目开始实施。为了再上新台阶，在1999年8月颁布的《关于加强技术创新、发展高科技、实现产业化的决定》中，把加强技术创新、发展高科技，实现产业化，看成是解决我国国民经济发展和提高综合国力所面临问题的重大举措。

基于这种认识，国家把"十五"期间高技术产业发展的指导方针确定为：以整体上提高国民经济的增长质量和素质为目标,立足国情,把高技术提升现有产业放在首位,强化产业竞争力;着眼长远,大力发展新兴产业,培育新的经济增长点,力求在局部实现突破和跨越式发展;加强技术创新和体制创新,培育创新主体,营造良好市场环境。同时,把主要任务制定成:第一,保持高技术产业快速发展,力争重点领域实现跨越;第二,推动传统产业优化升级,全面提高产业竞争力;第三,促进大中小型高技术企业的协同发展,形成现代生产组织体系;第四,深化体制改革,转变政府职能,形成市场与政府互补的机制;第五,培育各具特色的高技术产业。

为全面完成"十五"期间的"863计划"目标,整体部署和大力推动产业化工作,进一步提升"863计划"对我国高技术产业发展的引导和带动作用,2004年科技部制定了《关于大力推进国家863计划产业化工作的若干意见》,指出"863计划"产业化工作的主要目标是:"十五"期间,培育和推动100项左右拥有自主知识产权与核心技术的重大成果产业化;实施150项左右引导项目;累计建成150家左右成果产业化基地;建立10家左右产业化促进中心,加强信息服务平台建设,逐步建成机制灵活、运行高效、功能较强的产业化工作服务平台;通过推动863计划的产业化工作,引导和带动我国具有自主知识产权的高技术产业健康快速发展。

2006年1月,温家宝在全国科技大会上发表讲话,再次强调"我们要通过实施一批重大专项,培育一批具有自主知识产权的高技术产业群,抢占未来竞争的制高点,带动产业结构优化升级;攻克一批具有全局性、带动性的关键共性技术,并通过工程示范和推广应用,保障经济社会可持续发展;掌握一批关系国计民生和国防的核心技术,提升相关领域整体技术水平,保障国家安全;建成几项标志性工程,提高我国的国际地位,增强民族自信心和自豪感"。

总的来说,"863计划"经过二十多年的实施,为我国高技术的起步、发展和产业化奠定了坚实基础。1986—2005年,国家累计投入"863计划"330亿元,承担"863计划"研究任务的科研人员超过15万名,约有500余家研究机构,300余所大专院校,近千家企业参与了"863计划"的研究开发工作。据不完全统计,二十年来,"863计划"发表论文12万多篇,获得国内外专利8000多项,制定国家和行业标准1800多项。"863计划"通过持续的自主创新,取得了一大批达到或接近世界先进水平的创新性成果,特别是在高性能计算机、第三代移动通信、高速信息网络、深海机器人与工业机器人、天地观测系统、海洋观测与探测、新一代核反应堆、超级杂交水稻、抗虫棉、基因工程等方面已经在世界上占有一席之地；重视高技术集成创新和培育战略性新兴产业，在生物工程药物、通信设备、高性能计算机、中文信息处理平台、人工晶体、光电子材料与器件等国际高技术竞争的热点领域，成功开发了一批具有自主知识产权的产品，形成了中国高技术产业的增长点；同时，围绕国防现代化建设需求，发展中国新的战略威慑手段和新概念"杀手锏"装备，取得了突出的成绩。"863计划"已经成为中国科学技术发展，特别是高技术研究发展的一面旗帜。更为重要的是，"863计划"所取得的成就对于提升中国自主创新能力、提高国家综合实力、增强民族自信心等方面发挥了重要作用。

4. 基础研究的发展计划

基础研究是人类文明进步的动力，是科技与经济发展的源泉和后盾，是新技术、新发明的先导，也是培养和造就人才的摇篮。加强对基础研究的支持，确保基础研究的稳定发展，是中国加速科学技术进步的一项重要方针。但是，中国仍然是一个发展中国家，国力有限，对基础研究的要求是量力而行，有所赶、有所不赶，有所为、有所不为；选择一些基础好，优势较强，对国民经济和社会发展有重大影响的科技项目，集中人力、物力、财力，建设一批重大科技工程，力争在一些重要的基础研究和高技术领域达到世界先进水平。

政府主要通过自然科学基金，国家重点基础研究计划以及各类专项基金来加强对基础研究的支持，从而保证了基础研究持续稳定的发展。

自然科学基金是为基础研究设立的专门经费渠道，它包括国家的自然科学基金、地方科学基金、行业基金等。国家科学基金优先资助的领域是：环境与生态，高速信息网络与并行处理，能源的优先利用与潜在能源的开发，面向21世纪新材料科学的问题。生命科学中的跨学科前沿，重点工程建设中的力学问题。科学基金资助的投向是，大约70%属应用基础研究，30%属纯基础研究。国家自然科学基金把积极推动跨世纪人才的培养作为己任，为培养我国基础研究的学术带头人，先后设立了青年科学基金，优秀中青年人才专项基金，留学人员短期回国工作讲学专项基金，国家杰出青年科学基金等，形成了一个有特色、不同层次互相协调配合的优秀人才培养计划，使一大批有才华的青年科学工作者，能够独立自主地主持研究工作，在取得大批优秀研究成果的同时，茁壮成长。

国家重点实验室计划是支持基础研究的又一措施。该计划通过在全国建立起一些重点实验室为基础研究提供基地。从事基础研究的重点实验室的主要产出是发表科学论文和培养高水平的科研人才。

"攀登计划"是1992年国家科委实施的另一项基础研究计划,对有重大科学价值或应用前景的关键项目,给予较强的、持续的支持,力争在一些领域内取得突破性的进展。1996年共安排国家拨款6100万元,项目为30项。

1997年6月4日,国家科教领导小组决定制定"国家重点基础研究发展规划",并组织实施"基础研究重大项目计划"(简称"973计划")。该计划确定了基础研究的战略目标和任务。"973计划"是21世纪中国基础研究和科技工作发展的战略决策和行动指南。

2001年3月,科技部、教育部、中科院、工程院、国家自然科学基金委公布了《关于加强基础研究工作的若干意见》,要求深刻认识基础研究的战略重要性,加强基础研究和国家目标的联系,强化创新,提高中国基础研究的整体水平,加强对国家重点实验室、重大科学工程等基础研究基地的建设和管理,建设一支优秀的基础研究队伍,建立科学、合理的基础研究活动评价制度,积极营造有利于创新的学术环境,大力加强基础研究的国际合作,加强基础研究支撑条件建设,增加投入,保持基础研究持续稳定发展。

2006年2月公布的《国家中长期科学和技术发展规划纲要(2006—2020年)》对基础研究又作了详细的规划。其中,把生命过程的定量研究和系统整合、凝聚态物质与新效应、物质深层次结构和宇宙大尺度物理学规律、核心数学及其在交叉领域的应用、地球系统过程与资源、环境和灾害效应、新物质创造与转化的化学过程、脑科学与认知科学、科学实验与观测方法、技术和设备的创新等八个领域,作为需要加强研究的科学前沿问题;同时,把人类健康与疾病的生物学基础、农业生物遗传改良和农业可持续发展中的科学问题、人类活动对地球系统的影响机制、全球变化与区域响应、复杂系统、灾变形成及其预测控制、能源可持续发展中的关键科学问题、材料设计与制备的新原理与新方法、极端环境条件下制造的科学基础、航空航天重大力学问题、支撑信息技术发展的科学基础等十个领域,作为面向国家重大战略需求的基础研究;另外,把蛋白质研究、量子调控研究、纳米研究、发育与生殖研究四个领域,列为国家重大科学研究计划。①

2011年7月科技部发布了《国家"十二五"科学和技术发展规划》指出,基础研究是提升中国原始创新能力和科技长远发展能力的重要基础,是推动科技进

---

① 《国家中长期科学和技术发展规划纲要(2006—2020年)》,2006年2月9日。

步和创新的源泉,必须依据国家重大战略需求和世界科技发展趋势,予以强化部署。该规划对继续加强基础研究提出了五条建议:一是推动学科协调均衡发展,促进学科交叉融合;二是探索科学前沿,超前部署若干重大科学问题研究;三是坚持需求导向,着力突破制约经济社会发展的重大科学问题;四是集中优势力量,推进重大科学研究计划实施加强顶层设计,完善管理机制,推动蛋白质研究、量子调控研究、纳米研究、发育与生殖研究、全球变化研究和干细胞研究六个重大科学研究计划的实施,力争在未来五年内取得重大突破;五是加强科技基础性工作,持续增强科学研究积累。

三、激励机制的完善:奖励政策与权益保护

科技激励机制的主要功能是促进科学知识的增长和技术的进步,同时也是一种潜在的经济权益保障制度,其本质在于对科学技术和科技人员科研能力的社会承认。它包括两个方面:一是奖励制度,通过对科技成果和科技人员的奖励达到激励目的;二是专利制度和知识产权保护制度。

1978年以后,国务院陆续发布了《中华人民共和国发明奖励条例》《中华人民共和国自然科学奖励条例》《合理化建议和技术改进奖励条例》《中华人民共和国科学技术进步奖励条例》,以及1987年经国务院批准,由国家科学技术委员会发布的《国家星火奖励办法》等,这些奖励基本覆盖了科技活动的主要方面如研究与发展、成果转化和运用以及科技服务等,初步形成了基本完整的科技奖励体系。其中,国家自然科学奖主要奖励基础理论研究领域的重大成就;国家发明奖主要奖励前人所未有的科技发明创造;国家科技进步奖主要奖励科技攻关、科技成果应用、技术创新方面取得显著效益的项目及企业的技术进步;国家星火奖主要侧重于广大农村,奖励农村各项科技事业的发展和乡镇企业的技术进步。1993年7月,国家颁布的《中华人民共和国科技进步法》又进一步明确规定了科技奖励的基本原则和内涵,加强了科技奖励的规范化。

中国政府在重视科研项目奖励的同时,还加强了对优秀科技人才的奖励。为此设立了"国家杰出贡献科学家奖""中国青年科技奖""有突出贡献的科学家""国家级专家""政府特殊津贴领取者"。为了奖励那些在中外科技合作与交流中做出了突出贡献的外国专家、工程师、科技管理专家、外国政府和国际组织官员,1992年6月,中国又设立了"中国国际科技合作奖"。为奖励在科技进步活动中做出突出贡献的公民、组织,2000年国务院设立了五项国家科学技术奖,

包括国家最高科学技术奖、国家自然科学奖、国家技术发明奖、国家科学技术进步奖和中华人民共和国国际科学技术合作奖。为了完善奖励制度,政府还鼓励民间奖励的设立。于是,像"王丹萍科学奖""何梁何利基金奖""中华绿色科技奖""中国青年科学家奖""全国科技实业家奖""振华科技扶贫杰出贡献奖"等一系列民间奖励纷纷涌现。民间奖的出现使中国的科技奖励体系从政府单一奖励的体系变成了以政府为主体的混合奖励体系,奖励强度也逐渐扩大。

1996年,国务院关于"九五"期间深化科技体制改革的决定中提出,要改革科技奖励制度,设立国家科技成果推广奖,形成新的科技工作激励机制,目的是提高我国的科技成果转化率。为了进一步促进科技成果转化工作,对从事科研开发和科技成果转化工作的科技人员和科技管理人员,其收入应与科研水平和贡献挂钩。

保护和充分运用知识产权调动科技工作人员的积极性是激励机制的另一方面。1984年3月,全国人大常委会通过了《中华人民共和国专利法》,并于1985年4月1是起开始施行。1987年6月,六届全国人大常委会通过了《技术合同法》确立了技术开发合同、技术转让合同、技术咨询合同、技术服务合同这四种合同的基本准则。此后,《计算机软件保护条例》《著作权法》《商标法》《反不正当竞争法》等保护知识产权的法律以及《科学技术进步法》《促进科技成果转化法》等相继出台。这些法律对进入市场流通领域中的知识产权起到了保护作用,使科技人员能够对自己的科技成果享有精神权利和经济权利,并为制止和惩罚假冒、剽窃等侵犯知识产权的行为提供了法律依据。

1999年,国家科技奖励制度实行了重大改革。这一年的5月23日,国务院发布实施了《国家科学技术奖励条例》,2003年12月又对该条例进行了修订,在国家自然科学奖、技术发明奖、科技进步奖中增设了特等奖。加大对在科学技术领域做出特别重大科学发现或者技术发明、具有特别重大意义的科学技术项目的奖励力度,赋予它们更高的荣誉。2003年度科技进步奖的特等奖就授予了"中国载人航天工程"项目。这一条例的颁布使中国的科学技术奖励制度更加完善,形成了包括国家最高科学技术奖、国家自然科学奖、国家技术发明奖、国家科学技术进步奖、中华人民共和国国际科学技术合作奖在内的五大奖项,它们在推动技术创新、发展高科技、实现产业化等方面更好地发挥了激励作用。2013年7月国务院对《国家科学技术奖励条例》进行了第二次修订,将《国家科学技术奖励条例》第13条第二款修改为:"国家自然科学奖、国家技术发明奖、国家科学技术进步奖分为一等奖、二等奖2个等级；对做出特别重大科学发现或者技术发明的公民，对完成具有特别重大意义的科学技术工程、计划、项目等做出突出贡献的公民、组织，可以授予特等奖。"该条例的修订调动广大科学技术工作者的积极性和创造性，加速科学技术事业的发展，提高综合国力具有重大的意义。

第十四章　文化政策

广义上讲,文化是人类在社会历史发展过程中所创造的物质财富和精神财富的总和,狭义上特指精神财富,如思想、道德、文学、艺术、新闻、出版、教育、科学等,是一定社会的经济和政治在观念形态上的反映。本章主要研究教育和科学之外的文化政策。简单来说,文化政策就是国家为发展文化事业而制定的各种规范的总和。

第一节　建国后至改革开放前文化政策回顾

从中华人民共和国成立到中共十一届三中全会召开,中国的文化政策可以分为建国后的十七年和"文化大革命"的十年两个时期。

1949年9月,中国人民政治协商会议通过的《中国人民政治协商会议共同纲领》规定:中华人民共和国的文化教育为新民主主义的,即民族的、科学的、大众的文化教育,人民政府的文化教育工作,应以提高人民文化水平、培养国家建设人才,肃清封建的、买办的、法西斯主义的思想,发展为人民服务的思想为主要任务;提倡用科学的历史观点,研究和解释历史、经济、政治、文化及国际事务,奖励优秀的社会科学著作;提倡文学艺术为人民服务,启发人民的政治觉悟,鼓励人民的劳动热情,奖励优秀的文学艺术作品,发展人民的戏剧电影事业;保护报道真实新闻的自由,禁止利用新闻进行诽谤、破坏国家人民的利益和煽动世界战争,发展人民广播事业,发展人民出版事业,并注重出版有益于人民的通俗书报。这些政策规定为新中国的文化发展指明了方向,提出了新的任务,成为中国新民主主义历史阶段文化建设的基本政策。

1949年12月5日发布的《中共中央关于中央人民政府成立后党的文化教育工作问题的指示》明确规定:中央政府成立后,全国的文化教育的行政工作均应经由中央政府文教部门来管理。1954年9月通过的《中华人民共和国宪法》也规定了中华人民共和国公民的文化权利:中华人民共和国公民有言论、出版、集会、结社、游行、示威的自由,国家供给必需的物质上的便利,以保证公民享受这些自由;有宗教信仰的自由;有受教育的权利,国家设立并且逐步扩大各种学校和其他文化教育机关,以保证公民享受这种权利;国家特别关怀青年的体力和智力的发展;国家保障公民进行科学研究、文学艺术创作和其他文化活动的自由,国家对于从事科学、教育、文学、艺术和其他文化事业的公民的创造性工作,给以鼓励和帮助。妇女在政治的、经济的、文化的、社会的和家庭的生活各方面享有同男子平等的权利。

为了发展戏曲艺术,1951年5月,周恩来总理在《政务院关于戏曲改革工作的指示》中,明确了"推陈出新,百花齐放"的方针,向戏曲界提出了"改戏、改人、改制"的号召,加强了对戏曲改革工作的领导和管理。根据这一指示,并遵照毛泽东同志所提出的,按照有益、无害和有害的三类标准,对中国的传统剧目和传统的表演艺术,同戏曲艺人一道,进行选取整理和改革的工作,取得了很大的成绩,也积累了丰富的经验。因此,全国解放后的十七年中,戏曲舞台上虽然也出现了某些不好的剧目,但好戏始终占主导地位。京剧和地方戏都产生了许多好的作品。特别重要的是改革传统戏曲使之适合表现现代生活的尝试,获得了一定的成功。与此同时,对传统绘画、音乐、舞蹈、曲艺、木偶、皮影、杂技等的整理和革新,对极为丰富的中国各民族民间文学的搜集整理,也都取得了丰富的成果和经验。

在新闻出版方面,1949年12月中央人民政府政务院出台《关于统一发布中央人民政府及其所属各机关重要新闻的暂行办法》,1950年新闻总署颁布了《全国报纸杂志登记暂行办法草案》,1950年4月19日发布《中共中央关于在报纸刊物上展开批评和自我批评的决定》,1950年4月22日发布《新闻总署关于改进报纸工作的决定》,1950年10月28日发布《政务院关于改进和发展全国出版事业的指示》,这些文件确定了新中国的新闻出版工作方针。新中国的新闻出版事业首先是党和政府以及人民群众的耳目和喉舌,是党用于联系群众、指导群众的桥梁。新闻出版事业的主要任务就是宣传党在不同时期的路线、方针、政策,宣传马列主义,宣传社会主义思想,反对各种错误的思想和倾向,引导人民群众投入社会主义建设中去。初创时期的新中国新闻出版工作发挥了宣传教育、指导工作和传播信息等方面功能。新闻出版物的政治属性、信息属性、文化属性和商品属性均得到一定程度的体现,奠定了新中国新闻出版业的基础。

1950年10月28日中央人民政府出版总署在第一届全国出版工作会议的决议中指出:为人民大众的利益服务是人民出版事业的基本方针。新中国人民出版事业要认真地执行民族的、科学的、大众的文化教育政策,坚决地与封建的、买办的法西斯主义的思想作斗争。为了实现这个基本方针,出版事业必须因时制宜,因地制宜,和人民的实际需要相结合。同时,为满足国家建设多方面的需要及人民文化生活多方面的要求,应扩大出版物的种类,对社会科学、自然科学、文艺等方面的各门类和各种性质的书刊均应充分供应,同时又要照顾到质上的提高;为配合工农兵的识字教育与文化政治教育,应大量出版各种通俗书刊。中央及地方人民出版社更应做好关于政府政策法令的通俗解释。少儿读物与妇女读物也应大量出版。在注重通俗书刊出版的同时,比较专门的著作也应出版,以适应培养高级建设人才的需要。专门著作篇幅过巨,销路不广者,由政府协助出版。另外,还要注意出版各民族语文的书刊,在条件可能时应成立各族语文的出版机构。

从1956年到1966年"文化大革命"爆发前的十年,是共产党领导新中国艰难探索社会主义建设道路的十年。其间,虽然遭受过严重挫折,但仍然取得了很大成就。这期间,中国确定和执行了社会主义建设时期"百花齐放、百家争鸣"的科学文化工作方针。

1956年4月,在中共中央政治局扩大会议上,毛泽东集中大家的意见,作了《论十大关系》的报告。报告确定的基本方针,就是要把国内外一切积极因素调动起来,为社会主义事业服务。这次政治局扩大会议总结了建国以来文化工作的经验和教训,提出了在科学文化工作中实行"百花齐放、百家争鸣"的方针,即在文艺上主张"百花齐放",在学术上主张"百家争鸣"。1957年2月,毛泽东在《关于正确处理人民内部矛盾的问题》的讲话和3月12日《在中国共产党全国宣传工作会议上的讲话》中,进一步系统地论述了"百花齐放、百家争鸣"的方针。他明确指出:"百花齐放,百家争鸣,这是一个基本性的同时也是长期性的方针,不是一个暂时性的方针。"这一方针的提出,主要是解决行政力量对科学和文化艺术干预的问题。它在微观方面的强调的是政学分离,也即对学术争论问题,执政党不要去作结论;在宏观方面它是要创造一种自由讨论的环境和气氛,坚持以理服人。这一方针的实质是要充分调动知识分子的积极性,繁荣中国的科学文化事业。"双百方针"的提出和落实,对中国科学文化事业具有巨大的指导意义,产生了显著的效果。

"双百方针"促进了中国社会主义科学文化事业的蓬勃发展。一大批深受广大群众欢迎的优秀作品涌现出来,并形成了一支专业和业余文艺工作者相结合的文艺大军,这对于激发人民的革命和建设热情,满足人民的精神生活需要,培养青少年的社会主义道德情操,起了重大作用。"百花齐放、百家争鸣"也是指导中国新闻出版事业的工作方针。1949 年,中国有报纸 315 种,期刊 257 种,图书 8000 种;1965 年曾上升到报纸 343 种,期刊 970 种,图书 20143 种。新闻出版工作传播大量的经济建设信息和建设成果,宣传党的路线、方针、政策,宣传马列主义、社会主义思想,宣传新中国在经济建设、科学技术、文化等方面的成就,宣传大批社会主义新人,有效地联系和指导群众,对引导人民群众投入到社会主义建设中去,对提高新中国的国际地位起到了应有的作用。

但是,由于复杂的国际国内形势,加上我们认识上的一些失误,在 1957 年的"反右"中,"双百方针"受到了破坏,学术文化事业也受到了严重的冲击。此后发生的一系列事件,如 1958 年的"大跃进"、1959 年的庐山会议等,使"双百方针"和党的正确的文化政策进一步遭到破坏。1962 年 4 月 30 日,中共中央批转了文化部党组和全国文联党组《关于当前文学艺术工作若干问题的意见(草案)》(简称《文艺 8 条》)。该意见在总结十二年来文学艺术工作取得的成就的同时,也检讨了文学艺术工作中存在的不少缺点和错误。如某些文化艺术领导部门、文艺工作单位和领导文艺工作的党员干部,没有正确理解和认真执行"百花齐放、百家争鸣"的方针,对一些文学创作和艺术活动进行了简单粗暴的批评、限制和不适当的干涉,妨害了生动活泼的艺术创造和学术上的自由探讨。没有很好地贯彻执行党的知识分子政策,忽视同党外作家艺术家的团结合作,在党内外的思想斗争中,以及在学术批判运动中,发生过一些不恰当的做法,影响了一部分人的积极性。对文化艺术事业的发展和群众文化活动,提出了一些错误的要求,片面地追求数量,因而对工农业生产,产生了一些不利的影响。有些领导文艺工作的党员干部在处理文学艺术的问题上,既不尊重群众的意见,又不同作家、艺术家商量,独断专行,自以为是,使党对文艺工作的领导受到了不应有的损害,等等。为此,该意见提出了进一步贯彻执行"百花齐放、百家争鸣"的方针,批判地继承民族文化遗产和吸收外国文化,正确地开展文艺批评,改进领导方法和领导作风等八项要求。然而,在"左"的思潮盛行的大背景下,这种理性的反思没有能够有效阻止文化事业中"左"的错误的进一步发展,并最终导致了"文化大革命"的爆发。

始于1966年,持续十年之久的"文化大革命",给中国的文化事业带来了极大的破坏,也给党、国家和人民造成了严重的灾难。

1965年11月10日,上海《文汇报》发表的姚文元的《评新编历史剧〈海瑞罢官〉》一文,是引发"文化大革命"的导火线。该文批判北京市副市长吴晗写的历史剧《海瑞罢官》是为彭德怀翻案,是"反党反社会主义的大毒草"。文章发表后,立即引起强烈反响,出现大量不同意见。江青、张春桥把不同意姚文元观点的大量反对意见都列入"右派言论",借此对知识分子,特别是中老年知识分子进行打击。1966年2月2日至20日,林彪委托江青在上海主持召开了"部队文艺工作座谈会",会议的纪要认定,文艺界被一条"反党反社会主义的黑线专了我们的政",要"坚决进行一场文化战线上的社会主义大革命"。同年5月16日,中央政治局召开扩大会议通过了由毛泽东主持起草的《中国共产党中央委员会通知》(简称"五一六通知"),撤销了1964年夏成立的以彭真为组长的"文化革命五人小组",重新设立了以陈伯达为组长、以江青等为副组长的"文化革命小组",提出"文化革命"的目的是对一大批反党反社会主义的资产阶级代表人物进行批判,要求实行无产阶级在上层建筑包括各个文化领域的专政。"五一六通知"的发布,标志着"文化大革命"的全面发动。

在此后的过程中,林彪、"四人帮"抢占舆论阵地,压制不同意见,愚弄广大群众,任意诬蔑和迫害文化工作者,把人民群众欢迎的作品,扣上"反党文章""反党小说""黑画""黑戏"等帽子,把一切不符合他们政治需要的文学、艺术、图书、期刊、报纸污蔑为"封、资、修"的东西加以清理和批判。林彪、"四人帮"不仅全盘否定十七年文艺工作的成就,也否定从30年代以来甚至从"五四"以来我国革命文艺的伟大成果和光荣传统,把我国的社会主义文艺诬蔑为"反党反社会主义的文艺黑线",把革命的作家、艺术家诬蔑为"黑线专政"。他们禁绝古今中外所有的优秀文化作品,使中国文化艺术的百花园变得一片荒芜,人民的精神文化生活变得单调贫乏。与此相应的是,中国的新闻出版事业也遭到了空前的浩劫。到 1970 年,全国报纸仅剩 42 种,多是机关报或机关报性质的报纸。全国期刊降到 20 种,自然科学期刊几乎一无所有,少量社会科学期刊也被"林彪""四人帮"两个反革命集团所控制,图书只有 3964 种。十年"文化大革命"是一场由领导者错误发动,被林彪、"四人帮"团利用,给党、国家和各族人民带来严重灾难的内乱,也给中国的文化事业带来了极其严重的破坏。

第二节 改革开放后文化政策的发展

粉碎"四人帮"以后,特别是中共十一届三中全会以后,各个领域开始了拨乱反正,党和国家的工作重点从"以阶级斗争为纲"转向了社会主义现代化建设。与此相适应,中国的文化政策也经历了拨乱反正和调整完善的过程,从而使中国的文化事业得到了蓬勃发展。

一、文化战线的拨乱反正

粉碎"四人帮"以后,人们逐渐认识到"左"的思想的危害,并逐步开始从过去僵化的思想中解放出来。1978 年 3 月 5 日,五届全国人大一次会议通过的《中华人民共和国宪法》恢复了文化事业的正确指导思想、服务方向和"百花齐放、百家争鸣"的方针。《宪法》规定:"国家坚持马克思主义、列宁主义、毛泽东思想在各个思想文化领域的领导地位,各项文化事业都必须为工农兵服务,为社会主义服务","国家实行'百花齐放、百家争鸣'的方针,以促进艺术发展和科学进步,促进社会主义文化繁荣。"在国家宪法中写入"百花齐放、百家争鸣"的方针,这对中国文化事业的发展有着重要的意义。

1978 年 12 月召开的中共十一届三中全会,批判了"两个凡是"的错误方针,确定了解放思想、开动脑筋、实事求是、团结一致向前看的指导方针,实现了思想路线的拨乱反正;停止使用"以阶级斗争为纲"和"无产阶级专政下继续革命"的口号,做出把工作重点转移到社会主义现代化建设上来的战略决策,提出了发扬社会主义民主,加强社会主义法制的任务,实现了政治路线的拨乱反正;建立了以邓小平为核心的新的领导集体,实现了组织路线的拨乱反正。

十一届三中全会结束不久,为总结理论宣传战线的经验教训,研究全党工作重心转移之后理论宣传工作的根本任务,1979 年 1 月 18 日至 4 月 3 日,中央召开了理论工作务虚会。① 邓小平代表中共中央在理论工作务虚会上讲话,指出在中国要实现四个现代化,必须坚持社会主义道路、坚持无产阶级专政即人民民主专政、坚持中国共产党的领导、坚持马克思列宁主义毛泽东思想,这四项基本原则"是实现四个现代化的根本前提";邓小平同时强调了"百花齐放、百家争鸣"的文化方针:"无论如何,思想理论问题的研究和讨论,一定要坚决执行百花齐放、百家争鸣的方针,一定要坚决执行不抓辫子、不戴帽子、不打棍子的'三不主义'的方针,一定要坚决执行解放思想、破除迷信、一切从实际出发的方针。"② 此后,四项基本原则和"百花齐放、百家争鸣"的方针作为文化工作的基本政策,指导着中国文化事业的发展。

1979年10月30日至11月16日在北京召开了中国文学艺术工作者第四次代表大会,会上邓小平发表了祝辞,他指出,"文化大革命"前的十七年,我们的文艺路线基本上是正确的,文艺工作的成绩是显著的。所谓"黑线专政",完全是林彪、"四人帮"的诬蔑。在我国社会主义现代化建设的新时期,我们要在建设高度物质文明的同时,提高全民族的科学文化水平,发展高尚的丰富多彩的文化生活,建设高度的社会主义精神文明。我们的社会主义文艺,要通过有血有肉、生动感人的艺术形象,真实地反映丰富的社会生活,反映人们在各种社会关系中的本质,表现时代前进的要求和历史发展的趋势,并且努力用社会主义思想教育人民,给他们以积极进取、奋发图强的精神。要继续坚持文艺为最广大的人民群众、首先为工农兵服务的方向,坚持百花齐放、推陈出新、洋为中用、古为今用的方针,在艺术创作上提倡不同形式和风格的自由发展,在艺术理论上提倡不同观点和学派的自由讨论。

粉碎"四人帮"以后的几年内,中国基本实现了文化领域里的拨乱反正。极左思潮及其在文化领域的表现得到了清理,建国后一些行之有效的文化政策得到了恢复,长期存在的轻视知识和歧视知识分子的错误倾向逐步得到纠正,文化事业有了新的发展。在中共中央的领导下,文化界逐步落实了党的知识分子政策,一批受迫害的民主人士、一大批长期受打击的知识分子恢复了名誉,文化工

---

① 理论工作务虚会分两个阶段进行,第一个阶段,从1月18日至2月12日,由中共中央宣传部和中国社会科学院召开,邀请中央和北京理论宣传单位的一百多人参加。第二阶段,从2月12日至4月3日,以中共中央的名义召开,邀请各省市的有关人士参加,有四百至五百人参加。

② 邓小平:《坚持四项基本原则(1979年3月30日)》,载《邓小平文选(1975—1982年)》,人民出版社1983年版,第169页。

作者受到党和人民的信赖、爱护和尊敬。过去受到人民欢迎的一大批文艺作品重新和人民见面，同时也涌现了许多新的优秀小说、诗歌、戏剧、电影、曲艺、报告文学以及音乐、舞蹈、摄影、美术等作品。

二、清除精神污染和反对资产阶级自由化

改革开放以后，随着极左思潮被不断清理，各种"左"的禁锢被不断破除，思想文化领域也出现了另一种极端现象，即反对社会主义和共产党领导的资产阶级自由化思潮逐渐抬头，腐蚀青少年的黄色作品和各种非法出版物开始泛滥。针对思想文化领域中出现的这些不健康倾向，1982年，中共十二大提出了在建设高度物质文明的同时，一定要努力建设高度的社会主义精神文明的战略决策。在1983年10月的中共十二届二中全会上，邓小平又提出要开展反对精神污染、反对资产阶级自由化的斗争。他指出："精神污染的实质是散布形形色色的资产阶级和其他剥削阶级腐朽没落的思想，散布对于社会主义、共产主义事业和对于共产党领导的不信任情绪。"① 为此，他要求开展积极的思想斗争，纠正思想战线右的、软弱涣散的倾向。同时，要注意防止"左"的错误，决不能重复过去那种简单片面、粗暴过火的所谓批判，以及残酷斗争、无情打击的处理方法；不能以偏概全，草木皆兵；不能以势压人，强词夺理。要采取与人为善的态度，进行合情合理的批评和自我批评。

1986年9月28日，邓小平在中共十二届六中全会上发表了重要讲话，指出自由化的实质就是把我们的现行政策引导到资本主义道路上去。但是，"搞自由化，就会破坏我们安定团结的政治局面。没有一个安定团结的政治局面，就不可能搞建设"②。这次全会通过了《中共中央关于社会主义精神文明建设指导方针的决议》。该决议从社会主义现代化建设总体布局的高度，规定了社会主义精神文明建设的战略地位、指导方针和根本任务。决议指出，以马克思主义为指导的社会主义精神文明是社会主义社会的重要特征，社会主义精神文明建设是关系社会主义兴衰成败的大事。社会主义精神文明建设的根本任务，是适应社会主义现代化建设的需要，培育有理想、有道德、有文化、有纪律的社会主义公

---

① 《邓小平文选》第三卷，人民出版社1993年版，第40页。
② 同上书，第182页。

民,提高整个中华民族的思想道德素质和科学文化素质。①决议认为,全面改革和对外开放对精神文明建设提出了新的更高的要求,能否适应这种要求,有力地抵制资本主义和封建主义的腐朽思想,防止种种迷失方向的危险,是一个重大的历史性的考验。决议强调在整个社会主义现代化建设进程中都要进行反对资产阶级自由化的教育和斗争,要用建设有中国特色社会主义的共同理想团结全国各族人民,提高整个中华民族的思想道德素质和科学文化素质。决议还强调了教育、科学、文学艺术、新闻出版、广播影视、卫生、体育、文物、图书馆、博物馆等各项文化事业在精神文明中的重要作用,提出要从中国地域辽阔、经济文化发展不平衡的实际出发,争取使这些事业获得一个大的发展,要求文化事业必须把社会效益作为最高标准。要努力提高精神产品质量以满足群众的广泛需要,并且进行文化管理体制的改革,改善经营管理,促进文化事业的蓬勃发展。

由于改革开放的过程就是解放思想、破除"左"的教条束缚的过程,在这一过程中,如何既解放思想,又防止偏向右的极端,是一个较难把握的难题,所以,尽管中央为抵制资产阶级自由化思潮采取了一系列政策措施,但是这股思潮大肆泛滥的势头并没有得到有效的遏制。结果,到1986年12月中下旬,合肥、北京等地一些高校的少数学生出于各种情绪和缘由上街游行,极少数人从中进行反对共产党的领导、反对社会主义道路的煽动,有的地方出现了扰乱交通秩序和违反社会治安规定的情况。对此,1986年12月30日,邓小平发表了《旗帜鲜明地反对资产阶级自由化》的讲话,指出"要旗帜鲜明地坚持四项基本原则,否则就是放任了资产阶级自由化"。"反对资产阶级自由化至少还要搞二十年。民主只能逐步地发展,不能搬用西方的那一套,要搬那一套,非乱不可。我们的社会主义建设,必须在安定团结的条件下有领导、有秩序地进行……如果搞资产阶级自由化,就是再来一次折腾。搞资产阶级自由化,否定党的领导,十亿人民没有凝聚的中心,党也就丧失了战斗力,那样的党连个群众团体也不如了,怎么领导人民搞建设?"②对于资产阶级自由化的实质,邓小平多次指出,就是"崇拜西方资本主义国家的'民主'、'自由',否定社会主义","在我们的国家,搞资产阶级自由化,就是走资本主义道路"。③

---

① 《中共中央关于社会主义精神文明建设指导方针的决议》(中国共产党第十二届中央委员会第六次全体会议1986年9月28日通过),http://news.xinhuanet.com/ziliao/2005-02/06/content_2553491.htm。
② 《邓小平文选》第三卷,人民出版社1993年版,第194、196—197页。
③ 同上书,第123、124页。

反对资产阶级自由化,绝不是不要改革开放,而正是为了更好地改革开放。1987年1月6日,中共中央为此发出的通知指出,反对资产阶级自由化的斗争,关系到党的命运,关系到社会主义的前途,关系到全面改革和对外开放的成败。1987年1月28日,《中共中央关于当前反对资产阶级自由化若干问题的通知》规定了明确的政策界限,指出,反对资产阶级自由化的斗争严格限于党内,而且主要在政治思想领域内进行。要十分注意政策界限,着重解决根本政治原则和政治方向问题,即主要是反对企图摆脱共产党的领导、否定社会主义道路的错误思潮。

改革开放以后,随着资产阶级自由化思潮的泛滥,文化领域中"制黄""贩黄"的现象也日益猖獗,广大人民群众强烈要求铲除这些丑恶现象。为此,中共中央及时做出了在全国开展"扫黄"斗争的重大决策。1987年以来,中共中央、国务院每年都专门召开"扫黄"工作电话会议,1990年10月,为落实中央关于继续深入开展"扫黄"斗争的精神,召开了全国"扫黄"工作会议。"扫黄"有利于精神文明建设,有利于改革开放和各项工作的顺利进行,受到全社会的广泛关注和普遍拥护。

三、发展和繁荣社会主义文艺

十一届三中全会以后,随着文艺领域的拨乱反正,社会主义文艺事业逐步得到了恢复和发展。以江泽民总书记为核心的第三代领导集体,非常重视社会主义文艺事业的发展。1990年5月3日,在纪念五四运动71周年的会议上,江泽民发表了《爱国主义和我国知识分子的使命》[①]的重要讲话,提出要继续贯彻"百花齐放、百家争鸣"的方针,指出"双百方针"同四项基本原则是统一的而不是对立的。

1994年1月24日,江泽民在全国宣传思想工作会议上发表讲话时指出:"我们的宣传思想工作,必须以科学的理论武装人,以正确的舆论引导人,以高尚的精神塑造人,以优秀的作品鼓舞人,不断培养和造就一代又一代有理想、有道德、有文化、有纪律的社会主义新人。"[②]这不仅为宣传工作确立了明确的指导思想,而且也为文艺工作指出了正确的方向。

---

① 《江泽民文选》第一卷,人民出版社2006年版,120—133页。
② 《十四大以来重要文献选编(上)》,人民出版社1996年版,第647页。

第十四章 文化政策

1996年10月,中共十四届六中全会通过的《中共中央关于加强社会主义精神文明建设若干重要问题的决议》对文艺工作的任务提出了更加明确的要求,指出繁荣文学艺术,首要任务是多出优秀作品。要坚持为人民服务、为社会主义服务的方向,贯彻百花齐放、百家争鸣的方针,弘扬主旋律,提倡多样化。要树立精品意识,实施精品战略,在文学艺术各门类中,努力创作出一批思想性和艺术性统一、深受广大群众欢迎的优秀作品,带动社会主义文艺事业的全面繁荣。对文艺工作的领导,既要防止横加干涉,又要防止疏于引导。要尊重文艺创作的规律,努力形成生动活泼、团结向上的良好氛围,使文艺工作者的创造精神得以充分发挥,艺术风格和艺术形式得以自由发展。

1996年12月16日,在中国文学艺术界联合会第六次全国代表大会、中国作家协会第五次全国代表大会上,江泽民在《发展和繁荣社会主义文艺》的讲话中提出,文艺要讴歌英雄的时代,反映波澜壮阔的现实,深刻地生动地表现人民群众改造自然、改造社会的伟大实践和丰富的精神世界。文艺工作者要努力在自己的作品和表演中,贯注爱国主义、集体主义、社会主义的崇高精神,鞭挞拜金主义、享乐主义、个人主义和一切消极腐败现象。在人民的历史创造中进行艺术的创造,在人民的进步中造就艺术的进步,给人民以信心和向上的力量,才能实现以优秀作品鼓舞人的任务,使人民群众不断提高的精神需求得到满足,使弘扬主旋律与提倡多样化完满地统一起来。在提到学习和借鉴世界各国文明成果的时候,他明确指出,学习和借鉴要采取分析的态度,区分先进和落后,科学和腐朽,有益和有害,积极吸收先进、科学、有益的东西,坚决抵制落后、腐朽、有害的东西。学习和借鉴的目的在于博采众长,丰富自己的民族文化。中国的社会主义文艺要植根于中国社会主义现代化建设的实践,反映中国人民创造自己新生活的进程和中华民族自强不息的精神。只有首先赢得中国人民的喜爱,具有中国风格、中国气派,才能堂堂正正地走向世界和屹立于世界文化之林。

1997年1月11日中共中央发布了《关于进一步做好文艺工作的若干意见》,提出要积极推动文学创作的繁荣,提高小说、诗歌、散文、报告文学和戏剧影视剧本的思想艺术水平;切实加强电影生产,多出群众喜爱的优秀影片;提高广播、电视文艺节目的质量,推出更多的名牌文艺栏目和优秀电视剧(片);努力促进少儿文艺创作,推出思想内容健康、知识性趣味性强、富有艺术魅力的少儿作品;着力抓好反映现实生活的舞台艺术和其他门类的艺术创作,推出更多更好的戏剧、音乐、舞蹈、美术等方面的优秀作品。同时,还要发挥少数民族文化特色,繁荣少数民族文艺,积极扶持反映少数民族生活、维护民族团结和社会进步的文艺创作。

四、加强和规范新闻出版工作

十一届三中全会以后,中国新闻出版部门认真贯彻党的解放思想、实事求是的方针,冲破长期以来"左"的思想的束缚,陆续恢复和创建了一大批新闻媒体,出版了一大批国家和人民急需的图书。图书的门类和品种越来越丰富,学术著作、科技图书、少数民族文字图书和外文图书等都有较大增长,全国图书的印数远远超过历史上的最高水平。

但是,在出版事业快速发展的同时,也存在一些迫切需要解决的问题。如,出书难、买书难的问题还十分尖锐;图书出版周期太长;大、中、小学教材和课本还不能做到全部课前到书;有些书刊的质量不高;在资产阶级自由化思潮的影响下,有的图书、刊物上的文章、作品偏离了马克思主义的指导,偏离了社会主义轨道等等。

针对这种情况,1983年6月,中共中央、国务院发布了《关于加强出版工作的决定》。该决定要求,出版事业的发展,必须贯彻改革精神,打破不能适应新形势的老框框,创立新章法,促进编辑、印刷、发行的能力较快增长并协调发展。图书的出版,要在统筹安排的基础上保证重点,认真抓好宣传爱国主义和共产主义的图书,反映社会主义建设理论和实践的图书,介绍现代科学、技术最新成果的图书和各类教科书,八亿农民和广大青少年、儿童急需的各类读物,使这些图书达到一个新的水平。

该决定明确了出版工作的指导方针,要求出版部门要自觉地用四项基本原则指导自己的工作,为社会主义的思想建设做出贡献;它要积累和传播科学文化知识,要有选择地整理出版中外文化遗产和各种思想资料,为社会主义的文化建设做出贡献;出版部门应当自觉地贯彻党的百花齐放、百家争鸣、古为今用、洋为中用、推陈出新的方针,促进科学文化事业的繁荣,培养和造就现代化建设所需要的各种人才,提高全民族的科学文化水平;要给城乡广大读者提供多方面的、适应各种不同文化程度的、丰富多彩的图书;要广泛地团结和组织各方面的专家、学者,并要注意发现和培养新生力量;要注意出版物影响精神世界和指导实践活动的社会效果,同时要注意出版物作为商品出售而产生的经济效果。

《中共中央、国务院关于加强出版工作的决定》不仅促进了出版工作的发展,也繁荣了新闻报刊事业。到1987年为止,全国正式登记注册的报纸就有1700多种,期刊5200多种。其中的学术类期刊,对中国科学技术的发展以及教育和学术事业的进步,起到了巨大的促进作用。但是,新闻报刊事业在不断发展中也出了不少新的问题。如,存在不少私自编印的非法小报小刊;政治性、文艺性报刊数量偏少,质量不高;一些报刊没有全面、正确地宣传、贯彻中共十一届三中全会以来的路线;极少数报刊在一段时间内,连续发表否定社会主义、反对党的领导、主张资本主义的错误言论,在资产阶级自由化思潮泛滥中起了恶劣的作用等等。

针对这一新的情况,1987年3月29日中共中央发布了《关于坚决妥善地做好报纸刊物整顿工作的通知》,提出整顿的重点是解决根本政治原则、政治方向问题,着重整顿在宣扬资产阶级自由化观点中错误突出、后果严重的报刊;同时继续查处严重违反党中央和国务院有关办报办刊规定的报刊。

新闻报刊的管理是一项政治性极强的工作。它不仅关系到新闻报道的客观性、真实性和及时性的问题,更重要的是它还涉及社会的舆论导向和社会的政治稳定问题。在如何把握二者关系问题上,改革开放以来一直存在着不少的分歧和各种不同的认识。为此,1989年11月中宣部举办了新闻工作研讨班。11月25日,李瑞环在研讨班上发表讲话指出,新闻报道必须坚持以正面宣传为主的方针,这是社会主义新闻事业必须遵循的一条极其重要的指导方针。① 11月28日,江泽民在研讨班上发表了《关于党的新闻工作的几个问题》的讲话,指出我们国家的报纸、广播、电视等是党、政府和人民的喉舌。社会主义的新闻事业同社会主义的文学、艺术、出版等事业一样,虽然各有自己的特点和具体发展规律,但是它们作为意识形态领域的组成部分,都要为社会主义服务、为人民服务。我们的新闻工作是党的整个事业的一个重要组成部分,因此,必须坚持党性原则,在新闻宣传中旗帜鲜明地坚持不懈地反对资产阶级自由化。加强党对新闻工作的领导,主要是要抓好新闻宣传的政治方向,抓好新闻改革,抓好新闻工作的经验总结,抓好新闻队伍的建设特别是领导班子的建设。

1992年邓小平南方谈话,开启了中国改革开放的新一轮高潮。1992年9月3日中共中央政治局会议通过了《中共中央关于加强和改进宣传思想工作,更好地为经济建设和改革开放服务的意见》,指出宣传思想战线面临的主要任务,就

---

① 《十三大以来重要文献选编(中)》,人民出版社1991年版,第730页。

是要认真学习、深入贯彻邓小平的南方谈话和中央政治局全体会议精神,解放思想,统一认识,振奋精神,全面宣传"一个中心、两个基本点"的基本路线,更好地为经济建设和改革开放服务。要改进新闻、出版工作,坚持正面宣传为主的方针,发挥正确的舆论导向和舆论监督作用,达到团结、稳定、鼓劲儿的目的。提倡短新闻,增加信息量。密切联系群众,充分反映基层干部群众创造新生活的活动,减少一般会议和领导人一般性活动的报道。

随着新一轮改革开放浪潮的兴起,出版业也进入了一个繁荣发展的新阶段。但与此同时,也出现了买卖书号,粗制滥造,一些内容不健康、违反规定的图书和侵犯知识产权的非法出版活动重新泛滥的现象。为此,国务院及其职能部门发布了一系列政策性文件来规范出版物的管理。如《音像制品管理条例》(1994年)①、《关于坚决取缔非法出版活动的通知》(1996年)、《电子出版物管理暂行规定》(1996年)②、《出版管理条例》(1997年)③等等。

这些文件规定,出版事业必须坚持为人民服务、为社会主义服务的方向,传播和积累有益于提高民族素质、有益于经济发展和社会进步的科学技术和文化知识,弘扬民族优秀文化,促进国际文化交流,丰富和提高人民的精神生活。从事出版活动,应当将社会效益放在首位,实现社会效益与经济效益相结合。公民在行使出版自由的权利的时候,必须遵守宪法和法律,不得反对宪法确定的基本原则,不得损害国家的、社会的、集体的利益和其他公民的合法的自由和权利。

五、加强和改善文物保护工作

改革开放以后,随着商品经济的发展,盗挖和走私文物的现象日益增多。为了加强对历史文化遗产的保护,1982年11月全国人大常委会通过了《中华人民共和国文物保护法》,规定在中华人民共和国境内,下列具有历史、艺术、科学价值的文物,受国家保护:第一,具有历史、艺术、科学价值的古文化遗址、古墓葬、古建筑、石窟寺和石刻;第二,与重大历史事件、革命运动和著名人物有关的,具有重要纪念意义、教育意义和史料价值的建筑物、遗址、纪念物;第三,历史上各

---

① 2001年12月又公布了新的《音像制品管理条例》,旧条例同时废止。新条例又经过了2011年、2013年和2016年的三次修订。

② 1997年12月又对《电子出版物管理规定》进行了修订。

③ 2001年12月又公布了新的《出版管理条例》,旧条例同时废止。新条例又经过了2011年、2013年、2014年和2016年的四次修订。

时代珍贵的艺术品、工艺美术品;第四,重要的革命文献资料以及具有历史、艺术、科学价值的手稿、古旧图书资料等;第五,反映历史上各时代、各民族社会制度、社会生产、社会生活的代表性实物。中华人民共和国境内地下、内水和领海中遗存的一切文物,属于国家所有。一切机关、组织和个人都有保护国家文物的义务。具有重要历史、艺术、科学价值的文物,除经国务院批准运往国外展览的以外,一律禁止出境。1989年10月,国务院还制定了《中华人民共和国水下文物保护管理条例》,对水下文物的保护作了具体的规定。

为加强文化遗产保护的国际合作,1985年11月22日,中国政府决定加入《保护世界文化和自然遗产公约》;1989年9月25日,中国政府决定加入《关于禁止和防止非法进出口文化财产和非法转让其所有权的方法的公约》;1997年3月7日,中国政府决定加入《国际统一私法协会关于被盗或者非法出口文物的公约》。

1997年3月30日,国务院发布了《关于加强和改善文物工作的通知》,提出继续坚持"保护为主,抢救第一"的方针,贯彻"有效保护,合理利用,加强管理"的原则,正确处理好文物保护与经济建设的关系、文物事业发展中社会效益和经济效益的关系,建立与社会主义市场经济体制相适应的文物保护体制。加强和改善文物市场管理,加强调控和监督,保障文物市场的健康发展;强化执法力度,严厉打击文物犯罪活动。

2002年10月,针对文物保护力度不够,不少文物未能得到合理利用,文物管理制度不够严格等问题,全国人大常委会修订了《中华人民共和国文物保护法》,根据此法,2003年5月国务院又发布了《中华人民共和国文物保护法实施条例》。《文物保护法》规定,有下列行为之一,构成犯罪的,依法追究刑事责任:第一,盗掘古文化遗址、古墓葬的;第二,故意或者过失损毁国家保护的珍贵文物的;第三,擅自将国有馆藏文物出售或者私自送给非国有单位或者个人的;第四,将国家禁止出境的珍贵文物私自出售或者送给外国人的;第五,以牟利为目的倒卖国家禁止经营的文物的;第六,走私文物的;第七,盗窃、哄抢、私分或者非法侵占国有文物的;第八,应当追究刑事责任的其他妨害文物管理的行为。另外还规定,造成文物灭失、损毁的,要依法承担民事责任。这些法律的制定和实施,对改善我国的文物保护工作起到了积极的作用。

第三节　中共十六大至中共十七大期间的文化政策

一、文化体制改革的深化

2002年11月,中国共产党第十六次全国代表大会召开。会议提出,全面建设小康社会,必须大力发展社会主义文化,建设社会主义精神文明;全党同志要深刻认识文化建设的战略意义,推动社会主义文化的发展繁荣;要牢牢把握先进文化的前进方向,积极发展文化事业和文化产业,深化文化体制改革。

实际上,早在20世纪80年代初期,随着经济体制改革的逐步展开,文化体制改革问题就已经提上了议事日程。1982年3月,文化部召开9省市艺术表演团体整顿、改革座谈会,会议讨论了精减人员的安排、剧团设置、布局等问题。1984年,全国艺术表演团体体制改革座谈会在北京召开。会议讨论了文化部起草的《艺术表演团体的建设和改革方案》。9月,中宣部召开文艺工作座谈会,要求各级文艺领导部门要把文艺体制改革当作新时期文艺工作的根本任务之一。1986年7月,在文化部召开的全国文化厅(局)长会议上,文化部领导又主张坚决而慎重地推动文艺体制改革。指出文艺改革的目的,归根结底是为了调动人的积极性,解放艺术生产力,做到出人、出戏、出效益。在这些政策的推动下,中国的文艺体制改革适应社会主义市场经济体制的发展要求逐渐展开。

不过,全面的文化体制改革起始于2003年。该年6月,文化体制改革试点工作启动,北京、上海、重庆、广东、浙江、深圳、沈阳、西安、丽江等9地和35家新闻出版、广播影视和文艺院团等单位成为试点。在总结试点经验的基础上,2005年4月13日,国务院发布了《关于非公有资本进入文化产业的若干决定》;2005年11月4日,文化部、财政部、人事部、国家税务总局发布了《关于鼓励发展民营文艺表演团体的意见》。

紧接着,2005年12月,中共中央、国务院发布了《关于深化文化体制改革的若干意见》。该意见指出在全面建设小康社会、实现中华民族伟大复兴的历史进程中,繁荣和发展社会主义先进文化具有全局性、战略性的地位和作用。必须深化改革,加快发展,为建设社会主义先进文化注入强大动力。

意见中提出的文化体制改革的原则是:坚持社会主义先进文化的前进方向;坚持马克思主义在意识形态领域的指导地位,确保国家文化安全;坚持勇于实践、大胆创新,树立新的文化发展观;坚持把社会效益放在首位,努力实现社会效益和经济效益的统一;坚持文化事业和文化产业协调发展;坚持区别对待、分类指导,循序渐进、逐步推开。

意见明确了文化体制改革的目标任务:以发展为主题,以改革为动力,以体制机制创新为重点,形成科学有效的宏观文化管理体制,富有效率的文化生产和服务的微观运行机制、以公有制为主体、多种所有制共同发展的文化产业格局和统一、开放、竞争、有序的现代文化市场体系;要形成完善的文化创新体系,形成以民族文化为主体、吸收外来有益文化,推动中华文化走向世界的文化开放格局。

意见要求,推进文化事业单位改革,要根据现有文化事业单位的性质和功能,区别对待、分类指导。要加大公益性文化事业投入,逐步构建公共文化服务体系。进一步完善鼓励捐赠和赞助等各项政策,引导社会资金以多种方式投入文化公益事业。加大农村文化基础设施建设投入,逐步解决农村文化产品和服务相对缺乏的问题。完善城市社区文化设施,加强文物保护。要重塑文化市场主体,加快推进国有文化企业的公司制改造,完善法人治理结构。要着力培育外向型文化企业,积极实施"走出去"战略,创新对外文化交流体制和机制。要大力提高文化产业规模化、集约化、专业化水平。培育和建设一批出版、电子音像、影视和动漫制作、演艺等产业基地。支持和鼓励大型国有文化企业和企业集团实行跨地区、跨行业兼并重组,鼓励同一地区的媒体下属经营性公司之间互相参股。支持中小型文化单位向"专、精、特、新"方向发展,形成富有活力的优势产业群。要大力推进文化领域所有制结构调整,坚持以公有制为主体,鼓励和支持非公有资本以多种形式进入政策许可的文化产业领域,逐步形成以公有制为主体、多种所有制共同发展的文化产业格局。

中共中央和国务院的这个政策性文件,对中国文化体制的全方位改革起了巨大的推动作用。

为进一步推动文化体制改革,2011年10月18日中共十七届六中全会审议通过了《中共中央关于深化文化体制改革 推动社会主义文化大发展大繁荣若干重大问题的决定》,就深化文化体制改革的具体任务部署如下:

(一)深化国有文化单位改革。以建立现代企业制度为重点,加快推进经营性文化单位改革。创新投融资体制,支持国有文化企业面向资本市场融资,支持其吸引社会资本进行股份制改造。全面推进文化事业单位人事、收入分配、社会保障制度改革。创新公共文化服务设施运行机制,推动党报党刊、电台电视台进一步完善管理和运行机制。推动一般时政类报刊社、公益性出版社、代表民族特色和国家水准的文艺院团等事业单位实行企业化管理,增强面向市场、面向群众提供服务能力。

(二)健全现代文化市场体系。重点发展图书报刊、电子音像制品、动漫游戏等产品市场,进一步完善中国国际文化产业博览交易会等综合交易平台。发展连锁经营、物流配送、电子商务等现代流通组织和流通形式,加快建设大型文化流通企业和文化产品物流基地,构建以大城市为中心、中小城市相配套、贯通城乡的文化产品流通网络。加快培育产权、版权、技术、信息等要素市场,办好重点文化产权交易所,规范文化资产和艺术品交易。

(三)创新文化管理体制。深化文化行政管理体制改革,加快政府职能转变,强化政策调节、市场监管、社会管理、公共服务职能,推动政企分开、政事分开,理顺政府和文化企事业单位关系。

(四)完善政策保障机制。保证公共财政对文化建设投入的增长幅度高于财政经常性收入增长幅度,提高文化支出占财政支出比例。落实和完善文化经济政策,支持社会组织、机构、个人捐赠和兴办公益性文化事业,引导文化非营利机构提供公共文化产品和服务。设立国家文化发展基金,提高各级彩票公益金用于文化事业比重。

(五)推动中华文化走向世界。创新对外宣传方式方法,增进国际社会对我国基本国情、价值观念、发展道路、内外政策的了解和认识,展现我国文明、民主、开放、进步的形象。实施文化走出去工程,支持重点主流媒体在海外设立分支机构,培育一批具有国际竞争力的外向型文化企业和中介机构,完善译制、推介、咨询等方面扶持机制。加强海外中国文化中心和孔子学院建设,建立面向外国青年的文化交流机制,设立中华文化国际传播贡献奖和国际性文化奖项。

(六)积极吸收借鉴国外优秀文化成果。坚持以我为主、为我所用,学习借鉴一切有利于加强我国社会主义文化建设的有益经验、一切有利于丰富我国人民文化生活的积极成果、一切有利于发展我国文化事业和文化产业的经营管理理念和机制。

二、推动社会主义文化大发展大繁荣

2007年10月,中共十七大报告指出,当今时代文化越来越成为民族凝聚力和创造力的重要源泉、越来越成为综合国力竞争的重要因素。为推动社会主义

文化大发展大繁荣需要做到以下四点:

(一) 建设社会主义核心价值体系,增强社会主义意识形态的吸引力和凝聚力。巩固马克思主义指导地位,坚持不懈地用马克思主义中国化最新成果武装全党、教育人民,用中国特色社会主义共同理想凝聚力量,用以爱国主义为核心的民族精神和以改革创新为核心的时代精神鼓舞斗志,用社会主义荣辱观引领风尚,巩固全党全国各族人民团结奋斗的共同思想基础。

(二) 建设和谐文化,培育文明风尚。积极发展新闻出版、广播影视、文学艺术事业,坚持正确导向;重视城乡、区域文化协调发展,着力丰富农村、偏远地区、进城务工人员的精神文化生活;加强网络文化建设和管理,营造良好网络环境;大力弘扬爱国主义、集体主义、社会主义思想,以增强诚信意识为重点,加强社会公德、职业道德、家庭美德、个人品德建设;加强和改进思想政治工作,注重人文关怀和心理疏导,用正确方式处理人际关系。

(三) 弘扬中华文化,建设中华民族共有精神家园。全面认识祖国传统文化,取其精华,去其糟粕,使之与当代社会相适应、与现代文明相协调,保持民族性,体现时代性。加强中华优秀文化传统教育,运用现代科技手段开发利用民族文化丰厚资源。加强对各民族文化的挖掘和保护,重视文物和非物质文化遗产保护,做好文化典籍整理工作。加强对外文化交流,吸收各国优秀文明成果,增强中华文化国际影响力。

(四) 推进文化创新,增强文化发展活力。创作更多反映人民主体地位和现实生活、群众喜闻乐见的优秀精神文化产品;坚持把发展公益性文化事业作为保障人民基本文化权益的主要途径,加大投入力度,加强社区和乡村文化设施建设;大力发展文化产业,实施重大文化产业项目带动战略;运用高新技术创新文化生产方式,加快构建传输快捷、覆盖广泛的文化传播体系;设立国家荣誉制度,表彰有杰出贡献的文化工作者。

十七大报告关于文化发展的规定充分体现了文化为人民服务、为社会主义服务的方向和百花齐放、百家争鸣的方针,对于调动广大文化工作者的积极性,有效地推动文化大发展大繁荣具有重要意义。

为深入贯彻落实十七大报告精神,进一步推动文化建设与经济建设、政治建设、社会建设以及生态文明建设协调发展,2011年十七届六中全会《关于深化文化体制改革推动社会主义文化大发展大繁荣若干重大问题的决定》提出了推动文化大繁荣的重要举措:(1)推进社会主义核心价值体系建设,巩固全党全国各族人民团结奋斗的共同思想道德基础;(2)全面贯彻"二为"方向和"双百方针",为人民提供更好更多的精神食粮;(3)大力发展公益性文化事业,保障人民基本文化权益;(4)加快发展文化产业,推动文化产业成为国民经济支柱性产业;(5)进一步深化改革开放,加快构建有利于文化繁荣发展的体制机制;(6)建设宏大文化人才队伍,为社会主义文化大发展大繁荣提供有力人才支撑;(7)加强和改进党对文化工作的领导,提高推进文化改革发展科学化水平。该文件为不断提高我国文化建设科学化水平,把我国建设成为社会主义文化强国奠定了坚实的基础。

三、发展哲学社会科学,加强思想道德建设

中国共产党十分重视哲学社会科学的发展。早在1982年,中共中央就转发了当年10月由中宣部和中国社会科学院联合召开的全国哲学社会科学规划座谈会纪要,推动了20世纪80、90年代我国哲学社会科学事业的发展。党的第三代领导集体也非常重视社会科学的发展。2001年8月7日,江泽民总书记在北戴河会见部分国防科技专家和社会科学专家时,明确提出了"四个同样重要"的论断,即在认识和改造世界的过程中,哲学社会科学与自然科学同样重要;培养高水平的哲学社会科学家与培养高水平的自然科学家同样重要;提高全民族的哲学社会科学素质与提高全民族的自然科学素质同样重要;任用好哲学社会科学人才并充分发挥他们的作用与任用好自然科学人才并发挥他们的作用同样重要。[1]

2002年4月28日江泽民在视察中国人民大学时,又进一步提出了"五个高度重视",即要高度重视哲学社会科学在治党治国和建设有中国特色的社会主义事业中的巨大作用,高度重视哲学社会科学领域高等教育的改革和发展,高度重视改善哲学社会科学研究和人才培养的条件建设,高度重视哲学社会科学研究领域重大课题的攻关,高度重视为哲学社会科学发展做出杰出贡献的学者的成就和作用。[2] 同时,他也提出了"五点希望",即希望大家增强创新意识,在推动理论创新、制度创新、科技创新方面不断取得新成就;希望大家深入改革开放和现代化建设的实践,努力对全局性、战略性、前瞻性的重大课题作出科学的理

---

[1] 见光明网:http://www.gmw.cn/01gmrb/2001-08/08/01-DEE5E02476C74BDD48256AA100825E0B.htm。
[2] 冯惠玲:《营造哲学社会科学发展繁荣的良好环境和条件》,《中国教育报》2002年5月22日,第3版。

论回答;希望大家既立足中国又面向世界,努力继承和弘扬中华民族的优秀文化,积极学习借鉴各国人民创造的有益文化成果;希望大家坚持严谨治学、实事求是、民主求实的学风,出精品、出上品;希望大家坚持用马克思主义的立场、观点和方法来指导哲学社会科学的发展,不断增强贯彻"三个代表"要求的自觉性和坚定性。①

同年7月16日,在视察中国社会科学院时,江泽民总书记进一步提出了"两个不可替代"的论断,即在建设有中国特色社会主义的实践和理论的双重探索中,哲学社会科学具有不可替代的重要作用,哲学社会科学工作者是一支不可替代的重要力量。他号召全国哲学社会科学工作者要肩负起认识世界、传承文明、创新理论、咨政育人、服务社会的职责,勤奋工作,与时俱进,为我国哲学社会科学的发展和繁荣,为中华民族的伟大复兴谱写新的篇章。

第四代党的领导集体继承和发展了江泽民关于哲学社会科学的思想。2004年1月5日,中共中央发布了《关于进一步繁荣发展哲学社会科学的意见》。意见充分强调了哲学社会科学的重要性,指出,在全面建设小康社会、开创中国特色社会主义事业新局面、实现中华民族伟大复兴的历史进程中,哲学社会科学具有不可替代的作用。哲学社会科学是人们认识世界、改造世界的重要工具,是推动历史发展和社会进步的重要力量。哲学社会科学的研究能力和成果是综合国力的重要组成部分;建设中国特色社会主义离不开以马克思主义为指导的哲学社会科学的繁荣发展。因此,繁荣发展哲学社会科学事关党和国家事业发展的全局。

意见指出,繁荣发展哲学社会科学一方面必须坚持马克思主义的指导地位,另一方面要坚持解放思想、实事求是、与时俱进,积极推进理论创新。要自觉地把思想认识从那些不合时宜的观念、做法和体制的束缚中解放出来,从对马克思主义的错误的和教条式的理解中解放出来,从主观主义和形而上学的桎梏中解放出来。贴近实际、贴近生活、贴近群众,立足当代又继承民族优秀文化传统,立足本国又充分吸收世界文化优秀成果,准确把握当今世界的发展趋势,深刻认识当代中国经济社会发展的规律,努力建设哲学社会科学理论创新体系,积极推动学术观点创新、学科体系创新和科研方法创新。

意见提出了繁荣发展哲学社会科学的总体目标:努力建设面向现代化、面向

---

① 有人把这五点希望又称为"五点要求"。

世界、面向未来,具有中国特色的哲学社会科学。力争用十年左右时间,形成全面反映马克思列宁主义、毛泽东思想、邓小平理论和"三个代表"重要思想的教材体系,形成具有时代特点、结构合理、门类齐全的学科体系,形成人尽其才、人才辈出的人才培养选拔和管理机制,充分发挥我国哲学社会科学认识世界、传承文明、创新理论、咨政育人、服务社会的重要作用。

意见要求加强哲学社会科学传统学科、新兴学科和交叉学科的建设。要加强哲学社会科学基础研究和应用对策研究,重点扶持关系哲学社会科学发展全局的研究项目,扶持对学科创新发展起关键性作用的研究项目,扶持对弘扬民族精神、传承民族文化有重大作用的研究项目,扶持对经济社会发展和国家安全有重要影响的研究项目。要加强哲学社会科学的宣传和普及,推动优秀成果更多更及时地应用于实际。要在国民教育中加大人文社会科学知识的比重,不断提高全民族的哲学社会科学素质。

中共十七大对繁荣发展哲学社会科学作出进一步部署。十七届六中全会又把繁荣发展哲学社会科学作为推动社会主义文化大发展大繁荣、建设社会主义文化强国的一项重要内容作出新的部署,明确提出实施哲学社会科学创新工程,推进学科体系、学术观点、科研方法创新,在巩固发展马克思主义理论学科、推进哲学社会科学学科建设、重大问题研究、队伍建设、思想库建设、信息化建设等方面都提出许多新举措。这些重大要求和部署,对于在新的历史时期进一步繁荣发展我国哲学社会科学事业,具有十分重要的意义。全国哲学社会科学规划领导小组在2006年和2011年分别制定了《国家哲学社会科学研究"十一五"(2006—2010年)规划》和《国家哲学社会科学研究"十二五"规划》,进一步明确了哲学社会科学研究的战略地位,赋予哲学社会科学新的历史使命和时代课题。

在强调加强哲学社会科学研究的同时,新一届党的领导集体还非常重视全社会的思想道德建设。2006年3月4日,胡锦涛在参加全国政协十届四次会议的民盟、民进联组讨论时强调,要引导广大干部群众特别是青少年树立社会主义荣辱观,坚持以热爱祖国为荣、以危害祖国为耻,以服务人民为荣、以背离人民为耻,以崇尚科学为荣、以愚昧无知为耻,以辛勤劳动为荣、以好逸恶劳为耻,以团结互助为荣、以损人利己为耻,以诚实守信为荣、以见利忘义为耻,以遵纪守法为荣、以违法乱纪为耻,以艰苦奋斗为荣、以骄奢淫逸为耻。2006年5月19日,中央精神文明建设指导委员会提出《关于深入学习实践社会主义荣辱观大力加强思想道德建设的意见》,指出树立社会主义荣辱观,加强思想道德建设,既是一项长期的战略任务,是精神文明建设的基础性工程,也是当前一项重要而紧迫的工作。

2006年10月,十六届六中全会《中共中央关于构建社会主义和谐社会若干重大问题的决定》指出,建设和谐文化是构建社会主义和谐社会的重要任务,社会主义核心价值体系是建设和谐文化的根本,必须坚持马克思主义在意识形态领域的指导地位,牢牢把握社会主义先进文化的前进方向,倡导和谐理念,培育和谐精神,进一步形成全社会共同的理想信念和道德规范,打牢全党全国各族人民团结奋斗的思想道德基础。2007年,胡锦涛总书记在"6·25"重要讲话中强调,要大力建设社会主义核心价值体系,巩固全党全国人民团结奋斗的共同思想基础。社会主义核心价值体系包括四个方面的基本内容,即马克思主义指导思想、中国特色社会主义共同理想、以爱国主义为核心的民族精神和以改革创新为核心的时代精神、社会主义荣辱观。社会主义核心价值体系建设是建设和谐文化的根本,也成为中国共产党思想上精神上的旗帜。

四、《国家"十一五"时期文化发展规划纲要》

根据《中华人民共和国国民经济和社会发展第十一个五年规划纲要》,党和政府为进一步繁荣发展社会主义文化,推动文化与经济、政治、社会的协调发展,编制了《国家"十一五"时期文化发展规划纲要》,于2006年9月13日印发。

该纲要从国内与国际两个视角,站在民族复兴、国家发展和增强国际竞争力这个高度,阐发了文化的地位和作用。纲要指出,文化是国家和民族的灵魂,集中体现了国家和民族的品格。文化的力量,深深熔铸在民族的生命力、创造力和凝聚力之中,是团结人民、推动发展的精神支撑。当今世界,文化在综合国力竞争中的地位和作用日益突出,越来越成为衡量一个国家综合实力强弱的重要尺度之一。在复杂的国际环境中,要赢得国际竞争,不仅需要强大的经济实力、科技实力和国防实力,同样需要强大的文化实力。我们必须增强忧患意识,加快发展文化事业和文化产业,提高民族创造力,在国际竞争中占据制高点,掌握主动权。

该纲要阐述了发展文化事业的一系列方针原则:第一,坚持为人民服务、为社会主义服务的方向和百花齐放、百家争鸣的方针,坚持贴近实际、贴近生活、贴近群众的原则,弘扬主旋律,提倡多样化。第二,坚持以人为本,保障和实现人民群众的基本文化权益,使广大人民群众共享文化发展成果。以科学的理论武装人,以正确的舆论引导人,以高尚的精神塑造人,以优秀的作品鼓舞人,促进人的全面发展。第三,坚持树立新的文化发展观,不断深化对文化发展的地位、方向、动力、思路、格局和目的的认识,冲破一切束缚文化发展的思想观念、做法、规定和体制机制性障碍,不断解放和发展文化生产力,促进文化与经济、政治、社会协调发展。第四,坚持继承和弘扬优秀民族文化传统,吸收和借鉴世界各国优秀文化成果,始终把文化创新作为文化发展的战略基点和前进动力,积极推进文化与经济、科技融合发展,大力提高我国文化自主创新能力。第五,坚持把社会效益放在首位,实现社会效益和经济效益的统一,最大限度地发挥文化引导社会、教育人民、推动发展的功能。第六,坚持以发展为主题,以改革为动力,以体制机制创新为重点,深化文化体制改革,一手抓公益性文化事业、一手抓经营性文化产业,不断增强我国文化的实力和竞争力。第七,坚持一手抓繁荣、一手抓管理,大力发展先进文化,支持健康有益文化,努力改造落后文化,坚决抵制腐朽文化,维护国家文化安全,推动中国特色社会主义文化健康快速发展。第八,坚持城乡、区域文化的协调发展,按照建设社会主义新农村的要求,加大对农村及中西部地区的文化投入,形成城市带动农村和东中西优势互补、良性互动的发展格局。

到2010年,文化发展的总体目标是:完成"十一五"时期全面建设小康社会赋予文化建设的任务,文化为人民服务、为社会主义服务的能力显著增强,为经济发展、政治稳定和社会进步提供强有力的思想保证、精神动力和智力支持;文化的创新能力和整体实力明显提高,文化产品更加丰富,更好地保障和满足人民群众的基本文化需求,促进城乡和区域之间文化的共同发展;中华文化在世界上的影响力不断扩大,文化在综合国力竞争中的地位和作用日益突出,文化发展的水平与中国的经济实力、国际地位相适应。

"十一五"时期文化发展的重点是:第一,抓好基层文化建设,完善公共文化服务体系;第二,抓好塑造国家文化形象的重大项目和工程建设,推出一批体现民族特色、反映时代精神、具有国际一流水准的文化艺术精品;第三,抓好文化产业体系建设,形成以公有制为主体、多种所有制共同发展的文化产业格局;第四,抓好文化创新能力建设,取得一批具有重大影响的文化创新成果;第五,抓好文化"走出去"重大工程、项目的实施,形成以民族文化为主体、吸收外来有益文化、推动中华文化走向世界的文化开放格局;第六,抓好人才培养,建设一支规模宏大、素质较高的文化工作者队伍,为文化发展提供坚实的人才保障。

该纲要提出要加强马克思主义理论研究和理论创新,繁荣和发展哲学社会科学;加强社会主义思想道德建设,推进精神文明创建活动;完善公共文化服务网络,加强农村文化建设;普及文化知识,鼓励社会力量捐助和兴办公益性文化事业;推进新闻媒体建设,办好新闻网站,发展新兴传播载体。

该纲要对文化产业的发展给了高度的重视,提出要发展重点文化产业,包括影视制作业、出版业、发行业、印刷复制业、广告业、演艺业、娱乐业、文化会展业、数字内容和动漫产业。同时,要优化文化产业布局和结构,建设一批文化产业强省、强市和区域性特色文化产业群。推进经营性文化事业单位转制,加快国有文化企业公司制改造,鼓励非公有资本进入文化产业。建立健全门类齐全的文化市场,促进文化产品和生产要素合理流动。

创新是文化的生命。该纲要要求立足全面建设小康社会的伟大实践,充分发掘和利用民族文化的丰厚资源,借鉴世界文明的优秀成果,大力推进文化创新,努力创作具有中国特色、中国风格、中国气派、深受群众喜爱的优秀文学艺术作品。实施文化精品战略,扶持原创性作品。着力打造一批代表国家形象、具有民族特色的文学、戏剧、音乐、美术、书法等文化艺术精品,培育一批体现国家文化水准、具有相当国际影响力的文化名人和名品。

该纲要还对民族文化的保护、对外文化交流和传播渠道的拓展、外向型骨干文化企业的培育、"走出去"重大工程项目等做了具体的规划。它对未来几年中国文化事业的发展有着重要的指导意义。

五、《国家"十二五"时期文化改革发展规划纲要》

为进一步繁荣发展社会主义文化,推动文化与经济、政治、社会的协调发展,《国家"十二五"时期文化发展规划纲要》(以下简称《纲要》)于2012年2月15日印发:

《纲要》确定了"十二五"期间文化发展的指导思想、方针原则和目标任务,指出文化领域正在发生广泛而深刻的变革,推动文化大发展大繁荣既具备许多有利条件,也面临一系列新情况新问题。发展文化事业的指导思想是高举中国特色社会主义伟大旗帜,以马克思列宁主义、毛泽东思想、邓小平理论和"三个代表"重要思想为指导,深入贯彻落实科学发展观,坚持社会主义先进文化前进方向,以科学发展为主题,以建设社会主义核心价值体系为根本任务,以满足人民精神文化需求为出发点和落脚点,以改革创新为动力,发展面向现代化、面向世界、面向未来的,民族的、科学的、大众的社会主义文化,培养高度的文化自觉和文化自信,提高全民族文明素质,增强国家文化软实力,弘扬中华文化,坚持中国特色社会主义文化发展道路,努力建设社会主义文化强国。

《纲要》在论述文化事业发展原则时,除了重申《国家"十一五"时期文化发展规划纲要》提出的一系列原则外,着重强调了两个方面:第一,坚持以马克思主义为指导,推进马克思主义中国化、时代化、大众化,用中国特色社会主义理论体系武装头脑、指导实践、推动工作,确保文化改革发展沿着正确道路前进;第二,坚持改革开放,着力推进文化体制机制创新,以改革促发展、促繁荣,不断解放和发展文化生产力,提高文化开放水平,推动中华文化走向世界,积极吸收各国优秀文明成果,切实维护国家文化安全。还提出加强社会主义核心价值体系建设、加快构建公共文化服务体系、加快发展文化产业、加快文化体制机制改革创新、加强文化产品创作生产的引导和加强传播体系建设等六项发展重点。

《纲要》对文化产业的发展给予高度的重视,提出要发展影视制作业、数字内容和动漫产业等重点文化产业;鼓励有实力的文化企业跨地区、跨行业、跨所有制兼并重组,推动文化资源和生产要素向优势企业适度集中;规划建设各具特色的文化创业创意园区;优化文化产业布局,发挥东中西部地区各自优势;加大对拥有自主知识产权、弘扬民族优秀文化的产业支持力度;发掘城市文化资源,建设特色文化城市;推动文化产业与旅游、体育、信息、物流、建筑等产业融合发展,增加物质产品和现代服务业的附加值和文化含量。

《纲要》指出认真贯彻积极利用、科学发展、依法管理、确保安全的方针,加强互联网等新兴媒体建设,鼓励支持国有资本进入新兴媒体,做强重点新闻网站,形成一批在国内外有较强影响力的综合性网站和特色网站,发挥主要商业网站的建设性作用,培育一批网络内容生产和服务骨干企业。打造一批具有中国气派、体现时代精神的网络文化品牌。实施网络内容建设工程,推动优秀传统文化瑰宝和当代文化精品网络传播,制作适合互联网和手机等新兴媒体传播的精品佳作,鼓励网民创作格调健康的网络文化作品。广泛开展文明网站创建,推动文明办网、文明上网,督促网络运营服务企业履行法律义务和社会责任。加强对社交网络和即时通信工具等的引导和管理,培育文明理性的网络环境。依法惩处传播有害信息行为,严厉打击网络违法犯罪。加大网上个人信息保护力度,建立网络安全评估机制,维护公共利益和国家信息安全。加强外文网站及海外本土化网站建设,增强对外展示传播中华文化的能力。

《纲要》还对加强文化遗产保护传承与利用、加强对外文化交流与合作、加强文化人才队伍建设、提供相关文化政策措施等做了具体的规划,对"十二五"期间中国文化事业的发展有着重要的指导意义。

六、公共文化服务体系建设

中华民族伟大复兴必然伴随着中华文化的繁荣兴盛。文化繁荣的最终目的是为人民服务,为社会主义服务。2005年,"十一五"规划提出,加大政府对文化事业的投入,逐步形成覆盖全社会的比较完备的公共文化服务体系。2007年,覆盖全社会的公共文化服务体系成为十七大报告中提出的实现全面建设小康社会的重要目标之一。同年,中办、国办下发《关于加强公共文化服务体系建设的若干意见》(中办发〔2007〕21号),明确了公共文化服务体系建设的指导思想、基本原则、发展目标和政策措施。同年,《非物质文化遗产保护法》《公共图书馆法》《公共文化服务保障法》等公共文化相关法律立法工作启动,《乡镇综合文化站管理办法》《公共图书馆建设用地指标》和《公共图书馆建设标准》等设施建设标准陆续出台,为我国公共文化服务体系建设提供了法制保障。2007年8月,《中共中央办公厅、国务院办公厅关于加强公共文化服务体系建设的若干意见》(中办发〔2007〕21号)进一步明确了公共文化服务体系建设的指导思想和目标任务。

2011年,文化部与财政部联合实施了国家公共文化服务体系示范区(项目)创建工作。"十二五"期间,按照公益性、基本性、均等性、便利性的要求,在全国东、中、西部创建一批结构合理、发展平衡、网络健全、运行有效、惠及全民的公共文化服务体系示范区,培育一批具有创新性、带动性、导向性、科学性的公共文化服务体系示范项目,为中国公共文化服务体系建设探索路径、积累经验。2011年上半年,第一批31个创建国家公共文化服务体系示范区和47个创建国家公共文化服务体系示范项目通过评审,进入创建名单,中央财政对创建示范区和示范项目给予了大力支持,按照每个示范区东部400万、中部800万、西部1200万,示范项目东部每个50万、中部100万、西部150万的标准予以补助和奖励。这一举措对于进一步发挥典型示范、影响和带动作用,推动公共文化服务体系建设全面可持续发展具有重要意义。

2011年2月18日,文化部、财政部召开全国美术馆、公共图书馆、文化馆(站)免费开放工作电视电话会议,要求2011年年底之前国家级、省级美术馆全部向公众免费开放;全国所有公共图书馆、文化馆(站)实现无障碍、零门槛进入,公共空间设施场地全部免费开放,所提供的基本服务项目全部免费。

2010年文化部和中央文明办共同组织开展"春雨工程"——全国文化志愿者边疆行(简称"文化志愿者边疆行"),有效促进了内地与边疆民族地区的文化交流。另外2011年,财政部、文化部联合下发《关于进一步加强公共数字文化建设的指导意见》,推出文化共享工程、数字图书馆推广工程和公共电子阅览室建设计划等三大公共数字文化惠民工程。这些措施有效推动了中国公共文化服务体系建设步伐,全面提升了政府公共文化服务能力和服务水平。

第四节　中共十八大以来的文化政策

一、推进文化体制改革

2012年11月,胡锦涛同志在中共十八大报告中提出"扎实推进社会主义文化强国建设","建设社会主义文化强国,关键是增强全民族文化创造活力,要深化文化体制改革,解放和发展文化生产力,发扬学术民主、艺术民主,为人民提供广阔文化舞台"。

2013年11月,十八届三中全会《中共中央关于全面深化改革若干重大问题的决定》对推进文化体制机制创新作出重大战略部署,要求紧紧围绕建设社会主义核心价值体系、社会主义文化强国深化文化体制改革,加快完善文化管理体制和文化生产经营体制,建立健全现代公共文化服务体系、现代文化市场体系,推动社会主义文化大发展大繁荣。

2014年2月,中央全面深化改革领导小组第二次会议审议通过了《深化文化体制改革实施方案》,新一轮文化体制改革开始进入全面实施阶段。该实施方案具有三个鲜明特点:一是突出了协调推进的要求,文化体制改革是"五位一体"全方位改革的重要内容,在改革的目标思路上,注重与其他各领域改革的统筹协同,比如与经济体制改革衔接要加强文化市场体系建设,与行政管理体制改革衔接要完善文化管理体制,与社会体制改革衔接要推进公益性文化事业发展等等。二是突出了攻坚克难的要求,提出了一些涉及深层次矛盾和难点问题的重大任务。三是突出了狠抓落实的要求,在工作推进上,力求做到具体化、项目化、责任化,共开列出25项、104条重要改革举措及工作项目,并按照2015年、

2017年、2020年三个时间节点明确了进度要求。①

2015年3月5日十二届全国人大三次会议上,李克强在政府工作报告中提出2015年文化体制改革的要点是:"让人民群众享有更多更好文化发展成果。要践行社会主义核心价值观,弘扬中华优秀传统文化。繁荣发展哲学社会科学,发展文学艺术、新闻出版、广播影视、档案等事业,重视文物、非物质文化遗产保护。提供更多优秀文艺作品,倡导全民阅读,建设学习型社会,提高国民素质。深化文化体制改革,逐步推进基本公共文化服务标准化均等化,扩大公共文化设施免费开放范围,发挥基层综合性文化服务中心作用,促进传统媒体与新兴媒体融合发展。拓展中外人文交流,加强国际传播能力建设。发展全民健身、竞技体育和体育产业,做好2022年冬奥会申办工作。"这些政策的出台为文化体制改革开辟了更广阔的政策空间。

二、践行社会主义核心价值观

2006年3月,胡锦涛总书记提出了"八荣八耻"的社会主义荣辱观,继承和发展了中国共产党关于社会主义思想道德建设褒荣贬耻、中国古代的"知耻"文化传统,同时又赋予其新的时代内涵,深化了中国共产党对社会主义道德建设规律的认识。2006年10月,中共十六届六中全会第一次明确提出了"建设社会主义核心价值体系"的重大命题和战略任务,明确提出了社会主义核心价值体系的内容,并指出社会主义核心价值观是社会主义核心价值体系的内核。2012年11月,中共十八大报告明确提出"三个倡导",即倡导富强、民主、文明、和谐,倡导自由、平等、公正、法治,倡导爱国、敬业、诚信、友善,积极培育社会主义核心价值观,这是对社会主义核心价值观的最新概括。

2013年12月,为深入贯彻落实党的十八大精神,积极培育和践行社会主义核心价值观,中共中央办公厅印发了《关于培育和践行社会主义核心价值观的意见》明确提出,以"三个倡导"为基本内容的社会主义核心价值观,与中国特色社会主义发展要求相契合,与中华优秀传统文化和人类文明优秀成果相承接,是中国共产党凝聚全党全社会价值共识作出的重要论断。该意见对深入落实社会主义核心价值观提出六大要求:第一,培育和践行社会主义核心价值观的重要意

---

① 徐京跃、隋笑飞:《孙志军:〈深化文化体制改革实施方案〉 明晰改革的路线图、时间表和任务书》,2014年3月13日,http://www.bookdao.com/article/76129/。

义和指导思想;第二,把培育和践行社会主义核心价值观融入国民教育全过程;第三,把培育和践行社会主义核心价值观落实到经济发展实践和社会治理中;第四,加强社会主义核心价值观宣传教育;第五,开展涵养社会主义核心价值观的实践活动;第六,加强对培育和践行社会主义核心价值观的组织领导。这一举措对更好地凝聚全党全国各族人民的思想、在日趋激烈的国际思想舆论竞争中掌握主动权和话语权,意义重大。

三、大力发展文化产业

文化产业是市场经济条件下繁荣发展社会主义文化的重要载体,是满足人民群众多样化、多层次、多方面精神文化需求的重要途径,也是推动经济结构调整、转变经济发展方式的重要着力点。中共十六大以来,党中央、国务院高度重视发展文化产业,采取了一系列政策措施,深入推进文化体制改革,加快推动文化产业发展。中共十七大明确提出,要积极发展公益性文化事业,大力发展文化产业,激发全民族文化创造活力,更加自觉、更加主动地推动文化大发展大繁荣。十八大以来,中央和有关部门相继出台了一系列文化经济政策,为深化体制改革、促进文化事业和产业发展提供了有力支撑和良好环境。

2012年11月,中共十八大报告指出扎实推进社会主义文化强国建设,增强文化整体实力和竞争力,要坚持把社会效益放在首位、社会效益和经济效益相统一,推动文化事业全面繁荣、文化产业快速发展,提高文化产业规模化、集约化、专业化水平。文化产业成为国民经济支柱性产业,被列入2020年全面建成小康社会的指标体系,为文化产业发展指明了方向。

2014年以来,国家有关文化产业政策连续重磅出台,层级之高、密度之大、力度之强,前所未有。这些政策依据我国文化产业发展状况,体现出鲜明的政策取向,对发展文化产业具有重要促进作用。

为推动实施《国家"十二五"时期文化改革发展规划纲要》,加快发展特色文化产业,加大对西部地区、民族地区文化产业发展的支持力度,2014年3月,文化部、财政部制定了《藏羌彝文化产业走廊总体规划》,规划期限为2014年至2020年,目标分为:(1)近期目标。2014—2016年是初期建设阶段,要引导实施一批文化资源有效保护与产业转化项目,支持建设一批重点文化产业生产基地,藏羌彝文化产业走廊产品生产和品牌推广取得明显成效,基本形成立足国内、面向世界的文化旅游目的地。(2)中期目标。2017—2020年是全面建成阶段,要建成一批具有重要影响力的文化产业示范项目,形成完善的文化旅游产品生产体系和旺盛的文化消费市场,文化产业普遍成为区域经济支柱性产业,藏羌彝文化产业走廊成为世界级精品旅游区和我国文化产业发展新亮点。纲要对民族地区特色文化产业的发展和保护,把文化产业培育成为区域经济支柱性产业,保护文化生态具有重要意义。

同年,《关于推进文化创意和设计服务与相关产业融合发展的若干意见》(国发〔2014〕10号)、《关于加快发展对外文化贸易的意见》(国发〔2014〕13号)、《关于深入推进文化金融合作的意见》(文产发〔2014〕14号)、《关于印发文化体制改革中经营性文化事业单位转制为企业和进一步支持文化企业发展两个规定的通知》(国办发〔2014〕15号)、《关于大力支持小微文化企业发展的实施意见》(文产发〔2014〕27号)、《关于推动特色文化产业发展的指导意见》(文产发〔2014〕28号)等文件相继出台,为文化企业的有序健康发展提供了政策基础。

四、"十三五"时期文化发展的总思路

"十三五"时期是中国实现民族伟大复兴的关键时期,文化复兴是中华民族伟大复兴的根本性标志和关键性支撑。中华民族应该向世界贡献一种"文明的典范"或"典范的文明"。从这一目标来看,文化对于实现中华民族伟大复兴和"中国梦",日益具有全面引领、境界提升的作用。

中国正处在现代化第二阶段到第三阶段的转折期,文化发展具有重大市场机遇,将在全球文化市场中产生"中国主场效应",即我国将从"创意进口""成品出口"时代走向"创意出口""成品进口"时代。从这个意义上说,中国的文化产业"全球化"进程,必会从主要"走出去"转向"走出去"和"走进来"并举,双向交流,甚至是"开发全球文化资源""购买全球文化产品"的新时期。全球文化发展将进入"中国主场"新时期。①

"十三五"时期文化改革发展的总体思路是:充分发挥文化工作对党和国家工作全局的重要作用,坚持中国特色社会主义文化发展道路,坚持社会主义先进文化前进方向,坚持以人民为中心的工作导向,着力推进社会主义核心价值观建设,着力传承中华优秀传统文化,着力推出更多无愧于时代的优秀文艺作品,着

---

① 张晓明:《"十三五"时期我国文化发展急需解决的重大问题》,http://www.chinareform.org.cn/gov/system/Practice/201510/t20151028_237015.htm。

力造就优秀文化人才,满足人民群众日益增长的多层次多方面多样化的精神文化需求。深入推进文化体制改革,确保在重点领域和关键环节取得突破。加快构建现代公共文化服务体系,推动文化产业成为国民经济支柱性产业,建立健全现代文化市场体系,加强文化遗产保护利用,推动文化与科技深度融合,推动中华文化走向世界,全面提升国家文化软实力。①

---

① 文化部:《组织编制好"十三五"文化改革发展规划》,http://news.cnstock.com/news/sns_bwkx/201507/3495744.htm。

后　记

1998年，我们曾在中国经济出版社出版过《变革中的中国公共政策》一书，后来有出版社希望我们在此基础上为大学政治学与行政学专业、行政管理专业、公共管理专业、公共政策专业的本科生和研究生编写一部教材，以弥补国内相关课程教材的不足。这个计划早在2005年就开始启动，但是由于参与编写的人多，稿子修改的工作量大，再加上政策又在不断地变化，每次修改又得增加新的内容，所以一拖就拖了十年有余。这期间由于出版社的情况发生了变化，结果也就自动解除了和原出版社的口头约定。此次承蒙北京大学出版社的支持，能够使此教材得以出版，也了却了我们为相关专业的学生提供一部教学参考书的心愿。对此，我们向北京大学出版社表示感谢。

参与本书编写的有（以汉语拼音排序）：程建平、杜孝珍、高卫星、桂玉、黑启明、黄徐强、霍海燕、马德普、任俊英、唐娟、涂晓芳、王贵权、杨朝聚、赵冬、仲崇盛。全书的修改和统稿主要由马德普、霍海燕、高卫星和杜孝珍完成。

当代中国公共政策涉及领域广泛，问题繁多，研究难度大，需要知识广。由于作者的知识有限，加上作者人数多，写作风格难以统一，因此文中难免有错误和不当之处，还望学界同仁不吝指正。

马德普
2016年11月30日